学習障害の予防教育への探求

読み・書き入門教育プログラムの開発

天野　清　著

付録：CD-ROM
Literacy Program for LD Children

中央大学出版部

はじめに

わが国は，これまで長い間，学習障害（Learning Disabilities，以下 LD と略す）が原因で，小学校に入学してから読み書きや計算の基礎的な能力を習得することができず，第１学年から学習に遅滞を示す子どもが，数パーセントの割合でいたにもかかわらず，特別の指導を行う受け皿は用意されず，普通学級で放置されてきた。このような意味で，1999年文部省 LD 協力者会議が，LD の定義，指導の方法等について最終報告を提出したのを皮切りに，文部科学省が，本年１月，学習障害児を含む軽度発達障害児に対する新しい施策のガイドライン（試案）を出し，学習障害児に対する特別支援教育を，都道府県，市町村の各教育行政単位や学校で，具体的に実施する準備が始まったことは，大変喜ばしいことである。

著者は，わが国の LD 児に対する教育も，このように大きく改善される時期がいずれ来ることを予想して，今から約25年前の1979年から，国立教育研究所（現，国立教育政策研究所）において発達に遅れをもつ学習不振児の発達教育プログラムを開発するプロジェクトを始めた。そこで，著者が特に課題としたのは，小学校低学年で読み書きの習得が困難な児童（LD 児）を対象に，基礎的な読み書き能力を習得させるだけでなく，同時に精神発達を促進させ，LD 状態から回復させることを可能にする「読み・書き言語・認知教育プログラム」を開発することであった。それより，この研究を，文部省科学研究費補助金，日本学術振興会科学研究費補助金を受けて，20年以上，継続して行ってきた。科学研究費の補助を受けた研究は，その都度，成果報告書として報告してきたが，本書は，国立教育研究所で行った LD 児に対する第２次の教育実験的研究を含め，以下の成果報告書で報告したもののうち，特に重要であると思われるものをまとめて，体系的に報告するものである。

1　平成３～５年度文部省科学研究費試験研究Ｂ（1）
　「学習障害児に対する言語・認知発達教育プログラムと診断法の開発と実用化」
2　平成８～９年度文部省科学研究費基盤研究Ｂ（2）
　「学習障害児に対する言語教育プログラム（コンピュータ・ソフト）の開発
3　平成12～14年度日本学術振興会科学研究費基盤研究（B）2
　「幼稚園・保育園年長児に対する学習障害予防のための言語・認知教育プログラムの開発」

研究を進める中で，われわれの研究は，「小学校１学年の LD 児を対象に，基礎的な読み書き能力を習得させる中で LD から回復させる」という当初の構想から，「幼児期に LD の危険性をもつ幼児を診断・検出して，その時点から特別の指導を行い，小学校で LD になるのを未然に予防する」

という構想の研究へと発展した。ここで最後に第3部として報告する研究は，LD 児の教育に，障害児教育の重要な原則である「早期発見，早期教育」の原理に立って実施した実験的な教育の一つの試みに過ぎないが，しかし，この研究を通して，これからのLD 児の教育を考える際に重要な多くの示唆を得ることができたと考える。本書の題目を，「学習障害の予防教育への探求」としたのはそのような意味である。

われわれの実験的教育は，全て個別指導であったが，その際の実際の教育現場となったのは，著者が，国立教育研究所に勤務していた時には，川崎市の川崎小学校，東住吉小学校，三田小学校，宮前平小学校，麻生小学校，久本小学校の6公立小学校のことばの教室，中央大学に移ってからは，川崎市の上記のことばの教室と中央大学大学院の行動観察室であった。そのような意味で，本研究は，非常に多くの方々の協力の下で行われた。

本書の出版にあたり，川崎市の小学校の6校のことばの教室で，著者が用意した指導計画，プログラム，教材に基づいて，根気よく子どもの指導・訓練に当たって頂いた以下の諸先生に特に感謝の意を表したい。

故伊藤恵美先生，平野秀治郎先生，盛 由紀子先生，谷 政子先生，吉村亜紀先生，佐藤順子先生，大嶺ちづ子先生，小出節子先生，押川美知子先生，神谷まち子先生，石井光代先生，伊藤 昭先生，加茂裕司先生，小池英子先生

中央大学大学院行動観察室での指導・訓練には，当時大学院生であった方も含めて，以下の多くの方の協力を受けた。また，多くの学部学生の協力を受けた。記して感謝の意を表したい。

逸見敏郎，伊藤 貴，戸塚ゆり子，長尾康子，松田牧子，後藤田晃子，緑川 晶，松本博雄，後藤紗織，宇野敦子，中村麻衣子，中村扶美子，千葉健司，須藤 智，田沢 実，石田直子，照井裕子，小野美和，坂井敬子，富樫ひろみ，芳賀 道，大内恵理子，白倉直美

また特に幼稚園，保育園児を対象にした研究には，川崎市，八王子市，日野市等の多くの幼稚園，保育園の協力を受けた。特に，われわれの研究の意義を十分理解して，色々な面で特に協力をして頂いた八王子市私立武蔵野幼稚園 赤沼陽子園長，日野市の日野わかば保育園 宇野宏武園長，東京豊島区目白の私立目白幼稚園 門山 睦園長ならびに川崎市の東住吉幼稚園 谷口辰三園長，川崎市青葉幼稚園 井上久園長，京町保育園 平洋子園長，柿の実幼稚園 小島澄人園長及び園の諸先生には，心より感謝申し上げたい。また，この研究がスタートした2000年の準備的研究の段階では，川崎市北部療育園の井原素子先生にいろいろと御世話になった。

また，2001年度から始まった幼児に対する指導・訓練で，被訓練児の脳波検査の実施と診断には，北小田原病院副院長田中哲先生及び加藤クリニックの加藤醇子先生のご協力を得た。

最後ではあるが，特に記して感謝申し上げたいのは，元ロシヤ教育科学アカデミー障害学研究所長（現モスクワ市立心理・教育大学教授）V. I. ルボフスキー教授である。在ソ中の1976-77年，同研究所でソ連邦での ZPR（LD）児の研究と教育の現状について教授から学ぶことができ，それは著者が LD 児に対する本研究を始める大きな契機となっただけでなく，著者が国立教育研究所で LD 児に対する研究を始めて以降この25年間に，二度にわたって来日していただき，特に LD 児や LD の危険性をもつ幼児の診断法についていろいろな助言を受けた。

長年にわたるわれわれの研究が，一定の成果を上げることができたのは，これらの多くの方々のお陰である。厚く感謝申し上げたい。

本書は，20年以上にわたる研究の報告であるが，その中で，今後の LD 児やその危険性をもつ幼児の教育に役立つと思われる多くの教育プログラムの開発が試みられた。これらは，一定の条件の下で，現実の LD 児や幼児の指導に用いることができると思われる。そのため，本書の付録として，巻末に各種の教育プログラムの各ステップの指導計画を載せると共に，付録の CD-ROM に，これまで開発してきたコンピュータソフトや指導・訓練用の図版等を収めた。

本書の研究報告並びに各種の教育プログラムや教材，コンピュータソフトが，現実のこれから始まる LD 児の教育に役立ち，LD 児の教育にたずさわる教師や実践家，文部科学省，教育委員会関係者，並びに研究者に，非常に困難な問題に立ち向かう新しい勇気と，LD 児の今後の教育についての示唆を与えることができれば幸いである。

なお，本書の出版は，独立行政法人日本学術振興会　平成17年度科学研究費補助金（研究成果公開促進費）の補助金を受けて行われた（課題番号175323）。図表の多い大部な本であるにもかかわらず，本書の出版の意義を御理解いただき，出版を御引き受けいただいた中央大学出版部の諸氏，とりわけいろいろ御世話いただいた平山勝基氏に心より感謝申し上げます。

平成17年11月１日

天　野　　清

目　次

付録のCD-ROMに収められているソフト，“二次元左右概念形成”で，エイチツーソフト社(Tel：0422-28-5212)製，「マスタークリップ」のクリップアートを二個ほど使用しています。

序論　学習障害児の教育の諸問題と本研究の課題

第1節　はじめに

わが国では，これまで非常に長い間，小学校に入学した段階で，読み・書き，算数の基礎教科の学習が困難で，小学校1学年の段階から落ちこぼれてしまう児童が数パーセントの割合でいたにもかかわらず，それが学習障害（以下LDと略す）という発達障害に基因しているとは理解されず，その児童たちのために特別の指導を行う受け皿は用意されず，通常学級で放置されてきた。このような意味で，1999年「文部省LD協力者会議」が，LDの定義について最終報告を提出し，さらに2002(平成14)年12月に閣議決定された「障害者基本計画」に基づいて，2004(平成16)年1月に，文部科学省が「小・中学校におけるLD（学習障害），ADHD（注意欠陥／多動性障害），高機能自閉障害の児童生徒に対する教育支援体制の整備のためのガイドライン(試案)」を発表し，都道府県，市町村教育委員会及び全国の小・中学校に，これらの発達障害児に対する教育支援の体制の整備を促し，これに対応して，各教育行政単位で，彼らに対して特別教育支援を行うための諸準備が始まったことは，LD児やその他の軽度発達遅滞児の教育にとって大きな一歩前進である。

著者は，わが国のLD児に対する教育も，このように大きく改善される時期がいずれ来ることを期待して，今から約25年前の1979年から，国立教育研究所（現，国立教育政策研究所）において発達に遅れをもつ学習不振児の発達教育プログラムを開発するプロジェクトを始めて以来，今日まで，20年間以上，小学校低学年で読み・書きの習得が困難な児童(LD児)を対象にした「入門読み・書き言語・認知教育プログラム」の開発のための実験教育を進めてきた。また最近（2000年度から）は，就学1年前の5歳期に，そのままでは，小学校に入学してからLDになる危険性の高い幼児を検出し，5歳期から，特別指導を行うことによって，LDになるのを未然に防止することを目的とした学習障害予防教育のための診断法と教育プログラムを開発する研究を進めてきた。本書はそれらの研究を詳細に報告するものである。しかし，その前に，これから始まるわが国でのLD児に対する教育の実際で当面するであろう諸問題のうち，特に重要である三つの問題について，あらかじめ多少議論し，本書の研究の立場，課題を明確にしておきたい。

第2節　学習障害児に対する教育の目標

第1の問題は，LD児に対する教育の目標をどこに置くのかという問題である。これは，LD児に対する特別支援教育を実施するに当たって，最も基本的な問題であるにもかかわらず，不思議なことに，1999年「文部省LD協力者会議」の最終報告や解説にも，2004(平成16)年1月の文部科学省の「小・中学校におけるLD（学習障害），ADHD（注意欠陥／多動性障害），高機能自閉障害の児童生徒に対する教育支援体制の整備のためのガイドライン(試案)」にも，「特別支援教育とは障害をもつ児童生徒一人一人の教育的ニーズを把握して適切な教育的支援を行うこと」と書くに留まり，その教育の目標についてはほとんど触れていない。常識的に考えれば，その教育は，学習障害という発達障害をもつ児童，生徒への特別支援教育であるから，その発達障害を克服し，正常に発達させることがその教育の目標としていることが暗黙のうちに了解されていると理解することができる。しかし，そのような目標についての説明も，LD児が，どの程度の潜在的な学習と発達の可能性をもっているのかについての説明も，どこにも見当たらないのである。教育目標をどのように設定するのかは，LDが，ある時期に特別な教育を行うことによって，LD状態から回復可能なものと考えるのか，そうでないと考えるのかに直接関わっている。

実際，LD児の教育に長い歴史をもつアメリカ合衆国では，1975年「全障害児教育法」（The Education for All Handicapped Children Act, Public Law 94-142）が施行されて以降，この25年間に，障害児（者）教育について，制度的に次々に新しい改革が行われ（1990年に「障害者教育法，Individuals with Disabilities Education Act (IDEA)」の施行，1997年の改正），障害児は0歳から21歳まで，無償で，その障害に見合った適切な公教育を受けられるようになっただけでなく，障害児への早期教育の実施，個人の障害に対応した「個別教育計画(IEP)」の作成への親や担任教師の参加，14歳から卒業後の進学や就職への移行計画をIEPに含めること，その「個別教育計画」を通常のカリキュラムと関係づけて作成すること，学習目標を明確にし，州や学区単位の学力調査にも障害児を含めるようになった。また，教育の国家的目標の中に，障害児を含めて全ての児童は，就学までに学校で勉学ができる準備性を形成すること，後期中等教育の普及水準を90%のレベルに上げることを含め，各州に，その目標の実現の程度，IDEAの実施状況を毎年報告することを義務づけている。2002年のNCLB法（The No Child Left Behind Act）では，“誰も遅れのある子どもにするな”のスローガンの下，読みの向上に力点をおき，3学年までに全員が読めるようにすること，各州は，3学年と5学年に毎年英語と算数のテストを行い，報告すること等を定めている。LD児も，大学などの高等教育を受けるためのプログラムも準備されつつある（アメリカ文部省ホームページ2004)。このようなことを考慮すると，アメリカにおいては，LD児に対する教育は，今日，様々な教育的な方法で，その障害を克服させ，義務教育の教育課程を修了させ，上級学校に進学させるか，あるいは自律した社会人として成長させることに，その目標が置かれていると推測される。しかし，このような障害児(者)に対する教育改革や，LD児のための教育プログラム開発のめざましい動きがあるにもかかわらず，LDの発達障害を説明している文書や文献の中に，LDは回復不能であるという記述も散見される。例えば，M. McCue, G. Goldsteinは次のように述べている。

「子どもたちが，自分たちの学習障害から離脱することは実際にあり得ないという共通の見識を確認することは，十分合理的である。学習障害は，しばしば成人まで続き，その個人に本質な社会的適応困難をもたらす」（1991, p. 311）。LDは治療できず，持続するが，学習の可能性は高いとするという意見も認められる。例えば，インターネットで，アメリカのCouncil for Exceptional ChildrenのInformation Center on Disabilities and Gifted Childrenに掲載されていた，ERIC EC Digest E 516, Learning Disabilitiesは次のように説明している。「学習障害は治療ができないで，持続する。したがって，それは，生涯にわたる問題である。しかし，適切な支援と教育的な治療教育が行われた場合，LD児は，学校の勉強でも良い成績をとり，勉学を続けることができる。そして，後の人生で際だった仕事をする場合もしばしばある。両親は，自分の子どもの弱点と教育の仕組みをよく理解し，専門家と共に，子どもの長所を励まし，このような特殊な困難に対処する方略を学び，子どもが成功するように助けることができる」。アメリカでの追跡研究の多くも，LD状態が持続することを認めている。例えば，1960年代に，ノースイースタン州の13学校区でLD教育プログラムに参加した6歳から12歳のLD児177名の教育の中での変化を5年間追跡的に分析したE. M. Koppitz（1971）の研究は，教育の目標は，通常学級に復帰させることであったにもかかわらず，実際に復帰できたのは，約24%の42名に過ぎず，他の児童・生徒はLDクラスに留まるか，病院にいくか，あるいは転校するかであったことを報告している。

アメリカやわが国でのLDの定義やLD児に対する教育の目標に対して，非常に対照的なのは，ロシア（旧ソビエト連邦）での考え方である。アメリカやわが国で，学習障害という用語で表されている子どもの発達障害は，ロシアでは，心理発達遅滞（Задежка психичекого развития），略してロシヤ語でЗПР（ゼーペーエル），英語でZPRと呼ばれているが，アメリカと同じくこれらの発達障害児に対する教育と研究の歴史は長く，1967年，文部省によって，「軽度の発達遅滞児の診断と教育」に関する教育研究プロジェクトが組織され，ソビエト教育アカデミーの諸研究所，特に教育アカデミー障害学研究所が中心になって研究が行われ，当初，ZPR児は，実験学校で教育されてきたが，1981年から文部省令に基づいて，それらの教育を専門的に行う特殊学校，特殊学級（2001年愛媛大学で開催された日本LD学会でのV. I. ルボフスキー教授〔2001，2002〕の講演によれば，約50の特殊学校と普通の学校に付設した数千の特殊学級）が設置され，特別のカリキュラムで教育が行われている。注目すべきことは，ZPR児(LD児)は，中枢神経の微細な機能障害に基因している場合でも，「精神発達遅滞と異なって，ZPRの場合には，損傷を受けている大脳皮質が，発生的に，広範にわたるものでなく，大脳の局部的な部位が損傷を受けており，その程度もかなり軽いものであること，大脳の諸機能の発達が病的に均衡性に欠けている点に，心理発達遅滞を特色づける特徴があり」（V. I. ルボフスキー，2001），それに基因する発達障害は，一過性のもので，特別の指導を行うことによって健常な発達を遂げる潜在的可能性をもっていると考えられていることである。したがって，そのための特殊学校，特殊学級の教育の目標は，ZPR（心理発達の遅滞）の状態を克服し，普通学級に戻し，健常児と同じ８年課程（1980年より10年課程）を修了することにある点である。そのために，小学校入学前に，就学準備のための教育を６ヶ月～１年間設けたり，在学期間を２年長く（８年課程の場合10年間の教育）しているが，それは，その目標が，普通教育を完全に受けさせ，健常児と同じ社会人として活躍できるようにすることを目標にしているからに他ならない。

ZPR は，1970年の障害学辞典によると，以下のように定義，説明されている。「心理発達の正常なテンポの障害，その結果として，就学年齢に達しても，就学前の遊びの関心の世界に残っている。この障害をもつ子供は，学校の活動に参加し，授業の課題を受け入れ，遂行することができない。クラスで，幼稚園の集団や家での遊びの状況にいるかの如く行動する。この障害の児童は，しばしば精神薄弱と混同される。しかし，両者は，二つの特徴で区別される。ZPR 児は，初歩的な読み・書き，計算の習得は困難であるが，相対的に発達した言語行為をもち，詩や物語の記憶能力も高く，より高い水準の認識活動能力をもっている。このような結合は，精神薄弱にはない。ZPR 児は，課題の遂行中に与えられる大人の援助を常によく受け入れ，利用する能力をもち，課題解決の原理を習得し，それを他の類似した課題に移行させることができる。このことは，以後の発達を完全に遂げる可能性を得ることができることを意味する。つまり，現在は，学習は教師の助けを得てのみ可能なことでも，後には自力で行うことができるようになる。これらの障害児に対する長期的な観察によって，他人の援助を受け入れて利用する能力と，後続の教授学習の中で習得したものを観念的に応用できる能力をもっているため，一定の期間の教育を受けた後，正規のクラスで十分勉強をすることができるようになる。」（Дьячков, А. И.，1970）。

先に引用した元ロシア教育アカデミー障害学研究所所長ルボフスキー教授は，1988年，国立教育研究所の著者の招聘で来日し，研究所等で講演を行ったが，そこで述べたことを基礎に，この障害児の特徴を説明してみると，以下の通りである（ルボフスキー，V. I. 1988）。

１．ZPR 児の第１の特徴は，心理発達に遅滞があり，学齢に達しても，学校の教授・学習に対する準備性が形成されていないことである。学校の教授学習に対する心理・教育学的準備性とは，以下のようなことを指している。

⑴　学校での学習の基礎となる外界の事物についてのあれこれの知識・表象があること。

⑵　表象や知的水準が一定の水準まで形成されていること。

⑶　語彙，文法能力，筋のある話しの理解と構成能力等一定の言語発達がなされていること。

⑷　勉学について一定の動機，興味，高いレベルの認識があること。

⑸　随意的行動の調整機能が一定の程度形成されていること。

これまでの研究で，ZPR 児は，上の全ての面で明瞭な遅れがあることが明らかにされている。つまり，認知発達，知覚，思考，記憶等の面で遅れがあるだけでなく，全体的に幼稚園期に経験すべきことが未経験で，外界の諸事象についての経験，表象が乏しく，したがって語彙も少なく，全体的な言語発達も遅滞している。また，注意，動機，意志面での遅れも顕著で，学習の動機も未発達で，遊び的動機を基礎にした幼稚園期の特徴を保持しているだけでなく，能率も悪く，疲れやすい等の特徴によって，目的性の欠如，衝動性，注意の集中性の欠如等の意志面の発達不全がより深刻なものになり，しばしば，目的性の欠いた過剰興奮を伴う。

2．第2の特徴は，精神発達遅滞児の場合と異なって，大人や教師の援助を受け入れ，学習できる学習能力は高く，特別のカリキュラムで指導した場合，それらを習得し普通学級に戻ったり，あるいは特殊学校や特殊学級で8年課程を修了できる潜在的な可能性をもっていることである。現に，1983年には，373名の生徒が，特殊学校で8年間の教育を受けて，卒業試験に合格して卒業し，その53%は職業訓練学校に入学し，27%は職業訓練学校に入学すると共に，通信教育で9～10学年の教育課程の教育を受けている。残りの20%は勤務しながら，夜間の学校で勉強を続けている。

ここで，LD と ZPR は，本当に同じ種類の発達障害なのか否かという問題が生じる。この点を明瞭にするため，1982年に出版された本で，レベデンスキー，K. S.（Лебединский, К. С., 1982）らが行った，臨床的な立場から，発達障害の原因に基づいて ZPR のタイプの分類を，原文にかなり忠実に，かつ要約的に紹介して見よう。

1）　体質的な原因をもつ ZPR：いわゆる均整がとれた発育不全症（日本の医学書では，均整のとれた低身長の症状を示す下垂体小人症と呼ばれている）で，その情緒・意志的発達は，初期段階にあり，多くの場合，幼い子どもに特徴的な正常な情緒的な精神構造を想起させる。特徴的なことは，行動の情緒的な動機づけが支配的であること，気分が高揚した状態が背景にあること，気分が高揚している場合，情動は直接的で明るいが，安定性に欠き，容易に暗示にかかり易い。低学年期に，教授・学習で困難を示すことは稀でなく，その困難性は，動機的平面，人格全体の未成熟，遊びへの興味が支配的であることに因っている。心理的特徴が病理的でないため，このタイプの発育不全は，主に，生得的・体質的原因をもつと考えられ，家族的な発生も稀でないが，胎児期や1歳期における，軽度な代謝・栄養障害によって発生することがよくある。

2）　身体的な原因による ZPR：このタイプの発達異常は，慢性的な感染病，アレルギー性の疾患，生得的もしくは生後の身体面の発達上の障害，第1に心臓疾患などの様々な原因で長期にわたる身体的な発達不全によって生じるものである。これらの子どもたちの心理的発達のテンポの遅れを惹き起こすのに，重要な役割を果たしているのは，単に全体的のみならず，心理的な緊張の低下を惹き起こしている強固な無力症（Asthenia）である。しばしば，情動面の発達の遅れも生じる。それは，一連の神経症的特質，自信の無さ，恐怖感，わがままを伴った身体的発育不全であって，それは，自分の身体的な不完全さに対する感覚，時には，子どもの病気や身体的衰弱に伴う一定の制限や禁止についての規律と結びついている。

3）　心理学的原因で生じる ZPR：このタイプの心理発達遅滞児は，子どもの人格発達の正しい形成を妨害する非常に悪い環境的な条件と結びついて生じたものである。この発達異常は，その病理的な性格をもつ場合もある。周知のように，早い時期に生じ，長期に作用する，子どもの心理に外傷(トラウマ)的な作用を与える有害な環境的条件は，子どもの神経・心理的平面にも，強い作用を及ぼし，最初は自律神経的な機能に障害を与えるが，次に，心理的な平面特に情動的な発達に障害を与える。この場合，問題となるのは，人格の病的(異常)発達である。このタイプのZPRは，教育的荒廃の現象とは区別されるべきである。この場合，病的な現象にならず，知的な情報の欠如の結果として知識や能力の欠損に限られている。心理的な原因で生じるZPRが認められるのは，第1に，心理的不安定のタイプの人格の異常発達を，最もしばしば条件づけているのは，世話をする人が欠如していることで，この場合，子どもには，義務や責任という感情が教育されず，行動の形式は，感情の強い抑制と結びつく。認識活動も，知的興味も構えも刺激されない。それ故，感情的な不安定性，衝動性，高い被暗示性の形で認められる情動・意志面での病的な未成熟の諸特性は，これらの子どもにおいては，しばしば，学校での教科の学習に必要不可欠な知識や表象の未発達と結びついている。人格の異常発達の別の変型は，反対に過保護の場合，つまり，甘やかした教育によって生じる。この場合，子どもに，自律性，率先性，責任感などの特性が形成されない。神経症的タイプに入る別の人格の異常発達の変型は，子どもや他の家族のメンバーに対して，乱暴で，厳しく，専制的，攻撃的な家庭で育った子どもにしばしば認められる。劣悪な条件での訓育が，このように心理発達と認識活動の遅滞を惹き起こすのである。

4) 大脳の器官的な原因で生じるZPR：このタイプのZPRは，多様な発達異常の中で特別の位置を占める。上記の他のタイプに較べて最も頻度が高く，情動・意志面でも，また認識活動の面でも，最も持続的で，明瞭な障害を示す場合が稀ではない。これらの子どもの病歴を調べると，多くの場合，神経系の軽度な器官的な不全があることがわかる。多くの場合，慢性的な性格をもつ。つまり，妊娠中の病理（重度な中毒，感染病，中毒と外傷，母親と胎児のRh因子や，ABO因子の血液不適合)，早産，出産時の仮死や外傷，出産後の神経性の伝染病，生後1年目の中毒や栄養障害による病気等。

かつて，1970年代初頭，T. A. ヴラソワとM. S. ペブツネル（T. A. Власова, M. C. Певзнер, 1973）が，ZPRの分類を行ったとき，上の1)，4）の二分法をとったため，LDとZPRは，別のものと理解された場合があったが，四分法によるこの説明によると，ZPRと診断される発達障害は，われわれが理解するLDの障害ときわめて近いものであると理解することができる。

しかし，アメリカの全米学習障害合同委員会（National Joint Committee on Learning Disabilities, NJCLD）や，わが国でのLDの定義と，ロシアでのLD（ZPR）の定義とは，中枢神経系の微細な機能障害の補償の可能性，その障害児の学習の潜在的可能性について，このように，その解釈に大きな隔たりが認められるのである。

第3節　LD児に対する効果的な教育プログラムの開発

この第1の問題と密接に関連して，わが国のLD児に対する教育の焦眉の課題の一つは，LD児に対する効果的な教育プログラムを開発する課題である。これまで，LD児に対する教育施策が皆無であったという状況を反映して，LD児に対する教育プログラムの開発研究は，教育現場でのケース・スタディ的な研究に留まり，組織的な実験的な研究は，ほとんど行われてこなかった。教育現場でLD児に対する教育の実践が，これから始まり，それにつれて，この面で多くの組織的な研究が始まると思われるが，LD児は，小・中学校，高等学校にわたって存在し，教科毎に教育プログラムの開発が求められているという事実を考慮すると，この分野の研究領域と課題は，きわめて広範であり，多様なものになることが予測される。

ここで，大きな問題となるのは，第2節で述べた教育の目標，目的をどこに置くのかと言う問題であろう。教育の目標や目的を，1)LDにならないための予防，2)LDからの回復，通常学級への復帰，3)LD児に対する第2次的障害の発生の予防，4)LD児の現在の学習能力に合わせて特定の教科の知識や技能を指導する等のどれに力点を置くかによって，その教育プログラムの内容と方法が異なるであろうし，その組織の構造も異なってくる。同じ一つの目標，目的を達成するためにも，どのようにその教育を組織しようとするかによって，1)LD児の学習状況に対応してある教科の知識や技能を学習させる限定した目的を実現するための教育プログラムを構想する場合，2)LD児の発達が遅滞もしくは欠陥となっている部分（例えば，記憶や注意などの心理機能や行動面，対人関係の矯正）に焦点を当て，その発達を促進させることを目的として構成する，3)学校で教える教科に関係なく，子どもが興味をもつ活動（例えば，スポーツ，音楽，絵画などの芸術的活動）を能動的に組織させ，子どもの全体的な発達を促進させることを目的とした教育プログラムを構成する場合，4)ある基礎分野の学習を組織的，体系的に行うことによって全体的な発達を促進させることを構想して構成する場合，5)上のいくつかを総合した教育プログラムを構想する場合などが考えられる。

しかし，LD児用の教育プログラム開発研究は，教育プログラムを立案・作成すればよいというわけではない。LDにも色々なタイプが存在し，遅れの程度や学習の受容性にもかなりの個人差が認められ，年齢や学年によって，さらにそのタイプや遅滞の程度によって，子どもが当面している問題は異なる。したがって，ある年齢(学年)の児童・生徒を対象にした教育プログラムを開発する場合でも，そのプログラムを用いた具体的な実験的な教授・学習を組織し，その学習過程と学習・発達的効果を分析し，どのタイプの，どの水準の遅れのあるLD児に，特に有効であるのかを明らかにしなければならない。また，必要に応じて，その教育プログラムで指導・訓練を実施した後も，一定の追跡調査を実施し，その教育効果が持続していることを確認する必要がある。

一つの教育プログラムを完成するためには，このような手続きが必要であるが，LD 児を対象にした教授・学習実験研究は，健常児を対象にした場合と異なって，大きな制約をもっている。普通，一定のプログラムで教授・学習実験を組織する場合，当然，その効果を正確に分析するために，訓練群と等質の条件を満たした統制群を設けて実施するのであるが，LD 児を含めて発達障害児を対象とした教授・学習研究は，等質の条件を満たす統制群を設けることが困難であるばかりか，指導・訓練を実施しないで追跡的な検査だけを行う統制群を設けること自体が，研究の倫理上困難なことである。指導・訓練期間が短い場合，訓練期間の前に，その期間訓練をしないで観察だけを行うベースラインを設定する方法や，統制群の児童・生徒にも，訓練群の訓練後，同じ指導を試みるという方法で研究が可能であるが，指導・訓練期間が 1 ～ 2 年と長期にわたる場合，それらの方法を用いることはできない。したがって，そのような場合，ここで報告するわれわれの研究の場合がそうであるように，あらかじめ健常児を対象にした教授・学習実験で，そのプログラムの効果を確認してから，LD 児群の教授・学習実験に入るとか，一つの教育プログラムで，何度も，教授・学習実験を反復し，常に同じような教育効果を得ることを確認し，教育プログラムの構成の論理とその結果との間に，論理的整合性があることを確認することで，教育プログラムの効果の評価を行うという一種の便宜的な方法に頼らざるを得ない。

このような点に，LD 児を対象にした教育プログラム開発研究の困難点がある。また，このような困難点があるため，わが国では，LD 児を対象にした教育プログラム開発研究が専門家によってあまり行われてこなかったのである。

LD 児を対象にした教育プログラム開発研究でこれから積極的に進めていかなければならない大きな課題として，新しい教育技術，特にコンピュータを利用した教育プログラム（ソフト）を開発していく課題がある。わが国でも，小中学校，高等学校，大学での教育には，コンピュータを用いた教育が普及してきているが，LD 児の教育に用いられた例は少なく，またそのために開発されたソフトもわずかしかない（例えば，天野 1997[a]，小池等 2002，小池等 2003）。インターネットが非常に普及し，各家庭や学校で容易にインターネットにアクセスする時代を迎えている今日の状況を考慮すると，いずれ，わが国の LD 児への教育も，LD 児用の各種の優れたソフトが，一定のセンターに集中的に管理され，各学校の教師や家庭の親たちが，子どもの学習と発達の条件にかなったソフトを，インターネットを介して入手し，それを利用して教育を行う時代が目の前に来ていると考えられる。LD 児の教育へのコンピュータの利用は，このような情報流通・普及面だけにあるだけでなく，適切なソフトを用いた教育によって LD 児の認知面，行動面の問題点の克服や認知発達の促進に利用できる可能性が高いという点にある。

アメリカでは，LD 児に対する非常に多種多様な Intervention Program が開発され，公開され，現場の教師は，LD 児の個別教育計画を作成する際に，それらの中から子どもの状況に応じて選択して利用できる条件が作られている。しかし，残念ながら，わが国の場合，この分野の研究が著しく遅れたため，現場で，LD 児に対する個別教育が開始されたとしても，選択して使用できる教育プログラムは，ほとんど皆無であるので，現場教師が，試行錯誤的に自ら教育プログラムを作ることが求められると思われる。このような実際面からも，LD 児に対する効果的な教育プログラムの開発研究が，早急に求められているのである。

第 4 節　学習障害児及びその危険性が高い児童，幼児の診断の問題

上の二つの問題に加えて，これから始まる LD 児への特別支援教育の中で，緊急で，重要な問題となると思われるのは，LD 児の診断の問題である。現在，それを包括的に述べることは困難であるが，いくつかの大きな問題については，あらかじめ述べておく必要がある。

(1)　学習障害を学力と知能の乖離(discrepancy)の面からみて診断していくことの問題点

文部省の LD 協力者会議の最終報告での LD の定義から，わが国の小学校では，日常の学習の様子や標準学力テストの成績で評価される，特に国語，算数の学力の程度と，知能テストで測られた IQ または偏差値とのギャップ，乖離(discrepancy)に注目し，知能指数が正常もしくは正常に近い値を取っているにもかかわらず，国語，算数の学力が，著しく低い場合等その乖離が大きい場合，さらにそれらに加えて行動，注意，認知面に問題が認められた場合，学習障害と評価，診断されることが一般化されてくると考えられる。

これは，これまで学習障害について，学校はほとんど何も教育的処置を行ってこなかったことに較べれば，大変な進歩で，これらの処置によって，通級学級等で特別の教育を受けることが可能となれば，これらの障害児にとって幸いなことである。

しかし，その障害の発見や診断の面からみると，両者の discrepancy に注目した定義やそれに基づいた診断は，その実際面で，様々な問題を惹き起こす可能性(危険性)をもっている。今の段階で，実際面で，考えられる問題を列挙すれば以下の通り。

1)　学力テストと知能テストの偏差値にどの程度の discrepancy があれば，学習障害の危険性があると言えるのか，その基準の曖昧さ。

2)　その場合の学力テストは，国語と算数の両方か，それともそのうちの 1 科目についてか？その根拠は？

3)　知能テストの成績(IQ)が境界領域(例えば 75 の場合)の扱いはどうするのか。

このような実際面の問題の他に，学力と知能の乖離(discrepancy)の面からの学習障害の定義は，学習障害は，就学してからのみ評価・診断可能なものとすることになり，障害児に対する教育の原則である，早期に発見し，早期から治療教育を開始するという可能性，特に幼児期にその危険性の

ある子どもを見つけ出し，教育的介入を行う方法を探求する道を閉ざしてしまう可能性がある。

アメリカ合衆国でも，学習障害に関して，この discrepancy による定義が優勢（特に，P. L. 94-142）であるので，B. K. Keogh & L. P. Bernheimer（1996）は，このことに関して以下のように述べている。「まだ学齢に達していない子どもたちにおける学習障害を見つけ出すのに，この discrepancy definition を用いようと試みると，興味ある問題が提起される。3～4 歳児は，基礎的な読み・書き能力や算数の計算技能をもっていることは期待されていないし，学習障害の同定についての州の指導方針の全ての成分である，書く表現，読解能力，算数的推論は十分に発達していない。したがって，このような学校の成績や成果を用いた discrepancy definition を応用することは困難である。学習障害を，学校教育の枠組みの中に限定することは，幼児期における学習障害の発見，同定を排除したものである」(p. 21)。

(2) 発達的枠組みの中での定義と診断

わが国での定義には，まったく採用されなかったが，上の国語，算数の学力と知能指数との乖離から定義，診断する方法に対して，対案として出されている考えは，幼児の場合にも適用できるように，発達的枠組みの中で，学習障害を定義，診断しようとするものである。後の学校教育での学習に関わる主要な領域での，子どもの現実の発達水準とその年齢で期待される発達水準とのギャップ，discrepancy に注目して，定義し，診断しようとする試みである。先に紹介したロシアのルボフスキー教授が ZPR（ロシアの場合の LD 児）の第 1 の特徴として，就学準備性が欠いている点を挙げたが，これも，(1)外界についての知識・表象，(2)表象や知的操作，行為，技能，(3)言語能力，(4)勉強に対する一定の動機，興味，(5)随意的な行動の調整機能についての子どもの現実の発達水準が学校で勉学を受けるに必要な期待されている水準に達していないことに注目した発達的枠組みの中で捉えた LD 児の特徴づけである。

しかし，この構想でも，診断の問題となると，多くのことが未解決で，今後の研究の問題となっている。気がつく主な問題を列挙してみると，以下の通り。

1) 幼児期の場合に，どの領域の発達の遅れが，後の学習障害の信号となるのか。例えば，Haring ら（1992）が，後の学校での学習に関わるものとして，以下の 11 のクラスターを挙げている。

 i)概念発達の遅れ，ii)言語発達の遅れ，iii)理解・表現言語の遅れ，iv)方向性の遅れ，v)粗大，微細運動機能の遅れ，vi)注意の発達の遅れ，vii)聴覚または視覚の問題，viii)推論の未熟性，ix)多動性，x)読み技能の未発達，xi)情動あるいは社会的技能の欠陥。

2) 主要な領域について，子どもの現実の発達水準を評価できたとして，学習障害と他の発達障害，特に軽度精神発達遅滞とどのように識別診断するのか。

3) 各主要領域において，健常児，学習障害の危険性が高い子ども，軽度発達遅滞児をうまく識別するために，具体的にどのようなテストを行ったらよいのか。

(3) 標準化された知能テストなど諸テストの効用と限界

これまで，いろいろな標準化された個別知能検査等が，学習障害の診断に用いられてきた。比較的よく用いられてきた検査を列挙してみると以下の通りである。

(1) WISC, WISC-R, (2) WPPSI, (3) K式発達検査, (4) 田中ビネー知能テスト, (5) ITPA, (6) フロスティッグ視知覚検査, (7) ベンダーゲシタルトテスト (BGT), (7) グッドイナフ人物画知能検査 (DAM)

また，最近，わが国での標準化作業が終えたので，新たにWISC-ⅢやK-ABCテストが学習障害の診断に用いられ始めている。

標準化された知能テストは，あるいは発達検査は，それらの課題を年齢発達の標準的データを基礎に選択してあるので，その偏差値などの値は，その年齢期の標準(平均)値からのズレを示すという意味で，発達的枠組みの中で，その子どもの現在の発達の水準を診断・評価しているものと理解することができる。そのような意味で，これらの検査は，必要に応じて用いることがよいし，現在では，その子どもの発達障害の診断にとって，しっかりした基礎資料で示すためには不可欠なものとなっている。

しかし，これらを用いた診断の方法にも問題があり，単に一つの検査だけで，正確な診断をすることはできない。例えば，これまで学習障害の診断でもっとよく用いられ，上野 (1985) がLD児のタイプの分類分けを行う際に基礎ともなったWISC-R知能検査の場合，VIQ (言語性IQ) とPIQ (動作性IQ) が別々に検査，評価される仕組みになっており，VIQとPIQの差が大きい場合(15～20以上)，LDの疑いが高く，どちらかのIQが低いことから，言語性LDと非言語性LDが区別されてきた。VIQとPIQの差が大きいことが，学習障害に特徴的な発達上のアンバランスを示す証拠となっているというわけである。しかし，ロシアのZPR児を対象に行ったWISC-Rの検査結果では，VIQとPIQの差が常にあるとは限らず，その間に差が無い場合も認められている。また，われわれが経験したケースにも，その間の差はほとんどない場合でも，他の検査結果からみると，LD児の疑いが高いと判断された場合もあった。

そのような意味で，標準的知能検査を用いる場合，子どもの発達のどの領域の機能に発達障害あるいは発達遅滞が生じているのかを，専門的に検査する別の諸検査と組み合わせて，詳細にわたって子どもの発達状況を検査することが必ず必要になる。

その際に，どのようにテストバッテリーを構成するのかということが，検査者の立場から問題となるが，これについては，現在，特に一般的なやり方はなく，検査者や研究者に任されているのが現状である。例えば，神谷 (1997) は，知能検査としてはWISCあるいはWISC-R, 視覚認知検査としては，BGTかFrostig test，そして言語検査としてITPAを組み合わせるのが一つの妥当な方法と考えている。川村（1979）は，テストバッテリーとして，1)事例史の収集，2)日常の行動観察，3)特設場面の行動観察，4)WISC または WPPSI，5)RPEF 学習レディネス診断検査の 5 種で最も効果的に診断できるとしている（神谷，1997，87頁による）。

第 5 節　本研究での LD の定義

本研究は，わが国での LD の定義が定まる20年以上も前にスタートしたのであるから，そこで採用した LD の定義や考え方は，当然，わが国での LD の現在の定義とは異なる。本書の報告に当たって，著者の考えを述べておくことは必要であろう。著者の LD 定義と特徴づけは以下の通りである。

これは，著者が研究協力を依頼した教育委員会や校長，担任教師などに，「学習障害とは」という LD の解説としてかつて配布した文書に記載したものを一部修正したものである。

「学習障害とは，

(1) 通常の神経学検査では認めることのできない大脳における何らかの微細な機能不全か，あるいは週産期や出産時の異常，乳児からの養育・発達過程で生じた何らかの原因によって，感覚・運動機能や，知覚，思考，記憶，注意，言語などの認知機能のどこかに，発達の遅れが生じ，全体として発達がバランスを欠いた形で進み，就学年齢に達しても，学校での勉強を行うためのいろいろな準備性が未形成で，小学校 1 学年より，学校での学習に遅れを示す。特に，この障害をもつ児童は，感覚情報の統合や記号の操作を必要とする，読み・書きや算数の学習で，学習が困難である。

(2) 精神発達遅滞(知恵遅れ，精神薄弱)とは，根本的に異なり，知能や学習能力は，それに較べて，はるかに高く，集団式の知能検査や簡易型の個別式知能テストで検査した場合には，知能指数は普通(正常範囲)である場合が多く，ある場合には普通以上となる。

(3) しかし，WISC-R，WPPSI 等の構造的な分析ができる個別式知能検査などで児童の発達を調べて見ると，言語性知能(VIQ)が動作性知能(PIQ)に較べて著しく低かったり，また反対に，動作性知能(PIQ)が言語性知能(VIQ)に較べ極端に低かったりする場合が多い（例えば，VIQ：65，PIQ：105，VIQ：108，PIQ：70)。また，両者の指数の間に不均衡がない場合でも，言語性，動作性知能の中で，領域やテスト項目間に不均衡がある場合が多い。

(4) 潜在的な子どもの学習能力は高く，早い時期に，その障害を見つけ出し，子どもの障害の特徴に対応した特別の教育を，一定の期間組織的に行った場合，児童の学習は進み，その障害は漸次的に改善され，普通学級での学習にもついていき，その後，普通の発達を遂げることができる潜在的可能性をもっている。しかし，その発見が遅れたり，あるいは発見しても，早期から特別の教育を組織せず，そのまま放置した場合，学習不振と学習遅滞の状況は改善されず，学習遅滞の状況は，小学校の全期間にわたって継続的に続く，この事実は，著者らが国立教育研究所で行った学力の追跡調査でも確認されている。そこでは，第２学年で，１年の学習遅滞が認められた児童の成績を，第６学年末まで追跡したが，学習遅滞の状況が改善された児童はほとんど認められなかった（天野，黒須 1992）。

(5) その理由は定かでないが，わが国でも，どの国でも，学習障害は，女児よりも男児に発生する割合が高い。

(6) このような児童の場合，学校での学習面で，以下のような特徴が認められる。

1　特徴的に，読み・書きの習得が困難である。第１学年の１学期末，あるいは１学年末になっても，文の読み方も，拾い読みの段階にあることが多い。またひらがな文字による書取りや，作文でも，基本音節文字（清音，濁音，半濁音）を正しく書けなかったり，特に特殊音節（長音，拗長音，促音など）の表記を誤ることが多く，例えば，「きって（切手）」「おかあさん」「ぎゅうにゅう（牛乳）」の語を，「きて」，「おかさん」「ぎゅにゅ」などのように母音文字を脱落して書くことがしばしばある。文を書くことも苦手で，格助詞の「は」「を」「へ」を「わ」「お」「え」と書き間違えたり，あるいは省略することが多い。文をまったく書けない場合もある。

2　初歩的な加法，減法の計算でも，実物（おはじき，棒，指など）の助けを借りればなんとかやるが，数字記号を用いた暗算や筆算となるとできなかったり，文章題となると特に困難である。また，位の上げ下げを伴う計算で位取りを間違う場合が多い。

3　幼稚園期に経験すべき基本的な経験や知識に欠けており，普通の子が知っている事柄や事象を知らないことが多い。したがって，ことばの語彙も少なく，限られており，基礎的な概念や関係（例えば，右左，季節，曜日など）もわからないことが多い。

4　話しことばでの構文も，他の健常な児童に較べて貧弱で，格助詞（てにをは）を省略することも多い。

(7) このような児童の場合，幼稚園や学校での行動面で，以下のような特徴を示す場合が多い。ただし，どのような特徴を示すかは，そのタイプによってかなり異なり，一人のLD児が，下の全ての特徴を示すということを意味するものではない。

1　落ち着きがなく，いつも，あちこち動きまわる。

2　ちょっとした別の刺激に気が散り易い。

3　課題に対する集中力に欠け，一つの課題を持続してやることができない。

4　１校時の授業の間，ずっと先生の話しに注意を向け続けることはできず，途中で立ったり，他のことを始める。

5　手先が不器用で，ハサミをうまく使えなかったり，折り紙をうまく折れない場合が多い。

6　勉強と遊びの区別がつかず，学習に対する態度ができていない。

7　能率が悪く，のろのろ課題を行う。また，疲れやすい。

8　自分の行動のコントロールができにくく，衝動的に行動しやすい。

9　緊張しやすく，情緒面も不安定である。

10　社会行動面でも幼児性が目立つ。

(8)　一般的に，学習障害の発見と診断はたいへん困難で，経験のある教師の場合でも，障害についての専門的な知識をもたない場合には，「学習がやや遅れ気味の子」「幼児性の残っている子」「落ち着きがない子ども」として扱われ，その障害が見落とされる場合が多い。また，子どもの教育に熱心な父兄でも，自分の子どもの発達について，楽観的，ひいき的にみるため，その障害に気がつくことが少ない。この障害の正確な診断は，専門家の場合でも，単に経験的に行うことはまったく不可能で，個別的な知能検査を含む種々の発達検査と教育的観察を構造的に行うことによってはじめて可能となる。」

ここで，付記しておく必要があるのは，本研究で用いている「学習障害」の概念は，あくまでも，教育・心理学的概念であり，小児精神医学で用いられているDMS-Ⅳの「学習障害」の概念とは異なることである。小児精神医学の世界で，類似した概念としてADHA，ADA，高機能自閉障害等が用いられているが，ここで扱う学習障害は，上記の説明で述べているように，感覚・運動機能や，知覚，思考，記憶，注意，言語などの認知機能のどこかに，発達の遅れが生じ，全体として発達がバランスを欠いた形で進み，就学年齢に達しても就学準備性が未形成で，学習に困難を経験する児童を指しており，医師によって，かりにADHA，ADA，高機能自閉障害と診断されても，上記の特質を示している限り，LDとして扱う。

第6節　本研究の立場と研究の課題

著者は，国立国語研究所に勤務していた時より，長く幼児のひらがな文字での読み・書きの習得の問題に関わり，幼児期の読み・書き習得に関する調査を実施したり（村石，天野 1972），4歳代幼児や精神発達遅滞児に対する読み・書き能力の形成に関する研究（天野 1977，1986）や，幼児の文法発達に関する調査（天野 1977）や，精神発達遅滞児に対する構文能力の形成教育プログラム開発研究（天野 1983，1985）を行ってきた。これらの教育プログラム開発研究において理論的な基礎としたのは，ロシアのL. S. ヴィゴツキー（1962，1970）の教育は発達の前にあって発達の最近接領域を開くという理念，D. B. エリコーニン（1956，1976），P. Ya. ガリペリン（1959，1968），V. V. ダヴィドフ（1968，1972，1978）らによって発展されてきた形成教育，発達教育の理念，並びにA. R. ルリア（1956，1958，1973，1979）等によって発展されてきた神経心理学や回復教育の諸研究で得られた診断法や回復教育に関する知見である。また，著者は，1976年12月より，日本学術振興会の派遣研究員として，約10ヶ月間，A. R. ルリア教授の世話で，モスクワの科学アカデミー心理学研究所に勤務している間，教育アカデミーの許可を得て，先に引用したV. I. ルボブスキー教授が勤務していた障害学研究所に毎週１回定期的に通い，精神発達遅滞児を含む各種の発達障害児についての研究について所員から色々な話しを聞く機会をもった。ZPR 児の教育と発達やその診断法についてより深い知見を得たのは，その時であった。ZPR 児の通う特殊学校や特殊学級も訪ねたり，失語症の患者の回復教育の現場を訪ねる機会ももった。また，その期間に，教育アカデミー心理学研究所にもよく通い，特に，V. V. ダヴィドフが組織的な教育実験を行っていたモスクワ91番学校での発達教育を目標とした授業を参観し，発達教育の組織の方法，カリキュラムの構成の方法などについて多くを学ぶことができた。

帰国後，1978年から，国立教育研究所において，室長として，発達に遅れをもつ学習不振児の発達教育プログラムを開発するプロジェクトの準備を始めたのは，このようなことが大きな契機となった。したがって，著者の LD 児に対する読み・書き入門のための言語・認知教育プログラムの開発研究には，在ソ中に学んだロシアでの ZRP についての研究やダヴィドフの発達教育の理念が大きく作用している。ダヴィドフの主張する発達教育の理念は，ロシアでは，障害児の教育になかなか応用されていなかったが，LD 児に応用することは可能であると判断することができた。その当時，学習障害という用語は教育界であまり知られていない時代であったが，当然なことであるが，小学校低学年児の中に読み・書きの習得が困難である児童がわずかであるが認められた。そこで，発達教育の方法論を基礎に，彼らに単に読み・書き能力を形成するだけでなく，その中で，子どもたちの全体的な精神発達を促進させ，学習障害の状態から回復させるための教育の方法，教育プログラムを開発する課題が設定された。それから，延々と25年にわたって，この研究プロジェクトは文部省科学研究費補助金等を受けて，継続され，実施されてきた。それらの研究を含めて，先に述べた問題意識を背景に，本研究の課題を，より一般的な形で，研究の進行に合わせて述べれば以下の通りである。

(1)　まず最初に，学習障害が原因で，ひらがな文字での読み・書き習得が困難である児童を対象に単に読み・書き能力を形成するだけでなく，全体的な精神発達を促す効果をもつ，言語・認知教育プログラムを開発する。

(2)　その教育効果を健常児を対象にした教授・学習実験で確認した後，学習障害の危険が高いと思われる少数の小学１～２学年児を対象に実験的に指導・訓練を行い，それが読み・書き能力の形成のみならず，全体的な精神発達に及ぼす効果を分析すると共に，その教育プログラムによる教育効果は，どのようなタイプの学習障害に特に有効であるかを分析する。

　第１次の研究は２学年児を対象に行い，第２次は，１学年児を対象に行う。

(3)　(2)でその効果が確認された後，引き続き，比較的軽度の LD 児，比較的重度の LD 児を対象に第３次の教育実験を実施し，この教育プログラムの教育効果の有効性の程度を分析する。

(4)　上記の(3)の研究作業と平行して，教育プログラムの一部を，コンピュータソフトに移し替える作業を行い，それによる試行的な教育を試み，コンピュータソフトを用いた教育が LD 児に受容される可能性が高いか否かを分析する。

(5) コンピュータソフトを用いた教育がLD児に受容される可能性が高いことが確認されたら，これまで開発した教育プログラムをコンピュータソフトに置き替え，それらをCD-ROMに収め，公開し，LD児の読み・書き教育に携わっている関係者などに配布する。

(6) (5)の作業に引き続き，第2学年のLD児の言語教育に対応できるように，1～2学年用配当漢字の意味，読み，筆順の情報をもった漢字辞書を含む，漢字の読み・書き教育プログラムのソフトを開発する。

(7) 上記の(2)(3)の課題に対応して，小学校低学年クラスの児童を対象に，LDの危険性の高い児童を検出・診断するための診断検査のシステムの開発を試み，それを改善し，完成させる。

一応これで，初期の目的であった小学校低学年用の教育プログラムと，診断法は，完成した状態になったが，上記の(3)の課題に対応する研究で，これまで開発した教育プログラムは比較的重度のLD児に対して十分に適応せず，さらに数年，指導・訓練を続けることが必要であることがわかったため，これまでの課題設定を初めからやり直し，以下の課題を改めて設定した。

(8) 小学校でLD状態になった児童を検出・診断して特別教育を始めた場合，LD状態を回復できない場合が認められるので，5歳期にLDの危険性の高い幼児を検出・診断し，就学準備性の形成とLDの予防を目的とする教育プログラムを開発し，それによる指導・訓練を行い，就学直前に，就学準備性検査を実施し，幼児期の特別教育の効果を評価する。

(9) 就学準備性が形成できた幼児，形成できなかった幼児を含めて，第1学年も，これまで開発した教育プログラムで指導・訓練を継続して行い，第1学年末に，国語，算数の学力到達検査と知能検査等を実施し，LD状態にならなかった児童の割合，並びに国語，算数の学力到達と就学前に検査した就学準備性との関係を明らかにする。

(10) 第2学年終了時にも，学力到達検査等同様の検査を追跡的に実施し，学力到達の結果からLD状態からの回復の程度を再評価する。

(11) 上の一連の課題に対応した研究を遂行する中で，以下の諸検査，教育プログラムなどを開発し，幼児期から小学校低学年期までに実施するLD予防教育の一つの試行的なシステムを作り上げる。

1) 5歳児を対象にしたLDの危険性のある幼児を検出・診断する発達スクリーニング検査
2) 5歳児を対象にした学習障害予防教育プログラム
3) 就学直前に実施する就学準備性検査
4) 第1学年用の，算数の教育を含む言語・認知教育プログラム
5) 第1学年末に実施する評価テスト
6) 第2学年末に実施する評価テスト

(12) これらを総合して，幼児期から小学校低学年期までに実施してきたLD予防教育の効果を評

価する。

第７節　研究の経過

上記の諸課題に対応して実施された研究の経過は以下の通りである。

昭和54年度（1979年）　　対応する課題

⑴　小学校２学年児を対象にした教授・学習実験　　⑴　⑵

協力校　目黒区大岡山小学校

対象児　第２学年児６名

昭和55年度（1980年）

⑵　LD 危険児を対象にした実験教育　⑴　　⑵　⑺

協力校　川崎市東住吉小学校ことばの教室

川崎市川崎小学校ことばの教室

川崎市久本小学校ことばの教室

対象児　第２学年児９名

昭和56年度（1981年）

⑶　LD 危険児を対象にした実験教育　⑵　　⑵　⑺

協力校　上の３校の他

川崎市三田小学校ことばの教室

鎌倉市御成小学校ことばの教室

対象児　第１学年児９名

平成３～５年度（1991-1993年）

⑷　LD 児に対する言語・認知教育プログラムによる訓練実験　　⑶　⑷　⑺

協力校及び　川崎市東住吉小学校ことばの教室

指導の場所　川崎市三田小学校ことばの教室

中央大学行動観察室

対象児　第１学年児６名

この研究は，平成３～５年度文部省科学研究費補助金試験研究Ｂ　⑴「学習障害児に対する言語・認知発達教育プログラムと診断法の開発と実用化」（研究代表者 天野　清）の補助を受けて実施した。

平成８～９年度（1994-1995年）

⑸　学習障害児に対する言語教育コンピュータソフトの開発　　⑸　⑹

協力校及び　川崎市東住吉小学校ことばの教室

指導の場所　川崎市三田小学校ことばの教室
中央大学行動観察室
対象児　第1～2学年児5名
この研究は，平成8～9年度文部省科学研究費補助金基盤研究B（2）
「学習障害児に対する言語教育プログラム　コンピュータソフトの開発」（研究代表者　天野 清）の補助を受けて実施した。

平成12～14年度（2000-2003年）

(6) 学習障害の危険性が高い5歳幼児を対象にした学習障害予防のための実験的な教育・訓練指導　(8)～(12)

協力校及び指導の場所　川崎市東住吉小学校ことばの教室
川崎市麻生小学校ことばの教室
川崎市川崎小学校ことばの教室
川崎市久本小学校ことばの教室
川崎市宮前平小学校ことばの教室
中央大学行動観察室
対象児　学習障害に危険性のある5歳幼児11名
この研究は，日本学術振興会科学研究費補助金基盤研究B（2）
「幼稚園・保育園年長児に対する学習障害予防のための言語・認知発達教育プログラムの開発」（研究代表者　天野 清）の補助を受けて実施した。

なお，上記の研究と平行して，文部省科学研究費補助金を受けて，以下の研究を実施し，そこで得られた健常幼児の読み・書き習得過程についての諸知見や，開発した国語，算数の学力到達テストを含む諸診断検査は，本研究プロジェクトの推進に大いに寄与した。

1） 昭和55年度文部省科学研究費補助金「小学校・中学校期間中における言語・数学能力の発達と到達度に関する調査研究」（研究代表者，昭和55年主原正夫，昭和56～57年度赤木愛知）
この研究は，平成3年度文部省科学研究費補助金「研究成果公開促進費」の補助を受けて，天野清，黒須俊夫著『小学生の国語・算数の学力』（秋山書店）として公刊された。
2） 昭和61～63年度文部省科学研究費補助金試験研究費（1）
「精神発達遅滞児に対する言語・認知発達診断法の開発と実用化」（研究代表者　天野 清）
3） 平成3～4年度文部省科学研究費補助金一般研究B
「幼児の読みの習得過程についての発達的・実験的研究」（研究代表者　天野 清）

第8節　本書の構成

本書は，3部から構成されているが，上記の諸研究のうち，(3)(4)(5)(6)の研究を報告するもので，以下のような構成からなる。

第1部　上記の(3)の研究

小学低学年用に開発した教育プログラムの構成の原理とその内容，並びに昭和55年度（1980年）に実施した，LDの危険性の高いと診断した9名の第1学年児を対象にした(3)LD危険児を対象にした実験教育(2)研究の詳細な報告を行う。

第2部　上記の(4)(5)の研究

平成3～5年度文部省科学研究費試験研究B(1)の補助を受けて実施した「学習障害児に対する言語・認知発達教育プログラムと診断法の開発と実用化」（研究代表者　天野 清）の課題で実施した診断法と言語・認知発達教育プログラムの開発と，その診断法でLDと診断された第1学年児6名を対象にした言語・認知発達教育プログラムによる教育実験の報告。

平成8～9年度文部省科学研究費基盤研究B(2)「学習障害児に対する言語教育プログラム　コンピュータソフトの開発」（研究代表者　天野 清）の補助を受けて開発した種々の漢字の教育プログラムの報告。

第3部　上記の(6)の研究

日本学術振興会科学研究費補助金基盤研究B(2)「幼稚園・保育園年長児に対する学習障害予防のための言語・認知発達教育プログラムの開発」（研究代表者　天野 清）の補助を受けて実施した5歳幼児11名に対する学習障害の予防に関する上記の研究課題(8)～(12)に対応した研究の報告。

また，本研究の成果が実際のLD児の実際の教育に役立つため，この研究の中で開発してきたコンピュータソフトやその解説と手引き等をCD-ROMに収め，付録として添付した。

そのCD-ROMの内容目次はviii～ix頁に示す。

第 1 部

学習障害児に対する読み・書き入門言語教育プログラムの開発と実験的な指導・訓練

第１章　問題と研究の課題

概　　要

小学校へ入学してすぐ読み書きの習得に困難を経験するLD児のための，３種類のプログラムからなる読み・書き入門言語・認知教育プログラムを構成するにあたって基本的な考え方や研究の経過，それらを用いた教育実験研究の課題などについて説明する。

第１節　はじめに

小学校の普通学級に通う低学年児童の中に，わずかな割合（３～５％）ではあるが，今日，学習障害と言われている特有の言語・認知面の発達障害が原因で，基礎的な読み・書き能力の習得が著しく困難である児童が認められる。これらの児童は，今日の多くの幼児とは異なって，幼児期にかな文字の読みを習得し始めることが少なく，かな文字を全く読めないか，あるいは自分の名前の読み・書きができる程度で小学校に入学するが，就学後の学習も，教師や親が期待するようには進展せず，第１学年の第２学期になっても，まだ基本音節文字の読み・書きを完全に習得しないことが多い。また，第２学年になっても，まだ文の読み方が拾い読みで，満足に作文もできない場合も少なくない。このような児童の場合，小学校での算数やその他の教科の学習が一定の読み・書き能力を前提にしているのであるから，国語科のみならず，全教科にわたって学習の遅滞が生じるのは当然のことである。

このようなタイプの児童の場合，言語・認知面の発達や他の心理機能の発達を調べてみると，単に読み・書き能力だけが未習得・未発達であるばかりでなく，話しコトバの面で，語彙，文法能力の発達が遅れていたり，認知（知覚，思考，記憶，注意等）発達，あるいは精神発達全体に何らかの未発達な部分をもっていて，その発達が不均衡である場合がしばしば認められる。このようなタイプの児童は，クラスの中でごく少数（１～２名）であるということにも関連して，これまで，教師や親の心配の種になったとしても，ある場合には，楽観的な見方から，ある場合には子どもの怠惰等によるものとしてそのまま放置され，特別の教育（発達教育，治療教育）を必要とする子どもとは見なされなかった。しかし，今日，このようなタイプの子どもの発達障害（学習障害）の特徴や言語能力を調べた多くの研究によって，読み・書きの習得困難や記号操作の困難は，この発達障害（学習障害）をもつ児童の多くに共通して現れる現象の一つであることがかなり明瞭になってきた。したがって，このような発達障害と結びついて読み・書きの習得が困難である児童については，なるべく早い時期から，その習得と発達を促すために特別の教育を与えることが，単に，基礎的な読み・書き能力の習得を促すためだけでなく，その発達障害を克服するためにも必要なことなのである。

しかし，わが国の場合，学習障害児についての研究や行政的施策，さらに学校における教育的な対応が，欧米に較べて著しく立ち遅れてきたということに関連して，このような発達障害が原因で読み・書きの習得が困難である児童に対して，効果的に読み・書きを指導する指導法や教育プログラムについて，これまであまり研究されてこなかった。教育現場でも，その教育は，研究的に行われているいくつかの例外を除いて，ほとんど取り組まれていないのが現状なのである。

このような状況の中で，われわれは，この教育プログラムの開発研究の作業を，昭和54(1979)年から，国立教育研究所において，発達に遅れをもつ学習不振児に対する発達(促進)教育研究の一環としてスタートさせた。学習障害の問題が，専門家の中で論議，研究されてはいたが，「学習障害」という用語すら，わが国の教育界にほとんど知られていなかった時代で，したがって，研究プロジェクトの名称も，「学業不振児に対する発達促進」と言う名称を用いた（国立教育研究所，1982)。

第2節　教育プログラム構成の原理と研究の課題

研究を組織するに当たって，まず当面した問題は，開発すべき教育プログラムは，全体として如何なる構造をもち，各教育プログラムは，どのような原理から構成すべきであるのかという問題であった。直接，子どもに指導する内容となるのは，小学校１～２学年児を対象にした，ひらがな文字での読み・書きであるが，言語・認知面で遅滞を伴う学習不振児（学習障害児）は，読み・書きができないからと言って，ひらがな文字での読み・書き入門だけを行えばよいというものではない。彼らの多くは，話しコトバの文法面や語彙面にも遅れをもち，知覚，思考，注意，記憶などの認知面にも遅滞をもっていることは，これまでの研究で明白なことであった。したがって，学習障害児に対する読み・書き入門教育プログラムの開発を考えるに当たって，求められたことは，今かりにこの入門言語教育プログラムの目標と範囲を，かな文字の学習から始めて，子ども自身が，文章を読み，理解できるだけでなく，自力で，文や作文が書ける段階に到達させるまでと限定しても，少なくとも，その内容と性格を異にする三つの部門の言語教育プログラムを構成することを考えなければならない。

⑴　ひらがな文字の読み・書きの教育プログラム

⑵　文法及び構文指導の教育プログラム

⑶　意味論・語彙指導の教育プログラム

しかも，これらの指導は，単に，言語能力を改善させるだけでなく，認知的発達や全体的な精神発達にも寄与するものでなければならない。どのような構成の原理に立った時に，言語能力と認知的な能力の両面に共に寄与できるプログラムを構成することができるのであろうか。これは，理論的にも，実際的にも，まったく未解決の問題であった。これには，いろいろな考え方が成立し得るが，著者は，これまで進めてきた研究を基礎に，言語そのものに対する分析能力，言いかえるならば，言語的現実（linguistic reality）に対する子どもの自覚（awareness, осознание）を形成することを通して，子どもの言語能力と共に，認知的な諸能力を発達させる，そういう構想の下で，教育プログラムを構成することを考えた。子どもが幼児期に習得した話しコトバ面で形成された言語諸能力を，学童期に習得しなければならない書きコトバの面の諸能力に転化する際に，その橋わたしの機能をもつもの，その媒介の機能を果たすものは，子どもがこれまで習得してきた母国語そのもの，言語そのものの言語的特質，特徴についての自覚だからである。多少，公式的な表現をするならば，読み・書き能力は，心理学的に見た場合，言語的現実の多様な側面，つまり，語の音声的構造，語の意味，構文や文の統辞・意味論的構造等についての言語的自覚が求められる非常に複雑な，意識的活動であると言えるのである。L. S. Vygotsky（1987，204-205ページ）は，この読み・書きの特殊性を，“Written speech is the algebra of speech”（書字言語行為は，音声言語行為の代数である）と表現した。彼によれば，“Writing is a more difficult and a more complex form of intentional and conscious speech activity”（文を書く行為は，より困難で，より複雑な形式の，意図的，意識的言語活動である）。また，彼は，子どもが書字言語行為を学ぶ際に経験する困難の真の原因は，「書字言語行為の教育が始まった時，その基礎となっている基礎的な諸精神機能は，まだ十分発達しておらず，実にその発達は，まだ始まっていない点にある」（同上，205ページ）と述べている。

学習困難や学習障害をもつ子どものに対する入門読み・書き教育プログラムを構成するに当たって，ヴィゴツキーのこの書字言語行為についての考え方は，特に重要である。というのは，彼の上記のことばは，われわれが適切な方法で，読み・書きの学習に先立って，子どもの言語的現実についての自覚を形成することができるならば，彼らの読み・書きの習得で経験する困難を軽減もしくは克服することができることを示唆しているからである。

幸いなことに，著者は，これまで，上記の(1)の教育プログラムの構成については，子どもの語の音節分析の形成という立場から，健常の幼児や精神発達遅滞児を対象に，長い間研究を続けてきた（天野 1970，1977，1986）。しかし，学習障害児に対しては，まったく教育実験を行ったことはない。また，上記の(2)(3)の教育プログラムについても，幼児の文法発達や語彙発達についての基礎資料（天野 1977_b，1989）を得ていたにせよ，学習障害児に対する教育プログラムを構成し，それに基づいた教育実験を試みたことはなかった。

そこで，まず，上記の(1)(2)について，以下の教育プログラムを構成し，手始めに，発達の遅れで学習不振となっている2名の子どもを含む，通常学級の第2学年児6名を対象に，約4ヶ月にわたる個別の教育・訓練実験を試みた（天野 1982，1986）。

(A) 特殊音節の自覚の形成と表記の学習プログラム

⑻　文の統辞・意味論的構造の自覚の形成教育プログラム

⑷のプログラムは，小学校低学年期の発達の遅滞を伴う学業不振児に特徴的に見られるかな文字表記，特に特殊音節を含む語の表記の学習困難は，特殊音節に対する言語的な自覚の未形成，未発達に起因しているという立場から，まず，その自覚を形成し，それを基礎に特殊音節の表記を学習させることを目的としたもので，今回のこのプログラムは，特に彼らに困難である長音，拗音，拗長音の自覚の形成とそのひらがな表記の学習を主たる目的としていた。

⑻の教育プログラムは，小学校低学年児童に，日本語の主要の統辞・意味論的なカテゴリーについての自覚を形成し，文の統辞・意味論的な構造を分析する能力の形成を目的としているもので，このプログラムでは，形成すべき文の統辞・意味論的なカテゴリーとして日本語の動詞述語構文で基本的な次の10種類の統辞・意味論的カテゴリーを扱うことにした。1）行為者，2）対象，3）相手（間接格），4）行為，5）場所，6）時間，7）目的，8）原因・理由，9）道具・手段，10）材料。

その結果，両プログラムは，低学年児童の語の音節構造の自覚の形成，文の統辞・意味論的構造の自覚の形成にとって，非常に効果的であること，発達に遅滞の傾向が認められた２名の児童の場合でも，特殊音節を含む語の音節構造の自覚の形成によって，表記の習得が非常に困難な特殊音節を含む語の表記の習得が促進されることを確認することができた（天野 1982，1986）。また，この教育・訓練実験で得られた諸資料を基礎に，これらの教育プログラムの構成，指導手続きなどを一部改善して，学習障害児用の教育プログラムを構成することが可能となった。

また，学習障害児に対する語彙面の指導についての検討を進め，分類操作の学習を基礎にした語彙教育プログラムを開発・構成することができた。

このような経過を経て，学習障害児に対する言語・認知能力の改善を目的とした，以下の３種類のプログラムからなる読み・書き入門言語・認知教育プログラムを構成することができた。

⑷　特殊音節の自覚の形成とひらがな文字の表記の教育プログラム

⑻　文の統辞・意味論的構造の自覚の形成教育プログラム

⒞　各種の分類操作の学習を基礎にした語彙・認知教育プログラム

本研究の課題，目的は，上記の３種類の教育プログラムを，学習障害の疑いの高いと判断された小学低学年児童（第１～２学年児）を対象に，個別指導の形で指導を行い，⑴その学習の過程を分析すると共に，⑵その教育・訓練が，子どもの精神発達全体に対する発達的な効果を分析することにある。

第2章　各教育プログラムの構成と内容

概　　要

上記の3種類のそれぞれの教育プログラムについて，その構成の原理，訓練のステップの流れ（フローチャート），訓練の手続き等を，概略的に説明する。

第1節(A)　音節の自覚の形成とひらがな文字の表記の教育プログラム

このプログラムは，日本語のかな文字の，基本音節，特殊音節（促音，長音，拗音，拗長音，助詞の「は」「へ」「を」）について，言語的自覚を形成し，その下でその表記のルールを学習させることを目的とするものである。

先に述べた小学校2学年の学習不振児を対象に教育実験を行った際に作成したひらがなの特殊音節の学習を目的とした教育プログラム（天野 1982）に，新たに基本音節の学習の部分を付け加え，小学校1学年でかな文字の基本音節文字の習得が不完全である児童にも用いることができるように改良したものである。このプログラムの概略的な全体をフローチャートの形で示してみると，第1-2-1図のようになる。

このプログラムの基礎となっている考え方は，すでにこれまでの研究（天野 1982，1986，1988）でも述べてきたように，音節についての言語的自覚の形成が，かな文字での読み・書きの学習の基礎であるという考えである*。また著者のこれまでの研究によって，この音節についての言語的自覚は，(1)語の音節の順序性を分析する行為(語の各位置，語頭，語中，語尾等の音の同定・抽出)と，(2)特殊音節の言語学的特質に基づいて，それらを含む語の音節構造を分析し，一定のモデルで表す行為の習得によって形成されることが明らかにされてきた。このプログラムは，これらの知見を基礎に作られている。したがって，どの音節の読み・書きの学習も，(i)音節の言語的自覚の形成，(ii)読み・書き(表記)の学習の順序で行われ，音節の学習の順序は，(i)基本音節＋撥音(N)，(ii)促音，(iii)長音，(iv)拗音，(v)拗長音の順序で行われる。また，長音の学習は，母音についての知識，字と音の違いについての知識が求められるので，長音の学習と関連して，「母音の学習」，「字と音の識別」，助詞の「は」「を」「へ」の学習が行われる。音節の自覚の形成の訓練では，第1-2-2図，第1-2-3

＊　かな文字にはひらがな，カタカナ文字の2種があり，音節についての自覚の形成はいずれの場合にも必要であるが，ここでは具体的にはひらがな文字の教育を扱っている。以下，かな文字という語を用いた場合は，ひらがな文字を指すものとする。

step
(前テスト)
1
基本音節語の音節分解，読み・書きの練習 (1)
2
基本音節語の音節分解，読み・書きの練習 (2)
3
多音節語の音節分解，読み・書きの練習
4
モデル図式を基礎にした促音のモデル構成
5
略式図式を基礎にした促音のモデル構成
6
図式なしのでの促音のモデル構成と表記の学習
7
母音の学習
8
モデル図式を基礎にした長音のモデル構成
9
略式図式を基礎にした長音のモデル構成
step
10
指を用いた分析と長音を含む語のモデル探し
11
長音の言語水準の分析とモデル構成
12
内言レベルの長音のモデルの構成
13
字と音の識別の学習
14
助詞「は」「を」「へ」の学習
15
長音の表記，読み・書きの学習 (1)
16
長音の表記，読み・書きの学習 (2)
17
拗音の産出
18
図式を基礎にした拗音のモデル構成，抽出，同定
step
19
拗長音の産出の学習
20
モデル図式による拗音・拗長音を含む語のモデル構成
21
モデル図式による長音・拗長音を含む語のモデル構成
22
略式図式による拗音・拗長音を含む語のモデル構成
23
略式図式による長音・拗長音を含む語のモデル構成
24
拗音の表記の学習
25
拗長音の表記の学習
26-1
全特殊音節を含む語のモデル構成
26-2
全特殊音節を含む語の書きの学習
(後テスト)

第 1-2-1 図　音節分析を基礎にしたかな文字の読み・書き教育プログラム

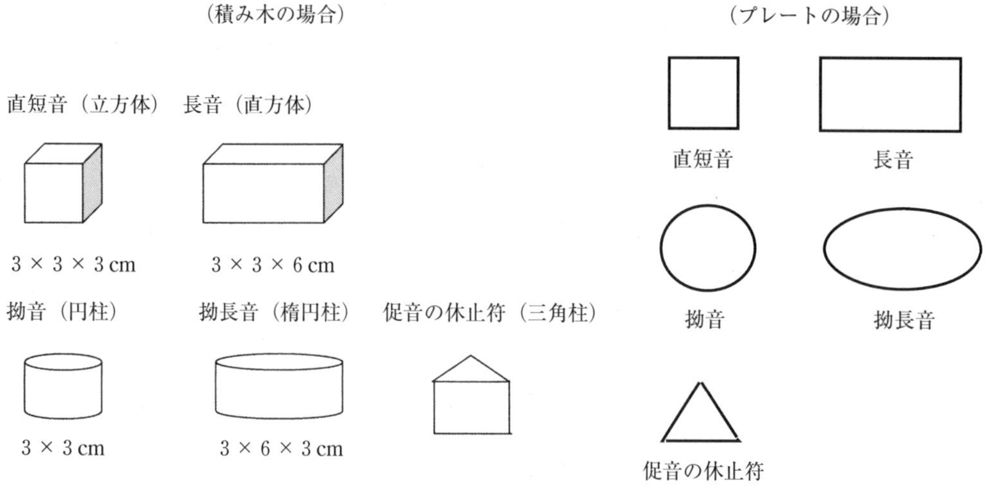

第 1-2-2 図　音節のモデル構成のための積み木 or プレート

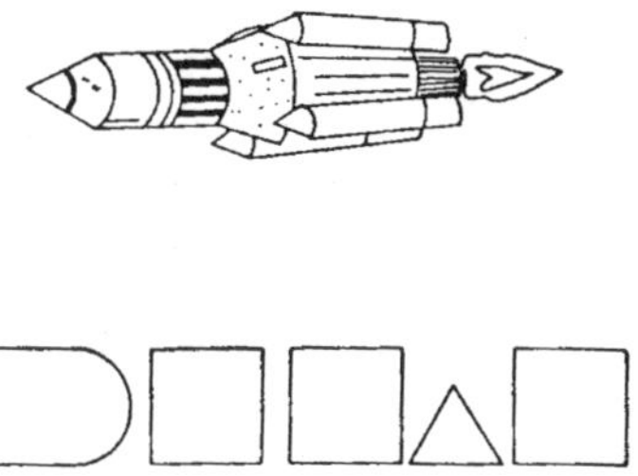

第 1-2-3 図　語のモデル構成のための図版の例
（宇宙ロケットの場合）

図に示すようなモデル構成用の積み木あるいはプレートと，絵の下に語の音節構造を示したモデル図版とを用いる。

日本語の音節の長短の対立や促音の言語学的特質は，短音を長く伸ばして長音を産出させたり，あるいは，当該の音節を含む語とそれを含まない語（／ビル／と／ビール／，／マチ／と／マッチ／）の音節構造を，図版の音節モデルを較べながら対比させることによって，就学前の幼児にでも比較的容易に気づかせることができる。しかし，音声学的に口蓋化された子音（軟子音）＋母音の構造（kj-a／キャ／，cj-a／チャ／）をもつ拗音の場合，そのかな文字表記を学習していない生徒及び幼児に，その音節の言語学的特徴に気づかせ，直音との対立，区別を自覚させることは一定の困難をもっている。拗音は，例えば，／kja／キャ／という音の場合，イ段の／キ／の音を発音す

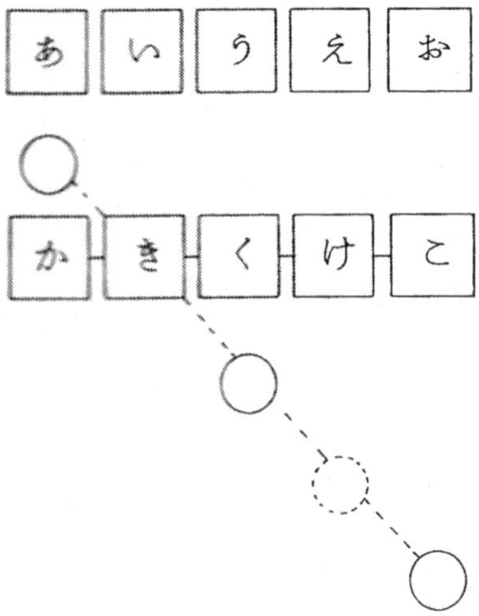

第 1-2-4 図　直音と拗音の関係を示す音の系列図*

*　か行の場合を示す。系列図のうち，正方形が横に水平に並んでいる系列は直音の系列を示し，円が斜めに並んでいる系列は，拗音を示し，それらは，イ段で交叉する。子どもには，この「音の線路」では，イ段のところで，音の乗り換えをすると説明する。正方形，円形は，直短音，拗音のモデル積木の形に対応しており，破線の円は日本語にその音節が欠けていることを示す。図版の上の「あ」〜「お」は，段を示す。

べく口を構え（つまり，舌を上に上げ，口蓋に近づける），／ア／の音を出すように構音するという特徴があるため，そのような音の産出の仕方の特徴に気づかせることができれば，それにこしたことはない。しかし，小学校低学年の児童に，大学生に外国語のある音韻の産出の仕方を，言語運動器官の運動の模式図を示して教えるように，教えることはできない。そこで，このプログラムでは，同じ行の直音節の系列と拗音節の系列の関係を図式的に示した「直音と拗音の系列図」（「音の線路」）（第 1-2-4 図）を作成し，その系列図を用いて，拗音の音の作り方とその特徴，直音と拗音の相違と関係を学習させることにした。この系列図は，上村（1978）が提示した直音節と拗音節の音声学的な関係図を基礎にして，児童にわかりやすくするため，一部変更して作成したものである。このような拗音の系列図を基礎にして，拗音の言語的特徴と直音との相違を教育した後，同じく，拗音節を示すモデル積み木と図版を用いて，拗音を含む語の音節構造の分析とそのモデル構成の学習を行うようプログラムを構成した（ステップ５，６）。

特殊音節の言語的自覚が完全に形成されるためには，特殊音節を含む語のモデル構成行為を，はじめ対象的行為の平面で形成し，それを漸次内面化させ，内言水準にまで内面化させることが必要である。学習が特に困難な長音を含む語の場合について，その言語的自覚の形成に必要なステップを例示してみると，第 1-2-5 図のようになる。

このプログラムの各ステップの目的，材料，課題，訓練手続きの詳細は，付録Ａ１「音節の自覚

ステップ		
8	モデル図式による長音の学習	図版のモデル図式に基づいてモデルを構成させた後，長音を抽出・同定させる。また，その長音に含まれる母音を抽り出させ，段を学習させる。
9	略式図式による長音の学習	図版の下に語の音節数のみが••••で略式的に示される。訓練者は左方の点を指さし，「どんな音？」「長い音，短い音？」と問答する中で，モデルを構成させる。
10	指の助けを借りた分析とモデル探し	子どもは，当該の語を発音しながら，指を用いて，その音節数，構造を分析し，該当するモデルを，目の前のカードの中から選ぶ。
11	言語レベルの分析とモデル構成	口頭で提示される語の音節構造を，声を出すか，つぶやいて分析し，その長短を判断し，モデルを構成する。
12	内言レベルのモデル構成	口頭で語が提示されると，その音節構造を分析し，即座に，その該当するモデルを，カードの中から選ぶか，あるいは，即座にモデルを構成する。

第 1-2-5 図　長音の言語的自覚の形成のためのステップ

の形成とひらがな文字の表記の教育プログラム」に示す。

第2節(B)　文の統辞・意味論的構造の自覚の形成と文の読み・書きの教育プログラム

この教育プログラムは，日本語の動詞述語構文の統辞・意味論的基本的なカテゴリー（行為者，対象，受け手，相手，道具・手段，材料，目的，原因・理由，場所，時間，行為等）を基礎とし，日常的に用いている文がどのような統辞・意味論的な構造をもっているのかを分析し，文のモデルを構成する行為を形成することを通して，これらのカテゴリーについて，明瞭な言語的自覚を形成すること，またそれを基礎に，文を構成し，書く能力を形成することを目標としている。

この目標を実現するため，小学校低学年児でも，文の統辞・意味論的な基本的なカテゴリーについて容易に学習できるように，このプログラムでは，文の統辞・意味論的な基本的なカテゴリーを表すシンボルマークと文のモデル構成のための訓練用図版を用いる。それらを第 1-2-6 図及び第 1-2-7 図に示す。各カテゴリーのシンボルマークは，１辺 3 cm の正方形，厚さ 3 mm の白色プラ

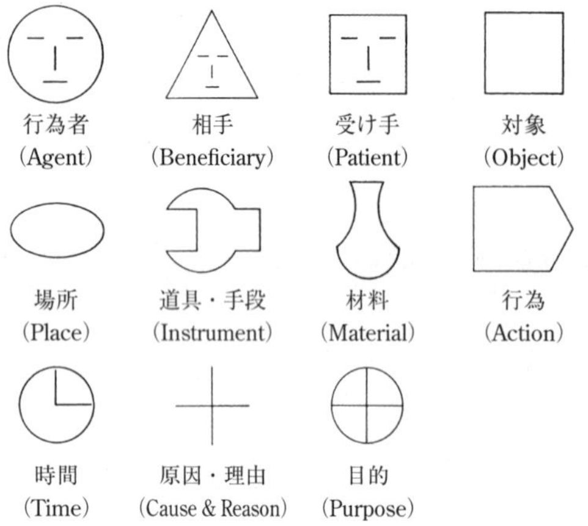

第 1-2-6 図　統辞・意味論的な基本的なカテゴリーを表すシンボルマーク

第 1-2-7 図　文のモデル構成のための訓練用図版

スチック板に描かれており，それらは，そのカテゴリーの意味を説明している説明図の上に各 2 枚のせて置かれてある。

学習障害児の訓練用に作成した教育プログラムの構成は第 1-2-8 図に示す通りである。プログラムは，大きく二つのブロックからなっている。第 1 は，文字テキストは，一切使わず，先に示した訓練図版とシンボルプレートを用いながら，文の統辞・意味論的な構造について自覚を形成する目的で，口頭で平叙文や疑問文を作ったり，文のモデルを作る学習を行うブロックで，第 1-2-8 図のフローチャートに示すステップ 1 からステップ 5 までの学習からなる。第 2 は，文の統辞・意味論的カテゴリーや構造について自覚が形成されたあと，文のモデルを基礎に，当該の統辞・意味論的要素からなる構文の文について，書くこと及び読むことを学習するブロック（ステップ 6 からステップ 9）である。

このプログラムでは，11種の統辞・意味論的カテゴリーについて学習するが，その11種を 1 度に提示して学習させることは困難であるため，初めに，「行為者」，「場所」，「対象」，「時間」，「行為」のカテゴリーだけからなる文を用いて，その五つのカテゴリーについて学習し，次に「相手」，「受け手」，次に「道具」，「材料」のカテゴリーを導入し，さらに最後に，一番難しい「目的」，「原因・理由」のカテゴリーを導入するのを基本としている。「道具」と「材料」は混乱しやすいので，混乱が起きにくい「相手」と「受け手」を先に学習するように構成してあるが，それらの間の順序性はあまり重要ではない。

ステップ 1 からステップ 4 まで各ステップでは，上記の図版とシンボル図形を用いて，子どもは，まず，図版の絵を見て，(1)口頭で文を作る練習を行い，(2)文が作れたら，次にシンボルマークを用いて，文のモデルを作る学習を行う。(3)そして，一定の統辞・意味論的要素について，それに対応

step	（前テスト）	あつかう統辞・意味的カテゴリー	疑問文の作成
1	平叙文，疑問文の作成とモデル構成(1)	行為者，場所，対象，時間，行為	誰が（行為者），何を（対象），どこで，どこに，どこへ（場所），いつ（時間）
2	平叙文，疑問文の作成とモデル構成(2)	行為者，相手，受け手，道具，材料，行為	誰を（受け手），誰に（相手），どうする（行為）
3	平叙文，疑問文の作成とモデル構成(3)	行為者，対象，道具，材料，場所，行為	誰が（行為者），何を（対象），何で（道具），何から（材料），どこで，どこへ，どこに（場所）
4	平叙文，疑問文の作成とモデル構成(4)	行為者，場所，目的，原因・理由，行為，時間，対象，相手	何のために（目的），いつ（時間）何故（原因・理由），何で（道具）誰に（相手），誰が（行為者），どこで，どこへ，どこに（場所）
5	対象的行為を基礎にした文のモデル構成	行為者，場所，受け手，目的，原因・理由，行為，時間，対象，相手，道具，材料	
	（間テスト）		
6	モデルを基礎にした文の書き・読み(1)	行為者，場所，対象，時間，行為	
7	モデルを基礎にした文の書き・読み(2)	行為者，相手，受け手，道具，材料，行為	
8	モデルを基礎にした文の書き・読み(3)	行為者，対象，道具，材料，場所，行為	
9	モデルを基礎にした文の書き・読み(4)	行為者，場所，目的，原因・理由，行為，時間，対象，相手	
	（後テスト）		

第 1-2-8 図　文の統辞・意味論的構造の分析を基礎にした統辞・文法教育プログラム

する疑問詞を使った疑問文を作る練習を行う。そして，そのような学習を，１回の訓練で10〜14文で行い，その学習終了後，それらの文について，モデル図式がない条件で，正しく文のモデルを作成できるか否かの学習テスト（図式なしの文の作成テスト）を行う。もし，学習テストで，十分高い成績が得られたら（90%以上を目安としている），その学習は終わったと考え，次の新しい学習ステップに移る。ステップ１〜４の学習が終了すると，全体の復習と各カテゴリーの統辞・意味論的意味の学習の確認を兼ねて，ステップ５で，箱庭状のセットで，人形などを具体的に操作させてから，文のモデルを構成する学習を行う。

ステップ６からステップ９では，すでに学習した構文の文を材料にして，(1)まず文のモデルを構成し，(2)それができたら，そのモデルを見ながら，ノートに，その文を書く練習を行う。(3)そして，それができたら，最後に，その文を読む練習を行う。

これで，わかるように，このプログラムでの訓練と学習の組織の上で重要な原則は，上記の一定の統辞・意味論的カテゴリーからなる構文について，まず，第１ブロックの系列のステップで，それらのカテゴリーについての自覚を形成し，文のモデルが確実に作れるようになってから，第２ブロックで，そのモデルに依拠しながら，その構文の文の書き及び読みを学習するということである。

小学２年生を対象にした先の研究（天野 1982）では，10種のカテゴリーを扱ったが，今回は，「受け手」を「相手」から区別し，独立のカテゴリーとし，計11種のカテゴリーを扱うことになった。

また，その先行研究では，文の中に用いられる語の統辞・意味論的基本的なカテゴリーを見つけ出し，判断するための客観的な分析手段(操作)として，(i)文中の語の統辞・意味論的意味に対応した疑問詞を用いた疑問文を作成する方法（例えば「かもめが　空を　飛んでいる」という文で「空を」のカテゴリーがわからない場合，それを尋ねる疑問文「かもめは，どこを　飛んでいますか？」を作らせてみる），(ii)文中の語の統辞・意味論的意味を担っている各助詞の意味を，その意味がより明瞭になるように展開して表現する方法（例えば「あひるが　池で　泳いでいる」という文で「池で」のカテゴリーがわからない場合，「あひるが　池という場所で　泳いでいる」と表現させる）の２種類の方法を教えたが，今回のこのプログラムでは，前者の文中の語の統辞・意味論的意味に対応した疑問詞を用いた疑問文を作成する方法のみを採用している。

各ステップの目的，材料，課題，手続きの詳細は，本書の付録Ａ２「文の統辞・意味論的構造の自覚の形成とモデル化を基礎にした構文学習プログラム」に示すが，昭和56年10月から開始したこの第２実験教育では，各ステップで用いられた問題文，問題数が，付録の説明とやや異なっている。この指導・訓練で用いられた問題文を以下に示す。下線の部分は，それに対応した疑問文を作成することを求める部分である。

1) Sステップ1（付録A2のM1（1-1，1-2）の部分）

1．マーチャンが　椅子に　座っている。

2．アヒルが　川で　魚を　とった。

3．かもめが　空を　飛んでいる。

4．朝　お父さんが　ソファーで　新聞を　読んでいる。

5．きのう　花子は　野原を　走った。

6．マーチャンが　ソファーに　座っている。

7．夜　テーブルの下で　ネズミが　チーズを　かじっている。

8．花子さんが　ジュースを　コップに　いれる。

9．日曜日に　太郎は　川で　つりを　した。

10．マーチャンが　椅子のうしろに　立っている。

11．マーチャンが　川のそばを　歩いている。

12．マーチャンが　椅子の前に　立っている。

13．三時に　お母さんが　テーブルで　お茶を　飲んでいる。

14．マーチャンが　木の下を　歩いている。

2) Sステップ2（付録A2のM2（5-1，5-2）のうち5-1用）

1．木のそばで　お母さんが　子どもを　抱いている。

2．まさおが　花子に　本を　上げている。

3．お母さんが　子どもを　ソファーに　寝かせている。

4．原っぱで　花子が　正夫を　追いかけている。

5．花子が　お母さんに　花を　上げている。

6．ソファーで　お母さんが　子どもを　抱いている。

7．太郎が　お母さんに　子どもを　渡している。

8．まさおが　花子を　追いかけている。

9．まさおは　よしこに　まりを　投げている。

10．まさおは　花子に　ジョーロを　渡している。

3) Sステップ3（付録A2のM3（2-1，2-2）のうち2-1用）

1．まさおが　紙で　飛行機を　作っている。

2．まさおが　かなづちで　テーブルを　叩いている。

3．まさおが　池で　魚を　釣っている。

4．まさおが　ラケットで　ボールで　打っている。

5．子どもが　砂場で　砂で　山を　作った。

6．お母さんが　フライパンで　目玉焼を　作っている。

7．お母さんは　小麦粉から　ドーナツを　作った。
8．原っぱで　まさおが　棒で　犬を　叩いた。
9．花子は　木の下で　本を　読んでいる。
10．お母さんは　玉子から　目玉焼を　作った。

4)　Sステップ4（付録A2のM4（7-1，7-2）に対応するもの）

1．お母さんは　川へ　水くみに　行った。
2．大水で　まさおたちは　屋根に　逃げた。
3．お盆に　おばあさんは　墓参りに　行った。
4．夜中に　お父さんたちは　地震で　逃げた。
5．おじさんは　パイプで　タバコを　吸っている。
6．毎日　学校へ　まさおは　勉強に　行きます。
7．広島で　たくさんの人が　原爆で　死んだ。
8．七五三の時　まさおは　神社へ　お参りに　行った。
9．野原で　お父さんは　お母さんに　花を　上げた。
10．雨なので　花子は　お父さんに　傘を　持って行った。

第3節(C)　分類操作と語彙(概念)の教育プログラム

学習障害を受けている児童の多くは，語彙が貧弱であることはよく知られているところだが，これは，大きく，(1)日常的な経験の不足，(2)語彙や概念の獲得の基礎になる認知的な能力の未発達，未形成の二つの原因によるものと考える。したがって，これらの児童に対する語彙の教育においては，日常生活の面で子どものいろいろな経験を組織していくということはきわめて重要な意味をもつが，しかし，いろいろな経験だけを与えればよいと言うわけではない。豊かな経験を与えると共に，組織立った経験を通して，外界の事物についてより体系的に見る見方を子どもに教える必要がある。このような考え方から作成したのが，この教育プログラムで，それは，具体物についての子どもの具体的な経験を組織しながら，事物の認識の基礎となる基本的な分類操作を学習させ，さらにそれと結びつけて体系化された語彙，つまり概念（上位・下位概念）を学習させることを主たる目的としている。この目的のために作成した教育プログラムの構成は，第1-2-9図のフローチャートに示す通りである。

このプログラムは，分類操作として，まず，(1)1次元分類操作を学習させ，次に，(2)2次元分類操作の学習に移り，究極的に，(3)子どもに，全体と部分についての包摂概念（class inclusion）を形成することを意図して構成した。しかし，教育の目的は，単に分類操作だけを学習させるだけでなく，事象についての豊かな，組織立った経験を与え，抽象・一般化の能力を形成しながら，その

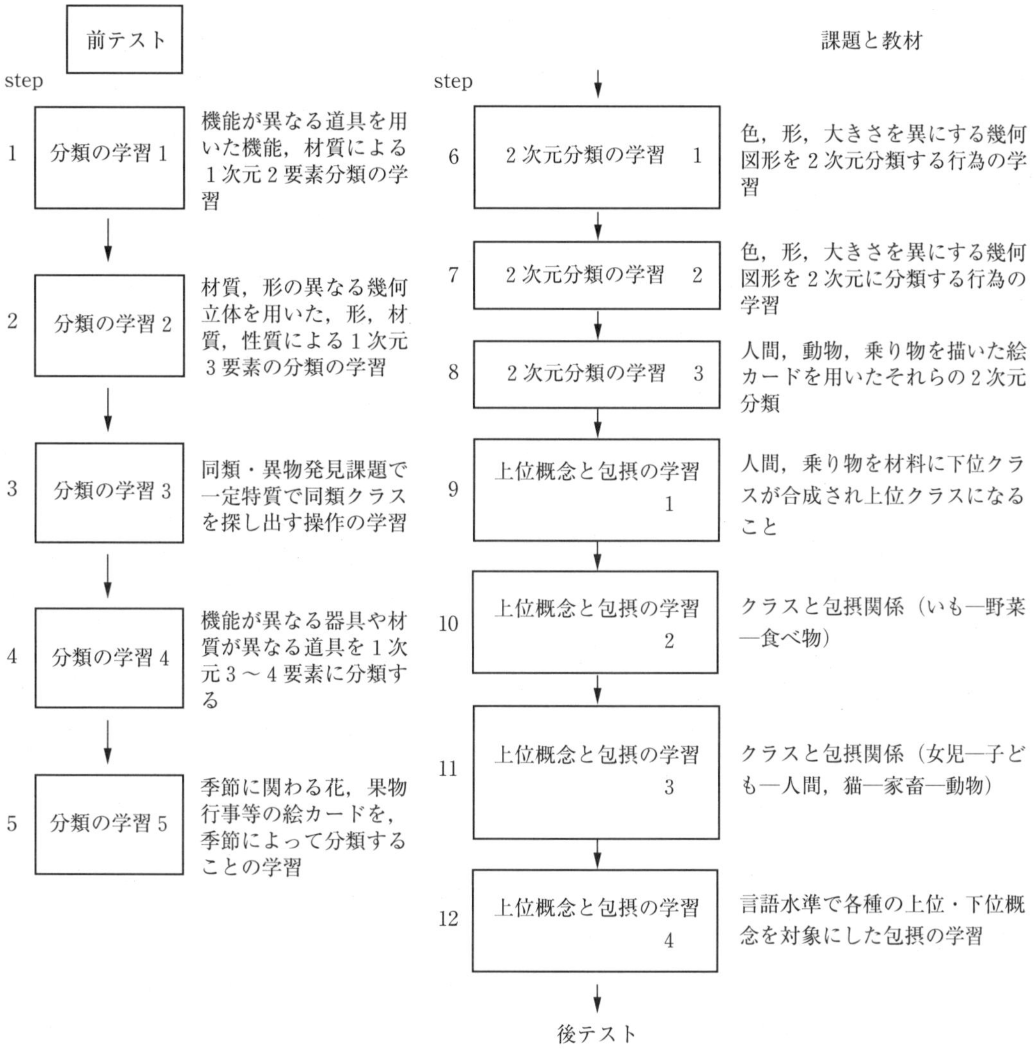
前テスト
課題と教材
step
step
1 分類の学習 1
機能が異なる道具を用いた機能，材質による1次元2要素分類の学習
2 分類の学習 2
材質，形の異なる幾何立体を用いた，形，材質，性質による1次元3要素の分類の学習
3 分類の学習 3
同類・異物発見課題で一定特質で同類クラスを探し出す操作の学習
4 分類の学習 4
機能が異なる器具や材質が異なる道具を1次元3～4要素に分類する
5 分類の学習 5
季節に関わる花，果物行事等の絵カードを，季節によって分類することの学習
6 2次元分類の学習 1
色，形，大きさを異にする幾何図形を2次元分類する行為の学習
7 2次元分類の学習 2
色，形，大きさを異にする幾何図形を2次元に分類する行為の学習
8 2次元分類の学習 3
人間，動物，乗り物を描いた絵カードを用いたそれらの2次元分類
9 上位概念と包摂の学習 1
人間，乗り物を材料に下位クラスが合成され上位クラスになること
10 上位概念と包摂の学習 2
クラスと包摂関係（いも―野菜―食べ物）
11 上位概念と包摂の学習 3
クラスと包摂関係（女児―子ども―人間，猫―家畜―動物）
12 上位概念と包摂の学習 4
言語水準で各種の上位・下位概念を対象にした包摂の学習
後テスト

第1-2-9図　分類行為の学習を基礎にした語彙・認知教育プログラム

中で語彙と分類操作を学習させることにあるので，(1)の1次元分類操作の学習においては，以下の原則に基づいてプログラムを構成した。

(i)　分類の課題は，まず，子どもに身近な，具体的な対象（道具，器具等）を材料にしたものを与え，後により抽象的な事象を扱う。

(ii)　具体的対象を扱う際，一つの対象のもついくつかの性質，特徴（機能，材質，形等）に注目させ，違った基準から対象を分類させることを学習させる。

(iii)　その際，扱う性質，特徴の要素の数は，はじめ2～3要素とし，後に増やして4要素を扱う。

(iv) 各ステップで，分類の学習と合わせて，語彙（対象の名称，機能，性質，形，材質等）の学習も行う。

また，(2)の2次元分類の学習では，(1)の場合と異なって，以下の原則で，プログラムが構成された。

(i) 2次元分類操作の学習は一定の困難性をもっているため，まず，分類の基準が明瞭な幾何図形を教材にして，分類操作そのものの学習を行う。

(ii) その後，同じ操作を，日常的な対象に当てはめ，それらが描かれている絵単語を材料にして学習を行う。

また，(3)の包摂概念の学習では，包摂関係の理解の基礎となるクラス(概念)の上位－下位関係について明瞭な自覚を形成するため，第1-2-10図に示すような包摂図を用いて学習を行うようにプログラムが構成された。これは，例えば，芋—野菜—食べ物のクラスの上位－下位関係を子どもに理解させようとする場合，3本の色の異なる紐（赤色，黄色，青色）を用いて，第1-2-10図に示すように3つの同心状の輪を作り，中心の赤色の紐で作られる輪の中に芋のカードを数枚並べ，その外の赤紐と黄色紐の中間の輪の中に「かぼちゃ」「白菜」「かぶ」「なす」のカードを置き，その外側の黄色紐と青色の紐の間には，「ソーセージ」「そば」「かまぼこ」「ハム」のカードを並べる。この場合，赤色の紐で括られた領域は芋のクラスを示し，黄色の紐で括られた領域は野菜のクラスを，青色の紐で括られた領域は，食べ物のクラスを表している。このような場面が設定された状況で，「芋と野菜ではどちらが沢山あるのか」「野菜と食べ物ではどちらが沢山あるのか」という問題が提出されるが，子どもは，この課題を解決する際に，「芋」の数だけカードの上のチップを置き，さらに「野菜」の数だけ別の色のチップをそのカードの上に置き，そのチップの数を較べることによってその課題を解決することができることが教えられる。

また，この包摂関係の理解の学習では，この包摂図を用いた学習に入る前に，下位のクラスの対

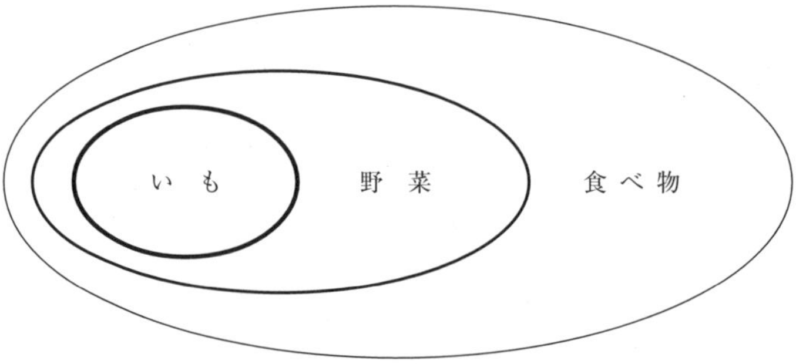

第1-2-10図　包摂関係の学習に用いられる包摂図

象に次々に新たな対象を加え，そのクラスの要素を変化させ，そのクラスのカテゴリーが変わったか否かを判断させる課題や，クラスを命名させる課題や，同じクラス(仲間)のものを集める課題を与え，クラスの上位概念やそのクラスのカテゴリーについてのを自覚を形成するように教材を構成した。

プログラムの各ステップの目的，材料，課題，手続きの詳細は，付録A3「分類行為の学習を基礎にした語彙・認知教育プログラム」に示す通りである。

上記の3種の教育プログラムを用いて，昭和55年10月から昭和58年8月の約3ヶ年の期間に，川崎市の4校（川崎小学校，東住吉小学校，久本小学校，三田小学校）のことばの教室の協力を受けて，学習障害の疑いの高い児童に対して，以下の2回にわたる実験的教育・訓練を実施した。

	対象児		期間
第1回目	小学校2学年児	9名	昭和55年10月～昭和56年7月
第2回目	小学校1学年児	5名	昭和56年10月～昭和59年2月

ここで報告を行うのは，そのうちの第2回目の実験的教育・訓練についてである。

第3章　学習障害の疑いの高い対象児の識別と診断

概　　要

この実験教育に参加するLDの危険性の高い児童を検出・診断するために，二段式の発達スクリーニング検査を開発し，使用したが，この全体の構成と共に，各テストの内容，手続きなどについて概説する。

第1節　発達スクリーニング検査

以下の2段階の2段式の発達スクリーニング検査を開発し，使用した。

(A)　集団テスト：ひらがなの書取りテスト

川崎市の上記の4小学校の第1学年に在籍していた全員（約350名）を対象に第1学期の末にひらがなの書取りテストを実施した。

(B)　個別テスト

ひらがな文字の書きの成績が非常に悪い児童15名を対象に，以下の個別テストを実施した。

（ひらがなの読み・書き関係）

(1)　ひらがなの読み・書きのテスト

(2)　単語と文の読み・理解テスト

（神経心理学的諸テスト）

(3)　言語調整機能テスト

(4)　おはじきの系列構成テスト

(5)　図形描画の系列構成テスト

(6)　図形の切り替え描画テスト

（知能検査）

(7)　WISC-R知能テスト

以下，上記の各テストの内容，手続きについて簡単に説明する。

(A)　ひらがなの書取りテスト

検査者が，口頭で，以下の6つの文をゆっくりしたテンポで，3回読み上げ，児童に，すべて，ひらがな文字を用いて，所定の用紙に，書取らせるテスト。

1　ぼくの　おにいさんは　えいごと　すうがくを　べんきょう　しています。

2　ぼくは　きゅうきゅうしゃと　しょうぼうしゃと　もうたあぼうとの　もけいをもって　います。

3　わたしは　がっこうの　ぷうるの　そばで　こうちょうせんせいに　あいました。

4　ふうせんは　ぷうっと　ふくと　くうきが　はいって　ふくらみます。

5　おかあさんと　おねえさんは　おやつに　らあめんを　たべます。わたしは　けいきをたべます。

6　ぼくの　おじいさんは　びいると　ちいずが　だいすきです。

これらの文の中には，長音が22，拗音４，促音４，拗長音５，撥音６，助詞12が含まれ，特殊音節（全53音節），助詞（12個）のうちどれだけ正しく書けたかを調べて評価する。これまでの研究で，低学年の学習障害児，もしくはその危険性の高い児童は，特殊音節の表記で多くの誤りを示すことがわかっている。

(B)　個別テスト

(1)　ひらがなの読み・書きのテスト

国立国語研究所で著者らが実施した幼児の読み・書き調査で作成・使用したテスト。ひらがなの読みテストは，基本音節文字71文字の他，促音，長音，拗長音，助詞の「は」「へ」の読みを検査する。書きのテストは，基本音節文字71文字について，逐次所定の用紙に書かせ，字形，筆順の正しさを観察・分析し，評価する（村石昭三，天野清（1972）『幼児の読み書き能力』 国立国語研究所報告45参照）。

(2)　単語と文の読み・理解テスト

同じく，国立国語研究所での調査で用いたもので，語，文を読ませ，絵の選択や行為の実行を求める方法で，以下の４語，４文についての読み・理解の程度を調べることができるテスト。また，文の音読課題で，読み方（拾い読み，単語読み等）も検査できる。

語の理解：(1)あり，(2)うま，(3)おひなさま，(4)おとこのこ

文の理解：練習１　てを　たたきなさい。

練習２　うしろを　むきなさい。

(1)　つくえの　うえの　つみきを　ひとつ　てに　もちなさい。

(2)　つみきと　まりを　かみの　うえに　のせなさい。

(3)　かみに　まるを　ふたつ　かきなさい。

(4)　はこの　なかに　いくつ　つみきが　ありますか。よく　みて　おしえてください。

(3)　言語調整機能テスト（赤黄逆転テスト）

赤，黄色のオハジキ各12個を，一山にして，子どもの前の机の上の左側(赤)，右側(黄)に置き，

赤円，黄円マークが貼ってあるカード20枚を，ランダムな配列で重ねて，裏返しにして，子どもの前の机の赤，黄色のオハジキの山の間に置く。

最初，「先生がカードをめくって　赤がでたら，赤いオハジキを１つとって並べて下さい。黄色が出たら，黄色のオハジキを一つ並べて下さい。ここから並べます。」という教示を与えて，その通り実行させる（これは，３歳以上の子は誰も問題なくできる)。

その後，オハジキ，カードを元の位置に戻した後，次の教示を与える。「よくできたね。では，今度は反対にやるよ。カードをめくって　先生が赤を出したら　君は黄色のオハジキを並べ，先生が黄色を出したら　君は　赤のオハジキを並べて下さい。いいですか。赤だったら，黄色のオハジキをとり，黄色だったら　赤のオハジキをとるのだよ」という教示を与える。そして，その教示を理解したのか確認するため，その教示を子どもに反復することを求める。反復できない場合は，最高５回まで，教示の説明を行い，２回，子どもが正しく教示を反復できたら，カードをめくり始め，教示の内容の実行を求める。20枚のカードについて全て正しく反応した場合を合格とし，もし一つでも誤れば，再試行を行う。最低２試行以内で20問正反応した場合に合格とする。

(4)　おはじきの系列構成テスト

白，赤，黄色のオハジキを用いて，提示した見本と同じの系列を構成させる課題。下線の部分が提示する見本である。(　　) に示す数まで，正しく系列を構成した場合，合格とした。

練習

1)　<u>赤赤赤赤</u>…………………（10個）

2)　<u>白白白白</u>…………………（10個）

テスト課題

1)　<u>白赤白赤</u>…………………（10対）

2)　<u>赤黄赤黄</u>…………………（10対）

3)　<u>白赤赤白赤赤</u>……………（５対）

4)　<u>黄黄赤黄黄赤</u>……………（５対）

5)　<u>赤白黄黄赤白黄黄</u>………（５対）

(5)　図形描画の系列構成テスト

オハジキの系列構成と同種の課題であるが，紙に見本と同じ図形の系列を描画させる。合格基準は(4)の場合と同じ。

1)　○○○○

2)　○＋○＋

3)　○＋＋○＋＋

4)　○＋＋△○＋＋△

(6)　図形の切り替え描画テスト

との図形を模写させた後，四角と三角が切り替わる，のように三角と四角が交互に交替する図形を一筆書きで模写させる課題。

これらの神経心理学的諸テストは，前頭葉の機能（行動調整，プログラミング，運動の切り替え）を調べる目的でЛурия, A. P.（1969）（1973）が作成・開発してきたものを，一部修正するか，もしくはそのまま用いたもので，上記の諸テストは，健常児の場合，約4歳後半期になると課題を正しく遂行できることが確認されている（Лурия, A. P. и Субботский, E 1972，天野 1989_a）。ここでは，学習障害と精神発達遅滞を識別する目的で用いた。

これらのテストの結果，第1-3-1表に示す6名の児童（T. M.，N. T.，M. I.，I. T.，N. D.，I. K.）を，学習障害児，もしくはその危険性の高い児童と診断し，今回の実験的教育・訓練の対象児とした。但し，読み・書きの習得が著しく遅れているが，WISC-Rの結果や，神経心理学的諸検査の結果から，学習障害ではなく，精神発達遅滞の疑いが強いと判定された1名の児童（O. K. 児）について，担任教師と親から訓練指導に参加させて欲しいという強い要望があったため，本来的に，今回の教育訓練実験の対象児ではないが，とりあえず，訓練に参加させることにした。

6名の対象児は，WISC-Rテストと読み・書きの習得状況からみると，大きく以下の4群に分けられる。

1）　言語性LDのタイプ(1)：PIQは健常もしくはそれに近いが，VIQの値が，PIQの値に較べて著しく低く，その間に20ポイントまたはそれ以上の開きが認められ，ひらがな文字の読み・書きの習得に顕著な遅れが認められる児童：T. M児，M. Y. 児，I. K. 児

2）　言語性LDのタイプ(2)：同じく言語性LDのタイプに入り，VIQの値が，PIQの値に較べて低いが，比較的よくひらがなの読み・書きを習得しているタイプ：I. T. 児

3）　非言語性LDのタイプ：反対に，VIQの値が比較的正常値に近いの対して，PIQの値が低く，ひらがなの読みは相対的によく習得しているが，書きの習得が顕著に遅れているタイプ：N. T. 児

4）　学習障害と軽度精神発達遅滞の境界線上にあるタイプ：N. D児。この子の場合，WISC-Rの結果だけを見ると，明らかに精神発達遅滞のカテゴリーに入るが，神経心理学的検査は全て合格し，その時点では，MRかLDか，その判断ができなかった。

第2節　指導・訓練の実施と進行

指導・訓練は，川崎市の上記の4公立小学校のことばの教室で，担当する教諭によって，個別指導の形で，毎週3回（各回1校時）の割合で実施された。著者は，各プログラムの教材，手引き，記録票を用意し，毎週1回（半日），ことばの教室を訪ね，全担当教諭が参加している会合で，児童に対する指導を実際に行う中で，指導の方法を教え，各担当教諭は，その方法が書かれた手引き

第 1-3-1 表　訓練対象児の諸テストの結果

課　　題　　　　被験児	1 T. M.	2 N. T.	3 M. Y.	4 I. T.	5 N. D.	6 I. K.	7 OK.
検査時年齢（歳：月）	7：5	7：0	7：0	6：10	7：4	7：0	7：0
性別（m：男児，f：女児）	m	m	m	m	m	m	m
1　ひらがなの書きテスト							
基本音節文字（全71）	30	48	52	71	68	37	55
特殊音節（全41音節）	11	5	4	13	0	6	16
助詞（は，を，全12問）	3	0	0	4	0	3	4
2　ひらがなの読みテスト							
基本音節文字（全71）	51	64	52	70	61	53	68
特殊音節（全23音節）	1	1	2	16	17	2	21
助詞（全 4 文字）	0	0	2	4	0	0	2
3　単語と文の読み・理解							
語の読み・理解（全 4 問）	4	4	4	2	4	4	4
文の読み・理解（全 4 問）	2	2	4	0	0	0	0
語・文の読み方	L	L	L	L	L	L	L**
4　言語調整機能テスト（赤・黄逆転テスト）	20	20	20	20	20	18	0
5　おはじきの系列構成テスト							
1）白赤白赤	+	+	+	+	+	+	+
2）赤黄赤黄	+	+	+	+	+	+	−
3）白赤赤白赤赤	+	+	+	+	+	+	−
4）黄黄赤黄黄赤	+	+	+	+	+	+	−
5）赤白黄黄赤白黄黄	+	−	+	+	+	+	−
6　図形描画の系列構成テスト							
1　○○○○	+	+	+	+	+	+	+
2　○＋○＋	+	+	+	+	+	+	+
3　○＋＋○＋＋	+	+	+	+	+	+	−
4　○＋＋△○＋＋△	+	+	+	+	+	+	−
7　図形の切り替え							
1　	+*	+	+	+	+	+	−
8　WISC－R 知能テスト							
VIQ	84	107	85	68	69	60	43
PIQ	113	95	113	90	59	90	43
FIQ	97	102	99	76	61	72	35

*　＋記号は，正しくでき合格を意味し，－記号は不合格を意味する。
**　文の読み方の，L 記号は，拾い読みを意味する。
課題 1 ～ 4 の数値は，正答数を示す。但し，言語調整機能テストの場合，20の場合が合格で，それ以下は不合格である。

に基づいて検査と指導・訓練を実施した。

教育プログラムは全体で3種から構成されているが，基本的に，それらを平行させて進めることを原則した。各教育プログラムは，そのプログラムの教育効果を評価するため，所定の評価テストを作成し，指導・訓練の前後に（場合によっては，その中間にも）実施した。

訓練・指導は，昭和56年10月から開始したが，各児童の学習の進展には，かなりの個人差が認められ，予定した3種類の教育プログラムによる指導・訓練と諸検査を終了するのに，速いテンポで学習した児童の場合（T. M.児）でも1年3ヶ月，多くの場合1年6ヶ月を要し，最もゆっくりしたテンポで学習が進行した児童（N. D.児）の場合，指導・訓練は2年半にわたって行われた。また，第1-3-1表に示す児童のうち，親と担任教師の希望で指導・訓練を始めたが，精神発達遅滞児であると判断されたO. K.児の場合，及びVIQが著しく低く，基本音節文字の読み・書きの学習に多くの時間をかける必要があったI. K児の場合，(A)音節の自覚の形成とひらがな文字の表記の教育プログラムでの指導・訓練を実施するだけに留まり，他の教育プログラムでの指導・訓練を実施することができなかった。本研究は，上記の3種類の教育プログラムで指導・訓練を行った場合の，その指導・訓練が，子どもの精神発達全体，学習障害の克服にどのように寄与するかを分析する点に，研究の主たる目的があるため，以降の資料の分析は，第1-3-1表に示す7名の対象児のうち，I. K.児，OK児を除く5名の児童を対象に行うことにする。

第４章　言語・認知教育プログラムによる実験的な指導・訓練とその学習過程

概　　要

３種類の教育プログラムでの学習の様子について，ステップ毎に，訓練の手続きを簡単に説明すると共に，その過程を示す資料を示しながら訓練対象児の学習過程を詳細に分析する。

第１節　音節分析を基礎にしたかな文字の読み・書き教育プログラムでの学習過程

実際の指導・訓練では，３種類の教育プログラムでの指導・訓練は，平行的に行われたが，説明の便宜上，各教育プログラム毎に，そのプログラムの下で，どのように学習が進行したのかを，毎回の訓練・指導記録の資料を基礎に見ていくことにしよう。まず，音節分析を基礎にしたかな文字の読み・書き教育プログラム（以下Ｗプログラムと略す，またそのプログラムのステップ１は，Ｗステップ１と表現することにする）での学習過程の分析から始めよう。なお，プログラムの各ステップの課題や指導手続きは，付録Ａ１の資料に説明してあるので，以下の説明や表を理解するに当たっては，逐次，付録Ａ１の各ステップの説明や訓練手続きを参照していただきたい。

(1)　Ｗ１，２，３ステップでの基本音節文字からなる語の音節分解・読み・書きの学習

指導・訓練は，第１学年の10月末頃から開始されたが，第1-3-1表にも示すように，I. T. 児を除く，T. M.，N. T.，M. Y.，N. D. 児の４名は，基本音節71文字を，まだ正しく読み・書ける状態に達していなかった。そこで，まず，Ｗ１，Ｗ２，Ｗ３のステップで，語を読み・理解する練習を行いながら，積み木を用いた語の音節分解を行い，その語を書く練習を行った。また，書けない字が多くある場合には，語の書きの練習に先だって，事前にわかっている子どもの正しく書けない字について取り立てた書く練習を行った。

第1-4-1表は，この指導・学習の様子を示したものである。基本音節文字の書きについて，この訓練過程で，かなりの改善が認められる。特に，訓練前に30文字しか正しく書けなかったT. M. 児の場合，Ｗ１の第１回目の指導・訓練で，書字に多くの誤りを示し，Ｗ１，２ステップの訓練を反復する必要があったが，それは漸次改善され，Ｗステップ３の多音節語の書きではほとんど誤りなく書くことができるようになった。このことは，また，他の４児の場合にも当てはまる。語の読

第1-4-1表　Wステップ1，2　基本音節語の音節分解・読み・書きの練習(1)(2)
Wステップ3　多音節語の音節分解・読み・書きの練習での学習過程

		1		2	3	4	5
課　題	被験児	T. M.		N. T.	M. Y.	I. T.	N. D.
Wステップ1	訓練回数	1	2	1	1	1	1
1　単語の音読	拾い読み（L）	25	26	21	19	8	31
(33語)	単語読み（W）	0	7	12	10	25	2
2　絵の指示	第1試行	30	32	32	32	30	31
(33語)	正反応						
3　音節分解（33語）		33	33	5	33	33	33
4　語の書き（33語）		8	22	2	28	22	30
5　書き誤った文字数		37	12	2	5	15	3
6　筆順の取り立て指導を行った文字数		19	0	8	6	5	8
Wステップ2	訓練回数	1	2	1	1	1	1
1　単語の音読	拾い読み（L）	18	24	16	15	5	22
(29語)	単語読み（W）	4	5	13	13	24	29
2　絵の指示	第1試行	27	29	29	26	26	29
(29語)	正反応						25
3　音節分解（29語）		28	29	29	29	29	4
4　語の書き（29語）		9	24	14	16	20	4
5　書き誤った文字数		25	5	14	14	12	8
6　筆順の取り立て指導を行った文字数		16	12	9	11	7	−
Wステップ3	訓練回数	1		1	1	1	1
1　基本音節語	拾い読み（L）	24		12	−	1	28
の音読（33問）	単語読み（W）	9		21	−	32	5
2　絵の指示	第1試行	33		32	−	33	33
(全33問)	正反応						
3　多音節語の	拾い読み（L）	16		3	15	0	15
音読（全16問）	単語読み（W）	0		13	1	16	1
4　音節分解（全16問）		16		15	15	16	16
5　語の書き（全16問）		16		14	15	11	16
6　書き誤った文字数		0		2	4	4	0
7　筆順の取り立て指導を行った文字数		0		0	5	0	0

み・理解は，図版に示した語を読ませ，約16語の絵が描かれている図版の中から該当するものを指摘させる方法で指導を行ったが，それなりの改善が認められ，Wステップ3では，多音節語の相対的に難しい語であるにもかかわらず，全員全問正答を示すようになった。読み方は，I. T. 児が単語読みの水準に達し，他の児童は，拾い読みが支配的であるが，訓練の進行につれて，多少単語読みに移行する傾向を示しているが，この3ステップの指導の中では，読み方の水準に基本的に大きな変化は認められていない。語の音節分解は，すでに習得済みであったこともあって，多音節語の

場合も，どの子もよくできた。

N. T. 児の場合，上記の全ての課題を正しく答えることができても，練習で習った同じ20語について，自力で正しくモデルが構成できたのは16語であった。このステップだけでの訓練だけでは，促音の自覚が十分に形成されないということがわかる。

⑵ Wステップ4，5，6での促音を含む語のモデル構成と表記の学習

基本音節文字の読み・書きの学習が終了すると，促音の学習に移る。促音節は，そこで音がつまり，一休止拍を経て，次の音に移る点に特徴があるが，幼児や低学年の児童は，／キッテ／，／ハラッパ／のような語の場合，語のどの所で音をつめて，休止するのかについてわからず，無自覚で，したがって，これらの語をひらがなで書くことを求めると，「きて」，「はらぱ」「はっらぱ」と書く誤りをする。Wステップ4，5は，促音を含む語について，その音節（この場合モーラ）構造を示すモデルの助けを借りながら，語の中のつまる音の位置や休止拍の位置を自覚させる点にその教育の狙いがある。Wステップ4では，一定の説明と練習の後に，促音を含み，子どもが熟知している語を示す絵の下に，モデル図式（例えば，／ハラッパ／の場合，□□△□）が描かれている図版を用いて，まず，その語を発音しながら，対応している積み木（またはプレート）を入れさせ，語のモデルを作らせ，次に，「つまる音はある？」「どこで（何という音で）つまるの？」，「どこで休むの？」と尋ね，つまる音の有無を判断させ，つまる音がある場合には，その音の位置，休む位置を指摘させる。勿論，わからない場合には，教えるが，絵の下にモデル図式が描かれているため，モデルの構成も，またつまる音の有無の判断や，つまる音の位置，休む位置を探し出すことは，容易にできる。第1-4-2表にそのステップ4の学習の様子を示すが，どの児童も，これらの課題に対して，あまり間違えることなく正しく反応している。しかし，モデル図式がある条件でこれらの課題に正しく反応できるようになっても，すぐに，モデル図式がない条件，つまり自力で，語のモデルを構成できるわけではない。第1-4-2表ステップ4の学習テストに示すように，例えば，そこで，続いてステップ5の指導・訓練に移るが，ここでは，絵図版を用いるが，最早モデル図式はなく，モーラ(拍)の数だけ，ドット(黒丸)が描かれ（例えば／キッテ／の場合，● ● ●），積み木は訓練者が管理している条件で，訓練者と子どもが，以下のような会話を交わして，その語のモデルを作っていく（例，／キッテ／の場合)。

1) はじめの音は何という音？　　（／キ／。）
2) それではどんな積み木がいる？（四角い積み木）
3) そうだねでは，はい，これでどうぞ（子どもに四角の積み木を渡し，図式の左端に置かせる）
4) では，次は　？　　（休むの）
5) では，どんな積木がいるの？　　（三角の積み木）

（こんなやり方で，積み木でモデルを作らせる。そしてその後，以下のように尋ねる。）

第1-4-2表　Wステップ4　図式にもとづく促音のモデル構成の学習
Wステップ5　略式図式による促音のモデル構成の学習

課　題　　　　被験児	T. M.	N. T.	M. Y.	I. T.	N. D.
Wステップ4　　　訓練回数	1	1	1	1	1　2
1　（図式が与えられた条件での）促音を含む語のモデルの構成（20語）	20	20	20	−	20　20
2　つまる音の有無の判断（つまる音はある？）（20語）	20	20	18	−	20　20
3　つまる音の位置の判断（どこでつまるの？）（14カ所）	14	14	11	−	14　10
4　休止する位置の判断（どこで休むの？）（14カ所）	14	14	14	−	14　14
5　学習テスト（20語）（図式なしのモデル構成）	19	16	19	20	20　18
Wステップ5　　　訓練回数	1	1	1	1	1　2
1　音の抽出					
i）20語中，全て正しく音節を抽出できた語数	18	18	20	−	15　20
ii）81単位のうち，正しく抽出できた音節と休止拍の数	77	76	81	−	69　81
2　積み木の構成					
i）20語中全て正しく構成できた語の数	18	18	20	−	15　20
ii）81単位中正しく選択できた積み木の数	77	76	81	−	69　81
3　つまる音の位置の指摘（20語中）	20	20	20	−	16　19
4　休止する位置の指摘（20語中）	20	20	20	−	19　20
5　学習テスト　20語（自力によるモデル構成）	17	19	20	20	13　20

6）　どこで音がつまる？　　　　　　（ここ，／キ／のところ）

7）　どこで休むの？　　　　　　　　（ここ，三角の積み木のところ）

ただし，／キッテ／の休止拍の所で，その音を尋ねた時，／ツ／と答えた場合，「そうかな，／ツ／と聞こえるかな」とききき，どうしてもわからない場合／休む／ことを教える。

そして，上記の作業を20問やり終えた後，学習テストとして，そこで練習した20語について，モデル図式もドット図式もない条件で，自力で語のモデルを構成させる。第1-4-2表の資料は，N. D. 児は，1回だけでは，学習テストの結果が期待したようにならず，再度反復する必要があったが，他の児童は，問題なく，学習が進み，学習テストの結果は，T. M児以外の4児は，前のステップに較べて成績が少し向上している。なお，I. T. 児は，この学習ができ上がっているため，ステ

第 1-4-3 表　W ステップ 6　促音のモデル構成と表記の学習

課　題　　被験児	T. M.			N. T.			M. Y.		I. T.	N. D.	
訓練回数	1	2	3	1	2	3	1	2	1	1	2
1　自力によるモデル構成　(20語)	19	20	18	19	20	20	19	−	−	20	17
2　略式によって練習した語の数(20語)	1	0	2	1	0	0	1	−	−	0	3
3　モデルによる表記の学習　(20語)	20	20	20	19	20	20	19	−	−	19	19
4　学習テスト (20語) (促音を含む語の表記のテスト)	17	16	19	19	17	20	14	20	20	6	20

ップ 4，5 の訓練をとばし，学習テストだけ行った。

このように促音の言語的自覚が形成され，モデルを自力で構成できるようになった後，ステップ 6 に移り，促音の表記の学習が行われた。ここでは，ステップ 4，5 で用いた同じ語を用いて，まず自力で，語のモデルを構成させる (正しくできなかった場合には，ステップ 5 の手続きに戻って，ドットを見ながら，訓練者と問答しながらモデルを作る)。その後，そのモデルを見ながら，ノートに，その語をひらがなで書く。休止拍の三角の積み木のところを，「っ」で書き表すように，教えられているので，モデルを見ながら促音を含む語を書くことは容易で，どの児童もほとんど間違いなく書くことができた。しかし，その練習を，20語について行った後，学習テストでモデルを見ないで，同じ語を書くことが求められると，第 1-4-3 表に示すように，正しく書けない場合が見られた。そこで，T. M 児，N. T. 児の場合，完全に自力で20語を正しく書けるようになるためには，計 3 回，N. D. 児の場合は，2 回このステップの訓練を行うことが必要であった。しかし，このステップの指導・訓練が終わるまでに，これまで習った20語については，ほぼ正しく促音を含む語を表記することができるようになった。

これらステップ 3 〜 5 の促音についての指導・訓練の学習の効果を評価するため，これらのステップで教材として用いられた20語とは，全く異なった促音を含む10〜12語を用いて作成された「特殊音節の形成テスト (促音)，読み・書きテスト」を，これらのステップの訓練の前後に検査した。その結果を第 1-4-4 表に示す。後テストの M. Y. の資料が欠落しているが，これらの資料によって，促音を含む語のモデル構成の成績が改善されただけでなく，それらの後の読み・書き，特に書きの

第 1-4-4 表　前後テストによる促音についての指導・訓練の効果の評価

	指導・訓練前					指導・訓練後				
課　題　　被験児	T. M.	N. T.	M. Y.	I. T.	N. D.	T. M.	N. T.	M. Y.	I. T.	N. D.
1　促音を含む語のモデル構成　(12問)	10	9	8	10	1	10	12	−*	12	12
2　促音を含む語の読み　(10問)	3	8	5	9	8	8	10	−	10	10
3　促音を含む語の書き　(12問)	3	9	3	9	3	12	12	−	12	12

＊　−印は，資料の欠如を意味する。

成績が顕著に向上していることがわかる。

(3) 長音のモデル構成の指導・訓練の中での学習

長音は，ひらがなの特殊音節の中で，一番学習が困難な音節で，幼児や低学年児童は，例えば，／ヒコーキ／と言う語を，「ひこき」と書いたり「ひこおき」と書いたりする誤りを示す。また，読む場合にも，逐字的に／ヒ／コ／ウ／キ／と読む場合が少なくない。低学年の学習障害児の場合も同様である。このような表記の誤りは，これまでの研究（天野 1986）で，1）長音についての言語的自覚の未形成，2）長音の表記のルールの未習得の二つの原因に基因していることがわかっている。特に，長音の表記の規則が複雑であること，つまり，「あ」段，「い」段，「う」段長音は，それぞれその母音成分である「あ」「い」「う」を添えることで表すことができるが，「え」段，「お」段長音の場合には，それぞれ，二通りのルールが存在し，しかも，例外的規則で表記する場合が，数の上で頻度が高いことも，子どもの学習をより困難なものにしている。例えば「え」段長音の場合，母音成分の「え」を添える場合は「おねえさん」，「ええ」の2語であるに対して，「い」を添える場合（例，「えいが」）が圧倒的に多い。また，「お」段長音の場合，母音成分の「お」を添える場合（例「とおり」「おおかみ」）もかなりあるが，量的に多いのは，「う」を添えて表す場合である（例，「おとうさん」「ひこうき」）。

したがって，長音を教える際には，あらかじめ，「母音とは何か」について教え，直単音を伸ばして長音を産出させ，長音の言語学的特質を自覚させる中で，併せて音節の中の母音成分に気づかせ，その音節が何段のものかを理解させることが必要になる。

Wステップ7では，そのような内容の指導・訓練が行われた。訓練の手続きは，付録A1のWステップ7の資料に説明してある。第1-4-5表の資料は，その一部指導を略した部分があるが，全

第1-4-5表　Wステップ7　母音の学習と長音の産出の学習

課　題　　　　被験児	T. M.	N. T.	M. Y.	I. T.	N. D.
1-(4)　Tが母音5つを口頭で声を出して提示して					
Q1　このような音を何というの？	②*	①	①	①	②
Q2　母音はみんなでいくつある？	①	①	①	①	①
Q3　母音をみんな言ってごらん	①	①	①	①	①
2-(4)　か行の5つの音，その他15の音を長く伸ばして発音させて					
Q6　何という母音にかわった？(全15問)	15**	15	15	15	15
Q7　何故そのような音に変わったの？(全15問)	15	15	-***	9	-***

*　この数値は，第2試行目に正反応したこと，Tマークは，第3試行目で正反応を示さず，そこで教えたことを示す。
**　第1試行目で正しく反応した反応数を示す。
***　(-) 記号は，指導をしなかったことを示す。

体的にはその学習が順調に進行したことを物語っている。

このように母音の学習と長音の産出方法を学んだ後，Wステップ8，9で長音を含む語のモデル構成の学習を行った。ステップ8のモデル図式がある条件でのモデル構成は，促音の場合と同じように，絵の下に語の音節モデルが描かれている図版を用いて，1）積み木（またはプレート）を用いて語の音節構造のモデルを作成させ，引き続き，2)「長い音は何という音？」と尋ね，長音の抽出を求め，さらに，「その音をもっと長く伸ばすと何という音になる？」「その音は何段の長い音？」と尋ね，母音の抽出と長音の段についての判断を求めた。以上の課題を20語（各段の長音を含む語各4，計20語）について行い，その後，学習テストとして，モデル図式がない条件で，同じ20語について自力で語の音節モデルを作らせた。

Wステップ9では，絵の下に音節数だけ黒丸が描かれてある図版を用いて，訓練者が積み木を管理している条件で，訓練者と子どもが以下のような問答をする中で，語の音節モデルを構成させる方法で指導・訓練が行われた。

1）「このはじめの音は何と言う音？」(答：／カー／)

2）「それはどんな音？　長い音？　それとも短い音？」(長い音)

3）「では，どんな積み木（プレート）が欲しい？」(長い積み木)

4）「では　どうぞ」(長い積み木を渡して，黒点の左端に置かせる。)

このようなやり方で，2，3番目の音節を分析させ，モデルを作らせる。

5）3）の答えが正しくない場合には，正しい答えが出るまで考えさせる。

6）モデルができたら，「この長い音は，何段の長い音？」と尋ねる。

20語について，正しくモデルができたら，学習テストで，図式なしの条件でモデルを作らせた。

Wステップ10では，机の上に，以下に示す9種のモデル図が描かれたカードを，ランダムな配列で並べ，ステップ8，9で扱った20語とは異なった別の20語（内5語には長音を含まない）を，絵の下のモデルを厚紙でカバーした条件で提示し，その語を発音させ(わからない場合には教える)，まず，次の質問を次々に与え，答えさせる。

(a)「長い音がある？」

(b)「長い音は，どんな音？」

(c)「何の段？」

(d)「長い音は，はじめから何番目にあるの？」

そして，次に，以下の教示を与えて，その語に該当するモデル図式を，9種の図式の中から探し出させる。

(e)「では，この言葉を，もし積み木（プレート）で作ったら，このうちどれになるかな？その言葉を，言いながら，指で長い音の所を調べて，その言葉に最もよく合うカードを選んでごらん」という教示を与え，指を用いて，机の上で分析させる。例えば，「プール」

の場合，指を，—・のように動かし分析することを指導する。

1）□□，2）▭□，3）□▭，4）▭□□，5）□▭□，6）□□▭，

7）□□□，8）□□□▭，9）□□▭□

第1-4-6表は，このステップ8，9，10の学習の様子を示したものである。モデル図式を用いたステップ8での指導は，どの子も期待したように順調に進んだことがわかるが，その学習テストで高い成績を示せなかった，I. T. 児，N. D児の2児，特にN. D児は，言語的水準の分析が求められるステップ9の課題に入ると，第1試行で，語を声を出して分析して，長音を見つけ出すのが困難で，全57音節のうち24音節で誤りを示した。また，I. T. 児も6音節で誤りを示した。しかし，語を発音しながら，指を使って音節構造を分析するステップ10の諸課題では，どの子も順調に課題をこなす

第1-4-6表　Wステップ8　　モデル図式による長音の学習
Wステップ9　　略式図式による長音のモデル構成
Wステップ10　　長音を含む語の分析とモデル探し

課　題　　　被験児	T. M.	N. T.	M. Y.	I. T.	N. D.
Wステップ8　　訓練回数	1	1	1	1	1
1　図式を用いたモデルの構成	20	20	20	20	20
2　長音の抽出	20	20	19	20	20
3　その長音の段の認定	20	20	20	20	19
4　学習テスト(図式なしのモデル構成)	19	19	20	18	16
Wステップ9　　訓練回数	1	1	1	1	1
1　第1試行目での正反応数（全20問）	20	18	19	15	6
2　誤った音節数　（全57音節）	0	2	1	6	24
3　長音の段の認定　（全20問）	20	19	19	19	20
4　学習テスト（全20問）（図式なしのモデル構成）	20	20	20	20	12
Wステップ10　　訓練回数	1	1	1	1	1
1　長音の有無の判断（全20問）（長い音はある？）	20	20	20	20	20
2　長音の抽出（全15問）（その長い音はどんな音？）	15	15	14	15	15
3　長音の段の認定(その音は何の段？)	15	15	14	15	15
4　長音の位置の判断（全15問）（その長い音ははじめから何番目？）	15	15	15	15	15
5　モデルの探索（全20問）（そのことばを積み木で作るとしたら，どれになる？）	20	18	20	20	20
6　学習テスト（全20問）（図式なしのモデル構成）	20	20	19	20	8

第1-4-7表　Wステップ11　長音を含む語の言語レベルの分析とモデルの構成
Wステップ12　内言レベルでの長音を含む語のモデルの構成

課　題　　被験児	T. M.	N. T.	M. Y.	I. T.	N. D.
Wステップ11　　訓練回数	0	0	0	1	1
1　モデル構成正反応（全20問）					
第1試行目	−	−	−	20	10
第2試行目				0	10
2　分析の水準	−	−	−	0	7
対象的行為の水準	−	−	−	17	13
外言の水準	−	−	−	1	0
つぶやきの水準	−	−	−	2	0
内言の水準					
6　学習テスト（全20問）（図式なしのモデル構成）	−	−	−	19	19
課　題　　被験児	T. M.	N. T.	M. Y.	I. T.	N. D.
Wステップ12　　訓練回数	0	0	0	1	1
1　口頭による語の提示によるモデルの選択　（全20問）					
第1試行で正反応	−	−	−	18	20
第2試行で正反応	−	−	−	2	0
6　学習テスト　（全20問）（図式なしのモデル構成）	−	−	−	20	6

ことができている。しかし，N. D児の場合，図式なしでモデルを構成する学習テストでは，20語中，8語でしか正しいモデルが構成できなかった。このことは，まだ長音を含む語の音節分析が内言レベルに達していないことを意味する。

そこで，I. T. 児，N. D児の2児についてだけ，分析の内面化を促す目的で作られたステップ11，12の課題を行わせた。

ステップ11では，子どもにモデルを作るための積み木（またはプレート）を渡してある条件で，口頭でゆっくり発音して語を提示し，その語のモデルを構成させる。この場合，このステップの課題としては，声を出して語を分析し，モデルを作ることを学習することを期待しているのであるが，分析をどのように行うかは子どもに任せられているため，以下のような様々な分析の方法が観察される（この分析には，下記の他に多様な方法がある。詳細は付録A1参照）

1）　積み木（プレート）をあれこれと操作して分析してモデルを作る（対象的行為の水準）。

2）　あらかじめその語の音節構造を声を出して分析し，モデルを作る（外言の水準）。

3）　声を出さないか，小声でつぶやいて分析し，モデルを作る（つぶやきの水準）。

4）　黙って，直ちにモデルを作る（内言の水準）。

第1-4-7表に示すように，I. T. 児の場合，課題20語全部正しくモデルを作ることができ，しかも，分析は，ほとんど，声を大きく出して分析する外言の水準で行われ，「たいふう」「ライター」の2語が，内言の水準で，「ゆうびんや」がつぶやきの水準で分析が行われた。他方，N. D 児の場合，第1試行目ですぐにモデルを正しく構成できたのは，10語に留まったが，第2試行目で他の語も全部正しく作ることができた。分析の仕方は，最初の7～8語までは，全部積み木を操作して分析する（対象的行為の水準）方法で，正しくできたり間違ったりしていたが，第9問目以降になると，ほとんど声を出して分析する（外言の水準）方法でモデルを作り，これも第1試行目で，正しくできたり，誤ったりもした。学習テストの成績は，二人とも良い成績を示した。

ステップ12の内言レベルでの長音を含む語のモデルの選択課題は，ステップ10の課題と同じく，9種類のモデル図式が描かれたカードを，机の上にランダムな配置で並べた条件で，ステップ11の20語と異なり，ステップ10で用いた20語について。口頭で次々に語を提示し，その語の音節構造に該当するモデル図式を直ちに選択させるというものである。

I. T. 児，N. D 児共によくこの課題を遂行し，I. T. 児は，第1試行目で18問，第2試行目で2問正しくモデル図式を選択できた。また，N. D 児の場合，全20問を第1試行目で，正しいモデルを選択することができた。しかし，自力で語のモデルを形成する学習テストの課題に移ると，状況は逆転し，I. T. 児は，第1試行目で20問全部正しくモデルを構成することができたが，N. D 児の場合，第1試行目で正しくモデルを構成できたのは，6語に過ぎなかった。指導・訓練の中（ステップ8，11）で頻繁に用いてきて，慣れた教材の20語について，自力で構成が求められる学習テストでも，モデル構成がよくできるようになっているにもかかわらず，ステップ10，12の場合のように新しい教材の語となると，まだモデルの構成が正しくできないことは，長音の分析の内面化と一般化が十分進んでいないことを意味する。当初の計画によれば，このような場合，再度ステップ11に戻り，練習を反復し，再度ステップ12に戻って訓練を行うことになっていたが，たまたま，本児にとって，その訓練が夏休み前の最後の日に当たっていたことと，次の長音の表記の学習のステップで，再度モデル構成を練習する機会があるため，長音を含む語のモデル構成を中心とした指導・訓練はこれで終わりとし，長音の表記の学習に入ることにした。

⑷　文字と音との識別，助詞の「は」「を」「へ」の学習

長音の表記の学習に入るに当たって，その前に，文字と音との識別，助詞の「は」「を」「へ」の学習を行った。長音の表記の学習にこのような指導を行う理由は，長音の場合，これまで学習してきた基本音節文字の場合と異なって一音一字の原則がなくなり，長音節の1音を2文字で表記することになるからである。基本音節文字の読み方を学び，それらからなる語を読めるようになったばかりの子どもは，文字と音の違いやそれらの関係についての明瞭な意識(自覚)をもたず，字と音は同じものと理解している場合が稀でない。そのような場合，2文字で表された長音節を，二つの音

第 1-4-8 表　W ステップ13　字と音の識別の学習

課　題　　被験児	T. M.	N. T.	M. Y.	I. T.	N. D.
訓練回数	1	1	1	1	1
1　この字は何を表しているの？（5問）	4	4	4	1	1
2-1　これは字かな，音かな？（15問）	15	15	14	14	15
2-2　Q 1　字と音はどこがちがう？	不完全	不完全	無　答	不完全	誤反応
Q 2　／ア／を発音して見えたか？　聞こえたか？	OK	OK	OK	OK	OK
Q 3　「あ」の文字を示し見えたか？　聞こえたか？	OK	OK	OK	OK	OK
Q 4　字と音は同じものか？	OK	OK	OK	OK	OK
Q 5　字と音はどこがちがう？	不完全	OK	不完全	不完全	OK
3-1　この字は何という音を表しているの？（10問）	10	10	10	10	10
3-2　この音を表している字は？（10問）	10	10	10	10	10

の集合と理解して，逐字的に読む傾向がある。同じように，二つの音をもち，文脈によって異なって読まなければならない助詞の「は」「へ」についても，字と音を区別させた上で，その 2 通りの読み方を指導する必要がある。

字と音の識別を学習する W ステップ13では，「う」「こ」「し」「す」「た」の文字プレートを順次，提示して，まず，「この字は何を表しているの？」と問い，それが表している音を言うことができたら，次に，「あ」，／カ／，／ア／，「こ」，／コ／，「た」，「く」（／ア／は／ア／という音を示す）のように，15個の文字と音を順次，提示して，「これは字かな，音かな？」と問う。これは，子どもにとってやさしい課題であるが，それができたら，次に，「字と音はどこがちがうかな？」という質問を行う。この質問の意図は，「音は聞こえるけれど，見えない。字は見えるけれど，聞こえない。字は音を表している」ことを理解させようとしているのであるが，多くの場合，子どもは，すぐに答えられないので，そのことをわからせる誘導の質問をして学習を進める。そして，最後に，「あ」「か」「の」「た」「こ」等の10文字を順次提示して，「この字は，何という音を表しているの？」と質問したり，／タ／，／ア／，／ノ／，／ツ／，／ソ／，／コ／等の音を口頭で提示して，「その音を表している文字は？」と質問する等して，文字が音を表している関係にあることを理解させようとして指導が行われた。このステップでの児童の学習の様子は。第 1-4-8 表に示す通りである。

最初の「この字は何を表しているの？」の質問には，T. M.，N. T.，M. Y. 児は容易に正しく答えることができたが，I. T. 児は，「う」の文字に対して，「うの段」と答えたり，「た」の字に対して，「たの字」というような反応を示した。また，N. D 児は，「う」の字に対して，「‘う’ という

第 1-4-9 表　Wステップ14　助詞　「は」「を」「へ」の読み方

課　題　　　　　　　　被験児	T. M.	N. T.	M. Y.	I. T.	N. D.
訓練回数	1	1	1	1	1
1 「か」「の」「あ」「こ」「は」「へ」の文字プレートを提示して， Q 1　この字は何という音を表しているの？　(全 6 問)	6	6	6	6	6
Q 2　何と読むの？　(全 6 問)	6	6	6	6	6
Q 3　他に読み方がある？　(全 6 問)	6	6	3	4	4
Q 4　読み方は何通り？　(全 6 問)	6	6	4	5	6
2 「は」を含む語の読み　(全10問)	10	10	10	10	10
3 「は」を助詞にもつ文の読み (全10問)	10	10	10	10	9
4 「へ」を含む語の読み　(全10問)	10	8	10	10	10
「は」を助詞にもつ文の読み (全10問)	10	10	10	10	8
5 どのような時に「は」を／ワ／と読みますか？	T	T	T	T	T
6 どのような時に「へ」を／エ／と読みますか？	T	場所，相手	T	T	場所

もの」，「こ」の字に対して，「‘コー’ というもの」という反応を示した。勿論，この場合，訓練者がヒントや助言を与えて，第 2 試行で，正しく答えることができたが，これらのことは予想したように，字を読めても，必ずしも字は音を表していることを自覚していない場合があることを示している。問題の，「字と音はどこがちがう？」という設問は，子どもたちにとってかなり難しい問題で，最初の質問（Q 1）では，正しく理解していたものは誰もなく，誘導質問 Q 2 ～Q 4 には，誰も容易に答えることができたが，Q 5 で再度「字と音はどこがちがう？」と質問した際に N. T., N. D 児の 2 名は正しく答えることができたが，他の 3 名は，不完全な答（例えば，「字は書いてあって，音は言うだけ（I. T. 児）」で，やむえ得ず，訓練者は，答を教えた。このような指導後に行った 3-1，3-2 の課題は，全員，問題なく，全問正答を示した。

助詞の「は」「を」「へ」の学習の様子は，第 1-4-9 表に示す通り。ここでは，⑴導入的な質問 1 －Q 1 ～Q 4，⑵語と文の中での「は」「へ」「を」の読み方の練習，⑶どのような時に「は」「へ」を使うのかを学習する 3 段階の構成で指導した。

導入段階の指導は，「か」「の」「あ」「こ」に対比させて，「は」「へ」には 2 通りの読み方があることを自覚させることを目的としているが，この表にも示すように，T. M，.N. T の 2 児は，この導入用の Q 1 ～Q 4 の問題には，すんなり応答し，全問正答を示したが，他の 3 名の児童は，Q 3「は」「へ」の他の読み方はわからず（表の数字の 3 ～ 4 は，その事を意味している)，訓練者が教えて理解した。しかし，語，文の中では，どの児童も，「は」「へ」を大方正しく読めた。ただし，N. T. 児は，「へ」を含む語の読みで，「たいへん」を／タイエン／，「はへん」を／ハエン／と読む誤りをして，注意を受けて，第２試行で正しく読むことができた。また，N. D 児は，「は」を文の中で読む最初の課題で，「かめは　およいでいる」という文で，／カメハ　オヨイデイル／と読み，注意を受け訂正した。しかし，その後の９問では，全部正しく読めるようになった。また，彼は，文中で「へ」を読む課題で，「こんにちわと　せんせいへ　あいさつした。」「よしこは　おんがくくらぶへ　はいった。」の文で，「へ」を／ヘ／と読み，注意を受けて正しく読み直した。

「は」「へ」の格助詞を文中で読む練習を行っている最中に，３～４文を読ませた後，「どのような時に「は」を／ワ／と読むの？」，「どのような時に「へ」を／エ／と読むの？」と質問し，その使用の自覚を確認し，促したが，わずか，N. T.，N. D. 児だけが，「へ」の場合だけ，「場所」を表す時と答えることができただけであった。また，N. T. 児の場合は，訓練者が構文の学習で用いているシンボルプレートを見せるというヒントを受けることによって，「へ」の場合，それが場所と相手を指している場合に使うと正しく答えることができた。したがって，この課題については，訓練者は，構文の学習で用いている統辞・意味論的カテゴリーに合わせて，子どもたちに説明した。

助詞の「を」については，ここでは組織的な取り立て指導は行わず，「へ」の助詞が用いられる文の中で，それを読む練習だけを行った。全員，正しく読めていることが確認された。

(5)　長音の表記の学習

長音の表記の学習は，W ステップ15，16で行った。W ステップ15での指導・訓練は，以下の二つの部分からなる。

1．長音の表記の規則の学習

ここでは，まず，長い音は二つの文字を用いて書き表すことを説明したカード（カード４）を，子どもに読ませ，説明し，理解させる。次に「ながい　おとの　かきかた（やくそく）」（カード５）を用意し，その使い方を説明し，そのカードを用いて，単音を表すひらがな文字に母音文字を添えて表す表し方の練習を行う。そのカード５には，以下の表記に規則が図式的に書かれてある。例えば，／カ／の長音を作る場合には，あ段であるので，下図のあ段の□の所に，「か」の文字積み木を置けば，／カー／の書き方が「かあ」であることがわかるように作られている。ただし，実際のカードには，いつもは，下記のカード右端の「あ」，「い」，「う」，「い」，「う」は，厚紙で覆われ，必要がある場合にそのカバーを開いて見ることができるように作られている（付録Ａ１のＷステップ15の説明参照のこと）。

このカードを用いて，タ行の５音，か行の５音，／リ／，／ル／，／バ／，／ジ／，／ボ／の計15音について，その音を表す文字積み木を，□の中に入れながら，長音の表記の仕方を実際に練習する。

ただし，このプログラムでは，表記の例外的規則の方が，圧倒的に出現頻度が高いため，え段長音は「い」を添え，お段長音は，「う」を添えるという例外的規則を中心に教えるという立場にたってプログラムを構成してある。

おと　　　　　（そえる）もじ
「あ」だん………………□あ
「い」だん………………□い
「う」だん………………□う
「え」だん………………□い
「お」だん………………□う

2．Wステップ8，9，11等で用いてきた，長音を含む語の図版を用いた，モデル構成を基礎にした文字プレートによる語の構成の練習（20語）。その後，学習テストとして，同じ20語を用いて，その語をノートに書かせるテストを行う。

Wステップ16では，ステップ10で用いた図版（ただし，裏にその語がひらがなで書かれてあるもの）を用いて，長音の読み，表記の学習を次の順序で行う。

⑴　語が表記されている図版を用いて，20語について順次読ませる。
⑵　図式をカバーした状態で，積み木で語の音節構造のモデルを構成させる。
⑶　語が文字プレートで構成できたら，長音の段を判断させる。
⑷　目の前に，必要な文字プレートを配列させておき，先に構成したモデルを見ながら，文字プレートでその語を構成させる。
⑸　全20問終了後，学習テストとして，今学習した20語について，ノートに書かせる（書きテスト）。

Wステップ15，16での児童たちの学習の様子を第1-4-10表に示す。Wステップ15での，語のモデル構成，段の認定，文字積み木の構成の課題は，前のステップでモデル構成が不十分であったN. D.児を含めて，きわめて順調に進行した。しかし，学習テストで，これまで学習してきた20語について書かせてみると，誰もよく書けたわけでなく，N. T児は11語，M. Y.児は16語，N. D.児は18語しか，正しく書けなかった。そこで，N. T児，N. D.児は，再度そのステップの練習を行った。同じようなことは，ステップ16での学習にも当てはまったが，しかし，N. T児，N. D.児の場合も，Wステップ16の練習を反復することによって課題として与えられた20語について，長音を正しく書き表せることができるようになった。ステップ16では，長音を含む語の読みの練習も行ったが，20語の課題で，正しく読めない場合も認められた。特に，N. T.児，N. D.児の場合，正しく読めなかった場合が比較的多く認められた。これは，主に，「とうだい」，「ふうとう」等の長音の箇所を，／トーダイ／，／フートー／のように長音節として伸ばして読むべき所を，／ト／ウ／

第 1-4-10 表　Wステップ15　長音の表記の学習(1)
Wステップ16　長音を含む語の読み・書きの練習

課題（全て全20問）　被験児	T. M.	N. T.		M. Y.	I. T.	N. D.	
ステップ15　訓練回数	1	1	2	1	1	1	2
1　長音を含む語のモデル構成	20	20	20	20	19	20	19
2　長音の段の認定	20	20	20	20	20	19	20
3　文字積み木の構成	20	20	20	17	20	20	20
6　学習テスト（全20問）（書字テスト）	20	11	15	16	19	18	18
Wステップ16　訓練回数	1	1	2	1	1	1	2
1　語の読み　（全20問）	20	16	16	18	18	10	17
2　モデルの構成　（全20問）	20	14	15	19	15	20	20
3　長音の段の認定　（全22問）	22	22	22	19	12	22	22
4　語の書き　（全20問）	19	14	17	16	18	20	20
5　モデル構成　（全20問）	20	16	19	20	19	20	20
6　学習テスト　（全20問）（語の書きテスト）	20	16	20	20	20	18	20

ダ／イ／，／フ／ウ／ト／ウ／と逐字的の読む誤りであった。このような読み方をした場合，読み方の誤りに気づかせて，その音節，語を全体的にまとめて読む読み方をするように指導した。

Wステップ7からWステップ16まで行われた長音の自覚の形成（モデル構成）と表記の学習についての指導・訓練の効果を評価するために，それらのステップの教材として用いられてきた語（約40語）と異なった長音を含む語（約20語）を用いて，訓練の前後に，長音を含む語のモデル構成，読み，書きについて検査を実施した。その結果を，第 1-4-11 表に示す。

この資料からわかるように，長音についての自覚（モデル構成）が改善されただけでなく，長音の読み・書き能力が改善された。特に顕著なのが，長音の書き能力の改善である。この指導・訓練の効果には，この表に示すように個人差が認められるが，一般的に言えることは，訓練前に低い成績を示していた児童（例えば，N. D. 児）ほど，より明瞭な教育効果が認められていることである。この資料は，このプログラムが，長音の自覚の形成，読み・書き能力の改善に十分な効果を及ぼしたことを明瞭に示している。

第 1-4-11 表　前後テストによる長音についての指導・訓練の効果の評価

	指導・訓練前					指導・訓練後				
課　題　被験児	T. M.	N. T.	M. Y	I. T	N. D.	T. M.	N. T.	M. Y	I. T	N. D.
1　長音を含む語のモデル構成　（12問）	10	10	9	9	8	11	10	12	11	12
2　長音を含む語の読み　（12問）	8	7	11	12	0	11	12	12	12	11
3　長音を含む語の書き　（12問）	7	3	5	8	2	10	11	12	10	11

⑹　拗音の学習と拗音を含む語のモデル構成

引き続きＷステップ17，18に移り，拗音の学習が行われた。Ｗステップ17拗音の産出と変換のステップで，まず，カ行，サ行を例にして，拗音とはどのような音なのか，その音の産出及び変換の練習を行った。ここで重要な役割を果たしたのは，第1-2-4図に示した「直音と拗音の関係を示す音の系列図」である。

1）拗音の産出の練習：実際に，か行の実際の拗音，／キャ／／キュ／／キョ／を具体的に産出させるため，まず最初に，カ行の「直音と拗音の関係を示す音の系列図」の，「き」の所を指さし，「／キ／と言ってみて下さい（キ)。では／キ／という音を出すように，口を／キ／の音を出すようにしてください。そして，ア段の方に曲がって，／ア／の音を出してごらん（／キャ／)。」という説明を行いながら，カ行，サ行の拗音について各2回，全体で10回の練習を行った。

2）拗音への変換の練習：同じく，各行の「直音と拗音の関係を示す音の系列図」を用いて，例えば，タ行の系列図の直音の「と」の所を指さし，「／ト／の音を曲がった拗音の音にしたいのだけれど，どうしたらいいでしょう。一度，／ト／から／チ／の所へ戻って，／チ／の音を出すつもりで，／オ／の音を出します。すると，／チョ／の音が出ます。」という教示と説明を与え，各行の直音21音について拗音へ変換する練習を行った。

3）拗音の系列図の読み：そのような練習の後，9枚の系列図を見せて，□で囲まれた直音の系列を読み上げた後，○が書かれあるが，「き」以外は音が書かれていない拗音の系列について，それを読み上げる練習を行った。

第1-4-12表に，このステップ17の学習の様子を示す。拗音の産出は，第1試行で正しくできない場合（特に，T. M. 児，M. Y. 児，この場合，／キャ／，／キュ／と言うべき所，／ア／，／ウ／の音になる）が認められたが，どの児童も第2，第3試行で正しくできるようになった。拗音への変換も第1試行で間違えた場合があったが（N. D. 児)，指導することで変換の方法を容易に覚えた。拗音の系列の読みも，文字は全く書かれていないので，最初戸惑ってできなかった場合(M. Y. 児，N. D. 児）が認められたが，練習の回を重ねるうちに全部拗音の系列を，系列図を見ながら正しく言えるようになった。このように，「直音と拗音の関係を示す音の系列図」を用いたことによって，拗音についての学習は，予想以上に順調に進めることができた。

その後，Ｗステップ18で，拗音を含む語のモデル構成の学習に移り，促音，長音のモデル構成の学習と同じように，教材20語について，逐次，1）図式がある条件でのモデル構成，2）拗音の有無の判断，3）拗音の抽出，4）拗音の位置の判断の課題を与えたが，学習は非常に順調に進み，20語終了後の学習テスト（図式なしのモデル構成）では，第1-4-12表の資料に示す通り，どの児童も第1試行で，20語全てについて正しくモデルを構成することができた。

第 1-4-12 表　W ステップ17　拗音の産出と変換
W ステップ18　拗音を含む語のモデル構成

課　題	被験児	T. M.	N. T.	M. Y.	I. T.	N. D.
Wステップ17	訓練回数	1	1	1	1	1
1　拗音の産出（全10問）	第 1 試行	0	10	5	10	10
	第 2 試行	10	0	4	0	0
2　拗音の変換（全21問）	第 1 試行	21	19	18	21	14
	第 2 試行	0	2	3	0	7
3　拗音系列の読み（9 行）	第 1 試行	9	9	4	9	3
	第 2 試行	0	0	5	0	6
Wステップ18	訓練回数	1	1	1	1	1
1　図式によるモデル構成		20	20	20	20	20
2　拗音の有無の判断		20	20	20	20	20
3　拗音の抽出		20	19	20	17	20
4　拗音の位置の認定		20	16*	20	20	20
6　学習テスト(図式なしのモデル構成)		20	20	20	20	20

＊　数値は第 1 試行目で正反応した数を示す。

(7)　拗長音の学習

引き続き，W ステップ19で拗長音の指導を行った。これは，拗音の全体の系列図を机の上に置き，／キャ／，／ニョ／等の拗音20音節について，それぞれ，

1)　その音が系列図のどの位置にあるかを同定させ，

2)　次にその音を長く伸ばさせ，拗長音を産出させる練習を行い，

3)　次に，産出した音が何段の音であるかを判断させる練習を行った。

この練習を20音節について終了後，拗音は短い円柱（または円形のプレート），拗長音は楕円柱（または楕円形のプレート）で表すことを，例を挙げて説明した後，／キョーシツ／，／ショーガ／，／リョカン／，／シューカン／，／キューリョー／の 5 語について，例えば，／キョーシツ／の場合，積み木（またはプレート）で，モデルを作った時，⬭□□，○□□の 2 つのうちどれになるかを問うた（語のモデルの選択）。そして，それができると，他のモデル（○□□）の場合，どのような語になるのかを考えさせ，その語を言わせた（他のモデルによる語の作成）。

その学習の様子は，第 1-4-13 表に示す通りである（数値は第 1 試行目での正反応数を示してある）。これを見てもわかるように，第 1 試行目でわからなくて教えた場合も認められたが，学習は順調に進んだ。

これで児童にとって困難な音節である長音，拗音，拗長音の音節の基礎的な学習は終えたが，しかし，これだけでは，長音，拗音，拗長音の明瞭な言語的自覚を形成したことにはならない。これ

第 1-4-13 表　W ステップ19　拗長音の産出，段の認定

課　題　　被験児	T. M.	N. T.	M. Y.	I. T.	N. D.
訓練回数	1	1	1	1	1
1　拗音の系列図の中での同定(全20問)	20	20	17	17	13
2　拗長音の産出　(全20問)	20	20	18	19	20
3　段の認定　(全20問)	20	20	19	20	20
4　語のモデルの選択　(全 5 問)	5	4	5	5	5
5　他のモデルによる語の作成(全 5 問)	5	5	5	5	5

らの音節が一つだけ語に含まれている場合は容易にその音節に気がつくが，異なった種類の音節が二つ以上含まれている語になると識別(自覚)が非常に困難になるからである。そこで，拗音と拗長音，長音と拗長音との違いについて明瞭な自覚を形成するため，拗音，拗長音を含む語20語(例；／ショージョ／，／シューチョー／)，長音，拗長音を含む語20語（例：／ウンドージョー／，／リューグー／）を用意して，W ステップ20～23で，モデル図式によるモデル構成，略式図式によるモデル構成の練習を行った。手続きは，基本的にこれまでの方法と変わらないのでここでは説明を省く（付録 A 1 を参照)。

この学習の様子は，第 1-4-14 表及び第 1-4-15 表に示す。どのステップも，指導・訓練は 1 回で通過したが，ステップ21で，I. T. 児が学習テストであまり高い成績を示すことはできなかったが，それ以外では，学習は順調に進んだことをこの資料は示している。

そして，次に W ステップ25で拗音の表記の学習を行った。このステップには，全児童が参加したわけでなく，事前テスト（第 1-4-17 表）で拗音の表記をすでに習得し終えていることがわかった，T. M 児，N. T. 児，I. T. 児は訓練を省略し，M. Y. 児，N. D 児のみが参加した。拗音の表記の規則の学習で，中心的な役割を果たしたのは，「直音と拗音の関係を示す音の系列図」である。この図式を用いて，再度，1)拗音の系列を産出する練習を行ったのち，2)直音の系列にも文字が何ら書かれいない空白の「直音と拗音の関係を示す音の系列図」を示し，例えば，か行の拗音の書き方を学ばせる場合，まず，直音の系列に，「か」「き」「く」「け」「こ」を書かせ，次に，以下のルールを説明して教える。

ア段／キャ／の場合は　「き」に「ゃ」を添える。
ウ段／キュ／の場合は　「き」に「ゅ」を添える。
オ段／キョ／の場合は　「き」に「ょ」を添える。

そして，その系列の当該の○の中に，その各拗音を書かせる。そして，同じようなことを，サ行，タ行の拗音についても行う。3) その後，訓練者は，拗音の全系列図が，1 枚の紙に描かれた図版を提示し，その系列図を読ませる練習を 2 回行わせた後，4)任意に選んだ15音節を逐次発音して提示，提示してある全系列図のどこにその音があるのかを同定させ，それが見つかったら，ノートに，

第 1-4-14 表　W ステップ20　拗長音，拗音を含む語のモデルの構成
W ステップ21　拗長音，長音を含む語のモデルの構成

課　題　被験児	T. M.	N. T.	M. Y.	I. T.	N. D.
W ステップ20　訓練回数	1	1	1	1	1
1　モデル構成事前テスト（図式なし，全20問）	20	20	19	20	20
2　図式によるモデルの構成（全20問）	20	20	20	20	20
3　拗長音の有無の判断（全20問）	20	20	20	20	20
4　拗長音の抽出（全15問）	15	15	15	15	15
5　拗長音の段の認定（全15問）	15	15	15	15	15
6　拗音の有無の判断（全20問）	20	20	18	20	20
7　拗音の抽出（全15問）	15	14	13	15	15
8　拗音の段の認定（全15問）	15	15	13	15	15
9　学習テスト（全20問）（図式なしのモデル構成）	20	19	20	20	20
W ステップ21　訓練回数	1	1	1	1	1
1　モデル構成事前テスト（図式なし，全20問）	20	13	17	19	17
2　図式によるモデルの構成（全20問）	20	20	19	20	20
3　拗長音の有無の判断（全20問）	20	20	20	20	20
4　拗長音の抽出（全19問）	19	19	19	19	19
5　拗長音の段の認定（全19問）	19	19	18	19	19
6　長音の有無の判断（全20問）	20	20	20	20	20
7　長音の抽出（全18問）	18	18	18	18	18
8　長音の段の認定（全18問）	18	18	18	18	18
9　学習テスト（全20問）（図式なしのモデル構成）	20	17	20	20	20

その拗音を書かせる練習を行う。

このように拗音の表記のルールの学習と練習が終わると，W ステップ18で用いた20枚の図版を用いて，語のモデル構成の練習を行い，モデルが構成できたら，それを見て，拗音を含む語を書く練習を行った。その後，学習テストを行う。

引き続き，W ステップ25で，ステップ20の拗音と拗長音を含む20語の図版を用いて，拗長音の表記の学習を行った。これらの学習の様子は，第 1-4-16 表に示す通りである，M. Y., N. D 両児共に順調に学習は進み，両ステップの学習テストでも期待した成績が得られた。

その後，拗音の学習を評価するため，拗音を含む語のモデル構成と読み・書きに関する後テストを行った。その結果を前テストと比較したものを，第 1-4-17 表に示す。前テストの段階で，5 名の訓練児のうち 4 名は，拗音のモデル構成，読み・書きについて高い成績を示していたため，後テストの成績はその学習がより完全で安定したものになったことを確認したに留まった。しかし，前

第 1-4-15 表　W ステップ22　拗長音，拗音を含む語の略式図式によるモデル構成
W ステップ23　拗長音，長音を含む語の略式図式によるモデル構成

課　題　　　　被験児	T. M.	N. T.	M. Y.	I. T.	N. D.	
W ステップ22　　訓練回数	1	1	1	1	1	2
1　拗長音，拗音を含む語のモデル構成（全20問）	20	19	20	18	20	−
2　抽出を誤った音節数（全62音節中）	0	1	0	2	0	−
9　学習テスト（全20問）（図式なしのモデル構成）	20	19	20	20	20	−
W ステップ23　　訓練回数	1	1	1	1	1	2
1　拗長音，長音を含む語のモデル構成（全20問）	20	17	20	17	18	18
2　抽出を誤った音節数（全68音節中）	0	4	0	3	2	5
9　学習テスト（全20問）（図式なしのモデル構成）	20	20	20	20	20	20

第 1-4-16 表　W ステップ24　拗音の表記の学習
W ステップ25　拗音と拗長音の表記の学習

課　題　　　　被験児	M. Y.	N. D.
W ステップ24　　訓練回数	1	1
1　拗音の系列の産出	OK	OK
（ヤ，カ，サ，タの各行）	OK	OK
2　拗音の系列用紙への記入	OK	OK
3　拗音系列図の読みの練習	OK	OK
4　拗音の同定と書き練習		
同定（15音節）	14	15
書き（15音節）	15	15
5　拗音を含む語のモデル構成		
図式なし（20語）	20	20
6　モデルによる表記の学習		
学習テスト（図式なしの書き）	19	20
Wステップ25　　訓練回数	1	1
1　拗音・拗長音を含む語のモデル構成（全20語）図式なし	13	20
図式あり	7	0
2　表記の学習（図式あり）20語	9	18
学習テスト（図式なしの書き）	19	20

テストで，拗音の読み・書きが不完全であったN. D. 児の場合，後テストでは，読み・書きの成績（特に書き）が，期待したような高い成績を示すようになった。訓練が効果を与えていることを示している。

第 1-4-17 表　前後テストによる拗音についての指導・訓練の効果の評価

課　題　　被験児	指導・訓練前					指導・訓練後				
	T. M.	N. T.	M. Y.	I. T.	N. D.	T. M.	N. T.	M. Y.	I. T.	N. D.
1　拗音を含む語のモデル構成（12問）	12	10	12	12	12	12	12	12	12	12
2　拗音を含む語の読み（12問）	12	12	12	11	9	12	11	12	12	10
3　拗音を含む語の書き（12問）	12	11	12	12	4	12	12	12	12	12

(8)　全特殊音節を含む語のモデル構成と書きの練習

これで促音，長音，拗音，拗長音の 4 種の特殊音節の学習は，一通り終了したが，指導・訓練の最後のステップ（ステップ26）として，各種の特殊音節が複数，一つの語に含まれ，児童にとってその読み・書きが非常に困難な語（例えば，／チョートッキュー／。／キューショクトーバン／のような語）20語について，モデル構成と書きの練習を行った。

その学習の様子を，第 1-4-18 表に示す。T. M. N. T. の 2 児は，この課題を 1 回の指導で終えたが，他の 3 児は，書きが十分にできる状態に達するまでには，色々な条件で，何度も訓練を行うことが必要であった。しかし，最後には，どの児童も，教材として扱った20語について，モデルがない条件で，全部正しく書けることができる状態になった。

第 1-4-18 表　W ステップ26　全特殊音節を含む語のモデル構成とその表記の学習

課　題　　被験児	T. M.	N. T.	M. Y.				I. T.		N. D.	
Wステップ26　　訓練回数	1	1	1	2	3	4	1	2	1	2
26-1（事前テスト）										
1　図式なしのモデル構成	20	20	16	—	—	19	19		20	19
2　表記テスト	18	—	14	10	16	19	16		—	19
26-2										
1　略式図式によるモデル構成							20	18	20	—
2　表記の学習							17	18	—	20
3　表記の学習テスト							18	—	—	13
26-3										
1　図式なしのモデル構成							20	—	20	
2　表記の学習（図式あり）							18	20	—	20
3　表記の学習テスト（図式なし）							16	20	—	20

第2節　文の統辞・意味論的構造の自覚の形成教育プログラムでの児童の学習過程

このプログラムは，先に述べたように，基礎的な構文の産出能力を高める練習を行いながら，疑問詞を用いた疑問文を作成する練習を行い，同時に，日本語の動詞述語構文の基礎となっている11種の基礎的な統辞・意味論的カテゴリーについての言語的自覚を形成し，それらのカテゴリーを表すシンボルマークを用いて文のモデルを作ることを学習させ，さらにそれらを基礎に一定の構文の文の読み・書きを学習することを目標としている。その訓練のために，一定の構文の内容を表す行為の場面が描かれた絵とその構文のモデル図式が絵の下に描かれた訓練用の図版と統辞・意味論的カテゴリーを表すシンボルマーク，それらの説明図等が用いられる。また，シンボルマークの説明図の各シンボルの上に，それに対応したシンボルマークが描かれたプラスチック製の正方形の板（シンボルプレート）が各2枚置かれてある。子どもは，図版の絵の下に，文の要素に対応して，適時，これらのシンボルプレートを選択，配置することによって，文の統辞・意味論的構造のモデルを構成することができる。

この教育プログラムは，二つの大きなブロックからなる。前半のブロックは，ステップ1～5からなり，訓練図版の絵を見ながらその内容に合った，形の整った文を作成し，次に統辞・意味論的カテゴリーに対応したシンボルマークを用いてその文のモデルを構成し，さらに一定の疑問詞を用いた疑問文を作る練習を何度も繰り返すことによって11種の基礎的な統辞・意味論的カテゴリーについての言語的自覚を形成することを目的としたブロックである。後半のブロックは，ステップ6～9から構成され，文のモデルを基礎に形の整った文を書くことを指導する部分である。

訓練・指導には，当該の文の内容が描かれ，さらにその下に，文のモデル図式と文のひらがな文が書かれた訓練用図版（これについては，CDに収められている付録Bの図版を参照のこと）とシンボルマークの説明図が用いられる。はじめ，このシンボルマークの説明図に基づいて，シンボルマークの意味について説明した後，前半のブロックの指導・訓練は，以下の手順を踏んで行われる。

1)　図式なしでの文の作成

まず，図版の絵のモデルもテキストもカバーしたまま，絵だけを示し，「これは～さんだけど，何をしてるのか，お話してみて」という教示を与え，文の作成を試みさせる。第1試行目で，文の要素を省いたり，他のものと誤った場合，「どこでやっているの」，「ここをよく見てごらん」，「どこを走ってると思う」等のヒントを与える。第2試行目で，再度独力で文を作らせる。第2試行目で，文の要素は全部正しいが，動詞やその語尾，テニヲハが誤っている場合，それらを教える。

2） 図式による文の作成と文のモデルの構成

1)で，形の整った正しい文が作られた場合，ここで，図版の図式のカバーを開き，絵の下の図式のマークの上に，シンボルマークの説明図の上に置かれてあるそれと同じシンボルプレートを選択し，置かせながら，そのシンボルに対応した語を発話させ，文を作らせ，その文のモデルを構成させる。文の要素が一部欠けて不完全の場合や，誤った場合には，教えて直させる。誤るか不完全の時，第2試行目を行わせ，正しい文で，文のモデルを構成させる。

3） 疑問詞を用いた疑問文の作成

各問毎に，2)の手順で，文のモデルが構成できたら，引き続き疑問文の作成の課題に移る。最初は，子どもは，疑問文の作り方そのものがわからないので，以下の手順をとる。

(i) 疑問文の作り方の見本提示とそれによる模倣・学習

例えば，ステップ1の問1の場合，以下のように行う。

「では，このお話で，尋ねる文を作るよ。はじめに，『まこと君』（Agent）を尋ねる文を作るよ」と言い，絵の「まこと」君を厚紙片で隠し，オハジキを文の「行い手」のシンボルマークの上に置く。（モデル説明図の）「行い手」の所を指さし，「行い手を尋ねる時は，ここに書いてある様に，『ダレガ』を使うんだよ」「先生が先にやってみるから，よく見ていて，後で，1人で作ってね」という。訓練者は，絵の下の図式に，説明図の上のシンボルプレートを選択して，置き，文のモデルを作りながら，「誰がイスに座っていますか」という文を作る。そして，絵の「まこと」君を厚紙片で取り去りながら，その答えを，子どもに言わせる。その後に子どもに，その疑問文を，同じやり方で作らせ，訓練者はその問いに答える。

この見本提示，模倣・学習を，ステップ1で，最初に出てくる「行い手」，「場所」，「時間」共各1回ずつ行い，子どもに疑問文の作り方の要領を教える。

(ii) 自力による疑問文の作成

その後は，各問題文の下線が引かれている文の要素（行い手，場所，時間等）について，その要素に対応している絵の部分を厚紙片で隠し，かつ，文の図式のそれに対応しているシンボルマークの上に，オハジキを置き，「では，ここを尋ねる文を作って」と言って自力で作らせる。そして，この場合訓練者は，その都度子どもの行う質問に答え，質問・答えの形で訓練を進める。

疑問文の作成の練習は最高2試行で，第1試行目に，疑問詞や時制等が誤った場合，「ここの所，これでよいかな」と言って，誤った箇所に気づかせ，第2試行目を自力でやらせる。 それでも，正しくならない場合，正しい答えを教える

(1) Sステップ1からSステップ4までの子どもの学習の様子

Sステップ1からSステップ4までの子どもの学習の様子を，第1-4-19表に示す。また，Sステップ5の学習の様子を第1-4-20表に示す。表の数値は，いずれも，第1試行目での正反応数を

示している。

これらの表でわかるように，どのステップも，絵図版を見て，図式のない条件で，第1試行目で，求められている形の整った文を直ぐに作ることは困難であった。そこで，ヒントを与えたり，語の表現の仕方を教えたので，多くの場合，第2試行目で当該の文を作り出すことができるようになり，次の図式の各シンボルマークの上に，同じシンボルプレートを置きながら，文を作り出す作業に移った。この段階でも，子どもがまだ課題に十分慣れていなかったSステップ1，2では，シンボルマークを正しく置けても，文の内容を，求められた文と異なって表現する場合が割合多く認められた。この場合，正反応と扱っていないが，例えば，以下のような場合である。上の文が，課題文で，(　　) 内が，子どもの正しくない反応である。

Sステップ1　2．アヒルが　池で　魚を　とった。

第1-4-19表　Sステップ1－ステップ3までの子どもの学習の様子

課　題	被験児	T. M.	N. T.	M. Y.	I. T.	N. D.
Sステップ1	訓練回数	1　2　3	1	1	1	1
1　図式なしの文の作成	(全14問)	3　7　14	2	1	4	5
2　図式ありで文とモデルの構成	14問	14　14　14	6	11	11	14
3　疑問文の作成						
Agent（誰が）	4問	4　4　4	4	3	4	3
Place（どこで，に，へ）	10問	5　8　10	10	10	9	4
Object（何を）	4問	4　4　4	4	4	4	4
Time（いつ）	4問	3　2　4	4	4	4	2
4　図式での文作成テスト	(14問)	7　11　14	8	11	5	—
Sステップ2	訓練回数	1	1	1	1	1
1　図式なしの文の作成	(全10問)	9	7	3	4	6
2　図式ありで文とモデルの構成	10問	10	10	7	8	10
3　疑問文の作成　誰を	5	5	5	5	5	5
誰に	4	4	4	4	4	4
どうする	5	5	5	5	5	5
4　図式による文の作成テスト	10	10	10	10	10	4
Sステップ3	訓練回数	1　2	1	1　2	1	1
1　図式なしの文の作成	(全10問)	3　8	2	7　8	6	3
2　図式ありで文とモデルの構成	10問	10　10	10	10　10	10	10
3　疑問文の作成　誰が	4	4　4	4	4	4	4
何を	4	4　4	4	4	4	4
何で	3	3　3	3	2	3	3
何から	3	3　3	3	2	3	3
どこで，どこに等	3	3　3	2	2	3	3
4　図式による文の作成テスト	10	8　10	10	8	8	—

（池を）　　（食べた）

5．きのう　花子は　野原を　走った。

（野原で）

Sステップ2　7．太郎が　お母さんに　子どもを　渡している。

（子どもを）（お母さんに）

しかし，ステップが進むにつれ，この文の作成とモデル構成をほとんど正しくできるようになった。ステップ4で，I. T. 児が「図式ありで文とモデルの構成」課題の第1試行での成績が5/10と悪いので，調べて見ると，次のような反応を示している。

ステップ4　1．お母さんが　川へ　水くみに　行った。

（水をくみに）

6．毎日　学校へ　正夫は　勉強に　行きます。

（歩きながら）（来ている）

7．広島で　たくさんの人が　原爆で　死んだ。

（広島に）

8．七五三の時　正夫は　神社に　お参りに　いった。

（わからない）（わからない）

10．雨なので　花子は　お父さんに　傘を　もっていった。

（雨ふったら）

このような場合，いずれも正しい表現を教えて，第2試行目で，正しく文の作成とモデル構成を行わせて，疑問文の作成課題に移った。

疑問文の作成は，使うべき疑問詞はモデル説明図に示してあり，何を尋ねるのかは，訓練者がオハジキで指示し，しかも，疑問文の作成の見本を最初に訓練者が示してから練習に入るので，ほとんどの場合，子どもたちは間違えることなく，正しい文を作成した。勿論，誤った表現の疑問文も認められた。それを，いくつかのタイプに分けて例示すると以下の通りである。

⑴　場所，方向についての疑問文作成で，「どこに」「どこへ」「どこを」間の混同

ステップ1　1．まことくんは　どこに　座っているの？

（どこで）

11．まことくんは　どこに　立っていますか？

（どこを）

14．まことくんは　どこを　歩いていますか？

（どこで木の下で）

⑵　指定した疑問詞を使わない疑問文を作る誤り。

第 1-4-20 表　ステップ 4 及びステップ 5 での子どもの学習の様子

課題(課題文の数)	被験児	T. M.	N. T.	M. Y.	I. T.	N. D.
ステップ 4	訓練回数	1　2	1	1　2　3	1	1
1　図式なしの文の作成	(10)	2　6	1	4　5　7	1	2
2　図式ありで文とモデルの構成	10	9　10	8	10　10　10	5	7
3　疑問文の作成　誰が	2	2　2	2	2　2	2	2
誰に	1	1　1	1	1　1	1	1
何を	2	2　2	2	2　2	2	2
何のために	3	3　3	1	2　3	3	3
何で	1	1　1	1	1　1	1	1
なぜ	3	3　3	2	3　3	1	3
どこで	3	3　3	2	3　3	2	3
いつ	1	1　1	1	1　1	1	1
どうする	2	2　2	1	2　2	2	2
4　図式による文の作成テスト	10	9　10	10	7　8	8	10
ステップ 5	訓練回数	1	1	1	1	1　2
1　対象的行為	全18問	18	18	18	18	18　18
2　モデル構成課題						
自力正反応数	(全18問中)	18	11	12	14	5　18
誤った要素数	(全70要素中)	0	8	7	4	20　0
3　モデル構成学習テスト						
自力正反応数	(全18問中)	18	16	15	17	―　16
誤った要素数	(全70要素中)	0	2	5	1	―　2

ステップ 1　2．アヒルは　どこで　魚を　とりましたか？

(アヒルは　川で　魚を　とりましたか？)

9．いつ　太郎は　川で　つりを　したのか？

(何曜日に)

ステップ 4　8．七五三の時　正夫は　神社に　何のために　行ったのか？

(お参りに)

(3)　疑問文でなく，肯定文を作る誤り。

ステップ 1　2．アヒルは　どこで　魚を　とりましたか？

(アヒルは　どこで　魚を　とっています)

13．いつ　お母さんが　テーブルで　お茶を　のんでいますか？

(いつ　お母さんが　テーブルで　お茶を　のんでいます)

当然，このような誤りをした場合，子どもに誤りを気づかせて，第 2 試行目で正しい疑問文を作らせた。

(2) Ｓステップ５の学習の様子

Ｓステップ５では，文のモデル構成の学習を完成させ，さらに次の諸ステップでの文の読み・書きの練習への導入の役割を担うため，これまでのステップ１〜４とは，異なった条件で学習が行われた。まず，課題文として，以下に示す18の文を利用した。但し，これらの文は，全て，11のカテゴリーのうち受け手，目的，原因・理由，時間の要素を除いた，行為者，相手，場所，道具，材料，対象，行為の７種のカテゴリーの要素だけから構成されている。また，訓練用の図版として，各１枚の図版に，絵ではなく，ひらがな文字で横１列の書かれた文のテキストとその下にその文のモデル図式が描かれたものが用意された。モデル図式は，通常厚紙で覆われた状態で提示され，必要に応じて，そのカバーを開くと，そのモデル図式を見ることができる。それと並んで，文のモデルを構成するのに必要な，シンボルマークの説明図とその上に置かれる各２枚のシンボルプレートが置かれてある。また，これらとは別に，下の18文で表現されている行為を，実際に手で操作して演じることができるミニチュアの各種の人形（アヒル，カラス，正夫，よしこ，お母さん等）と小道具（ハサミ，紙，棒，花，粘土，バナナ，ナイフ，ブロックなど）と箱庭状のミニチュアのセット（家，庭，池，木，砂場など）が机の上に配置された。

課題文（18文）

1．アヒルが　池で　泳いでいる。
2．私は　ハサミで　紙を　切る。
3．私は　紙で　飛行機を　作る。
4．正夫君は　棒で　アヒルを　たたいた。
5．正夫君は　棒で　はしごを　作った。
6．よしこさんは　お母さんに　花を　あげる。
7．砂場で　正夫が　遊んでいる。
8．私は　粘土で　お皿を　作る。
9．私は　ナイフで　はしを　けずる。
10．庭で　お母さんは　カラスに　バナナを　あげた。
11．カラスは　木の下で　バナナを　食べている。
12．私は　コップで　水を　のむ。
13．私は　コップで　塔を　作る。
14．カラスが　屋根で　鳴いている。
15．お母さんが　よしこに　帽子を　かぶせた。
16．正夫君が　ブラシで　棒を　洗った。
17．私は　ブロックで　男の子を　作った。

18. よしこさんは　正夫君に　花を　渡した。

このような条件で，以下のことを行う。

1)　対象的行為の演示：図版のモデル図式は覆われている条件で，上の各文について，それを読ませる。そして，その内容を，机の上の箱庭状のセットで，該当する人形や小物の道具等を操作させて，演示させる。もし間違えた場合には注意して直させる。

2)　文のモデル構成：引き続き，図版のモデル図式は覆ったままの状態で，今，読んで演示した文について，図版のテキストの各語の下に，該当するシンボルプレートを置かせて，文のモデルを構成させる。

3)　モデル構成の評価と指導：児童が一つの文のモデルを作る毎に答え合わせをする。正しくできた場合，例えば，課題文1の「アヒルが　池で　泳いでいる」の場合，「これでよいのだね。『池で』というのは，今，アヒルが泳いだ所だから，『場所』だね」と，子どもが誤りやすい「で」の意味を状況に合わせて説明して理解させる。また，カテゴリーの選択を誤った場合，例えば，課題文5の「私は　コップで　塔を　作った」の「コップで」を「道具」のカテゴリーにした場合，「コップで　水を　のむ」での，「コップで」は，道具だけれども，「コップで　塔を　作る」場合の「コップで」は「道具かな？」と言って考えさせ，理解させて直させる。以上，このような手続きで18文について練習をする。

4)　文のモデル構成学習テスト：このような手続きで18文について練習が終了すると，モデル図式をカバーした条件で，再度，文のモデルを構成させる。その都度答え合わせを行い，正しくできたらほめ，間違った場合には，第2試行目で，モデル図式に合わせて正しいモデルを作らせる。

このような手続きで行われたSステップ5での子どもの学習の様子は，第1-4-20表の下段に示す通りである。1)の対象的行為は，どの児童も，全問正しくできただけでなく，2)の自力での文のモデル構成課題も，割合良くできていることを資料は示している。ただ，N. D. 児は，第1回目の

第1-4-21表　ステップ5におけるモデル構成過程での子どもの
シンボルプレート選択の認められるカテゴリー間の混同

カテゴリー／反応	A	B	O	I	M	P	Ac	その他	計
Agent（行為者）	(89)	1							90
Beneficient（相手）	1	(24)							25
Object（対象）		2	(72)		2	1		3	80
Instrument（道具）			2	(16)	7				25
Material（材料）			1	9	(15)				25
Place（場所）						(24)		1	25
Action（行為）		1	2		1		(81)	5	90
計	90	28	77	25	25	25	81	9	360

第 1-4-22 表　ステップ 5 のモデル構成の学習テストでの子どもの
シンボルプレート選択に認められるカテゴリー間の混同

カテゴリー／反応	A	B	O	I	M	P	Ac	計
Agent（行為者）	(90)							90
Beneficient（相手）		(25)						25
Object（対象）			(79)		1			80
Instrument（道具）				(22)	3			25
Material（材料）				4	(21)			25
Place（場所）						(25)		25
Action（行為）							(90)	90
計	90	25	79	26	25	25	90	360

訓練では，文のモデル構成は，18問中 5 問しか正しくできず，70要素中20要素で誤ったが，第 2 回目の訓練では，著しく改善され，文のモデル構成は，全て正しくできるようになった。第 1 回目の訓練で，自力でモデル構成課題を行った際，18問中，正反応数11～14問であったN. T. 児，M. Y. 児，I. T. 児も，18問の練習後に実施したモデル構成テストでも進歩を示し，全70要素中誤った要素は 2 ～ 5 という高い成績を示すことができるようになった。

ここで用いた 7 種のカテゴリー間でどのような混同が生じているのか調べるため，このステップ 5 の2) 文のモデル構成課題及び4) のモデル構成学習テストでのカテゴリー間の混同の様子を調べたのが，第 1-4-21 表と第 1-4-22 表の資料である。

これらの資料で，ここで扱った 7 種のカテゴリー間で，どの間に混同が起きやすいのかを見てみると，道具と材料間で，最も頻繁に混同が起きていることがわかる。一定の教育後に行ったモデル構成の学習テストの場合は，混同は著しく減少しているが，道具と材料の間には，なお混同が生じている。これは，以下に示すように，テストで，意図的に，同じことばを，統辞・意味論的に異なった意味文脈で提示していることにも関係しているが，子どもは，別の文，例えば，「私は　ハサミで　紙を　切る」のハサミを，材料に扱ったり，「私は　紙で　飛行機を　作る」の「紙で」を道具に扱う傾向があり，同じ「で」格で表される異なった統辞・意味論的意味の区別が自覚されにくいことが，これらの混同の原因であると思われる。

4．正夫君は　棒で　アヒルを　たたいた。

5．正夫君は　棒で　はしごを　作った。

12．私は　コップで　水を　のむ。

13．私は　コップで　塔を　作る。

(3)　ステップ間テスト

上記のステップ 5 の指導・訓練の後，シンボルマークで表された11種の統辞・意味論的カテゴリーについての自覚の形成・発達を評価するため，ステップ間テストを行った。このテストは，以下の手続きで行われた。

1）以下の10枚のモデル図式が描かれている図版を示し，訓練者が，各モデルに対応している文の見本「（　）の中に示す」を口頭で示し，それを口頭で模倣させる。

2）次に，その図式を提示したまま，そのモデル図式に合っているが，訓練者が作った文とは，内容的に異なった文を，口頭で作ることを求めた。

1）行い手　おこない（行為）　（私（ぼく）は　走った）
2）行い手　対象　おこない　（私（ぼく）は　リンゴを　食べる）
3）行い手　場所　おこない　（私（ぼく）は　公園に　行った）
4）行い手　受け手　おこない　（私（ぼく）は　花子を　叩いた）
5）行い手　道具　対象　おこない　（私（ぼく）は　ナイフで　木を　けずった）
6）行い手　材料　対象　おこない　（私（ぼく）は　木で　箱を　作った）
7）行い手　相手　対象　おこない　（私（ぼく）は　友だちに　本を　あげた）
8）行い手　時間　場所　おこない　（私（ぼく）は　きのう　プールに　行った）
9）行い手　場所　目的　おこない　（私（ぼく）は　海へ　泳ぎに　行った）
10）時間　行い手　原因・理由　おこない（きのう　私（ぼく）は　風邪で　ねた）

このテストの結果は，第1-4-23表に示す通りである。第1試行目でできない場合，第2試行目で再度文を作らせたが，この表でわかるように，T. M.，N. T. 児は全問，M. Y.，N. D. 児は10問中9問について，図式に対応した正しい別の内容の文を作ることができた。ただ，I. T. 児だけは，10問中6問しか図式に合った文を作れなかった。

第1-4-23表　ステップ間テストの成績

課　題	被験児	T. M.	N. T.	M. Y.	I. T.	N. D.
モデルによる文の作成	第1試行	8	8	8	5	9
（全10）	第2試行	2	2	1	1	0

I. T. 児の誤って作った文を示すと以下の通りである。

3）ぼくは　買い物に　行った。　（場所と目的の混同）
5）ぼくは　木で　船を　作った。　（道具と材料の混同）
6）ぼくは　プラモデルを　作った。　（材料の省略）
10）夜の9時ごろ　ぼくは　おなかが　痛くなった。（原因・理由の表現が不適切）

10問全部できたT. M. 児が作った文を示してみると以下の通りである。

1) ぼくは　かけた。
2) ぼくは　鉛筆を　買った。
3) ぼくは　スタジオに　行った。
4) ぼくは　友だちを　けった。
5) ぼくは　ノコギリで　枝を　切った。
6) ぼくは　ブロックで　線路を　作った。
7) ぼくは　お母さんに　花を　かえした。
8) ぼくは　日曜日に　オバーちゃんちに　行った。
9) ぼくは　ラーメン屋に　食べに　行った。
10) 夜中に　ぼくは　病気で　泣いた。

モデル図式に対応して，随意に，正しい文を作れるためには，各統辞・意味論的なカテゴリーについてかなり明瞭な言語的自覚が求められるが，この間テストの結果は，この時点で，I. T児を除く4名の児童には，かなり明瞭な自覚が形成されてきたことを示していると考えられる。

⑷　Sステップ6～9でのテキストの読み，モデル構成を基礎にした文の書きの練習

このような指導・訓練で文の統辞・意味論的カテゴリーについての自覚を形成する訓練の後，後半のステップ6，7，8，9で，一定の構文の文の読み・書きを学習することを目標とした指導・訓練を行った。

そこでは，以下の手順で，指導・訓練が行われた。指導・訓練材料として，これまでステップ1～4で用いてきた図版を用いるが，モデル図式の下に，その文のテキストがひらがな文字で，図式に対応して，書かれてある。

1) テキストの読みの練習

図版のモデル図式だけをカバーして，絵と文のテキストが見える状態にしてテキストを読ませる。格助詞の箇所に注意して読ませ，もし誤って読んだ場合には，それを記録した上で，訂正させる。

2) 文の読みとモデル構成

1枚目の図版のテキストが読めたら，図式はカバーしたまま，引き続き，再度その文を声を出して読ませながら，モデルプレートを選択させ，モデルを構成させる。答え合わせを行い，誤った箇所があれば直させる。

3) モデルのよる口頭による文の作成

（テキストをカバーして，絵と図式のみを示し）「では，今のお話を，ここ(図式)にマークを

置きながら，もう一度作ってごらん」という教示を与えて，再度シンボルプレートを置かせながら，文を作らせる。

4） 文の書き

作成した文のモデルを，練習用紙の上方に，適当な間隔で置き，「これを見ながら，今のお話を，この紙に書いてごらん」という教示を与えて，書かせる。誤った場合，第2試行を行う。

5） 以上の手続きで，課題文10〜14問について行う。

このような手続きで行われたSステップ6からSステップ9までの指導・訓練と子どもの学習の様子は，第1-4-24表に示す通りである。表の数値は，全て第1試行目での正反応数を示す。勿論，第1試行目で誤った反応を示した場合にはすぐに注意を与えて直させた。

これらの表でわかるように，文の読み，文のモデル構成や口頭での文の作成とモデル構成の課題は，どの児童にも比較的容易であった。しかし，文を書く課題に入ると多くの児童は，難渋を示し

第1-4-24表　ステップ6〜9での子どもの学習の様子

課題	被験児	T. M.	N. T.	M. Y.	I. T.	N. D.
Sステップ6	訓練回数	1	1	1	1	1
1 テキスト文の読み	(10問)	10	9	7	8	10
2 文のモデルの構成	(10問)	10	10	10	9	9
3 モデルによる口頭での文の作成	(10問)	10	6	10	8	10
4 テキスト文の書き	(10問)	8	1	2	4	10
Sステップ7	訓練回数	1	1	1	1	1
1 テキスト文の読み	(10問)	10	10	10	10	10
2 文のモデルの構成	(10問)	10	9	10	7	10
3 モデルによる口頭での文の作成	(10問)	10	8	10	10	10
4 テキスト文の書き	(10問)	10	0	3	7	10
Sステップ8	訓練回数	1	1	1	1	1
1 テキスト文の読み	(10問)	10	10	8	10	10
2 文のモデルの構成	(10問)	10	10	10	9	10
3 モデルによる口頭での文の作成	(10問)	10	8	10	8	9
4 テキスト文の書き	(10問)	9	4	6	6	9
Sステップ9	訓練回数	1	1	1	1	1
1 テキスト文の読み	(10問)	10	10	9	10	10
2 文のモデルの構成	(10問)	10	9	7	7	10
3 モデルによる口頭での文の作成	(10問)	10	8	8	7	10
4 テキスト文の書き	(10問)	8	9	4	8	10

第 1-4-25 表　ステップ 6～ステップ 9 の文の書きにおける子どもの誤反応の分析

課　題　　　　　　被験児	T. M.	N. T.	M. Y.	I. T.	N. D.
書き誤った文の総数（40文）	5	26	26	17	1
1　助詞「を」を「お」と書く	3	22	14	2	0
2　助詞「は」を「わ」と書く	0	0	2	0	0
3　「わ」を「は」と書く	0	1	1	1	0
4　「お」を「を」と書く	0	1	2	9	0
5　格助詞「に」を「を」と書く	1	0	0	0	0
6　長音，拗長音の母音文字脱落	0	2	2	1	0
7　長音の母音文字の置換	1	1	2	3	0
8　促音の「っ」を省く	2	2	1	6	1
9　構文上の誤り	0	0	0	1	0
10　そ　の　他	0	6	3	7	0

た。T. M. 児と N. D. 児は，それでも，あまり誤ることなく，課題として与えられた文を正しく書くことができた。しかし，文を書くことが不得意で，問題をもっていた N. T.，M. Y.，I. T. の 3 児の場合，一つの文を書くのにもかなりの時間がかかり，しかも，多くの誤りを示し，第 1 試行目で正しく書くことができた文は限られていた。この手続きで文を書く課題は，事前に口頭で文を作り，しかも，その文のモデルを見ながら書くことが許されているため，通常の場合に較べて，文を書くのに書きやすい条件が与えられている。しかし，それでも，これらの児童にとって文を正しく書くことは，たいへん意識的な努力が求められる課題であった。

テキスト文の書き課題で，第 1 試行目で正しく書くことができた文の数が，少なくとも上記の 3 人の場合，極端に少ないので，書き課題で，どのような点でつまずき，書き誤ったのかを分析してみたが，その結果を，第 1-4-25 表に示す。

この表でわかるように，構文で誤ったケースは，わずか I. T. 児に一度認められただけで，構文的には，どの児童も，モデルに即して，正しい文を作っていたことがわかる。児童が示した文を書く場合の誤りのほとんどは，いわば表記上の誤りで，特に，助詞「を」を「お」と書く誤り，「お」を「を」と書く誤り，長音の母音文字を省略する誤り，促音の「っ」を省略する誤りなどが，主要な位置を占めていた。これらの表記の学習は，W プログラムで学習してきたものであるが，特殊音節や助詞「を」「は」等の表記は，低学年児童にとって非常に学習困難な事項で，その未習得さが，この文の書き課題で現れてきたと思われる。

このように，文の書き課題で，表記上に誤りが多く認められたが，構文の誤りが非常に少ないことから，この文を書く S ステップ 6～9 の諸課題の練習で，子どもたちは，形の整った文を書く基本的な能力が形成されたと考えることができた。

第3節　各種の分類操作の学習を基礎にした語彙・認知教育プログラムによる児童の学習の過程

この教育プログラムは，先に述べたように，基本的な各種の分類操作を学習させて認知能力を高めながら，同時にその操作に対応して種々の語彙能力を形成・発達させることを目標にしている。プログラムは，全部で12のステップから構成されているが，以下，各ステップでどのように指導・訓練が実際に行われ，その中で学習がどのように進行していったのかを見てみよう。

(1)　ステップ1での学習

ここでは，子どもは，まず最初に，機能が異なる道具，第1課題では，鉛筆，ボールペン，サインペン（以上書く道具），ナイフ，のこぎり，ハサミ，へら（以上切る道具），第2課題では箸，フォーク，スプーン，ピンセット（以上物を取る道具）と竹製物差し，プラスチック製物差し，計量コップ（以上計る道具）が，ランダムな配列で子どもの前に置かれ，まず第1試行では，それらを二つの仲間に分けることが求められた。また，第1試行で正しくできない場合は，第2試行で，それらの道具が何をするためのものであるかを考えて二つの仲間に分けることが，そして，それでも正しく分けられない場合には，第3試行目で個々の道具についてその機能を尋ね，正しい答えを得

第1-4-26表　ステップ1での子どもの学習と反応の様子

課題	被験児	T. M.	N. T.	M. Y.	I. T.	N. D.
機能のよる1次元分類課題						
(1) 書くものと切るもの		3	3	1	3	1
理由付け	書くもの	+	+	+	+	鉛筆
	切るもの	+	+	+	+	鋸の仲間
(2) 取るものと計るもの		2	3	2	2	4
理由付け	取るもの	+	DK	+	3+	DK
	計るもの	+	+	勉強する	+	+
材料による1次元分類課題						
(1) 金属，木，プラスチック		2	2	3	1	2
理由付け	金属	鉄	鉄	+	鉄	+
	木	+	+	+	+	+
	プラスチック	+	+	+	+	DK
(2) 金属，竹，プラスチック		1	1	2	2	2
理由付け	金属	鉄	鉄	鉄	鉄	+
	竹	木	木	木	木	木
	プラスチック	+	+	+	+	+

てから，それに基づいて二つの仲間に分けることを求められた。そして，次に，材質が異なる道具（第1課題では金属製・木製・プラスチック製の道具，第2課題では金属製・竹製・プラスチック製の道具）を材料にして，同じように第1試行では三つの仲間に分けること，第2試行ではその道具が何からできているのかを考えて三つに分けること，それでもできない場合，第3試行目で，個々の道具の材質について質問し，正しい答えを得てからそれに基づいて三つの仲間に分けさせた。

この過程の子どもの学習と反応の様子を示したのが，第1-4-26表である。この表中の数字は，児童が何試行目で正しく分類することができたのかを示し（但し，数字の4は，第3試行でも正しく分類できず，教えたことを示す），＋の記号はその分類の理由付けが正しく行われたこと，＋記号の位置にその代わりに記載されている語句は，誤った理由付けの内容を示している。

この表でもわかるように，機能の違いや材質の違いが明瞭なこのような道具の分類の場合でも，児童は，2群あるいは3群に分ける課題において，すぐにそれらの基準に気がつき分類できたわけではなかった。特に，最初の道具の機能分類の課題1では，5人の児童のうち，第1試行ですぐに分類できたM. Y. 児とN. D. 児を除く3人は，第1試行，第2試行でも正しく二つに分けることができず（この場合，材料で分けようとしたり，あるいは「はさみ」を「のこぎり」「ナイフ」「へら」の仲間でなく，「鉛筆」「ボールペン」「サインペン」の仲間に入れたり，あるいは「へら」を入れる群を見つけ出すことができなかった），第3試行でようやく正しく機能によって分類することができた。また課題2の「取るもの」と「計るもの」の分類課題も，どの児童も第1試行では分類できず，第2試行で分類の基準が示唆されてはじめて，3人の児童が分類でき，さらに第3試行で，もう1人の児童が分類できた。しかし，他の1人，N. D. 児は，第3試行でも正しく分類することはできなかった。この場合の理由付けは，課題1の場合より困難で，5人のうち3人には何等かの形でその理由を教えることが必要であった。このような課題が困難である事情は，多かれ少かれ，材料の分類課題の場合も同じで，第1課題の場合，第1試行で正しく分類できたのは1人（I. T.）だけで，他の4人は，第2，第3試行になってはじめて，分類できた。しかし，課題が進むにつれ，児童たちは，分類の仕方になれはじめ，第2課題の分類では，第1試行で正しく分類するか，あるいは第2試行で分類ができるようになっている。しかし，分類の理由として，すぐに「竹製」を指摘できた児童は皆無で，いずれも，その代わりに「木でできている」ことを指摘した。材料の分類で，児童がしばしば第2，第3試行までかかったのは，前の課題に引きずられて，材料と言う基準に気がつかず，機能の面から分類することにこだわったことによっていた。

(2) ステップ2での学習

このような学習の後，3種の形（球，立方体，偏円形）をもち，金属，木，プラスチックの材質から作られた幾何立体を材料とした分類の学習を行うステップ2に移った。このステップの学習は，

2種類の課題からなり，第1の課題（2の1）では，違った基準（形，材料）で三つのグループに分けることが，第2の課題（2の2）では，ある場合には（材料や性質）二つの群に，また別の場合(形)には3群に分けることが求められた（課題の詳細は付録A3の資料参照)。この場合の児童の学習と反応の様子を示したのが，第1-4-27表と第1-4-28表である。

これらの表でわかるように，これらの幾何立体を材料にした分類課題の学習は，道具の場合に較べて相対的に容易で，第1課題の場合，第1試行目で，つまり，「3つの仲間に分けてごらん」という教示だけで，5人のうちの4人はすぐに，形を基準にして，3群に分けることができた。分類の理由付けにおいて，児童は球，立方体，偏平円形の名前を言うことはできなかったが，以下のような表現で，各幾何立体の特徴を指摘した。つまり，球については「まる」「ボール(の形)」「玉(の形)」，立方体については「四角」「サイコロみたいな形」，偏平円形については「丸くて薄ぺったい」「丸い形」。この課題の後，児童はその形をしている他のものを指摘することが求められたが，1人の児童N. T.が，立方体のものを指摘することができなかった以外は，どの児童も正しく該当している対象を指摘することができた。その後，ビー玉，ボール等6種の対象について，その名称の他，その形，機能，材料を言語化させる課題を与えた。この場合，一部の児童に，対象の材質を指摘できない場合や，機能や名称を言えない場合が認められた（表中の＋記号は正しく言えたこ

第1-4-27表　ステップ2の1での子どもの学習と反応

課　題	被験児	T. M.	N. T.	M. Y.	I. T.	N. D.
形による1次元分類課題		1	1	1	2	1
理由付け	球	丸の仲間	丸い	丸い	丸	ボール
	立方体	四角	四角	四角	四角	四角い
	偏平円形	丸の仲間	平たく丸い	丸い	ペチャンコで丸い	DK
形の学習：「その形に入るものは何があるか？」	球	ボール	ボール	ボール	パチンコ	ボール
	立方体	サイコロ	DK	サイコロ	テレビ	サイコロ
	偏平体	時計	虫眼鏡	おはじき	レコード	百円玉
対象の名称，特性の言語化		名形機材	名形機材	名形機材	名形機材	名形機材
	ビー玉	＋＋＋＋	＋＋＋＋	＋＋－＋	＋＋－－	－＋－－
名：名称	ボール	＋＋＋＋	＋＋＋＋	＋＋＋＋	＋＋＋－	＋＋＋－
形：形	サイコロ	＋＋＋＋	＋＋＋＋	＋－＋＋	＋＋－＋	＋＋＋－
機：機能	消しゴム	＋＋＋＋	＋＋＋＋	＋＋＋＋	＋＋＋＋	＋＋＋－
材：材料	金貨	＋＋＋－	＋＋＋＋	＋＋＋－	＋＋＋＋	＋＋＋＋
	おはじき	＋＋＋＋	－＋－＋	＋＋＋＋	＋＋－＋	－－＋＋
材質による1次元分類課題		できない	2	2	1	1
理由付け	金属	DK	＋	＋	＋	DK
	木	DK	＋	＋	＋	＋
	プラスチック	DK	＋	ガラス	＋	DK

第 1-4-28 表　ステップ 2 の 2 での子どもの学習と反応

課　題	被験児	T. M.	N. T.	M. Y.	I. T.	N. D.
1　材質による 1 次元分類						
金属とゴム		3	1	2	2	1
理由付け	金属	DK	鉄	鉄	鉄	+
	ゴム	+	+	+	+	+
プラスチックと木		1	1	1	1	1
	プラスチック	+	+	+	+	+
	木	+	+	+	+	+
2　形による 1 次元分類						
球，立方体，偏平円形		2	1	2	1	2
理由付け	球	丸	丸い	丸い	丸	丸い
	立方体	四角	四角	四角い	四角	四角
	偏平円形	DK	丸くて平	平で丸い	平で丸い	タイヤ風
3　性質による 1 次元分類						
透明と不透明		4	1	3	1	2
理由付け	透明	+	+	+	+	+
	不透明	+	2+	+	+	+

と，－記号は，わからず教えたことを示す）が，その場合，即座にそれらを教えた。このような学習の後，先の課題と同じ材料を用いて，別のやり方（基準，つまり材質）で 3 群に分類することを求めた。その結果，第 1-4-27 表に示すように，4 人の児童は第 1，第 2 試行で正しく分類することができたが，T. M. 児は，いくら試行を繰り返しても正しく分類するようにならなかった。これは，木の仲間を集めることはできたが，形の特質が作用して，金属とプラスチックのものを分離することができなかったことによる。

このような学習の後，第 2 課題（ステップ 2 の 2）に移ったが，第 1-4-28 表に示すように，児童は，比較的よく材質や形による分類課題を遂行することができた。しかし，このステップの課題に，新しく対象の性質（透明，不透明）によって分類する課題を加えたが，2 人の児童には，やや課題が困難で，M. Y. 児は第 3 試行で，「目の前でかざして見てごらん」というヒントを与えて，ようやくうまく分類できた。また，T. M. 児は，第 4 試行で，訓練者が一つ一つ手に取って，かざして見せて，透して見えるか見えないか実際に子どもに答えさせてはじめて，分類させることができた。

(3)　ステップ 3 での学習

ステップ 3 では，種々の幾何立体を用いた実物による同類発見課題と異物発見課題が課せられた。この反応は第 1-4-29 表に示す通りである。この表で分かるように，どの児童も，これらの課題を第 1 試行で正しく解決することができた。特に，同類発見課題の場合，対象の材質を捨象して形の

第1-4-29表　ステップ3での子どもの学習と反応

課　題　　　　被験児	T. M.	N. T.	M. Y.	I. T.	N. D.
1　実物による同類発見課題					
(1)（□・□・□）反応	+	+	+	+	+
木製（1辺3 cm）理由付け	形が同じ	四角で木	四角い	四角で木	四角で木
(2)（□・□・□）反応	+	+	+	+	+
木製（1辺3 cm）理由付け	角が同じ	四角い	形が同じ	四角	四角
(3)（□・□・□）反応	+	+	+	+	+
木　プ　木　理由付け	角が同じ	四角い	四角い	四角い	四角
(4)（○・◎・◎）反応	+	+	+	+	+
木　金　ガ　理由付け	丸いから	丸い	丸い	丸い形	ボールの形， 丸い
2　実物による異物発見課題					
(1)□・□・□・○*反応	+	+	+	+	+
木　木　木　木　理由付け	丸いから	丸いから	丸いから	丸い形	四角でない
(2)□・□・□・□*反応	+	+	+	+	+
木　木　木　プ　理由付け	透明だから	+	ガラス	透明，プラ	プラスチック
(3)□・□・□・○*反応	+	+	+	+	+
木　プ　木　ガ　理由付け	丸いから	丸っこい	丸い木球	丸い形	丸くて形ガ別
(4)○・◎・◎・□*反応	+	+	−	+	+
木　金　ガ　プ　理由付け	透明で四角	四角だから	木だから	四角い形	四角，プラス チックだから

*印のあるものが異物

特徴を基準として同類の図形を探し出すことが要求されたが，どの児童も正しく同類を選び，理由付けも概ね正しいものであった。また，異物発見課題では，M. Y. 児が，第4問を誤ったが，その他の児童はすべて正しく異物を見つけ出し，その理由付けも正しく行うことができた。

(4)　ステップ4での学習

ステップ4での児童の学習反応の様子は，第1-4-30表に示す。ここでは，文房具，玩具，食器のカテゴリーの入る16種の道具を3群に分ける課題と，木，紙，金属，プラスチックからできている15の器物を4群に分類する課題が与えられた。そのうち，最初の機能による分類は比較的容易に分類した。5人のうちN. D. 児だけが3試行を要したが，これは，最初から機能的な分類をしているにもかかわらず，「紙皿」をどこに入れてよいのかわからず，結局第3試行まで行ったものである。このようにこれらの道具の機能分類は，どの児童も正しく解決したが，これらの道具を，「文房具」「おもちゃ」「食器」と命名することは困難で，多くの児童は「勉強する時に使うもの」，「遊ぶもの」「ご飯食べる時使うもの」という理由付けを行った。これに対し，次の材質による分類課題の場合，すぐに材質に注意して4つに分類できた児童はN. T.，I. T. の2児だけで，他の児童は，最初，機能や形によって4群に分けようとした。また，そのうちの2人は，第2試行で，材料に注

第 1-4-30 表　ステップ 4 での子どもの学習と反応

課　題	被験児	T. M.	N. T.	M. Y.	I. T.	N. D.
1　機能による 1 次元分類課題						
文房具，おもちゃ，食器		1	2	1	2	3
理由付け	文房具	DK，2 +	勉強道具	学校で使う	勉強に使う	文房具
	おもちゃ	DK，2 +	遊ぶもの	+	遊ぶとき	遊ぶもの
	食器	DK，2 +	ご飯道具	食べるとき入れる	食べるとき使う	食べる時使う
2　材質による 1 次元分類課題						
木，紙，金属製，プラスチック製		3	1	3	1	2
理由付け	木製	+	+	+	+	+
	紙製	+	+	+	+	+
	金属製	鉄	鉄	+	+	+
	プラスチック製	+	+	+	+	DK，3 +

意するように指示が与えられてもすぐには正しく分類できず，結局第 3 試行でようやく分類ができた。

(5)　ステップ 5 での学習

このような学習の後，行事や事象が描かれた絵カードを季節によって分類する課題を扱うステップ 5 の学習に入ったが，この学習の様子を，第 1-4-31 表に示す。この課題は，被験児たちにとってかなり困難な課題であった。それは，主に季節そのものがわからないことによるのでなく，いろいろな行事や事象のうちのいくつかがどの季節に入るのかを判断することが難しかったことによ

第 1-4-31 表　ステップ 5 での子どもの学習と反応

課　題	被験児	T. M.	N. T.	M. Y.	I. T.	N. D.
季節による分類課題（1）						
春，夏，秋，冬	分類	2	3	3	2	2
理由付け	春	+	+	+	+	+
	夏	+	+	+	+	+
	秋	+	+	+	+	+
	冬	+	+	+	+	+
季節による分類課題（2）						
春，夏，秋，冬	分類	2 *	3	3	2	3
理由付け	春	+	+	1 + **	1 +	1 +
	夏	+	+	1 +	1 +	1 +
	秋	+	+	1 +	1 +	1 +
	冬	+	+	1 +	1 +	1 +

*　鯉のぼり，田植，朝顔，柿を除く：それらは第 3 試行目で季節を特定できた。
**　1 + は，理由付けは，第 1 試行目でできたことを意味する。

る。まず第１の課題では，８枚の絵カードが示され，４つに分けることが求められたが，どの児童も最初は，季節ではなくその他の基準，例えば，「花」「雪」（T. M. 児），「花」「食べ物」「動かないもの」（N. T. 児），「よいこと」「花」「果物」「冬夏」（M. Y. 児），「花」「３月」「夏休み」「冬」（I. T. 児）等に分けようとした。特徴的なことはこのI. T. 児の場合に典型的に見られるように異なった基準で分類する（複合メカニズム）傾向がここでもなお認められることである。しかし，第２試行で季節に注意するようヒントが与えられると，５名のうち３名の児童はすぐにそれで分類することができた。しかし，ここでも，例えばN. T. 児は，「月見」を夏に，「おひなさま」を秋に入れたり，あるいはM. Y. 児のように「ぶどう」を夏に入れたりなどして正しく分類することはできなく，結局第３試行目になって正しく分類できた。

22枚の絵カードの分類が求められた第２の課題でも，同じような状況が認められた。この場合，児童は，第１試行目から季節で分けるべく課題に取り組んだが，いくつかのカードで，その季節を特定することができず，結局，ほとんどの児童は訓練者の援助を受けながら，第３試行目でそれらを正しく季節に分けることができた。これらの児童にとって，季節の特定が困難であったものは，以下のようなものであった。春：入学式，お花見，夏：蟬とり，田植，ほたる，朝顔，秋：稲刈り，もみじ，栗拾い，冬：年賀状，はねつき，供え餅，カルタとり。

(6)　ステップ６，７での学習

以上ステップ５までで，１次元分類の学習を終わり，ステップ６から２次元分類の学習に移った。ステップ６では，形（円と四角，円と三角），色（赤，黄，青），大きさ（大，中，小）の異なる18の図形が描かれたカード（形については，第１課題は，円と四角，第２は円と三角）が児童の前に置かれ，まず１次元分類の課題，「二つの仲間に分けなさい。」「三つの仲間に分けなさい。」が与えられる。そして，それができると，２次元分類の課題「今度は六つの仲間に分けなさい」が与えられた。この学習の様子を示したのが，第1-4-32表である。１次元分類の課題は，すでに学習済みであるので，児童にとって比較的容易で，多くの場合，第１試行でそれらの課題をやり遂げた。しかし，中には，第１課題で，色の要素を捨象して形で分類することがすぐにできず，第１試行で誤ったり（N. D. 児），第３試行目になってできた場合（I. T. 児）も認められた。それに対して，２次元分類の課題は，やや困難で，第１試行ですぐにできた児童は１名（I. T. 児）のみで，３名（T. M.，N. T.，M. Y. 児）は，第２試行目で，「はじめ２つに分けて，次に３つに分けなさい」というヒントが与えられて，はじめてできた。また，他の１人（N. D. 児）は，第３試行目ではじめて正しく６群に分類できた。しかも，第２試行目で分類できたN. T. 児の場合，この段階では正しい理由付けができず，第３試行目でもう一度分類させ，理由付けを求めても，全てが正しくできず，一部訓練者の援助を受けながら理由付けを行った。以上は第１問目の課題の様子であるが，第２問目になると状況は改善され，どの児童も，２次元分類の課題も１～２試行目で解決し，しかも理由付

第 1-4-32 表　ステップ 6 での子どもの学習と反応

課　題　　　　　被験児	T. M.	N. T.	M. Y.	I. T.	N. D.
1 （円・四角）（赤，青，黄）					
①　1 次元分類					
(1)　二つに分ける。	1	1	1	3	2
理由付け	+	+	+	+	+
(2)　三つに分ける。	1	1	1	1	2
理由付け	+	+	+	+	+
②　2 次元分類六つに分ける。	2	2	2	1	3
	+	3 + T	+	+	+
2 （円・三角）（赤，青，黄）					
①　1 次元分類					
(1)　二つに分ける。	1	1	1	1	1
理由付け	+	+	+	+	+
(2)　三つに分ける。	1	1	1	1	2
理由付け	+	+	+	+	+
②　2 次元分類六つに分ける。	1	2	2	1	2
	+	+	+	+	+

第 1-4-33 表　ステップ 7 での子どもの学習と反応

課　題　　　　　被験児	T. M.	N. T.	M. Y.	I. T.	N. D.
1 （大・小）（赤・青・黄）					
（円・四角・三角）					
①　1 次元分類					
(1)　三つに分ける。	1	1	1	1	1
理由付け	+	+	+	+	+
(2)　二つに分ける。	2	1	2	1	2
理由付け	+	+	+	+	+
②　2 次元分類六つに分ける。	1 *	3 *	2 **	1 **	2
	+	+	+	+	+
2 （大・小）（赤・青・黄）					
（円・四角・三角）					
①　1 次元分類					
(1)　三つに分ける。	1	1	2	1	1
理由付け	+	+	+	+	+
(2)　二つに分ける。	1	2	1	1	1
理由付け	+	+	+	+	+
②　2 次元分類六つに分ける。	1 **	3	2 *	2 ***	1 **
	+	+	+	+	+

*　1 次元分類の 3 群に分ける課題では，形（円，四角，三角）に基づいて分類し，2 群に分ける課題では大きさ(大小)に基づいて分けたが，この 2 次元分類の課題では，色×大きさの基準で 6 群に分けた。

**　この場合は，反対に 1 次元分類の課題では，色で 3 群，大きさで 2 群に分け，2 次元課題では，形×大きさで 6 群に分類した。

***　第一試行目で，1 と同じ方法で分類したので，別の方法で再試行させた。

けを正しく行うことができるようになった。

ステップ7では，形（円と四角と三角），色（赤，黄，青），大きさ（大，小）の18の図形が描かれた18枚のカードを，ステップ6の場合と同じ手続きで，分類することが求められた。このステップでの子どもの学習と反応の様子は，第1-4-33表に示す通りである。ここでは，1次元分類で，形か色のいずれかで3群に分け，さらに大きさで2群に分けてから，2次元分類で6群に分けることが求められたが，児童は，一度やった分類をもう一度やることを嫌ったためか，2次元分類課題では，1次元分類課題で利用した基準と異なった基準を用いて分類する場合が割合多く認められた。例えば，1次元分類の3群に分ける課題では，形に基づいて分類し，2群に分ける課題では大きさに基づいて分けたが，2次元分類の課題では，色×大きさの基準で6群に分けるという場合である。この反応は，こちらで期待した反応ではなかったが，課題の要求には答えているため，正反応として扱い，改めさせることはしなかった。5人の児童のうち，この段階で1名の児童（N. T. 児）が，2次元分類の作業がやや困難で，第3試行目で訓練者の援助を受けて分類することができた。その他の児童は，比較的容易に1～2試行目で課題を解決した。

(7) ステップ8での学習

このような幾何図形を材料にした2次元分類の学習の後，日常的な対象を材料にした2次元分類の課題に入った。ここでは，人間，動物と鳥，乗り物を材料として，それらが描かれてある絵カードを用いて分類させた。しかし，ここで扱う対象について，子どもの知識が貧弱で，その対象を表す語を知らない場合にはあらかじめ教えることが必要であるので，分類課題に入る前に，それらの語彙のテストと教育を行った。それらのテストと学習の様子，並びに分類課題の学習と反応の様子を示したのが，第1-4-34表である。語彙のテストと学習は，絵カードを示し，それが何であるかを言わせる方法で行ったが，数値の1は，テストの第一試行目ですぐに正しく言えたこと，2は，1試行目にわからなかったのでその場で教え，全語彙についてテストをした後，改めて2試行目で尋ねたらその語を正しく言えたことを表している。テストと学習は最高3試行行ったが，それでもわからない場合，そこでまた教えた。この場合は，表中の3の脇に(*)記号をつけてある。

この表を見るとわかるように，語彙の面で，人間と乗り物の中にやや難しいものが含まれていたが，分類課題については，子どもたちも，基本的に2次元分類の課題を含めて，おおむね，課題をよく遂行することができた。もちろん，多少遂行が困難であった場合も認められた。例えば，M. Y. 児の「人間」の2次元分類課題の場合，1次元分類は第1試行目ですぐにできたが，2次元分類課題の場合，第1試行目では，さっぱりわからず無反応，第2試行目で「はじめ2つに分け，次にそれらをまた2つに分けなさい。」というヒントが与えられ，カードを「大人と子ども」に2分するが，そのまま「わからない」といって課題を放棄した。そして，第3試行目で訓練者の援助を受けて分類することができた。そのため，この児童は，別の日にこの課題をもう一度実施したが，

第 1-4-34 表　ステップ 8 での子どもの学習と反応

課　題　　被験児	T. M.	N. T.	M. Y.	I. T.	N. D.
1　人間　語彙のテストと学習					
お姉さん	1	2	3 *	2	1
おばあさん	1	1	1	2	1
男の子	1	2	3	2	1
野球の選手	1	1	3	1	1
女の子（七五三）	1	2	2	3 *	1
社長	1	1	1	1	1
女の子（掃除）	1	1	2	2	1
女の子（バレー）	1	1	1	2	1
男の子（騎馬戦）	1	2	3	2	1
お父さん（ハイキング）	1	3	3	2	2
お嫁さん	2	2	3 *	2	2
男の子（野球）	1	1	3	3	1
分類課題					
（男・女）（大人・子ども）					
①　1 次元分類					
(1)　二つに分ける	1	1	1	1	1
理由付け（男・女）	+	+	+	+	+
(2)　別の方法で 2 分類	1	1	1	2	1
理由付け（大人・子ども）	+	+	+	+	+
②　2 次元分類　四つに分ける	1	1	3	1	2
	+	+	+	+	+
2　動物と鳥　語彙のテストと学習					
かもめ	1	1	1	1	1
しまうま	1	1	1	1	1
ラクダ	1	1	1	1	1
ペンギン	1	1	1	1	1
鯨	1	1	1	1	1
ツバメ	1	1	1	1	1
あざらし	1	1	1	2	1
鶴	1	1	1	2	1
トラ	1	1	1	1	1
ニワトリ	1	1	1	1	1
白鳥	2	1	1	1	1
イルカ	1	1	1	3	1
分類課題					
（動物・鳥）（陸生・水生）					
①　1 次元分類					
(1)　二つに分ける	1	4 T	2	1	2
理由付け	+		+	+鳥・動	鳥・獣と海
(2)　別の方法で 2 分する	1	4 T	2	1	2
理由付け	+		+	+水・陸	T

② 2次元分類 四つに分ける	1 +	2 +	2 +	DK T	2 +
3 乗り物 語彙のテストと学習					
ボート	2	2	1	1	1
漁船	2	2	3	2	3*
人力車	2	3	3	3	3
オートバイ	1	1	1	1	2
渡し舟	2	2	3	3	3*
自転車	1	1	1	1	1
モーターボート	1	2	1	1	1
乗用車	2	2	1	1	2
タンカー	2	2	3	2	3
バス	1	1	1	1	1
三輪車	1	1	1	1	1
カヌー（丸木舟）	2	2	3	3*	1
分類課題 （陸・水）（動力・人力） ① 1次元分類					
(1) 二つに分ける	2	1	1	2	2
理由付け	+水・陸	2+水陸	+車・舟	+水・陸	+水・陸
(2) 他の方法で2分する	1	3	2	2	3
理由付け	+動・人	+動・人	+動・人	+動・人	+物・自分
② 2次元分類 四つに分ける	1 +	2 +	1 +	2 +	2 +

その場合は第2試行目で自力で解決することができた。また，N. D. 児も，この課題は第1試行目は「わからない」といって放棄し，第2試行目でヒントを受けてから解決することができた。また，I. S. 児は，「人間」と「乗り物」の2次元分類課題はうまく遂行することができたが，「動物と鳥」の課題は，1次元分類は容易にできたが，2次元分類課題は全くうまくできず，3試行目でも自力で解決することができず，子どもができるためには，訓練者がその分け方を教えることが必要であった。これらの分類課題の中で，乗り物の1次元分類で「人力・動力」の基準で分類する課題は，相対的により困難で5人のうち4人がその解決に2～3試行を要した（N. D. 児は，この基準でなく自分を乗せるか，物や他人を乗せるかで区別した）が，しかし，1度1次元分類ができた後は，どの児童もそれらを4群に分けることは比較的容易で，1～2試行目で正しく分類し，その理由付けも正しいものであった。

(8) ステップ9での学習

ここでは，先のステップ8で用いた「人間」と「乗り物」のカードを用いて，先の2次元分類の復習に引き続き，分類と反対の操作である「下位クラスの合成」による「上位クラス（上位概念）

第1-4-35表　ステップ9での子どもの学習と反応

課　題　　　　　被験児	T. M.	N. T.	M. Y.	I. T.	N. D.
1　人間に関する課題					
①　2次元分類の復習					
4群に分ける	+	+	+	T+ *	+
②　クラスの命名　男の子	+	+	+	+	+
女の子	+	+	+	+	+
男の大人	+	+	+	+	+
女の大人	+	+	+	+	+
③　クラスの合成　(1)　子ども	+	+	+	+	+
(2)　大人	+	+	+	+	+
(3)　人間	+	+	+	+	+
④　クラスの合成課題					
(1)女の子，女の子，男の子#	+	+	+	+	+
(2)母親，オバアサン，女の子#	+	+	+	T+ * * *	+
(3)女児，オヨメサン，オバアサン，男児#	+	+	+家族	+	+
(4)男児，男児，女児，社長#	+	+	+家族	+	+
2　乗り物に関する課題					
①　2次元分類	+	+	+	T+ * *	+
②　クラスの命名					
人が動かす車	+	+	+	+	+
エンジンで動かす車	+	+	+	+	+
人が動かす舟	+	+	+	+	+
エンジンで動かす舟	+	+	+	+	+
③　クラスの合成					
車	+	+	タイヤの乗り物	+	+
船	+	+	+	+	+
乗り物	+	+	+	+	+
④　クラスの合成					
(1)ボート，カヌー，タンカー#	+	+	+	+	+
(2)乗用車，バス，自転車#	+	+	タイヤの乗り物	+	+
(3)モーターボート，渡舟，漁船，乗用車#	+	DK	+	+	+
(4)三輪車，乗用車，バス，カヌー#	+	DK	+	+	+

*　子どもがわからないため「男と女ということを考えて分けてごらん」というヒントを与えた。
* *「何の力で動くのかな」というヒントを与えた。
* * *「人間の女」と答えたので，「女の人」と教えた。
#　クラスの合成の課題において，#の記号がついていない2～3個の語のクラスに，#記号がついている単語が加えられ，仲間(クラス)がどのように変わったのかが尋ねられた。

の作成」の練習を行った。この練習では，人間（乗り物）のカードを4群に分け（2次元分類），その理由付けとその各群の命名を行った後，③のクラスの合成では，下位クラス（例えば「子ども」(舟)場合，「女の子」（人力の舟）と「男の子」（エンジン付きの船)。「大人」(車)の場合「男の大人」(人力車)「女の大人」（エンジン付きの車)）のカードを子どもの前で一緒にして，「これを一緒にすると何の仲間になるの」と尋ねる。そして，それぞれ，「子ども」「大人」（舟，車）と言うことができたら，今度は，「こども」と「大人」（のカード）を合成すると何になるかを尋ねる。④のクラスの合成課題では，はじめ2～3枚のカードを示し，それが何の仲間なのかを言わせた後，1枚の絵カードを加え（第1-4-35表ではその絵カードに#印をつけてある），何の仲間に変わったかを言わせる。これらの課題に対する，児童の学習と反応の様子を，第1-4-35表に示す。ここでは課題は1試行しか行っていないが，その場合正しく反応している場合を(＋)記号で表している。

この表を見てもわかる通り，N. T.児が乗り物の④のクラスの合成課題で「乗り物」と言うことができなかった等のいくつかの例外を除いて，児童たちは，与えられた課題を，うまく遂行することができた。クラスが変わり，新しいクラスの名称を探すとき，子どもはいきなり期待された答えを言うのでなく，例えば「車」の場合，はじめ「陸を走る乗り物」と答え，訓練者が「そういうのを何と言うの？」と尋ねると「車」と答える場合もしばしば認められた。しかし，そこまで答えられず，「タイヤの乗り物」と言う表現で留まったり，「人間」について，「家族」という表現に留まった場合も認められた。これらは一応，上位のクラスの概念が作られていると考え正反応として扱った。

(9) ステップ10，11での学習

このような学習の後，ステップ10，11で，同じく絵単語を用いる条件の下で，「いも—野菜—食べ物」，「ペン—文房具—道具」，「女子—子ども—人間」，「猫—家畜—動物」の概念系列を材料にした，上位－下位クラスの関係，包摂概念の学習に移った。①の上位概念の学習では，これらの概念系列の下位のクラスから始まって，その下位クラスの要素に徐々に上位のクラスの絵単語を追加することによって生じるクラスの合成と変化を分析させ，さらに②③の課題でクラスの命名，仲間集め（クラスの理解）の練習を行い，その後に④のいわゆるクラスの包摂課題でその学習を行った。クラスの包摂課題の学習では，第2章第3節で述べたように，包摂図とチップを用いその学習が対象的行為の平面で行うことができるようにした。

これらのステップでの子どもの学習と反応の様子は，第1-4-36表，第1-4-37表に示す通りである。表中の数値は，正反応するまでの試行数を，(＋)(－)の記号はその反応が正しかったか，誤っていたかを示す。また表中の語句は，その反応の内容を示している。これらの表を見てわかるように，上位概念の学習やクラスの命名・理解の学習だけでなく，包摂関係についての理解も，これらのステップの中で確実に行われるようになった。特に注目すべきは，包摂関係の理解の学習において，包摂図を用いた具体的行為の平面での学習が効果的であったことである。この点に特に注目して下の資料を見てみると，ステップ10の第1問の「いも—野菜—食べ物」の系列の最初の包摂課題，(1)「(a)芋と(b)野菜ではどちらが多いか」の問題では，5人のうち3人（N. T.，M. Y.，I. T.児）は，「同じ」と誤った答えを述べている。第2章の第1-2-10図に示す包摂図が子どもの前に置かれ，そ

第 1-4-36 表　ステップ10での子どもの学習と反応

課　題　　　　　被験児	T. M.	N. T.	M. Y.	I. T.	N. D.
1　「いも—野菜—食べ物」					
①　上位概念の学習					
(1)　薩摩芋，里，じゃが，山芋	1 芋	2 芋	2 芋	2 芋	1 芋
(2)　(1)＋かぼちゃ，白菜	1 野菜	1 野菜	1 野菜	2 野菜	1 野菜
「仲間は変わったか？」	1 yes	1 yes	1 no	1 yes	1 yes
(3)　(2)＋かぶ，なす	1 野菜	1 野菜	1 野菜	1 野菜	1 野菜
「仲間は変わったか？」	1 no	1 no	1 no	1 no	1 no
(4)　(3)＋ソーセージ，そば	1 食べ物	1 食べ物	1 食べ物	2 食べ物	2 T
「仲間は変わったか？」	1 yes	1 yes	1 yes	1 yes	1 yes
(5)　(4)＋ハム，蒲鉾	1 食べ物	1 食べ物	1 食べ物	1 食べ物	1 食べ物
「仲間は変わったか？」	1 no	2 no	1 no	1 no	1 no
②　クラスの命名					
(1)　薩摩芋，じゃが芋，里芋	1	1	1	1	1
(2)　薩摩芋，じゃが芋，白菜	1	1	1	1	1
(3)　薩摩芋，じゃが芋，ソーセージ	1	1	1	1	1
(4)　かぼちゃ，白菜，山芋	1	1	1	1	1
(5)　かぼちゃ，里芋，そば	1	1	1	1	1
③　クラスの理解（仲間集め）					
(1)　いも	1	1	1	1	1
(2)　野菜	1	2	2	2	1
(3)　食べ物	1	1	1	1	1
④　包摂関係の学習					
(a)芋と(b)野菜					
(1)　(a)と(b)はどちらが多いか	＋野菜	－同じ	－同じ	－同じ	＋野菜
(2)　お芋の数だけチップを置け	＋	＋	＋	＋	＋
(3)　野菜の数だけチップを置け	＋	＋	＋	－*	＋
(4)　(a)と(b)はどちらが多いか	＋野菜	＋野菜	＋野菜	－同じ	＋野菜
(a)野菜と(b)食べ物					
(1)　(a)と(b)はどちらが多いか	＋食べ物	＋食べ物	－野菜	－野菜	＋食べ物
(2)　野菜の数だけチップを置け	＋	＋	＋	＋	＋
(3)　食物の数だけチップを置け	＋	＋	＋	－**	＋
(4)　(a)と(b)はどちらが多いか	＋食べ物	＋食べ物	＋食べ物	＋食べ物	＋食べ物
2「ペン—文房具—道具」					
①　上位概念の学習					
(1)　万年筆，マジックペン，ボールペン，ペン	1 ペン	1 書く物 2 ペン	1 書く物	2ペン	1ペン
(2)　(1)＋ハサミ，線引き	1 文房具	勉強道具	勉強道具	2 文房具	2 T
「仲間は変わったか？」	1 yes	1 yes	2 no***	1 yes	1 yes
(3)　(2)＋ホチキス，消しゴム	1 文房具	勉強道具	1 文房具	1 文房具	1 文房具
「仲間は変わったか？」	1 no	1 no	1 no	1 no	1 no
(4)　(3)＋鎌，ペンチ	1 道具	1 道具	1 道具	1 道具	1 道具
「仲間は変わったか？」	1 yes	1 yes	1 yes	2 no，T	1 yes
(5)　(4)＋シャベル，じょうろ	1 道具	1 道具	1 道具	1 道具	1 道具

「仲間は変わったか？」	1 no	1 no	1 no	1 no	1 no
② クラスの命名					
(1) 万年筆，マジックペン，ペン	1	1	1 書く物	1	1
(2) 万年筆，ボールペン，消しゴム	1	1	1	1	1
(3) 万年筆，ボールペン，ペンチ	1	1	1	1	1
(4) ペン，ホチキス，消しゴム	1	1	1	1	1
(5) 線引き，サインペン，シャベル	1	1	1 道具	1	1
③ クラスの理解（仲間集め）					
(1) ペン	1	1	1	1	1
(2) 文房具	1	1	1	2	1
(3) 道具	1	1	2	1	1
④ 包摂関係の学習					
(a) ペンと(b)文房具					
(1) (a)と(b)はどちらが多いか	＋文房具	＋文房具	＋文房具	＋文房具	＋文房具
(2) ペンの数だけチップを置け	＋	＋	＋	＋	＋
(3) 文具の数だけチップを置け	＋	＋	＋	＋	＋
(4) (a)と(b)はどちらが多いか	＋文房具	＋文房具	＋文房具	＋文房具	＋文房具
(a) 文房具と(b)道具					
(1) (a)と(b)はどちらが多いか	＋道具	＋道具	DK	＋道具	＋道具
(2) 文具の数だけチップを置け	＋	＋	＋	＋	＋
(3) 道具の数だけチップを置け	＋	＋	＋	＋	＋
(4) (a)と(b)はどちらが多いか	＋道具	＋道具	＋道具	＋道具	＋道具

＊　この場合，子どもは，はじめ，芋を除いた野菜にチップを置いた。

＊＊　この場合は，子どもは，はじめ，野菜を除いた食べ物にチップを置いた。もちろん，いずれの場合も，訓練者は，すぐに正しい置き方を指導した。

＊＊＊　第1試行目では，「書くものと書くものでない。変わらない」と答え，第2試行目でも「同じ文房具で変わらない」と答えた。

の中央の輪の中に「薩摩芋」「里芋」「じゃが芋」「山芋」の4枚の絵カードが，1番目の輪と2番目の輪との間に「かぼちゃ」「白菜」「かぶ」「なす」の4枚の絵カードが置かれている課題状況で，「芋と野菜とではどちらが多いですか」と問われた場面をご想像いただきたい。子どもが「同じ」と答えたのは，芋のクラス（輪）が，「野菜」のクラス（輪）に含まれていると理解できず，中央の輪の中の芋のカードの数と，2番目の輪の中の野菜の絵カードの数を較べたのである。この場合，明らかに包摂関係は理解されていない。そこで，訓練者は，まず芋の各カードの上に赤色のチップを置かせ，次に，芋を含めて野菜のカードの上に黄色のチップを置かせた。そして，次に，そのチップの数に注意させながら，先と同じ芋と野菜の数を較べる課題を与えた。ステップ10と11では，最初の課題から包摂関係が理解されている児童を含めて，全てに上のような指導が行われたが，先の最初の課題で誤りを示した3人のうち1人（N. T.児）は，このやり方で包摂関係をほぼ完全に理解し，以降の課題で同じような誤りを繰り返すことはなかった。しかし，そのうちの二人，I. T.児とM. Y.児は，なお後続の課題でも，同じような誤りを示した。特に，I. T.児の場合，最初の課題で，包摂図を用いて，「野菜にチップを置きなさい」，「食べ物にチップを置きなさい」という指示

第1-4-37表　ステップ11での子どもの学習と反応

課　題　　被験児	T. M.	N. T.	M. Y.	I. T.	N. D.
1「女子—子ども—人間」					
① 上位概念の学習					
(1) 女子(1)，女子(2)，女子(3)	1 女の子	1 女の子	1 女の子	1 女の子	1 女の子
(2) (1)＋男子(1)，男子(2)	1 子ども	1 子ども	1 子ども	2 子ども	1 子ども
「仲間は変わったか？」	1 yes	1 yes	1 yes	1 yes	1 yes
(3) (2)＋男子(3)	1 子ども	1 子ども	1 子ども	1 子ども	1 子ども
「仲間は変わったか？」	1 no	1 no	1 no	1 no	1 no
(4) (3)＋大人の女性(1)(2)(3)	1 人間	1 人間	1 人	1 人間	1 人
「仲間は変わったか？」	1 yes	1 yes	1 yes	1 yes	1 yes
(5) (4)＋大人の男性(1)(2)(3)	1 人間	1 人間	1 人	1 人間	1 人
「仲間は変わったか？」	1 no	1 no	1 no	1 no	1 no
② クラスの命名					
(1) 男の子(1)，(2)，(3)	1	1	1	1	1
(2) 女の子(1)，(2)，(3)	1	1	1	1	1
(3) 男の子(1)(2)，女子(1)	1	1	1	1	1
(4) お母さん，男子，お父さん	1	1	1	1	1
(5) 男の子，母親，野球の選手	1	1	1	1	1
③ クラスの理解（仲間集め）					
(1) 女の子	1	1	1	1	1
(2) 子ども	1	1	1	1	1
(3) 人間	1	1	1	1	1
④ 包摂関係の学習					
(a)女の子と(b)子ども					
(1) (a)と(b)はどちらが多いか	1 子ども	1 子ども	1 子ども	1 子ども	1 子ども
(2) 女子の数だけチップを置け	+	+	+	+	+
(3) 子供の数だけチップを置け	+	+	+	+	+
(4) (a)と(b)はどちらが多いか	1 子ども	1 子ども	1 子ども	1 子ども	1 子ども
(a)子どもと(b)人間					
(1) (a)と(b)はどちらが多いか	1 人間	1 人間	1 人間	1 人間	1 人間
(2) 子供の数だけチップを置け	+	+	+	+	+
(3) 人間の数だけチップを置け	+	+	+	+	+
(4) (a)と(b)はどちらが多いか	1 人間	1 人間	1 人間	1 人間	1 人間
2「猫—家畜—動物」					
① 上位概念の学習					
(1) 猫(1)，(2)，(3)，(4)	1 猫	1 猫	1 猫	1 猫	1 猫
(2) (1)＋犬，ブタ	2 DK, T	2 DK, T	2 DK, T	2 DK, T	2 T
「仲間は変わったか？」	1 yes	1 yes	1 no，T	1 yes	1 yes
(3) (2)＋馬，牛	1 家畜	1 家畜	1 動物, T	2 動物, T	1 家畜
「仲間は変わったか？」	1 no	1 no	1 no	1 no	1 no
(4) (3)＋ライオン，豹	2 T	1 動物	1 動物	1 動物	2 T
「仲間は変わったか？」	1 yes	1 yes	1 no, T	1 yes	1 yes
(5) (4)＋さい，イノシシ	1 動物	1 動物	1 動物	1 動物	1 動物
「仲間は変わったか？」	1 no	1 no	1 no	1 no	1 no

② クラスの命名					
(1) 猫(1),(2),(3)	1	1	1	1	1
(2) 猫，馬，ブタ	1	DK，T	2	四つ足,T	1
(3) ライオン，さい，豹	1	1	2	1	1
(4) 猫，牛，さい	1	1	2	1	1
(5) ブタ，ライオン，犬	1	1	2	1	1
③ クラスの理解（仲間集め）					
(1) 猫	1	1	1	1	1
(2) 家畜	1	1	1	2	1
(3) 4つ足の動物	1	1	1	1	1
④ 包摂関係の学習					
(a)猫と(b)家畜					
(1) (a)と(b)はどちらが多いか	1 家畜	1 家畜	1 家畜	1 家畜	1 家畜
(2) 猫の数だけチップを置け	+	+	+	+	+
(3) 家畜の数だけチップを置け	+	+	+	+	+
(4) (a)と(b)はどちらが多いか	1 家畜	1 家畜	1 家畜	1 家畜	1 家畜
(a)家畜と(b)四つ足の動物					
(1) (a)と(b)はどちらが多いか	1 動物	1 動物	− 家畜	1 動物	1 動物
(2) 家畜の数だけチップを置け	+	+	+	+	+
(3) 動物の数だけチップを置け	+	+	+	+	+
(4) (a)と(b)はどちらが多いか	1 動物	1 動物	1 動物	1 動物	1 動物

が与えられても，芋を除いた野菜，野菜を除いた食べ物にだけチップを置くという反応を示し，まず，この誤りに気づかせ，当該のクラスの対象全部にチップを正しく置くという行為を学習することが必要であった。そして，訓練者の指導でこのような行為を習得し，クラス間の関係を行為を介して理解したI. T. 児は，以降の課題を第1試行目ですべて正しく遂行することができるようになった。M. Y. 児の場合，ステップ10の2問目の課題で，ペンと文房具を比較する課題はチップを置いてその数を較べるまでもなく正しく解答できたが，文房具と道具を較べる課題は，正しく答えるためには包摂図とチップの助けを必要とした。また，ステップ11の1問目の人間に関する問題では，いずれも包摂図とチップの助け無しに課題を解決できたが，しかし，第2問目の後半の家畜と動物の数を較べる課題では，同じく包摂図とチップの助けを借りてはじめて課題を解決した。このように，5人のうち3人の児童は，はじめの課題でいわゆる包摂関係を正しく理解していなかったが，これらのステップで，与えられた課題を包摂図とチップの助けを借りて，クラスの成分の数を正しく評価し，較べるという行為を習得することができた。

(10) ステップ12での学習

このような学習を経て，最後のステップ12の学習に移るが，ここでは，最早絵カードや包摂図版等は与えられず，課題は言語水準(口頭)で提示され，子どもは言語的に考えて答えることが求められた。学習課題は２種類から構成されており，その第１の課題は，クラスの命名課題で，訓練者は，口頭でゆっくり，三つの語を提示し，それが何の仲間なのか，仲間(クラス)の名称を言うことが求められた（20課題)。語の提示に当たっては，子どもの言語記憶が困難な場合だけ，絵カードを補助的に使うことを許したが，実際にはどの児童にも絵カードを用いることは無かった。また，第１試行でクラスがわからなかったり，誤った場合は，全問第１試行終了後，間違った語について第２試行を行い，それでもわからなかったり誤った場合は，正しい答を教えた。第２の課題では，課題１で学習した同じクラスに入る三つの語（例えばバナナ，りんご，ぶどう）とそのクラスには入らないが，それらの三つの語と上位のクラスに入る語（例えば，キューリ）一つを，ゆっくり口頭で，無作為な順序で提示し，「余分なものはどれか」「余分なものをとった残りは何の仲間か」「全部一緒にしたら何の仲間になるのか」「果物と食べ物ではどちらが仲間が多いか」「どうしてそのように思うの」と，次々に尋ね，言語的異物発見課題の中で，上位・下位クラスについての意識と理解，包摂関係についての理解を確認した。また，「どうしてそのように思うの」という質問で包摂関係の理由を説明させる際には２本のひもを与え，それを用いて説明させた。

これらの課題に対する子どもたちの反応の様子は，第1-4-38 表，第1-4-39 表に示す通りである。

第1-4-38 表　ステップ12の第１課題での子どもの学習と反応

課　題　　　　被験児	T. M.	N. T.	M. Y.	I. T.	N. D.
1　クラスの命名—何の仲間か？—					
1　バラ，ひまわり，チューリップ	+	+	+	+	+
2　バナナ，ブドー，林檎	+	+	+	+	+
3　パン，林檎，キューリ	+	+	+	+	+
4　おわん，皿，茶碗	+	1セトモノ，2＋	道具，T	道具，T	+
5　消しゴム，鉛筆，ペン	+	文具屋，T	+	+	+
6　ジュース，牛乳，コーヒー	+	+	+	+	+
7　ピアノ，太鼓，木琴	+	音楽，T	+	+	+
8　コマ，ボール，ビー玉	+	+	+	+	2＋
9　ナイフ，のこぎり，ハサミ	+	+	+	+	+
10　カボチャ，白菜，薩摩芋	+	+	+	+	+
11　ツル，ツバメ，かもめ	+	+	+	+	+
12　バス，トラック，パトカー	+	乗物，T	+	+	+
13　船，飛行機，汽車	DK，T	+	+	+	+
14　ラクダ，トラ，縞馬	動物，T	動物，T	+	+	+
15　犬，猫，馬	+	動物，T	+	家で飼，T	+
16　かなづち，ハサミ，物差し	+	+	+	+	+
17　サンタクロース，雪だるま，正月	+	+	1三月，2＋	+	+
18　鯉のぼり，お花見，お雛様	朝，T	季節，T	+	+	+
19　栗拾い，お月見，ぶどう	DK，T	夏，T	1夏，2	+	+
20　海水浴，花火，蟬とり	+	+	+ +	+	+

第 1-4-39 表　ステップ12の第 2 課題での子どもの学習と反応

課　題　　　　被験児	T. M.	N. T.	M. Y.	I. T.	N. D.**
(1) バナナ，林檎，キューリ，ブドウ					
a) 余分なものは？	+	+	+	+	
b) a)をとった残りは何の仲間？	+	+	+	+	
c) 全部いっしょで何の仲間？	+	+	+	+	
d) 果物と野菜とどちらが多い？	+	+	+	+	
e) どうしてそう思う？	+	+	+	+*	
(2) かぼちゃ，白菜，薩摩芋，リンゴ					
a) 余分なものは？	+	+	+	+	
b) a) をとった残りは何の仲間？	+	+	+	+	
c) 全部いっしょで何の仲間？	+	+	+	+	
d) 果物と野菜とどちらが多い？	+	+	+	+	
e) どうしてそう思う？	+	+	+	+*	
(3) 消しゴム，かな槌，鉛筆，ペン					
a) 余分なものは？	+	+	+	+	
b) a)をとった残りは何の仲間？	+	+	勉強用	+	
c) 全部いっしょで何の仲間？	+	+	+	+	
d) 文房具と道具どちらが多い？	+	+	+	+	
e) どうしてそう思う？	+	+	+	+*	
(4) ナイフ，のこぎり，ハサミ，かな槌					
a) 余分なものは？	+	+	+	+	
b) a)をとった残りは何の仲間？	+	+	+	+	
c) 全部いっしょで何の仲間？	+	+	+	+	
d) 切るものと道具はどちらが多い？	+	+	+	+	
e) どうしてそう思う？	+	+	+	+*	
(5) 茶碗，皿，バケツ，お椀					
a) 余分なものは？	+	+	+	+	
b) a)をとった残りは何の仲間？	+	+	部屋で用	+	
c) 全部いっしょで何の仲間？	DK，T	物，T	+	+	
d) 食器と入れ物どちらが多い？	+	+	+	+	
e) どうしてそう思う？	+	+	+	+*	
(6) バス,ヘリコプター,トラック,パトカー					
a) 余分なものは？	+	+	+	+	
b) a)をとった残りは何の仲間？	+	+	+	+	
c) 全部いっしょで何の仲間？	+	+	+	+	
d) 乗物と自動車とどちらが多い？	+	+	+	+	
e) どうしてそう思う？	+	+	+	+*	
(7) テレビ，ピアノ，太鼓，木琴					
a) 余分なものは？	+	+	+	+	
b) a)をとった残りは何の仲間？	+	+	+	+	
c) 全部いっしょで何の仲間？	DK，T	+	+	+	
d) 楽器と道具とどちらが多い？	+	+	+	+	

e) どうしてそう思う？	+	+	+	+*	
(8) 犬，猫，馬，ライオン					
a) 余分なものは？	+	+	+	+	
b) a)をとった残りは何の仲間？	+	+	+	+	
c) 全部いっしょで何の仲間？	+	+	+	+	
d) 家畜と動物とどちらが多い？	+	+	+	+	
e) どうしてそう思う？	+	+	+	+*	
(9) ラクダ，虎，ライオン，クジラ					
a) 余分なものは？	+	+	+	+	
b) a)をとった残りは何の仲間？	DK，T	+	+	+	
c) 全部いっしょで何の仲間？	+	+	+	+	
d) 動物と陸の動物どちらが多い	+	+	+	+	
e) どうしてそう思う？	+	+	+	+*	
(10) バラ，サクラ，日まわり，チューリップ					
a) 余分なものは？	－ヒマワリ	+	+	+	
b) a)をとった残りは何の仲間？	DK，T	+	+	+	
c) 全部いっしょで何の仲間？	DK，T	DK，T	DK，T	咲く，T	
d) 花と植物とどちらが多い？	+	+	+	+	
e) どうしてそう思う？	+	+	+	+*	

＊　I. T. 児の「どうしてそう思う？」という問いに対する理由づけは，言語的な説明だけではなく，包摂図の助けを借りて行われた。

＊＊　N. D. は，この課題は未実施に終わった。

表中の(＋)記号は，第１試行で正しく答えたことを示し，「１セトモノ，２＋」は，第１試行では「瀬戸物」という誤反応を示したが，第２試行目で正反応をしたこと，「文具屋，T」は第１，２試行目も間違ったため，答を教えたということを表している。

これらの表を見てわかるように，この段階でも，言語的に提示された語(概念)のクラスの命名が困難であった場合が認められた。例えば，道具，獣（四ツ足の動物)，家畜や，行事の季節などがそれである。しかし，上位－下位クラスの関係についての理解を扱った課題２の問題は，言語的に課題が提示されているにもかかわらず，どの児童もそれらの課題をよく遂行することができた。もちろん，この課題の中でも，部分的に余分なものを取り去った残りのクラス名や，全部を一緒にしたクラスの名称がわからない場合（特に10番の「植物」）が認められた（この場合は教える）が，包摂関係の理解については，どの児童も10問のどの問題も正しく答えることができたのである。ただし，その中の１名（I. T.）は，包摂関係の理由付けを言語的に適切に表現する（例えば「自動車も乗り物の仲間に入るから」）ことができず，与えられた２本の紐を使って，上位のクラスの方が，下位のクラスより数が多いことを示したに過ぎなかった。しかし，その場合でも訓練者の質問にはすべて正しく答えることできた。他の児童は，いずれも言語的にその理由を説明することができた。これらのことは，この教育プログラムが意図していた目的の１つであるクラスの上位－下位関係，包摂関係の理解の基本が，これまでの学習を通して子どもたちに形成されたことを意味している。

第５章　読み・書き入門言語・認知教育プログラムによる指導・訓練の学習効果と子どもの精神発達に与えた教育・発達的効果

概　　要

前後法で検査した資料を基礎に第４章で述べた３種の教育プログラムの教育が，子どもに与えた学習的・発達的効果を分析する。

第１節　音節の自覚の形成とひらがな文字の表記の教育プログラムの教育効果

第４章第１節で，本プログラムのＷステップ１からステップ26まで，その指導・訓練と子どもの学習の過程を詳細に分析してきた。また，促音，長音，拗音の訓練のブロック前後に実施した評価テストの資料を基礎に，それらの，特殊音節の自覚（モデル構成），その読み・書きの習得に与えた訓練の効果を分析してきた。

ここでは，この教育プログラムが，全体として，特殊音節の自覚の形成，特に児童が困難な特殊音節の表記(書き)の習得にどのような教育効果を与えたのかを分析してみよう。

この教育プログラムの指導・訓練の進行に合わせて，1)訓練前，2)Ｗステップ３終了後，3)Ｗステップ16終了後（一部Ｗステップ18終了後になった場合もある），4)Ｗステップ23終了後，5)全訓練終了後の５時点に，全特殊音節の自覚の形成を評価する目的で作成された20語のモデル構成を検査する「特殊音節に対する分析行為の形成テスト(全)」を実施してきた。また，全訓練終了後に，その20語について，書きのテストを実施した。勿論，この評価テストで用いられる20語は，各ステップで教材として用いられた語とは全く異なったもので構成されている。この検査結果を示したのが，第1-5-1表である。

また，この教育プログラムでの全訓練終了後，訓練前のスクリーニング検査として実施した６つの文を全部ひらがな文字で書かせる書取りテストを，前と同じ条件（但し，後テストの場合は，個別テスト）で実施した，この６つの文には，前述したように，41の特殊音節と12個の助詞（「は」「を」）が含まれている（全53音節)。正しく書かれた音節の数を，特殊音節毎に分けて，その結果を比較したのが，第1-5-2表の資料である。

第1-5-1表の資料は，特殊音節の自覚（モデル構成の成績）が，訓練前では，どの児童もほとん

第 1-5-1 表　全特殊音を含む20語を用いたモデル構成と書きの評価テストの結果

課　題	被験児	T. M.	N. T.	M. Y.	I. T.	N. D.
1　全特殊音節を含む語のモデル構成						
（全20語）	訓練開始前	2	−	0	−	0
	W 3 終了後	4	3	5	16	11
	W16終了後	19	15	10 *	19	19 *
	W23終了後	20	18	15	19	20
	全訓練終了後	20	19	20	20	20
2　全特殊音節を含む語の書き						
（全20語）	全訓練終了後	19	19	19	18	20

*　この場合は，W18終了後の検査結果である。

第 1-5-2 表　書取りの前後テストに見られる特殊音節などの表記の成績の変化

	指導・訓練前					指導・訓練後				
課　題　　被験児	T. M.	N. T.	M. Y.	I. T.	N. D.	T. M.	N. T.	M. Y.	I. T.	N. D.
1　長音　（22音節）	8	2	3	7	0	22	15	22	22	2
2　拗長音（5 音節）	1	0	0	1	0	5	5	5	5	5
3　拗音　（4 音節）	0	0	0	1	0	4	4	4	4	4
4　促音　（4 音節）	0	0	0	0	0	3	4	4	4	0
5　撥音　（6 音節）	2	3	1	4	0	6	6	6	6	5
6　助詞（は,を）12個	3	0	0	4	0	10	9	7	12	7
合計53音節	14	5	4	17	0	50	43	48	53	23
正反応率 %	26.4	9.4	7.5	32.1	0.0	94.3	81.1	90.6	100	43.3

ど未形成であったものが，訓練の進行につれて漸次改善され，訓練終了時には，期待した通り，どの児童も，ほぼ完璧な所まで形成されるようになったことを示している。また，訓練終了後の書きのテストも，一部不完全な場合も認められるが，ほぼ期待したような成績が得られている。文の書取りテストは，文を書く中で特殊音節や助詞の表記を検査するという意味で，訓練で習得した能力がどの程度一般化されたものになっているのか，学習したものの一般化の程度を調べる性格のものであるが，第 1-5-2 表に示す通り，最後まで指導・訓練を行ってきた 5 名の児童，T. M.，N. T.，M. Y，I. T の 4 児については，書取りテストでも，きわめて明瞭な成績の向上が認められ，訓練前には非常に多くの書き誤りを示していたものが，訓練後には，N. T. 児には，なお，長音，助詞に多少の誤りが認められるものの，他の児童は，ほぼ完璧にこれらの特殊音節や助詞を正しく書ける状態になっている。ただし，N. D. 児については，訓練過程で学習は順調に進み，各学習テストでも期待した成績を示してきたにもかかわらず，この書取りテストでは，期待に反して多くの書き誤りを示した。特に，長音，助詞の場合に顕著で，これらのステップで学習したことが，十分に一般化されなかったことを示している。

このように，この教育プログラムでの指導・訓練は，これまで説明してきた資料を基礎にする限り，子どもたちの学習に十分な学習効果を与えていることが明らかにされてきた。しかし，その指導・訓練とその中での子どもの学習が，どの程度，一般化されたものになるのか，あるいは子どもの全体的な学習能力や精神発達にどの程度の寄与を与えるかについては，一定の個人差があることが，第1-5-2表に示す資料から示唆される。しかし，この問題については，他の教育プログラムによる学習過程を説明した後，全体の討論の所で，再度論じることにしよう。

第2節　文の統辞・意味論的構造の自覚の形成教育プログラムでの教育効果

第4章第2節で，文の統辞・意味論的構造の自覚の形成教育プログラムによる指導・訓練とその中での子どもの学習過程について，詳しく説明してきた。ではこの教育プログラムでの指導・訓練と学習は，子どもの言語的自覚や構文能力の形成・発達にどのような効果を及ぼすことができたのだろうか。

子どもの言語的自覚や構文能力の形成・発達に及ぼすこの教育プログラムでの教育的効果を評価するために，この訓練の前後に以下の3種類の評価テストを実施した。

⑴　文の統辞・意味論的構造の分析行為の形成テスト（その1）
　　文の統辞・意味論的構造の分析行為の形成テスト（その2）

⑵　文の構成と助詞の使用テスト

⑶　文の理解テスト（聴取）
　　文の理解テスト（読み）

⑴は，Sプログラムのステップ1～4で扱った文のモデル構成で文の統辞・意味論的カテゴリーの自覚の形成の程度を評価するもので，その「その1」「その2」で，11種のカテゴリー全体についてその自覚の形成の程度を評価できるように構成されている。

⑵は，文中のある（　　）で示された空白を，一定の格助詞を選択して穴埋めすることで，助詞の使用と構文能力を評価するために作成されたものである。

⑶は，机の上に，文中に用いる人物や対象に対応した人形や玩具の小道具と箱庭状のセットを用意し，次に示す一定の構文の文を，子どもに読んで聴取させ，あるいはそのテキストを読ませてから，人形や道具を操作してその文の内容を演示することを求める方法によって，子どもの一定の構文の文の理解能力を評価するものである。そのうちの変換課題は，人形などを操作せず，そのまま，質問に言語的に応答する課題である。

ⅰ）行為者＋場所＋対象＋行為（Age-Pl-Obj-Act）　アヒルが　池のそばで　リンゴを　つっついている。

ii）行為者＋相手＋対象＋行為（Age-Ben-Obj-Act） 花子は 太郎に シャベルをあげた。

iii）行為者＋場所＋受け手＋対象＋行為（Age-Pl-Pa-Obj-Act） カラスは 池のそばで カラスから リンゴをとった。

iv）行為者＋受け手＋行為（Age-Pa-Act）(能動文) アヒルは カラスを つっついた。

v）受け手＋行為者＋行為（Pa-Age-Act）(受動文) アヒルは カラスに つっつかれた。

第1-5-3表 前後テストによる文のモデル構成，文の理解，文の構成能力の成績の比較

	指導・訓練前					指導・訓練後				
課 題 被験児	T. M.	N. T.	M. Y.	I. T.	N. D.	T. M.	N. T.	M. Y.	I. T.	N. D.
1 モデル構成テスト1（13問）	2	4	4	12	10	13	13	13	13	13
2 モデル構成テスト2（16問）	2	3	8	11	1	15	15	14	14	15
合計 （29問）	4	7	12	23	11	28	28	27	27	28
%	13.4	24.1	41.4	79.3	37.9	96.6	96.6	93.1	93.1	96.6
3 文の構成と助詞の使用テスト （22問）	5	8	12	10	4	19	19	20	19	13
%	22.7	36.4	54.5	45.5	18.2	86.4	86.4	90.9	86.4	50.9
4 文の理解（聴取）										
i）Age-Pl-Obj-Act 2	2	1	2	1	1	2	2	2	2	2
ii）Age-Ben-Obj-Act 2	2	1	2	2	0	2	2	2	2	2
iii）Age-Pl-Pa-Obj-Act 2	2	2	2	1	0	2	1	2	2	2
iv）Age-Pa-Act（Active） 2	2	2	2	1	0	2	2	2	2	2
v）Pa-Age-Act（Passive）2	2	2	2	1	1	2	2	2	2	2
vi）時間的結合（順行） 2	2	2	2	2	2	2	2	2	2	2
vii）時間的結合（逆行） 2	2	2	2	0	0	2	2	2	2	2
viii）文の変換課題 5	2	5	2	1	2	3	4	5	5	4
計 （19問）	16	17	16	9	6	17	17	19	19	18
%	84.2	89.4	84.2	47.4	26.3	89.4	89.4	100	100	89.4
5 文の理解（読み）										
i）Age-Pl-Obj-Act 2	2	2	2	2	0	2	2	2	2	2
ii）Age-Ben-Obj-Act 2	1	1	2	2	1	2	2	2	2	2
iii）Age-Pl-Pa-Obj-Act 2	0	1	2	2	0	2	2	2	2	2
iv）Age-Pa-Act（Active） 2	0	2	2	2	1	2	2	2	2	2
v）Pa-Age-Act（Passive）2	1	1	2	2	1	2	2	2	2	2
vi）時間的結合（順行） 2	0	2	2	2	0	2	2	2	2	2
vii）時間的結合（逆行） 2	0	2	2	1	0	2	2	2	2	2
viii）文の変換課題 5	2	2	4	1	1	4	5	5	5	3
計 （19問）	6	13	18	14	4	18	19	19	19	17
%	31.6	68.4	94.7	73.7	21.1	94.7	100	100	100	89.5

ⅵ）時間的結合（順行）　アヒルは　バナナを　食べてから　池で　泳いだ。
ⅶ）時間的結合（逆行）　カラスは　バナナを　食べる前に　木の上を　飛んだ。
ⅷ）文の変換課題　正夫くんは　よしこさんに　本を　かしてもらった。
誰が　本を　かしたの？

訓練前後に実施したこれらの検査の結果を，第1-5-3表に示す。

この表に示す通り，「文の統辞・意味論的構造の分析行為の形成テスト」で評価された児童の文のモデル構成課題の指導・訓練後の成績は，指導・訓練前に較べて，著しく改善された。指導・訓練前に，I. T. 児のように高い成績を示していた場合もあるが，他の児童の成績は全て50%以下の成績であった。しかし，指導・訓練後には，その値は，全ての児童で正反応率は90%以上になった。これは，この教育プログラムによって，目標とした文の統辞・意味論的なカテゴリーについての言語的自覚が形成されたことを示している。

このような言語的自覚の形成は，助詞の使用や文の産出能力に積極的な効果を及ぼすことを期待していたが，期待していたように，それを調べる「文の構成と助詞の使用テスト」の成績も，指導・訓練後に，著しく改善されていることが示されている。しかし，N. D 児の場合には，モデル構成課題の成績は，他の児童と同じく顕著に改善しているにもかかわらず，このテストの成績は，訓練後も，他の児童のように顕著な改善は認められず，その値は50.9%に留まった。

このような言語的自覚の形成や文の読み・書きの指導・訓練は，文の理解能力にも積極的な効果を及ぼすと期待されたが，現実に予想した通り，文の理解能力テストの成績は，指導・訓練後には，顕著に改善していることが示されている。文の内容を聞いて理解する能力は，比較的易しい課題であるため，訓練前にすでに80%以上の正反応率を示している場合が認められ，その場合には訓練効果が顕著ではないが，訓練前に低い成績を示していた児童2名は，N. D. 児を含めて，いずれも，訓練後には，90%あるいはそれ以上の正反応率を得ている。文の理解能力の改善について，特記すべきことは，文を読んでその内容を理解することを求めた課題に著しい改善が認められていることである。特にそれは，訓練前に高い成績を示していたM. Y. 児以外の4名の児童について当てはまる。N. D. 児の場合も，訓練前の成績は21.1%であったのに対して，訓練後は，89.5%の値を示している。また，指導・訓練前は31.6%の成績であったT. M. 児の場合も，その値は訓練後には，94.7%に改善された。

総じて，これらの資料は，この教育プログラムが，文の統辞・意味論的カテゴリーの自覚を形成するだけに留まらず，子どもの構文能力，文の理解能力，書き能力の形成・発達に積極的な教育的効果を及ぼすことができたことを物語っている。

第3節　各種の分類操作の学習を基礎にした語彙・認知発達プログラムによる指導・訓練が及ぼした学習効果

この教育プログラムの児童に対する学習過程については，第4章第3節で詳しく説明してきたが，この教育プログラムは，全体として，どのような学習・発達的効果を児童に及ぼしたのであろうか。これらを評価するため，以下の3種類のテストを，この教育プログラムによる指導・訓練の前後に実施してきた。

⑴　語彙テスト（300語）

1）食べ物，2）野菜，2）果物，4）植物，5）動物，6）昆虫，7）文房具，5）電気器具，9）乗り物，10）スポーツ，11）楽器，12）道具，13）食器，14）器具，15）家具，16）装身具，17）建物，18）自然，19）職業，20）子どもの活動の20カテゴリー各15語。これらの語の白黒で描かれた絵を見せて，名称を言わせる絵画式の語彙検査。標準化されているものでなく，この研究のために諸資料を基礎に，頻度の高い語から選んだ。

⑵　名詞範疇化テスト

国立国語研究所で天野（1968）が作成したもので，27語の絵カードからなり，それは，以下の構造をもつように構成されている。

上の構造をもつ絵単語を利用して，絵単語の名称を確認した後，以下の課題を与える。

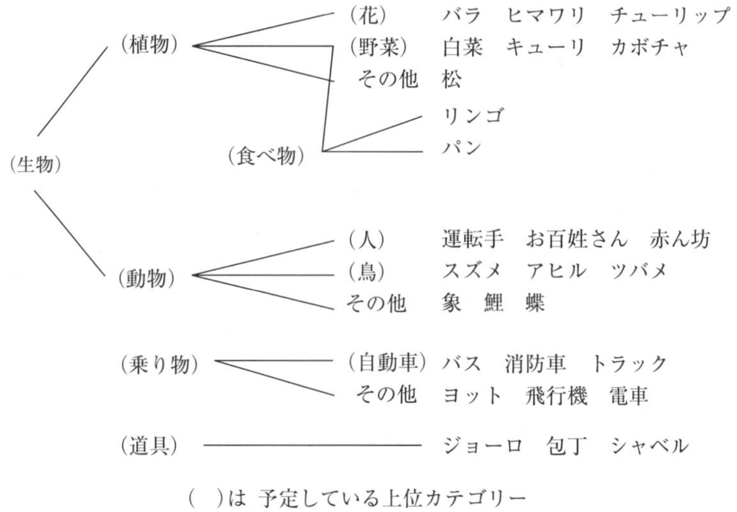

（　）は 予定している上位カテゴリー

1)　自由分類課題

「同じ仲間の物を集めてごらん」という教示を与え，仲間を作らせる。その後，その仲間が何の仲間か，仲間の名前を尋ねる。上記の（　　）に示されている上位のカテゴリーの仲間が集められ，その名称が答えられることを期待しているが，もし，その仲間ができない場合には，以下のように，そのグループの見本を示し，その仲間を集め，その名前を言うことを求める。

⑴　花…バラ，⑵　人間…赤ん坊，⑶　野菜…白菜，⑷　鳥…雀

⑸　自動車…バス，⑹　道具…ジョーロ，⑺　食べ物…パンとカボチャ

⑻　乗り物…バスと飛行機

2)　カテゴリーの命名課題（全部で20問）

上記の構造図で（　）の示す上位カテゴリーに含まれている語の絵単語を1枚の図版に示して，それは何の仲間であるのかを尋ねる課題。上記の11種のカテゴリーの他に，以下の9種のカテゴリーについても，以下の絵が描かれている図版を用意して，そのカテゴリーの仲間の名前を尋ねる。

12　魚…………………鯉，金魚，どじょう

13　楽器………………ラッパ，木琴，バイオリン

14　動物（四つ足）…象，うさぎ，サル

15　虫（昆虫）………蝶，トンボ，カブトムシ

16　家…………………家(A)，家(B)，家(C)

17　飲み物……………牛乳，ジュース，コーヒー

18　果物………………リンゴ，バナナ，イチゴ

19　建物………………家，東京タワー，橋

20　電気製品…………テレビ，扇風機，冷蔵庫

3)　カテゴリーに入る対象（絵カード）の選択課題

上記の27枚の絵カードをランダムに並べ，上記の11種のカテゴリーの名前を伝え，その仲間に入る絵カードを全部集めさせる課題。

⑶　クラスの包摂（全体と部分）に関するテスト（実物課題3問，言語課題3問，計6問）

実物課題

1　青い（または緑，白の）おはじき20個と黄色（または赤，白の）おはじき3個を子どもの前に置いて，「ここに青いおはじきと黄色いおはじきが，ありますね。では，ここに置いてあるおはじきと青いおはじきとでは，どちらが多いですか？」と尋ねる。

2　黒い鉛筆10本と赤い鉛筆2本を子どもの前に置いて，「ここに黒い鉛筆と赤い鉛筆がありますね。では，黒い鉛筆とここにある鉛筆とではどちらが多いですか？」

3　金属性のクリップ30個と緑色のプラスチック製のクリップ5個を子どもの前に置き，「ここに金のクリップと緑のプラスチックのクリップがありますね。では，ここにあるクリップと金

のクリップとではどちらが多いですか？」

言語課題（教示：「今度は先生がお話をしますから，よく聞いて下さい。そして，あとで聞きますから答えて下さい。」）

1　「わたしの家の庭には，黄色いチューリップが３本，赤いチューリップが20本咲いています。」（２回反復）「庭に咲いているチューリップと赤いチューリップとではどちらが多いでしょうか。」

2　「花子さんは鳥が大好きです。家にいんこを２羽，カナリヤを10羽飼っています。」（２回反復）。「花子さんの飼っている鳥と，カナリヤとではどちらが多いでしょうか。」

3　「良子さんのお母さんは幼稚園の先生です。お母さんのクラスには，男の子が４人，女の子が30人います。」（２回反復）。「お母さんのクラスには，子どもと女の子とではどちらが多くいるでしょうか。」

テストの結果，以下に示すような結果が得られた。

300語の絵画式の語彙テストで検査した結果，明らかになった訓練期間中の児童の語彙の増大の様子は第 1-5-4 表に示す通りである。この教育プログラムは，新しい分類操作の習得に対応させて児童の語彙能力を増大させる点に，教育の目標の一つが置かれていたが，期待したように，この訓練期間中に，かなりの語彙数の増大が認められた。しかし，語彙数の増大率は一様ではなく，かなりの個人差が認められる。概して，訓練前に語彙能力が高かった N. T. 児，M. Y. 児の場合は，語彙の増大率はさほど高くなく（増大率は，N. T. 児の場合，能動語彙17.8%），訓練前に語彙能力が低かった I. T. 児，N. D. 児の場合には，その増大率は高い（I. T. 児，能動語彙38.9%，理解語彙19.7%，N. D. 児，能動語彙28.8%，理解語彙24.3%）。

訓練前後に実施した自由分類課題，カテゴリーの絵カード選択課題の検査の結果を，第 1-5-5 表に示す。自由分類課題（見本を与えられて分類した場合も含む）は，上に示したカテゴリーの絵を選び，その仲間（カテゴリー）の名前を言うことができた場合のみを正答として扱い，その場合のみを，その表に(＋)記号を記入し，その正答数を計算した（但し，「食べ物」については，上記の「白菜」「キューリ」「カボチャ」「リンゴ」「パン」の他に「鯉」を含めた場合も正答として扱った）。この表でわかるように，N. T. 児以外の４名の児童において，自由分類課題で，正しく一定のカテ

第 1-5-4 表　訓練期間中の児童の語彙の増大（検査語：300語）

	指導・訓練前					指導・訓練後				
課題　被験児	T. M.	N. T.	M. Y.	I. T.	N. D.	T. M.	N. T.	M. Y.	I. T.	N. D.
1　能動語彙数	172	204	191	154	156	186	244	207	214	201
2　理解語彙数	263	270	263	234	239	290	296	284	280	297

第 1-5-5 表　自由分類課題，カテゴリーの絵カード選択の成績の訓練期間中の変化
各全10問　(＋)記号は合格，　(−)記号は不合格
(左：自由分類課題，右：絵カード選択課題)

	指導・訓練前					指導・訓練後				
課　題　　　被験児	T. M.	N. T.	M. Y.	I. T.	N. D.	T. M.	N. T.	M. Y.	I. T.	N. D.
1　花	−　−	−　−	＋　＋	−　−	＋　−	−　＋	−　−	＋　＋	＋　＋	＋　＋
2　人（人間）	−　＋	＋　＋	−　＋	＋　＋	＋　−	＋　＋	＋　＋	＋　＋	＋　＋	＋　＋
3　野菜	−　＋	−　＋	−　＋	−　＋	＋　−	−　＋	−　＋	＋　＋	＋　＋	＋　＋
4　鳥	−　−	−　＋	−　＋	−　＋	−　＋	−　＋	−　＋	＋　＋	＋　＋	＋　＋
5　自動車	−　−	＋　＋	−　＋	−　＋	−　＋	−　＋	−　＋	＋　＋	＋　＋	＋　＋
6　道具	−　−	−　−	−　＋	−　＋	−　−	＋　＋	−　＋	＋　＋	＋　＋	＋　＋
7　食べ物	−　＋	＋　＋	−　＋	＋　＋	＋　＋	＋　＋	＋　＋	＋　＋	＋　＋	＋　−
8　乗り物	−　−	−　−	−　＋	−　＋	−　−	＋　＋	−　＋	＋　＋	＋　＋	＋　−
9　植物	−　−	−　−	−　−	−　−	−　−	−　＋	−　−	−　＋	−　−	−　＋
10　動物	−　−	−　−	−　−	−　−	−　−	−　＋	−　−	−　＋	−　−	−　＋
11　生物	−　−	−　−	−　−	−　−	−　−	−　＋	−　−	−　＋	−　−	−　＋
計	0　3	3　5	1　8	2　7	4　3	4　11	2　7	8　11	8　8	8　9

第 1-5-6 表　カテゴリーの命名課題　全20問　(＋)記号は合格，　(−)記号は不合格

	指導・訓練前					指導・訓練後				
課　題　　　被験児	T. M.	N. T.	M. Y.	I. T.	N. D.	T. M.	N. T.	M. Y.	I. T.	N. D.
1　花	＋	＋	＋	−	−	＋	＋	＋	＋	＋
2　人（人間）	＋	＋	−	−	−	＋	＋	＋	＋	＋
3　野菜	＋	−	＋	−	−	＋	＋	＋	＋	＋
4　鳥	−	＋	＋	−	−	＋	＋	＋	＋	＋
5　自動車	＋	−	＋	−	−	＋	＋	＋	＋	＋
6　道具	−	−	−	−	−	＋	＋	＋	＋	＋
7　食べ物	＋	＋	−	−	−	＋	＋	＋	＋	＋
8　乗り物	＋	−	＋	−	−	＋	−	＋	＋	＋
9　植物	−	−	−	−	−	＋	−	＋	＋	＋
10　動物	＋	−	−	−	−	＋	−	−	＋	＋
11　生物	−	−	−	−	−	−	−	−	＋	−
12　さかな	−	＋	＋	−	−	＋	＋	＋	＋	＋
13　楽器	−	−	−	−	−	＋	＋	＋	−	＋
14　動物（けもの）	＋	−	−	−	−	＋	＋	＋	＋	＋
15　虫（昆虫）	−	−	＋	−	−	＋	＋	＋	＋	＋
16　家（うち）	＋	＋	＋	−	−	＋	＋	＋	＋	＋
17　飲み物	＋	−	＋	＋	＋	＋	＋	＋	＋	＋
18　果実	−	−	＋	−	−	＋	＋	＋	＋	＋
19　建物	−	−	−	−	−	−	−	＋	−	＋
20　電気器具（製品）	−	−	−	−	−	−	−	−	−	−
正答数の計	10	6	10	1	1	17	14	17	17	18

ゴリーの絵カードを選び，その名称を正しく言うことができた数は，訓練後急速に増大し，M. Y., I. T., N. D. の3児は，上記の11のカテゴリーのうち，植物，動物，生物を除く8つのカテゴリーについて，正しくその仲間を作り，その仲間の名称を言うことができるようになった。N. T. 児の場合，一定の一つの基準で仲間を作る反応は，同じく訓練後，顕著に増大しているが，「アヒル」「鯉」「ヨット」「水で泳ぐ仲間」，「雀」「ツバメ」「蝶」「飛行機」（空を飛ぶ仲間），「バス」「消防車」「トラック」「電車」（下で道路を走る仲間）のように，期待した上位概念とは異なったものであるので，正答数に入れなかった。カテゴリーの絵カード選択課題の成績も，訓練後，明瞭な向上を示している。特に，それは，訓練前に選択課題の成績が低かったT. M., N. T., N. D. の3児において顕著である。

同じように，訓練の前後で，成績が大きく変化し，訓練後に非常に高い成績を示すようになったのは，第1-5-6表に示すカテゴリーの命名課題である。これは，一定のカテゴリーの属する単語が一枚の絵に描かれている図版を示し，この仲間の名前を言うことを求めた課題であるが，そこで，ほとんど上位概念を言うことができなかったI. T., N. D. 児の場合，「わからない」反応を連発するか，あるいは，例えば，「鯉，金魚，ドジョウ」の絵を見せて，「何の仲間だと思う？」と訊いても，上位概念(魚)は出ず，「鯉，金魚，ドジョウ」とその個々の要素の名称を連ねるか，「金魚の仲間」と答えるに留まった。明らかに上位概念が未形成の場合に認められる反応である。しかし，訓練後の検査では，明らかにその状況は大きく変化した。「植物」「生物」「電気器具」等困難な概念も含まれているため，全問正答の場合はなかったが，N. T. 児を除く他の4名は，そのほとんど，適切な上位概念で，その対象のグループを命名することができるようになった。N. T. 児も，指導・訓練前に較べて，訓練後はかなりよくできるようになったが，「動物」「乗り物」は依然として，「動く物」であり，「電気器具(製品)」は，「電気を使うもの」であり，他の児童と同じ水準の高い成績を示すことができなかった。

同じく，特に顕著な成績の変化，向上が認められたのは，クラスの包摂課題についての成績である（第1-5-7表）。訓練前には，M. Y. 児が，実物課題で，3問中1問正しく答えることができたに過ぎず，他の4名の児童の正答数はゼロであったが，このプログラムでの指導・訓練後は，どの児童も，実物課題，言語課題の全てについて全問正答することができるようになった。指導したの

第1-5-7表　クラスの包摂課題の成績の指導・訓練前後の比較

	指導・訓練前					指導・訓練後				
課　題　　被験児	T. M.	N. T.	M. Y.	I. T.	N. D.	T. M.	N. T.	M. Y.	I. T.	N. D.
1　実物課題	0	0	1	0	0	3	3	3	3	3
2　言語課題	0	0	0	0	0	3	3	3	3	3
計	0	0	1	0	0	6	6	6	6	6

であるからできるようになったのは当然と言えば当然であるが，この評価課題は，教材で扱った課題とは全く別の課題であることに注意していただきたい。クラスの包摂（上位・下位クラスの関係の理解）は，この教育プログラムによる教育の目標の一つであったが，教育プログラムの中で学習した教材を越えて，このように，他の材料にも一般化されて応用され得たことは，この目標が十分に達せられたということを意味している。

総じて，この教育プログラムは，当初設定した教育目標，つまり，具体物についての子どもの具体的な経験を組織しながら，事物の認識の基礎となる基本的な分類操作を学習させ，さらにそれと結びつけて体系化された語彙，つまり概念（上位・下位概念）を学習させるという目標を，十分実現することができたと考えることができる。

第4節　学習障害児用読み・書き入門言語・認知教育プログラムの子どもの精神発達に及ぼした教育・発達的効果

以上，各教育プログラムによる訓練・指導が子どもの学習・発達に及ぼしてきた効果を分析してきたが，3種類の教育プログラムからなるこの教育プログラムの教育は，全体として子どもの精神発達にどのような効果，作用をもたらしたのであろうか？　この効果を分析するために，全訓練終了後，再度，WISC-R 知能検査を実施し，その結果を訓練前の検査資料と比較した。それらの資料を，先の3種の教育プログラムの訓練で得られた重要な資料と共に第1-5-8表（天野 1991）に示

第1-5-8表　教育プログラムによる訓練の前後の諸テストの結果の比較

		訓練前					訓練後				
	被験児	T. M.	N. T.	M. Y.	I. T.	N. D.	T. M.	N. T.	M. Y.	I. T.	N. D.
	年齢（Y：M）	7：5	7：0	7：0	6:10	7：4	8：9	8：5	8：6	8：4	9：8
WISC-R*	VIQ	84	107	85	68	69	101	103	107	113	79
	PIQ	113	95	113	90	59	111	93	84	95	61
	FIQ	97	102	99	76	61	106	98	96	105	68
語の音節構造のモデル構成（全20問）		4	3	5	16	11	20	19	20	20	20
		20.0	15.0	25.0	80.0	55.0	100.0	95.0	100.0	100.0	100.0
文のモデル構成課題（全29問）％		4	7	12	23	15	28	28	27	27	28
		13.8	24.1	41.4	79.3	51.8	96.6	96.6	93.1	93.1	96.6
口頭による文産出（全22問）％		5	8	12	10	4	19	19	20	19	13
		22.7	36.4	54.5	45.5	18.2	86.4	86.4	90.9	86.4	50.9
包摂	実物課題3問	0	0	1	0	0	3	3	3	3	3
課題	言語課題3問	0	0	0	0	0	3	3	3	3	3

＊　検査は1981-83年に実施したが，VIQ，PIQ，FIQ の値は，1989年に修正された尺度値に基づく。

す。

この資料に明瞭に示されるように，指導・訓練前にVIQの値が，PIQの値に較べて極度に低く，言語性のLDのタイプに入るT. M.，M. Y.，I. T.の3名の児童のVIQの値は，いずれも100以上の値を示すまで顕著に改善された。それに引き替え，訓練前に，VIQの値も，PIQの値も共に低く，VIQの値が69であったN. D.児の場合，指導・訓練によって，その値は10ポイント上昇し79にまでなったが，先の3児のように健常値のレベルまで改善されなかった。指導・訓練過程は，N. D.児の場合，T. M.，M. Y.，I. T.児と同じように順調に経過し，同じように学習は進行していたが，異なった教材に移ると，学習したものを一般化することが困難で，低い成績を取る場合が，他の3児の場合よりも多く認められた。指導・訓練前の検査で，VIQの値は健常の値を示し，PIQの値が低かったN. T.児の場合，訓練後の検査でも，VIQ，PIQの値は全く変動は認められなかった。

これらの事実は，この3種類の言語・認知教育プログラムから構成されている読み・書き入門言語・認知教育プログラムによる指導・訓練は，言語教育に力点を置いて作成されているため，どの児童にも読み・書き入門の学習に一定の効果を与えているが，全体的な精神発達への教育的発達効果を考えると，その効果は一様ではなく，特に，PIQの値は健常であるが，VIQの値が極度に低い，いわゆる言語性LDのタイプの児童により効果的に作用していることを物語っている。

第 2 部

学習障害児に対する言語・認知教育プログラム（コンピュータソフト）と診断法の開発

第１章　読み・書き入門言語・認知教育プログラムのコンピュータソフト化

概　　要

第１部で述べた研究を基礎に，学習障害を小学校低学年児童を対象に，ひらがな文字のコンピュータソフトを開発した。それは，先に開発した言語・認知教育プログラムに含まれている３種のプログラムのうち，２種類（音節の自覚の形成とひらがな文字の表記の学習プログラムと文の統辞・意味論構造の分析とモデル化を基礎にした構文学習プログラム）をソフトに組み替えたＷシリーズとＳシリーズに，さらに，ひらがな文字の語と，文の読みの練習教材であるＲシリーズを加えたものである。コンピュータソフト化に当たって基礎にした理念と共に，開発したコンピュータソフトの特徴とその構成について概説する

第１節　はじめに

第１部の報告で述べたように，学習障害が原因で読み・書きの習得が困難である児童を対象にした読み・書き入門教育プログラムの開発研究は，昭和54年から国立教育研究所（現・国立教育政策研究所）において，発達に遅れをもつ学習不振児に対する発達促進教育の一環としてスタートさせ，３種の言語・認知教育プログラムからなる複合的な言語・認知教育プログラムを開発してきた。そこでの最も大きな研究課題は，児童に単に基礎的なひらがなの読み・書き能力を形成するだけでなく，その教育を通して児童の精神発達を飛躍的に改善させ，そのことを通して学習障害を克服する方法を明らかにすることであった。そのために，われわれは，読み・書きの教育プログラムをひらがなの読み・書き，文法，語彙の三つの部門の言語・認知教育プログラムから構成し，かつ，各言語・認知教育プログラムでの学習を読み・書き，文法，語彙の習得にとって基礎的な行為や操作の習得を基礎に置くという方法を採用してきた。そして，このような構造をもった教育プログラムで実際に実験的に指導・訓練を行った結果，特に言語性LDの児童の場合，１年半～２年間の教育で言語性知能が劇的に改善されることを明らかにしてきた。このことは，言語・認知教育プログラムにこのような構造をもたせた場合，単に言語能力を改善することができるだけでなく，認知能力，ひいては全体的な精神発達を促進できることを意味している。

このようなことが明らかになるにつれ，次に，新しい課題が提起された。第１は，開発してきた教育プログラムをコンピュータソフトに置き替える課題である。コンピュータが，日常生活や教育

面で，非常に普及してきた現実を考えた時，開発してきた教育プログラムが多くの学校や教育施設で利用されるためには，これらの教育プログラムをコンピュータソフトに置き替える課題は，避けられない課題であると考えられた。しかし，コンピュータソフト化に当たって，開発してきた教育プログラムの基礎となっている構造は保持される必要がある。どのようにソフトを開発することによって，これらの教育プログラムの本質的な構造を保持することが可能であるのか？　これは，教育プログラムのソフト化と，新しいコンピュータソフトを開発するに当たって，最も重要な理論的な課題となった。

コンピュータソフトを開発するに当たっていろいろな立場があり得るが，われわれは，以下のような立場からその作業を進めた。

第2節　言語教育のコンピュータソフトの開発に当たっての本研究の基本的立場

子どもの教育に役立つコンピュータ教育ソフトは，それが学習対象に対する子どもの学習過程を十分に考慮して作られた場合，子どもの学習に実際に役立つプログラムとなり得るが，しかし，実際にそのようなソフトは，簡単に開発され得るものでなく，そのためには，その学習対象に対する子どもの学習や発達過程について基礎的な研究を積み上げていかなければならない。本研究の場合，著者が長年行ってきた子どものかな文字習得に関する研究や上述の教育プログラムによる実験教育研究での経験と諸知見がソフト開発の基礎となっているが，それでも，ソフトプログラム開発上の技術的問題の他に，いくつかの重要な問題に当面せざるを得なかった。そのうち，理論的にも，また実際的な面からも最も大きな問題となったのは，先に説明した教育プログラムでは，学習過程で有効に実現されている学習過程を具体的行為の平面での学習から始めて，次にそれを言語(外言)平面に移し，さらに内言の平面に移していく，いわゆる学習の内面化過程の制御・コントロールを，コンピュータソフトの上で，現実にどの程度，実現することが可能なのかという問題であった。何故この問題がソフト開発上，重要な意味をもっているのかというと，著者の理論的な立場から考えると，もし100%実現可能であるとすれば，それは，その対象についての全ての教育と学習をコンピュータソフト上で可能であることを意味し，部分的にしか可能でないとすれば，それは，コンピュータソフトによる教育はその長所をもつにせよ，常に一定の限界をもち，あくまでも，他の図版や物の形をとるハードな教材群と共に利用されるべきものであるということを意味しているからである。

この問題について，われわれは，研究計画を立案する段階で，始めから後者の立場に立った。より正確に言えば，後者の立場に立って初めて，学習障害児用の言語教育にコンピュータを利用する計画を作り出すことができたのである。このことは，この研究で作り出されたソフトプログラムは，それで，読み・書きの習得が困難な子どもの読み・書き教育の必要な全てを実現することを目標にして作られたものではなく，あくまでも，他の教材やプログラムと一緒に用いられることを前提にしているということを意味している。より的確に表現するならば，先に説明した言語・認知教育プログラムの理念を基礎にして，その教材の１部として開発されたと言うのが正しい。開発したソフトを公開すると共に，本書の付録として，訓練図版を含めて，その言語・認知教育プログラムの各ステップの指導方法，手順を詳しく紹介しているのは，また，そのような理由にも因っている。

ソフト開発の仕事を実行するに当たって，事前に検討を求められた第２の問題は，学習障害児に対する教育にコンピュータを用いることの中に含まれている実際面のやや矛盾した問題に関わっている。コンピュータを子どもの学習に利用することについては，周知のように，子どもの学習のステップをより細かに分け，緻密化できたり，子どもの学習の進行の程度に応じたプログラムによって個別的な学習が可能となったり，学習が困難である所を，必要に応じて何度も反復して学習できる等，多くの利点があるが，他方，それが実際に実施される場合には，コンピュータによる教育という理念の中に自動的に含まれているものであるが，教師の仕事である，子どもに逐次，丁寧に教えていくという本来の教師の仕事が，機械つまりコンピュータに委ねられることによって生じる弊害も考慮しなければならない。幼児期に生じた発達障害が原因で小学校に入学してからすぐに学習面でつまずきが生じる学習障害児は，（実際には，わが国の場合，教師によって十分に面倒を見られていないで，適当に放置されている場合が多いが）教師やその他の大人によって，より細かい丁寧な，直接的な指導を多く必要とする児童である。したがって，コンピュータをこれらの子どもの教育に用いる場合には，そのことによって，特別の弊害が生じること無く，その利点だけが生かされるように配慮される必要がある。では，如何にしてそれが可能なのか。

この問題については私どもが出した一つの（当面の）結論は，学習障害児用として開発すべきソフトプログラムは，子どもが教師の助けなしにコンピュータの前で，１人で学習するというタイプのソフトでなく，教師やことばの教室の言語治療の専門家や訓練者あるいは親が，コンピュータの前に２人して並んで，対話をしながら一緒に勉強するのに役立つというタイプのソフトであるべきというものであった。つまり，CAIの専門家がよく主張するような，コンピュータによる学習の自動化の理念は，ここでは深く追求せず，教育と学習はあくまでも教師と子どもの間で営まれる協同の活動と理解し，コンピュータとソフトプログラムは，その協同の活動を媒介し，その活動を助ける手段として位置づけた。したがって，われわれが作成したソフトには，コンピュータが子どもの学習過程を自動的に制御する過程は全く含めておらず，反対に，教師が，ここで作られたプログラム（ソフト群）を用いて，子どもの学習過程を制御し，学習の流れを方向づけできるようにしてあるのである。

以上，ソフト開発に当たって当面した二つの問題についての立場について述べたが，勿論，本研究の課題の一つが，ハードな教材の形ですでに開発してきた言語・認知教育プログラムを，その基礎にある理念を生かした形で,コンピュータを利用したソフト教材に組み替えることにあったので,技術的な努力は,如何にしたら,それらの言語・認知教育プログラムに反映されている理念,特に子どもが学ぶべき新しい行為を,まず,対象的あるいは対象化された行為として習得させ,それを漸次内面化させていくという内面化の理念を,ソフト上で如何に実現できるかに向けられた。

結局,それは,コンピュータをアメリカのApple社のMacintoshを用い,われわれのソフト開発に最も有効であると思われる,同社のHyper Card,Hayper Talkを用い,1)積み木状のボタンやシンボルマークが描かれたボタンをマウスを利用して操作することによって,モニタ画面の中で,語や文の構造のモデル構成行為を実現することが可能となったこと,2)提示される絵の下に,必要に応じて種々の図式を提示できるようにソフト上の工夫をすること等によって,技術的にもうまく実現することができた。確かに,コンピュータを用いる限り,机の上で,絵図版を見ながら,絵単語の絵の下に描かれた音節構造のモデル図式の上に,一つ一つ白積み木を置き,語の音節構造のモデルを構成する具体的行為そのものは組織できないが,しかし,われわれが作成したソフトを用いることによって,機能的にも,構造的にも,それと全く同じような行為を,いろいろな条件で,あたかも,積み木を操作しているかのような感覚で,コンピュータのモニタ画面の中で実現することができるのである。そのような意味で,この内面化の理念は,特に,開発した2系列のソフトの中で,うまく実現されたと評価することができるであろう。しかし,ここで,理論的・実際的に解決を求められる新しい問題が生じてきた。コンピュータの画面上でマウスを操作して行うモデル構成行為は,実際の積み木やシンボルマークを操作して行うモデル構成行為と,心理学的な構造や水準の面で,全く同じものと理解すべきなのか,それとも,それらは,類似するが異なったものと理解すべきものなのかという問題である。この問題の理論的な解決には,特別な組織的実験が必要で,問題はまだ完全に解決されたわけではないが,子どもが行っている行為に対するこれまでの観察からは,構造は同じでも,水準は同じと見ることはできないのではないかという仮説が得られている。教育の実際でも,子どもにとって全く新しい課題の場合,いきなり,このコンピュータソフトで学習を始めるより,まず,実際の対象的行為の平面で,つまり,絵図版と積み木,絵図版とシンボルプレートを用い,机上で図版の上のモデルを作る学習を行い,次に,コンピュータを用いた学習に移るという手順の方が,学習がスムースにいくようである。しかし,これらの問題を,十分根拠をもって解決するためには,将来の研究を待たなければならない。

これらのソフトの作成で,配慮した第2の点は,子どもの個々の反応を正確に記録し,同時に評価を行うことができる仕組みを取り入れることであった。これは,技術的には,比較的容易に解決され,コンピュータで提示される課題に対する応答反応,例えば,子どもの文の構造をモデルで表すときのマウスを用いた(子どもの音声反応以外の)反応・成績を,個々の問題毎にすぐに評価し,子どもに示し,間違えた場合には,再度試みることを促す仕組みを作ると共に,課題の最後の段階で,その学習の全体に成績を得点で示すことができるようにした。また,音声反応以外の子どもの反応は，自動的に全て記録され，ファイルに保存し，後に分析することが可能であるようにした。

第３節　小学校低学年LD児用読み・書き入門言語・認知教育プログラム「ことばのいずみ　１」

以上述べた考え方を基礎に，アメリカのApple社から出されているHyper Card，Hayper Talkを用いることによって，以下の学習障害児用の読み・書き入門ソフト「ことばのいずみ　１」を開発することができた。これは，先に述べた言語・認知教育プログラムに含まれている３種のプログラムのうち，２種類（「音節の自覚の形成とひらがな文字の表記の教育プログラム」と「文の統辞・意味論構造の自覚の形成と文の読み・書き教育プログラム」）をソフトに組み替えたＷシリーズとＳシリーズに，さらに，ひらがな文字の読みの練習教材であるＲシリーズを加えたものである。当初，各種の分類操作の学習を基礎にした語彙・認知発達プログラムもソフトに組み替える計画をたてていたが，技術的理由から，途中でその開発の作業を断念せざるを得なかった。

文の統辞・意味論構造の自覚の形成と文の読み・書き教育プログラムのソフト化に当たっては，全体の構造を一部改め，以下に示す構造に変更した。教育プログラムが，大きく二つのブロックから構成されている点はそのまま保持している。つまり，教育プログラムは，文字テキストは，一切使わず，訓練図版とシンボルプレートを用いながら，文の統辞・意味論的な構造について自覚を形成する目的で，口頭で平叙文や疑問文を作ったり，文のモデルを作る学習を行うブロック（Ｍ１，Ｍ２，Ｍ３，Ｍ４）と，文の統辞・意味論的カテゴリーや構造について自覚が形成されたあと，文のモデルを基礎に，当該の統辞・意味論的要素からなる構文の文について，書くこと（及び読むことを）学習するブロック（Ｋ１，Ｋ２，Ｋ３，Ｋ４）から構成されている。

第１部で報告した小学校１学年の学習障害児に第２学期から用いたプログラムでは，子どもが基本音節文字も満足に読み・書きできず，しかも，口頭での構文能力も未発達であるケースが認められたため，この場合，文を書かせることを急ぐよりも，口頭での構文能力を先に高める方が良いと判断されたため，訓練は，第2-1-1図のフローチャートの実線で示す流れ（つまり，Ｍ１→Ｍ２→Ｍ３→Ｍ４→Ｋ１→Ｋ２→Ｋ３→Ｋ４）のような訓練のステップ構成を採用した。しかし，どの場合もこのステップ構成で良いと言うわけではなく，小学校２～３学年で，個々の文字は良く書けるが，文を構成して書くことが困難で，文を書けるように指導することが急がれると言う場合，次のフローチャートで点線で示してある順序（Ｍ１→Ｋ１→Ｍ２→Ｋ２→Ｍ３→Ｋ３→Ｍ４→Ｋ４）で指導することが可能であるし，その方が良いかも知れない。そのため，子どもの発達と学習の条件に応じて，色々なステップ構成がとれるように，その構造を改めた。

音節の自覚の形成とひらがな文字の表記の学習プログラムについては，特に変更はなく，第1-2-1図に示す構造を基礎にソフト化を行った。

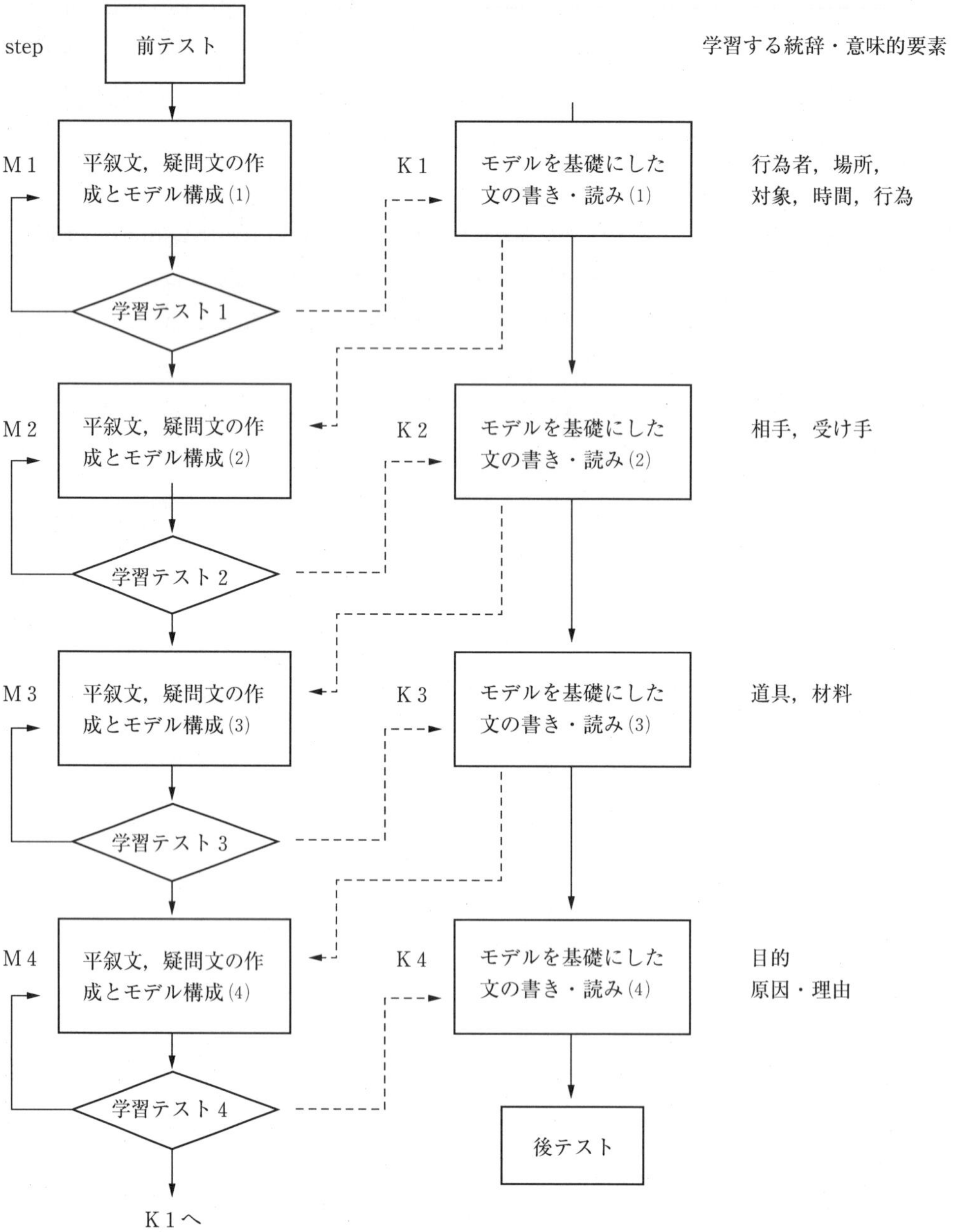

第 2-1-1 図　文の統辞・意味論構造の自覚の形成と文の読み・書き教育プログラムのフローチャート

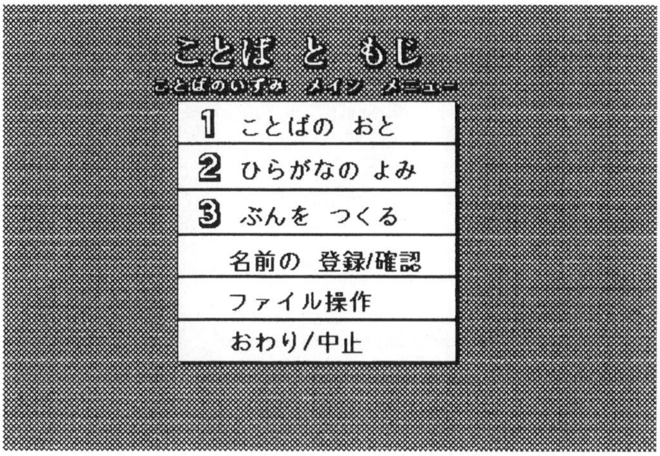

第 2-1-2 図　読み・書き入門ソフト「ことばのいずみ」のメイン・メニュー画面

開発したソフトプログラムの構成を，ソフトのメニュー画面で示せば，上記の通りである。

以下，開発したソフトプログラムの方法と特徴や構成について，少し説明しておこう。

(1)　W シリーズ　基本音節や特殊音節の自覚の形成と音節のひらがなの表記の教育プログラム

これは，先に述べた「音節の自覚の形成とひらがな文字の表記の教育プログラム」の主要な部分をソフトに組み替えたもので，機能的に以下のような特徴をもっている。

(a)　語の音節分解やモデル構成行為を，モニター画面上で実行することができる。

起動すると，第 2-1-2 図に示すような画面が，モニター上に現れ，子どもがマウスを操作することによって，音節分解の課題や各種の特殊音節を含む語のモデル構成行為を，モニター画面上で実行することができる。

(b)　学習の内面化の制御

訓練者が子どもの学習の進行の程度によって，そのいずれかを選択することによって，画面の絵の下に語の音節構造のモデル図式（□□□），略式図式（●●●）を提示することができ，子どもは内面化の程度を異にした三つの条件（モデル図式あり，略式図式あり，図式無し）で，語の音節構造のモデル構成行為を学習することができ，訓練者は子どもの学習の過程全体を制御することができる。

例として，第 2-1-3 図に，長音を含む／カーテン／の語の場合の語の音節構造の図式が示されている場合の画面を示す。マウスで，右上にある積み木状のボタンを移動させ，図式の上にのせることでモデルを構成できる。図式ありの条件で，モデルがよくできる状態になると，次のステップに進み，，今度は，訓練者は，絵の下のモデル図式を提示せず，語の音節数を示す略式図式，

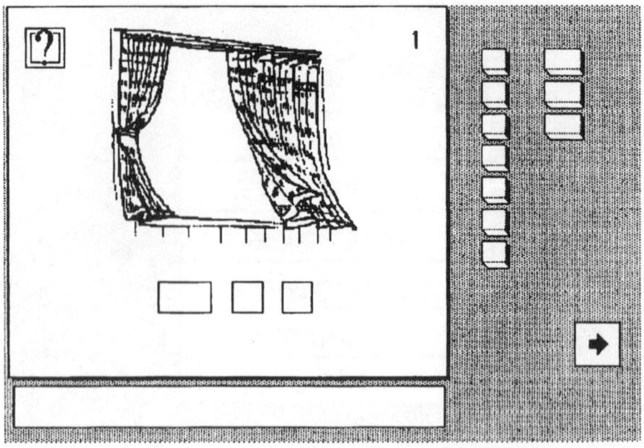

第 2-1-3 図　W シリーズの語のモデル構成の画面の例

つまり，ドット(●●●)を示し，訓練者と子どもが対話を通して，言語レベルで分析する練習を行うことができる。さらにこれがよくできるようになると，次のステップで，モデル図式も，略式図式もない，絵だけの条件で，子どもは内言で，もしくはつぶやいて分析してモデルを構成する課題に移る。このように，訓練者は，子どもの語の音節構造の分析行為の内面化の程度に応じて，課題を三つの水準で提示し，内面化を促しながら，子どもの指導・訓練を行うことができるよう構成されている。

(c)　課題の遂行の評価の自動化

子どもが，語のモデル構成を行った場合，それが正しく行われたか否かがコンピュータによって自動的に判定・評価される。例えば，第 2-1-3 図の画面の左上にある(？)の記号が描かれているボタンが評価のためのボタンだが，子どもは，モデルを構成してみたら，そのボタンを押すと，もし正しくモデルが構成されていれば，音楽が鳴り，正答であることを伝え，誤った場合には，警告音が鳴る。

(d)　記録の自動化とその日の成績の評価

音声反応以外の子どもの反応は，自動的に記録され，約20問の課題を，１回の訓練セッションで行うと，最後に，「今日の成績」が，100点満点で表示され，子どもは自分の成績の進歩の程度を知ることができる。記録は，すべてファイルに保存することができる。

(e)　課題の構成と問題数

以下の12種のスタック（ファイル）から構成されており，１課題は多くの場合20語で，全部で，245語が含まれいる。ステップ数は，最大33ステップ。

ステップ	名　　称	スタック名
1	みじかいおと（基本音節語）（50音のみからなる語）	modelW1

2	みじかいおと（基本音節語）（70音のみからなる語）	modelW2
3	ながいことば（多音節語）	modelW3
4	つまったおと（促音を含む語） 1	modelW4
5	つまったおと（促音を含む語） 2	modelW5
6	ながいおと（長音を含む語） 1	modelW6
7	ながいおと（長音を含む語） 2	modelW7
8	ながいおと（長音を含む語） 3	modelW8
9	まがったおと（拗音を含む語） 1	modelW9
10	まがったおと（拗音を含む語） 2	modelW10
11	まがったながいおと（拗音と拗長音を含む語） 1	modelW11
12	まがったながいおと（長音と拗長音を含む語） 2	modelW12

先のメインメニューで，「ことばのおと」をクリックすると，第2-1-4図に示す，そのメニューに飛び，そこで学習する音節のボタンをクリックすることで，上記の任意のスタックを開くことができる。

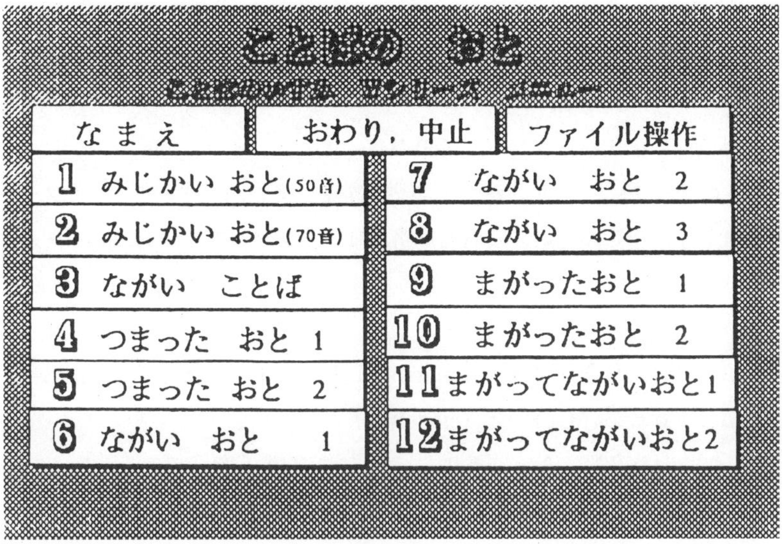

第2-1-4図 「ことばのおと」のメニュー画面

(f) 各ステップでの課題語

基本的に，付録A1に示してある各ステップの語と同じであるが，変更したり，追加した場合もある。付録A1の手引きと異なっている場合や追加の場合のみ，以下にその語を示す。

1　みじかい音（基本音節語）1（50音のみからなる語）音節分解（modelW1）

⑴猫，⑵あひる，⑶わに，⑷せみ，⑸櫻，⑹味噌，⑺笛，⑻はと，⑼たぬき，⑽うり，⑾かもめ，⑿つの，⒀星，⒁毛虫，⒂テント，⒃ひれ，⒄へちま，⒅弓矢，⒆鎧，⒇茄子

2　みじかい音（基本音節語）2（70音のみからなる語）音節分解（modelW2）

⑴やぎ，⑵ふぐ，⑶つえ，⑷ピストル，⑸口紅，⑹かぶと虫，⑺酒，⑻うどん，⑼たぬき，⑽そろばん，⑾ずぼん，⑿コジラ，⒀灰皿，⒁ペリカン，⒂お膳，⒃のこぎり，⒄テレビ，⒅ポパイ，⒆髭，⒇たわし，(21)蛇，(22)星，(23)雪だるま，(24)プラモデル，(25)鼻血（はなぢ），(26)横綱，(27)青空（あおぞら），(28)メガネ，(29)せみ

3　ながいことば（多音節語）音節分解（modelW3）付録Ａ1　ステップ3と同じ

4　つまったおと（促音を含む語）1（modelW4）付録Ａ1　ステップ4と同じ

5　つまったおと（促音を含む語）2（modelW5）

⑴楽器，⑵切符，⑶猫，⑷国旗，⑸マッチ，⑹カセット，⑺ピッケル，⑻きつね，⑼モルモット，⑽ブルドッグ，⑾新幹線，⑿ハンモック，⒀パイナップル，⒁エンピツ，⒂肋骨，⒃つくし，⒄ハンドバッグ，⒅オリンピック，⒆マジックインク，⒇スケッチブック

6　ながいおと（長音を含む語）1（modelW6）付録Ａ1　ステップ8と同じ

7　ながいおと（長音を含む語）2（modelW7）

⑴ラーメン，⑵オートバイ，⑶水泳，⑷おにぎり，⑸風船，⑹スープ，⑺セロテープ，⑻エンピツ，⑼おおかみ，⑽時計，⑾ヘリコプター，⑿洗い熊，⒀扇風機，⒁チンパンジー，⒂パトカー，⒃フライパン，⒄剣道，⒅ソンゴクー，⒆ブランコ，⒇シーソー

8　ながいおと（長音を含む語）3（modelW8）

⑴デパート，⑵セーター，⑶カンガルー，⑷新幹線，⑸エレベーター，⑹カヌー，⑺スーツケース，⑻電気がま，⑼せんべい，⑽高速道路，⑾ジープ，⑿アイロン，⒀ハーモニカ，⒁ブルドーザー，⒂アイスクリーム，⒃おまわりさん，⒄てるてる坊主，⒅人工衛星，⒆トランプ，⒇王様

9　まがったおと（拗音を含む語）1（modelW9）付録Ａ1　ステップ18と同じ

10　まがったおと（拗音を含む語）2（modelW10）

⑴かぼちゃ，⑵キャラメル，⑶おにぎり，⑷食パン，⑸歯医者，⑹ライオン，⑺水車，⑻木魚，⑼宿題，⑽ヘチマ，⑾般若，⑿辞書，⒀竹の子，⒁飛脚，⒂馬車，⒃キャンプ，⒄運転手，⒅ジャム，⒆靴下，⒇ジャンプ

11　まがったながいおと（拗音と拗長音を含む語）1（modelW11）付録Ａ1ステップ20と同じ

12　まがったながいおと（長音と拗長音を含む語）2（modelW12）付録Ａ1ステップ21と同じ

(2) Sシリーズ（文の統辞・意味論的構造のモデル構成の学習）

これは，先に述べた「文の統辞・意味論構造の分析とモデル化を基礎にした構文学習プログラム」の主要な部分をソフトに組み替えたもので，機能的に以下のような特徴をもっている。

(a) 第2-1-5図に示すような画面を用いて，そこで，子どもは，マウスを操作することによって，日本語の統辞・意味論的な11種の基本的なカテゴリー，行為者，対象，受け手，相手，道具・手段，材料，目的，原因・理由，場所，時間，行為を表すシンボルマークで，絵で示された文の統辞・意味論的構造のモデルを構成することを学習する。

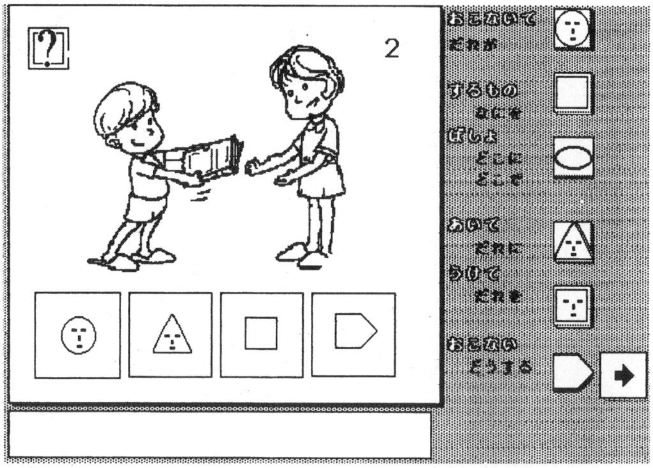

第2-1-5図　Sシリーズの文のモデル構成課題の画面の例
（「正夫が　花子に　本を　あげている。」の場合）

(b) 一つの問題文毎に，以下の3種の課題が提示され，異なった内容の練習を行う。

1) 絵（及び文の絵単語図式）を基礎にした口頭による文の作成の練習

2) 文の図式を基礎にした文と文のモデルの構成の練習

3) 文の特定の要素を尋ねる疑問詞を用いた疑問文(質問文)の作成の練習

(c) 文のモデルを構成する際に，課題は，絵単語図式，モデル図式，図式なしの三つの異なった条件で絵と課題が出され，学習の中で，文の図式が漸次内面化が進むように工夫されている。

例えば，第2-1-5図で，「正夫が　花子に　本を　あげている。」の文のモデルを作る課題の場合，はじめに，絵の部分だけが提示され，この絵をみて，正夫がどうしているのか，それを表す文を作るように求められる。うまくできない場合，訓練者からいろいろな助言を受けて，子どもは何とか形の整った文をつくる。形の整った正しい文ができると，次の画面の文の内容と構成を絵単語図式で示した第2-1-6図の画面に移る。

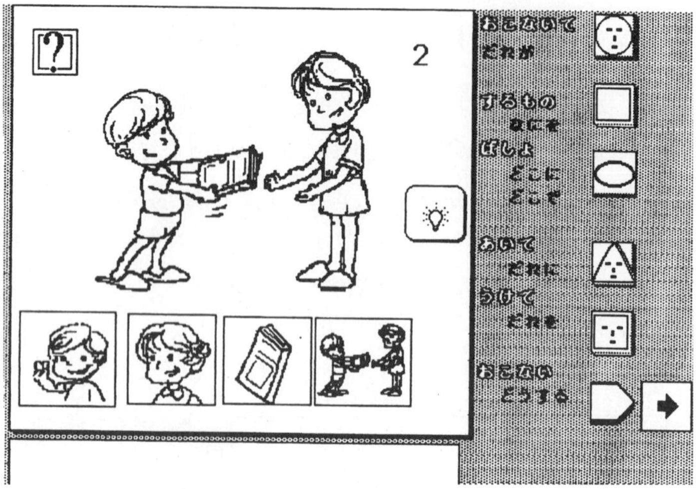

第 2-1-6 図　文の内容と構成が絵単語図式で示された画面の例
(「正夫が　花子に　本を　あげている。」の場合)

ここで，文を構成している語が，行為者，対象，相手，受け手，場所，行為のどれであるかを考えながら，文頭から，語を発語しながら，該当しているシンボルマークを，絵単語の上にのせて，文のモデルを作ることが求められる。この場合，どうしてもわからなければ，画面のランプボタンをクリックすると，わずかな時間で，モデル図式が描かれた第 2-1-5 図が現れ，すぐに元の画面に戻る。つまり，ここでは，語の意味内容を示す絵単語と，語の統辞・意味論的な意味を表している両方の図式を基礎にモデルを作るわけである。しかし，語の統辞・意味論的な意味の自覚が形成されるにつれ，子どもは，徐々に，モデル図式も見ずに，モデルを構成できるようになる。

(d)　語の統辞・意味論的な意味の自覚が形成させるため，第 1 部で報告した指導と同じように，画面の右側に，シンボルマークの説明として書かれてある疑問詞を用いた疑問文を，子どもに作らせるが，その場合，第 2-1-7 図に示す画面を用いる。ここでは，尋ねる対象の絵が見えない状態にして，かつ「？」マークを付け，モデル図式の「相手」のマークにも，「？」マークをつけて，訓練者は，子どもに，「『？』マークのところを尋ねる文を作ってね」と指示する。画面の右側のシンボルマークの説明のところに，相手を尋ねる場合には，「だれに」を使うことを教えてあるし，また見ればすぐわかるので，子どもは，比較的容易に，シンボルマークを置きながら，求められている疑問文を正しく作ることができる。そして，子どもが，「正夫が　誰に　本を　あげているの？」と正しく尋ねてきたら，訓練者は，「花子に本をあげています」と答えながら，ランプマークのボタンをクリックすると，花子の姿が，画面に現れるようにソフトは作られている。このような質問・答えの中で，シンボルマークの意味を覚え，同時に文の統辞・意味論的な構成について自覚が形成されることが期待されているのである。

多くの場合，上記の手続きで指導・訓練を進めるべく，ソフトを構成しているが，このプログラムの最初の段階では，絵だけを見せて文を作らせる課題がやや困難であると思われるので，平叙文，疑問文の作成とモデル構成(1)の課題では，以下の手順で指導ができるようにしてある。

(1) 最初，絵と文の絵単語の図式を示して形の整った文を作らせる。

(2) 次に，絵と文のモデル図式が描かれてある画面で文を言いながら文のモデルを構成させる。

(3) その後，先と同じ手順で疑問文を作らせる。

(e) プログラムの中に子どもの学習の進展の程度を評価する「学習テスト」が含まれており，そこでは，モデル図式も，絵単語図式もなく，人物がある行為を行っている絵だけを見て，文のモデルを作ることが求められる。したがって，その成績から，子どもの学習の進み具合を理解することができ，訓練者は，子どもの学習の水準に合わせて指導と訓練を進めることができる。

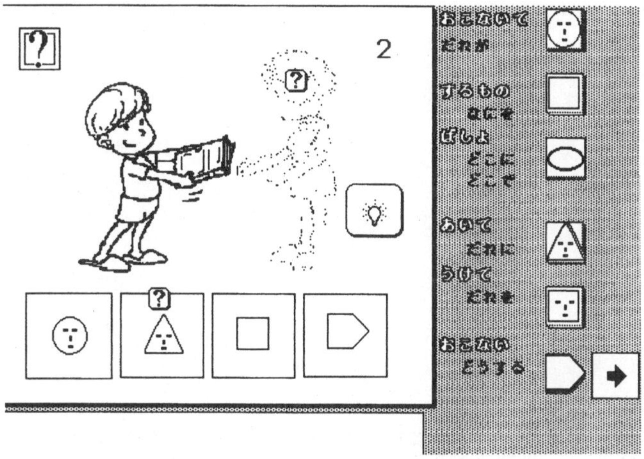

第 2-1-7 図　質問文を作成する画面の例
(「正夫が　誰に　本を　あげているの？」の場合)

(f) 文を書く課題そのものは，このソフトには含まれていないが，構文のタイプ毎に，文のモデルが構成できるようになった後に，文の書き課題を与えることによって，このソフトで，文の書きの練習を行うことができるし，そのような利用の仕方が望ましい。

(g) 課題の遂行の評価の自動化，記録の自動化とその日の成績の評価については，W シリーズと全く同じである，

(h) 課題の構成と練習用の課題文

第 2-1-1 図に示したように，構文の異なる 4 種類の課題群からなる。1 課題は20文の問題からなり，全体で，80文の問題が含まれている。1 回の学習には10問(文)を用いる。ステップ数は，

文の書きの練習を含めなければ８ステップ，含めれば16ステップになる。問題文は，付録Ａ３のステップＭ１～Ｍ４に書かれてあるものと全く同じである。

⑶　Ｒシリーズ（ひらがなの読みの学習，単語の読み，文の読みの学習）

1)　これは，学習障害児に対する言語訓練の実際の中で必要に迫られ，補充教材として開発したソフトである。ソフトの構造としては，Ｗ，Ｓシリーズに較べて，非常に単純なものであるが，語の選択に特別の配慮がなされ，機能的に以下に述べる特徴をもっている。

(a)　語の読み課題では，かな文字は，全て基本音節文字が使われ，50音(清音)だけからなる単語の読みの練習課題では，50音（「を」を除く）の全てのかな文字は，最低１回は用いられ，その練習の中で，これらの語を全て正しく読めるように練習することによって，50音文字全ての読みを学習することができる。

(b)　70音からなる単語は，同じく（「を」を除く）日本語の基本音節文字の全て（清音，濁音，半濁音）を用いて構成されており，これらの単語の読みの練習で，全ての基本音節文字の読みを学習することができる。また，このような構造をもつので，子どものかな文字の読みの習得の程度を評価するテストとしても利用できる。

2)　Ｒシリーズは，以下のスタック（ファイル）から構成されており，メインメニュー画面で，「ひらがなのよみ」をクリックすると，第 2-1-8 図の画面が現れる。学習する課題の画面をクリックすると，該当するスタックを開くことができる。

1　いくつよめるかな（50音からなる語）　　modelR1

2　みんなよめるかな（50音からなる語）　　modelR2

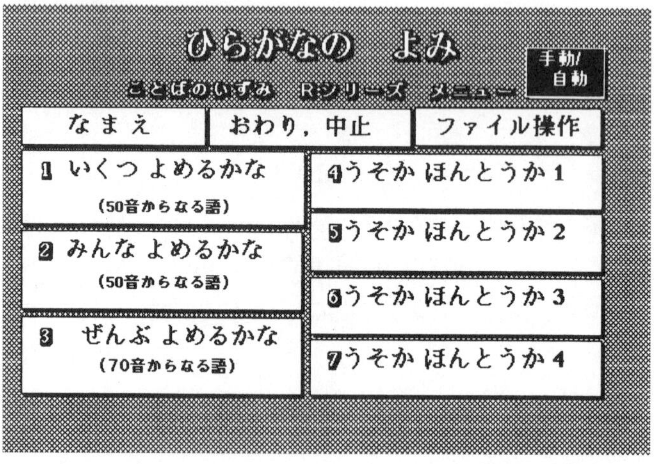

第 2-1-8 図　「ひらがなのよみ」のメニュー画面

3　ぜんぶよめるかな（70音からなる語）　modelR3
4　うそか　ほんとうか(1)　modelR4
5　うそか　ほんとうか(2)　modelR5
6　うそか　ほんとうか(3)　modelR6
7　うそか　ほんとうか(4)　modelR7

1，2，3，の単語の読みの課題の学習では，学習する項目のボタンをクリックすると，第2-1-9図に示す画面が現れ，子どもはひらがなで画面に提示された語を読み，提示されている複数の絵の中からそれに対応している絵を，マウスで選択・クリックするという形で行われる。正しい絵を選択すれば音楽が鳴り，もし，あらかじめ「自動」を選択してあれば，自動的に次の問題に移り，誤った絵をクリックすると警告音が鳴り，「まちがいです。やりなおしなさい。」という指示がでる。

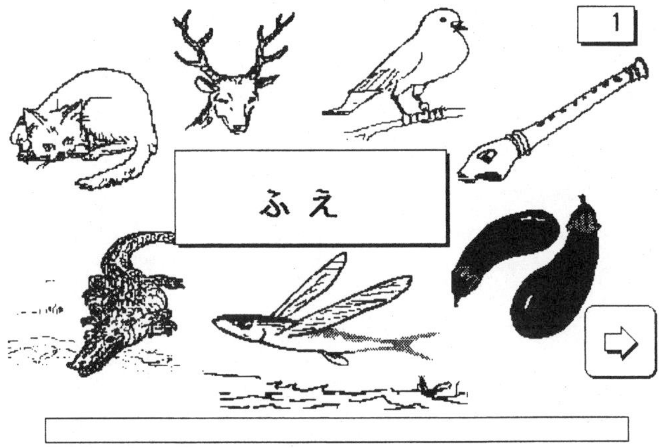

第2-1-9図　Rシリーズの語の読み課題の画面

3)　ここで練習用に用意されている語は以下の通り。

1　いくつよめるかな（50音からなる語）modelR1

(1)ふえ，(2)ねこ，(3)はと，(4)わに，(5)なす，(6)ひれ，(7)つの，(8)あひる，(9)たぬき，(10)かもめ，(11)けむし，(12)てんと，(13)ほし，(14)おみそ，(15)さくら，(16)よろい，(17)せみ，(18)ゆみや，(19)うり，(20)へちま

2　みんなよめるかな（50音からなる語）modelR2

(1)はち，(2)やまゆり，(3)うめ，(4)つくし，(5)たけのこ，(6)めろん，(7)ひまわり，(8)らいおん，(9)へそ，(10)れもん，(11)もちつき，(12)ひるね，(13)よみせ，(14)なまえ，(15)かさ，(16)ぬりえ，(17)てにす，(18)あむ，(19)にほん，(20)ふとん

3　ぜんぶよめるかな（70音からなる語*）modelR3

⑴やぎ，⑵ふぐ，⑶つえ，⑷ぴすとる，⑸くちべに，⑹かぶとむし，⑺さけ，⑻うどん，⑼たぬき，⑽そろばん，⑾ずぼん，⑿ごじら，⒀はいざら，⒁ぺりかん，⒂おぜん，⒃のこぎり，⒄てれび，⒅ぽぱい，⒆ひげ，⒇たわし，(21)へび，(22)ほし，(23)ゆきだるま，(24)ぷらもでる，(25)はなぢ，(26)よこずな，(27)あおぞら，(28)めがね，(29)せみ

＊「を」を除くすべての清音，濁音，半濁音文字が含まれ，これらの全ての語が読めれば，基本音節文字70文字の全てを読めたことになる。

4） Rシリーズでの文の読みの練習は，第2-1-10図に示すような，「うそか，ほんとうか？」という課題場面で，種々の文を提示し，読ませ，そこで書かれてある内容が，嘘か本当のことであるのかを判断させ，嘘なら「うそ」のボタンを，本当なら「ほんとう」のボタンをクリックさせるという課題状況の中で行わせる。ここでの文の読みの練習は，文をスムースに読めるようにすること，つまり，拾い読みから，単語読み，しいてはセンテンス読みに移行させる点に主たる目的があるが，このような課題状況で読ませるようにしたのは，それ以外に，以下のことを同時に考慮したからである。

1） 子どもが興味をもって，文を読むようにすること。

2） 文を読む中で，小学校低学年児として，当然知ってよい日常的な常識を習得させること。

したがって，このような観点から，練習用の文の選択が行われた。

文の読み課題は，4課題で，各課題10問，計以下の40問からなる。

4　うそか　ほんとうか　1

1） いぬは　そらを　とぶことが　できます。

2） さくらは　はるに　さきます。

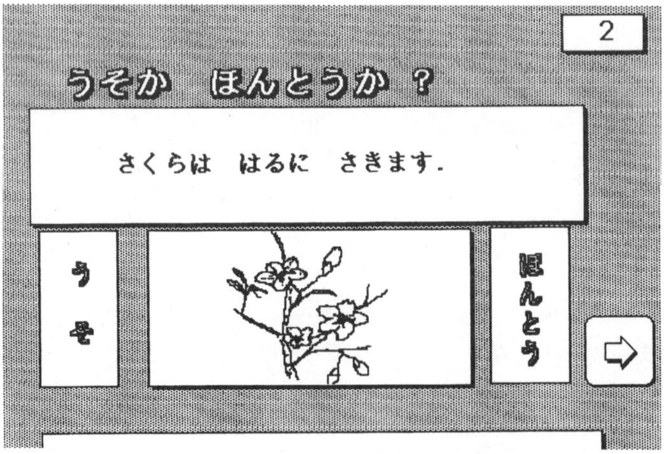

第2-1-10図　Rシリーズの文を読む課題の画面

3） くじらは　うみに　すんで　います。

4） くじらは　さかなです。

5） とりは　そらを　とぶことが　できます。

6） あひるは　そらを　とべません。

7） あひるは　とりでは　ありません。

8） ふじさんは　にほんで　いちばん　たかい　やまです。

9） ふじさんは　せかいで　いちばん　たかい　やまです。

10） うみの　みずが　しおからいのは　なかに　しおが　とけて　いるからです。

5　うそか　ほんとうか　2

1） あひるは　そらを　とべます。

2） かえるの　こどもは　いけの　なかで　おおきく　なります。

3） つきは　ひるまも　みえる　ことが　あります。

4） みずを　だんだん　つめたくすると　こおりに　なります。

5） ゆきを　とかすと　こおりに　なります。

6） くじらは　いちばん　おおきな　どうぶつです。

7） くろい　うさぎも　います。

8） そらの　くもの　なかには　ゆきが　あります。

9） こどもは　おおきく　なると　おとうさんより　としが　おおく　なります。

10） じしんで　たくさんの　ひとが　しぬことが　あります。

6　うそか　ほんとうか　3

1） にんげんは　さると　おなじ　どうぶつです。

2） 100さいも　ながいきする　ひとが　います。

3） やかんで　みずを　わかし　つづけると　みずは　なくなって　しまいます。

4） たいようは　にしから　のぼります。

5） たいようは　ひの　かたまりです。

6） にんげんは　ろけっとで　つきまで　いきました。

7） ふじさんは　せかいで　いちばん　たかい　やまです。

8） じめんを　ふかく　ほると　だんだん　あつく　なります。

9） ぱんは　おこめから　つくります。

10） せんえんさつは　にほんで　いちばん　たかい　おさつです。

7　うそか　ほんとうか　4

1） ぞうの　あかんぼうは　おかあさんの　おっぱいを　のみます。

2） ぺんぎんは　さむい　ところに　すむ　さかなです。

3)　きたから　ふく　かぜは　さむい。

4)　たいようは　ほしの　なかまです。

5)　１にちには　30じかん　あります。

6)　あらいぐまは　えさを　あらってから　たべます。

7)　かんがるうは　こどもを　おなかの　ふくろの　なかに　いれて　そだてます。

8)　しんかんせんは　せかいいち　はやく　はしります。

9)　１ねんには　はる，なつ，あき，ふゆの　４つのきせつがあります。

10)　ふゆが　おわると　なつが　きます。

課題の遂行の評価の自動化，記録の自動化とその日の成績の評価については，Wシリーズと全く同じである。しかし，文は正しく読めても，嘘か本当かの判断を間違えれば，得点にならない。

以上，簡単に，小学校低学年児童用に開発した，コンピューターソフトの特徴とその構成についてその概要を説明した。より詳細な説明と使用上の手続きなどについては，付録のCD-ROMに含まれているソフト「ことばのいずみ　1」の手引き（「学習障害児に対する言語教育のコンピュータソフト―読み・書き入門ソフト「ことばのいずみ」シリーズ解説」）を参照していただきたい。

第2章　小学校低学年で学習障害の危険性の高い児童を識別・検出するための診断法の開発

概　　要

第1部第3章で述べた小学校低学年で学習障害の危険性の高い児童を識別・検出するための診断法は，個別テストの種類が多いため実施面で問題があったため，平成3年(1991)，新たに教育実験を始めるに当たって，第1次のスクリーニング用集団検査に，これまでの書き取りテストに，2種類の言語的思考テストと，像的思考テストを加え，全体として，新たな構造をもった，診断・識別検査を開発した。これらのテストの構成と内容について説明すると共に，平成3年の第2学期はじめに，川崎市の二つの公立小学校第1学年児童190名を対象に実施した場合を例にとって，どのようにして，学習障害の危険性の高い児童を識別・検出したのか，その概要を説明する。

第1節　は じ め に

学習障害児に対する教育の方法を組織的に研究するに当たって，非常に大切なことは，指導法・教育法と診断法とを切り離して考えて，研究するのではなく，それらを結び付けて考え，研究することである。わが国の場合，教授・学習や教授法の研究は，それらの専門家が行い，検査やテストの研究は検査やテストの専門家が行うということが，しばしば，行われてきた。そのため，例えば知能テスト等によって，子どもの発達についての診断は行われたが，その結果，その診断に基づいて，どのような教育を与えたら良いのかという問題に対して，解答が与えられない，つまり，処方箋が与えられないということがしばしばであったのである。

学習障害児の教育の場合，特に，教育と診断の問題を密接に結び付けて行うことが必要な理由の第1は，その障害を受けている，あるいはその危険性が高い児童を，なるべく早期に見つけ出し，なるべく早くからその障害から回復させるための教育や手だてを講じる必要があるということにも因っている。しかし，学習障害(児)の多くは，小学校に入学し，そこで国語や算数等の勉強や，学級集団の中での社会生活が始まる中で，読み・書きの学習に困難をもつ児童，授業の中でも落ち着かずに，多動な行動を示す児童等として，見い出されてくることが多いため，早期に見つけ出すといっても，就学前4～5歳の時期に見つけ出すことは，現実的に非常に困難なことで，そのことを実現するためには，その頃の子どもの行動や能力の発達上の諸特質と後に出現してくる障害との関連を，追跡的調査等で明らかにしておかなければならない。

教育と診断の問題を密接に結び付けることが求められる第2の理由は，学習障害児の診断は，その中に学習能力の診断という要素を含み，それを短時間で実施するテストで測ることが現実的に困難で，診断そのものの中に教育と学習を含めることが必要である場合が多いという点にある。非常によい診断検査法が作られたとしても，現実的には，検査でわかることは，その障害を受けている危険性がどの程度高いのかということで，実際にその子どもが確かに学習障害であると言えるのは，教育過程に移り，子どもの教育を組織し，子どもの学習や学習過程の諸特徴が現実に明らかになる中であるのである。

このような立場から，われわれは，学習障害を受けている児童に役立つ言語・認知教育プログラムを開発する作業を行いながら，それと結びつけて，同時に診断検査のシステムを作り出す作業を進めてきた。しかし，問題は，思うほど単純ではない。わが国の場合，単に学習障害の定義が曖昧であるというだけでなく，このような子どもを受け入れ，教育を行っている小学校で，そのような障害をもつ可能性が高い児童を何らかの形でチェックして見つけ出す方法すら未確立であるからである。そこで，われわれは，まず，わが国の小学校で現実的に実施可能な第1次の集団検査の方法——小学校の低学年児童全員を対象に集団的に行うスクリーニング検査——を作り出すことを考え，1988年より，診断実験調査を実験的に試みてきた（天野 1989，天野・二宮・野村・瀬戸 1989）。第1部で報告した研究では，第1次スクリーニング検査として，ひらがなの書取検査を実施し，次に第2次検査として多くの個別検査（知能検査を含む）を実施し，それらを総合して，学習障害の危険性の高い児童を識別・検出したが，勿論，そこで用いられた検査方法は，これらの研究を基礎にしたものであった。勿論，この方法でも十分実用に耐えるものであるが，個別検査で実施する検査項目が多く，実施面で多くの手間を要する。もう少し，理論的，かつ合理的にその診断法を改善することが必要であった。

第2節　小学校低学年児童を対象にした学習障害の危険性の高い児童を識別・検出するための診断法のシステム

このような問題に当面していた時，学習障害児の識別・診断法の問題に，一つの重要な示唆を与えてくれたのが，ロシアでのZPR児の専門家，V. I. ルボフスキー教授（1988，2002）の考えであった。われわれの研究に助言を求めるため，1988年，JSPSの補助金を受けて，国立教育研究所で，教授を招聘したが，教授は研究所での講演の中で，特に診断法の開拓で最も難しい問題，学習障害児と軽度精神発達遅滞児との識別診断は，子どもの思考力と学習の受容性を検査することで可能であるという提案を行った。その提案を表にしたのが第2-2-1表である。彼は，しかも，学習障害児（ZPR児）の場合，言語的思考と像的思考の発達の間に差があることが多いということを示唆した。

第 2-2-1 表　発達障害のタイプの特徴づけ（V. I. ルボフスキー 1988，2002）

発達のタイプ	形成の諸水準								
	思　考			言　語			学習の可能性		
	N	M	S	N	M	S	N	M	S
健 常 児	+			+			+		
ZPR 児		+		(+)	+			+	
軽度精神発達遅滞児			+		+				+
言語障害児	+	(+)			(+)	+	+		

N：正常，M：軽度の遅れがある。S：重度な遅れがある。

学習の受容性とは，具体的には，ある問題解決が求められる課題において，大人の助言を受け入れる程度と操作的に定義され，彼の考えによると，年齢期に応じ，かつ大人が与える援助(ヒント)の量を操作的に測定可能な適切な課題を選択することで，心理発達遅滞児（学習障害児）の学習の受容性を測定・評価することが可能であると主張した。

もしある適切な心理検査によって，学習障害児と軽度精神発達遅滞児を識別・診断することができるならば，診断上の大きな問題の一つが解決される可能性があるため，彼が示唆したテスト課題（二つの三角形の小プレートで，種々の図形を構成する課題）や他の課題を用いて，児童の「学習の受容性」を評価できるテストを開発するための実験を何度も試みたが，信頼できるテストを開発することが非常に困難で，結果的にその種のテストを開発することができなかった。困難な理由は，以下の点にあった。1)ソヴィエト（ロシア）の場合，軽度精神発達遅滞児と ZPR 児の識別・診断は制度的に確立され，両タイプの遅れのある児童を専門的に受け入れ，教育しているクラス，学校が存在し，種々の検査を実施して比較することは可能であるのに対し，わが国の場合，明確に診断された両群の児童を見つけ出すことが困難であったこと。2)学習の受容性にも，対象(内容)特殊性があると想定され，言語領域課題で学習受容性が高いことは，他の領域，例えば空間領域の課題の学習受容性が高いことを意味しないと考えられ，十分妥当性のあるテストを開発するためには，色々な領域の課題を用いて検査を試みることが必要であったこと。このような理由から，学習の受容性のテストの開発は，重要な課題であるが，断念せざるを得なかった。

しかし，ルボフスキー教授が示唆した学習障害児の診断には，言語諸検査の他に，言語的思考と像的思考の発達検査を含めるべきであるという提案を受け入れることにし，これまでの方法を改善し，小学校低学年児童を対象にした以下の構造をもった学習障害の危険性の高い児童を識別・検出するための診断法のシステムを作り出すことができた。

⑴　第１次スクリーニング検査（集団検査）

1）　言語的推論テスト（言語的思考テスト　１）

2）　言語的異物発見テスト（言語的思考テスト　２）

3）　マトリックス思考テスト（像的思考テスト）

4）　ひらがなの書取りテスト

⑵　個別発達診断検査

1）　WISC-R 知能検査

2）　語彙能力テスト

3）　文産出テスト

4）　文理解テスト

5）　言語調整機能テスト

第１次の集団診断検査の結果，４種類のテストのうち，２種類以上の検査で，発達の遅れが認められ，担任教師も学習面で遅れがあると認めた場合に，個別発達診断検査を実施する。個別検査では，まず 1) WISC-R 知能検査を実施し，それで，学習障害の危険性があると判断された場合，さらに，2)～4)の検査を行い，最終的に，学習障害の危険性が高いか否かの判断を行う。そして，その危険性が高いと判断された場合，保護者の同意と協力の下で，その改善のための言語訓練を直ちに開始するのを原則とする。なお，先に問題とした精神発達遅滞と学習障害の識別については，第１部で報告した研究の場合と同じく，5)言語調整機能テストを用いて診断することにした。

第３節　各テストの内容と基準資料

上記の各テストの内容と構成，及びその基準資料は以下の通りである。

⑴　第１次スクリーニング検査（集団検査）

1）　言語的推論テスト（言語的思考テスト　１）

「【つばめ】が「鳥」だとすると【金魚】は何か？」と言語的に課題を提示し，推論させ，その答えを５つの選択肢の中から選択させる課題15問。問題は，１年生にもわかるように，以下のように，ひらがなで書かれて示されるが，文字が読めない児童には，口頭で，読んで聞かせて，答えさせる。

練習問題　１　つばめ　→　とり　　きんぎょ→　（　　　）

（①どうぶつ，②さかな，③とり，④みず　⑤くさ）

２　おばあさん→　おんな　　おじいさん　　（　　　）

(①おかあさん，②としより，③まご，④おとこ，⑤おとうさん

問題　1　きゅうり　→　やさい　　ちゅうりっぷ　→　（　　）

(①くさ，②つゆ，③にわ，④はな，⑤つち)

2　はたけ　→　にんじん　　たんぼ　→　（　　）

(①みず，②おこめ，③かかし，④どろ，⑤なえ

3　せんせい　→　せいと　　いしゃ　→　（　　）

(①めがね，②びょういん，③びょうしつ，④びょうにん，⑤くすり)

4　はな　→　かびん　　とり　→（　　）

(①すばこ，②くちばし，③かもめ，④はね，⑤しっぽ)

5　てぶくろ　→　て　　くつ　→　（　　）

(①くつした，②くつぞこ，③ひふ，④あし，⑤ぶらし)

6　くらい　→　あかるい　　しめった　→　（　　）

(①はれた，②すずしい，③かわいた，④あつい，⑤さむい)

7　とけい　→　じかん　　たいおんけい　→（　　）

(①がらす，②びょういん，③べっど，④いしゃ，⑤たいおん)

8　じどうしゃ　→　えんじん　　よっと　→　（　　）

(①うみ，②とうだい，③ほ，④なみ，⑤きし)

9　てえぶる　→　てえぶるかけ　　ゆか　→　（　　）

(①かぐ，②じゅうたん，③ほこり，④いた，⑤くぎ)

10　いす　→　き　　はり　→　（　　）

(①とがった，②ほそい，③ひかった，④みじかい，⑤てつ)

11　はやい　→　おそい　うれしい　→　（　　）

(①かなしい，②おもしろい，③たのしい，④さみしい，⑤つらい)

12　はかり　→　おもさ　　ものさし　→　（　　）

(①えんぴつ，②ぶんぼうぐ，③かみ，④ながさ，⑤ひも)

13　でんしゃ　→　でんき　　ばす　→　（　　）

(①うんてんしゅ，②どうろ，③くるま，④きっぷ，⑤がそりん)

14　こっぷ　→　がらす　　ようふく　→　（　　）

(①ぽけっと，②ずぼん，③しゃつ，④きれ，⑤こうと)

15　せみ　→　とんぼ　　つばめ　→　（　　）

(①あひる，②はやい，③す，④とり，⑤なつ)

2） 言語的異物発見テスト（言語的思考　2）

同じく言語的思考の発達を調べるテストで，五つの言葉を，ひらがな文字で提示して，その中から，仲間外れのものを一つ探し出す課題。ひらがなを読めない場合には，同じく，口頭で読んで聞かせ，答えさせる。全部で10問。練習問題，問題は，以下の通り。

練習問題	1	（①まぐろ，②いわし，③たい，④くじら，⑤さめ）
	2	（①りんご，②だいこん，③みかん，④もも，⑤いちご）
問題	1	（①ちゅうりっぷ，②ゆり，③いんげん，④あさがお，⑤たんぽぽ）
	2	（①かわ，②みずうみ，③うみ，④はし，⑤いけ）
	3	（①にんぎょう，②おてだま，③すな，④まり，⑤こま）
	4	（①つくえ，②たたみ，③いす，④たんす，⑤べっど）
	5	（①やなぎ，②すぎ，③つつじ，④さくら，⑤まつ）
	6	（①にわとり，②わし，③おながどり，④がちょう，⑤しちめんちょう）
	7	（①まる，②さんかく，③しかく，④ばつ，⑤せいほうけい）
	8	（①よしこ，②たろう，③まさえ，④たかはし，⑤よしお）
	9	（①かず，②わりざん，③たしざん，④ひきざん，⑤かけざん）
	10	（①ゆかいな，②すばしこい，③さみしそうな，④おいしい，⑤ちゅういぶかい）

3） マトリックス思考テスト（像的思考テスト）

下記に示すマトリックスを子どもに示し，描かれている三つの図形の関係から，右下の空白に入れるべき図形を考えて，そこに，マジックペンで描かせるテスト。

練習問題2問，テスト問題16問よりなる。このテストは，T. V. エゴローワ（Егорова, Т. В.）と

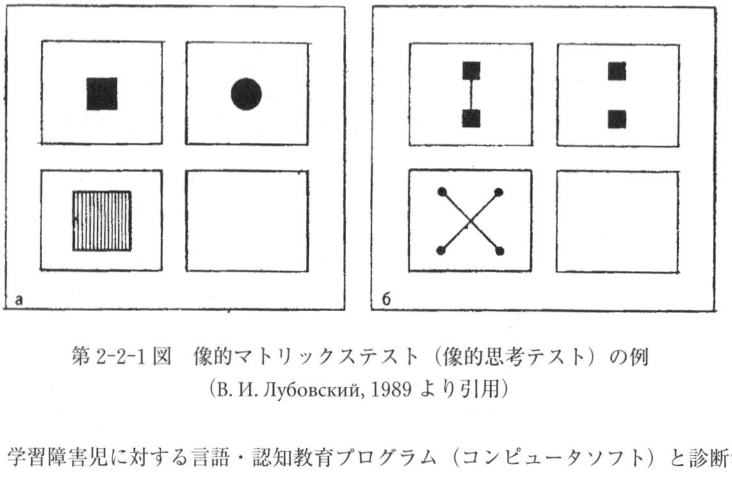

第2-2-1図　像的マトリックステスト（像的思考テスト）の例
（В. И. Лубовский, 1989 より引用）

T. V. ロザノワ（Розанова, T. B.）によって開発されたもので，像的なマトリックステストとしてよく知られているレーベンのマトリックステスト（Raven, J. C. 1956）と同じ原理で構成されているが，後者が，用意された6つの図形の選択肢の中から選択することが求められるのに対して，このテストは，右下の空白欄に，自分で正しい図形を描いて埋める点が異なり，V. I. ルボフスキー（B. И. Лубовский 1989）によると，そのことによって，この課題は，子どもの像的・表象的思考の発達の程度をより正確に評価することができるように改善された。

この課題の一部を例示すれば，第2-2-1図の通りである。

4) ひらがなの書取りテスト

子どもが，どの程度，日本語の促音，長音，拗音，拗長音，助詞の「は」「を」等の特殊音節の表記をどの程度正しくできるかを調べる目的のもので，全部をひらがな文字だけで書くという約束のもので，教師あるいは実験者が，子どもが書取りができるように，ゆっくりしたテンポで3回以上，以下のようなテキストを読み上げ，所定の用紙に，鉛筆で，書かせる。

5テキスト，44特殊音節。課題は，第1部で報告した研究で用いた6つのテキストのうち，以下の5つのテキストを用いた。

1 ぼくの　おにいさんは　えいごと　すうがくを　べんきょう　しています。

2 ぼくは　きゅうきゅうしゃと　しょうぼうしゃと　もうたあぼうとの　もけいを　もっています。

3 わたしは　がっこうの　ぷうるの　そばで　こうちょうせんせいに　あいました。

4 おかあさんと　おねえさんは　おやつに　らあめんを　たべます。わたしは　けいきを　たべます。

5 ぼくの　おじいさんは　びいると　ちいずが　だいすきです。

(2) 個別発達診断検査

1) WISC-R知能検査

2) 語彙能力テスト

絵画式の語彙テストで，1989年，天野らによって開発されたもので，4歳－6歳児用の語彙テストは，24領域100語から構成さている。児童が発語できる能動的な語彙数から，その児童の語彙年齢を求めることができる。詳しくは，天野，二宮昭（1989）を参照されたい。

3) 文産出テスト

色々な動物が一定の行為を行う文の内容とその構文の図式が描かれた図版を用いて一定の練習の後に，各構文の文の産出と文の変換ができるか否かを検査するテストで，以下の構文の文について実施する。6構文で全32文。詳しくは，天野（1989）を参照されたい。

1) Agent-Object-Action　構文（例：ネズミが　たいこを　たたいた。）

2） Agent-Place-Action 構文（例：クマが 木に のぼった。）

3） Agent-Instrument-Object-Action 構文（例：クマが 鉛筆で 飛行機を かいた。）

4） Agent-Object-Place-Action 構文（例：キツネが 手紙を ポストに 入れた。）

5） Agent-Patient-Action（能動）構文（例：キツネが ネズミを 引っ張った。）

6） Patient-Agent-Action（受動）構文（例：ネズミが キツネに 引っ張られた。）

7） Agent-Beneficiary-Object-Action 構文（例：子狐が 母さん狐に 花を あげた。）（物の受渡しに関する「やる」側からの構文）

8） Beneficiary-Agent-Object-Action 構文（例：お母さん狐は 子狐に 花を もらった。）（物の受渡しに関する「もらう」側からの構文）

4） 文理解テスト

文の産出テストに用いた人形（くま，うさぎ，ねずみ，ぶた）やモデル（ブランコ，滑り台，机，椅子，木，車 等）は主に，エポック社の「シルバニアン ファミリー」シリーズの人形とモデルを，子どもの前の机の上に配置し，口頭で次の構文の文を提示し，それに対応した行為をすることを求めることによって，文の理解を調べるテスト。（7種の構文で，全30文）

(A) Agent-Place-Action（例：ぶたが イスに すわっています。）

(B) Agent-Object-Action（例：ねずみが イチゴを たべています。）

(C) Agent-Object-Place-Action（例：ぶたが バナナを テーブルに おきます。）

(D) Agent-Instrument-Object-Action（例：くまが ハンカチで テーブルを ふいています。）

(E) Agent-Beneficiary-Object-Action（例：うさぎが ぶたに バナナを あげます。うさぎが ぶたに バナナを もらいます。）

(F) Agent-Patient-Action (Active, Passive)（例：ねずみが うさぎを たたいた。ねずみが うさぎに たたかれた。）

(G) Temporary Connection（順行，逆行文）

（例：くまは ブランコに のってから スベリダイを すべった。
くまは ブランコに のるまえに スベリダイを すべった。）

詳しくは，天野（1989_a）を参照されたい。

5） 言語調整機能テスト

第1部で報告した赤黄逆転テスト。手続き等は，第1部の第3章第1節での説明を参照されたい。

第3節 新しい第1次発達スクリーニング検査を用いた実験的診断調査

第1次発達スクリーニング検査（集団検査）については，基準資料を得るために，川崎市三田小

第 2-2-2 表　第 2 学期始めにおける第 1 学年児童の 4 課題の成績（N＝190）

	言語的推論課題	言語的異物発見課題	像的マトリックス課題	ひらがな表記課題
課題数	15	10	16	44（音節）
平均正反応数	7.9	5.8	9.4	36.0
標準偏差	2.5	1.7	3.8	7.6

第 2-2-3 表　言語的推論課題正答数頻度表（全15問）

正答数	A小	B小	全体
0	0	0	0
1	0	0	0
2	0	0	0
3	3	2	5
4	1	7	8
5	5	10	15
6	12	20	32
7	17	20	37
8	14	13	27
9	7	8	15
10	10	9	19
11	9	5	14
12	4	5	9
13	1	3	4
14	1	3	4
15	1	0	1
人数計	85	105	190
平均	8.2	7.7	7.9
標準偏差	2.4	2.6	2.5

学校，東住吉小学校の協力を得て，平成 2 年の第 3 学期と平成 3 年の第 2 学期に 2 度にわたって，実験的診断調査を実施し，学習障害の危険性の高い児童を検出するために必要な基準資料を得た。

第 2-2-2 表に示すのは，平成 3 年度の第 2 学期に実施した小学校第 1 学年児計190名を対象に実施した実験的診断調査の結果の全体的な資料である。

これだけでは，各課題で，個人差がどの程度あるのかよくわからないので，各課題毎に，その得点分布の資料を，第 2-2-3 表，第 2-2-4 表，第 2-2-5 表，第 2-2-6 表に示す。

これらの各課題の正答数頻度表からわかることは，これらのどの課題においても。個人差がかなり認められることである。このことを，検査を実施する立場からみると，これらのテストを用いた場合，児童の言語的思考能力，像的思考能力，及びひらがな（特に特殊音節）の表記能力の発達の程度を，より適切に識別できる可能性が十分に高いということを示唆している。

第 2-2-4 表　言語的異物発見テスト正答数頻度表（全10問）

正答数	A小	B小	全体
0	0	0	0
1	1	0	1
2	3	4	7
3	2	5	7
4	11	17	28
5	12	19	31
6	21	29	50
7	16	17	33
8	16	11	27
9	3	1	4
10	0	2	2
人数計	85	105	190
平　均	6.0	7.7	5.8
標準偏差	1.7	1.6	1.7

第 2-2-5 表　像的マトリックステスト正答数頻度表（全16問）

正答数	A小	B小	全体
0	1	4	5
1	2	4	6
2	3	1	4
3	2	6	8
4	3	3	6
5	6	7	13
6	3	4	7
7	3	5	8
8	3	3	6
9	7	7	14
10	5	14	19
11	10	11	21
12	11	16	27
13	7	7	14
14	15	8	23
15	4	5	9
16	0	0	0
人数計	85	105	190
平　均	9.8	9.0	9.4
標準偏差	3.9	3.7	3.8

第2-2-6表　ひらがな書取り（特殊音節表記）テスト正答数頻度表
（全44音節課題）

正答数	A小	B小	全　体
0－10	0	0	0
11－15	4	0	4
16－20	6	2	8
21－25	6	5	11
26－30	7	8	15
31－35	18	14	32
36－40	15	31	46
41－44	29	45	74
人数計	85	105	190
平　均	34.2	37.5	36.0
標準偏差	8.9	6.0	7.6

第4節　第1次発達診断検査とWISC-R検査の比較

以上，平成3年に実施した第1次発達診断検査の結果について説明したが，それ以降，どのように診断手続きをとったのかを説明するために，その中の1校の場合の資料を，第2-2-7表に例示する。その表には，第1次の集団発達診断検査の結果，用いた4種類の各検査についてその平均正答数(得点)，標準偏差が，計算され，各児童のそれらの課題についての正答数が，平均正答数より1 δ (標準偏差)以上下回っている場合，その発達に遅滞があると判断し，児童の各検査の得点が，平均より 2δ 以上低い場合には＊印を二つ，平均得点との差が 1δ 以上で 2δ 以下であるならば＊を一つ，それぞれの得点の脇につけてある。そして，各児童について，＊印のついた場合がいくつあるのかを調べたのである。＊印がついたものが2課題以上にわたっていて，担任教師が，学習の遅滞傾向を認めた場合（当然，保護者の了解も得て），個別検査としてWISC-R知能検査を実施したが，この表には，WISC-R知能検査の結果を，集団検査と比較できるようにまとめたものである。われわれは，これまでの研究で，ここで採用したひらがなの書取り検査は，子どもの読み・書きの習得の困難さの程度を十分に反映していることを確認しているが，この表を見るとわかるように，このひらがなの書取り検査の得点，言語的及び像的思考の得点及びWISC-R知能検査の結果との関係に色々なタイプがあることがわかる。

Aタイプ：書取り検査で得点が著しく低く，かつ他の3種の思考検査の正答数(得点)も低く，加えて，WISC-R知能検査で，VIQの値がPIQの値に較べて20ポイント以上も低く，言語性LDの疑いの高いタイプ：S. H. 児

Bタイプ：書取り検査で得点が著しく低く，かつ他の3種の思考検査の正答数(得点)も低く，加

第2-2-7表　集団診断検査とWISC-Rテストとの比較

児　童	集団診断検査（問題数） 言語的思考 異物発見 (10)	推論 (15)	像的思考 (16)	ひらがな表記 (44)	WISC－R VIQ	PIQ	IQ	遅れのタイプ
1　S. H.	4＊	6	5＊	28＊	102	127	115	A
2　O. T.	6	8	5＊	16＊＊	111	100	106	D
3　T. D.	5	7	11	21＊	118	129	125	D
4　N. S.	4＊	7	2＊	16＊＊	106	79	93	B
5　I. M.	2＊＊	3＊	1＊＊	11＊＊	78	88	81	C
6　T. T.	7	7	3＊	20＊＊	95	101	97	D
7　T. Y.	6	8	8	25＊	100	87	93	D
8　Y. T.	6	5＊	9	22＊	123	112	119	D
9　W. K.	6	5＊	10	21＊	117	102	111	D
10　O. T.	4＊	5＊	4＊	17＊＊	112	75	94	B
11　S. M.	2＊＊	5＊	4＊	31	107	98	103	E
12　C. S.	5	6	2＊	20＊＊	94	84	88	G
13　K. N.	4＊	7	5＊	34	92	68	79	F
14　Y. T.	6	5＊	9	22＊	123	112	119	D
平均正答数	5.7	7.9	9.4	36.0				
標準偏差	1.8	2.5	3.8	7.6				

えて，WISC-R知能検査で，PIQの値がVIQの値に較べて20ポイント以上も低く，非言語性LDの疑いの高いタイプ：N. S.，O. T.（No 10）児

Cタイプ：ひらがな表記のみならず，全ての思考テストに顕著な遅れが認められ，かつWISC-R知能検査でも，VIQ，PIQ共に低い成績を示し，何らかの教育的処置と追跡調査を必要とするタイプ。I. M. 児

Dタイプ：ひらがなの表記の学習に問題があるが，思考テストでは，全く問題がないか，3種のうち1種に遅れがあるが，WISC-Rの値は，健常であるタイプ：T. D. 児，O. T. 児（No. 2），T. Y，Y. T（No. 8），Y. T（No. 14），W. K.，T. T. 児

Eタイプ：ひらがなの表記の学習に問題がなく，3種の思考テストすべてで遅れが認められるが，WISC-R知能検査では，全く健常な値を示しているタイプ：S. M. 児

Fタイプ：WISC-R知能検査で，PIQの値がVIQの値に較べて20ポイント以上も低く，非言語性LDの疑いが高いが，ひらがなの表記の学習には全く問題がないタイプ；K. N. 児

Gタイプ：WISC-R知能検査でのPIQの値や，像的マトリックス課題に遅れが認められ，ひらがなの表記の学習にも遅れがあるが，PIQとVIQの差が顕著でないタイプ：C. S. 児

われわれが，学習障害の危険性が高い児童を識別・診断する際に基準としたのは，精神諸機能の一部の機能の未発達によって，全体として発達に不均衡が生じていることによって，就学準備性が満たされず，学習に困難が生じると考えられているので，学力と知能の乖離ではなく，

(1) 学習に困難があり（この場合，ひらがなの表記の習得が遅れていること），

(2) その基礎となる学習のための準備性（この場合，思考能力）が，同年齢の児童に較べて未発達であり，

(3) かつ，発達に不均衡が生じていることによって，就学準備性が満たされていないこと（この場合，VIQ と PIQ の差が非常に大きいこと），

である。

この基準を満たしているものは，上記の諸タイプのうち，A タイプと B タイプである。A タイプに入る S. H. 児の場合は，VIQ は正常値であるが，PIQ との間に25ポイントの差があり，この場合，重度な学習障害と理解することはできないが，ひらがなの表記にも誤りが多く，言語的，像的思考の発達も遅滞傾向を示していることも含めて考え，このような発達の不均衡が何らかの形で，子どもの正常な発達を阻害している可能性があると考えられ，特別の指導を与えた方が，子どもの先の発達にとって良いであろうと考えられた。また，B タイプに入る O. T.(No. 10)児は，VIQ と PIQ の間に37，N. S. 児は27の開きがあり，いずれも，PIQ が VIQ に較べて著しく低い。このような発達の不均衡が，思考の未発達と結びついて，表記の学習を困難にしている可能性が考えられる。

C タイプの I. M. 児は，全体的な発達の遅れの傾向を示し，いわば，LD と軽度 MR との境界児とも考えられる児童で，一応，訓練対象児の候補に挙がったが，親の了承が得られなかったため，最終的に指導・訓練の対象にならなかった。

このようにして，これら 3 人の子どもは，その後，多くの言語・認知発達諸検査を行った後，われわれの訓練実験の被訓練児として，組織的な言語指導が開始されたのである。川崎市のもう一つのことばの教室での被訓練児も，ほぼ同じ手続きを経てその障害が識別・診断され，訓練実験に参加した。これらの子どもの検査資料は，訓練実験についての次章の第 2-3-1 表を参考にしていただきたい。

第3章　学習障害児に対する言語・認知教育プログラムによる訓練実験

概　　要

読み・書きの習得が困難で，学習障害の危険が高いと判断された小学校1年生6名に対して，第2学期あるいは第3学期から，コンピュータソフトを含む開発中の3種類の言語・認知教育プログラムで1年半から2年間にわたって，川崎市の2校のことばの教室及び中央大学大学院行動観察室で毎週2回の割合で個別的な訓練実験を行った。その結果，この訓練を通して，子どもの読み・書き能力は改善され，6名のうち5名の児童は，訓練期間中にVIQあるいはPIQ（1名は両方の）値に顕著な改善が認められた。本論では，このプログラムでの子どもの学習過程を，いくつかのステップで概略的に述べ，訓練の効果を分析すると共に，コンピュータソフトを用いた子どもの学習過程の観察から得られた知見を述べる。

第1節　問題と目的

小学校低学年で基礎的な読み・書き能力を習得することが困難な学習障害児に対して，その能力をより効果的に教育することができる言語・認知教育プログラムをつくり出すことが，われわれの究極の課題であるが，それを実現するためには，作成を試みた教育プログラムで，具体的に，そのような発達障害をもつ児童に対して，実験的な教育的訓練を試み，その効果を評価すると共に，その問題点や未開発の問題を明らかにしていくという作業が不可欠なものである。今回，これまで，開発してきた学習障害児に対する言語・認知教育プログラムを基礎に，その主要な部分をコンピュータソフトに組み替え，それらのプログラムを，コンピュータを用いても利用できるようにするという課題を新たに設定したが，それと同時に，これまで行ってきた訓練実験の延長として，川崎市のことばの教室の諸先生の協力を得て，同市の二つのことばの教室と，中央大学大学院に新設された行動観察室において，学習障害児に対する第3次の言語教育実験を組織することにした。

その教育実験の主要な研究目的は，以下の点にある。

(1)　これまで開発してきた3種の言語・認知教育プログラムを改善・整備し，読み・書きの習得に問題をもつ6～8名の小学校低学年の学習障害の危険性の高い児童を対象に，実験的な言語教育・訓練を試み，そのプログラムによる子どもの学習過程を分析すると共に，そのプログラムの効果と問題点を明らかにする。

(2) それと共に，上記の諸施設に訓練用のコンピュータを設置し，開発したソフトプログラムを順次実験的に使用し，それを用いての学習やその受容の程度，子どもや訓練者の立場からの問題点等を明らかにし，ソフト開発の上で有用な示唆を得て，そのプログラムの開発に供する。

第2節　方　　法

(1) 言語・認知教育プログラム

(A) 学習障害児用に開発した以下の３種の言語・認知発達教育プログラムと教材
(a) 音節の自覚の形成とひらがな文字の表記の学習プログラム
(b) 文の統辞・意味論構造の分析とモデル化を基礎にした構文学習プログラム
(c) 各種の分類操作の学習を基礎にした語彙・認知発達プログラム
(B) これらをパソコン用ソフトプログラムに組み替えた新しいタイプのソフトプログラム
ただし，訓練は，(A)を中心に行い，その中で，開発した(B)のソフトを適時用いるという方法で行う。(B)の開発作業の進展に応じて，(A)で用いる教材の訓練用の図版も漸次整備・改良した。上記のうち，(b)のプログラムのステップ構成は，Ｍ１→Ｍ３→Ｋ１→Ｋ３→Ｍ２→Ｋ２→Ｍ４→Ｋ４の順序にした。プログラムの具体的な内容と手続き等に関しては，付録Ａ１～３に記載してある説明等を参照のこと。

(2) 被 訓 練 児

第２部第２章で報告したスクリーニングテスト及びWISC-Rテストによって学習障害児の危険性が高いと診断された８名の小学校１学年児童（男児６名，女児２名。その中６名は，川崎市立小学校に在籍していた児童，２名は多摩，日野市立小学校に在籍していた児童)。

訓練開始前に実施した被訓練児に対する諸診断検査の結果は，第2-3-1表に示す。これを見てもわかるように，これらの被訓練児は，学習障害の危険性をもっている点は，同じであるが，その程度とタイプ等にかなりの個人差が認められる。タイプと症状を基礎に分類してみると以下の通り。

A) 明らかに言語性の重度の学習障害を受けていると思われる２名の児童（Y. M., S. T. 児）；VIQとPIQの間に大きな差が認められ，VIQが著しく低く，語彙も著しく少なく，小学校１学年の２学期で，まだ基本音節文字の読み・書きを習得し終えていない。

A') 同じく言語性で，PIQとVIQの間に大きな差が認められるが，全体的にIQの値や語彙能力は高く，基本音節文字の読み・書きもほぼ習得しているが，特殊音節の表記に問題をもっていたS. H. 児。

B) VIQとPIQに大きな差が認められるが，非言語性で，VIQの値は正常で，PIQが著しく低いタイプの児童，O. T., N. S. 児；語彙能力は正常で，１学年２学期で，基本音節文字の読みは完全に習得しているが，その書き及び特殊音節の表記は未学習であった。

C）多動的な行動特性をもち，全く落ち着かずに，当初の診断検査時に，2～3分も机に座っていることができなかった相対的に重度な学習障害をもつと診断されたM. K.児；VIQとPIQに大きな差はないが，相対的に低く，語彙能力も劣り，小学校第1学年末までに，まだ基本音節文字の読み・書きが未習得（読み29，書き18文字）であった。

D）VIQとPIQとの間に大きな差は認められないが，VIQ，PIQのそれぞれのプロフィール上に大きなギャップが認められるY. T.，S. K.児；基本音節文字の読みは完全に習得しているが，その書きや特殊音節の表記に問題があり，語彙能力も低い。

全体的には，3名の児童（Y. M.，M. K.，S. T.児）が他の児童に較べて相対的に重度である。これらの8名の児童の中，2名（N. S.，S. K.児）は，6ヶ月から1年の訓練を受けた後，転校その他の理由から訓練を途中で中断した。したがって，結果の分析は，予定したプログラムをほぼ終了した，Y. T.，O.T.，S. H.，Y. M.，M. K.，S. T.児の計6名について行う。

(3) 訓練場所・訓練者・訓練手続き

訓練は，川崎市立小学校児童については，川崎市三田小学校，東住吉小学校ことばの教室において，同教室の教師によって行われた。また，多摩市，日野市の小学校の児童については，中央大学大学院行動観察室において著者及び著者の指導の下で大学院生，大学院聴講生，学生によって行われた。訓練は，手引きに書かれた手順に基づいて行われ，訓練での子どもの反応，成績などは，所

第2-3-1表　被訓練児とその児童に対する諸診断検査の結果

被験児	1 Y. T.	2 O. T.	3 S. H.	4 Y. M.	5 N. S.	6 S. K.	7 M. K.	8 S. T.
性	f	m	m	m	m	f	m	m
WISC-R検査時年齢（Y：M）	6：11	7：1	6：11	7：1	7：4	6：10	6：4	6：6
言語的思考（異物発見課題全10問）	3*	4*	4*	7	4*	2**	4*	1*
言語的思考（推論課題全15問）	5*	5*	6	9	7	5*	6	4*
像的思考（マトリックス課題全16問）	3*	4*	5*	2*	2*	4*	0**	0**
ひらがな特殊音節表記（全44問）	34	17**	28*	20**	16**	28**	0**	0**
WISC-R VIQ	95	112	102	56	106	97	85	67
PIQ	95	75	127	102	79	94	80	88
IQ	95	94	115	76	93	95	81	75
能動語彙（全100語）	62	96	91	39	89	56	56	49
語彙発達年齢（Y：M）	5：4	7：8	7：4	3：8	7：3	4：10	4：10	4：5
ひらがな基本音節文字読字数（71）	71	71	71	46	71	71	29	57
ひらがな基本音節文字書字数（71）	66	66	67	39	64	71	18	36

定の記録表に記録された。コンピュータを用いた教育は，川崎市三田小学校，東住吉小学校ことばの教室，中央大学行動観察室にそれぞれに，Machintosh LC を各 1 台設置し，新しいソフト教材の場合には，いずれも，著者の指導の下で訓練者は，その使用手順や指導法を学んでから訓練を実施した。なお，訓練は，全て，被験児の保護者の同意の下で行われ，特に，中央大学大学院行動観察室において行われた訓練においては，保護者は，その訓練過程をモニター室でモニタースクリーンを通して常時見ることが許され，求められた。

(4) 訓練期間と訓練回数

川崎市の児童については，平成 3 (1991)年 3 学期より平成 6 (1994)年 3 学期末まで（一部の児童について，訓練開始が，平成 4 年 1 学期となった場合がある)，毎週 2 回，各回 1 校時計週 2 校時の計画で，多摩，日野市の 2 名の児童については，平成 4 (1992)年 2 学期から平成 6 年 3 学期末まで，毎週 2 回各回 2 校時，計週 4 校時の計画で，訓練を実施した。

第 3 節　結　　果

(1) 訓練の進行

これらの訓練に参加した 8 名の児童のうち，2 名は，訓練を途中で中断したが，4 名の児童は，平成 6 (1994)年 3 月末までに，予定したプログラムの全てを終了することができた。他の 2 名（Y. M. 児と S. T. 児）は，障害がより重度であることに関連して，学習は期待したようには速く進まず，Y. M. 児は，平成 7 年度末まで，S. T. 児は，平成 6 (1994)年からも毎週 1 回の体制で平成 7 (1995)年 4 月末まで指導を継続した。途中で中断した 2 名を除く 6 名の児童の訓練の進行状況をプログラ

第 2-3-2 表　音節分析を基礎にしたひらがなの読み・書き入門プログラムでの訓練の進行状況

プログラムのブロック	ステップ数	被験児					
		Y. T.	O. T.	S. H.	Y. M.	M. K.	S. T.
1　基本音節語の読み・書き	3	3	3	3	16	23	21
2　促音のモデル構成と表記	3	3	4	3	18	4	6
3　母音と長音のモデル構成	6	7	6	6	13	6	9
4　助詞と長音の読み・書き	3	3	3	4	3＋X	8	11
5　拗音，拗長音のモデル構成	7	8	0	0	−	8	9
6　拗音，拗長音の表記	3	0	0	0	−	11	3
7　全特殊音節の学習	2	4	1	0	−	0	0
計	27	28	17	16	50＋X	60	59

第 2-3-3 表　文の統辞・意味論構造のモデル構成を基礎にした構文プログラムでの訓練の進行状況

プログラムのブロック	ステップ数	被験児					
		Y. T.	O. T.	S. H.	Y. M.	M. K.	S. T.
1　文とモデルの構成　M1	3	2	3	4	4	5	9
2　文とモデルの構成　M3	2	3	2	2	−	4	2
3　文の書き・読み　K1	2	2	2	2	−	2	6
4　文の書き・読み　K3	2	2	2	2	−	5	7
5　文とモデルの構成　M2	1	2	1	1	−	2	1
6　文の書き・読み　K2	1	1	1	1	−	1	3
7　文とモデルの構成　M4	2	4	2	2	−	2	1
8　文の書き・読み　K4	2	2	2	2	−	2	4
計	15	18	15	16	4＋X	23	33

第 2-3-4 表　分類操作の学習を基礎にした語彙・認知発達プログラムでの訓練の進行状況

プログラムのブロック	ステップ数	被験児					
		Y. T.	O. T.	S. H.	Y. M.	M. K.	S. T.
1　1次元分類の学習 (1)	1	3	1	1	未	1	2
2　1次元分類の学習 (2)	1	2	2	2	−	1	2
3　1次元分類の学習 (3)	1	1	1	1	−	1	2
4　1次元分類の学習 (4)	1	2	1	1	−	2	1
5　1次元分類の学習 (5)	1	3	1	1	−	1	2
6　2次元分類の学習 (1)	1	1	1	1	−	1	1
7　2次元分類の学習 (2)	1	3	1	1	−	1	1
8　2次元分類の学習 (3)	1	5	3	5	−	2	3
9　上位概念と包摂の学習 (1)	1	2	1	1	−	1	1
10　上位概念と包摂の学習 (2)	1	2	1	1	−	1	−
11　上位概念と包摂の学習 (3)	1	1	1	1	−	1	−
12　上位概念と包摂の学習 (4)	1	3	1	2	−	1	−
計	12	28	15	18	0	14	15

ム毎に示したのが，第 2-3-2，第 2-3-3，第 2-3-4 表である。これらには，各ステップで実際に要した訓練回数を示してある。Y. M. 児については，平成 6 (1994) 年 3 月末までに実施できた訓練回数を，S. T. 児については，平成 7 (1995) 年 4 月末までに実施できた訓練回数を記している。「−」記号は，その期間中に実施できなかったことを意味する。

これを見てもわかるように，非言語性あるいは言語性でも VIQ が相対的に高い Y. T.，O. T.，S.

H. 児の３児は，学習は相対的に順調に進み，いくつかのステップ（特に２次元分類の課題）でそのステップでの訓練を反復することが必要であったが，それ以外では，ほぼ１回の訓練で各ステップの内容を学習することができた。それに対して，訓練開始時に基本音節文字の読み・書きを習得していなかったY. M.，M. K.，S. T. の３人の児童は，最初の段階で，基本音節文字の読み・書きの習得のために，多くの訓練回数を要した。特に，M. K. 児，S. T. 児の場合，ここで用意した教材（W１，２，３）に入る前に，清音だけから語の教材，濁音，半濁音を学習させるための補助教材で，音節分解，読み・書きの練習を，繰り返し反復することが必要であった。また，Y. M. 児の場合，基本音節文字の学習のため，W１，２，３での学習を反復することが必要であったが，特に，促音の識別が困難で，促音を含む語のモデル構成の学習に多くの時間を要した。M. K. 児の場合，当初多動な行動が顕著で，机に長く座って学習することが困難であったが，学習が進むにつれて，その行動は漸次減少し始め，徐々に学習態度が形成され，それにつれて，積極的に学習を進めることができるようになり，約１年半の期間に，予定したプログラムのほぼ全てを消化することができた。

次項で，各プログラムでの子どもの学習過程を，それぞれいくつかのステップについて見てみよう。

(2) 音節分析を基礎にしたひらがなの読み・書き入門プログラム（W プログラム）の下での学習過程

すべてのステップでの学習の過程を述べる紙面がないので，以下の３ステップに限って，そこでの指導と学習の様子を見てみることにする。

a) ステップ１での学習

このステップでは，まず，清音，濁音，半濁音70音文字からなる語，33語が，１語ずつ提示され，子どもは，それを音読し，その意味内容を考え，多くの絵の中からその語を表している絵を指さすことが求められる。読み誤れば，再度読み直しを求め，それでもわからなければ，その読み方を教える。33語について，その学習が終わると，次に，それらの語の音節数だけ升目が描かれた絵図版を用いて，音節分解の練習を行い，分解ができたら，図版に積み木を置いた条件で，その語をひらがなで書かせる。書き誤れば，書き方の指導を行う。これらの課題に対する子どもたちの第１回目の学習の様子は，第 2-3-5 表に示す通りである。但し，M. K. 児と S. T. 児は，清音の文字も満足に読み・書きできない状態であったので，このW１ステップに入る前に，清音のみからなる語，さらに濁音の教材で，それぞれ14回，10回の訓練を行い，それからこのW１に移った。この表でもわかるように，Y. T.，O. T.，S. H. 児は，語は全て正しく読め，しかもすでに単語をまとめて読むことができ，音節分解もほぼ正しく課題をやり遂げた。ただ，いくつかのかな文字について書き間違えたり，筆順が正しくない場合が認められ，それらの指導が行われた。それに対し，Y. M.，

第 2-3-5 表　Wステップ１　基本音節語の読み・音節分解・書き（1）　訓練第１回目

課題（課題数　絵の指示は32語，その他は33語）	被訓練児					
	Y. T.	O. T.	S. H.	Y. M.	M. K.	S. T.
1　単語の音読　拾い読み（L）	1	7	11	15*	31*	25*
単語読み（W）	32	25	22	0	0	0
2　絵の指示　第１試行正反応	32	32	31	25	32	32
3　音節分解　第１試行正反応	27	33	33	12	33	28
4　語の書き取り	29	27	24	10	20	20
5　書き誤った文字数	6	5	4	15	10	13
6　文字の書きで筆順等取立て練習を行った文字数	2	0	4	?**	10	13

＊　その他の語は，正しく読めない。
＊＊　不明

M. K.，S. T. の３児は，読み方もまだ拾い読みで，しかも，Y. M.，S. T. 児は，しばしば，語を読み誤り，音節分解も，４～５音節語は，第１試行ではできなかった。これら３人は，正しく書けない文字がまだ10文字以上もあり，このステップの中でその練習も行われた。

b)　ステップ８での学習

前ステップで母音について学習をした後，このステップで，子どもは，各段の長音を含む20の語について，絵単語とその下に語の音節構造のモデル図式（例えば，「おにいさん」の語の場合には，□▭□□）が描かれた図版を用いて，語の音節を発音しながら，その図式に短い積み木（またはプレート），長い積み木（プレート）のいずれかを入れながら，モデルを作ることが，まず求められる。そして，そのモデルができると，「長い音はある？」，「どこにある？」，「その長い音は，何というの？」，「長く伸ばすとどんな音になる（何段？）」と尋ねられる。そして，これらの課題が20語について行われた後，最後に，同じ20語について，絵の下の図式が，カバーされた条件で，語のモデルを作ることが求められ，どの程度，モデルを構成できるようになったのかがテストされる（学習テスト）。第 2-3-6 表は，子どもの学習の様子を示したもので，各課題別に，20語について，第１試行で正しくできた正答数が書かれてある。これを見てわかるように，O. T.，M. K. の２名は，比較的順調に個々の課題を遂行しているが，Y. M. は，最初の訓練では，長い音を取り出すことができず，ほぼ完全にできるまで，４回訓練を反復することが必要であった。また，Y. T. は，長音の段を認定する方法をすぐに学習せず，再度の練習を必要とした。また，S. T. は，図式を見ながらモデルを構成する課題で，音節の発音と積み木とをうまく対応させることができず（例えば，「おかあさん」の語の場合に，「オ／カー／ア／サ／ン／」と発音して，積み木をもってくるので，積み木が１つ多くなる），その練習を反復した。しかし，漸次改善された。学習テストは，この第

第 2-3-6 表　W ステップ 8 モデル図式による長音の学習

課題（課題数は，いずれも20問）	被験児 Y. T.		O. T.	S. H.	Y. M.				M. K.	S. T.
回目	1	2	1	1	1	2	3	4	1	1
1　図式を用いたモデルの構成	20	20	20	20	20	20	20	20	20	15
2　長音の抽出	20	20	20	20	0	18	20	20	20	19
3　その長音の段の認定	10	19	20	15	20	18	20	20	20	20
学習テスト（図式なしのモデル構成）	18	20	19	20	5	12	4	15	17	16

1回目の訓練後で，すでに20語について全て正しくモデルを構成できた場合（S. H. 児）も認められたが，多くの場合，そうではなく，いくつかの語でうまく構成できない場合が認められた。しかし，これは，ステップ 9，10，11で，これと別の条件でモデルを構成することを学ぶ中で，どの子も，このように図式のない条件でも正しくモデルを構成できるようになった。

c）ステップ15での学習

長音を含む語のモデルを容易に構成できる水準に達すると，このステップで，それらの語の表記の学習を行う。このステップでは，子どもは，20語の各語について，まず，復習として，モデル図式を見ないで語のモデルを作る。そして，次に，その長音が何段の長音であるかが尋ねられ，引き続き，ア～オ段の各段毎に長音の表記のルールが書かれたカードの助けを借りながら表記のルールを学習し，文字積み木でその語を構成する。この課題を20語について行い，その後，再度，その20語を，絵図版を見ながら，ノートに，ひらがなで正しく書くことが求められる。

第 2-3-7 表は，このステップでの子どもの学習の様子を示したものである。全体的に，どの子どもも，順調に学習が進んでいる。しかし，その表記のルールを教えても，書字テストで，実際に書かせてみると，子どもは特徴的な誤りを示し，注意を与え，指導することが必要であった。例えば，エ段長音は「『い』を添えて書く」というルールを教えているにもかかわらず，実際に書かせると「けえば」と書いたり，「長い音は，2文字で書く」というルールを教えているにもかかわらず，母

第 2-3-7 表　W ステップ15　長音の書きの学習

課題（課題数は，いずれも20問）	被験児 Y. T.	O. T.	S. H.	Y. M.	M. K.	S. T.
1　語のモデルの構成	20	20	20	20	20	20
2　段の抽出	19	20	20	20	20	20
3　文字積み木の構成	19	20	17	18	20	16
書字テスト（20語）	16	18	20	18	16	15

第 2-3-8 表　促音，長音の学習の前後テストの結果

	テスト／被験児	訓練前 Y.T.	O.T.	S.H.	Y.M.	M.K.	S.T.	訓練後 Y.T.	O.T.	S.H.	Y.M.	M.K.	S.T.
促音	モデル構成（全12問）	11	12	12	5	9	6	12	12	12	9	11	11
	読み（全10問）	10	10	9	9	5	5	10	10	9	10	9	9
	表記・書き（全12問）	10	8	12	0	3	3	12	12	12	10	11	6
長音	モデル構成（全12問）	10	10	12	1	6	9	12	12	11	−	11	12
	読み（全12問）	10	12	10	10	2	1	12	12	12	−	12	12
	表記・書き（全12問）	3	9	11	4	3	2	9	10	12	−	11	11

音文字を脱落し，ライターを「らいた」，風鈴を「ふりん」と書き誤るケースである。これらの場合，再度，注意して，正しく書く指導が行われた。

他の特殊音節についても，このような方法で，指導と学習が行われ，促音，長音，拗音については，その訓練の前後に，前後テストが行われ，その訓練の効果が評価された。促音，長音の場合のその結果を第 2-3-8 表に示す。改善の程度には，個人差が認められるが，どの特殊音節の場合にも，訓練前に，モデル構成，読み，書きの成績が低かった場合に，訓練によって，その成績が上昇しているのを，この表から知ることができる。特に，そのことは，特殊音節の自覚が十分発達していなかった，Y. M.，M. K.，S. T. 児について当てはまる。

(3)　文の統辞・意味論的構造の分析とモデル化を基礎にした構文学習プログラムでの学習の過程

このプログラムの場合の学習過程を，最も学習が困難であると考えられる目的，原因・理由のカテゴリーを扱ったステップＭ４，Ｋ４の場合について見てみよう。

a)　ステップＭ４（6-1，6-2）

このステップで，まず，図版の絵（例えば，問１の場合には，「お正月に太郎が神社にお参りに行っている」絵）を見て，口頭で文を作成することが求められる。もし構文が異なったり，語が省略されたり，語順が異なっていたり等，問題文と異なる場合には，その箇所が指摘され，再度口頭で文を作ることが求められる。文を口頭で作ると，今度は，文のモデル図式が与えられている条件で，その文を口頭で言いながら，シンボル説明図の上のシンボルマークの中から，該当するシンボルプレートを選び，図式の上に置きながら，文のモデルを作ることが求められる（誤った場合には，第２試行を行う）。そして，それができると，文の中の１要素について，その箇所を尋ねる疑問詞（問１の場合，『お参りに』に対応する『何のために』）を用いた疑問文（「太郎は何のために神社に行ったのですか？」）を作ることが求められる。

このステップでの子どもの学習の様子を示してあるのが，第 2-3-9 表である。この構文の文の場

第 2-3-9 表　S ステップ　M 4（6-1，6-2）原因・理由のカテゴリーの学習

課題（課題数は，いずれも20問）			被験児 Y. T.	O. T.	S. H.	Y. M.**	M. K.	S. T.
1	図式なしの文の作成	第 1 試行	12	10	8	−	7	8
		第 2 試行	7	7	9	−	7	6
		教える	1	3	2	−	6	6
2	図式ありで文と	第 1 試行	20	18	18	−	17	19
	モデルの構成	第 2 試行	0	2	2	−	3	1
3	質問文の作成（計）	20	20	20	19	−	17	18
	誰に（Beneficient）	3	3	3	3	−	2	3
	何のために（Purpose）	6	6	6	6	−	6	6
	何で（Instrument）	3	3	3	3	−	3	2
	なぜ（Cause & Reason）	8	8	8	7	−	7	7

第 2-3-10 表　S ステップ　K 4（7-1，7-2）原因・理由のカテゴリーの文の書きの学習

課題（課題数は，いずれも20問）			被験児 Y. T.	O. T.	S. H.	Y. M.**	M. K.	S. T.*
1	文のモデルの作成	第 1 試行	15	18	20	−	10	8
	（図式なし）	第 2 試行	5	1	0	−	10	2
2	文の書き	第 1 試行	19	20	20	−	10	10
		第 2 試行	1	0	0	−	10	0
3	文の読み練習	第 1 試行	20	20	20	−	19	5
		第 2 試行	0	0	0	−	1	5

*　S. T. 児には，10問の課題しか実施しなかった。
**　Y. M. 児については，正確な資料が得られなかった。

合，絵から直接，文の内容がわかりにくいため，最初の口頭での文の作成課題で，第 2 試行目でもうまく文を作れず，直接その文を教えた場合が割合多く認められたが，一度文を作った後のモデル構成は，文の図式が与えられているため，どの子どもも，ほとんどの場合第 1 試行目で容易にできた。第 2 試行を要したのは，O. T.，S. H. 児の場合に 2 問，M. K. 児の場合に 3 問であった。このステップでは，目的，原因・理由のカテゴリーの学習ステップであるため，前者については 6 問，後者については 8 問，疑問文を作らせているが，この表でもわかるように，（シンボルマークに対応した疑問詞が何であるを示す説明図も与えられているため）4 人のどの子どもも，「目的」については 6 問，第 1 試行で，全部正しく疑問文を作ることができた。また，そのことは，「なぜ」「どうして」を使うことが必要な問題の場合も同様で，Y. T.，O. T. の 2 名は，八つの疑問文を第 1 試行ですべて正しく作ることができ，S. H.，M. K.，S. T. 児は，1 問の問題を間違え，七つの課題で正しく「なぜ」を用いた疑問文を作ることができた。

このような学習の後，文のモデルを基礎に文を書くことの学習（ステップ　K 4）に移ったが，

その時の学習の様子を示したのが第 2-3-10表である。ここでは，文の図式なしの条件で，再度，文のモデルを作ることが求められ，次いで，作ったモデルを見ながら，文をノートに書くことが求められた。

第 2-3-10表を見るとわかるように，文の構成と書きにあまり問題をもたない，Y. T.，O. T.，S. H. 児の場合，これらの課題は容易にやり遂げたが，文の書きに問題のある M. K. 児の場合，この段階でも，第 1 試行目では，「たろうは　ぷうるに　およぎに　いった。」「まさおは　たべすぎて　おなかを　こわした。」「はなこは　かぜで　かさが　ふっとばされて　しまった。」等，やや誤った文を書いた。この場合，自分の書いた文について少し注意させることで，子どもは，第 2 試行目で正しい文を書くことができた。

このプログラムでの訓練の効果は，訓練の前後に，内容の異なる別の文を用いて，文のモデルを構成する課題を与えて評価したが，その一部の結果を，第 2-3-11表に示す。文のモデルが正しく構成することができた問題数を比較した場合でも，正しく同定できた文の要素の数を比較した場合でも，いずれも，訓練後の成績は，訓練前に較べて，著しく改善されている。特に，カテゴリー別でみると，訓練前に特に同定困難であった「道具」「目的」「原因・理由」のカテゴリーが，訓練後には，ほとんど正しく同定されるようになっている。

第 2-3-11 表　前後テストの比較：文の統辞・意味論的構造の分析行為の形成テスト（その 2）

前後テスト		訓練前					訓練後				
課題	被験児	Y. T.	O. T.	S. H.	M. K.	S. T.*	Y. T.	O. T.	S. H.	M. K.	S. T.
文のモデルが正しく構成できた数		6	5	8	5	8	15	14	15	14	14
	（全16問）%	37.5	31.3	50.0	31.3	50.0	93.8	87.5	93.8	87.5	87.5
各カテゴリーの正反応数											
行為者	(15)	14	15	15	14	16	15	15	15	15	16
対　象	(8)	8	6	4	6	8	8	8	8	8	8
道　具	(3)	2	1	3	0	2	3	3	2	2	3
材　料	(4)	2	3	3	3	2	3	3	4	4	3
目　的	(4)	0	1	2	1	4	4	4	4	3	3
理　由	(4)	3	1	2	0	3	4	3	4	4	4
場　所	(4)	1	2	4	2	3	4	4	4	4	4
時　間	(4)	4	3	3	3	1	4	4	4	4	4
行　為	(16)	15	16	16	16	16	16	16	16	16	16
合　計	(62)	49	48	52	45	53	61	60	61	60	60
	%	79.0	77.4	83.8	72.6	85.4	98.4	96.8	98.4	96.8	96.8

＊　S.T. のこの資料は，訓練前のデータでなく，S プログラムステップ 4 の終了後の検査結果である。訓練前には，この課題が難し過ぎたため，別の類似した検査を実施した。そこでの，「文のモデルが正しく構成できた割合（全16問）」は，3/16で，18.7%，各カテゴリーの正反応数の割合は，行為者，行為各16/16で100%，受け手0/4で0%，対象6／10で60%，相手1/4で25%，道具，場所は2/4で50%で，平均して43/58，74.1%であった。

(4) 分類操作の学習を基礎にした語彙・認知発達プログラムでの学習過程

このプログラムは，分類操作として，まず，(1)1次元分類操作を学習させ，次に，(2)2次元分類操作の学習に移り，究極的に，(3)子どもに，全体と部分についての包摂概念を形成させ，その中で，語彙・認知能力を高めることを意図して作られているが，ステップ1，6，8，10を例にして，その学習過程を見てみよう。なお，Y. M. 児については，訓練予定期間中に，実施できなかったため省いてある。

a) ステップ1での学習

ここでは，子どもは，まず最初に，機能が異なる道具，第1課題では，鉛筆，ボールペン，サインペン（以上書く道具），ナイフ，のこぎり，ハサミ，へら（以上切る道具），第2課題では箸，フォーク，スプーン，ピンセット（以上物を取る道具）と竹製物差し，プラスチック製物差し，計量コップ（以上計る道具）が，ランダムな配列で子どもの前に置かれ，まず第1試行では，それらを二つの仲間に分けることが求められた。また，第1試行で正しくできない場合は，第2試行で，それらの道具が何をするためのものであるかを考えて二つの仲間に分けることが，そして，それでも正しく分けられない場合には，第3試行で個々の道具についてその機能を尋ね，それに基づいて二つの仲間に分けることが求められた。そして，次に，材質が異なる道具（第1課題では金属製・木製・プラスチック製の道具，第2課題では金属製・竹製・プラスチック製のもの）を材料にして，同じように第1試行では三つの仲間に分けること，第2試行ではその道具が何からできているのかを考えて三つに分けること，それでもできない場合，第3試行で，個々の道具の材質について質問し，正しい答えを得てからそれに基づいて三つの仲間に分けさせた。

この過程の子どもの学習反応の様子を示したのが，第2-3-12表である。この表中の数字は，児童が何試行数目で正しく分類することができたのかを示し（数字の4は，第3試行でも正しく分類できず，教えたことを示す），＋の記号はその分類の理由付けが正しく行われたこと，＋記号の位置にその代わりに記載されている句は，誤った理由付けの内容を示している。

この表でもわかるように，最初の道具の機能分類の課題1では，5人の児童は，第1試行ですぐに書くものと，切るものとに正しく分類することができたが，その理由付けが正しくできたのは，O. T. 児だけで，M. K. と S. T. はそれを，「鉛筆」と「鋸」の仲間と理解し，S. T. は第3試行で教師のヒントでようやくその理由を言うことができた。S. H. 児は2試行目で，教師のヒントを手がかりにその理由を言うことができた。このように，身近な道具でも，分類とその理由付けは，子どもに一定の困難さをもっているが，そのことは第2課題になるともっとはっきり現れた。ここでも，箸，フォーク，スプーン，ピンセット，竹製物差し，プラスチック製物差し，計量コップが並べられ，二つの仲間にわけるように言われたが，どの児童も第1試行では分類できず，第2試行で分類

第2-3-12表　ステップ1での子どもの学習と反応

課　題　　　　　　　被験児	Y.T.	O.T.	S.H.	M.K.	S.T.
機能による1次元分類課題					
(1)　書くものと切るもの	1	1	1	1	1
理由付け　書くもの	+	+	2 +	鉛筆	3 +
切るもの	道具	+	2 +	鋸の仲間	3 +
(2)　取るものと計るもの	3	2	2	4	2
理由付け　取るもの	DK	DK	+	DK	3 +
計るもの	DK	+	+	+	3 +
材料による1次元分類課題					
(1)　金属，木，プラスチック	3	3	2	2	2
理由付け　金　属	光る	+	+	+	+
木	+	+	+	+	+
プラスチック	+	+	+	DK	+
(2)　金属，竹，プラスチック	1	1	1	2	3
理由付け　金　属	DK	+	+	+	+
竹	木	+	+	木	+
プラスチック	つるつる	+	+	+	+

の基準が示唆されてはじめて，3人の児童が分類でき，さらに第3試行でもう1人の児童が分類できた。しかし，他の1人，M. K.児は，第3試行でも正しく分類することはできなかった。この場合の理由付けは，課題1の場合より困難で，5人のうち3人には何等かの形でその理由を教えることが必要であった。このような課題が困難である事情は，多かれ少かれ，材料の分類課題の場合も同じで，第1課題の場合，だれも第1試行で正しく分類できず，2人は，第2試行目で，訓練者からヒントを得て，他の2人は，第3試行になってはじめて正しく分類できた。しかし，課題が進むにつれ，子どもは，分類の仕方になれはじめ，第2課題の分類では，3人（Y. T.，O. T.，S. H.）は第1試行で正しく分類できた。だが，他の2人（M. K.とS. T.）は，2，3試行を必要とした。しかし，分類の理由として，すぐに「竹製」を指摘できた児童は皆無で，いずれも，その代わりに「木でできている」ことを指摘した。材料の分類で，児童がしばしば第2，第3試行までかかったのは，前の課題に引きずられて，材料と言う基準に気がつかず，機能の面から分類することにこだわったことによっていた。

b)　ステップ6での学習

ステップ6から2次元分類の学習が始まった。このステップでは，形（円と四角，円と三角），色（赤，黄，青），大きさ（大，中，小）の異なる18の図形が描かれたカード（形については，第1課題は，円と四角，第2は円と三角）が児童の前に置かれ，まず1次元分類の課題，「二つの仲

第2-3-13表　ステップ6での子どもの学習と反応

課　題　　被験児	Y. T.	O. T.	S. H.	M. K.	S. T.
1　(円・四角) (赤・青・黄)					
①　1次元分類					
(1) 二つに分ける	1	1	1	2	2
理由付け	+	+	+	+	+
(2) 三つに分ける	1	1	1	1	1
理由付け	+	+	+	+	+
②　2次元分類　六つに分ける	1	2	1	1	2
理由付け	+	+	+	+ 2	+
2　(円・三角) (赤・青・黄)					
①　1次元分類					
(1) 二つに分ける	1	1	1	1	1
理由付け	+	+	+	+	+
(2) 三つに分ける	1	1	1	1	1
理由付け	+	+	+	+	+
②　2次元分類　六つに分ける	1	1	1	1	1
理由付け	+	+	+	+	+

間に分けなさい」「三つの仲間に分けなさい」が与えられる。そして，それができると，2次元分類の課題「今度は六つの仲間に分けなさい」が与えられた。この学習の様子を示したのが，第2-3-13表である。これを見てもわかるように，2人の児童（Y. T. とS. H.）は，幾何図形の1次元分類の課題だけでなく，その分類操作を重ねる2次元分類の課題も容易に解決した。しかし，M. K. 児は，小さい図形と，大・中の図形という分け方を示し，S. T. 児は，は一定の基準で，二つに分けることはできず，両人とも，第2試行で，訓練者が，「形を考えて分けてごらん」という示唆を与えて初めて，正しく分けられた。「二つに分ける」「三つに分ける」という2つの1次元分類の後，「六つに分ける」課題に移ったが，ここでも，この2人は，すぐには課題を解決できなかった。M. K. 児は，とにかく正しく六つに分類できたが，理由を正しく言うことができず，S. T. 児は，この課題と，先の課題との関係には気がつかず，何とか六つに分けようとしたが，第1試行では，成功せず，第2試行目で訓練者の示唆を受けて，正しく分けることができた。O. T. 児も，第2試行目で正しく六つに分けることができた。このように第1課題では，3人の子どもが，課題をスムーズに解くことができなかったが，類似した材料を用いた第2課題になると，状況は改善され，どの児童も，2次元分類の課題も1試行目で解決し，しかも理由付けを正しく行うことができるようになった。

c)　ステップ8での学習

このような幾何図形を材料にした2次元分類の学習の後，日常的な対象を材料にした2次元分類の課題に入った。ここでは，人間，動物と鳥，乗り物を材料として，それらが描かれてある絵カードを用いて分類させた。しかし，ここで扱う対象について，子どもの知識が貧弱で，その対象を表す語を知らない場合には，あらかじめ教えることが必要であるので，分類課題に入る前に，それらの語彙のテストと教育を行った。この場合の分類課題の学習と反応の様子を示したのが，第2-3-14表である。この表を見るとわかるように，語彙の面で，人間と乗り物の中にやや難しいものが含まれていたが，分類課題については，子どもたちも，基本的に2次元分類の課題を含めて，おおむね，課題をよく遂行することができた。しかし，知識の貧弱さにも起因して，分類が容易にできない場合も認められた。特に，水生，陸生の鳥，動物を扱った第2課題の場合，例えば，S. T., O. T. 児はペンギンを動物の仲間に入れたり，Y. T. 児は「あざらし」を陸生の仲間に含めた。また，M. K. 児は，これらを体のサイズの大小で二つに分けようとした。この材料の分類の場合，2次元

第2-3-14表　ステップ8での子どもの学習と反応

課題　　被験児	Y. T.	O. T.	S. H.	M. K.	S. T.
1　人間					
(男・女)(大人・子ども)					
①　1次元分類					
(1) 二つに分ける	2	1	1	1	1
理由付け(男・女)	+	+	+	+	+
(2) 別の方法で2分する	2	1	1	1	2
理由付け(大人・子ども)	+	+	+	+	+
②　2次元分類　四つに分ける	2	1	1	1	2
理由付け	+	+	+	+	3 +
2　動物と鳥					
(動物・鳥)(陸生・水生)					
①　1次元分類					
(1) 二つに分ける	3	2	2	3	3
理由付け	DK	+	+	+	+
(2) 別の方法で2分する	2	1	1	2	3
理由付け	+	+	2 +	DK・T	+
②　2次元分類　四つに分ける	2	1	2	2	+
理由付け	3 +	+	+	DK・T	3 +
3　乗り物					
(陸・水)(動力・人力)					
①　1次元分類	1	1	1	1	1
(1) 二つに分ける	+海・陸	+	+動・人	タイヤの有無	+
理由付け	3	1	1	1	2
(2) 他の方法で2分する	+	+	+水・陸	+動力・人力	+
理由付け	1	1	1	2	1
②2次元分類　四つに分ける	+	+	+	+	+
理由付け					

分類も，４人のうち３人は，第２試行，つまり，訓練者のヒントを手がかりにして行うことができたが，第３課題の乗り物に分類の場合には，４人のうち３人は，第１試行目，つまり独力で，正しく四つに分けることができた。

d）ステップ10での学習

このような学習の後，ステップ10で，同じく絵単語を用いる条件の下で，「いも—野菜—食べ物」，「ペン—文房具—道具」の概念系列を材料にした，上位-下位クラスの関係，包摂概念の学習に移った。①の上位概念の学習では，これらの概念系列の下位のクラスから始まって，その下位クラスの要素に徐々に上位のクラスの絵単語を追加することによって生じるクラスの合成と変化を分析させ，さらに②③の課題でクラスの命名，仲間集め（クラスの理解）の練習を行い，その後に④のいわゆるクラスの包摂課題でその学習を行った。クラスの包摂課題の学習では，包摂図とチップを用い，その学習が対象的行為の平面で行うことができるようにした。

このステップでの，特に「いも—野菜—食べ物」の課題での子どもの学習と反応の様子は，第2-3-15表に示す。表中の数値は，正反応するまでの試行数を，（＋）（－）の記号はその反応が正しかったか，誤っていたかを示す。また表中の語句は，その反応の内容を示している。なお，S. T. 児は実施していないため，掲載すべき資料はない。

これらの表を見てわかるように，上位概念の学習やクラスの命名・理解の学習だけでなく，包摂関係についての理解も，このステップの中で確実に行われるようになった。特に注目すべきは，包摂関係の理解の学習において，包摂図を用いた具体的行為の平面での学習が効果的であったことである。この点に特に注目してこの資料を見てみると，ステップ10の第１問の「いも—野菜—食べ物」の系列の最初の包摂課題，⑴「(a)芋と(b)野菜ではどちらが多いか」の問題では，４人のうち２人（Y. T. と O. T. 児）は，「同じ」と答えるか，「わからない(DK)」と述べている。赤，黄，青の紐が，机の上に同心円状に置かれ（包摂図），その中央の輪の中に「薩摩芋」「里芋」「じゃが芋」「山芋」の４枚の絵カードが，２番目の輪の中に「かぼちゃ」「白菜」「かぶ」「なす」の４枚の絵カードが置かれている課題状況で，「芋と野菜とではどちらが多いですか」と問われた場面をご想像いただきたい。子どもが「同じ」と答えたのは，芋のクラス(輪)が，「野菜」のクラス(輪)に含まれていると理解できず，中央の輪の中の芋のカードの数と，２番目の輪の中の野菜の絵カードの数を較べたのである。この場合，明らかに包摂関係は理解されていない。そこで，訓練者は，まず芋の各カードの上に赤色のチップを置かせ，次に，野菜のカードの上に黄色のチップを置かせた。そして，次に，そのチップの数に注意させながら，先と同じ芋と野菜の数を較べる課題を与えた。ステップ10と次のステップ11では，最初の課題から包摂関係が理解されている児童を含めて，全てに上のような指導が行われたが，先の最初の課題で誤りを示した２人は，このやり方で包摂関係をほぼ完全に理解し，以降の課顕で同じような誤りを繰り返すことはなかった。

第2-3-15表　ステップ10での子どもの学習と反応　1「いも―野菜―食べ物」

課　題　　被験児	Y. T.	O. T.	S. H.	M. K.
①　上位概念の学習				
(1)　薩摩芋，里芋，じゃが芋，山芋	1　芋	1　芋	1　芋	2　芋
(2)　(1)＋かぼちゃ，白菜	1　野菜	1　野菜	1　野菜	1野菜
「仲間は変わったか？」	2　yes	1　yes	1　yes	1　yes
(3)　(2)＋かぶ，なす	1　野菜	1　野菜	1　野菜	1　野菜
「仲間は変わったか？」	1　no	1　no	1　no	1　no
(4)　(3)＋ソーセージ，そば	DK・T	2　食べ物	1　食べ物	2　芋と野菜
「仲間は変わったか？」	2　yes	1　yes	1　yes	1　yes
(5)　(4)＋ハム，蒲鉾	1　食べ物	1　食べ物	1　食べ物	1　食べ物
「仲間は変わったか？」	1　no	1　no	1　no	1　no
②　クラスの命名				
(1)　薩摩芋，じゃが芋，里芋	1	1	1	1
(2)　薩摩芋，じゃが芋，白菜	1	1	1	1
(3)　薩摩芋，じゃが芋，ソーセージ	1	1	1	1
(4)　かぼちゃ，白菜，山芋	1	1	1	1
(5)　かぼちゃ，里芋，そば	1	1	1	1
③　クラスの理解（仲間集め）				
(1)　い　も	1	1	1	1
(2)　野　菜	芋を除く(T)	1	1	1
(3)　食べ物	1	1	1	1
④　包摂関係の学習				
(a)芋と (b)野菜				
(1)　(a)と(b)はどちらが多いか	DK	－同じ	＋野菜	＋野菜
(2)　芋の数だけチップを置け	＋	＋	＋	＋
(3)　野菜の数だけチップを置け	＋	＋	＋	－*
(4)　(a)と(b)はどちらが多いか	＋野菜	＋野菜	＋野菜	＋野菜
(a)野菜と(b)食べ物				
(1)　(a)と(b)はどちらが多いか	＋食べ物	＋食べ物	＋食べ物	－野菜
(2)　野菜の数だけチップを置け	＋	＋	＋	＋
(3)　食物の数だけチップを置け	＋	＋	＋	＋
(4)　(a)と(b)はどちらが多いか	＋食べ物	＋食べ物	＋食べ物	＋食べ物

＊　第一試行目で誤り，第二試行目で正しくチップを置いた。

第2-3-16表　語彙と包摂課題についての前後テストの結果

	訓練前						訓練後					
被訓練児	Y. T.	O. T.	S. H.	Y. M.	M. K.	S. T.	Y. T.	O. T.	S. H.	Y. M.	M. K.	S. T.
能動語彙（全100語中）	62	96	91	39	56	49	100	98	95	－	92	82
包摂実物課題3問	0	0	2	0	0	0	3	3	3	0	3	0
包摂言語課題3問	0	0	0	0	0	0	3	3	3	0	3	0

このような訓練が，12ステップまで行われたが，訓練の効果を評価するために，訓練の前後にいくつかの前後テストが行われた。そのうち，語彙テストと包摂テストの結果を，第 2-3-16 表に示す。

この表を見てわかるように，このプログラムでの訓練を終了した 4 人の子ども（Y. T.，O. T.，S. H.，M. K.）は，いずれもクラスの包摂課題は，具体物課題，言語課題を含めて，全て完全に正しく解決できるようになり，クラスの上位－下位の関係についての理解が形成された。しかし，訓練が，包摂関係の理解の所まで実施できなかった Y. M.，S. T. 児の場合，訓練期間内に，包摂関係を理解させることはできなかった。また，訓練以前には，語彙が非常に貧弱で，語彙テスト得点の低かった 4 人のうち 3 人（Y. T.，M. K.，S. T. 児）は，訓練後のテストでは，語彙テスト得点に急激な上昇が示され，これらの子どもたちは，訓練期間中に，語彙能力が著しく改善されたことを，資料の上で物語っている。

(5) 訓練の効果

以上，このプログラムでの子どもの学習の様子，過程について述べてきたが，このプログラムでの訓練は，訓練児の学習障害からの回復に関してどのような効果をひきおこしたのであろうか。この点を知るために，予定したプログラムを終了した 4 名の被訓練児及び未了の 2 名の児童に対して，平成 6 年 3 月末に，WISC-R 知能検査及びその他の発達検査を実施した。WISC-R 知能検査の結果を，訓練前のそれと比較して示したのが，第 2-3-17 表である。

これを見てもわかるように，訓練前に VIQ が極度に低かった，Y. M.，M. K.，S. T. 児の場合，その値に改善が認められる。特に S. T. 児については，訓練を受けた 1 年半の間に，VIQ は23も上昇した。Y. M. 児にも改善が認められるが，さほど顕著ではない。明瞭な改善が認められるのは，また，Y. T. 児と O. T.，M. K. 児の場合で，Y. T. 児の場合，VIQ，PIQ 共に，10ポイントの上昇が認められ，M. K. 児の場合には，VIQ が 5 ポイント，PIQ に10ポイントの上昇が認められる。また，O. T. 児の場合は，PIQ が，訓練前に較べて32ポイントも上昇した。また，S. H. 児の場合には，IQ が高いレベルでPIQ と VIQ の間に大きな差が存在していたが，訓練期間中に，VIQ が顕著に上昇し，その間の差が著しく減少した。これらのことは，さらに前後テストの所で示して諸結果を合わせて考えると，このプログラムでの訓練は，基礎的な読み・書き能力，言語能力の改善をもたらしただけでなく，全体的に，子どもの発達を促し，子どものもつ発達障害を改善させる方向で寄与していることを示している。しかし，そのことは，必ずしも，これらの児童が，全て学習障害の状況から完全に回復したということを意味しているわけではない。訓練に参加した児童のうち，比較的軽度であった，Y. T.，O. T.，S. H. 児の場合，学校での学習についていける状態になっているという報告が訓練担当のことばの教室の教諭や担任教師より寄せられ，学習障害状態から回復していることが確認されたが，計画として当初予定された訓練・指導期間が終了した時点で，比較的重度な学習障害をもつ他の３人の児童（Y. M.，M. K.，S. T. 児）の場合，学校での学習遅滞状況は依然と続いており，引き続き治療教育を進めて行く必要があった。

そこで，中央大学の行動観察室で指導を実施してきたM. K.，S. T. の２児については，とりあえず１年の計画で，次の内容をもつプログラムで訓練を継続した。

M. K. 児：言語・認知教育プログラムでの訓練は終了しているが，数，空間関係の能力が未発達であったので，新たに十進法のプログラムと空間表象の形成プログラムを構成して指導・訓練を実施した。

S. T. 児：本言語・認知教育プログラムでの訓練が未了であるので，毎週１回の体制で，その指導を継続すると共に，毎週１回の計画で，M. K. 児と同じように，十進法のプログラムで数量関係の指導も行う。

１年後の1995年春までに，M. K. 児に対する十進法のプログラムと空間表象の形成プログラムによる指導が終了し，その時点で，再度，WISC-R の知能検査を実施した結果，M. K. 児の指数は VIQ：94，PIQ：101，FIQ：97 と健常値に近い値を示したので，その時点で指導を終了にした。また，半年後に再検査を実施したところ，VIQ：98，PIQ：104，FIQ：101 を示し，安定した状態であることが確認された。

しかし，S. T. 児については，本言語・認知教育プログラムでの訓練が終了した1995年春から空間表象の形成プログラムによる指導も併せて行ったが，それが終了した1995年11月の時点で，WISC-R の知能検査を実施したが，VIQ：78，PIQ：80，FIQ：77 で，国語，算数の学力も遅れており，学習障害の状況から回復させることはできなかった。国語面でも，新たに漢字の学習，作文の学習などにつまずきを示し，平成９(1996)年度に小学校５年になってからも，教科書を中心に読解や漢字の読み書きの指導を継続し，小学校３～４年生のテクストを自由に読み書きできるところまで読解能力は発達した。そして，小学校６年になってからは，新たに開発した作文教育プログラム（天野 1998）で指導も実施したが，結局学習障害の状態から回復させることはできないまま，

第 2-3-17 表　教育プログラムによる訓練の前後の発達諸テストの結果の比較

	訓練前						訓練後					
被験児	Y. T.	O. T.	S. H.	Y. M.	M. K.	S. T.	Y. T.	O. T.	S. H.	Y. M.	M. K.	S. T.
性	f	m	m	m	m	m	f	m	m	m	m	m
年齢（Y：M）*	7：3	7：4	7：2	7：4	6：6	6：6	9：3	9：5	9：3	9：5	8：0	8：0
WISC-R												
VIQ	95	112	102	56	85	67	108	105	120	59	90	90
PIQ	95	75	127	102	80	88	104	107	134	87	91	88
IQ	95	94	115	76	81	75	107	106	129	69	90	88

＊　訓練前の年齢は，訓練開始時の年齢を指す。検査時年齢は第 2-3-1 表参照。

1999年春に指導を中止した。

また，川崎市のことばの教室で指導を受けていたY. M.児については，1994年春以降も指導は継続されたが，学習のテンポが遅く，プログラム全体を完了したのは，本人が5年生になった1996年の2学期に入ってからであった。それを担当した教師の話によると，Wプログラムの未了の部分と，分類と語彙の学習を扱うLプログラムは比較的容易に学習し，学習し終えた時点で，目標となる包摂課題も正しく解決できるようになった。しかし，Y. M.児は，話し言葉の文産出に問題があり，Sプログラムの学習に非常に多くの時間を要した。計画で予定されていた期間を大幅に遅れたのは，主に構文の学習や文の書きの習得に時間がかかったことによる。教科の学習が著しく遅れたため，第5学年から障害児学級で学ぶことになったが，ことばの教室での指導は，第6学年末まで継続して行われた。しかし，この時点で，日常会話に問題がないが，まとまった話を口頭で行うことは困難で，特に作文は困難で，その能力は小学3年程度の水準であった。このことから考えて，小学校6年まで指導したにもかかわらず，LD状態から回復できなかったと判断される。

類似したケースは，他の場合にも生じた。本書には述べていないが，1997年，S. T.児らの指導を継続していた頃，東京都の施設から，運動機能の発達の遅れで，小学校3年生でひらがなの読み書きが未習得の児童の読み書き指導を依頼された。いろいろな検査をした結果，知能に顕著な遅れはなく，運動機能の未発達が原因で読み書きが未習得になっていることがわかり，なぜこのような状態になるまで，学校が手を尽くさなかったのか不思議に思ったが，とにかくわれわれの教育プログラムで，1年近くの指導・訓練でひらがなの基礎的な読み書き能力を形成させることができた。しかし，その時点でもう4年生であり，漢字や教科書を用いて読解の指導なども始めたが，所詮毎週2回程度の特別指導で，国語，算数の全体にわたる遅滞を回復させることは困難であった。特に，この児童は，中央大学に来て指導を受けることをいやがり，母親を困らせていただけでなく，友人とのよい対人関係を作ることが困難という第2次的な障害が生じてきていた。われわれのプログラムで対応することができなくなり，2年間の指導した後，1999年春に指導・訓練を中止した。

このようなことによって，われわれが開発してきた低学年LD児用の言語・認知教育プログラムは，軽度のLD児には，十分な学習・発達的な効果を発揮できても，重度のLD児やひらがな文字の未習得の小学校中学年LD児には，読み書きを教えることはできても，LD状態を回復させる発達促進機能については，十分な効果を発揮できないことが明らかになってきた。

このような状況に直面して，われわれは，障害児教育の基本原則である，「障害の早期発見と早期教育」の理念に立ち戻って，新たな発想から研究をやり直すことが求められた。小学校に入学してから，そこで，LDの徴候を示す児童を見つけ出し，特別の指導・訓練を行うのではなく，就学1年前の5歳期に，綿密な発達診断検査を実施し，LDの危険性をもつ幼児（preschool children at high risk of LD）を診断・検出し，その段階から，小学校でLDになるのを未然に防止することを目標に，就学準備性の形成を目的とした特別の指導・訓練を行うという構想である。このようにして第３部で報告する研究を，2000年より始めることになった。

⑹ コンピュータソフトでの子どもの学習の様子

以上，このプログラムでの子どもの学習の過程とその効果，並びにそこで生じた問題について述べてきたが，最後に，この訓練実験で用いたコンピュータソフトでの子どもの学習について，そこから何が明らかになったのかについて少し述べてみよう。

研究の目的に沿って，試験的に開発されたコンピュータ・ソフトプログラムが，適時，訓練の中で，試験的に用いられた。特に，割合頻繁に用いられたのは，促音，長音についてのモデル構成プログラムと，文のモデルを作るプログラム（Ｍ１，Ｍ２，Ｍ３）等である。

今回の訓練では，試験的に開発されたソフトを試用し，ソフト開発上の種々の問題点を知ることが主たる狙いであったために，このソフトを用いた場合の子どもの学習過程を量的に分析することはしなかったが，子どもがそれを用いて学習を進めている過程を観察することを通して，ソフト開発に役立ついくつかの知見を得ることができた。それを，箇条書きにまとめて，要約的に言えば，以下の通りである。

⑴ 子どもは，われわれの訓練児（学習障害児）の場合でも，コンピュータソフトを用いた学習に興味をもって参加し，ある場合には，図版と積み木などのハード教材での勉強よりも，コンピュータを用いた学習を好んでやりたがる場合が頻繁に認められた。

⑵ マウスの用い方の学習は，比較的容易で，その習得の速さは，不器用な大人(教師)よりも速いことが明らかになった。

⑶ マウスを用いた画面でのモデル構成課題は，積み木やシンボルプレートを用いて，あらかじめその学習を行っている場合には，子どもに特に違和感や困難性は認められない。しかし，課題が，子どもの習得の水準（内面化）よりも高いレベルで提示された場合（例えば，積み木を用いた語の音節分解が十分できない段階で，図式なしで，音節分解の課題が出され，マウスで，語の音節分解が求められたり，あるいは，子どもが語の統辞・意味論的カテゴリーについて自覚が未形成の段階で，画面で，いきなり，モデル図式がない条件で，文のモデル構成が求められた場合）には，マウスを用いた画面内でのモデル構成課題は，子どもにとって，非常に困難な課題となった。

⑷ 図式が全くない条件で，語や文のモデル構成を子どもが行う場合，子どもが，何も発語することなく，黙ってスムーズに，マウスを使って，そのモデルを構成することができる水準に達するまでに，子どものモデル構成反応は，実際の積み木やプレートを使う対象的行為の場合と同じように以下のような種々の水準が観察された。

a） マウスで，画面上の積み木をあれこれ試行錯誤的に並び替えて，モデルを構成し，モデルが構成されると，その積み木に指を当てながら声を出して，対応関係を分析・吟味する。

b） モデルを作る前に，机の上で，指でなぞりながら，そのモデルの特徴を分析し，それからモデルを作り始める。

c) 事前に，声を出して語を発語し分析するか，もしくは，大きな声を出し，語を分析しながら，モデルを作る。

d) 事前につぶやいて分析するか，もしくは，つぶやきながら，語を分析し，モデルを作る。

e) 黙って，さっさと，モデルを作る（内言の水準)。

(5) しかし，画面内でマウスを用いて，語や文のモデルを構成する際の上記の種々の水準と，実際の対象的行為で観察される諸水準との対応関係については，現在の所，まだはっきりしないところが多く，将来，厳密な条件下で，実験的に分析してみることが必要である。

(6) 総じて，学習障害の危険性のある児童に，コンピュータを用いて指導・訓練を行うことは，児童の学習・発達面で，以下の多くの点でメリットがあり，将来的に，コンピュータによるを教育，指導・訓練を，学習障害もしくはその危険性の高い児童の言語教育あるいはその他の教科の教育に積極的に採り入れていくことが，将来において重要であるという示唆を得ることができた。

1) 児童が特に好む材料やソフトの場合，非常に集中して，長時間持続して学習することができ，注意に問題がある児童を含めて児童の注意力の発達を促すのに貢献できる可能性がある。

2) コンピュータを用いた学習は，コンピュータがすぐに反応してくれる即応性をもっているため，子どもが誤反応を行った場合，何故誤ったのかについてその場で考えることが求められ，その行為は反省的な思考を促す可能性をもっていること。

3) 第１章のコンピュータソフト開発に当たってのわれわれの基本的態度の所で述べたように，われわれが開発したソフトは，子どもが教師の助けなしにコンピュータの前で，１人で学習するというタイプのソフトではなく，教師やことばの教室の言語治療の専門家や訓練者あるいは親が，コンピュータの前に２人して並んで，対話をしながら一緒に勉強するのに役立つというタイプのソフトであった。このようなソフトであったため，教師と子ども間の対話は，コンピュータを用いることによって不活発になることはなく，かえってより活発になったと考えられる十分な根拠がある。

4) 難しい課題の場合，児童は，教師から援助を受ける形で，つまり，教師と子どもの間で営まれる協同の活動として行われたが，子どもが学習するにつれて，自力で解決するようになった。そこにおいて，期待したように，コンピュータとソフトプログラムは，その協同の活動を媒介する手段として機能することができたと思われる。

第４章　漢字の読み・書き教育プログラムの開発

概　　要

コンピュータの利点を生かし，発達や学習に問題がある学習障害児でも，楽しく，かつ合理的に漢字の読み書きを組織的，体系的に指導でき，同時に学習障害児がもっている認知（知覚，思考，記憶，注意），運動などの諸機能の発達促進にも役立つことを目的として，Hyper Card（Apple 社）を用いて，小学校低学年学習障害児を対象にした，(1)古代中国文字(絵文字)を介した象形文字(漢字)の教育プログラム，(2)漢字の読み教育プログラム，(3)漢字の書き方の教育プログラム，(4)漢字の構成についての教育プログラムの４種類のソフト（スタック）の開発を試みた。１～２学年用配当漢字240字の漢字について，その読み方，意味の他，その筆順についての情報をもつ漢字辞書を内蔵し，漢字の読み方，書き方を学ぶ際，いつでもそれを参照して学習できるようソフト上の工夫がなされている点に，他に類のない大きな特徴がある。そのプログラム開発に当たっての考え方，４種類のソフトの構成，内容などについて概説する。

第１節　問題と研究の課題

学習障害児に対して，読み書きの入門指導を行うに当たって，ひらがな文字での読みの指導に続いて，常に問題となるのは漢字の読み・書きの指導である。一般に漢字を読む，その意味を理解することは学習障害児の場合でも，比較的容易な構造をもち，一義的な意味と読み方をもつ漢字の場合，ひらがな文字での読み書きを教育・習得させる中で，徐々に導入していくことも可能である。しかし，多くの場合，漢字は，異なる音訓の読み方をもっているため，色々な文脈の中でそれに応じた異なった読み方を覚えたりすることは決してやさしいことではない。特に漢字の書き方の学習は困難で，個々の漢字について，正しい筆順でその書き方を習得させるためには，子どもの目の前で，個々の漢字毎に，正しい筆順で，書く行為の見本を示し，筆順に注意させながら書かせる等の非常に丁寧な指導が必要不可欠である。特に，何らかの知覚・認知的障害や，軽度でも運動機能の障害がある場合にはなおさらである。前者の場合には，漢字の識別的な学習の困難をもたらすし，後者の場合には，漢字に特有な複雑な字形を書くことが困難になる。家庭，学校，親や教師，大人が適切な指導をしない中に，子どもが自分勝手な筆順で漢字を書く悪い習慣を身につけた場合に，その矯正にかなり手間取る。

情報処理を多様に速やかに行い，多様な形で画像を継次的に提示できるコンピュータの利点を生かし，発達や学習に問題がある学習障害児でも，楽しく，かつ合理的に漢字の読み書きを組織的，体系的に指導でき，同時に学習障害児がもっている認知（知覚，思考，記憶，注意），運動などの諸機能の発達促進にも役立つことができる教育方法はないものか，そのような問題意識を背景に，漢字の読み書き指導についての一つの構造的で，体系的なソフトを開発することがわれわれの研究課題となった。

第2節　漢字の読み・書き用の教育プログラムの構成上の理念と方法

これには，色々な方法が現実に可能であるが，今回，われわれは，以下のような考えを基礎に作業を進めた。

1）　個々の漢字について，その読み方，意味の他に，その筆順についての情報をもつ漢字辞書を作成する。

2）　漢字辞書は，最終的に小学校教育漢字の全てを網羅することが望ましいが，当面は１～２学年用配当漢字240字の範囲とする。

3）　漢字の導入用の教材として，主に小学校１～２学年配当の漢字のうち，動物，自然，身体，産物に関わる象形文字40語を選び，それらに対応する中国の古代文字(絵文字)をまず学習させ，それと結びつけて，漢字を学習させる。

4）　小学校１～２学年用の教科書で提出される漢字の基本的な読み方（特に音訓の読み方）を調べ，それを網羅する形で文の中で漢字を提示し，読ませる練習を行う。もし，児童がある文の中のある漢字の読み方がわからない場合には，その文字をクリックすることで，画面が一時，辞書のその漢字のカードに変わり，その辞書で当該の漢字のその文脈の中での読み方が示されるようにする。

5）　個々の漢字について，その筆順を知りたい場合，必要なボタンをクリックすることによって，その字の筆順が，丁度，人が字を書いているかのように，ストローク（筆の運び）の順序が，アニメーションの手法で画面に再現され，必要に応じて何度でも見ることが可能であるように構成する。

6）　個々の漢字には，慣習的に定着した筆順があるが，しかし，その背後にある規則，ルールは一般には定式化されていない。しかし，１～２学年用配当漢字の範囲内でも，子どもが知っていれば役立つと思われる一般的なルールや，あるクラスの漢字に適用できるルールというものが存在する。特に，一定の偏，冠や旁から構成されている漢字については，書き順についてそのようなルールが存在する。とすれば，そのような一般的なルールやあるクラスの漢字に適用できるルールを取り出し，それを，子どもに提示し，理解させた上で，漢字の書き方を練習させることが可能であるはずである。

7）　このような筆順のルールの学習と，辞書を用いた学習に平行して，漢字の構造，特に基本的な部首名称（偏や冠など）について学習させ，それと結びつけて基本的な漢字の意味が学習できるようにする。

8）　このように構造的に学習を組織した場合，小学校での通常の学習と異なって，学習障害児がもっている認知（知覚，思考，記憶，注意），運動などの諸機能の発達促進にも役立つことが期待できる。

このような考えを基礎にして，Hyper Card を用いて，以下の４種類の教育プログラム（ソフト）を作成した。

⑴　古代中国文字(絵文字)を介した象形文字(漢字)の教育プログラム（ソフトの中では「むかしのもじ」と名付けられている）

⑵　漢字の読み教育プログラム：ひらがな文字の教材として用いた，「うそか，ほんとうか」と同じ構造をもつプログラムで，子どもは漢字を用いて表された一定の文を読み，それが真実か否かを判断し，回答することが求められる。

⑶　漢字の書き方の教育プログラム：漢字の書き方のルールを学習し，その後，辞書で提示される筆順を見ながら，そのルールに基づいて，個々の漢字を書く練習を実際に行う。

⑷　漢字の構成についての教育プログラム：ソフトの中では「かんじのつくり」と名付けられている。

以下，これらの教育プログラムについて，その概要を説明する。

第３節　古代中国文字(絵文字)を介した象形文字(漢字)の教育プログラム

子どもに最初に教えるべき漢字（象形文字）として，主に１～２学年配当の教育漢字の中から，１動物，２自然，３身体，４産物のカテゴリーに入る，以下の40漢字(語)を選択した。しかし，その中，５つの漢字は，１～２学年用の配当漢字からはずれ，鼻は３学年，象は４学年，羊，弓，矢は６学年配当の漢字である。

1　動物：牛，羊，魚，犬，鳥，貝，馬，人，象，虫
2　自然：山，川，月，雨，火，日，木，土，水，星
3　身体：口，耳，目，鼻，手，心，足，毛，首，天
4　産物：田，糸，門，車，弓，刀，米，戸，玉，矢

それらに対応する中国の古代文字(絵文字)には，契文（甲骨文字），金文，籀文，篆文，古文，

第 2-4-1 図　この教育プログラムで用いた中国古代文字

石文，古璽等，色々あるが，ここでは，山田勝美・進藤英幸著『漢字語源辞典』（角川書店刊，平成７年）に基づいて，それぞれの漢字に対応する各種の古代文字の中から，その対象をより形象的に象っていて，子どもに容易にわかりやすいと思われるものを一つ選択した。それらを，前ページの漢字の配列に対応させて示せば，第 2-4-1 図に示す通りである。

また，この中国の古代文字を用いて，上記の40文字の象形文字を教える教育プログラムの構成をブロック単位で示せば以下の通りである。

第１ブロック　その対象の絵と結びつけて絵文字を学習する。

　　第１ステップ　　動物　10語

　　第２ステップ　　自然　10語

第3ステップ　　身体　10語

第4ステップ　　産物　10語

第5ステップ　　上記の復習

第2ブロック　漢字を絵文字及び絵と結び付けて学習する。

第6ステップ　　動物　10語

第7ステップ　　自然　10語

第8ステップ　　身体　10語

第9ステップ　　産物　10語

第10ステップ　　上記の復習

具体的には，第1ステップの冒頭で，第2-4-2図に示す画像が提示され，動物を表す絵文字を学習する目標が示される。しかし，ここで学習が始まったわけではなく，スタートボタンを押すと，第2-4-3図に示す牛の絵文字画面が現れる。

もし，この絵文字の意味がわからない場合には，「わからない」のボタンをクリックすると，この文字が示す対象（この場合，角の生えた牛）が画面に現れ，しばらくすると自動的に，元の絵文字に戻る。そこで，この絵文字の意味が理解できたら，「わかった」のボタンをクリックする。すると，第2番目の絵文字の羊の絵文字が現れ，同じ手続きで，動物の10個の絵文字について学習を行う。

このようにして，一通り，対象の絵と結びつけて，10個の絵文字の学習を終えると，その学習の確認と再学習を兼ねた第2フェーズの学習に移る。そこでは，今学習に用いられた10の対象の絵が，

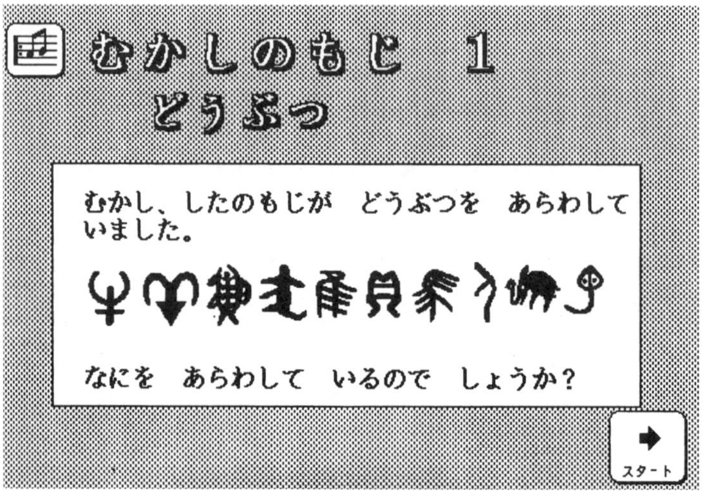

第2-4-2図　絵文字の導入画面

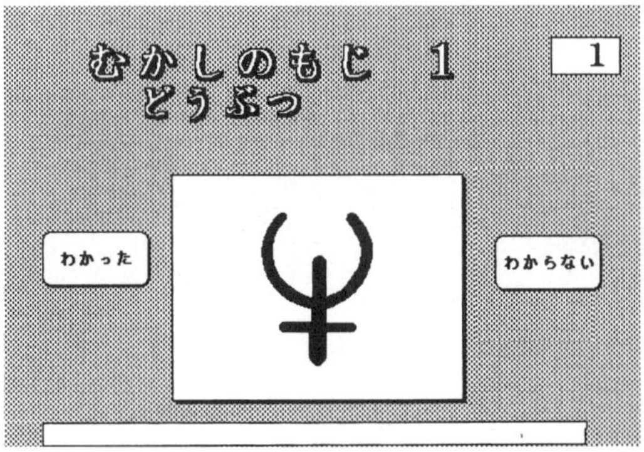

第 2-4-3 図　牛の絵文字の提示画面

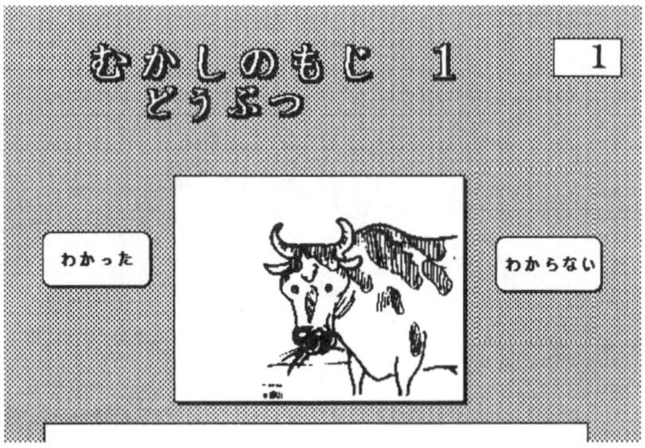

第 2-4-4 図　牛の絵の提示画面

第 2-4-5 図に示すように一つの画面に提示され，まん中の四角形の中に，ランダムな順序で，10個の絵文字が次々に提示され，児童は，該当する絵をクリックすることが求められる。正しく絵を選択できれば，音楽が鳴り，間違った絵をクリックすれば，警告音が鳴る。そして，最後に，いくつ第 1 試行で正しく絵を選択できたかによって評価された成績が表示される。このようにしてステップ 1－4 までの学習が行われるが，ステップ 5 では，これまでの総復習として，第 2-4-6 図に示す識別課題を行う。ここでは，類似した対象を対にして 2 つの対象の絵を提示して，それらを表す絵文字のボタンを選択して，各々の絵の下に置くことが求められる。このようにして漢字の学習の基礎としての絵文字の学習を行う。

漢字の学習も，基本的に絵文字の場合と同じ手続きをとって行われる。まず，はじめに，これか

第 2-4-5 図　絵文字の再学習の画面

第 2-4-6 図　絵文字の識別課題

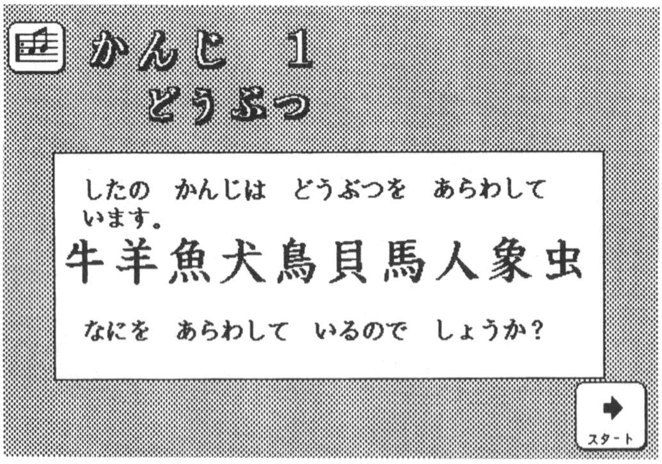

第 2-4-7 図　漢字の学習の初めに提示される画面

ら学習する目標としての漢字のリストが，第 2-4-7 図のような形で提示される。スタートボタンをクリックすると学習が始まる。

漢字は，第 2-4-8 図に示すように，初め漢字だけ提示される。それで，わからない場合，「わからない」をクリックすると，第 2-4-9 図のように，絵文字も提示される。絵文字は学習しているのであるから，この段階でわかることが期待されているが，わからない場合には「わからない」をクリックすると，第 2-4-10 図のように，その対象の絵も提示される。また各ステップで，10個の漢字の学習が終わると，学習の確認と再学習のため，絵文字の場合の第 2-4-5 図と同じ原理で作成さ

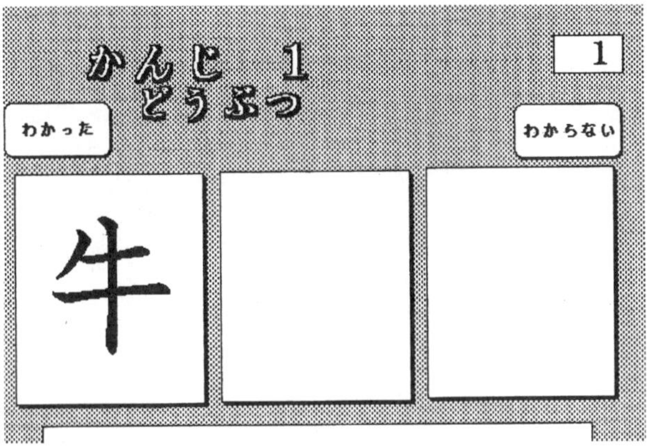

第 2-4-8 図　漢字だけが提示される画面

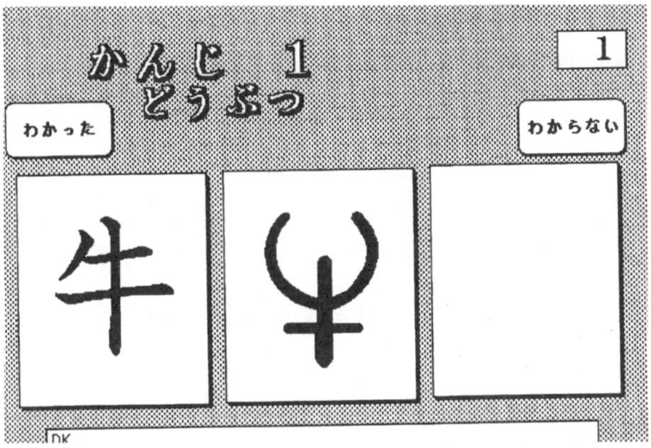

第 2-4-9 図　次に絵文字と共に提示される

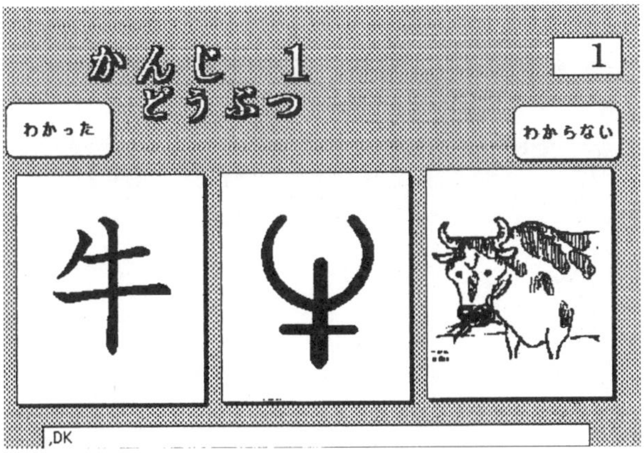

第 2-4-10 図　最後に絵文字と絵と共に提示される

れた画面で，10個の漢字の再学習が行われる。ステップ6－9は，このような形で学習を行われるが，ステップ10に入ると，第2-4-4図に示した絵文字の識別課題と同じ原理で構成された画面で，漢字の識別のための学習が行われる。当然のことであるが，このプログラムで指導・訓練が行われる場合には，訓練の前と後に，40字の漢字や絵文字について評価テストが行われ，指導の効果を評価する。

第4節　漢字の読み教育プログラム

このプログラムは，ひらがな文字の読みの練習で用いた「うそか，ほんとうか」(「ことばのいずみ」Rシリーズ）の方法を踏襲して作成されているものである。そこでは，第1-4-11図に示すような画面が提示され，子どもは，そこに提示された文を読んで，その文が，本当のことを述べているのか，嘘のことを述べているのかを考え，判断し，左右に描かれている「うそ」,「ほんとう」のボタンのいずれかを押すことが求められる。しかし，ひらがな文字の読みの練習で用いた教材と以下の点で異なっている。

1) 文の中に漢字が，提示されていること。

2) もし，その漢字の読み方がわからない場合，その漢字をクリックすると，画面は，しばらくの間，漢字辞書のその漢字の画面に移り，その画面からその文脈での漢字の読み方を知ることができ，その後，元のテキスト画面に戻り，読み・理解することができるように構成されてい

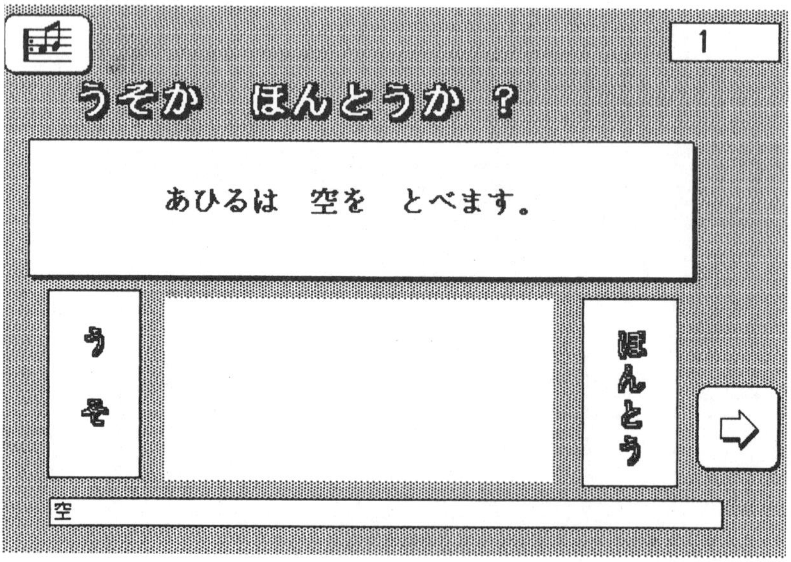

第2-4-11図　漢字を用いた「うそか　ほんとうか」のモニター画面

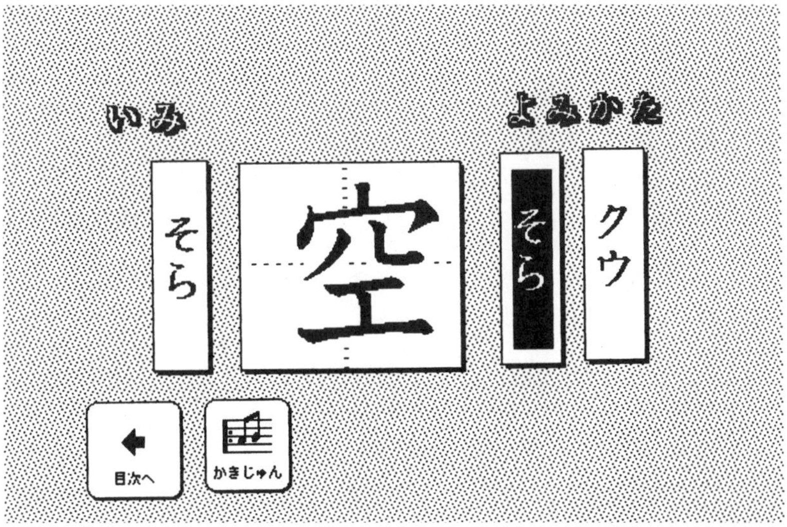

第 2-4-12 図　前図の文で,「空」をクリックした時の辞書画面

る。漢字の辞書画面には，一つの漢字について複数の読み方が書かれてあるが，文の中である漢字の読み方がわからず，その漢字をクリックした場合，その当該の読み方を書いてある部分が，反転して，その読み方を知らせるように工夫されている。

教材として用いたのは，以下の第１学年用50文と第２学年用130文，計180文である。この50文の中で，第１学年用配当漢字80文字は，最低一度は提示されており，この50文を読めるようになることで，第１学年用配当漢字の基本的な読み方を習得することができる。また，２年生用漢字については，その学年の教科書を調べ，基本的な音訓の読み方を網羅的に練習できるように，問題を構成した。したがって，第２学年の課題で，統べて自力で読めるようになれば，第２学年用の漢字の読みはマスターできる。基本的に，１回の練習で，10文について読みの練習を行うが，子どもが希望すれば，さらに別の問題の10文について練習を行うことができる。

この読みの過程（どの漢字で辞書を参照したのか，内容の嘘，本当について正しい判断を行ったか）は，自動的に記録され，10文の練習を行うと，最後に評価点が提示される。辞書参照なしに，全て正しく読み，判断も全て正しい場合が100点になる。

第１，２学年用に作成した課題文は以下の通りである（KR１，KR５等の記号は，ソフトのスタックの記号である)。

第１学年用

KR１

１　あひるは　空を　とべます。

2　かえるの　子どもは　いけの中で　大きくなります。
3　月は　ひるまも　見えることが　あります。
4　くじらは　川に　すんでいます。
5　川の　水は　雨が　あつまった　ものです。
6　かまきりは　虫の　なかまです。
7　一に　三を　たすと　五に　なります。
8　ふじ山は　日本で　一ばん　たかい山です。
9　子どもは　日ようびも　学校に　いきます。
10　右の手と　左の手の　ゆびは　ぜんぶで　十本です。

KR 2

1　土よう日の　つぎの日は　金よう日です。
2　月よう日の　つぎは　火よう日です。
3　火よう日の　つぎは　木よう日です。
4　学校は　いつも　水よう日は　休みです。
5　しょうぼう車は　火じを　けすための　車です。
6　五百円と　四百円の　お金を　たすと　九百円になります。
7　お日さまは　たいへん　大きな　火の玉です。
8　さく文を　正しく　かくことは　むずかしい。
9　はこに　白い石を　七つ　赤い石を　二つ　入れると　九つになります。
10　竹の子は　大きくなると　竹になります。

KR 3

1　さくらの　花は　赤いろです。
2　足の　大きな人は　早く　はしれます。
3　おこめは　田んぼの　土の上に　おこめをまいて　つくります。
4　男の人は　みんな　女の人より　大きいです。
5　『森』という字は，木を　三つ　かいたものです。
6　千は　百が　十こ　あつまった　かずです。
7　十に　七をたすと　十五に　なります。
8　日本には　町や　村が　たくさんあります。
9　人は　上に　どんどん　上がっていくと　青い　空に　ぶつかります。
10　山の上から　下を見ると　車や　人が　小さく　見えます。

KR 4

1　人は　耳で　音や　こえを　ききます。

2　犬は　気もちが　よいときに　ほえます。

3　二に　四を　たすと　七になります。

4　一年は　三百　六十日です。

5　大きな　木は　力を　出して　おしても　たおれません。

6　夕がたに　なると　とりは　目が　見えにくく　なります。

7　お正月は　いつも　よいお天気です。

8　木が　二本　立っていれば　林です。

9　花子は　おんなの　子の　名まえです。

10　くもは　口から　糸を　出して　すをつくります。

KR 5

1　わたしが　生まれたのは　おかあさんが　五つのときです。

2　学校の　先生は　ひる休みも　休みません。

3　うまは　草が　大すきで　よく　たべます。

4　音がくの　先生は　ピアノが　ひけます。

5　貝は　川にも　うみにも　います。

6　なくと　耳から　なみだが　出ます。

7　ライオンは　どうぶつの　王さまです。

8　玉子六つに　四つを　たすと　玉子は　八つに　なります。

9　一年たつと　だれも　年が　一つふえます。

10　子どもが　三人と　五人あつまると　八人に　なります。

第2学年用

RK 21

1　馬は　空を　とべます。

2　かえるの　子どもは　池の　中で大きく　なります。

3　月は　昼まも　見える　ことが　あります。

4　牛は　川に　すんで　います。

5　川や　海の　水は，雨が　あつまったものです。

6　金魚は　魚の　王さまです。

7　夏が　おわると，冬になります。

8　ふじ山は　日本で　一番　高い　山です。

9　子どもは，日曜日も　学校に　いきます。

10　右の手と　左の手の　ゆびの数は　合わせると　十本です。

RK 22

1　土曜日の　つぎの日は　金曜日です。

2　月曜日の　つぎは　火曜日です。

3　火曜日の　つぎは　木曜日です。

4　学校は　毎週　水曜日は　休みです。

5　先生は　黒ばんに　白ぼくで　いろいろな　文字や　絵を　書いて　教えます。

6　五百円に　四百円の　お金を　つけ足すと　九百円です。

7　お日さまは　大へん　大きな　火の　玉です。

8　作文を　正しく　書くことは　むずかしい。

9　紙に　青色の丸を七つ，赤色の丸を二つ，黄色の丸を三つ，書くと　丸は　みんなで　九つになります。

10　にわに　生えた　竹の子は　大きく　なると　長い　竹になります。

RK 23

1　さくらの　花は　赤色です。

2　足の　大きな人は　早く　走れます。

3　お米は　田んぼの　土の上に　お米を　まいて　作ります。

4　男の子は　みんな　強く，女の子は　みんな　弱いです。

5　『十』という字は，よこの線と　たての線が　交わって　できています。

6　千は　百が　十こ　あつまった　数　です。

7　十に　七を　足すと　十五に　なります。

8　日本には　市や　町や　村が　たくさん　あります。

9　人間が，上に　どんどん　上がって　行くと　青い　空に　ぶつかります。

10　山の　上から　下を　見下ろすと　車や　道や　家が　小さく　見えます。

RK 24

1　人間は　耳で　音や　声を　聞きます。

2　どの犬も　気もちが　よい時に　ほえて　ほえるのを　止めません。

3　二に　四を　足すと　七に　なります。

4　一年は　毎年　三百　六十五日です。

5　大きな　太い　木は　力を　出して　おしても　たおれません。

6　夕方に　なると　鳥は　目が　見えにくく　なります。

7　お正月は　いつも　晴れて　よい　お天気です。

8　木が　近くに　二本立って　いれば　林です。

9　花子は　女の子の　名前です。

10　くもは　口から　細い　糸を　出して　すを　作ります。

RK 25

1　わたしが　生まれたのは　お母さんが　五才の　時です。

2　小学校の　先生は　昼休みも　休みません。

3　馬は　草が　大すきで　よく食べます。

4　音楽の　先生は　ピアノが　ひけます。

5　貝は　川にも　海にも　います。

6　大声を　出して　話すと　耳から　なみだが　出ます。

7　牛にゅうは　牛の　ちちから　作ります。

8　十二時　五分から　十分たつと　十二時　十四分です。

9　一年たつと　だれも　年が　一才　ふえます。

10　自どう車を　三台と　五台　合わせると　八台になります。

RK 26

1　朝　お日さまの　光は　赤く　見えます。

2　国語の　時間には　自分の　国のことばを　ならいます。

3　音楽の　時間には　みんなで　歌を歌います。校歌を　歌うこともあります。

4　一年の　きせつは，春，夏，冬，秋のじゅんに　すすみます。

5　広い海には　多くの魚が　生活しています。

6　夏休みは　楽しいです。

7　お日さまは　西からのぼって　東にしずみます。

8　電車は　電気を用いて　走ります。

9　親しい　友だちを　親友と　いいます

10　学校では　ふつう　男子と　女子が　いっしょに　べん強します。

RK 27

1　夏になると　たんぽぽに　黄色い　花が　さきます。

2　北の方にある　国では　冬になると　雪が　ふります。

3　小麦も，米と同じように　田んぼで　作ります。

4　どの公園にも　すな場と　すべり台が　あります。

5　星について　べん強するのは　理科の時間です。

6　兄と弟のことを　兄弟，姉と妹のことを　姉妹と　言います。

7　朝　お日さまが　出る方，東にむいて　立つと　右の方が　南です。

8　図工の　時間には　画用紙に　絵を　よく　かきます。

9　二羽の　つばめの親鳥と　五羽の子つばめを　合計すると，つばめはみんなで　七羽になります。

10　一日のうち，昼の十二時の前を　午前，十二時の後を　午後と言います。

RK 28

1　三角形は　丸い形を　しています。

2　どの子も　元気な　子は　太っています。

3　学校の　昼休み時間は，きゅう食の後，みんな　うんどう場や　教室で　あそびます。

4　牛の　顔には　角が　一つ　あります。

5　汽船で　遠くの　外国に　行けます。

6　一万は　一千が　十こ　あつまった　数　です。

7　むかし，人は　弓と矢を　つかって　どうぶつを　つかまえましたが　今はだれも　つかいません。

8　東京は　日本の　中心にある　大きな町です。

9　わたしは　毎日　手紙と　日記を　書きます。

10　よく晴れた日に　遠足に　どうぶつ園に　行くのは　楽しいです。

RK 29

1　色には，赤，黄，青，茶，みどり，黒，白，むらさき　など　いろいろな色があります。

2　一歩，二歩，三歩と　五十まで　数えて　歩いて　止まると，三十歩　歩いたことになります。

3　北の方から　ふいて来る　北風は　あたたかく，南の方から　ふいて来る　南風は　つめたいです。

4　今でも　東京の町の　大通りを　いつも　馬車が　走っています。

5　かけ算を　べん強するのは　算数の　時間です。

6　山に　大雨が　ふると　谷に　水が　あふれて　大きな　岩も　ごろごろ　ころがります。

7　「大きなかぶ」の話は　おじいさんと　おばあさんが　自分たちだけで　大きなかぶを引いて　とった話です。

8　どの会社も　市場に　お店を　もっていて　何かを　売ったり　買ったり　しています。

9　鳥は　羽を　用いて　とびますが，体は　毛で　つつまれています。

10　子馬は　野原や　原っぱを　走るのが　大すきです。

RK 2-10

1　高い　雲の　上には　もう　空気が　ありません。

2　本を　読むことを　読書とも　言います。

3　むかし　日本の　さむらいは　刀で　人の体や，首　頭を　切りました。

4　三万えんを　親友　三人で　同じように　分けると　一名分は　一万えんです。

5　作文は　心の中で　考えたり　思ったことを　紙に　書いたものです。

6　学校からの　帰り道に　どの子も　みんな　広場で　あそびます。

7　多くの　鳥は　明るい時に　鳴きますが，夜に　鳴く　鳥も　います。

8　どの学校も，校門のまえに　交番があります。

9　二つの　点を　線で　まっすぐに　つなげた線を　直線と　言います。

10　新聞は　新しいニュースを　知らせてくれます。

RK 2-11

1　父親と　母親を　合わせて　父母と　言います。

2　本を　声を　出して読むことを　音読と　言います。

3　ふじ山のまわりの　高原は，岩石ばかりで，森林が　ありません。

4　時計は　時間を　計る　道ぐです。

5　牛や馬は　一頭，二頭，三頭と数えます。五十頭の　半分は　三十頭です。

6　国語の　教科書の文を　上手に　読むためには　何回も　その文を　読み直すことが大切です。

7　お正月には　多くの家では　家ぞくが　みな　あつまって　新しい年を　おいわいします。

8　「さけ」という魚は　川で生まれ，川を下り　海に入ると，後は，一生，海で　生きます。

9　「さけ」は，海中で大きくなると，生まれた川を上り，その川上で　たまごを　生みます。

10　方角のことば，東，西，南，北を，合わせて，東西南北といいます。

KR 2-12

1　大工さんは　電話の　工じも　します。

2　左と右，前と後を合わせて，左右前後ということがあります。

3　わたしの　ふる里では　月夜に　古い　お寺の　にわで　たぬきが　おどります。

4　二人三きゃくは　二人一組で　かた足をむすび，手を組んで　走る　きょう走です。

5　電話で　話す　時には　分かりやすく　話し　説明することが　大切です。

6　火星は　地きゅうと　同じように　太ようの　回りを　回っています。

7　月が　光るのは　太ようからの　光線が　当たっているからです。

8　5＋8の　正しい答え，正答は　12です。

9　図書かんの　戸だなには　図書が　たくさん　しまってあります。

10　15才で　すばらしい　音楽を　つくれる　天才の　少年や　少女は　少ない。

KR 2-13

1　紙工作で　船を　作るためには，はじめに　その計画を　立てることが　大切です。

2　そうじ当番に　当たると，本当に　教室の　そうじを　しなければ　いけません。

3　道ろを　わたる時は　しんごうが　青でも，用心して　左右を　みてから　わたるのがあんぜんです。

4　白馬，白鳥，白人，白紙のことばは　どれも，白を「しろ」と読みます。

5　どの学校も　校長先生は　一人だけです。

6　体そうの　時間には　体を　きたえる　ために，手足と　首の　うんどうだけをします。

7　人形は，どれも　電池を　つかって　うごくように　作って　あります。

8　せつ分の日は，「ふくは　内，おには　外」と言って，家の内外に　まめをまきます。

9　台風で　遠足が　中止に　なるのは　ざんねんです。

10　かぶと虫は，こん虫で，森や林の中で　生活しています。

第5節　漢字の書き方の教育プログラム（KW シリーズ）

われわれが開発した漢字の書き方の教育プログラムで，最も特徴的であることは，Hyper Card で作成されたそのソフトの中心として学習用の「漢字辞書」が内蔵され，小学校第1学年及び第2学年で習う漢字240文字についてそれらの読み方，意味，筆順の情報を保持し，学習者は，必要に応じてそれを参照できるように構成されていることである。第2-4-13図に，その例として，「村」の漢字の場合のモニター画面を示す。その画面には，「村」の意味の他，音訓の読み方が示されているだけでなく，筆順のボタンが置かれている。もし，この筆順のボタンを1回クリックすると，村の文字の書き方，筆順が，ストローク単位で，あたかも人が字を書いているかのように，一種のアニメーション的な方法で，2回程提示される。また，必要に応じて，そのボタンをクリックして，何度でも，見ることができる。

このような漢字の辞書を用いることと共に，漢字の書きの教育プログラムに実現した第2の原理は，書き方の基礎的なルールを取り出し，それをまず第1に子どもたちに教え，それから個々の漢字の書き方を学ばせるようにしたことである。個々の漢字には，慣習的に定着した筆順があるが，しかし，その背後にある規則，ルールは一般には定式化されていない。しかし，1～2学年配当漢字の範囲内でも，子どもが知っていれば役立つと思われる一般的なルールや，あるクラスの漢字に適用できるルールというものが存在する。一定の偏，冠や旁から構成されている漢字についても，

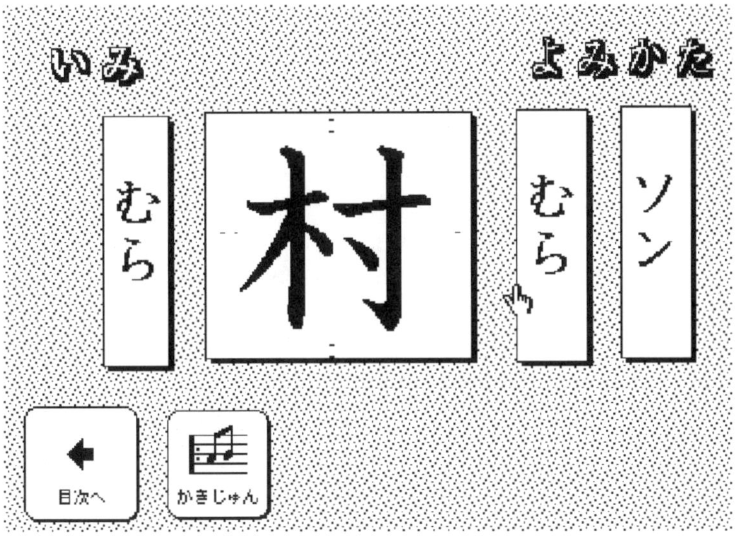

第 2-4-13 図　辞書の「村」カード

書き順についてそのようなルールが存在する。とすれば，そのような一般的なルールやあるクラスの漢字に適用できるルールを取り出し，それを，子どもに提示し，理解させた上で，漢字の書き方を練習させることが可能で，より合理的である。

このような考えを基礎にして，漢字の書き方を以下の手順で学習できるように教育プログラムを構成した。

1）　書き方，筆順などのルールを「やくそく」という形で，最初に提示する。
2）　それを読ませ，理解させたら，画面に提示されている 3 - 4 個の漢字について，順次個々の漢字をクリックさせる。
3）　画面が漢字辞書画面に移り，当該の漢字が，そのルールに基づいた筆順で書かれていくアニメーション画面が，順次提示されるので，それを，各漢字について，2 回，観察させる。
4）　机の上で，自分のノート（あるいは特製の練習用紙）にその観察した通りに，漢字を書かせる。
5）　もしわからない場合，画面上に提示されている順番を参照するか，あるいは再度，その漢字をクリックさせ，画面で，字が書かれていく過程を観察させる。
6）　各「やくそく」毎に，3 - 4 個の漢字について以上の観察と，書く練習を行う。

このような考えに基づいて，低学年用として10ステップ（スタック）のプログラムを作成した。その構造と内容を表にして示したのが第 2-4-1 表である。

練習問題の漢字は，基本的に 1 ～ 2 学年配当漢字から出題する計画であったが，漢字の学年配当

第 2-4-1 表　各ステップ（スタック）で学習する約束（ルール）と練習問題

スタック名	課題	約　束（ルール）	練習問題
ModelKW1	1	1　横の線は，左から書きます。 2　線が沢山の時は，上の線から書きます。	一　二　三
	2	1　縦の線は　上から　書きます。 2　線が沢山の時は　左の線から書きます。	｜　リ　川
	3	1　縦の線と横の線が交わる時は，横→縦の順に書きます。 2　縦の線に横の線が二つ交わる時は横→縦→横の順に書きます。	十　土 上　工
	4	1　斜め線は上から下へ斜めに書きます。 2　斜めの線が二つ　右左に向き合ったりくっつく時は， 　左の線の上から書き始めます。	八　人　入
ModelKW2	5	1　人の漢字に一が付いた漢字は，横の線から書き始めます。 2　点（丶）は　最後に　書きます。	大　犬　太
	6	1　六，文，立の漢字の上の冠を「けいさんかんむり」といいますが， 　鍋の蓋ににているので「なべぶた」とも言います。 2　「なべぶた」は，上の「 ' 」から書き始めます。	六　文　立
	7	1　口は，初め左側の丨を書き，次に┐を続けて書き， 　最後に一を書いて閉じます。 2　日，目，田のように，口の中に一や丨がある時は，初めに冂を書き， 　次に中の一や丨を書き，最後に一を書いて閉じます。	口　日 目　田
	8	1　口に縦棒｜がつく字は，口から書き始めます。 2　虫の「 、」は最後に書きます。	口　中　虫
ModelKW3	9	1　十に人が付いた字は十から書き始めます。 2　その中に斜めの線が二つある時は，十書いてから，左の線をかき， 　次に右の線を書きます。	十　木　本
	10	1　ナの形がある漢字は，横の線 一 から書き始めます。 2　次に　ノ　を　書きます。 3　右は　はんたいに　ノの次に 一 を書きます。	左　友　右
	11	1　ノが上にある漢字は ノ から書き始めます。 2　九も ノ から　書き始めます。	九　千　手
	12	1　縦の線は十，千のように下で止める時と，手， 　月のように下ではねる時があります。 2　はねる時は　書くのを一度止めてから左側にはねます。	十　千 手　月
ModelKW4	13	1　休に入っている イ を　にんべん　といいます。 2　にんべんが　ある字は　どれも　にんべんから　書き始めます。	休　体　何
	14	1　村に入っている木を　きへん　といいます。 　どれも　木に　繋がりが　あります。 2　きへんが　ある字は　どれも　きへん　から書き始めます。	村　林　校
	15	1　池に入っている　氵を　さんずいと言います。 　どれも　水に繋がりがあります。 2　さんずいが　ある字は　どれも　さんずい　から書き始めます。	池　海　汽

	16	1　紙に入っている　糹を　いとへんと　言います。 どれも　糸に繋がりがあります。 2　いとへんが　ある字は　どれも　いとへん　から書き始めます。	糸　組 絵　紙
ModelKW5	17	1　草に入っている　艹　を　くさかんむり　と言います。 どれも　草に繋がりがあります。 2　くさかんむりが　ある字は　どれもくさかんむりから　書き始めます。	草　花　茶
	18	1　空に入っている　宀　を　うかんむり　と言います。 どれも　家に繋がりがあります。 2　うかんむりが　ある字は　どれも　うかんむり　から　書き始めます。	空　字　家
	19	1　今にはいっている　𠆢　を　にゅうかんむり　と言います。 みんな　ノから　かき始めます。 2　にゅうかんむりが　ある字は　どれも　にゅうかんむりから 書き始めます。	今　合　金
	20	1　雲にはいっている　⻗　を　あめかんむり　と言います。 みんな　お天気に繋がりがあります。 2　雨かんむりが　ある字は　どれも　雨かんむりから　書き始めます。	雨　雲 雪　電
ModelKW6	21	1　寺のように上に　土がある字があります。 2　このような字は，どれも　土から書き始めます。	寺　赤　走
	22	1　地に入っている　土を　つちへん　と言います。 どれも　土に繋がりがあります。 2　土へんがある字は，どれも土へんから書き始めます。	地　坂　場
	23	1　夕は　月と　おなじように　お月様から　来た字です。 カタカナの　タと　同じように書きます。 2　この夕が入っている字は，どれも夕から書き始めます。	夕　名　外
	24	1　明に入っている日を　ひへん　と言います。 どれも太陽に繋がりがあります。 2　日へんがある字は，どれも日へんから書き始めます。	日　明 時　晴
ModelKW7	25	1　女は，はじめ　く　を書き，次に　ノを書き，最後に 一 を書きます。 2　女へんがある字は，どれも女へんから書き始めます。	女　妹　姉
	26	1　秋に入っている　禾を　のぎへん　と言います。 みんな，稲（お米）に繋がりがあります。 2　のぎへんのある字は，どれも　のぎへん　から書き始めます。	秋　科　秒
	27	1　間の字に入っている門を　もんがまえ　といいます。 みんな，門に　繋がりがあります。 2　門がまえのある字は，どれも　門の字を　左の方から書き始めます。	門　間　開
	28	1　黒に入っている　灬 を　れんが　と言います。 みんな火や足に繋がりがあります。 2　れんがが　ある字は，どれも，この4つの点を，最後に 左から書きます。	黒　点 馬　鳥
ModelKW8	29	1　行に入っている彳を　ぎょうにんべん　と言います。	行　後　待

		2　ぎょうにんべんは　どれも　先に書きます。	
	30	1　弓は　はじめ　コの字を書いて，次に続けます。 2　弓へんのある字は，弓から書き始めます。	弓　引　強
	31	1　心は，はじめ，左の点ノ　を書き，次に，乚を書き，右の2つの点丶丶は最後にかきます。 2　心が入っている字は，心を最後に書きます。	心　思　感
	32	1　国の字の　囗を　くにがまえ　と言います。 2　初めに　冂を書き，次に中のものを書き，最後に一で閉じます。	四　国 回　図
ModelKW9	33	1　読の字に入っている言を　ごんべん　と言います。 2　ごんべんは　先に書きます。	読　計　記
	34	1　通にある辶を　しんにゅう　と言います。 2　しんにゅうは　最後に書きます。	近　通　道
	35	1　店の字にある广を　がんだれ　と言います。 2　がんだれは，先に書きます。	店　広　庭
	36	1　父，谷，弟，半の　ように上に　点が右左，同じように書かれている字があります。 2　このような字は，左の点，次に右の点と書いていきます。	父　谷 弟　半
ModelKW10	37	1　算の字にある⺮を　竹かんむり　と言います。 2　竹は，左の部分から書き始めます。	竹　答　纂
	38	1　野の字にある　里を　さとへん　と言います。 2　里は，初めに　日　を書いてから，縦線｜を書き，最後に横線二本を書きます。	里　野　黒
	39	1　母の字は，書き方が，たいへん　難しいので，お手本をよく見て書きましょう。 2　毎，海にも　母が入っています。	母　毎　海
	40	1　打，投にある　扌を　手へん　と言います。どれも，手に繋がりのある字です。 2　手へんから先に書きます	打　投 指　拾

は，漢字の構造面を必ずしも考慮していない（例えば，寸は6学年配当であるが，寸を含む寺という字は，第2学年に配当されている）ため，その計画では構造的にも無理が生じ，結局，第1学年用，第2学年用配当漢字240漢字から108漢字，さらに3学年用漢字より8漢字（感，指，打，待，庭，投，坂，秒）を取り出し，練習問題に用いることにした。勿論，それらの漢字は，漢字辞書にも含められた。

この表では，スペースの都合上，約束が漢字を用いて書かれてあるが，実際のモニター画面では，どの子どもにも理解できるように，ひらがな文字で書かれている。実際にモニターに提示される画面を，ModelKW3の9の課題で例示して示したのが，第2-4-14図である。上の1)で説明したように，まず，子どもに「やくそく」の文を読ませ，理解させたら，下の「れんしゅう」の漢字をクリックさせる。すると，画面は，自動的に漢字辞書の中のその漢字のカード画面に移り，その漢字の書き方が，正しい筆順で，ストローク単位で，画面に描き出され，それが2回ほど提示される。子どもは，それらを見たのち，ノートや所定の升目が書かれた用紙に書いて，書く練習を行う。もし，それでも筆順がわからない場合，画面上に提示されている順番を参照するか，あるいは再度，その漢字をクリックさせ観察させる。

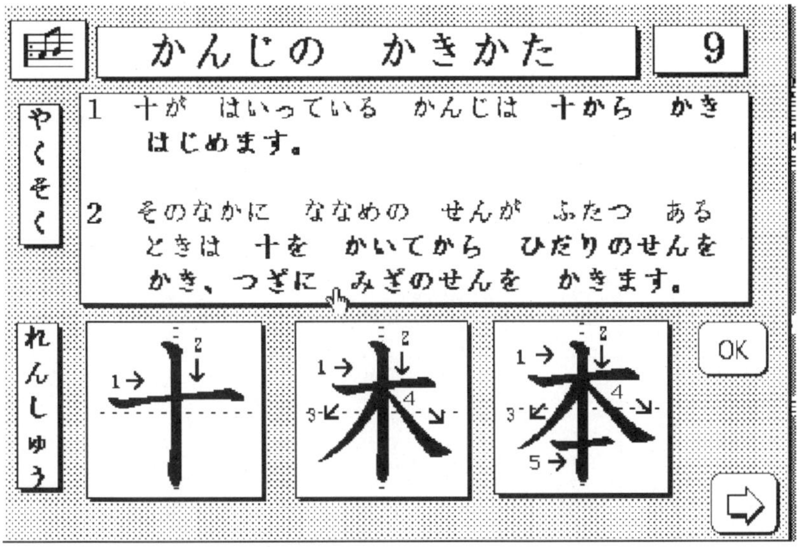

第2-4-14図　漢字の書き方のルールの学習用画面の例

第6節　漢字の構成についての教育プログラム

先の漢字の書き方の教育プログラムと平行して実施して，扁や旁，冠や脚などの漢字の構成（つくり）についての自覚を形成しながら，漢字の学習を促すことを目的として作成した教育プログラムである。具体的には，第2-4-2表に示すように17種の部首を扱い，1回（1ステップ）の指導・訓練で12漢字を教材に用いることを目安として，全体で5ステップで60漢字について指導できるプログラムを構成した。当初，第1～2学年配当漢字の範囲内で，プログラムを作ることを計画したが，現実には困難で，第3学年用の漢字（例えば，「打」，「坂」，「庭」などを含めざるをえなくなった。

訓練・指導の手続きは，非常に簡単で，以下の手順で行われる。

(1)　各部首の名称と意味の説明：その画面の例として，「くさかんむり」の説明画面を第2-4-15図に示す。

第 2-4-2 表　漢字の構成についての教材

スタック名	部　　首	練習用の漢字
KC 1	くさかんむり	草，花，茶，葉
	うかんむり	空，字，家，室
	なべぶた	立，文，市，六
KC 2	さんずい	池，海，汽，泳
	きへん	村，林，校，森
	てへん	打，投，指，持
KC 3	にんべん	休，体，何，作
	いとへん	絵，紙，組，線
	れんが	点，黒，魚，鳥
KC 4	はちかんむり	父，谷，分
	つちへん	地，坂，場
	つちかんむり	寺，赤，走
	あめかんむり	雲，電，雪
KC 5	のぎへん	私，秋，稲
	まだれ	広，店，庭
	にゅうかんむり	食，会，金
	しんにゅう	道，通，運

⑵　部首とその他の構成成分が，分離して提示される画面を提示し，該当する部首と組み合わさった場合に，どのような漢字になるのかを考えさせる課題を出す。「くさかんむり」の場合の課題画面を例として，第 2-4-16 図に示す。

⑶　各構成成分についての子どもの反応を記録し，わかった場合でも，わからない場合でも，部首以外の構成成分が書かれている箇所をクリックさせる。

⑷　すると，画面に，その漢字とその意味を説明する画面が現れ，⑶で正しく答えることができた児童には，答えの確認になり，そうでない場合には，新しい漢字の学習となる。例として，「くさかんむり」の課題で，「早」をクリックした場合の画面を第 2-4-17 図に示す。

⑸　各ステップ毎に，3 - 4 の部首で，12の漢字を学習した後，その学習の確認と再学習のために，その12漢字の学習に用いた対象の絵が，1 枚のカードに描かれた画面を用いて，学習した12の漢字を無作為な順序で提示し，理解できたら該当する絵をクリックさせる課題を行わせる。正解なら音楽が鳴り，誤った絵を選択した場合には警告音が鳴る。例として，スタック KC 1 の場合の画面を第 2-4-18 図に示す。これらの過程は，自動的に記録され，学習が終わると，子どもにその成績が知らされる。もし，80点以上の成績が得られれば，次のステップに進み，

それ以下である場合には，次回に再度そのステップの学習を反復することを原則とした。

以上，漢字の指導に関したわれわれが開発してきた4種類の教育プログラムの概要を説明した。これらの教育プログラムは，開発にたずさわっていた年度では，試行的に試みたに留まり，主に平成12年度よりスタートした5歳児を対象にした学習障害予防のための教育プロジェクトで，幼児期にわれわれの指導を受けた児童たちが，小学校に進学してから，子どもたちに用いられた。

各プログラムの詳細な解説と使用法などについては，付録BのCD-ROMに収められているこれらの教育プログラムに付属してある「手引き」を参照されたい。

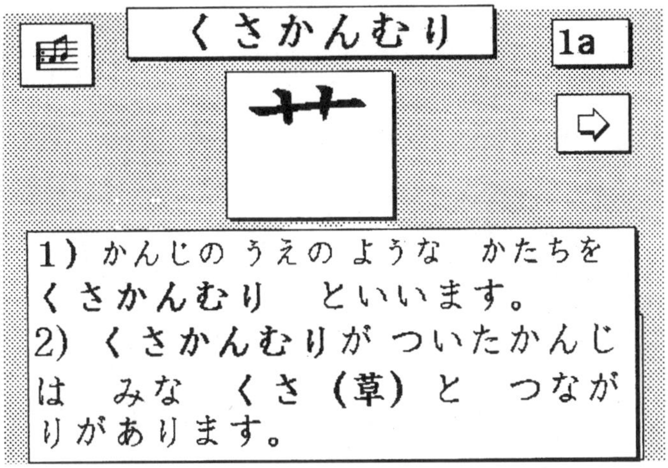

第2-4-15図 「くさかんむり」の説明の画面

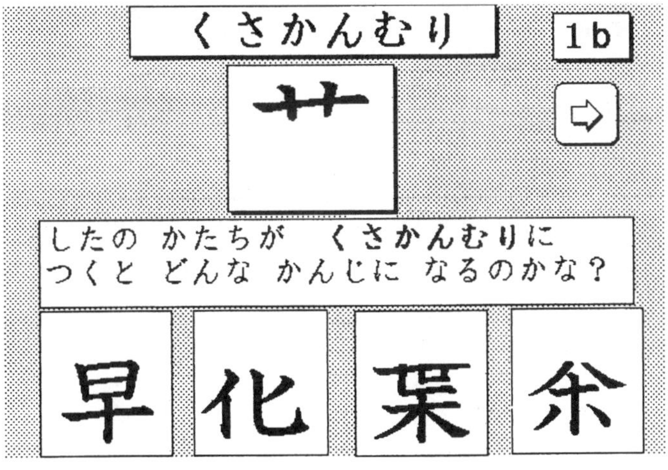

第2-4-16図 「くさかんむり」の課題の画面

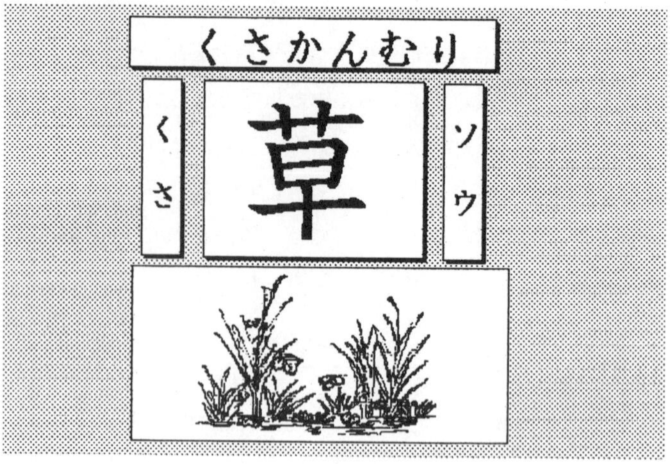

第 2-4-17 図　「草」の字が絵と共に提示された画面

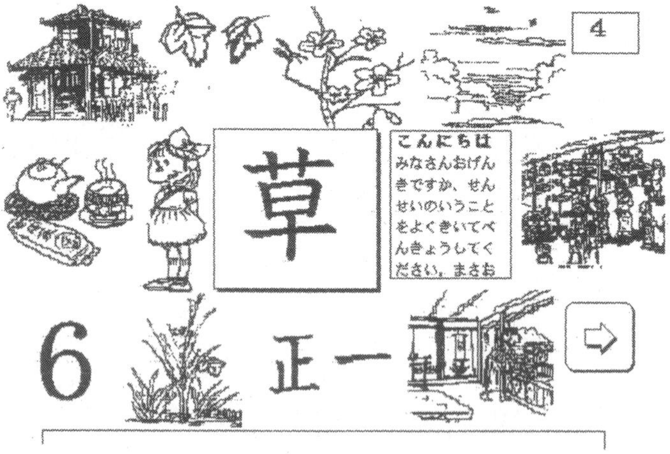

第 2-4-18 図　KC 1 の場合の確認・再学習の課題画面の例

第3部

5歳幼児に対する学習障害予防のための診断検査と教育プログラムの開発

第１章　将来小学校で学習障害となる危険性の高い幼児を５歳代で見つけ出す診断法の開発

概　　要

小学校に入学してから学習障害になる危険性の高い幼児を，５歳期に診断・検出するため，２群７領域のテスト課題からなる発達スクリーニング検査を構成・作成し，2001年２～５月に，都内及び川崎市の５幼稚園，２保育園の５歳幼児約180名を対象に，個別検査の形で実施した。その結果，15名の学習障害になる危険性の高い幼児を見つけ出すことができた。本章では，検査法開発の際の基礎的な考え方，検査の構成と実施方法，診断調査の方法並びにその結果について説明する。

第１節　はじめに

発達障害児の教育に広く受け入れられている「障害の早期発見と早期教育」の原理を学習障害に当てはめ，小学校期に入ってからではなく，幼稚園期の５歳代に，そのまま放置しておくと小学校で学習障害になる危険性の高い幼児を見つけ出し，その段階から特別の教育プログラムで教育・指導を行うことを考えた場合に，まず最初に当面する課題は，幼稚園期の５歳代に，そのまま放置しておくと小学校で学習障害になる危険性の高い幼児を，合理的に，見つけ出すことができる診断法の体系を開発する課題である。

著者が，国立教育研究所で，第１部で報告したようなLD児に対する言語教育プログラムの開発研究を始めた70年代終わりでは，学習障害は，小学校で教科の学習が始まってから顕在化するものであって，就学前の幼児期に，学習障害の診断を行うことは，一般に困難であると考えられていた。また，現在でも，そのように考えられている場合が多い。しかし，学習障害(LD)児の発達やその遅滞を含むその諸特殊性（特に発達の不均衡，言語・認知諸能力の不均衡な遅れ）は，乳児期や幼児期の子どもの諸活動の中で作り出され，特に就学後の学習と発達の最も重要な基礎は，幼児期に形成されるという事実を考慮すると，幼児期の５歳期に，小学校で学習障害になる危険性の高い幼児を見つけ出すことは不可能ではない。

ここ10年の間に，先の状況は大きく変わり，欧米やわが国のLD研究者，実践家たちは，幼児期にLDの危険性を予測できる可能性とその期の教育の重要性について問題にし始めてきた。また，その診断・検査法についても，すでに研究が始まりつつある。確かに，幼児期の場合，授業による学習活動がないのであるから，「学習障害」の用語を用いた定義や診断は不合理である。したがって，アメリカでは，「学習障害の危険性のある（または高い）子ども」（Children at (high) risk of learning disabilities），「LD の疑いのある幼児（LD suspect preschool children）」という用語が用いられている。また，幼児期のこれらの子どもの診断には，これまで LD 児に適用されてきた「学業成績と IQ 値の乖離」は直接役立たない。ここでの診断や予測の基礎となるのは発達的枠組みである。しかし，同じ発達的枠組みの中でも，F. R. Brown 等の著作（1996）などを含めて考えると，幼児期のこれらの子どもの診断には少なくとも次の 3 種のアプローチが認められる。

1） LD 児に特徴的な言語，読み技能，知覚，運動機能，注意，思考，行動の統制，情動・社会的技能などについての子どもの現実の発達とその年齢で期待される発達水準とのギャップ等を指標として検査診断するアプローチ。

2） 特に就学後の学習の基礎となる諸技能（pre-academic skills）（文字認知，アルファベットの理解，音韻分析，図形・文字の書き，数概念，数唱，計数等）に注目し，同年齢児で期待される正常値とのギャップを指標とするアプローチ。

3） ヴィゴツキーの障害児の心理発達の構造や発達の最近接領域の理念を基礎に，診断検査の中に教育過程を含め，子どもの学習の可能性を評価し，それらを基礎に診断を進めるアプローチ。

また，それらに対応して，学習障害や難読症となる危険のある子どもたちに対して幼児期から特別の指導を行う試みが，アメリカ，カナダ，ロシアなどの先進諸国で実施されるようになってきた。アメリカの Pittsburgh 大学（R. O'Connor, 1998, 2000）や Oregon 大学のプロジェクト（S. Baker & S. Smith, 1999, M. D. Coyne et. al., 2001），カナダの J. P. Das（2001, 2004）等の PREP（Pass Reading Enhancement Program）や Cogent（Cognitive Enhancement Progrmme）の研究，ロシアの T. Akhutina らの研究（Пылаева, Н. М. и Ахутина, Т. В., 1997）等がその例となる。

われわれは，この診断法を開発し，その診断システムを確立すると共に，第 2 年度から予定している教育指導訓練に参加する被訓練児を見つけ出す目的で，平成12(2000)年度スタートした JSPS の科学研究費による研究プロジェクトの 1 年目から 2 年目のはじめに当たる，2001年 3 月から 5 月にかけて，東京，川崎市の 5 幼稚園，2 保育園に通園する 5 歳児約180名を対象に，第 1 回目（通算 4 回目）の実験的診断調査を実施した。

本章では，このような診断検査の作成の基礎になった理論的な考えを説明すると共に，作成実施したこれらの諸検査及び検査結果についてその概要を述べることにする。

第 2 節　検査法の開発と診断に当たっての基礎的な考え

これらの検査法を作成・開発し，一つの体系を構成するに当たって，われわれは，以下のような理論的な考えをその基礎にした。

⑴　就学後すぐに見つけ出される学習障害児の最も重要な特徴は，いわゆる就学準備性を構成している（ルボフスキー，V. I. 1988）諸能力である読み，書き，計算能力などの，就学後の勉学の基礎となっている基礎的な諸技能（pre-academic skills），及び言語，思考，知覚，記憶，運動機能，注意，行為のコントロール等の基礎的な言語・認知機能の未発達である。

⑵　就学前の幼児の場合，組織的な教授・学習の指導を受けていないので，就学後の学習障害児の定義に用いられている，いわゆる，学業成績とIQ値の乖離による定義，診断は用いることはできない。そこで，われわれは，あくまでも，学習障害となる危険性が高い就学前児の定義は，発達的な観点からのみ可能であると考える。

⑶　5歳の幼児に，就学後の勉学の基礎となっている基礎的な諸技能（pre-academic skills）の現在の発達，及び，基礎的な言語・認知機能のいくつかの領域の両方で，顕著な遅滞が認められた場合，これらの発達の遅滞は，学習障害の危険性をもっていることを示す信号と見なして良いだろう。

⑷　5歳の幼児に，就学後の勉学の基礎となっている基礎的な諸技能（pre-academic skills）の現在の発達に遅滞が認められない場合でも，基礎的な言語・認知機能のいくつかの領域で顕著な遅滞が認められた場合には，これらの発達の遅滞は，学習障害の危険性をもっていることを示す信号と見なして良いだろう。

⑸　学習障害の危険性と精神発達遅滞の危険性との識別は，5歳代においても，重要であるので，その識別にWPPSI，WISC-III等の個別知能検査を利用するが，一般に受け入れられているIQ値が70以下であれば精神発達遅滞（M. R.）とする考えは，ここでは採用せず，むしろIQ値が60以下であれば，精神発達遅滞の危険性があるという考えを採用する。その理由は，これまでの経験でIQ値が70以下であっても，その後の教育訓練で，IQ値が著しく改善された場合が認められ，5歳代で知能検査のIQ値から，それらの識別を行うことは危険が大きいと判断されたことによる。したがって，ここでは，pre-academic skillsや言語・認知機能に遅滞が認められ，IQ値が70以下，60以上の場合，学習障害の危険性が高い幼児と見なし，5歳代に他の幼児と同じように，われわれの教育プログラムで指導を行い，その指導の受け入れやその効果を分析し，その後になって，識別診断を行うという方法をとることにした。

第3節　診断テストとその構成

テスト課題は，大きく，以下のような2群，7領域のテストから構成した。

Ⓐ　小学校での勉学の基礎となる基礎的な諸技能（pre-academic skills）の発達に関する検査

1）　読み能力の発達に関する検査

ひらがな文字の読字テスト

2） 数や計算能力の発達に関する検査

数唱テスト（100まで）

計数テスト（20個）

(B) 基礎的な言語・認知機能の発達に関する検査

3） 語彙能力の発達テスト

4） 言語調整機能（行動統制）の発達についてのテスト

a） 赤黄逆転テスト

b） 赤黄大小テスト

c） 赤黄青逆転テスト

5） 図形の模写能力（知覚，運動機能）の発達テスト

6） 記憶能力の発達テスト

a） 言語記憶テスト

b） 像的記憶テスト

7） 注意能力の発達テスト

個々のテスト課題を作成するに当たっては，健常5歳児ならば十分できるか又は5歳児の基準値が明瞭な課題を選択し，それらからテストを構成した。いずれも，個別に実施することを前提にした個別テストとして作成されている。これらテストの内容や手続きの概要は，以下に示す通りである。

(1) 読み能力の発達に関する検査

(a) ひらがな文字の読字テスト（清音，濁音，半濁音，撥音の71文字）。

1頁に3文字が印刷されている図版を用いて，各文字を読ませる。発音が不完全でも，発音上の問題であるとわかれば，読めれば読めたとする。国立国語研究所で村石，天野が開発したテストの一部を利用している（村石，天野 1972）。

(2) 数や計算能力の発達に関する検査

(a) 数唱テスト

いくつまで数えられると尋ね，数えられる所まで，最大100まで数えさせる。第3-1-5表の数値は正しく数えられた100を最大とする上限の数値を示す。

(b) 計数テスト

20個のオハジキを一列に並べ，指を当てさせながら，数えさせる。第3-1-5表の数値は，そのうち，正しく数えられた数の上限を示す。

(3) 語彙能力の発達テスト

(a) 語彙テスト：4～6歳用に作成された100語語彙テストより，25領域各1語の割で取り出し

た簡易型の絵画式語彙テスト。カラーの事物の絵を見せてその名称を言わせる。検査者は，その語彙を引き出すために，一定のヒントを与えながら検査する。語彙数が極端に少ない場合には，言語発達遅滞が疑われる。

⑷　言語調整機能（行動統制）の発達についてのテスト

いずれも，Лурия, A. P.（1956，1958）の方法を幼児用に修正したもので，これまで用いてきた，「赤黄逆転テスト」の他に，５歳児用に，「赤黄大小テスト」「赤黄青逆転テスト」を加えた。大脳の前頭葉の機能的発達に関わり，「赤黄逆転テスト」は，一般に３歳後半から４歳にかけてできるようになり（天野 1989），後者の２種の課題は，５歳児の多くができることが確認されている（村尾 1998）。

a）　赤黄逆転テスト：各12個の赤と黄色のオハジキと，ランダムな順序で，赤，黄色のマークが描かれた20枚のカードと，小さな広口のガラス瓶を用いて最初，カードをめくって赤が出たら，赤のオハジキを，黄色のマークが出たら，黄色のオハジキをビンに入れさせる。この後，逆転テストに入る。そこでは，「赤が出たら，黄色のオハジキをビンに入れ，黄色が出たら赤のオハジキを入れる」という新しい約束を教え，子どもが，このルールを言語的に２度正しく反復したことを確認したあとで，実際に，20枚のカードをめくって，その通り実行できるかを調べる。20枚のカードで，１回目で完全正答しない場合，最大２試行まで検査を行う。全20問正反応で合格。

b）　赤黄大小テスト：同様な方法で，「大きい赤の時は黄色のオハジキ，大きい黄色の時は赤のオハジキを入れ，小さい赤の時は赤，小さい黄色の時は黄色を入れる」という約束について行う。その約束を，口頭で自分で２回正しく言えることを確認してからテストに入り，２試行以内に20枚のカードで全問正反応ならば合格。

c）　赤黄青逆転テスト：赤黄の他，青のオハジキを用い，「赤の時は黄色，黄の時は青，青の時は赤を入れる」という約束について，幼児が，その約束を，口頭で自分で２回正しく言えることを確認して実行に入る。２試行以内に20問正反応に達することができれば合格。

⑸　図形の模写能力（知覚，運動機能）の発達テスト

図形模写テスト

直線の描写の練習のあと，正方形，円，正三角形の見本を示し，それぞれ，描かせる。できない場合には，検査者は，目の前で，正しいその図形を描いて見せる。全てが不合格の場合，微細運動の発達の遅れ，知覚の遅れの疑いが生じる。

⑹　記憶能力の発達テスト

a）　言語記憶テスト：12語の語を，１～２秒間隔で提示して，その後，覚えている語を言わせる。

b）　映像的記憶テスト：12枚のカラーで描かれた絵カードを，１枚ずつ子どもの前に並べ，その都度，その語を教え，子どもに言わせる。12枚の絵カードを全部並べると，すぐに，大き

な厚紙でカバーし，今見た絵の名前を言わせる。

(7) 注意の発達テスト

緑川（1997，1998）が開発した幼児用CPTを用いた。これは，コンピュータ画面の森に色々な動物が，色々な位置に現れるという状況で，ライオンが現れたら，（他の動物をいじめるので）正面の大きなキーを叩いて，打つように教示が与えられ，練習でやり方を覚えたらテストに入る。ライオンは，色々な位置に，色々な間隔で，現れるので，子どもは，画面に，注意を払い，ライオンが現れたらすぐに打たなければならない。ライオンを正しく打った割合(a)と，他の動物を打ったお手つき反応の割合(b)が得られ，それらの差（総合a－b）の値が，注意の発達の指標となる。ライオンでも他の動物でも，何でも打ってしまった場合や，ライオンが現れても打たない場合が多いと，数値は低くなる。この検査の理念と方法の詳細は，天野（2003）の報告書に収められている緑川，天野（2003）の論文を参照されたい。

第4節 「幼児の日常の行動と発達についての観察評価」チェックリスト

これらの個別検査と平行して，幼稚園，保育園での幼児の日常の観察から幼児の行動，発達上の問題を担任教師，保母のサイドから評価してもらうために，以下の約80項目からなる「幼児の日常の行動と発達についての観察評価」（学習障害予防のためにスクリーニング検査）チェックリストを作成し，担任教師，保母に，「その通りと思う」「ややその傾向がある」「わからない，なんとも言えない」「あてはまらない」の4段階で評価することを依頼した。

A）言語関係（1．話しことば，2．聞き取り，3．文字の読み）：26項目，B）運動関係：15項目，C）空間関係：10項目，D）注意関係：6項目，E）記憶関係：4項目，F）行動のコントロール：10項目，G）対人関係：8項目　それらの項目の例を以下に示す。

A） 言 語 関 係

2） 話す時に「て」「に」「を」「は」をまちがえたり，省略することが多い。

12） 先生の言うことを理解させるために何度も繰り返すことが必要である。

B） 運 動 関 係

3） 鉛筆を使うとき，鉛筆を正しくもてない。

7） 折り紙や紙工作などで遊びたがらない。

C） 空 間 関 係

2） 靴を履くとき，右左をまちがえることが比較的多い。

7） 絵を描くことは好まない。

D） 注 意 関 係

2） 先生が話しをしている時に，よそ見をしていることが多い。

5） 一つの課題（例えば，絵を描く，粘土細工など）を，１人で最後までやらずに，他のことを始めることが多い。

E） 記 憶 関 係

2） 園で教える動物，花や物の名前をなかなか覚えない。

3） 遠足，散歩などで見たり，経験したことを，あまり覚えていないことが多い。

F） 行動のコントロール

1） 椅子に座っても，すぐにもじもじ動き出し，落ち着いて座っていない。

4） 「あとで」「あした」「またね」と言われたときに，まつことができない。

G） 対 人 関 係

7） ちょっとしたことで，かんしゃくを起こす。

4） 他の子どもたちとの集団遊びに入って遊べない。

第５節　実験的診断調査の実施とその結果

上記の諸検査を2001年２月～５月の期間に個別検査の形式で，都内２幼稚園，１保育園，川崎市３幼稚園，１保育園に通園している５歳児（2000年度で年中クラス，2001年度で年長クラス）計189名を対象に，診断検査を実施した。しかし，診断調査の実施方法は，園の諸条件によって一様ではなかった。５歳幼児が十数名の小規模幼稚園・保育園の場合（東京Ｍ幼稚園，Ｗ保育園），全員に上記の全個別テストを実施し，全員の幼児について担任教師・保母に観察・評価を依頼したが，５歳児が100名以上いる大規模幼稚園では，全員に対して上記の全個別テストを実施することは困難であったので，基本的にスクリーニング検査方式を採用した。第１次スクリーニング検査として，上記の(A)の pre-academic skills に関する検査とテスト時の幼児の行動の評価を用いた場合（川崎市Ｈ幼稚園，川崎市Ｋ保育園）もあったが，最終的に最も妥当なスクリーニング検査法として第 3-1-1 表に示す方法を確立することができ，それを，最後に，都内 MS 幼稚園で実施した。しかし，大規模幼稚園でも，園の希望により，教師が学習障害の疑いがあると判断した幼児のみに限定して，検査を実施した場合もある（川崎市Ｋ幼稚園，川崎市Ａ幼稚園）。しかし，この場合，比較対照するため，同数の健常児と判断された幼児にも検査を実施した。この場合，担任教師・保母による観察・評価は，それらの幼児に限って実施した。また，第２次検査を実施したが，それ以後の協力が得られず，以降の検査を中断した場合もある（川崎市Ｋ幼稚園）。これら，今回の診断調査の実施状況を，第 3-1-1 表の手順に合わせてわかりやすく整理したのが，第 3-1-2 表である。

スクリーニング方式を採用した診断調査では，第１次検査で，何らかの形で危険があると思われた幼児は，第２次検査に回したが，その際の危険があるとした基準は，以下の通りである。

1） ひらがなの読字テストで，読字数が25以下で，５歳になっても，読みの発達段階（天野

第3-1-1表　5歳児を対象にした発達スクリーニング検査の構成

第1次スクリーニング検査：
　1）　ひらがなの読字テスト（71文字），
　2）　数領域：i）数唱テスト（最大100），ii）20の計数テスト，
　3）　言語調整機能テスト：iii）赤黄青逆転テスト

第2次スクリーニング検査：
　第1次検査で遅れが認められた幼児を対象
　4）　語彙テスト：25領域各1語計25語，
　5）　言語調整機能テスト：i）赤黄逆転テスト，ii）赤黄大小テスト
　6）　図形テスト：正方形，円，正三角形の見本に基づく描画テスト
　7）　記憶テスト：i）12語の言語記憶テスト，ii）12枚の絵の像的記憶テスト
　8）　注意テスト：コンピュータ画面の森の色々な位置に現れる色々な動物のうち，ライオンだけをヒットさせる注意力のテスト。
　「幼児の日常の行動と発達についての観察評価」（担任教師，保母）

第3次発達検査：第2次スクリーニング検査で，7領域のうち，複数領域に遅滞が認められる場合，標準化された個別式知能検査（WPPSIまたはWISK III）を実施する。

第3-1-2表　2001年実験的診断調査の実施状況

	実施した検査			検査結果	
	第1次検査	第2次検査	第3次検査	LD危険児	MR危険児
1　都内M幼稚園	—	12	2	1	0
2　都内W保育園	—	14	4	2	1
3　都内MS幼稚園	38	12	7	4	1
4　川崎市K幼稚園	—	37	—	—	—
5　川崎市H幼稚園	66	12	4	3	0
6　川崎市A幼稚園	—	6	4	3	0
7　川崎市K保育園	17	8	2	2	0
計	121	104 68（2次検査のみ）	23	15	2

1994）が第Ⅲ段階あるいはそれ以下であること（実際に，この基準でチェックされた幼児の読字数は，その95%は，0～10字の範囲であった。段階については，第3-3-1表参照のこと）。

2）　数唱課題で，100まで唱えられないだけでなく，20個のオハジキの数を正しく数えることができない。

3）　言語調整機能のiii）赤黄青逆転テストで，2試行以内に合格しない。あるいは，第1次検査で，言語調整機能テストでなく，テスト時の幼児の行動の評価を用いた場合には，⑴テスト時

の検査者の教示の理解の程度，⑵課題への集中の程度に問題が認められた場合。

検査において，実際に，どのような問題をもった幼児が，第１次検査から第２次検査に進んだのかを，実際の資料で示してみると，第 3-1-3 表，第 3-1-4 表に示す通りである。これらを見てわかるように，第１次検査の段階でも，問題を示す子どもに，一定のパターンがあることがわかる。最もよく認められたパターンは，全ての検査(評価)項目に問題を示すパターンと，行動評価や言語調整には問題が認められないが，読み能力と数能力の両方で遅れが認められるパターンである。また，読み能力あるいは数能力だけに遅れの認められる幼児，読み能力，数能力には遅れはないが，行動面，言語調整機能のみに問題が認められる場合もあった。これらの徴候は，いずれも，学習障害の危険を示す信号と理解されるが，この段階では，まだ，その子がそうであるいうことは言えない。そこで，さらにその子がかかえる発達上の問題を詳しく調べるために，第２次検査となる。

先にも述べたように，当初，第１次検査として，pre-academic skills に関する検査であるひらがなの読みの検査及び数能力の検査に，子どもの行動面の問題，特に教示の理解と課題への集中性の程度を評価するために，検査時の幼児の行動を検査者が観察・評価する方式を採用していたが，実施の行程で，検査者の幼児の行動の観察・評価は，それなりの長所をもつが，検査者の経験の豊かさが求められ，主観的色彩が入り込む可能性が高いという欠陥があることに気づき，それを，教示の理解と課題への集中性の程度を評価する点で，ほぼ同じ機能を果たし，しかも行動の統制能力も評価できる客観的な発達検査である言語調整機能検査，特に５歳代の発達を評価できる iii)赤黄青逆転テストに切り替えた。第 3-1-3 表と第 3-1-4 表の資料を比較してみると，結果的に，両者は共に同じような機能を果たしていることがわかる。また，第 3-1-2 表の診断検査の実施状況の資料を分析してみると，言語調整機能検査の方が，検査者の行動の観察・評価よりも，問題のある幼児の検出率が高い値を示し，この検査の方が，より広く問題のある幼児を検出していることが示唆される。

これら第１次検査で問題が認められた幼児は，次に第２次検査で，語彙能力，図形模写能力，記憶能力，注意及び言語調整機能に関する発達検査を受け，さらにそこで問題が認められた場合，さらに標準化された個別式知能検査（WPPSI または WISK III）を受けたが，その際，冒頭の箇所でも述べた考えに基づいて，以下に述べる事項を，第２次検査での識別診断の基準にし，それに該当する幼児に対して，個別式知能検査を実施した。

読み能力や数能力の pre-academic skills に遅れが認められるだけでなく，語彙能力，図形模写能力，記憶能力，注意及び言語調整機能の領域のうち，複数領域にまたがって顕著な発達の遅れが認められること。

したがって，読み能力や数能力の pre-academic skills に遅れが認められた場合でも，上記の言語・認知能力の発達に全く問題が認められない場合や，１領域だけに遅滞が認められた場合には，その幼児が，学習障害の危険が高いとは判断しなかった。

第 3-1-3 表　第 1 次検査で問題が見いだされた幼児の問題のパターン
（第 1 次検査で，テスト時の行動の評価を行った川崎市H幼稚園，川崎市K保育園の場合）

評価項目				人数
検査		検査時の行動評価		
読み能力（読字数）	数能力（数唱と計数）	教示の理解	課題への集中性	
−	−	−	−	4
−	＋	−	−	2
−	−	＋	＋	7
＋	−	−	＋	2
−	＋	＋	＋	4
＋	＋	＋	−	1
計				20

また，標準化された個別式知能検査による評価において，従来から受け入れられている精神発達遅滞と学習障害の分割点をIQ値70とする考えをとらず，その分割点をIQ値60に置いた。したがって，VIQ，PIQが70以下であっても，FIQが70以下，60以上であれば，学習障害の危険がある幼児と見なし，特別の教育を必要とする幼児と考え，後に述べるわれわれの訓練教育の対象児にした。

このような考えを基礎に，診断調査を進めたが，その結果，このままではLDとなる危険性が高いと思われる15名の幼児を見つけ出すことができた。スクリーニング検査過程で，園側の希望で問題のある幼児に限って検査を実施する等，検査に教師が予め関与した場合を除いた，診断検査での

第 3-1-4 表　第 1 次検査で問題が見いだされた幼児の問題のパターン
（第 1 次検査で，言語調整機能テスト（赤黄青逆転テスト）を
用いた都内MS幼稚園の場合）

評価項目			人数
検査			
読み能力（読字数）	数能力（数唱と計数）	言語調整機能（赤黄青逆転テスト）	
−	−	−	4
−	−	＋	3
−	＋	−	1
＋	−	＋	1
−	＋	＋	2
＋	＋	−	1
計			12

実際の発見率は，12/138で，約8.7%である。

この診断調査で見い出されたこれら15名の5歳幼児の諸発達検査の諸結果を示せば，第3-1-5表に示す通りである。

見い出されたLDとなる危険性の高い幼児には，いくつかのタイプが認められる。タイプⅠ：読字，語彙，数量関係，言語調整機能などに顕著な遅れが認められ，言語性LDの特徴をもつタイプ。例えば，上記のY. A.児やI. K.児。タイプⅡ：言語面の遅れの他に注意，言語的記憶の発達に顕著な遅れが認められるタイプ。例えば，W. U.児。タイプⅢ：空間・運動機能，注意，像的記憶に遅滞が認められ，非言語性LDの特徴を示すタイプ。例えば，O. K.児。タイプⅣ：言語面の遅れの他に，空間・運動面，行動のコントロール，多動性が目立つタイプ。例えばT. Y.児。

これら15名の中，地理的な条件も満たし，親の同意と協力が得られた11名の幼児（番号1から11

第3-1-5表　診断調査で発達障害の危険が高いと診断した5歳幼児の発達スクリーニング検査の結果（2001年2～5月実施）

番号	被験児	性	年齢 4.1日 現在	読字数 71	数唱 100	計数 20	語彙力 25	言語調整	図形 3	記憶 言語 12	記憶 映像 12	注意力 %	WPPSI or WISK III VIQ. PIQ. IQ
1	U.T.	m	5：7	62	39	20	10	Ⅳ	2	1	3	92	68, 83, 70*
2	W.U.	f	5：2	2	17	10	10	Ⅱ	2	2	8	6	71, 81, 71
3	S.Y.	m	5：6	7	20	16	8	Ⅰ	2	6	4	41	89, 79, 82*
4	I.K.	m	5：1	3	10	11	10	Ⅱ	2	4	6	70	68, 84, 71*
5	O.K.	m	5：5	2	10	10	14	Ⅱ	1	7	2	2	94, 74, 81*
6	M.K.	m	5：5	6	30	20	11	Ⅲ	3	4	7	92	79, 83, 77*
7	K.M.	f	5：5	0	39	17	16	Ⅲ	1	6	5	69	87, 80, 80*
8	K.T.	m	5：9	68	20	20	16	Ⅳ	1	3	8	97	81, 68, 72
9	M.S.	m	5：2	71	20	20	15	Ⅲ	3	3	8	75	99, 68, 82
10	Y.A.	m	5：1	0	10	14	8	Ⅲ	2	5	7	70	72, 97, 82
11	T.Y.	m	5：0	2	18	18	8	Ⅱ	1	6	4	70	79, 65, 67
12	U.K.	m	5：4	70	30	4	10	Ⅲ	0	4	7	21	89, 72, 79
13	O.R.	m	5：3	63	10	10	14	Ⅰ	—	7	5	14	80, 72, 79
14	N.M.	m	5：0	2	20	20	11	Ⅳ	—	3	—	13	90, 92, 89
15	K.A.	f	5：0	7	3	3	9	—	3	3	1	92	74, 74, 70*

（注）　最高値が示された課題は，正反応数を示す。言語調整は，第Ⅰ水準は199頁で説明した⑷a)の課題も合格できない水準，第Ⅱ水準は，⑷a)の課題のみ合格した水準，Ⅲは，b)，c)の2課題のうち，1課題に合格した水準，Ⅳは，b)，c)の2課題共に合格した水準を示す。注意力は，正反応率とお手つき反応率の差を指標としている。IQ値の*記号は，WPPSIを用いたことを意味する。

までの幼児）について，2001年５～６月より，本学大学院行動観察室及び，川崎市ことばの教室（５校）６名の教師の協力を受けて各ことばの教室で，著者が作成した実験教育プログラムで，個別指導の形で，基礎的な読み書き能力を形成し，同時に子どもの言語・認知発達を促進させ，就学の準備性を形成する目的で，指導と訓練を始めた。また，教育・訓練の効果を評価し，同時にここで実施した診断検査が適切であったかどうかを評価するために，幼児が就学を迎える2002年２～３月に，教育・訓練に参加した幼児11名，対照群の幼児５名，及び診断検査で学習障害に危険がないと診断された健常児50名を対象に，彼らの就学準備性を評価するための調査を実施した。これらについては，第２章，第３章で詳しく述べることにする。

第2章　学習障害の危険性の高い5歳幼児を対象にした学習障害予防のための言語・認知教育プログラムの開発と実験的な教育・訓練指導

概　　要

先の診断検査で小学校で学習障害になる危険性が高いと診断された15名のうち11名の幼児に対して，5月から就学を迎える翌年の3月までの約8ヶ月間，就学準備性を形成し，LDになるのを事前に予防することを目標にして，そのために開発した3種類の言語・認知教育プログラム，1)幼児のコンピュータ入門用ソフト，2)ひらがなでの読み・書き入門教育プログラム，3)分類操作の学習を基礎にした語彙教育プログラムを用いて，川崎市のことばの教室，中央大学行動観察室で，毎週2回（1回の指導は，休みをはさんで20分ずつ2回），個別指導の形で，実験的な教育，訓練指導を実施した。指導・訓練には，しばしばコンピュータを用いた。本章では，プログラム開発に当たっての基礎的な理念，開発した教育プログラムの構成と内容，指導の方法などについて説明すると共に，それらのプログラムの下での子どもの学習の過程などが分析される。

第1節　はじめに

「早期発見，早期教育」の理念を，学習障害の場合にも適用し，小学校に入学する前の5歳期に学習障害になる危険性の高い幼児を見つけ出し，早期に特別の指導を始め，学習障害になることを未然に防止することを考える場合に，特に重要な意義をもっているのは，そのための診断法を開発し，確立する課題と共に，より効果的に学習障害予防の機能を果たす教育プログラムを開発する課題である。われわれは，診断法を開発し，それに基づいて診断実験を実施する作業と平行して，2000年度の準備段階から，幼児の言語・認知的な発達を促し，子どもの就学準備性を高めることができる教育プログラムを作成，開発する作業を進めてきた。そして，そのプログラムに基づいて，先に述べた診断調査で見つけ出されてきた学習障害となる危険性が高いと思われる幼児に対して特別の訓練指導を試みてきた。以下，その言語・認知教育プログラムの構成に当たっての基礎的な考え，及びその教育プログラムの構成，内容について説明し，次にどのように実験的教育・訓練・指導を組織したのかについて述べよう。

第2節　言語・認知教育プログラムの構成に当たっての基礎的な考え

開発を意図している教育プログラムの目的は，就学してから学校での勉学に必要不可欠な基礎的な能力（就学準備性）を発達させる点にある。学習障害の危険性が高い5歳幼児に就学準備性を形成・発達させるためには，いかなる種類の心理学的諸機能の発達を促進するのが適当かという問題については，多くの考え方がある。本研究で，われわれが教育プログラムを開発するに当たって採用した基礎的な考えは以下の通りである。

⑴　小学校の第1学年の学習障害児を対象にプログラムを開発した時に発達(促進)教育の原理として採用した以下の原理は，基本的に保持した。

a)　一般化された科学的思考能力の形成：今日の諸科学が明らかにしたその対象についての最も基本的，最も一般的な認識，思考の方法を子どもに身につけさせ，そのことを通して，子どもの思考の発達を促進させる。

b)　児童にとって未獲得，未発達の行為，操作等の心理諸機能の形成：児童にまだ獲得されず未発達であるが，次の発達に必要であると思われる行為や操作について，自生的な発達を待つのではなく，それを教授・学習の形で，意図的，計画的に形成する。現行の学習指導要領などが示す学年基準等にはとらわれない。

c)　行為，操作，活動の内面化――具体的・対象的行為の平面から内的平面へ――：行為，操作，技能を形成するに当たって，まず具体的・対象的行為の平面で組織し，それが完全になった段階で言語平面さらに内的平面に移行させていく。教育プログラムの構成に先だって，当該の学習対象の構造の分析が行われ，対象的行為の平面で教育すべき行為の操作の構造を明らかにし，それをプログラムや教材に具体化することが求められる。本来的に対象的行為を欠いている対象（例えば言語）の場合には，その対象の特質を反映したモデルを用いる。

d)　行為，操作，技能の説明と見本の提示：子どもが新しい行為や操作を対象的行為の平面で学習するとき，児童が実際に行為を行ったり，自力で課題解決を行う前に，学習の目的や行為，操作の手順などについて事前に説明を行い，訓練者は行為や操作の見本を示し，それから一定の練習を行うという手順をとる。

e)　子どもの活動の組織化：単に必要とする新しい行為，技能を形成するだけでなくて，児童の活動そのものを計画的に組織し，促す。

⑵　しかし，他方，対象児が，言語・認知面に遅滞をもつ5歳幼児であるため，その教育の主たる目標を，幼児期に経験すべき経験や基本的技能，操作の学習を組織し，就学のための基礎的な教育・心理的準備性を作り出すことに置いた。ここで言う就学のための教育・心理的準備性とは，V. I. ルボフスキー（1988）も指摘しているように，以下のものを指している。⑴学校でのプログラム

の教材を習得する基礎となる，外界の事物についてのあれこれの知識や表象があること。(2)表象や知的操作，行為，技能が一定の水準まで形成されていること。(3)一定の水準の言語発達，そこでは，母国語のかなりの量の語彙，基本的な文法的な構造，筋のある話の理解と構成能力，初歩的な独話能力が仮定されている。(4)勉強に対する一定の動機，興味，かなり高いレベルの認識的な活動性があること。(5)随意的な行動の調整機能が一定の程度形成されていること。

(3) 就学のための基礎的な教育・心理的準備性の内容については，現代において，色々な解釈があり得るが，われわれは，現代の幼児のひらがな文字の習得の発達的に加速されている現状（島村，三神（1991），天野（1993，1994））から考えて，ひらがな文字の基本音節文字の範囲での読み書きの習得は，基礎的な語彙能力，文法諸能力と並んで就学準備性を構成する基本的な言語能力，技能であると考えた。

(4) このような考えから，小学校低学年用に開発してきた3種類のプログラム a)音節の自覚形成とかな文字教育プログラム，b)構文能力形成プログラム，c)語彙能力の形成プログラムからなる「読み書き入門用言語教育プログラム」は，幼児用に改良することによって，幼児の就学準備性を形成することが可能であると判断した。

(5) また，それらの教材を用いた教授・学習の中で，勉強に対する一定の動機，興味や学習態度，随意的な行動の調整機能，注意の集中性を形成することが可能であると考えた。

しかし，それだけでは，就学のための基礎的な教育・心理的準備性を満たすとは限らないため，「読み書き入門用言語・認知教育プログラム」の他に，全体的な認知発達を促進させるための幼児用「認知発達促進教育プログラム」の開発と教育を平行させるという方針を立てた。しかし，それらは，相互に独立なものではなく，実際の教育プログラムでは，相互に入り組んで構成されている。

(6) われわれが開発してきた教育プログラムでの教育で特徴的なことは，5歳幼児の場合でも，訓練者が子どもとの対話を保持し，かつ必要な援助を与えながら，主にコンピュータを媒体にした形で教育を行うようにしたことである。2000年度の準備期間に2名のLD高危険5歳幼児に対して試験的な教育を試みたが，5歳幼児の場合でも，子どもはコンピュータを用いた教育を喜んで受け入れることが確認された。幼児の場合にもコンピュータを利用するのは，教材(ソフト)の配布が容易であるという理由もその一つであるが，他のより積極的な理由は，ソフトに設定されているフィードバック機構（例えば文字の読み・書きがわからない場合に，その助けとして内蔵された辞書を参照する）の利用や，自発的に働きかけることに対して応答性があること等の理由から，行動の自己コントロール，学習・活動の集中性を促進できる可能性があると考えている点にある。

2000年度の準備期間中から2001年度の実験的教育研究の中で，以下の教育プログラムを開発してきた。

1) 幼児のコンピュータ入門用ソフト

2）　ひらがなでの読み・書き入門教育プログラム

3）　分類操作の学習を基礎にした語彙教育プログラム

以下，それらの教育プログラムの構成や内容について，その概要を説明しよう。

第3節　幼児を対象にしたコンピュータ入門用ソフト

幼児にコンピュータになじませ，マウスの使い方を会得させるために，ゲーム的な要素をもつ以下のコンピュータ・ソフトを，Flash（Microsoft, ver. 5.0）を用いて作成した。

⑴「ちょうちょ　1」

⑵「ちょうちょ　2」

⑶「赤風船」

⑷「色風船」

その例として，「ちょうちょ　1」の場合を，第3-2-1図に示す。これは，幼児もよく知っている「蝶々」の歌に合わせて，2羽の蝶々が，桜，菜の花，タンポポ，チューリップが咲く野原を舞い飛んでいる画面がモニターに提示され，子どもは，「蝶々」の音楽の内容に合わせて，「とまれ」の文字盤の下の蝶々のボタンをクリックすることで，桜の花や，菜の花等に随意に止まらせることができ，また，その止まった蝶々をクリックすることで，その蝶々を，また自由に飛ばせることができるように作られている。

第3-2-1図　ソフト「ちょうちょ　1」のモニター画面

第4節　5歳児を対象にしたひらがなの読み・書き入門教育プログラム

対象児の多くは，ひらがな文字を全く読めないか，自分の名前に含まれる文字を読める程度であるので，それらを対象にした「ひらがなの読み・書き入門教育プログラム」は，音節分解，音節分析の指導から始まって，最終的に，就学時に小学校1年生用の国語の教科書でそのテキストの読み書きが学習できるまで指導を行うことが求められる。とりあえず，基本音節の範囲で，基本的な読み書きの技能を形成することに指導の目標を置き，教育プログラムを構成することにした。その構成のブロックダイアグラムを示したのが，第3-2-2図である。

これらの主要な部分は，コンピュータ・ソフト（「ことばのいずみ　2」シリーズ，Hyper Card Stack 及び Flash, Microsoft ver. 5で作成した各種のソフト）に作成され，実験教育で実際に用いられてきた。これらのソフトは，付録のCDに収められているので，その解説と手引きを参照されたい。それらのうち，小学低学年用「ことばのいずみ　1」シリーズ（天野 1994, 1997）にはなく，幼児用にひらがな文字導入用として作成した「ことばのいずみ　3」シリーズのうち，重要でかつ新しい部分についてのみ，如何に指導するように構成してあるのかについて説明することにする。

(1)　ひらがな文字の読みの導入

読みの教育プログラムのブロック1～2のかな文字導入の箇所のプログラムのステップ構成を詳細に示したのが第3-2-3図である。

ひらがなの読みの教育の第1ブロックでは，かな文字の読みの習得に不可欠な音節分析（語の音節の順序性の分析）を形成させ，少なくとも語頭音を抽出できるところまで指導を行う。

ステップ1では，「音節分解・抽出図版　1」（20語）と，コンピュータ・ソフト，「ことばのいずみ　3」シリーズのmodel W1を用いて，2～3音節の基本音節からなる語について，音節分解の練習を行う。音節分解の練習は，図版と積み木でも，コンピュータソフトでも可能であるが，指導の観点からすると最初は，「音節分解・抽出図版　1」を用いて練習を行い，次にコンピュータ・ソフト model W1を用いるのが望ましく，実際の指導もそのように行った。この図版には，以下の20語の絵と音節図式が含まれている。

(1)猫，(2)あひる，(3)わに，(4)せみ，(5)桜，(6)味噌，(7)笛，(8)はと，(9)たぬき，(10)うり，(11)かもめ，(12)つの，(13)星，(14)毛虫，(15)テント，(16)ひれ，(17)へちま，(18)弓矢，(19)よろい，(20)茄子

これらの練習で，3音節語が正しく分解できるようになると，ステップ2の語頭音抽出の練習に移る。語頭音の抽出には，いろいろな水準があるが，練習を反復して，言語水準で語頭音を取り出せる所まで練習を行う。

これらのステップでの語の音節分解，音節分析の練習で，言語水準で，語頭音が自力で抽出でき

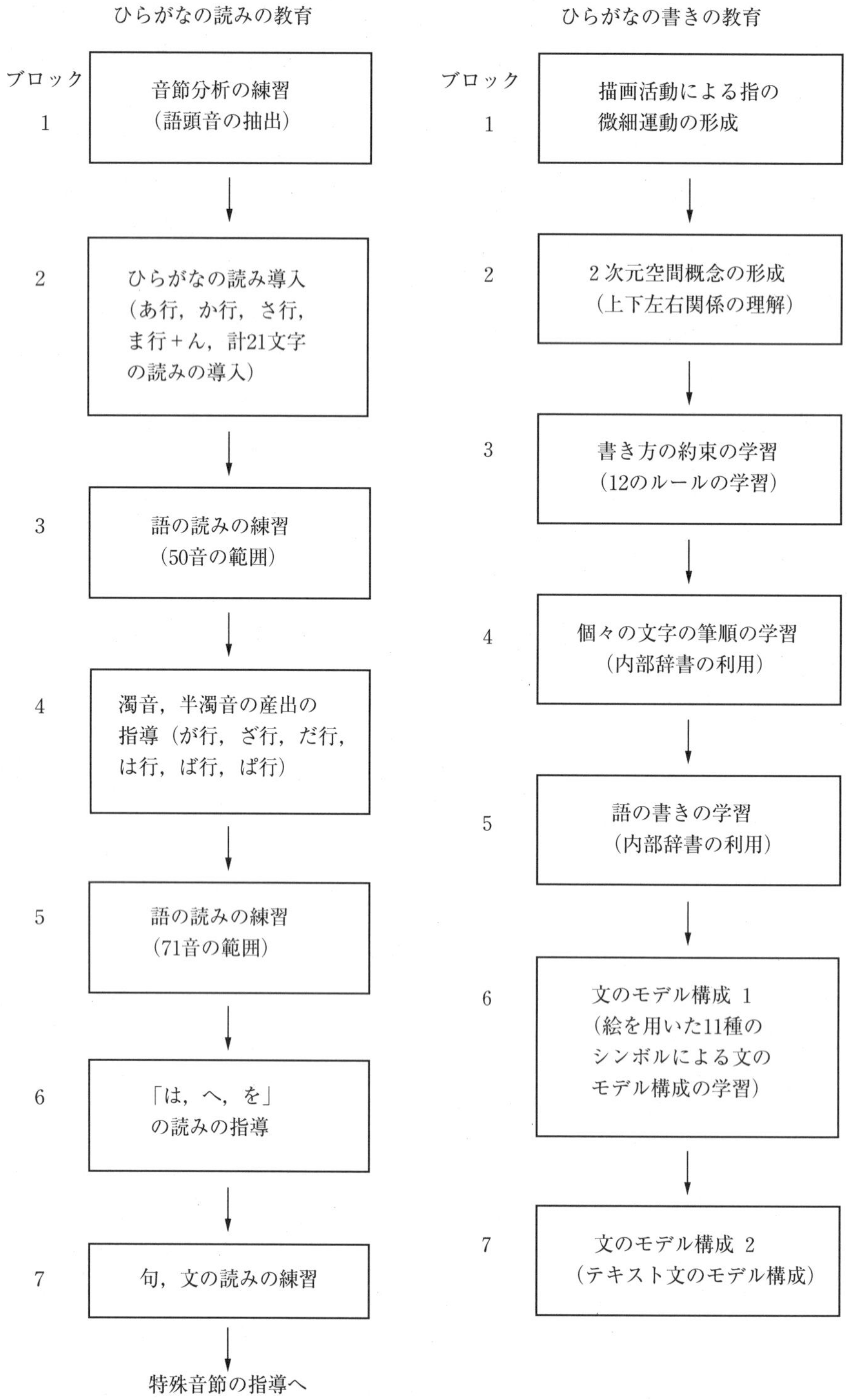
ひらがなの読みの教育
ブロック
1
音節分析の練習
（語頭音の抽出）
2
ひらがなの読み導入
（あ行，か行，さ行，
ま行＋ん，計21文字
の読みの導入）
3
語の読みの練習
（50音の範囲）
4
濁音，半濁音の産出の
指導（が行，ざ行，だ行，
は行，ば行，ぱ行）
5
語の読みの練習
（71音の範囲）
6
「は，へ，を」
の読みの指導
7
句，文の読みの練習
特殊音節の指導へ
ひらがなの書きの教育
ブロック
1
描画活動による指の
微細運動の形成
2
2次元空間概念の形成
（上下左右関係の理解）
3
書き方の約束の学習
（12のルールの学習）
4
個々の文字の筆順の学習
（内部辞書の利用）
5
語の書きの学習
（内部辞書の利用）
6
文のモデル構成 1
（絵を用いた11種の
シンボルによる文の
モデル構成の学習）
7
文のモデル構成 2
（テキスト文のモデル構成）

第3-2-2図　ひらがなの読み・書き教育プログラムのブロック構成

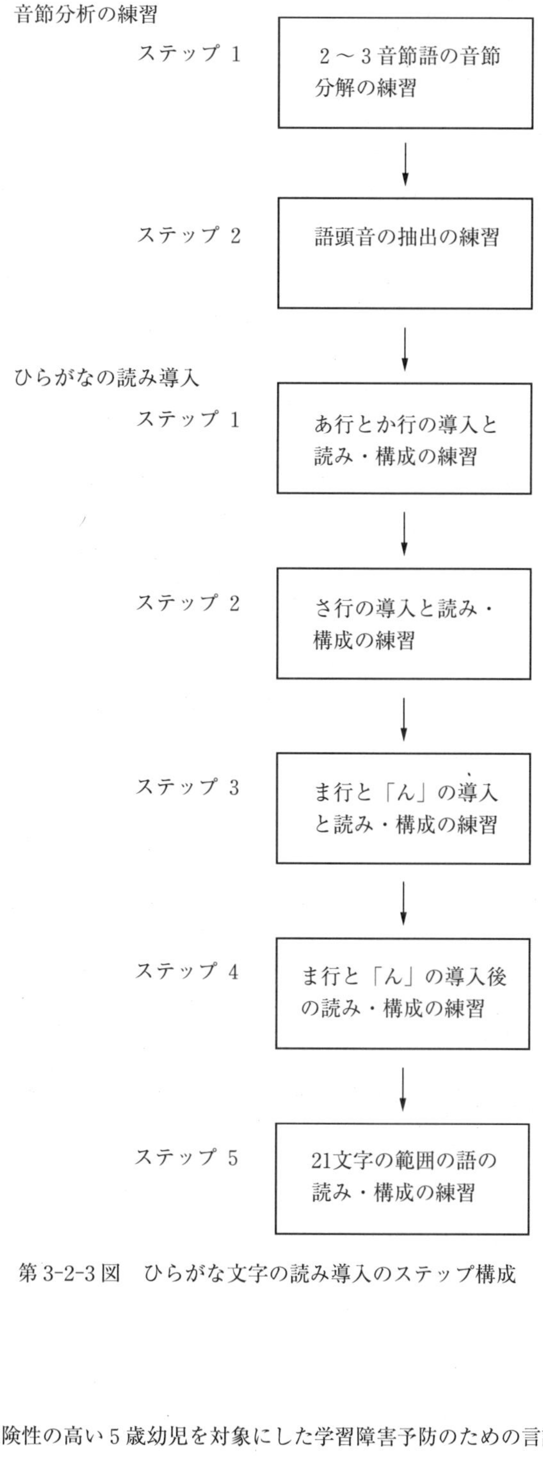

第3-2-3図　ひらがな文字の読み導入のステップ構成

る状態になると，ひらがなの文字の読みの導入を行える条件が作られる。このひらがな文字の読みの導入では，通常よくあるように，「あ」を見せて，／ア／という音を提示して，これは／ア／と読むのだというやり方で教えるのでなく，／ア／を語頭に含む語（例えばアヒル）の絵を提示し，自ら語頭音／ア／をとり出し，それを表す文字が「あ」であることを自分で見つけ出すという方法を採用している。これは，今から約35年前の昭和44年に，都内王子保育園で，4歳児を対象にかな文字を教える試みを行った時の手続きに準じているもので，その際には，文字を提示し，音節分解をも行わせる特別の装置（天野 1986，224頁参照）を用いたが，今回は，コンピュータのモニター上でそれを行わせた。その手続きの流れ図を示せば，第 3-2-4 図の通りである。

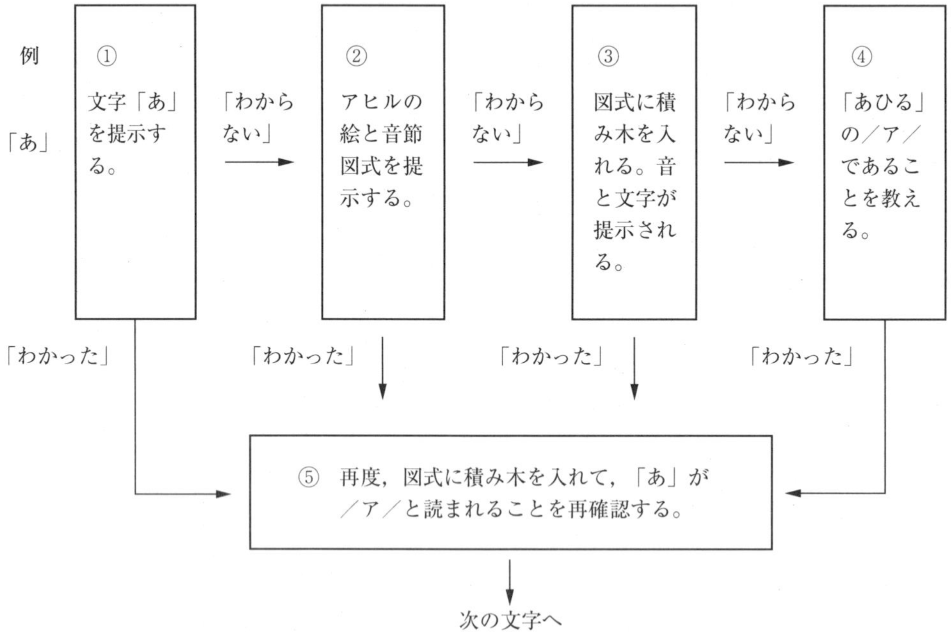
例
「あ」
① 文字「あ」を提示する。
「わからない」
② アヒルの絵と音節図式を提示する。
「わからない」
③ 図式に積み木を入れる。音と文字が提示される。
「わからない」
④ 「あひる」の／ア／であることを教える。
「わかった」
「わかった」
「わかった」
「わかった」
⑤ 再度，図式に積み木を入れて，「あ」が／ア／と読まれることを再確認する。
次の文字へ

第 3-2-4 図　ひらがな文字の読みの導入の手続きの流れ図

このような方法で，第 1 回目の訓練で，あ行 5 文字，か行 5 文字の導入が行われ，引き続き，記憶補助カード（「あ」の文字とアヒルの絵が描かれているカード）10枚を机の上の幼児の前に置いた条件で，あ行 5 文字，か行 5 文字の範囲で構成されている語を用いた語の読み課題，文字積み木を用いた語の構成課題の練習が行われる。各ステップで用いた読みの練習と構成の練習に用いた語を，次の表にまとめて示す。

第 3-2-5 図　コンピュータのモニター上で，第 3-2-4 図での③に該当する場面。
積み木を升目に入れると，自動的に升目の下に「あ」が提示され，
／ア／の音も提示される。

21文字の導入時に行う読み，構成の練習用の語

ステップ

1　あ行とか行の導入

読み練習　1）あか，2）かお，3）いか，4）いえ，5）こえ，
6）うえ，7）あき，8）かき，9）きく，10）おけ

構成の練習　1）あお，2）おか，3）かく，4）くき，5）うき，
6）かい，7）こい，8）いけ，9）えき，10）えかき

2　さ行の導入

読み練習　1）あさ，2）さか，3）うし，4）すし，5）あし，
6）いす，7）そこ，8）せき，9）さお，10）せかい

構成の練習　1）あせ，2）かさ，3）くし，4）うす，5）いし，
6）さす，7）しか，8）さけ，9）すいか，10）おそい

3　ま行，「ん」の導入

読み練習　1）うま，2）しま，3）いも，4）もん，5）うめ，
6）かめ，7）むし，8）あむ，9）みかん，10）みしん

構成の練習　1）あみ，2）せみ，3）うみ，4）くま，5）まむし，
6）むく，7）こめ，8）くも，9）かもめ，10）おめん

4　ま行+「ん」の導入後の読み・構成の練習

読み練習　3　ま行，「ん」の導入の構成練習課題と同じ

構成の練習　3　ま行,「ん」の導入の読み練習課題と同じ

5　21文字の範囲の語の読み・構成の練習（辞書なし）

読み練習　1）いけ，2）くも，3）うそ，4）おみそ，5）おかし，
6）あまい，7）さむい，8）うえき，9）おこめ，10）せんす

構成の練習　21文字の範囲で自由に10語を作らせる。

これらの課題では，表と裏にその語のひらがなの文字表記と絵を描いたカードを用い，単語の読み課題では，まず語のひらがな表記を見せ，その語を，記憶補助カード（絵辞書）を参照させながら声を出させて読ませ，正しく読めればカードを裏返しして，その絵を見せて答え合わせを行う。また，語の構成課題では，カードの絵を見せ，語を口頭で伝えて，記憶補助カード（絵辞書）を参照させながら，記憶補助カードの上にのせてある文字積み木を選ばせ，その語を構成させた。

この手続きは，ステップ2～6での「さ」行,「ま」行導入の場合も同じである。これらのステップの指導の詳細については，付録A4のプログラムの各ステップの指導の手引きや，CDに収められているソフトを参照していただきたい。

⑵　語の読み・書き練習での辞書の利用

幼児用に作成されたコンピュータ・ソフト（「ことばのいずみ　3」シリーズ）で特徴的で，かつ幼児の学習で重要な役割を果たしているのは，その中に内蔵させている辞書の利用である。辞書と言っても，いわゆる普通の辞書ではなく，幼児が，その字の読み方や書き方がわからない場合に，参照してそれを理解するのに役立つという意味での辞書である。71文字全てについて辞書をもっているが,「こ」の場合の例を，第3-2-6図に示す。各文字の辞書は，当該の文字とその音を語頭に

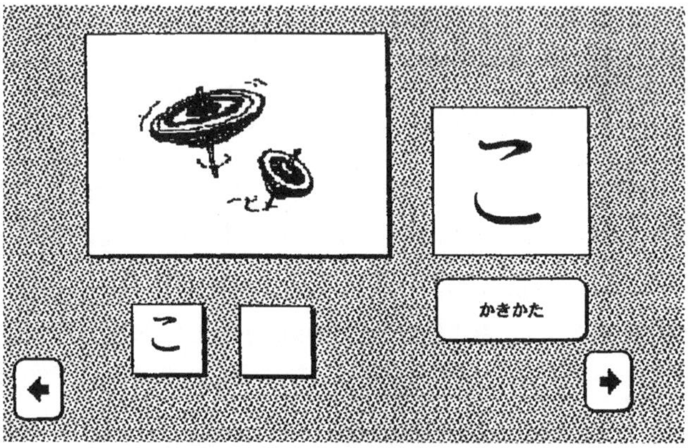

第3-2-6図　「こ」の場合の辞書

第 3-2-7 図　語の読みの課題の例（ソフト Model R 3）

もつ幼児に一義的に理解される絵から構成され，同時に，その字の筆順をストローク単位でアニメーション的に示す装置をもっている。

したがって，語の読みの課題で（その課題は，第 3-2-7 図のような形で，提示され，声を出して読み，該当する絵を選択することが求められるが），もし，読めない字（例えば「こ」の読み方がわからない）に遭遇した場合，その文字（この場合，「こ」）をクリックすると，自動的に，第 3-2-6 図の「こ」の絵辞書が短時間現れ，元の問題画面に戻る。このようにして，語の読みの練習において，読めない文字に出会う毎に何度も辞書を参照し，それを読むことを学習する中で，ごく自然に，基本音節文字の読み方を学習することができる。また，個々の文字の書き方や語の書きの練習課題でも，字の書き方，特に筆順がわからない場合，辞書画面の場合には「かきかた」のボタンを，語の場合は，書けない文字をクリックすることで，その字が，正しい筆順で音楽と共にアニメーションの手法で提示される。

R シリーズ（ひらがなの読みの学習，単語の読み，文の読みの学習）

1　いくつよめるかな（50音からなる語*）modelR 1

⑴ふえ，⑵ねこ，⑶はと，⑷わに，⑸なす，⑹ひれ，⑺つの，⑻あひる，⑼たぬき，⑽かもめ，⑾けむし，⑿てんと，⒀ほし，⒁おみそ，⒂さくら，⒃よろい，⒄せみ，⒅ゆみや，⒆うり，⒇へちま

2　みんなよめるかな（50音からなる語*）modelR 2

⑴はち，⑵やまゆり，⑶うめ，⑷つくし，⑸たけのこ，⑹めろん，⑺ひまわり，⑻らいおん，⑼へそ，⑽れもん，⑾もちつき，⑿ひるね，⒀よみせ，⒁なまえ，⒂かさ，⒃ぬりえ，⒄てにす，⒅あむ，⒆にほん，⒇ふとん

＊ 「を」を除く全ての清音文字が含まれ，これらの全ての語が読めれば，清音を全て読めたことになる。

3　ぜんぶよめるかな（70音からなる語＊＊）modelR 3

⑴やぎ，⑵ふぐ，⑶つえ，⑷ぴすとる，⑸くちべに，⑹かぶとむし，⑺さけ，⑻うどん，⑼たぬき，⑽そろばん，⑾ずぼん，⑿ごじら，⒀はいざら，⒁ぺりかん，⒂おぜん，⒃のこぎり，⒄てれび，⒅ぽぱい，⒆ひげ，⒇たわし，(21)へび，(22)ほし，(23)ゆきだるま，(24)ぷらもでる，(25)はなぢ，(26)よこずな，(27)あおぞら，(28)めがね，(29)せみ

＊＊ 「を」を除く全ての清音，濁音，半濁音文字が含まれ，これらの全ての語が読めれば，基本音節文字70文字を全て読めたことになる。

語の読みの練習は，全て，上記の第3-2-6図の形式で問題が提示されるコンピュータ・ソフト，「ことばのいずみ」Rシリーズを用いて行われた。ここには，上記に示す語が含まれ，これらの語には，50音，70音の範囲で，「を」を除く全ての文字が含まれ，練習を反復し，これらの語を誤りなく読めるようになると，自動的に「を」を除く全てのひらがな文字を読めるようになる。今回開発したソフトが，「ことばのいずみ　1」のRシリーズと唯一異なっている点は，幼児用のこのソフトは，辞書機能をもち，子どもが読めない，書けない文字に遭遇した時に，その文字をクリックすることによって，すぐにその情報を入手できるようにした点である。

⑶　濁音，半濁音の産出とモデル構成

上記のプログラムで，21文字の読みの導入が終わり，50音の語の読みの練習の中で清音の読み方を覚えていく行程に合わせて，濁音，半濁音の音についての言語的な自覚を形成する目的で，清音からの濁音への変換（有声化）と産出を促し，濁音（半濁音）を含む語のモデルを作らせる課題を与えた。

これには，第3-2-8図に示すような図版を用意し，それを用いた。そこでは，例えば，ガ行の濁音の系列を学習する場合，以下の順序で指導を行う（手続きの詳細は，付録A5を参照）。

⑴　／ka — ga／の場合を例にして，／ka／という音を濁らせる（有声化）と，／ga／という音になることを，自分の喉の所に手を当てて，／ga／の場合に喉がふるえる（振動する）ことを教える。

⑵　同様に，／ki — gi／，／ku — gu／，／ke — ge／，／ko — go／について，音を濁らせるという意味を理解させる。

⑶　澄んだ音の場合には，赤色のプレートで，濁った音の場合には，黒色のプレートで表すことを約束する。

⑷　その後，赤いプレートを示しながら，／カ／，／キ／，／ク／，／ケ／，／コ／の音をラン

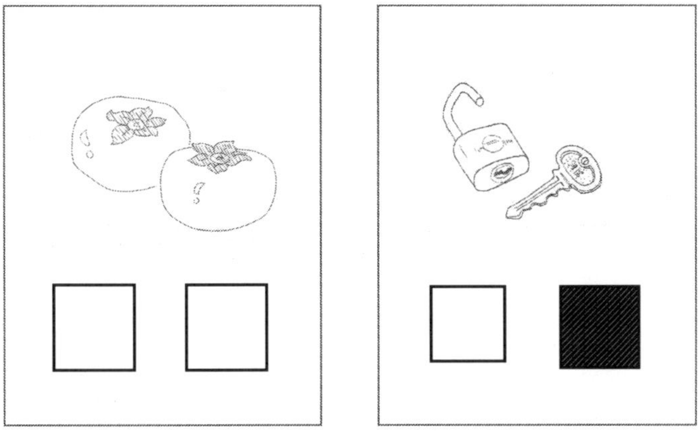

第 3-2-8 図　濁音を含む語のモデル構成
（例は／カキ／と／カギ／）

ダムに提示し，黒色のプレートを示し，その音を濁らせたら，どんな音になるかを尋ねる。わからない場合には教える。

⑸　その後，第 3-2-8 図に示す図版での指導に入る。この図版では，清音の／カキ／の語は，2 枚の赤いプレートで示され，／カギ／は，赤いプレートと黒いプレートの系列で示されており，鍵の絵は，厚紙でカバーされて見えない。訓練者は，／カキ／の／キ／に該当するプレートの所にオハジキを置き，「ここの／キ／という音を濁らせる，どんなコトバができるかな？」という課題を与える。子どもが，／キ／を濁らせ，／カギ／という語を言い当てたら，「そうだね」といって，鍵の絵を覆っているカバーを開き，正答を示す。

このような手順で，以下の語について，音の変換，濁音の産出の練習を行う。なお，バ行とパ行の対立を理解させるために，ここでは，ア行音をハ行音に変換させることから指導している。ア行音とハ行音の対立を混同する場合が多いからである。

⑴　ステップ 1　ガ行濁音

1）蚊—蛾，2）カラス—ガラス，3）烏賊—いが，4）金—銀，5）柿—鍵，6）茎—釘，7）こま—ゴマ，8）小石—碁石，9）三個—珊瑚，10）はけ—禿，11）負ける—曲げる，12）開ける—あげる，13）服—ふぐ，14）書く—家具，15）クラス—グラス

⑵　ステップ 2　ザ行濁音

1）猿—ざる，2）朝—あざ，3）酒—甘酒，4）菓子—火事，5）岸—きじ，6）櫛—くじ，7）臼—渦，8）すす—鈴，9）キス—傷，10）汗—畦，11）線—膳，12）五線—午前，13）味噌—溝，14）二足—三足，15）空—青空

⑶　ステップ 3　ダ行濁音

1）鯛—台，2）蓋—札，3）タイヤ—ダイヤ，4）タンス—ダンス，5）天気—電気，6)打て—腕，7）照る—出る，8）点線—電線，9）糸—井戸，10）的—窓，11）飛ぶ—どぶ，12）虎—ドラ。

⑷　ステップ4　ア行—ハ行

1）蟻—針，2）足—箸，3）赤—墓，4）折る—掘る，5）押す—干す，6）遅い—細い，7）行く—引く，8）オイル—お昼，9）痛い—額，10）エビ—蛇，11）えんじ—返事，12）エル—減る，13）腕—筆，14）牛—節，15）うき—蕗。

⑸　ステップ5　パ行—バ行

1）看板—甲板，2）パンチ—番地，3）パック—バック，4）ピン—瓶，5）六匹—三匹，6）ヒクヒク—びくびく，7）コップ—瘤，8）トップ—跳ぶ，9）ペンチ—ベンチ，10）ペット—ベット，11）いっぺん—3べん，12）一本—三本，13）ポトン—ボトン，14）ポチ—墓地。

⑷　特殊音節の理解とそれを含む語のモデル構成

基本音節文字の読みの学習が終えた幼児には，時間の許す限り，促音，長音，拗音，拗長音等について，それらを含む語のモデルを構成させる方法を通してその指導を行うように計画した。しかし，実際には，5歳期では，促音の指導しかできなかった。その内容と手続きの詳細は，第1部第2章で説明しているのでここでは略する。

⑸　左右・上下空間概念の形成（ひらがなの書きの学習の準備 1）

ひらがな文字の書きの学習は，ひらがな文字の読みや語の読みの学習に較べて，一般に幼児にとってはるかに困難な課題である。自生的にかな文字を書くことを覚えた健常の幼児の場合にも，字形だけでなく，線を引く方向や筆順等に，幼児固有の誤りが認められる（村石，天野 1972)。特に，微細運動機能や左右の空間概念が未発達な幼児の場合には，さらに，その困難度は増大し，字を書くこと自体を拒否する場合も認められる。そこで，本教育プログラムでは，書字の学習に先だって，夏休み前の1学期や夏休みに，教室や家庭で，絵を描く描画活動を盛んに行うようにさせ，人間や家，事物などを，割合強い筆圧で自由に描画できる状態になるのを待って，秋の2学期の10月頃より，漸次，書きの指導に移った。しかし，ひらがな文字を正しく見本通りに書けるためには，まず，上下・左右の空間関係を理解させることが必要である。

そこで，上下・左右関係を理解させ，2次元の座標空間（右上，右下，左上，左下）の言語表現を発話・理解されることを目的とした次の3ステップ，計20の課題からなる教育プログラムを作成した。プログラムは，全て，Flash でコンピュータ・ソフトとして作成され，幼児は，コンピュータ・モニター画面で課題を見ながら，マウスを操作して，学習を行った。

ステップ　1　色マークを置きながら上下・左右の十字モデルの作成⑴

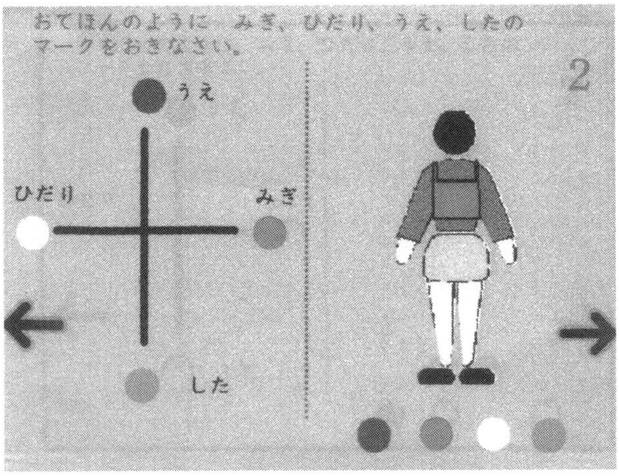

第 3-2-9 図　課題 2 の場面のモニター画面

子どもの右手に赤リボンまたは赤シール，左手に黄色リボンまたは黄色シールをつけて，赤は右，黄色は左，青は上，緑は下を表すことを説明して，理解させた後，上下左右の関係を色つきの十字図形で示したモデルを提示して，マウスを利用して，上，下，右，左の順に言語化しながら，十字図形，人間，走者などの絵図形に色マークを置かせる課題。

課題 1　十字図形，　課題 2　背後からみた人，　課題 3　左後方から見た走者，　課題 4　カエル，　課題 5　目覚まし時計

課題 2 の場合のモニター画面を，例として，第 3-2-9 図に示す。

ステップ 2　見本に合わせて，2 次元座標の右上，右下，左上，左下に，昆虫，野菜，果物，動物，器具などを置かせ，その項目が置かれてある位置（右上，右下，左上，左下）を言語的に表現させる課題。

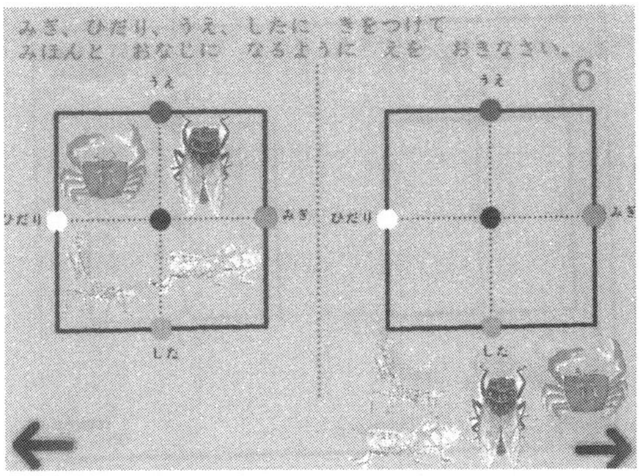

第 3-2-10 図　課題 1 の場合のモニター画面

課題　1　カニ，セミ，カマキリ，バッタ

課題　2　大根，西瓜，桃，パイナップル

課題　3　鷲，ラクダ，ゴリラ，ペンギン

課題　4　時計，自動車，電話，ピアノ

課題1の場合のモニター画面を，例として，第3-2-10図に示す。

ステップ　3　2次元座標系に，見本として提示されている線図形を見ながら，マウスを操作して，線の開始点(S)，終了点(E)に注意を払って，見本と同じ線図形を描く課題。全部で第3-2-11図の11の図形を課題として練習させた。モニター画面でその例(課題4)を，第3-2-12図に示す。モニター画面では，Sはいつも青色のボタンで示されている。

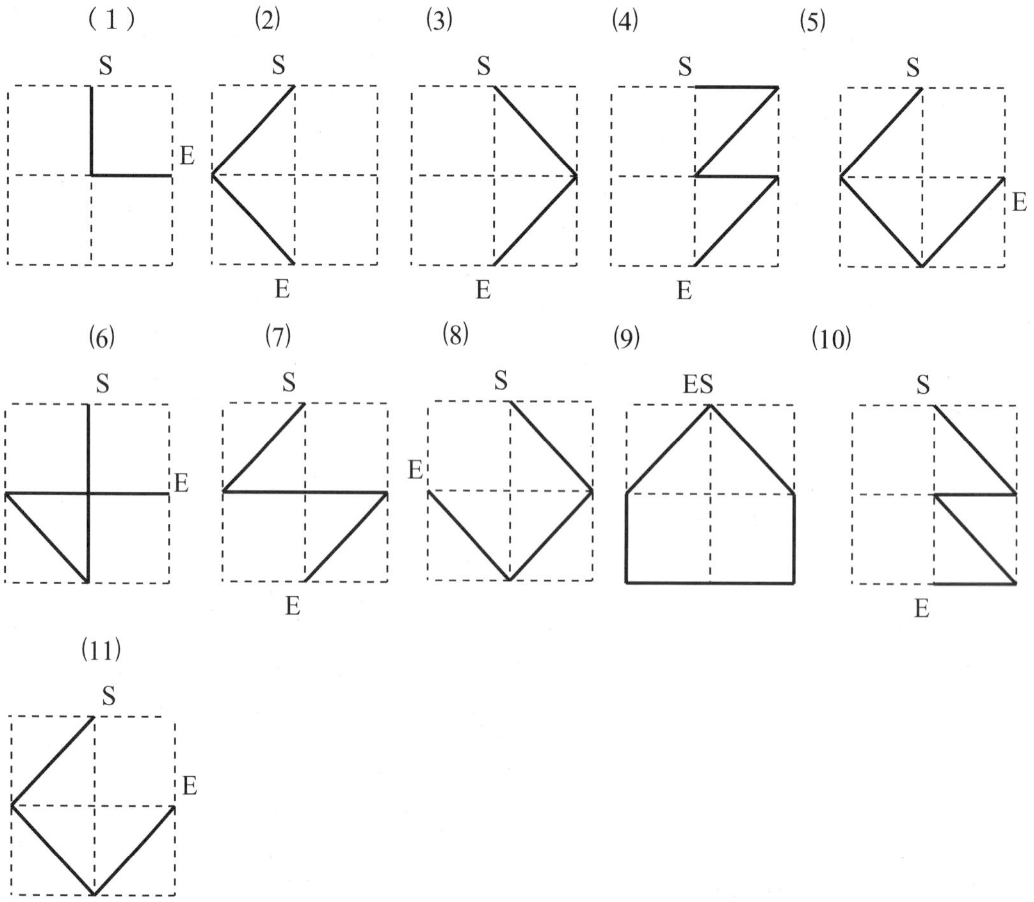

第3-2-11図　マウスを操作して見本と同じ線図形を描く課題

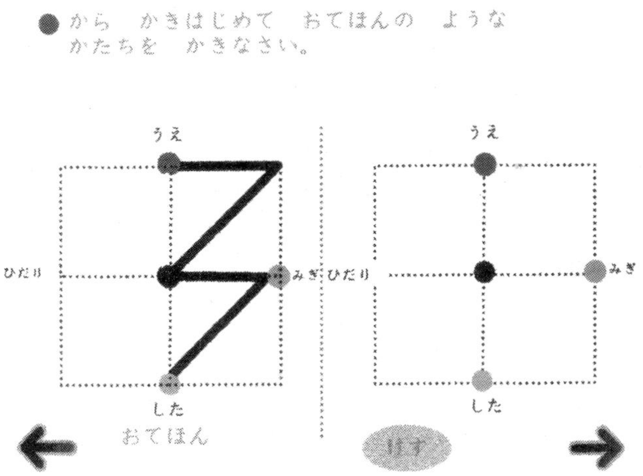

第 3-2-12 図　課題 4 の場面のモニター画面

(6)　かな文字の書き方のルールの学習

微細運動機能を発達させ，左右上下の空間概念を形成すれば，すぐにかな文字の書きの学習に移れるかというと，必ずしもそのようには考えられない。ひらがな文字の書きの習得の困難さの一つの原因は，ひらがな文字が歴史的には，漢字から派生し，しかも，漢字の草書体が，ひらがな文字に変わっていったという歴史的経緯を反映して，ひらがな文字の書き方には，漢字の書き方のルールが基礎になっているが，幼児は漢字の学習を行ってから，ひらがなの書きに移るわけではないので，そのルールについて全く未学習で，ルールがあること自体に無頓着であることにある。したがって，幼児は，縦の直線を下から書き始めたり，「十」の文字を，上，右，下，左から中心に向かって書く等，大人には予想できないような書き方を示す場合が多い。そのため，個々のひらがな文字の書きの学習に入る前に，その準備段階の学習として，ひらがなの書き方の最小限のルールを教えておくことが，必要であると考えられた。もっとも，何がひらがなの書き方の最小限のルールかについて，全く先行研究もないので，より一般的で，多くのひらがな文字の書き方に適用できるものとして，以下の12のルールを仮説的に取り出し，それを教材化した。

1)　横の直線は，左から右に書く。
2)　縦の線は，上から下に向かって書く。
3)　「十」のように，横の直線が縦の線と交叉する場合は，横から書き始める。
4)　二本の横線は，上の線から書き始める。
5)　二本の縦線は，左の線から書き始める。
6)　二本の横線が，一本の縦線と交叉する場合は，「横」「横」「縦」の順に書く。

7)　○は，時計回りに書く。

8)　「す」のように結び目を書くときも，時計回りに書く。

9)　横線と斜め線が，交叉する時は，横線を先に書く。

10)　右部分と左部分があるときには，左の方から書き始める。

11)　一筆書きの続いている文字は，続けて書く。

12)　はねる時は，一度止めてから，はねる。

実際の教育ソフトでは，上のルールを，書く時の約束として簡単な句で教え，かつ，各ルールについてコンピュータのモニター画面で，マウスを用いて，幼児が納得するまで，練習を反復した。第3-2-13図に，上の3)のルールを教える場合のモニター画面を例として示す。赤丸の所から書き始めて，青丸までマウスを動かすことで，見本のように，各線分を書くことができ，誤った場合や再度反復したい場合には，「けす」のボタンをクリックすることで，元に戻ることができる。上の12のルールについて練習を行った後，次のステップで，「し」「り」「い」「こ」「す」「ま」「に」「た」「く」「の」「る」「そ」の12文字について，上のルールの応用の練習として，マウスを用いてモニター画面で，実際にひらがな文字を書く練習が行われる。

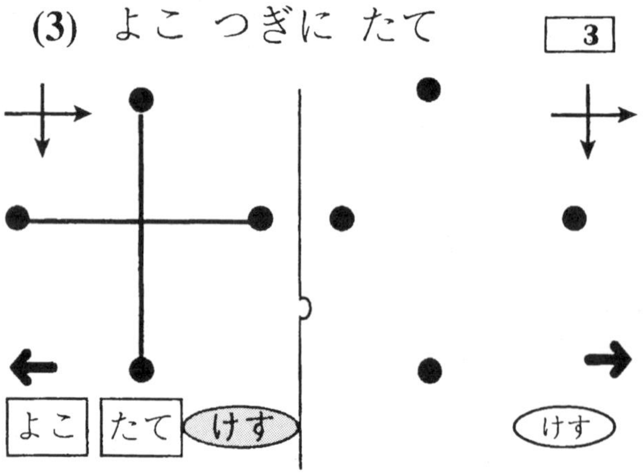

第3-2-13図　3)のルールを教える場面のモニター画面

このような指導の後，各文字の筆順を含めて書き方をアニメーション的に表示する辞書を用いた個々のひらがな文字の書き方の練習（第3-2-2図の「ひらがなの書きの教育」のブロック4）に移る。ここでは，モニター画面に似た4分割の破線が描かれている個々の升目を用いて，黒鉛筆（あるいは色鉛筆，クレヨン）を用いて，モニター画面に現れる書字の順序に従って，個々の文字の書き方の練習が行われる。また，この方法で，30〜40程度の文字が正しく書けるようになると，語の書きの練習（ブロック５）に移る。そこでは絵で提示された語を，音節分解で積み木の系列に一度置き換えた後，ノートにその語を書くことが求められる。字がわからない場合には，所定のボタンをクリックすると，その語を構成する文字が画面に現れ，さらに筆順がわからない場合には，さらに，その文字をクリックすると，辞書を参照できる仕組みになっている。

(7) 文の読み・書きの指導

語が正確に読めるようになり，その読み方も拾い読みから単語読みに移行する段階に入ると，「は，を，へ」の読み方の指導を経て，文の読みの練習に入るが，この指導の方法は，基本的にこれまで「ことばのいずみ」（シリーズ１）のＲシリーズで採用してきた方法と変わりがない。文は，「うそか，ほうとうか」というゲームの中で提示され，子どもは文を読んで，その内容が，嘘か本当かを判断し，「ほんとう」「うそ」のいずれかのボタンをクリックするという形式で，文の読みの学習が進行するようにプログラムが構成されている。

文の読み方の練習に用いられる教材は，以下の通りである。

文の読み練習問題（Ｒシリーズ）

1）「は」「へ」「を」の読み方（model R 11）

「は」の読み方：以下のように，「は」の読み方の説明が与えられ，該当する絵と共に文が提示され，その文を読む練習を行う。各説明について練習文３文。

1　（説明）ひとや　ものを　せつめいするとき，「は」は「わ」とよみます。

1）　これは　かぶとむしです。

2）　わたしは　よしこです。

3）　ぼくは　ぽぱいです。

2　なにかしている　ひとや　どうぶつを　いうときにも「は」は「わ」とよみます。

1）　よしこは　ほんを　よんでいます。

2）　すずめは　えさを　たべています。

3）　ぼくは　たくさん　たべました。

「へ」のよみかた：

1　ゆきさきを　いうときには「へ」を「え」とよみます。

1）　なつ　うみへ　いきます。

2）　ぼくは　かわへ　つりに　いく。

3）　はなこは　えきへ　むかえに　いきました。

2　あいてを　いうときにも「へ」を「え」とよみます。

1)　おかあさんへ　はなを　あげる。

2)　はなこへ　まりを　なげた。

3)　てがみを　ぱぱへ　わたした。

「を」のよみかた：

1　はたらきを　うけるものには　「を」を　つかいます。「を」は，「お」とよみます。

1)　ぼくは　ぱんを　たべる。

2)　はなこに　はなを　あげる。

3)　ぼくは　まりを　なげる。

2　ばしょを　いうときにも「を」をつかいます。

1)　かもめは　そらを　とぶ。

2)　ぼくは　すべりだいを　すべる。

3)　あひるが　いけを　およぐ。

2）「うそか　ほんとうか」

絵と共に提示される文を読んで，その内容が本当か嘘かを考えて，「ほうとう」，「うそ」のいずれかのボタンを押すことが求められる。内容的に，5歳幼児でもわかる文が選ばれている。

うそか　ほんとうか⑴　Model R 8

1)　ねこは　ねずみを　こわがります。

2)　ひまわりは　あついときに　さきます。

3)　これは　くじらです。

4)　くじらは　かわに　すんでいます。

5)　これは　かぶとむしです。

6)　はちは　すに　みつを　ためます。

7)　ぺんぎんは　あついところに　います。

8)　きは　いきています。

9)　りんごは　やさいです。

10)　うさぎの　みみは　ながい。

うそか　ほんとうか⑵　Model R 9

1)　この　はなは　さくらです。

2)　らくだには　こぶが　あります。

3)　これは　ひつじです。

4)　くじらは　さかなです。

5) これは　とらです。

6) たけのこは　おおきくなると　たけに　なります。

7) こあらは　あつい　ところに　います。

8) とまとは　やさいです。

9) かぶとむしは　どれにも　つのが　あります。

10) これは　らいおんの　おすです。

うそか　ほんとうか(3)　Model R 10

1) これは　さるです。

2) わには　あついところに　います。

3) けいとは　ひつじの　けから　つくります。

4) おつきさんは　いつも　まるい。

5) これは　たんぽぽです。

6) たんぼで　おこめを　つくります。

7) おひさまは　あさ　のぼらないひも　あります。

8) みるくは　うしの　おちちから　つくります。

9) にほんが　あたたかくなると　つるは　さむいくにから　とんできます。

10) そらの　ほしは　とんで　きえることが　あります。

余力があって，これ以上練習を続ける時には，第1学年用のRシリーズ「うそか　ほんとうか」(4)(5)(6)(7)を用いて練習を行う。

文の書きの指導は，これに較べてより複雑で，ひらがな文字の読み書きプログラムでの指導よりやや遅れて始まるb)構文能力形成プログラムでの指導（第3-2-2図のブロック6，7）と結びつき，それの延長線上の教育としてその指導が始まる。構文能力形成プログラムでの教育は，11種の統辞・意味論的カテゴリー（「行為者」「対象」「受け手」「相手」「目的」「手段」「行為」「材料」「時間」「場所」「原因・理由」）を表す11種のシンボルマークを用いて，初めは，絵で示された動詞述語構文の構造をモデルで表すことをまず学習し（ブロック6），次に，テキストで表された文を読み，その構造をモデルで表すことを学習し（ブロック7），そして，初めて，文の書きの学習に入る。そこでは，ブロック6で学習したことと，ブロック7で学習したことの逆の行為を結びつけ，子どもは，絵で描かれている文の内容を，一度，シンボルマークを用いてその文のモデルを構成し，次に，そのモデルを見ながら文を書き・構成することを学習する。このような手続きを経ることによって，幼児でも，間違いなく正しい形の整った文を書くことができるようになることが，2000年度に行われた予備的な実験教育で示されている。構文能力形成プログラムでの文の指導，それから文の書きへの指導の方法の手続きは，第1部第2章で説明してあるので参照されたい。

第5節　分類操作の学習を基礎にした語彙・意味・認知的教育プログラム

われわれの訓練教育に参加している子どもたちの語彙・意味論的・認知能力の発達を促すために，第3-2-14図に示す8ステップからなる教育プログラムを構成した。このプログラムは，三つの目的をもっている。第1は，子どもの周辺にあって日常生活で用いられている，あるいは知っておいてよい事物や生物などについて学習させること，第2は，1次元分類操作を学習させること，第3は，それを基礎に諸対象が属するクラス等の上位概念を学習させることである。一般にこれらの能力は，幼稚園年長期に顕著に発達するが，学習障害の危険性をもつ言語・認知能力に遅れのある幼児には十分発達していないことが，これまでの調査でわかっている。このプログラムは，特にコンピュータを用いることはせず，様々な具体物や対象のプラスチック製のモデルを使用することにした。

この課題の目的に対応して，分類課題では，どのステップでも，以下の手続きで教育が行われる。

1)　事物の名称(語彙)を言わせる：

分類課題に入る前に，実物かそのモデルを示し，少なくとも2回，その名称を言うことを求める。それでわからない場合や間違っている場合には教える。

2)　分類課題：

課題に対応して，机の上に，2～3枚の紙皿を置き，提示している事物や生物を2～3のグループに分類させる。第1試行が間違っている場合には，「すこしおかしいところがあるよ。もう一度やってごらん。」と伝え，第2試行を行わせる。それでもできない場合には，第3試行目で，個々の事物の特徴，機能などについて尋ねて考えさせ，わからなければ教える。そして，分類させる。

3)　上位カテゴリーの名称：

分類が正しくできた場合，その仲間の名称を言わせる。わからない場合には教える。

また，ステップ8の異物発見課題では，15種の生物についてその名称を確認した後，それらの中から，一つの異物を含む3個を選び（例えば，ふくろう，鷲，鹿），3個のうち一つだけ仲間はずれがあることを告げ，それを探すことを求める。そして子どもが，それを見つけ出してきた場合，その理由を尋ねる。第2試行まで自力で解決するように促し，どうしてもわかない場合には，第3試行で，一定のヒント（例えば，先のふくろう，鷲，鹿　の課題の場合，「どのように動く？」と尋ねる）を与えて，解答を促す。それでもわからない場合には教える。

		対　　象
ステップ 1	語彙・1次元分類課題 1 （野菜と果物）	メロン，トマト，桃，大根，人参，バナナ，玉葱，玉蜀黍，ミカン，ジャガイモ，リンゴ，キュウリ，イチゴ，ピーマン，レモン　計15種
ステップ 2	語彙・1次元分類課題 2 （切る，書く，測る道具）	鉛筆，ハサミ，物差し，磁石，クレヨン，計量カップ，ノコギリ，温度計，ボールペン，ナイフ　計10種
ステップ 3	語彙・1次元分類課題 3 （3種類の食器）	はし，皿，コップ，茶碗，マグカップ，フォーク，スプーン，お椀，湯飲み茶碗　計9種
ステップ 4	語彙・1次元分類課題 4 （道具と玩具）	はさみ，ボール，ノコギリ，ミニカー，フォーク，紙フーセン，ペン，ビー玉，鉛筆　計9種
ステップ 5	語彙・1次元分類課題 5 （トランプのマークと数）	ハート，スペード，ダイヤ，クラブの3，5，8のトランプカード　計12枚
ステップ 6	語彙・1次元分類課題 6 （野生の動物と家畜）	犬，ライオン，狼，牛，象，ろば，キリン，山羊，鹿，羊　計10種
ステップ 7	語彙・1次元分類課題 7 （水生と陸生の動物）	象，鯨，キリン，ライオン，イルカ，鮫，熊，イノシシ，亀，オットセイ（またはアザラシ）計10種
ステップ 8	生き物の分類（異物発見課題） （鳥，動物，魚，は虫類）	イルカ，鯨，フクロウ，鷲，鹿，狐，ライオン，犬，鮫，山羊，牛，鰐，亀，熊，河馬　15種より3対ずつ

第3-2-14図　分類操作の学習を基礎にした語彙・意味・認知的教育プログラムの構成

第６節　学習障害の危険性の高い５歳幼児を対象にした実験的訓練・指導

以上説明してきた教育プログラムに基づいて，2001年度３～６月の診断調査で見つけ出された15名の学習障害の危険が高い５歳代幼児のうち，地理的条件を満たし，親の同意と協力が得られた11名の幼児を対象に，2001年６月より，実験的訓練・指導を始めた。当初，見つけ出された学習障害の危険をもつ幼児を，均等な２群に分け，特別な訓練・指導を行う訓練群とそれを実施しない統制群を構成し，教育指導の効果をより正確に分析できるデザインも検討の対象にしていたが，そのまま特別の教育指導を実施しない場合に学習障害になる危険性が高いということがかなり明白であるにもかかわらず，訓練・指導を実施しない群をつくることには，教育研究の倫理上の問題をもつため，そのデザインは採用せず，地理的条件を満たし，親の同意と協力が得られる限り，なるべく多くの幼児をわれわれの教育プログラムで指導を行うことにした。しかし，それでは，教育プログラムの教育効果を評価する段階で，訓練効果を十分評価できないという問題を引き起こすので，15名の幼児のうち地理的な条件を満たすことができない幼児１名（O. R.），訓練については親の同意と協力がえられなかった２名（U. K.，N. M.），計３名の幼児，及び他の研究の中で同じく学習障害に危険が高いと判断されたが，地理的な条件を満たさない２名の幼児（S. Y.，N. K.）を得て，計５名で，訓練群と比較するための対照群を構成した。対照群は，訓練群の幼児と１対１の対を構成して選択，構成していないので，統制群を構成した場合と異なって，厳密な意味で訓練効果を評価できることは期待できない。あくまでも，訓練群の訓練中の発達的変化と，全体的・参照的に比較して，訓練群の変化の特徴を取り出すことを期待して構成したものである。

(1)　訓練群と対照群の５歳幼児の訓練前の諸検査で明らかにされた発達水準

このような経過で，われわれの教育プログラムに参加することになった訓練群の幼児，及びその比較のために構成した対照群の幼児の訓練前の諸検査によって明らかにされた諸発達水準は第3-2-1表に示す通りである。

訓練群の幼児は，先にも述べたように，いくつかのタイプに分かれる。

タイプⅠ：読字，語彙，数量関係，言語調整機能などに顕著な遅れが認められ，言語性　LDの特徴をもつタイプ（Y. A. 児やI. K. 児）。

タイプⅡ：言語面の遅れの他に注意，言語的記憶の発達に顕著な遅れが認められるタイプ（W. U. 児）。

タイプⅢ-1：PIQがVIQに較べて極度に低く，非言語性LDの特徴を示し，空間・運動機能，注意，像的記憶にも遅滞が認められるタイプ（O. K. 児）。

タイプⅢ-2：非言語性LDの特徴を示すが，注意機能，映像的記憶には問題がないタイプ（K. T.,

M. A. 児)。

タイプⅣ：言語面の遅れの他に，空間・運動面，行動のコントロール，多動性が目立つタイプ(T. Y. 児)。

個々の特徴だけで見ると，訓練群の11名のうち，９名には，読み能力と数のpre-academic skillsに顕著な遅滞が認められる。また，残る３名（U. T.，K. T.，M. S. 児）には，読み能力と数のpre-academic skillsには，問題がないが，言語的記憶，空間・運動面の発達に問題をもっている。また，11名のうち，３名（W. U.，O. K.，S. Y. 児）には，注意機能に極度な発達の遅れが認められ，３名（U. T.，M. K.，K. T.）以外の他の幼児にも，多かれ少なかれ，注意機能に問題をもっている。

(2) 訓練群の幼児の病歴と脳波所見

11名の被訓練児の中２名は，これまでの精神発達に影響したと思われる病歴をもっている。つま

第3-2-1表　訓練群と対照群の５歳幼児の訓練前の諸発達検査の結果
(2001年２～５月実施)

番号		被験児	性	年齢4.1日現在 歳：月	読字数 71	数唱 100	計数 20	語彙力 25	言語調整	図形 3	記憶		注意力 %	WPPSI or WISK III
											言語 12	映像 12		VIQ. PIQ. IQ
訓練群	1	U. T.	m	5：7	62	39	20	10	Ⅳ	2	1	3	92	68, 83, 70
	2	W. U.	f	5：2	2	17	10	10	Ⅱ	2	2	8	6	71, 81, 71
	3	S. Y.	m	5：6	7	20	16	8	Ⅰ	2	6	4	41	89, 79, 82
	4	I. K.	m	5：1	3	10	11	10	Ⅱ	2	4	6	70	68, 84, 71
	5	O. K.	m	5：5	2	10	10	14	Ⅱ	1	7	2	2	94, 74, 81
	6	M. K.	m	5：5	6	30	20	11	Ⅲ	3	4	7	92	79, 83, 77
	7	K. M.	f	5：5	0	39	17	16	Ⅲ	1	6	5	69	87, 80, 80
	8	K. T.	m	5：9	68	20	20	16	Ⅳ	1	3	8	97	81, 68, 72
	9	M. S.	m	5：2	71	20	20	15	Ⅲ	3	3	8	75	99, 68, 82
	10	Y. A.	m	5：1	0	10	14	8	Ⅲ	2	5	7	70	72, 97, 82
	11	T. Y.	m	5：0	2	18	18	8	Ⅱ	1	6	4	70	79, 65, 67
対照群	1	U. K.	m	5：4	70	30	4	10	Ⅲ	0	4	7	21	64, 68, 59
	2	O. R.	m	5：3	63	10	10	14	Ⅰ	—	7	5	14	80, 72, 79
	3	N. M.	m	5：0	2	20	20	11	Ⅳ	—	3	—	13	90, 92, 89
	4	S. Y.	m	5：5	16	20	20	20	Ⅱ	2	3	7	93	85, 71, 76
	5	N. K.	m	5：9	20	20	20	20	Ⅳ	1	5	6	48	96, 83, 89

(注) 最高値が示された課題は，正反応数を示す。言語調整は，第Ⅰ水準は(4)a)の課題も合格できない水準，第Ⅱ水準は，(4)a)の課題のみ合格した水準，Ⅲは，b)，c)の２課題のうち，１課題に合格した水準，Ⅳはb)，c)の２課題共に合格した水準を示す。注意力は，正反応率とお手つき反応率の差を指標としている。

り，Y. K. 児は，３歳代より約２年間，ネフローゼで入退院を繰り返していた。訓練開始時には正常に幼稚園に通園できるようになっていたが，まだ完治せず，通院治療を受けていた。また，K. T. 児の場合，４歳期に軽度のてんかん発作があり，以降投薬が継続的に続けられている。また，彼はベックウイズビーデマン症候群の病気をもつが，日常生活に特に重大な支障は生じていない。念のため，それ以外の９名の幼児全員に，2002年春に脳波検査を受けてもらい，異常がないか否か調べた。その結果，U. T. 児には，非定型的てんかん波というべき脳波の基礎波の軽度異常が認められ，K. M. 児の場合には，後頭部を中心に突発性の徐波の連続が認められた。また，M. S. 児の場合，頭頂部，後頭部，後側頭部の左側に基礎波の低形成が認められ，軽度の異常が認められた。また，右前頭部に，陽性棘波の波形が散見されたが，定型的てんかん波ではなく，境界例と判定された。しかし，いずれも，その症状は全くなく，日常的に健康である。その他の６名の幼児には，脳波には全く異常は認められなかった。

⑶　訓練・指導の方法

個々の幼児に対する訓練・指導は，I. K.，M. K.，O. K.，K. M.，T. Y. の５児については，中央大学大学院行動観察室で，他の６名（U. T.，W. U.，S. Y.，K. T.，Y. A.，M. S. 児）については，川崎市の川崎小学校，東住吉小学校，麻生小学校，久本小学校，宮前平小学校の５公立小学校のことばの教室で，個別指導の形で実施された。訓練・指導は，中央大学大学院行動観察室の場合は，毎週２回２校時（約90分）の間に，休憩を挟んで約30分ずつ２セッション，川崎市のことばの教室の場合には，毎週２回１校時の割合で行われた。訓練・指導を実施したのは，中央大学大学院行動観察室の場合は，著者及び著者の指導の下で訓練に参加している中央大学在籍の大学院生，学部学生で，川崎市のことばの教室の場合には，担当の教諭である。

⑷　訓練・指導の実施計画と実施状況の概要

訓練・指導は，一定の実施計画に基づき，2001年６月から，2002年３月の間に実施された。11名の幼児のうち，９名の幼児が，５歳の就学１年前の時点でひらがな文字がほとんど読めないという全体的な状況に対応して，訓練・指導の実施の年間計画を立て，実施した。その実施の概要を，学期毎に整理して示したのが第 3-2-2 表である。そのうち，第３学期の音節指導について，全ての特殊音節（促音，長音，拗音，拗長音）について指導を行うように計画を立てたが，就学前に実際に指導が行えたのは，促音までで，その他の音節の指導は就学後に持ち越した。おおむね，この計画通りに指導が実施されたが，特に子どもの学習のテンポが遅れた場合には，その通りに実施できなかった場合もある。それについては，個々のプログラムの学習の説明の際に説明する。

第 3-2-2 表　読み書き能力等が未発達で特別指導を実施しないと学習障害となる危険性の高い 5 歳幼児を対象にした指導・訓練計画の概要

（2001年 6 月～2002年 3 月）

	第 1 学期（6 月～ 7 月末） 第 1 期　ひらがな文字の導入の段階	第 2 学期（9 月～12月末） 第 2 期　ひらがなの文字の読み・書きと語彙指導の段階	第 3 学期（1 月～ 3 月） 第 3 期　文の読み書きと語彙指導を中心とした段階
パソコン入門	目標：パソコンのマウスの使い方に慣れる。 教育プログラム (1)「ちょうちょ　1」 (2)「ちょうちょ　2」 (3)「赤風船」 (4)「色風船」		
音節指導	目標：言語水準で語頭音の抽出ができるようにする。 かな文字導入教育プログラム ステップ 1　2 － 3 音節語の音節分解（50音） ステップ 2　語頭音の抽出の練習 （教材：音節の分解抽出図版） （ことばのいずみ　W1）	目標：清音から濁音を産出する中で濁音の自覚を形成する。 教育プログラム ステップ 1　ガ行濁音 ステップ 2　ザ行濁音 ステップ 3　ダ行濁音 ステップ 4　ア行―ハ行 ステップ 5　バ行―パ行	目標：特殊音節（促音，長音，拗音，拗長音）の音節の自覚を形成する。 1　促音のモデル構成プログラム （2　長音のモデル構成プログラム） （3　拗音のモデル構成プログラム） （4　拗長音のモデル構成プログラム）
読み指導	目標：あ行，か行，さ行，ま行＋ん　の21文字かな文字導入教育プログラムの読みを習得させる。 ステップ 3　あ行とか行の導入と読み・構成の練習 4　さ行の導入と読み・構成の練習 5　ま行の導入と読み・構成の練習 6　21文字の読み・構成の練習	目標：基本音節文字71文字の読みを習得させる。 語の読みの教育プログラム 1　いくつよめるかな（50音からなる語）model R 1 2　みんなよめるかな（50音からなる語）model R 2 3　ぜんぶよめるかな（70音からなる語）model R 3	目標：基本音節や特殊音節を含む文を読むことを学習する。 教育プログラム 1　「は」，「へ」，「を」の読み方 1　うそか　ほんとうか　1 2　うそか　ほんとうか　2 3　うそか　ほんとうか　3 4　うそか　ほんとうか　4
書きの指導	目標：描画活動の中で指の随意的な運動機能を発達させる。 1　自由画の描画 2　ぬりえの描画 3　課題画の描画	目標：ひらがな文字の書き方の基本を習得させる。 教育プログラム 1　左右・上下空間概念の形成（書きの学習の準備　1） 2　かな文字の書き方のルールの学習（学習の準備　2） 3　ひらがな辞書を利用した50音の文字の書き方の練習	目標：ひらがな基本音節71文字の書き方を習得する。促音を含む語の書き方を習得する。 教育プログラム 1　辞書を利用した50音の文字の書き方の練習 2　促音のモデル構成と表記の学習
語彙指導	目標：色名や花の名称を学習させる。 教育プログラム 1　色風船（コンピュータ入門ソフト） 2　何色ですか？ 3　ちょうちょ　1，2 （コンピュータ入門ソフト）	目標：身辺の対象の名称の学習と 1 次元分類を基礎にした上位概念の学習 教育プログラム（11月中旬より指導開始） ステップ 1　野菜と果物 2　切る，書く，測る道具 3　3 種類の食器 4　道具と玩具 5　トランプのマークと数	目標：身辺の対象の名称の学習と 1 次元分類を基礎にした上位概念の学習 教育プログラム ステップ 6　野生の動物と家畜 7　水生と陸生の動物 8　生物の分類 （鳥，動物，魚，は虫類）

第７節　教育プログラムの下での子どもの学習過程

以下，各教育プログラムの下で行われた指導・訓練の中で，子どもの学習がどのように進行したのか，その概要を説明することにする。

⑴　幼児のコンピュータの使い方の学習

われわれが作成・使用した教育プログラムの多くは，コンピュータを用いて学習することになっているので，訓練・指導の最初の段階で，音節分析や語彙に関する検査等と平行して，「ちょうちょ　1」，「ちょうちょ　2」，「赤風船」，「色風船」のソフトを用いて，ゲームを行わせる中で，幼児にコンピュータになじませ，マウスの使い方を会得させた。予測したように，どの幼児もこれらのゲームを喜んで行い，比較的容易に，マウスの使い方等を習得した。どのゲームで遊ぶかは，幼児の選択に任せたが，特に多くの幼児が好んで遊んだのは，「色風船」のゲームであった。これは，モニター画面上，音楽に合わせて，ゆられてランダムな方向に移動している，赤，黄，緑，青，紫，ピンク，茶，空色の８色の風船をマウスでクリックすると，クリックする度に，クリック音と共にその風船の数が増えていき，ついには画面が色風船で覆われるというゲームである。また，その色の風船の数が，下段にその色で示される。動いている風船をうまくクリックするのは易しくはないが，回数を重ねる中に，徐々にマウスの使い方を覚え，動く対象もクリックできるようになっていった。

⑵　ひらがなの読みの学習

対象児の11名中９名は，ひらがな文字を全く読めないか，自分の名前に含まれる文字を読める程度であるので，われわれが構成した「ひらがなの読み・書き入門教育プログラム」は，音節分解，音節分析の指導から始まって，最終的に，就学時に小学校１年生用の国語の教科書でそのテキストの読み書きが学習できるまで指導を行うことが求められた。幼児は，われわれのプログラムの中でどのようにひらがな文字での読み能力を習得していったのであろうか。

第3-2-3表に示すのは，第3-2-2図に示した「ひらがなの読み・書き教育プログラムのブロック構成」に対応させて，読みに関する訓練が，各幼児に対してどのように実施されたのか，その進行状況を示したものである。表の中に記載してある数字は，実際に行われた訓練の回数を表している。

また第3-2-4表は，これらの指導・訓練の進行に対応して，各幼児が読めるようになったかな文字数の変化・進歩を，特に，21文字の導入が行われたブロック２と語の読みの練習が行われたブロック３，５に焦点を当てて示したものである。

第 3-2-3 表　ひらがな文字の読みの指導・訓練の進行状況（表の数値は訓練回数）

ブロック			1 音節指導	2 21文字の読みの導入					3 語の読み		4 濁音・半濁音の音節指導					5 語の読み	6 助詞	7 文の読みの練習					特殊音節の指導	
ステップ				1	2	3	4	5	1	2	1	2	3	4	5	3	1	1	2	3	4	5		
課題及び教材 / 訓練児		訓練開始時の読字数	音節分解と音節抽出	あ行か行導入	さ行導入	ま行導入	読みと構成練習	読みと構成練習	50音語の読み練習 R1	50音語の読み練習 R2	ガ行濁音	ザ行濁音	ダ行濁音	ア行―ハ行の対立	バ行―パ行の対立	71音語の読み練習 R3	はをへの読みの指導	うそか ほんとうか 1	うそか ほんとうか 2	うそか ほんとうか 3	うそか ほんとうか 4	うそか ほんとうか 5	促音	長音
1	U. T.	62	—	—	—	—	—	—	—	—	1	1	1	—	—	—	—	—	—	—				
2	W. U.	7	0	1	1	1	—	—	8	—	1	1	3	—	—	—	—	—	—					
3	S. Y.	7	5	4	3	1	—	—	9	6	1	1	1	1	2	5	2	0	1	0				
4	I. K.	3	2	1	1	1	1	1	4	7	1	1	1	—	1	8	1	1	5	1			5	
5	O. K.	2	1	1	1	1	2	1	4	3	1	1	1	—	—	5	3	1	3	1			6	
6	M. K.	6	1	1	1	1	1	1	1	0	1	1	—	—	—	5	4	1	1	2	1	1	4	
7	K. M.	0	1	1	1	2	1	1	3	4	1	1	1	—	1	5	4	0	2	1			3	
8	K. T.	68	0	—	—	—	—	—	2	2	1	1	2	1	1	2	2	0	1	1			5	
9	M. S.	71	0	—	—	—	—	—	4	5	1	1	1	2	2	3	2	2	2	3	2		1	2
10	Y. A.	0	2	1	1	1	1	1	1	1	1	1	1	1	1	1	1	1	1	1	1		2	2
11	T. Y.	2	1	1	1	1	1	1	4	5	1	1	1	2	2	7	3	—	—	—			6	

この指導・学習過程で，まず問題となるのは，ひらがな文字を全く読めないか，自分の名前に含まれる文字を読める程度の幼児に対する読みの学習の入門指導，特に第 3-2-4 図に示す21文字の読みの導入は，うまく行われたのかどうかであろう。得られた資料は，この手続きで，幼児は，確実にかな文字の読みと，語の読みと構成を習得していったことを明瞭に示している。O. K.，M. K.，K. M.，Y. A.，T. Y. の 5 児は，訓練開始時に音節分析の水準は，I－4（図版や積み木の助けを借りて語頭，語尾音を抽出できる水準）あるいはI－5（図版や積み木の助けを借りて，語の各位置の音を抽出できる水準）に達していたので，音節指導は，語頭音抽出について 1 回だけ指導を行うだけで，「あ」行，「か」行音の文字の導入のステップに入ることができた。I. K. 児の場合，5 音節の分解が不十分であったので音節指導を 2 回実施してから「あ」行，「か」行音の文字の導入のステップに入った。これらの 6 名はそこで，あ行，か行の10文字の読みを覚え，語の読み，構成の

練習を難なくやり遂げることができただけでなく，以降の文字導入のステップの訓練を，それぞれ，ほぼ1回の訓練で，その学習を順調に終えることができた。O. K.児は，ステップ4で，K. M.児はステップ3で，同じ訓練を再度受けているが，これは前者の場合，ステップ4の訓練後に読める文字が21文字中13文字に留まっていたためで，後者の場合，最初のステップ3の訓練は途中で中断

第3-2-4表　訓練の進行に応じた各幼児の読字能力の進歩

ブロック					2 21文字の読み導入					夏休み後	3 語の読み		5 語の読み	7 文の読み	訓練終了時の読みの諸能力		
ステップ					1	2	3	4	5		1	2	3	1-3			
課題及び教材 / 訓練児		訓練開始時諸読み能力 ひらがなの読字数	読める特殊音節の種類数	*音節分析の水準	あ行か行導入後	さ行導入後	ま行導入後	読みと構成練習後	読みと構成練習後		50音語の読み練習 R1後	50音語の読み練習 R2後	71音語の読み練習 R3後	うそかほんとうか	ひらがなの読字数	読める特殊音節の種類数(5)	**読みの発達段階
1	U. T.	62	0	Ⅱ	—	—	—	—	—	—	—	—	—	—	71	5	Ⅶ
2	W. U	7	0	Ⅰ-2	10	14	19	—	—	24	52	—	64	—	65	1	Ⅴ
3	S. Y.	7	0	Ⅰ-2	10	19	22	—	—	—	55	54	64	—	65	1	Ⅴ
4	I. K.	5	0	Ⅰ-4	21	16	25	35	35	48	59	62	70	—	71	0	Ⅴ
5	O. K.	2	0	Ⅰ-4	4	9	10	13	20	41	46	58	70	—	71	5	Ⅴ
6	M. K.	11	0	Ⅰ-4	20	22	28	27	27	62	60	71	71	—	71	4	Ⅴ
7	K. M.	0	0	Ⅰ-4	4	8	18	27	40	61	69	69		—	71	2	Ⅴ
8	K. T.	68	0	Ⅰ-4	—	—	—	—	—	—	—	—		—	70	2	Ⅴ
9	M. S.	71	2	Ⅳ	—	—	—	—	—	—	—	—		—	71	5	Ⅵ
10	Y. A.	0	0	Ⅰ-5	—	—	—	—	—	63	—	—	71	—	71	3	Ⅴ
11	T. Y.	7	0	Ⅰ-5	21	24	39	38	43	49	56	60	71	—	71	1	Ⅴ

*　音節分析の水準は，以下の通り：Ⅰ；図版の助けを要し，Ⅰ-1：音節分解ができない，Ⅰ-2：音節分解ができるが語頭音の抽出ができない。Ⅰ-3：語頭音の抽出ができる。Ⅰ-4：語頭，語尾音の抽出が可，Ⅰ-5：語中音の抽出も可。Ⅱ：図版がなくても声を出して（外言の水準で）分析できる。Ⅲ：つぶやくだけで分析できる。Ⅳ：黙って聞くだけで（内言で）分析できる。

**　読みの段階は，以下の諸段階を表す。
第Ⅴ段階：特殊音節の読みの習得期
第Ⅵ段階：単語読みへの移行期
第Ⅶ段階：単語読み，センテンス読みの段階

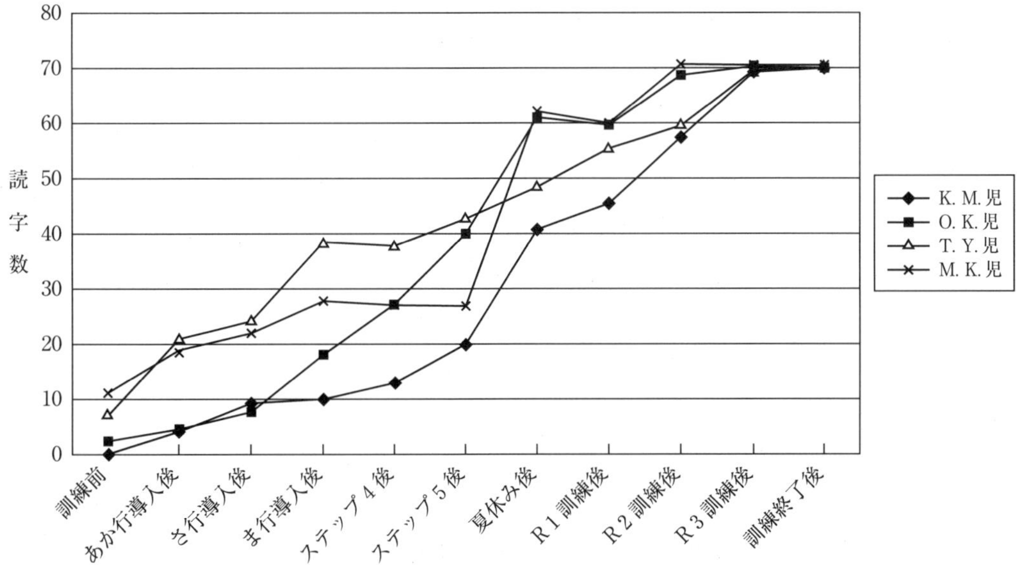

第 3-2-15 図　かな文字導入期における幼児の読字数の変化

し，完了しなかったことに因る。

このようなかな文字の読みの習得の様子をわかりやすく示すため，K. M.，O. K.，T. Y.，M. K. 児の場合を例にして，その学習過程をグラフで示したのが，第 3-2-15 図である。この図にも現れているが，かな文字21字の導入時の幼児の学習過程には，おおよそ二つのパターンがあるようである。一つは，この第 3-2-15 図に示されている O. K.，K. M. 児に代表されるような，21文字の導入に合わせて，その過程で教えられる文字の読み方を習得し，その後になって他の多くの文字の読み方を覚えていくパターンである。もう一つの第 2 のパターンは，T. Y.，M. K. 児の場合のように，訓練場面で文字の読みの導入と練習が始まると，それを契機にして，教えられる文字だけでなく，教えていない文字についてもどんどん覚え始めるというパターンである。これらのパターンの背後にあるメカニズムはよくわからないが，指導・訓練場面で，かな文字の読み方を意図的，計画的に導入したことが，子どもたちの動機づけに何らかの作用を与えたことは確かなように見える。

われわれは，6 月から指導を始め，夏休み前に21文字の読み方を教え，それらの文字を用いた語の読み，構成の練習を終えるように計画し，夏休み前にそれらを終了すると共に，子どもたちに「いろはカルタ」をご褒美として渡し，夏休み中にそれでお母さんと遊ぶように指示した。これまでの経験から，20文字程度組織的にかな文字の読みを教えれば，後は子どもの自発的な活動に任せれば，その後の学習は自発的，自生的に進行すると考えて，そのように計画したのである。われわれが期待したように，夏休み後の 9 月に実施した検査で，夏休み期間中に，多くの幼児はより多くの文字を読めるようになり，第 3-2-4 表にも示すように，夏休み期間に読字数は急増している。これらの幼児は，９月に入ってから，かな文字の書き方の学習に重点を置く指導に移っていったが，それに平行して，コンピュータ・ソフト（Rシリーズ：１「いくつよめるかな」（50音からなる語，model R 1），２「みんなよめるかな」（50音からなる語，model R 2）を用いた語の読みの指導を行い，さらに濁音・半濁音の音節指導を経て，コンピュータ・ソフト３「ぜんぶよめるかな」（70音からなる語，model R 3）を用いた，濁音・半濁音の音節を含む語の読みの学習を行った。第3-2-3表の資料が示すように，コンピュータ・ソフト，R１，R２，R３の学習は，何度も反復して練習する必要があったが，練習の回を重ねる中で，自然に幼児たちは新しい文字の読み方を習得し，R３の学習が終了する12月頃までに，訓練開始前にほとんどかな文字を読めなかった９名のうち７名は，基本音節文字71文字をほとんど完全に読める状態に達し，第３学期から文の読み方に移ることができた。

これら７名については，われわれが計画した通りの筋道を通って順調に学習が進んだが，そうでない幼児も認められた。S. Y. 児と W. U. 児の場合である。いずれも，訓練前の音節分析の水準は，Ⅰ－２（図版や積み木の助けを借りて，語を音節に分解できるが，語頭音の抽出ができない水準）にあった。この場合，音節指導を十分に行ってから，文字の導入の指導に入る必要があった。しかし，訓練担当者へのこちらからの指導が十分でなかったことに関連して，S. Y. 児については，音節指導が行われないで，いきなり，「あ行，か行」の文字の読みの導入が行われた。ステップ１（あ，か行導入）について３回，ステップ２（さ行導入）について２回指導が試みられたが，いずれも失敗であった。この段階でこちらに連絡があり，音節指導を十分指導してから文字の読みの導入指導を行うように改めて指示を与えた。そこで，訓練者は，指導を，音節分解の練習からやり直し，語頭音が確実に抽出できる所まで指導を行い，それから，ステップ１（あ，か行導入）の指導に入った。その結果，以降の幼児の学習は順調に進み，ステップの進行にしたがって，文字の読み，語の読みと構成を学習し始めた。第3-2-3表で，S. Y. 児の訓練回数が，「音節分解・抽出」のセッションで５回，ステップ１（あ，か行導入）で４回，ステップ２（さ行導入）で３回となっているのは，このような事情を反映しているものである。このような指導手続き上のミスと共に，S. Y. 児の学習の遅さ，課題に飽きやすく，持続して指導・学習を進めることが困難であったという事情が重なって，指導と学習のテンポが他の幼児よりかなり遅れ，ステップ３のま行の導入が行われたのは夏休みを終えて９月になってからであった。しかし，その中でも，S. Y. 児の学習は進み，ステップ３のま行の導入と練習後の読字検査で22文字が読める状態になった。このような経過で，この幼児の場合，指導と学習のテンポが他の幼児に較べて遅れたが，第２学期のコンピュータ・ソフトを用いた語の読み指導，濁音，半濁音の指導などは，比較的順調に進み，R１の指導がほぼ終えた10月中旬頃には，71文字中55文字を読めるようになり，さらにR３の指導がほぼ終えた11月中旬頃には，64文字を読めるようになった。しかし，第３学期では，書きの指導や語彙指導に時間をとられたため，文の読む訓練はあまり実施できず，３学期末でも，基本音節文字を完全に読める段階に達しなかった。

W. U. 児の場合は，また事情が少し異なる。彼女は，音節分析の検査で，5音節語を正しく音節に分解できるが，語頭音も語尾音を全く抽出できなかった。大きな声を出して，／メ／ガ／ネ／といいながら，図版の升目に積み木を入れることはできても，最後の積み木を指さして「このおわりの音は，何？」と尋ねても，「わからない」を反復するだけであった。かな文字は，自分の名前に含まれる7文字を読めるのであるから，当然，音の抽出もできると思われたが，全くできなかった。文字ではなく，音を尋ねる訓練者の質問の意味が，よく理解できなかったようである。

しかし，その後，かな文字を書く検査や，一定の構文の理解の検査や練習を行ったが，特段，語頭音を取り出すための練習をすることなく，最初の音節分析の検査から2ヶ月経った7月中旬になってから，かな文字の読みプログラムに沿って指導を始めたところ，順調にかな文字の読みを学習し始めた。夏休み前まで，ま行の導入と練習まで行い，さらに夏休み後になって，R1のソフトで清音の読みの練習を8回反復練習する中で，清音のほとんどが読めるようになり，次に，濁音の音節指導を繰り返す中で，濁音の読み方も覚えた。しかし，全体的に言語的記憶力が低く，したがって学習のテンポも遅く，就学を迎えるまでに，65文字まで読めるようになったが，71文字を全部読めるには至らなかった。

(3) ひらがなの書きの指導と学習過程

われわれのひらがなの書きの教育プログラムは，先のプログラムの説明の所でも述べたように，大人がひらがな文字を書く書き方を見せて，ひらがな文字を書く一定の技能を直接的に習得させることはせずに，ひらがな文字の運動的な技能を習得させる前に，以下の三つの面でひらがな文字を書くに必要な運動・認知的な準備をさせることを計画した。

1) ひらがな文字を書くに必要な微細運動機能の発達促進：これは，夏休み前の指導で，自由に絵を描かせる活動を活発に行わせること等を通して指導を行った。
2) 左右・上下空間概念の形成：特に，一定の紙面(空間)に正しい順序で，正しい形の文字を書く場合には，上下・左右関係を理解させ，2次元の座標空間についての正しい空間表象を形成することが求められる。
3) ひらがな文字を書く際の基礎的な筆順のルールの習得：特にひらがな文字は，漢字から由来しているため，漢字の筆順を反映した一定の書き方のルールをもっている。

そのため，第3-2-2図で示したように，教育プログラムの第2ブロックでは，左右・上下空間概念を形成することを目的とした三つのステップを構成し，第3ブロックでは，ひらがな文字を書く際の基礎的な12の筆順のルールを教えようとした。

また，このような形で，かな文字の書き方を学習させる中で，意識的に自分の行動をコントロールすることができる随意的な行為としての書字技能を形成することを通して，間接的に，課題に対

第 3-2-5 表　ひらがなの書きの各ステップでの指導回数

ブロック			2 左右・上下空間概念の形成			3	4	5	6
ステップ			1	2	3	1	—	—	—
課題及び教材 訓練児		訓練開始時の書字数	十字モデルの作成	右上左上右下左下等の言語表現の習得	見本と同じ線図形を描きその書き方を表現する	ひらがな文字の12種の書き方のルールの習得	個々の文字を書く練習	語の書き方の練習	文の構成と書く練習
1	U. T.	12	1	1	—	2	11	—	—
2	W. U.	8	—	—	—	—	1	—	—
3	S. Y.	0	6	6	6	6	3	—	—
4	I. K.	0	2	2	2	2	16	—	—
5	O. K.	0	3	3	3	3	8	1	—
6	M. K.	0	5	5	3	1	10	—	—
7	K. M.	0	2	2	2	4	12	—	—
8	K. T.	14	3	3	3	4	4	2	—
9	M. S.	68	—	—	—	—	—	7	1
10	Y. A.	0	1	1	1	1	5	—	—
11	T. Y.	0	4	4	2	3	7	—	—

する集中力と随意的な注意機能の発達を促進させることができると考えた。訓練と学習は，どのように進んだのであろうか。第 3-2-5 表は，この教育プロラムで実施された各幼児に対する指導・訓練回数を示したものである。この表から，われわれのプログラムで訓練がどのように進行していったのか，その過程の概要を知ることができる。しかし，プログラムの下での実際の学習過程は，これらの表からでは詳細に知ることはできない。

以下，プログラムの主要なステップ毎に，適切な例を示しながら，その学習過程について概略的であるが説明してみよう。

ステップ 1　色マークを置きながら上下・左右の十字モデルの作成

これは，空間の上下・左右の関係を，それらを表す色マークを置きながら，言語化させ，上下・左右の関係を意識化させることを目的としているもので，コンピュータのモニター画面に現れる，十字図形，背後から見た人，左後方から見た走者，カエル，目覚まし時計の絵について，その対象の上，下，右，左の位置に，マウスを操作しながら，それらを示す色マーク（赤は右，黄色は左，青は上，緑は下）を，上，下，右，左の順に置きながら，同時に「上」「下」「右」「左」と言語化させることを求める課題である。勿論，右左がわからない幼児もいるので，子どもの右手に赤リボンまたは赤シール，左手に黄色リボンまたは黄色シールをつけて，やり方をわかりやすく説明してから課題に入り，自力で2試行行ってもわからない場合には教える方法をとった。この課題は，幼児には，比較的容易で，どの子どもも課題をうまくこなした。勿論，上，下，右，左の順に置くべき所（上下が定まって，初めて左右が定まる関係にあるので，この順番でなければならない）を，置き間違えたり，言い間違える場合が，最初の段階で認められるが，一度，手続きを覚えると，ほとんどの課題について，多くの幼児はマークの配置，順番，言語化も間違いなく行うことができるようになった。しかし，S. Y. 児の場合，順番がなかなか上，下，右，左の順にならず，このステップで訓練を6回も繰り返した。M. K. 児も5回反復しているが，これは，このステップの課題ができないからでなく，以降のステップの課題が困難であったからであった。

ステップ2　見本に合わせて，二次元座標の右上，右下，左上，左下に，昆虫，野菜，果物，動物，器具などを置かせ，その項目が置かれてある位置（右上，右下，左上，左下）を言語的に表現させる課題

この課題は，第3-2-10図に示すように，例えば，課題1の場合，モニター画面の左側に，二次元の座標の左上にカニ，右上にセミ，左下にカマキリ，右下にバッタを配置した見本画面を示し，モニター画面の右側に同じ二次元の空白の座標を示し，見本と同じように，4種の虫の絵を，マウスを操作して，その座標の左上，右上，左下，右下の4つの位置にその虫の絵を移動させて配置させることを求め，その後，各虫の位置を，「左上，右上，左下，右下」のコトバを用いて言語化させることを求める課題である。

この課題のうち，その座標の左上，右上，左下，右下の4つの位置に対象を置くことは，その見本が提示されているため，どの幼児も容易にでき，誤ることは稀にしかなかった。しかし，対象が置かれた位置を，「左上，右上，左下，右下」のコトバを使って表現する課題になると，座標の左右上下に色マークが置かれ，ひらがなでその位置が書かれてあるにもかかわらず，なかなか困難で，多くの幼児は，間違って表現するか，あるいは訓練者に援助を求めた。しかし，訓練が進行するにつれて，それらの誤りは，減少していった。第3-2-6表は，訓練の進行につれて，これらの誤りや訓練者に教えてもらった回数が，どのように減少していったかを示したものである。これを見てもわかるように，S. Y. 児やK. T. 児の場合，第1回目では，多くの場合でこの位置表現は適切にできなかった。しかし，K. T. 児は，3回目の訓練で正確に表現できるようになり，S. Y. 児も回を重ねるうちに改善されている。

ステップ3　2次元座標系に，見本として提示されている線図形を見ながら，マウスを操作して，線の開始点，終了点に注意を払って，見本と同じ線図形を描く課題（第3-2-11図，12図参照）

この課題は，モニター画面の左側に示されている見本の図形に合わせて，右側の画面でマウスを操作して，出発点をクリックしてから線を伸ばし，見本と同じ図形をモニターに描く課題であるが，幼児たちは，面白がって，積極的に課題を実行した。しかし，マウスを操作して意図した線を描くのに，初めはどの子も多少なりとも苦労した。しかし，この課題は，一つの図形で，何度も繰り返し練習することができ，子どもたちは，自分が納得するまで何度も練習した。特に，一つの図形を正しく描けるまでの回数は特に挙げないが，多くの幼児は，各訓練セッション毎に，各図形で数回練習して，意図した図形を描けるようになった。訓練回数については，第3-2-5表を参照されたい。

第3-2-6表　訓練の進行に応じて位置表現の誤りや教わった数が減少していく過程

訓練回数 訓練児		1	2	3	4	5	6
1	U. T.	5	−	−	−	−	−
2	W. U.	−	−	−	−	−	−
3	S. Y.	12	N	N	4	2	3
4	I. K.	5	0	−	−	−	−
5	O. K.	6	2	0	−	−	−
6	M. K.	2	5	2	0	0	−
7	K. M.	3	1	−	−	−	−
8	K. T.	11	1	0	−	−	−
9	M. S.	−	−	−	−	−	−
10	Y. A.*						
11	T. Y.	4	7	8	0	−	−

＊　正確な記録がないため資料不詳

ブロック3　かな文字の書き方のルールの学習（第3-2-13図参照）

ここでは，12のルールについて，まず左側の見本座標を用いて，筆順の見本を2～3回見せ，それを，書くときの約束として簡単な句で教え，言語化させ，その意味を学習させてから，右側の座標を用いて，マウスを用いて，何回も練習させ，そのルールを実際的な行為として，学習させるようにした。課題は，前半は12のルールを直接教える教材（文字に準じたもの）を用い，後半は，そのルールを反映しているひらがな文字「し」「り」「い」「こ」「す」「ま」「に」「た」「く」「の」「る」「そ」の12文字について，マウスを用いて，ルールを意識させて書く練習を何度も行わ

第 3-2-7 表　訓練過程の練習試行数の例示

ルール		I. K. 1 回目	O. K. 2 回目	T. Y. 3 回目
1		3	3	1
2		3	1	1
3		3	2	1
4		2	1	1
5		3	1	1
6		3	1	1
7		3	3	4
8		2	2	2
9		2	2	1
10		2	1	1
11		6	2	5
12		4	4	2
1	し	6	1	4
2	り	3	3	4
3	い	2	1	3
4	こ	3	1	3
5	す	6	1	3
6	ま	3	1	2
7	に	2	1	2
8	た	3	2	2
9	く	3	1	2
10	の	3	2	2
11	る	−	2	2
12	そ	−	2	2

せた。課題が全体で多いため，全部を通してやる場合が少なく，前半，後半を分けて実施したり，前半，後半を部分的に練習した場合もある。第 3-2-5 表に示す訓練回数は，課題全体の半分以上を実施できた場合の回数を書いてある。このようなわけで，分析を目的とした数値資料は，この訓練過程から得ることは全くできなかったが，訓練過程の練習試行数を示す資料を例示資料として，第 3-2-7 表に示す。ここには，３人の幼児が，１回目あるいは３回目の訓練で，各教材について，何回程書く練習を行ったが示されている。

ブロック４　個々のひらがな文字の書き方の練習

このようないわば準備的な学習であるブロック２，３の訓練・学習を終えてから，ブロック４の個々のひらがな文字の書き方の練習に移った。ここでは，モニター画面に似た４分割の破線が描かれている個々の升目を用いて，黒鉛筆（あるいは色鉛筆，クレヨン）を用いて，モニター画面に現れる書字の順序に従って，個々の文字の書き方の練習が行われる。この練習で用いた個々の文字の書きの練習用紙は，４分割の破線が描かれている升目が，４列５行に計20個配列されており，左側の２列５行の10升には，４分割の破線上に，学習すべき文字が，中抜きの字形で10個，正しい位置に描かれている。右側の２列５行の升目は４分割の破線が描かれているだけである。

これらの用紙を用いて，個々の文字の書き方の学習は，概要，以下のようなステップで行われた。

1)　モニター画面にアニメーション的に提示される学習すべき文字が，どのような筆順で文字が書かれるかを２～３回観察する。

2)　それを見ながら，用紙の左側の２列５行に描かれている中抜きの字形を，鉛筆あるいはクレヨンで中抜き部分を埋める形で，観察した文字を正しい筆順で書く。

3)　その練習を10回行い，書く順番を覚える。

4)　それが終えたら，右側の４分割の破線だけが描かれている２列５行の升目に移り，その字を書く練習を行う。必要に応じて，ひらがな辞書を用いて，モニターで書き方の見本を見ても構わないが，なるべく見ないでその字を書くようにする。

5）その練習を，10回行う。

1回の訓練で，各行の5文字についてその書き方を練習することを基準としたが，はじめは，2～3文字程度の書く練習で，幼児は飽きて，中断する場合もあった。しかし，回を重ねるうちに，多くの幼児は，字を書くことを学習することに興味をもち，かつ意欲的になり，1回5文字の練習を積極的にやりこなせるようになった。しかし，この学習の進行のテンポには，かなり大きな個人差が認められた。第3-2-5表にこの指導・学習を実際に実施した各幼児の場合の指導回数を示してある。

ブロック5　語の書きの練習

プログラムとして，ブロック4の学習で，30～40程度の文字が正しく書けるようになると，このブロックの語の書きの練習に移るように計画されていたが，ブロック4の練習で多くの時間を要したため，このブロックでの練習を実際に行うことができたのは，第3-2-5表に示すように，O. K.児（1回），K. T.児（2回）に過ぎなかった。訓練前にすでにかなりの文字を書けるようになっていたM. S.児は，このブロックでの訓練を7回実施しているが，これはコンピュータを用いたブロック5の指導ではなく，基本音節文字がかなり正しく書けるため，濁音，半濁音の音節指導を行っ

第3-2-8表　訓練の進行に応じた各幼児のひらがなの書きの習得

			1	2	3	4
課題及び教材 訓練児		訓練開始時の 書字数	夏休み後	ブロック2・ 3訓練後	ブロック4・ 5訓練後	訓練終了後* 22文字
1	U. T.	12	12	−	−	17/22
2	W. U.	8	7	−	29	19/22
3	S. Y.	0	1	7	−	9/22
4	I. K.	0	9	13	28	18/22
5	O. K.	0	2	4	32	19/22
6	M. K.	0	8	4	45	20/22
7	K. M.	0	9	17	52	14/22
8	K. T.	14	45	−	52	17/22
9	M. S.	68	−	−	−	22/22
10	Y. A.	0	−	−	52	21/22
11	T. Y.	0	2	12	43	21/22

＊　訓練後の検査は22文字についてのみ実施した。

た際に，併せて，濁音，半濁音を含む語について書き方の指導を行ったものである。また，M. S.児の場合，S プログラムを用いて文を構成して書かせる指導を１回行うことができた。

このように，ひらがなの書きの訓練・学習が行われたが，その中で，子どもたちは，徐々に，ひらがな文字を正しい筆順で，正しい形で書けるようになっていった。

第 3-2-8 表は，このような指導・訓練に対応して，子どもたちがどの程度，ひらがな文字の書きを習得していったのかを示したものである。就学する前に，就学準備性検査（後テスト）の一つとして，22文字について，その書きの検査を実施したが，その結果は，第 3-2-8 表にも示されている通りである。訓練前の書き方が未習得であった10名中，S. Y. 児を除く９名は，この訓練過程で，かなりの程度，よくひらがな文字を書けるようになったことをこの表は物語っている。

⑷　分類操作の学習を基礎にした語彙・意味・認知プログラムでの学習過程

この教育プログラムによる教育は，すでに説明してきたように，以下の三つの目的を果たすべく実施された。第１は，日常生活で使用されている事物や知っておいてよい生物等についてその名称を学習させ，語彙能力を発達させること，第２は，重要な特質に基づいた１次元の分類操作を学習させること，第３は，それを基礎にその事物が属するクラス等の上位概念を学習させることである。このプログラムでの教育は，学習を容易にするため特にコンピュータを用いることはせず，様々な具体物や対象のプラスチック製のモデルを使用し，以下の手続きで指導が行われた。1)まず，教材の事物を見せ，その名称(語彙)を尋ねる。わからない場合，再度尋ね，間違った場合やわからない場合には，その名称や教え，その事物について説明する。2)次に分類課題に入り，課題に対応して，机の上に，２～３枚の紙皿を置き，提示している事物や生物を２～３のグループに分類することを求めた。第１試行が間違っている場合には，「すこしおかしいところがあるよ。もう一度やってごらん。」と伝え，第２試行を行わせる。それでもできない場合には，第３試行目で，個々の事物の特徴，機能などについて尋ねて考えさせ，再度分類を行わせて，それでもわからない場合には，分け方を教え，分類させた。3)分類が正しくできた場合，その仲間の名称を言わせた。第２～３試行で分類ができても，その仲間の名称がわからない場合にはそれを教えた。

分類課題は，幼児にわかりやすい課題（例えば，「野菜と果物」，「切る，書く，測る道具」，「３種類の食器」，「道具と玩具」）の他に，やや難しい課題（例えば，「トランプのマークと数による分類」，「家畜と野生の動物」，「水生と陸生の動物」）も含まれていたが，訓練群の幼児にとって，分類課題は全体的に困難であった。特に，仮に分類ができても，その上位クラスの名前を正確に言うことが困難である場合が多かった。

分類課題に入る前に行った個々の事物の名称の学習に関わる資料は，省略することにして，ステップ１からステップ７までの分類課題における各幼児の反応や学習の様子を示す資料を，第 3-2-9 表から第 3-2-16 表に示す。この表では，以下の記号で，幼児の反応を示してある。

○印———正反応（分類が正しい。あるいは名称が正しい）

×印———誤反応（分類が正しくない。あるいは名称が正しくない）

N印———無反応（黙って反応しない）

DK印——わからない反応

－印———課題を実施していない。

無記入——正確な記録が残されていない。あるいは，正反応なので，以降実施していない。

子どもの反応を記録する記録表には，第2～3試行で誤反応，無反応の場合には，答えを教え，Tマークを記入することになっているが，ここではそれを省略してある。最後の試行で，×印，DK印，N印が記されている場合，そこで答を教える何らかの指導が行われたと理解していただきたい。なお，Y. A. 児の場合，正確な記録が残されていないため，これらの表の欄は無記入のまま

第3-2-9表　ステップ1　語彙・1次元分類課題 1（野菜と果物）

	訓　練	1回目		2回目		3回目		4回目		5回目	
	試　行	1	2	1	2	1	2	1	2	1	2
U. T.	分　類	×	×								
	範疇名	×	×								
W. U.	分　類	×	○								
	範疇名	×	○								
S. Y.	分　類	×	×	○							
	範疇名	×	×	○							
I. K.	分　類	×	○	○							
	範疇名	×	○	○							
O. K.	分　類	×	×	×	○	×	○	×	×	○	○
	範疇名	×	×	×	×	×	○	×	×	×	○
M. K.	分　類	×	×	○							
	範疇名	×	×	○							
K. M.	分　類	○									
	範疇名	○									
K. T.	分　類	○									
	範疇名	○									
M. S.	分　類	○	○	○							
	範疇名	×	×	○							
Y. A.	分　類										
	範疇名										
T. Y.	分　類	○		○							
	範疇名	○		○							

にしてある。

これらの表を見てもわかるように，子どもの課題への反応や学習の進展には，かなりの課題差や個人差が認められる。分類課題のうち，幼児にとって最も容易であると考えられた野菜と果物を分類するステップ1の課題の場合においても，第3-2-9表の資料が示すように，第1回目の指導で，分類と範疇名を含めて正しく答えることができたのは，11名中7名に過ぎなかった。3名の幼児（S. Y.，M. K.，M. S. 児）は，第2回目の指導になって自力で課題を解決できるようになり，さらに，O. K. 児の場合，第3回目の指導でできるようになったにもかかわらず，第4回目の指導でその反応は崩れ，再度正しく解答できるようになったのは5回目の指導の中であった。このように，訓練者の指導で何とか正しい分類と範疇名を学習しても，不安定で，次回にやらせてみると正確にできないという現象は，比較的随所に認められた。第3-2-10表に示すM. K.，T. Y. 児の「切る，

第3-2-10表　ステップ2　語彙・1次元分類課題2　切る，書く，測る道具

	訓　練	第1回目			第2回目			第3回目			第4回目		
	試　行	1	2	3	1	2	3	1	2	3	1	2	3
U. T.	分　類	×	○										
	範疇名	×	○										
W. U.	分　類	×	○	○									
	範疇名	×	×	○									
S. Y.	分　類	×	×	×	×	○		○					
	範疇名	N	N	×	×	×		○					
I. K.	分　類	○			○								
	範疇名	○			○								
O. K.	分　類	×	×	×	×	×	−	×	○	○			
	範疇名	×	×	×	×	×	−	×	×	○			
M. K.	分　類	×	×	○	×	×	○	○					
	範疇名	×	×	○	×	○	○	○					
K. M.	分　類	×	○		○								
	範疇名	×	○		○								
K. T.	分　類	○											
	範疇名	○											
M. S.	分　類	○			○								
	範疇名	○			○								
Y. A.	分　類												
	範疇名												
T. Y.	分　類	○			○			○			○		
	範疇名	○			○			×			○		

第3-2-11表　ステップ3　語彙・1次元分類課題 3　3種類の食器

	訓　練	1回目			2回目			3回目			4回目			5回目		
	試　行	1	2	3	1	2	3	1	2	3	1	2	3	1	2	3
U. T.	分　類	○	○													
	範疇名	×	×													
W. U.	分　類	×	×	○												
	範疇名	×	×	×												
S. Y.	分　類	×														
	範疇名	×														
I. K.	分　類	○			○											
	範疇名	×			×											
O. K.	分　類	○	○	○	○	○										
	範疇名	×	×	○	×	○										
M. K.	分　類	○	○		○			○	○	○	○	○	○	○		
	範疇名	×	△		×			×	×	×	×	×	×	○		
K. M.	分　類	○			○			○	○	○						
	範疇名	×			×			×	×	×						
K. T.	分　類	×	×	×	○											
	範疇名	×	×	×	○											
M. S.	分　類	○			○			○								
	範疇名	×			○			○								
Y. A.	分　類															
	範疇名															
T. Y.	分　類	×	×	○	○			○								
	範疇名			×	×			○								

書く，測る道具」の分類課題への反応や，第3-2-11表に示す「3種類の食器」分類課題におけるO. K. 児の反応，第3-2-12表に示す「道具と玩具」の分類課題におけるI. K.，K. M. 児の反応等がその例となる。したがって，訓練過程でも前回に正しく分類したり，範疇名を正しく解答することができても，次の訓練日に再度課題を試みさせて，それらの反応が安定したものになっているかを確認しながら訓練を進める必要があった。

トランプのマーク（分類1）と数（分類2）による分類課題，動物を家畜と野生に分類させる課題，及び動物を水生と陸生に分類させる課題は，他の課題に較べるとかなり困難で，その第1回目の訓練日に正しく分類し，範疇名を正しく言うことができた幼児の数は，それぞれ，3名，0名，3名に過ぎなかった。しかし，種々の動物の写実的なモデルを用いたこの分類課題に，興味深く積極的に取り組み，家畜と野生の分類解題では，3～4回の訓練過程で7名が，水生と陸生の分類では9

第 3-2-12 表　ステップ 4　語彙・1 次元分類課題 4　道具と玩具

	訓　練	第 1 回目			第 2 回目			第 3 回目			第 4 回目		
	試　行	1	2	3	1	2	3	1	2	3	1	2	3
U. T.	分　類	×	○	○									
	範疇名	×	×	×									
W. U.	分　類	–	–	–									
	範疇名	–	–	–									
S. Y.	分　類	○											
	範疇名	×											
I. K.	分　類	×	○	○	×	○							
	範疇名	×	×	×	×	○							
O. K.	分　類	○											
	範疇名	○											
M. K.	分　類	○			○	○	○	○	○	○	×	○	
	範疇名	×			×	×	×	×	N	×	○	○	
K. M.	分　類	×	×	○	○								
	範疇名	×	×	○	×								
K. T.	分　類	×	×	×	○			○					
	範疇名	×	N	N	×			○					
M. S.	分　類	×	×	○	○								
	範疇名	×	×	○	○								
Y. A.	分　類												
	範疇名												
T. Y.	分　類	○			○			○					
	範疇名	×			○			○					

名が，少なくとも分類はできるようになった。しかし，分類したもののカテゴリーの命名は非常に困難で，訓練過程で正しくできるようになったのは，家畜と野生，水生と陸生課題共に 5 名に留まった。

これら分類課題の学習には，かなりの個人差が認められた。11名の幼児のうち，U. T.，W. U.，T. Y. 児は，相対的に容易に課題を解決し，そのために要した指導回数も少なくて済んだが，S. Y.，M. K.，K. T.，O. K. 児の場合，これらの課題は非常に困難で，正しく分類し，そのカテゴリーの名称を学習するのに多くの訓練を反復する必要があった。また，この 4 名は，この分類課題の学習でそれぞれ異なった特徴を示している。つまり，O. K. 児の場合，比較的容易と思われるステップ 1 ～ 4 の課題で困難を示し，どの課題でも少なくとも 3 回は訓練を行う必要があったが，その中で学習が進み，より困難な課題であるステップ 5 ～ 6 の課題では，比較的容易に課題を解決することが

第 3-2-13 表　ステップ 5　語彙・1 次元分類課題　5 トランプのマーク(分類 1)と数(分類 2)

	訓　練	第 1 回目				第 2 回目				第 3 回目				第 4 回目			
		分類 1		分類 2		分類 1		分類 2		分類 1		分類 2		分類 1		分類 2	
	試　行	1	2	1	2	1	2	1	2	1	2	1	2	1	2	1	2
U. T.	分　類	×	○	−	−												
	範疇名	×	○	−	−												
W. U.	分　類	○		×	○												
	範疇名	○		×	○												
S. Y.	分　類	×	×	×	×	○	−	×	○								
	範疇名	N	N	N	N	N	−	N	N								
I. K.	分　類	○	−	×	○												
	範疇名	×	−	×	○												
O. K.	分　類	○	○	×	○												
	範疇名	×	○	×	○												
M. K.	分　類	×	○	×	○												
	範疇名	×	○	N	○												
K. M.	分　類	×	×	−	−												
	範疇名	×	N	−	−												
K. T.	分　類	○	−	×	×	○	−	○		×	○	×	○	○		○	
	範疇名	×	−	×	×	×	−	○			○		○	○		○	
M. S.	分　類	−	−	−	−	−	−	−	−	−	−	−	−	−	−	−	−
	範疇名	−	−	−	−	−	−	−	−	−	−	−	−	−	−	−	−
Y. A.	分　類																
	範疇名																
T. Y.	分　類	○		×	○												
	範疇名	×			○												

できた。それに較べて，M. K.，K. T. 児の場合，比較的容易な課題であるステップ 1 ～ 2 の課題は，容易に課題を解決することができたが，ステップが進み，課題が困難になるにつれて，その解決に訓練を多く反復することが必要になった。また，S. Y. 児の場合，ステップ 1 ～ 4 の課題もなかなか困難で，用意したステップ 8 までの課題を，5 歳期にやり遂げることができず，ステップ 5 以降の課題は，小学校に進学してから実施することになった。しかし，資料の整理の便宜上，ステップ 5 以降の彼の資料も，この表に含めてある。

この教育プログラムの訓練のまとめとして，最後にステップ 8 の教育課題として，ステップ 8，7 で用いた生き物の15種の実物モデルを用いた異物発見課題を与えた。これは，3 種の生き物（例えば，ふくろう，鷲，鹿）を実物モデルで示し，「この中に一つだけ，仲間はずれがあるけれど，

第 3-2-14 表　ステップ 6　語彙・1 次元分類課題 6　野生の動物と家畜

	訓　練	第 1 回目			第 2 回目			第 3 回目			第 4 回目		
	試　行	1	2	3	1	2	3	1	2	3	1	2	3
U. T.	分　類	×	×	×									
	範疇名	×	×	×									
W. U.	分　類	×	×	○									
	範疇名	N	N	N									
S. Y.	分　類	×	−	−	×	−	−						
	範疇名	×	−	−	N	−	−						
I. K.	分　類	×	×	×	×	×	○	×	○				
	範疇名	×	×	×	DK	×	×	DK	○				
O. K.	分　類	×	×	×	○	○							
	範疇名	×	×	×	×	○							
M. K.	分　類	○	×	×	○								
	範疇名	N	×	DK	×								
K. M.	分　類	×	×	○	×	−	×	×	○				
	範疇名	×	×	×	×	−	×	○	○				
K. T.	分　類	×	×	×	×	×	×	×	○		○		
	範疇名	N	N	N	N	N	N	N	×		○		
M. S.	分　類	−	−	−	−	−	−	−	−	−	−	−	−
	範疇名	−	−	−	−	−	−	−	−	−	−	−	−
Y. A.	分　類												
	範疇名												
T. Y.	分　類	○	○	○	○	○							
	範疇名	×	×	×	×	○							

どれが仲間はずれか，当てて下さい。」という教示を与え，探させ，後にその理由を尋ねる課題である。第 2 試行まで自力で行わせて，それでもわからない場合には，その発見に役立つ一定のヒントを与えた。第 3-2-16 表は，これらの課題に対する第 1 回目の指導における子どもたちの反応と学習の様子を示したものである。

一般に，理由付けを含めて第 1 試行目で，正解できた場合は非常に稀で（I. K. 児の場合の，第 1 問目，3 問目のみ），第 3 試行目でヒントを与えた場合，仮にその異物を発見することができても，正しく理由付けをすることが困難であった。この課題は，時間の関係で，課題を十分こなせるまで指導を繰り返すことはできなかったが，ここに認められる訓練児の言語的思考の弱点，未発達は，訓練後に実施した就学準備性検査の中に明確な形で現れることになる。

第 3-2-15 表　ステップ 7　語彙・1 次元分類課題 7　水生と陸生の動物

	訓　練	第 1 回目			第 2 回目			第 3 回目		
	試　行	1	2	3	1	2	3	1	2	3
U. T.	分　類	×	○	○						
	範疇名	×	×	×						
W. U.	分　類	○								
	範疇名	○								
S. Y.	分　類	○	−	−						
	範疇名	×	−	−						
I. K.	分　類	○	○		○					
	範疇名	DK	○		○					
O. K.	分　類	×	×	○	○	×	○			
	範疇名	×	×	○	×	×	○			
M. K.	分　類	○	×	×	○	○	○	○	○	○
	範疇名	×	×	×	×	×	×	×	DK	×
K. M.	分　類	○			○					
	範疇名	×			○					
K. T.	分　類	×	×	×	×	×	○	○		
	範疇名	−	−	−	N	N	×	○		
M. S.	分　類	−	−	−	−	−	−	−	−	−
	範疇名	−	−	−	−	−	−	−	−	−
Y. A.	分　類									
	範疇名									
T. Y.	分　類	○	○							
	範疇名	×	×							

第 3-2-16 表　ステップ 8　異物発見課題における第 1 回目の指導場面における子どもたちの反応の様子

問題		1）ふくろう，鷲，鹿（どう動く？）			2）犬，狐，ライオン（どこにいる？）			3）山羊，熊，牛（どう生きている？）			4）鰐，河馬，亀，（赤ちゃんはおっぱいを飲む？）			5）イルカ，鮫，鯨（卵から生まれる？）		
試行数		1	2	3	1	2	3	1	2	3	1	2	3	1	2	3
U. T.	答	×	×	○	×	N	×	○	○	○	×	○	○	×	×	
	理由	×	N	×	×	△	×	×	×	×	×	×	×	×	×	
W. U.	答	○			×	○		○			—			—		
	理由	×			×	△		×			—			—		
S. Y.	答	○			○			○			○			×		
	理由	×			△			×			×			×		
I. K.	答	○			×	○	○	○			○	○	○	×	○	○
	理由	○			—	×	○	○			DK	DK	×	×	×	×
O. K.	答	○			○			×	○		×	×	×	×	—	×
	理由	△			△			×	△		×	×	×	×	—	×
M. K.	答	×	×	○	×	○	○	×	○	○	○	×	×	○	×	×
	理由	×	×	×	×	×	○	×	DK	○	DK	×	×	×	×	×
K. M.	答	—	—	—	—	—	—	—	—	—	—	—	—	—	—	—
	理由	—	—	—	—	—	—	—	—	—	—	—	—	—	—	—
K. T.	答	○			○	○		○			○			○		
	理由	△			×	○		×			×			N		
M. S.	答	—	—	—	—	—	—	—	—	—	—	—	—	—	—	—
	理由	—	—	—	—	—	—	—	—	—	—	—	—	—	—	—
Y. A.	答															
	理由															
T. Y.	答	×	×	○	×	○	○	×	○	○	×	×	×	×	○	○
	理由	×	×	△	×	×	△	×	×	×	×	×	×	×	×	×

第3章　就学準備性検査の開発：教育・訓練を受けた幼児の就学準備性の形成及び診断検査についての評価

概　　要

学習障害の危険性が高い5歳幼児に対して実施した約10ヶ月間の指導・訓練の学習・発達的効果を評価し，2001年3～6月に実施した診断検査の妥当性を評価する目的で，幼児の就学準備性を評価することのできる10領域のテストから構成される就学準備性検査を作成・構成し，就学直前の2002年2～3月に，訓練群，対照群の幼児並びに，先に診断検査で学習障害の危険性がないと評価された健常の幼児50名を対象に，個別検査の形で，就学準備性検査を実施した。その結果，訓練群では11名中の6名に就学準備性が形成されていることが明らかになった。学習障害に危険性がないと評価された健常の幼児50名の中には，学習障害の徴候を示すものは皆無で，5歳期に実施した診断検査は，十分妥当なものであることが示された。本章においては，われわれが作成した就学準備性検査の構成と内容，方法などについて説明すると共に，その検査資料の分析とその結果について詳しく述べる。

第1節　はじめに

これまで述べてきたように，われわれの診断検査で，学習障害となる危険性が高いと評価された11名の5歳幼児に対して，2001年6月から，2002年2月まで約10ヶ月間，われわれが開発してきた教育プログラムで特別の指導・訓練を実施してきたが，それらが終了し，幼児が就学するに当たって，幼児の精神発達，特にわれわれがその教育の目標とした就学準備性がどの程度形成されたのか，何らかの形で評価することが必要になった。そこで，先の診断検査にいくつかの新しい検査項目を加えることによって，幼児の就学準備性を評価することを目的とした一連の検査を構成した。そして，それらの検査を，10ヶ月の予定した訓練・指導が終了した2002年2～3月に訓練群の幼児，対照群の幼児に対して実施した。この就学準備性についての検査は，また，同時に2001年3～6月に実施した診断検査に参加した幼児にも，再度実施することによって，われわれが実施した診断検査の方法が，確実に学習障害の危険性をもっている幼児を正しく識別診断できたか否かを評価することを可能とするものである。そこで，この検査を，訓練群の幼児，対照群の幼児だけでなく，併せて診断検査に参加し，学習障害の危険がないと診断された健常な幼児50名に対しても実施した。本章では，われわれが作成したこれら就学準備性検査の概要を説明し，併せて，指導してきた幼児の就学準備性の形成についての評価と診断法についての評価を報告する。

第2節　就学準備性検査の構成

幼児の就学準備性を評価するため，すでに開発・作成済みの検査に，必要とする新たにいくつかの検査を加えることによって，以下の8領域をカバーする諸検査を構成した。その構成は，以下の通りである。

(A)　小学校での勉学の基礎となる基礎的な諸技能（pre-academic skills）の発達に関する検査

1)　ひらがなの読み・書き能力の発達に関する検査

ひらがな文字の読字及び特殊音節の読みのテスト

ひらがな文字の文の読みのテスト

ひらがな文字の語の書きのテスト

2)　数や計算能力の発達に関する検査

数唱テスト(1)（100まで）

数唱課題(2)（17から25までの数唱）

計数テスト(30)

1対1対応テスト

数の保存(1)（文脈無しの場合）

数の保存(2)（文脈有りの場合）

長さの保存(1)（文脈無しの場合）

長さの保存(2)（文脈有りの場合）

加算課題

(B)　基礎的な言語・認知機能の発達に関する検査

3)　語彙テスト（4～6歳児用100語テスト）

4)　言語調整機能（行動統制）の発達についてのテスト

a)　赤黄逆転テスト（3～4歳用）

b)　赤黄大小テスト（5歳用）

c)　赤黄青逆転テスト（5歳用）

d)　赤黄青大小テスト（6歳用）

5)　図形の模写能力（知覚，運動機能）の発達テスト

診断検査の○，△，□，＋にさらに，田，菱形の図形，甲のドット図形の模写を行わせる。

6） 記憶能力の発達テスト（診断検査と同じ）

a） 言語記憶テスト

b） 像的記憶テスト

7） 注意能力の発達テスト（診断検査と同じ）

8） 思考の発達についての検査

レヴェン図形マトリックス検査

ベンゲル空間表象検査

言語的思考（異物発見）検査

第3節　個々の検査の内容と手続きの概要

(A) 1） 基礎的読み・書き能力：

(1) 基本音節文字71文字と5種類の特殊音節の読みのテスト。

先の診断検査で用いたものに5種類の特殊音節の読みのテストを加えたもの。

国立国語研究所で村石，天野が開発したテストと同じ。

(2) 基本音節だけから構成されている文の読みのテスト。以下に示すように，語の読み理解テスト8語，文の読み理解は，練習問題2文，テスト課題全10文からなる。検査は，図版で語，文を一つずつ提示し，音読させ，語の場合，図版の中の絵から当該のものを選択させ，文の場合にはテスト用の文を絵と共に提示し，その通りに行動させるか，答えを言わせる。

(a) ひらがな文字の語の読みテスト

(1)わに，(2)けむし，(3)めがね，(4)へび，(5)ぷりん，(6)ぽすと，(7)はなぢ，(8)ぺんぎん

(b) ひらがな文字の文の読みテスト

練習 (1) あなたの　なまえを　おしえて　ください。

練習 (2) としは　いくつ　ですか。

テスト (1) この　ばすは　どこへ　いくのですか。

(2) ふゆの　よるは　さむい　ですか。

(3) かぜを　ひいたら　どこへ　いきますか。

(4) やぎには　ひげが　ありますか。

(5) あなたは　ぱんと　ごはんと　どちらがすきですか。

(6) かぶとむしを　つかまえた　ことが　ありますか。

(7) ぴあのと　てれびでは　どちらが　おもいですか。

(8) なべと　ざるは　だいどころに　ありますか。

(9) くもりぞらの　ときに　よる　そらに　ほしや　みかづきは　みえますか。

⑽　あなたは　じぶんで　ずぼんを　はいたり　ぬぐことが　できますか。

なお，上の語，文は，基本音節文字71文字の全てを用いて，構成されているために，この検査で読字の誤りを正確にチェックすることで，幼児の読字の範囲も正確に知ることができる。

(c)　ひらがな文字の語の書きのテスト

22の基本音節文字と４種類の特殊音節から構成されているひらがな文字の語の書きのテスト。以下の16語について，その絵カードを示し，その語をノートに書かせる。そして，基本音節文字についてはその個々の文字の書き方（筆順），字形を見て評価し，特殊音節については，その表記の仕方を評価する。

⑴やま，⑵うみ，⑶ふね，⑷たい，⑸はむ，⑹なべ，⑺でんわ，⑻ぱん，⑼らじお，⑽かぎ，⑾まっち，⑿おかあさん，⒀がっこう，⒁きしゃ，⒂やきゅう，⒃ちょうちょ

2)　基礎的な数能力

⑴　数唱テスト　⑴診断テストの場合と同じで100まで数えさせる。

⑵　数唱課題　⑵17から25までの数唱：25以上数えられた幼児を対象に，「今度は，17から25まで数えてみてください。」という教示を与え，意識的に，17から25まで数えられるか否かを調べる課題。

⑶　計数　1　30の計数：30個のオハジキを，10個ずつ３列に並べて，「いくつオハジキがあるかな？　指を使って数えてみて下さい。」という教示を与え，指を当てながら，数えさせる。

⑷　計数　2　子どもが数え終えたら，「オハジキは全部でいくつあった？」と尋ねる。

⑸　１対１対応：動物の小モデル14匹を１列に並べ，赤いオハジキ14個を渡し，「これはリンゴの代わりだよ。どの動物にも，リンゴをおやつに一つずつ上げたい。みんなに一つずつ配ってください。」という教示を与え，正しく，１対１に対応させてオハジキを配分できるかを調べる。

⑹　数の保存　⑴ 文脈無しの場合

赤のオハジキ13個，黄色13個を用いた通常の数の保存テスト。⑴赤オハジキと黄色オハジキを対応させて１列に配列させた後，赤色オハジキを広げて並べ，「数は同じか，それともどちらが多いか」と尋ねる課題，⑵同じく，黄色オハジキの配列を広げて，尋ねる課題，⑶赤オハジキを，まとめてランダムに置き，黄色オハジキを広げてランダムに置き，数が同じか，どちらかが多いかを尋ねる課題。３問について，全て同じだと答え，その理由付けも正しい場合，保存ありと判定する。

⑺　数の保存　⑵ 文脈有りの場合

先の１対１対応で用いた13個の動物を１列に並べ，「この動物たちにおやつにチョコレー

トを一つずつ上げることにします」と言いながらながら，各動物の前に一つずつチョコレートを置き，動物の数とチョコレートの数が同じであることを確認させ，その後，チョコレートか，動物の配置を変更し，オハジキ課題と同じ手続きで，数の保存を調べる。

⑻　長さの保存（文脈無しの場合）

青，黄色，緑の紙テープ（長さ約30センチ）を用いて，通常の方法で，長さの保存を調べる。

⑼　長さの保存（文脈有りの場合）

赤，黄色，緑の布テープを用意して，赤テープで，子どもの右手の指先から肘までの長さを測り，切断し，黄色テープで子どもの左手の指先から肘までの長さを測り，切断し２本の長さの同じ布テープを用意する。そして，以降は，文脈無しの場合と同じ手続きで，検査をする。いずれも，３問全部でき，その理由付けが正しい場合に長さの保存有りと判定する。

⑽　加算課題

この検査では，算数の学習の基礎の一つである加算について，３種の基礎的な問題（２＋３，４＋６，７＋５）を，以下の三つの異なるレベルで提示して，調べる。

⑴　具体物＋具体物：全て，オハジキの具体物を用いて加算をさせる。

例えば，４＋６の問題の場合，「お猿さんが，バナナを４本もっていました」と言いながら，黄色のオハジキを４個，子どもの前に１列に並べて置き，「そのあと，お猿さんは，またバナナを６本もらいました」と言いながら，黄色のオハジキを６個，子どもの前に，別の１列として並べて置き，「バナナはみんなでいくつになったでしょう。」と尋ねる。

⑵　具体物＋言語：最初の数をオハジキの具体物を用いて示し，次に加える数をことば(言語)で示して，加算を求める。例えば，３＋７の問題の場合，「お猿さんが，バナナを３本もっていました」と言いながら，黄色のオハジキを３個，子どもの前に１列に並べて置き，「そのあと，お猿さんは，またバナナを７本もらいました」と（オハジキは示さず）口頭だけで言い，「バナナはみんなでいくつになったでしょう」と尋ねる。

⑶　言語＋言語：全く具体物（オハジキ）は用いず，ことばだけで，問題を出す。例えば，４＋６の問題の場合，「お猿さんが，バナナを４本もっていました。そのあと，お猿さんは，またバナナを６本もらいました。バナナはみんなでいくつになったでしょう」と尋ねる。

これらの問題を解く際に，子どもたちは，以下の方略のどれを用いるかを観察する。

A)　初めから，全部数えて，合計数を出す方略（全数唱方略　count all）

B)　３＋５の場合，最初の群の３を起点にして，４，５，６，７，８と数える方略（数唱継続方略，count on 方略）

C)　３＋５の場合，大きい群の５を起点にして，６，７，８と数えて計算する方略（ミン方略）

D）　記憶を基礎に答を出す方略（この場合，即時に答えを出す）（検索方略）

E）　その他の方略

小学校での算数の勉学への基礎的な準備性としては，上の色々なレベルの問題の中で，具体物＋具体物のレベルの問題，２＋３，４＋６，７＋５の３問を，最低Ａ方略で正しく答えることができれば，その準備性は形成されていると一般に考えられている。

(B)　基礎的な言語・認知機能の発達に関する検査

3)　語彙テスト（４～６歳児用100語テスト）

天野・二宮（1989）が作成した幼児（４～６歳）用絵画式語彙100語検査を用いたテスト。これは，25領域から選択された100語について，絵を提示して，能動語彙と受動語彙を調べ，児童の年齢に対応した語彙の発達指数を算出することができる。診断検査では，そこから選択した25語を用いて，簡易的に語彙能力を調べたが，ここでは，語彙の発達指数を算出するため100語について調べる。健常児の基準値がわかっているため，ここでは訓練児以外の健常児に対しては実施しない。

4)　言語調整機能（行動統制）の発達についてのテスト

診断検査で用いた，a）赤黄逆転テスト，b）赤黄大小テスト，c）赤黄青逆転テストに新たに６歳用として，d）赤黄青大小テストを加えた。これは，赤大円，赤小円，黄大円，黄小円，青大円，青小円が裏面に描かれた図書用カード20枚をランダムな順序で重ねて置き，机の上に，赤オハジキ，黄色オハジキ，青オハジキと，ガラス瓶が置かれている条件で，予め，「大きな赤丸が出たら黄色のオハジキを，大きな黄色丸が出たら，青オハジキを，大きな青丸が出たら，赤オハジキをビンに入れる。だけど，小さな赤丸が出たら赤色のオハジキを，小さな黄色丸が出たら，黄色のオハジキを，小さな青丸が出たら，青オハジキをビンに入れる」という教示を与え，それを２回正確に復唱させた後に，実際にカードをめくって，先行教示に対応して，オハジキをビンに入れることができるかを調べる。２試行中に，20問正しく実行できれば合格になる。

5)　図形の模写能力（知覚，運動機能）の発達テスト

診断検査の○，△，□，＋にさらに　田，菱形，甲のドット図形の模写を加えた。

甲のドット図形とは，以下のような図形である。

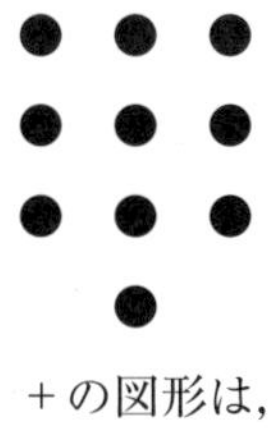

一般に，○，△，□，＋の図形は，５歳頃までに正しく描けるようになるので，ここでの検査の狙いは，６歳相当課題である田，菱形，甲のドット図形が正しく描けるかどうかを調べることにある。甲のドット図形の模写は，以前から，６歳児の学齢成熟度を調べる課題としてこれまでよく研

究されてきた問題である（川口 1968）。

6） 記憶能力の発達テスト（診断検査と同じ）

a） 言語記憶テスト

b） 像的記憶テスト

これらの課題は，診断検査で用いたのと全く同じ課題である。

7） 注意能力の発達テスト。診断検査と同じである。

8） 思考の発達についての検査

(a) レヴェン図形マトリックス検査（Raven, J. C., 1976）

視覚刺激を基礎に像的思考の発達や障害を調べる世界的によく知られている検査で，一定の空白がある一定の模様をもつ図形を示し，同時に6つの異なる模様の図形を提示し，そのうちどれでその空白部を埋めると，その模様がきれいで正しくなるかを考え，6つの図形のうち一つを選ばせる課題からなる検査である。A，AB，Bシリーズ各12問あり，A，ABシリーズは，割合基本的な問題からできているが，Bシリーズには，かなり難しい課題が含まれている。

(b) ベンゲル空間表象検査

ロシアの発達心理学者ベンゲル等（Л. А. Венгер, В. В. Холмовская, 1978）によって，幼児の

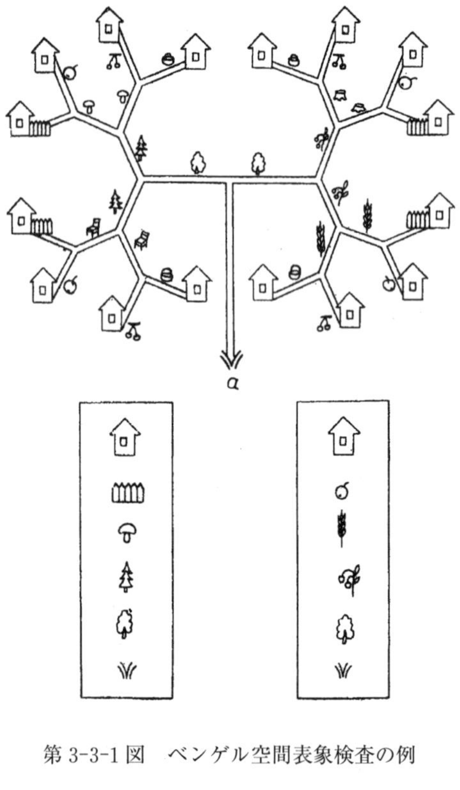

第3-3-1図 ベンゲル空間表象検査の例

就学準備性検査として開発されたテストで，特に，幼児の空間的思考の発達を調べる検査である。ここでは，「これから，村へ行きます。そこには，家がたくさんありますが，そのうちの一つの家に，ここに見える動物がいます。どの家に，動物が住んでいるのか当てるゲームですよ。動物が住んでいる家は一つしかありません。」という教示を与えられ，第3-3-1図の例に示すように，家がたくさん描かれている村の絵を示し，同時に，動物のいる家に行く道順を示す手紙（下側の二つの図）を示し，動物が住んでいる家を当てさせる課題からなる。この検査では，課題は，コンピュータ・ソフト化し，パソコンを利用して提示され，子どもはマウスを操作して，該当する家をクリックして反応する。自動的に評価もできるように作成してある（全10問）。

(c) 言語的思考（異物発見）検査：

例えば（リンゴ，かぼちゃ，桃，バナナ），（バス，電車，新幹線，飛行機）等，四つのことばを2回，口頭で伝え，仲間はずれのことばを探させる課題である。仲間はずれの対象を見つけ出し，その理由を正しく言うことができれば正答とする。以下の練習問題2問で練習を行い，テスト問題全10問を用いて検査する。

練習	1	（馬，犬，ちょうちょ，象）
	2	（カラス，犬，ツル，スズメ）
テスト問題	1	（リンゴ，かぼちゃ，桃，バナナ）
	2	（バス，電車，新幹線，飛行機）
	3	（アヒル，ライオン，ウサギ，キリン）
	4	（たいこ，ラッパ，テレビ，ピアノ）
	5	（おにぎり，牛乳，パン，ご飯）
	6	（くも，トンボ，ちょうちょ，カエル）
	7	（さかなつり，野球，スキー，すもう）
	8	（はさみ，スプーン，のこぎり，ナイフ）
	9	（月，星，山，太陽）
	10	（ばら，チュウリップ，サクランボ，タンポポ）

第4節　検査の対象児

以下の幼児を対象に，この就学準備性の検査に実施した。

(1) 学習障害の危険性が高く，2001年5月～2002年3月にわれわれの訓練・指導に参加した5～6歳幼児11名（訓練群）。

(2) 診断検査で学習障害の危険性が高いと診断したが，訓練は実施せず，訓練群の変化と比較・

対照するために設定した対照群の幼児５名。

⑶　2001年３～５月に実施した診断検査に参加し，学習障害の危険性がないと診断された以下の幼稚園，保育園に通園している健常な６歳児50名（男児24名，女児26名）。

1)	都内Ｍ幼稚園	男児４名，女児７名，計11名
2)	都内Ｗ保育園	男児６名，女児５名，計11名
3)	都内MS幼稚園	男児11名，女児６名，計17名
4)	川崎市Ｋ保育園	男児３名，女児８名，計11名
	計	男児24名，女児26名　計50名

上記 1) 2)の園については，2001年３～５月の診断検査で，健常であると診断された全ての幼児について検査を実施したが，3) 4)の園については，その内，保護者が検査を受けることを希望した幼児についてのみ検査を実施した。

また，上記⑴⑵幼児には，これらの就学準備検査に平行して個別式の知能検査（WPPSIあるいはWISK III）を実施した。

第５節　教育・訓練の効果，被訓練児の就学準備性の形成

訓練群の幼児に対する就学準備性の検査は，同時に，その形成における教育・訓練の効果を評価するものであるため，結果の記述・説明に当たっては，その効果がわかるように，検査資料を領域毎に逐次分析していくことにしよう。また，訓練児の各領域や課題毎の遅滞の程度をより客観的に評価するために，健常児の基準値を基礎にして，その課題の得点が正規分布する課題については，以下の表示を，分析の結果の表に記入していくことにする。

＊印・・・・その得点が，健常児の平均得点(x)より，標準偏差(σ)に1.5を乗じた値（x－1.5σ）より低い場合。それは，得点分布で言うと，下方から6.7％以内に分布していることを意味する。

＊＊印・・・・その得点が，健常児の平均得点(x)より，標準偏差(σ)に2.0を乗じた値（x－2.0σ）より低い場合。それは，得点分布で言うと，下方から2.3％以内に分布していることを意味する。

⑴　ひらがなの読み・書き能力

ひらがなの読み・書き能力について，訓練前の検査結果と訓練後に実施した諸検査の結果を比較

第 3-3-1 表　ひらがなの読み・書き能力についての訓練前後の比較：就学準備性の形成

	番号	被験児	性	年齢 3.1 日現在	訓練前			訓練後					
					読字数 71	読める特殊音節の種類	読みの段階	読字数 71	読める特殊音節の種類	文の読解 10	読みの段階	書字数 22（%）	正しく書けた特殊音節
訓練群	1	U. T.	m	6：7	62	0	Ⅴ	71	5	10	Ⅶ	17(77.2)	4
	2	W. U.	f	6：1	2	0	Ⅰ	65	1**	9	Ⅴ	19(86.4)	1*
	3	S. Y.	m	6：6	7	0	Ⅲ	65	1**	6*	Ⅴ	9(40.9)	0**
	4	I. K.	m	6：0	3	0	Ⅲ	71	0**	9	Ⅴ	18(81.8)	1*
	5	O. K.	m	6：4	2	0	Ⅲ	71	5	10	Ⅴ	19(86.4)	2
	6	M. K.	m	6：4	6	0	Ⅲ	71	4	10	Ⅴ	20(90.9)	6
	7	K. M.	f	6：4	0	0	Ⅲ	71	2*	10	Ⅴ	14(63.6)	5
	8	K. T.	m	6：8	68	0	Ⅴ	70	2*	8	Ⅴ	22(100)	2
	9	M. S.	m	6：1	71	2	Ⅴ	71	5	9	Ⅵ	22(100)	8
	10	Y. A.	m	6：0	0	0	Ⅲ	71	3	8	Ⅴ	21(95.4)	3
	11	T. Y.	m	5：11	2	0	Ⅲ	71	1**	10	Ⅴ	21(95.4)	1**
対照群	1	U. K.	m	6：3	70	0	Ⅴ	71	5	8	Ⅵ	14(63.6)	5
	2	O. R.	m	6：2	63	0	Ⅴ	71	5	8	Ⅶ	5(22.7)*	0**
	3	N. M.	m	5：11	2	0	Ⅲ	62	0	7	Ⅴ	3(13.6)*	0**
	4	S. Y.	m	6：4	16	0	Ⅲ	68	0	10	Ⅴ	10(45.4)	0**
	5	N. K.	m	6：8	20	0	Ⅲ	44**	0	4	Ⅳ*	6(27.2)	2
健常児の平均値（x）								69	4.3	9.5	Ⅵ	14(63.6)	4.0
標準偏差（σ）								7.3	1.39	1.9		5.56	2.49
x -1.5 σ								58.1	2.2	6.7		5.7	1.7
x -2.0 σ								54.4	1.5	5.7		2.9	0

読みの発達段階
第Ⅰ段階：音節分析未習得，表意文字の段階
第Ⅱ段階：語頭音抽出の段階
第Ⅲ段階：読み習得の初期段階
第Ⅳ段階：ひらがなの急速習得期
第Ⅴ段階：特殊音節の読みの習得期
第Ⅵ段階：単語読みへの移行期
第Ⅶ段階：単語読み，センテンス読み

したのが，第 3-3-1 表である。これから明瞭にわかるように，訓練前には，11名の幼児のうち，7名は，読みの習得の水準の第Ⅲ段階，つまり，音節分析を習得し，ひらがな文字を多少読み始めた読み習得の初期段階にあり，3名は基本音節文字をほとんど読める段階である第Ⅴ段階，他の1名

は，音節分析も未習得の第Ⅰ段階にあったが，５歳期に行った約10ヶ月の訓練によって，彼らの読み・書きの習得は，著しく進歩し，第Ⅰ段階あるいは第Ⅲ段階にあった幼児は，全員第Ⅴ段階に移行した。また，訓練前にすでに第Ⅴ段階にあった幼児の中，２名はさらに上の段階，Ⅵあるいは Ⅶの段階に達した。また，ひらがな文字の書きについても，11名のうちS. U.児を除く10名は，健常児の平均値（22文字中正しく書けた文字14文字，平均正反応率63.6%）と同じか，あるいはそれ以上の値を示している。また，文の読み課題でも，S. Y.児を除く10名は，10問中８問以上正しく読み・理解することができ，健常児の場合の平均にかなり近似した成績を示している。

確かに，特殊音節の読み・書きについては，時間的な制約で，計画していたように，どの幼児にも全ての特殊音節についての指導を終了することができずに，促音について指導できた場合が多かったことに関連して，読みで６名の幼児に，書きで４名の幼児に，健常児の場合に較べてかなり遅れている場合が認められる。しかし，１年前の訓練前の時点では，これらの幼児のひらがなの習得の水準は，わずか，全く読めないか，あるいはわずか数文字が読める段階であったことを考慮すると，これらの未習得は，やむを得ないものと理解することができる。

ひらがな文字の読み・書きの指導は，５歳期に行った訓練・指導の中で最も重点的に行った分野であったが，これらの資料は，これらの指導がひらがなでの読み・書きの習得に，どの幼児にも効果的に作用したことを示している。また，就学準備性という観点から見たとき，読みの習得で全員が第Ⅴ段階かそれ以上に達し，文もかなり読める水準にあり，しかも，書きでも，健常児の平均より著しく遅れている場合は皆無であり，多くの場合，健常児よりも優っていることから，こと，ひらがな文字の読み・書きの面に関する限り，どの訓練児にもその就学準備性が形成されたと評価することができる。

⑵　基礎的な数能力

就学準備性検査の一環として，基礎的な数能力に関する種々のテストを実施したが，その結果を示したのが第3-3-2表である。５歳期に実施した教育プログラムには，時間の制約もあって，数関係の指導・訓練は，ほとんど含まれていなかった。そのような意味で，第3-3-2表の資料は，訓練の前後の資料ではあるが，訓練効果を評価するための資料ではなく，むしろ５歳期における自生的な発達を示す資料と理解すべきものである。確かに，その期間に，５名の幼児（I. K.，M. K.，K. M.，M. S.，Y. A.児）は，100の数唱ができない状態から，それが正しくでき，かつ30の計数，１対１対応ができるように進歩を示した。しかし，加算課題となると，全数唱方略で，具体物を用いて提示される課題には，辛うじて３問できても，言語的に提示される数が含まれる課題の場合には，できない場合が多かった。また，保存課題は１名の幼児（Y. A.児）ができたに留まり，他の幼児は，全員未発達であることが示されている。保存課題は，健常児の場合でも，その通過率もあまり高いわけではないので，加算課題全９問の中での正答数を就学準備性の指標として分析すると，11

第 3-3-2 表　基礎的な数能力についての就学準備性検査の結果

	番号	被験児	訓練前 数唱 100	訓練前 計数 20	訓練後 数唱 数唱 100	訓練後 数唱 17から25まで	訓練後 計数 30	訓練後 一対一対応 30	訓練後 保存 数の保存	訓練後 保存 長さの保存	訓練後 加算 具体物＋具体物 3	訓練後 加算 具体物＋言語 3	訓練後 加算 言語＋言語 3	訓練後 加算 正反応数 9
訓練群	1	U. T.	39	20	39	OK	30	30	－	－	3A	3B	2A	8
	2	W. U.	17	10	17	不可	17	30	－	－	3A	2A	0A	5*
	3	S. Y.	20	16	20	不可	30	30	－	－	3D	1D	2A	6
	4	I. K.	10	11	100	OK	30	30	－	－	2A	1A	1A	4**
	5	O. K.	10	10	68	不可	30	30	－	－	3A	1A	1A	5*
	6	M. K.	30	20	100	OK	30	30	－	－	3A	1A	1A	5*
	7	K. M.	39	17	100	不可	30	30	－	－	2A	1A	1A	4**
	8	K. T.	20	20	40	不可	31	不可	－	－	1A	0	1A	2**
	9	M. S.	20	20	100	OK	30	30	－	－	3A	1B	1E	5*
	10	Y. A.	10	14	100	OK	30	30	＋	＋	3A	1B	1D	5*
	11	T. Y.	18	18	59	不可	30	30	－	－	2A	0	1D	3**
対照群	1	U. K.	30	4	100	OK	30	?	＋	＋	3A	3A	3A	9
	2	O. R.	10	10	100	OK	30	?	－	－	3A	0	1D	4**
	3	N. M.	20	20	99	不可	30	30	＋	－	3A	3A	3A	9
	4	S. Y.	20	20	29	不可	20	?	－	－	2D	0	0	2**
	5	N. K.	20	20	20	不可	20	10	－	－	3A	3B	2B	8
健常児の合格率%					82	94	98	100	72	42	88	66	70	／
平均正答数（x）														7.6
標準偏差（σ）														1.42
$x-1.5\sigma$														5.5
$x-2.0\sigma$														4.8

健常児の合格率は以下の基準で算出されている。

(1) 100まで数唱：100の数唱が完全にできる。
(2) 17から25までの数唱：2～3試行までに可の場合。
(3) 30までの計数：第1試行で合格。
(4) 30までの1対1対応：第1試行で合格。
(5) 数，長さの保存：(＋)は，文脈なしの場合で保存がある場合及び文脈ありの場合に保存がある場合も含めている。
(6) 数の加算：それぞれの条件で，3問の課題が全問正答である場合。

加算の欄に示す記号，例えば3Aでは，その数値は，3問中の正解数を，A等の記号は，子どもが利用した計算の方略を示す。上述の(10)加算課題の説明の項を参照のこと。

第 3-3-3 表　語彙能力，言語調整機能についての訓練前後の比較：就学準備性の形成

	番号	被験児	訓練前					訓練後					
				言語調整（行動統制）					言語調整（行動統制）				
			語彙指数VQ*	(a) 赤黄逆転	(b) 赤黄大小	(c) 赤黄青	** 水準	語彙指数VQ	(a) 赤黄逆転	(b) 赤黄大小	(c) 赤黄青	(d) 赤黄青大小	水準
訓練群	1	U. T.	58.0	20	20	20	Ⅳ	80.8	20	20	19, 20	20	Ⅴ
	2	W. U.	62.3	20	10, 4	— —	Ⅱ	75.8	19, 20	18, 20	9, 11	16, 17	Ⅲ*
	3	S. Y.	53.6	7, 0	— —	— —	Ⅰ	69.5*	19, 19	19, 20	20	20	Ⅴ
	4	I. K.	62.3	19, 20	19, 19	10, 17	Ⅱ	96.8	19, 20	19, 19	19, 19	17, 18	Ⅲ*
	5	O. K.	83.6	19, 20	16, 15	13, 7	Ⅱ	99.6	20	18, 20	19, 19	20	Ⅴ
	6	M. K.	83.6	17, 20	19, 20	0, 0	Ⅱ	98.5	18, 20	18, 20	18, 20	19, 20	Ⅴ
	7	K. M.	82.6	19, 20	20	18, 19	Ⅲ	99.6	20	20	19, 19	19, 19	Ⅳ*
	8	K. T.	63.7	18, 20	20	20	Ⅳ	70.4*	20	20	20	15, 20	Ⅴ
	9	M. S.	107.4	18, 20	18, 17	17, 20	Ⅳ	108.3	19, 20	19, 20	18, 20	20	Ⅴ
	10	Y. A.	42.1	20	10, 7	0, 20	Ⅳ	62.8*	20	20	20	20	Ⅴ
	11	T. Y.	68.4	19, 20	16, 19	15, 12	Ⅱ	91.0	20	20	18, 20	20	Ⅴ
対照群	1	U. K.	—	20	20	11, 11	Ⅲ	—	20	20	20	20	Ⅴ
	2	O. R.	—	1	0	0	Ⅰ	—	19, 18	18, 19	20	20	Ⅴ
	3	N. M.	—	20	20	20	Ⅳ	—	20	20	20	20	Ⅴ
	4	S. Y.	—	3, 20	14, 15	12, 16	Ⅱ	—	20	20	19, 20	19, 19	Ⅳ*
	5	N. K.	—	20	20	20	Ⅳ	—	20	20	20	17, —	Ⅳ*
健常児の場合 その割合　%			100.0				Ⅳ	100.0					Ⅴ 94

*　語彙指数(V. Q.)は，天野・二ノ宮（1989）の100語を用いた語彙検査の資料を基礎にして，各幼児の100語中の能動語彙数から，その語彙月齢を求め，その子の月齢で割り，100を乗じた値である。その値が100であるならば，その子が月齢相当の語彙をもっていることを意味する。

**　言語調整機能の水準は，第Ⅰ水準は，4歳相当課題である4)a)の課題も合格できない水準，第Ⅱ水準は，4)a)の課題のみ合格した水準，Ⅲは，5歳相当課題である(b)，(c)の2課題のうち，1課題に合格した水準，Ⅳはその(b)，(c)の2課題共に合格した水準を示す。Ⅴ水準は，6歳相当課題である(d)の課題に合格できた水準を示す。訓練前の診断検査は，全数検査でないため，Ⅳの水準の割合は算出できない。訓練後は，Ⅴの水準の割合は，健常児50名の資料を基礎にした。

名の訓練児のうちU. T.児，S. Y.児を除く9名の幼児の正答数は，健常児の平均に較べて著しく低い値をとっており，就学準備性が未形成であることが明らかにされた。

⑶　語彙能力，言語調整機能

訓練前の段階で，訓練に参加した幼児の語彙能力は，１名の幼児（M. S. 児）を除いて全体的に低い水準にあった。そこで，訓練前にその語彙発達指数を評価するために100語の語彙検査を行うと共に，語彙発達を促すために一連の語彙プログラムで訓練を行ってきた。また，訓練後の就学準備検査においても同じ100語検査を実施して，語彙面の発達を評価した。また，言語調整機能についても，訓練前の段階で，11名の中，４名（U. T.，K. T.，M. S.，Y. A. 児）は，年齢相当の発達を示していたが，他の７名は，明瞭な遅れを示していた。そこで，教育プログラムを用いた様々な訓練・指導の場面で，コンピュータのフィードバック機構を用いたり，ひらがなの書字の練習の中で，意識的に自分の行動をコントロールする能力を高めるための指導が行われた。また，この機能の発達を評価するため訓練後の検査には，６歳相当課題のより困難な課題（課題⒟）を加えて評価を行った。それらの訓練前後の諸検査の結果を比較したのが，第 3-3-3 表の資料である。

この表でわかるように，語彙能力について，訓練前に相当年齢に較べて著しく遅れていた幼児10名は，この訓練期間に，語彙指数が全員10～20ポイントの範囲で改善された。中には，I. K. 児のように30ポイントも改善された場合も認められる。しかも，言語調整機能についても，全員顕著な改善が認められ，訓練前には４歳相当の課題をうまく実行できずに，Ⅰ，Ⅱの水準にあった６名の幼児のうち，S. Y.，O. K.，M. K.，T. Y. の４名は，訓練後には，６歳相当課題をうまく遂行し，Ⅴの水準に達している。しかし，他の２名は，訓練後はⅢの水準に達するだけに留まった。また，訓練前にⅣの水準にあった幼児４名は，全員６歳相当のⅤ水準に上昇した。この期間に，訓練を受けていない対照群の幼児も，言語調整機能についてそれなりの進歩が認められるため，訓練群の幼児に認められるこれらの進歩，改善は，直接，訓練そのものの効果ということはできないが，対照群の場合，進歩が認められたのは５名中４名であったのに対して，訓練群の場合には，全員に進歩が認められたことは，この期間の訓練が一定の効果を及ぼしていることを示唆している。

就学準備性という観点でみると，訓練後の2002年２～３月の就学直前の時点で，健常児の場合，その言語調整機能は，その94%はⅤ水準にあることを考慮すると，11名の訓練児のうち，W. U.，I. K.，K. M. 児の３名は，健常児の水準に達せず，遅れていることが示された。また，語彙能力については，３名の幼児（K. T.，S. Y.，Y. A. 児）に依然として遅れが認められた。

⑷　図形の模写能力（空間知覚，運動機能）

提示された図形を空間的に正しく知覚し，それを正しく模写・描写できることは，文字や数字，外界を正しく認識するためにも，文字や数字を正しく書くためにも，必要な能力である。問題をもつ幼児に対する教育でも，絵を自由に描画させる活動やひらがな文字を正しく書くことを学習させる準備性を形成するため，空間知覚や文字の構造を分析し，一定のルールに基づいて書かせる訓練と指導を行ってきた。また，訓練後の就学準備性の検査には，診断検査の課題に，6歳相当の課題を新たに4種加えて，幼児の図形の模写能力（空間知覚，運動機能）の形成・発達の程度を評価しようとした。その結果は，第3-3-4表に示す通りである。

この表でもわかる通り，訓練前の5歳代で，問題をもつ幼児には，5歳にはできていて当然である図形，三角形，四角形の描写が正しくできない場合がしばしば認められていた（特に，O. K.，S.

第3-3-4表　図形の模写能力（空間知覚，運動機能）の訓練前後の比較：就学準備性の形成

	番号	被験児	訓練前 図形 ○	△	□	訓練前 正答数	訓練後 図形 ○	△	□	＋	田	◇	甲	訓練後 正答数*
訓練群	1	U. T.	+	?	+	2	±	±	+	+	+	−	+	3**
	2	W. U.	+	−	+	2	+	−	+	+	+	−	+	4**
	3	S. Y.	+	−	+	2	+	+	+	+	+	±	+	5
	4	I. K.	+	+	−	2	+	+	+	+	+	−	+	5
	5	O. K.	+	−	−	1	+	+	+	+	−	−	+	4**
	6	M. K.	+	+	+	3	+	+	+	+	+	+	+	6
	7	K. M.	+	−	−	1	+	+	+	+	+	−	+	5
	8	K. T.	+	−	−	1	+	±	+	+	−	−	−	3**
	9	M. S.	+	+	+	3	+	+	+	+	+	+	+	6
	10	Y. A.	+	−	+	2	+	±	+	+	+	+	+	5
	11	T. Y.	+	−	−	1	+	+	+	+	±	−	+	4**
対照群	1	U. K.	−	−	−	0	+	+	+	+	+	+	+	6
	2	O. R.	?	?	?	／	+	±	+	+	+	−	−	4**
	3	N. M.	?	?	?	／	+	+	+	+	+	±	+	5
	4	S. Y.	+	+	−	2	+	+	−	+	+	−	+	4**
	5	N. K.	−	+	±	1	+	+	+	−	+	+	+	5
健常児の場合の合格率%							96	96	96	98	92	62	90	
平　均														5.6
標準偏差（σ）														0.636
x -1.5 σ														4.6
x -2.0 σ														4.3

表中の記号は以下のことを示す。
+：合格
—：不合格
±：やや問題あり
?：検査の未実施その他で評価不可
＊　訓練後の正答数は，甲ドット課題を除く6つの図形描写課題の中で合格した課題の数を示す。

Y.，K. T.，K. M.，Y. A.，T. Y. 児）が，これは，訓練を含む１年間の間にかなり改善された。しかし，期待されていたことは，それだけでなく，より複雑な課題もうまくやりこなせることであった。６歳相当課題として新たに追加した課題への反応を見てみると，十字の描画は全員できているが，漢字の田を描かせる課題，菱形の図形を描く課題では，正しく描けなかった場合が割合多く認められる。しかし，これまで就学準備性を示す検査として研究された「甲」のドット図形を描画する課

第 3-3-5 表　記憶能力，注意機能の訓練前後の比較：就学準備性の形成

			訓練前					訓練後				
			記憶*		注意			記憶*		注意		
	番号	被験児	言語的記憶 12	像的記憶 12	正選択反応率 (a)	お手つき反応率 (b)	総合 a-b	言語的記憶 12	像的記憶 12	正選択反応率 (a)	お手つき反応率 (b)	総合 a-b
訓練群	1	U. T.	0, 1	6, 3	97	5	92	6, 4	7, 4	97	17	80
	2	W. U.	2, 0	7, 8	88	82	6	2, 3*	5, 4	100	5	95
	3	S. Y.	4, 6	4, 4	63	22	41	1, 1**	1, 2**	77	8	68
	4	I. K.	4, 2	4, 6	88	18	70	4, 1	3, 4*	97	17	80
	5	O. K.	1, 7	2, 2	63	61	2	5, 5	5, 7	82	42	40*
	6	M. K.	3, 4	3, 7	97	5	92	5, 7	7, 7	80	20	60
	7	K. M.	4, 6	5, 3	78	9	69	6, 7	7, 8	88	2	86
	8	K. T.	1, 3	8, 0	97	14	83	1, 6	8, 9	100	8	92
	9	M. S.	0, 3	6, 8	75	8	67	6, 9	5, 6	95	0	95
	10	Y. A.	0, 5	7, 6	72	14	58	5, 3	7, 5	100	0	100
	11	T. Y.	5, 6	4, 4	85	15	70	4, 6	7, 6	95	13	82
対照群	1	U. K.	3, 3	8, 2	58	37	21	2, 1**	3, 3**	92	8	83
	2	O. R.	3, 7	5, 4	87	73	14	1, 1**	6, 2	80	48	32*
	3	N. M.	5, 2	——	53	40	13	4, 5	3, 6	98	160	－67**
	4	S. Y.	3, 1	3, 7	95	2	93	2, 7	7, 3	83	35	48*
	5	N. K.	5, 5	6, 6	87	135	－48	5, 3	7, 3	73	29	44*
健常児の平均(x)								5.9	7.2	—	—	71.6
標準偏差(σ)								1.66	1.82			31.82
x -1.5 σ								3.4	4.5			
x -2.0 σ								2.6	3.6			

＊　言語的記憶，像的記憶の欄の数値は，それぞれ，第１試行，第２試行における12項目中の再生項目数。評価に当たっては，２試行中で成績の高い得点を用いている。

題は，K. T. 児を除く全員の幼児が，正しく描くことができた。甲ドット課題を除く六つの図形のうち正しく描くことができた正答数（合格図形数）を指標として，健常児の平均値に較べて著しく低い場合を準備性が十分に形成されていないと判断して資料を分析してみると，訓練群11名中の5名（U. T.，W. U.，O. K.，K. T.，T. Y. 児）が，対照群の2名（O. R.，S. Y. 児），計7名がそれに該当する。これらの幼児の訓練前後の知能検査の値を見てみると，U. T. 児を除く6名の場合，いずれもVIQに較べてPIQの値が低く，空間処理に問題のある幼児であることを示唆している。

(5) 記憶能力，注意機能

訓練に参加した幼児には，訓練前の時点で，U. T. 児やW. U. 児のように言語的な記憶能力が，像的記憶能力に較べて過度に発達が遅れていたり，反対にO. K. 児のように，像的記憶が過度に劣っている場合が認められた。また，W. U.，S. Y.，O. K. 児のように注意機能が健常児に較べて著しく未発達である場合も認められた。このように注意機能に問題をもつ幼児は，訓練・指導の過程で，課題に集中することが困難で，すぐに立ち上がって席から離れたり，床に寝そべったり，他の関係ない刺激に反応したりする行動を示し，また課題にすぐに飽きて，課題を最後までやり遂げることが困難であった。

訓練・指導のための教育プログラムには，記憶能力や注意機能を直接高めることを目的とした課題を含めることをしなかったが，訓練・指導に用いた課題は，いずれも一定の記憶能力及び課題への注意の集中とその持続を必要とするもので，訓練・指導過程で，幼児の記憶能力や注意機能が改善されることが期待された。診断検査で用いたものと同じ記憶，注意の検査を行い，訓練前後の変化を調べた結果が，第3-3-5表に示す資料である。

健常児の平均は，記憶については，2試行中で成績の高い項目について平均を算出した数値を示し，注意については，総合の百分率を平均した数値を示す。注意が遅れていることの指標としての分割点は，百分率が正規分布をしないので，標準偏差の値を利用できないため，分布が二つの山に分割される特性を基礎に，50%を基準としてそれ以下の場合を遅れがあると見なした。

この表からすぐにわかるように，訓練前に記憶能力に遅れが認められたU. T.，W. U.，O. K. の3児のうち，U. T.，O. K. 児の2名については，訓練期間中に改善が認められ，就学準備性の検査の段階で，すでに問題は解消した。しかし，言語的記憶に遅れが認められたW. U. 児の場合，ある程度の改善が認められているにもかかわらず，就学を迎える段階でも，遅れが持続している。また，注意機能に問題をもつS. Y. 児の場合，その状況に応じて課題の取り組み，集中度に大きなむらがあり，記憶検査の結果は，就学直前に行った結果では，1年前に実施した場合よりも悪くなっている。

注意機能については，全体的に進歩し，11名の中6名に，成績の値に改善が認められる。特に訓練前に著しい遅れが認められたW. U.，S. Y.，O. K. 児の3名の場合，いずれも改善が認められた。

特に，W. U. 児については顕著な進歩が認められ，問題は改善されたが，S. Y.，O. K. 児の２名については，10ヶ月の訓練後でも，なお遅滞の傾向が認められる。

(6) 思考諸能力

思考能力は，就学準備性の重要な成分をなしていると考えられる。学習障害の危険性の高い幼児を見つけ出す診断検査には，直接思考能力を評価する課題は含めなかったが，就学準備性の検査で

第 3-3-6 表　訓練後の思考能力：就学準備性の形成

	番号	被験児	訓練後 レヴェン図形マトリックス課題 A (12)	AB (12)	B (12)	計 (36)	ベンゲル空間表象検査 (44)	言語的思考 (10)
訓練群	1	U. T.	8	6	6	20	32	4*
	2	W. U.	6	4	6	16*	23	0**
	3	S. Y.	9	4	5	18	32	4*
	4	I. K.	6	4	6	16*	24	4*
	5	O. K.	7	3	2	12**	14*	5
	6	M. K.	7	6	4	17	21	6
	7	K. M.	8	5	4	17	21	9
	8	K. T.	7	1	2	10**	6**	5
	9	M. S.	9	10	7	26	36	7
	10	Y. A.	10	10	6	26	29	4*
	11	T. Y.	7	3	2	12**	23	4*
対照群	1	U. K.	10	6	7	23	16*	5
	2	O. R.	8	6	3	17	15*	0**
	3	N. M.	9	6	6	21	20	7
	4	S. Y.	7	4	6	17	28	2**
	5	N. K.	9	7	4	20	37	6
健常児の平均(x)			9.3	8.2	6.8	24.3	29.4	7.3
標準偏差(σ)			1.63	2.30	2.23	5.06	8.16	1.77
x −1.5 σ						16.8	17.2	4.6
x −2.0 σ						14.2	13.1	3.8

(　) 内の数値は，レヴェン図形マトリックス課題，言語的思考課題の場合には，提示した課題の数を示し，表の数値は，その中，正しく解答できた課題の数を示す。
ベンゲル空間表象検査の場合には，(　)内の数値は，最高得点を示し，表の数値は，一定の基準で得られた得点を示す。

は不可欠であるため，像的な思考の発達を評価するものとして，レヴェン図形マトリックス検査，ベンゲル空間表象検査の２種類のテスト，言語的思考については異物発見検査を含め，健常児の基準資料と比較することによって，訓練に参加した幼児の思考能力の発達の程度，就学準備性の形成の程度を評価しようとした。

その結果は，第3-3-6表に示す通りである。この表でわかるように，約10ヶ月間の訓練・指導を実施したにもかかわらず，11名の訓練児のうち思考の発達が健常児に近く，特に問題が認められない幼児は，M. K.，K. M.，M. S.の３児に留まり，他の８名は，全員，何らかの形で，思考能力が健常児の発達に較べて遅れがあることが明らかになった。特徴的なことは，言語的思考と像的思考の遅れは，知能検査のVIQとPIQの値の不均衡と結びついて生じている傾向があることである。例えば，言語的思考に遅れがなく，特に像的思考の検査であるレヴェン図形マトリックス課題，ベンゲル空間表象検査の両方で，健常児に較べて顕著に低い得点をとったO. K.，K. T.の２児は，訓練前及び訓練後の知能検査で，いずれも，PIQの値が，VIQの値に較べてかなり低く，反対に，像的思考には問題がなく，言語的な思考課題がうまく解決できなかったU. T.，Y. A.児の場合，VIQの値が，PIQに較べて顕著に低い。また，訓練前の知能検査で，総IQの値が，70に近い値を示していたW. U.，I. K.，T. Y.児の３名には，５歳代の10ヶ月の訓練・指導後においても，像的思考と言語的思考の両方に顕著な遅れが認められた。

(7)　知能指数の訓練前後の比較：就学準備性の形成

これまで述べてきた就学準備検査に平行して，訓練群の幼児，並びに対照群の幼児に，個別式の知能検査（WPPSIあるいはWISK III）を実施したが，その結果を，訓練前の資料と比較できるように，第3-3-7表に示す。この表でわかるように，2001年６月から2002年２～３月までの訓練期間に，以下の５名の幼児に知能指数に顕著な向上が認められる。特に顕著な上昇が認められたのは，以下の幼児である。

(1)　訓練前に，VIQがPIQに較べて，著しく低く，15～20ポイント以上の差が認められた幼児，U. T.児及びI. K.児。彼らの場合，VIQが20ポイント以上も，上昇し，U. T.児の場合には，同時にPIQも上昇している。総IQも20ポイント以上上昇している。

(2)　訓練前に較べて，VIQ及びPIQに共に，15～20ポイントの顕著な上昇が認められる幼児，K. M.児及びT. Y.児。彼らの場合，訓練前にPIQの値がVIQに較べて，やや低い傾向が認められたが，その傾向は訓練後にも保持されており，T. Y.児の場合には，より顕著になっている。

(3)　訓練前に，(1)の群ほど顕著ではないが，VIQがPIQに較べて，やや低い値を示したが訓練期間中に，VIQのみが20ポイント上昇した幼児，W. U.児。この場合，PIQは変化がなく，総IQの値は，10ポイントの上昇に留まっている。

第 3-3-7 表　知能指数の訓練前後の比較：就学準備性の形成

	番号	被験児	性	年齢 2001 4・1 現在	訓練前 WPPSI or WISK III VIQ.	PIQ.	IQ	訓練後 WPPSI or WISK III VIQ.	PIQ.	IQ
訓練群	1	U. T.	m	5：7	68,	83,	70	96,	98,	96
	2	W. U.*	f	5：2	71,	81,	71	92,	78,	82
	3	S. Y.	m	5：6	89,	79,	82	80,	90,	83
	4	I. K.	m	5：1	68,	84,	71	90,	84,	92
	5	O. K.	m	5：5	94,	74,	81	86,	83,	81
	6	M. K.	m	5：5	79,	83,	77	81,	78,	76
	7	K. M.	f	5：5	87,	80,	80	107,	97,	103
	8	K. T.*	m	5：9	81,	68,	72	76,	69,	70
	9	M. S.*	m	5：2	99,	68,	82	91,	87,	88
	10	Y. A.*	m	5：1	72,	97,	82	76,	101,	87
	11	T. Y.*	m	5：0	79,	65,	67	100,	80,	88
対照群	1	U. K.	m	5：4	89,	72,	79	67,	87,	72
	2	O. R.	m	5：3	80,	72,	79	89,	78,	80
	3	N. M.	m	5：0	90,	92,	89	89,	89,	86
	4	S. Y.	m	5：5	85,	71,	76	81,	78,	77
	5	N. K.	m	5：9	96,	83,	89	107,	107,	105

＊　これらの幼児には，WISK Ⅲの検査が行われた。

これら5名の幼児は，このように，5歳期における訓練期間に顕著なIQ値の向上が認められたが，他の6名については，この期間には，VIQ，PIQ，IQ値に多少の変動が認められるものの，顕著な変化は観察されていない。他方，特別の訓練・指導を実施しなかった対照群の5名の幼児にも，相対的にIQの値が高かった1名の幼児（N. K.）に，VIQ，PIQそれぞれに10～15ポイントの自生的な上昇が認められる。このように，幼児期の場合，IQ値の自生的な向上が認められるので，上記に観察された5名の幼児のIQ値の向上は，全て訓練・指導の効果に帰することは，論理的に困難であるが，11名の幼児のうち5名に，言語・認知能力の改善を目的とした訓練・指導に対応した組織的な顕著な向上が観察されていることは，5歳期における特別指導が，この期の幼児の精神発達に何らかの形で寄与していると考えることができるであろう。

(8)　5歳期に特別の指導・訓練を受けた幼児の就学準備性の形成

以上，個々の検査毎に資料を分析しながら，教育の効果並びに幼児の就学準備性の形成の程度に

第 3-3-8 表　訓練に参加した幼児の就学準備性の形成の程度

	番号	被験児	基礎的学習能力		言語・認知能力								遅れのある領域の数
			読み書き能力	数能力	語彙能力	言語調整機能	記憶		注意	空間運動機能	思考		
							言語的	像的			像的	言語的	
訓練群	1	U. T.	+	+	+	+	+	+	+	−	+	−	2
	2	W. U.	+	−	−	−	−	+	+	−	±	−	6
	3	S. Y.	+	+	−	+	−	−	+	+	+	−	4
	4	I. K.	+	−	+	−	+	−	+	+	±	−	4
	5	O. K.	+	−	+	+	+	+	−	−	−	+	4
	6	M. K.	+	−	+	+	+	+	+	+	+	+	1
	7	K. M.	+	−	+	±	+	+	+	+	+	+	2
	8	K. T.	+	−	−	+	+	+	+	+	−	−	4
	9	M. S.	+	−	+	+	+	+	+	+	+	+	1
	10	Y. A.	+	−	−	+	+	+	+	+	+	−	3
	11	T. Y.	+	−	+	+	+	+	+	−	±	−	3
対照群	1	U. K.	+	+	／	+	−	−	+	+	±	+	2
	2	O. R.	+	−	／	+	−	+	−	−	±	−	5
	3	N. M.	+	+	／	+	+	+	−	+	+	+	1
	4	S. Y.	+	−	／	+	+	+	−	+	+	−	3
	5	N. K.	±	+	／	+	+	+	−	+	+	+	2

ついて説明してきた。この項の最後に，これらの分析結果を総合して，就学前の 1 年間に試みた特別の指導・訓練に参加した幼児に，目標とした就学準備性がどの程度形成されたのかを調べてみよう。これは，5 歳期に実施したわれわれの教育プログラムの効果を評価するに当たっても，また，訓練に参加した幼児の今後の指導の方針を立てるためにも重要な意味をもっている。

しかし，ここで明記しておくべきことは，これまで学習障害児の教育の立場から，就学準備性についてほとんど研究が行われてこなかったわが国の研究の現状の下で，このように具体的に子どもの就学準備性を問題にする場合があったにしても，経験や研究の蓄積がない以上，あくまでも一定の仮説の下での論理的な予測であって，それ以上のものではないことである。

われわれは，子どもの就学準備性を評価するに当たって，小学校での勉学の基礎となる基礎的な諸技能（pre-academic skills）に種々の言語・認知的な検査を加え，全体的に 8 領域の検査を作成したが，記憶領域を言語的記憶，像的記憶，思考領域を像的思考，言語的思考に分け，子どもが学校で勉学に必要な基礎的な能力を，全体で10領域からなると考えよう。そして，それらの領域の相対的な重要性に差があることを無視する点で，やや機械的になることは我慢するとして，子どもが健常に発達しているそれらの領域の範囲が広ければ広いほど，就学準備性はより高く，反対にその範囲が狭ければ狭いほど，就学準備性が低いと仮定することにしよう。このように仮定することによって，一人の子どもの全体的な就学準備性の充足の程度を，発達が健常に進んでいる領域の範囲，広がりから評価することが可能になる。

先に，ここの検査の結果の分析において，一定の基準に従って，発達に遅れが認められた場合に，その項目に*印を一つあるいは二つ付けてきたが，これは，この課題領域で，発達が健常に進んでいないことを表している。10の課題領域での子どもの発達が健常に進んでいる程度，遅れのある程度をまとめて，一つの表に示したのが，第 3-3-8 表である。ここでは，健常に発達が進んでいることが確認された場合には，(+)の記号が，遅れがあると評価された場合には，(−)あるいは(±)の記号が記入されている。ただし，像的思考については 2 種類の課題で共に遅れがある場合に記した(−)記号のある場合遅れがあると見なした。この表から，個々の子どもの能力が，健常に発達している領域が，どの範囲に広がり，遅れている領域がどの程度の広がりをもつかを一目の下で知ることができる。また，全部の10領域全て健常に発達を遂げている幼児はおらず，遅れのある領域は，1 領域からから 6 領域まで広がっていることが示されている。ここで次に問題となるのは，10領域のうちどの程度まで健常に発達していればよいのかという問題である。個々の課題領域の遅れを評価する際に，「平均－1.5×標準偏差」の値を健常と遅滞の分割点とし，最下位得点から6.7%の範囲にその得点や正答数が入る場合に，遅滞があると見なした。このことは，健常で，特に問題がない児童でも，遅れのある領域が多少なりともあり得るということを意味している。もし，健常児と診断された児童について，遅滞が生じている領域の範囲を知ることができれば，それを基礎に，就学準備性が充足されていると判断できる基準を見つけ出すことができるはずである。つまり，ある子どもの発達が遅れている領域が，健常児に認められない範囲まで広がっている場合には，就学準備性が充足されていないと判断できる。

このような考え方を基礎に，訓練群の幼児の検査結果の成績を評価したのと全く同じ基準で，就学準備性の検査に参加した50名の健常児童の検査結果を分析し，一人一人について，遅滞のある領域，健常に発達している領域を調べ，それを訓練群の幼児の場合と比較したのが，第 3-3-9 表である。

この分析の結果，健常児の場合，遅れがどの領域にも認められない場合が50人中24人，48%，1 領域にだけ遅れがある場合が17名，34%で，その両者で，全体の82%を占めるが，遅れのある領域は 3 領域まで広がっていることが明らかになった。このことから，分割点を 7 領域に定め，就学準備性が満たされていると評価できるためには，少なくとも10領域の中 7 領域までが健常に発達していることが必要であると理解することができる。

第 3-3-9 表　健常に発達している領域の広さについての健常児と訓練群の幼児との比較

健常に発達している領域の広さ，数	健常児 人数と割合　%	訓練群の幼児 人数	幼児の識別記号とそのIQ
10　領域	24（48）	0	
9	17（34）	1	M. S.（91, 87, 88），M. K.（81, 78, 76）,
8	5（10）	3	U. T.（96, 98, 96），K. M.（107, 97, 103）
7	4（ 8）	2	Y. A.（76, 101, 87），T. Y.（100, 80, 88）
6	0	4	I. K.(90, 84, 92), K. T.(76, 69, 70), O. K.(86, 83, 81), S. Y.(80, 90, 83)
5	0	0	
4	0	1	W. U.（96, 98, 96）
計	50	11	

この基準を採用して，われわれが約10ヶ月間特別の教育プログラムで訓練・指導を実施してきた11名の就学準備性の充足の程度を評価してみると，残念であることに，その基準を満たすものは11名のうち約半数の 6 名に過ぎず，他の 5 名は，その基準を満たしていないことが明らかにされた。対照群の場合，語彙検査を実施できなかったため，上と同じ手続きで就学準備性の充足の程度を評価することはできない上，訓練群の児童と 1 対 1 で等質に構成した統制群と異なるため，直接的な比較は危険であるが，訓練を受けずに，就学準備性が形成された場合も認められる。このことは，11名中 6 名に就学準備性が形成されたとしても，それをすべてここでの指導・訓練の効果に帰することはできない。われわれの教育プログラムでの指導・訓練が，幼稚園，保育園や家庭での指導などと結びついて一定の効果を及ぼしたと理解する必要がある。

ここで，注目すべきことは，就学準備性の充足の程度と，個別知能検査の値及びその変化との関係である。先に述べた通り，この 5 歳期の 1 年間に，われわれの教育プログラムでの訓練・指導と結びついて，U. T.，I. K.，K. M.，T. Y.，W. U. の 5 名の幼児は，IQ の値の上で，15～20ポイントの上昇を示し，100にかなり近い値を示すまで改善されたが，これらの幼児は，全員，この期間に就学準備性を充足する状態になったわけではなく，U. T.，K. M.，T. Y. 児の 3 児は充足することができたが，I. K.，W. U. 児の 2 児は，充足するに至っていない。また，IQ 値の高い子どもが，就学準備性を充足したかというと，必ずしもそうだとは言えない。このことは，われわれが以前からもっていた疑問，LD 児の教育や訓練の実施において，知能検査の値が正常値に近い値を得るまで改善されたことや，VIQ と PIQ の値の乖離が解消したことをもって，LD 状態が解消したとして，特別指導・訓練を完了させて良いのかという問題について，一定の解答を与えるものである。上記の資料は，就学準備性を充足させるために，子どものより基礎的な能力の発達の程度を示す IQ 値や，その特質を示す PIQ と VIQ との乖離は改善されるべきであるが，その向上，改善だけをもって，就学準備性が充足されたと判断すべきではないということを意味している。

このように，５歳期に特別の訓練・指導を実施し，小学校に入学してから，学習障害が発生することを未然に予防する目的で始まった５歳期の特別指導は，参加した幼児の約半数については，目標とした就学準備性を形成することができたが，約半数の幼児は，十分に形成できないという結果で終了した。この結果は，期待したものではなかったが，幼児が抱える問題の困難性（特に，訓練開始時に，VIQ，PIQ，IQ 値が60台の幼児が含まれていること）から，ある程度予測されたことであった。そこで，われわれは，この段階で，就学準備性が形成されていると判断された幼児，形成されていないと判断された幼児を含めて，全ての子どもについて，１年間訓練・指導を継続し，子どもたちの学習と発達をより促進させ，小学校に進学してからの子どもたちの様子を追跡的に見るとともに，第１学年末に，子どもの発達と学習の再評価を行うことにした。勿論，この段階で，子どもの両親に，５歳期に各幼児の進歩と就学準備性の形成の程度について詳しい報告を行い，われわれの今後の方針を伝え，引き続き協力を得ることを依頼した。幸いなことに，就学準備性が形成されていた１名の幼児（M. K. 児）を除く，10名の幼児について，訓練継続について了解と協力が得られ，2002年度も，訓練を継続して実施することになった。2002年度に実施した訓練・指導の内容及びその中での子どもの進歩などについては，次章で詳細に報告することにする。

第６節　５歳幼児に対する発達スクリーニング診断検査の評価

この就学準備性検査は，先述のように，われわれの訓練・指導に参加した幼児11名と対照群の幼児５名の他に，１年前に実施した診断検査で，学習障害の危険性はないと診断した健常児50名についても実施した。このように，健常児にも実施したのは，以下の二つの目的があったからに他ならない。

⑴　訓練児の就学準備性を評価するために基準となる資料を得ること。

⑵　１年前の５歳期に実施した発達スクリーニング診断検査の資料を，１年後に実施した就学準備性検査の資料を基礎に分析し，５歳期に実施した発達スクリーニング診断検査が，適切であったかを評価すること。

⑴については，これまでの分析に利用し，説明してきたので，すぐに⑵の問題の分析に移ることにしよう。

われわれは，５歳期に学習障害の危険性が高いと思われる幼児を見つけ出すことのできる発達スクリーニング診断検査の作成・開発を試み，約180名の幼児に実施してきた。この診断検査の開発に当たって特に重要な要件となるのは，実際の学習障害の危険性をもっている幼児を見落とす危険性が皆無か，あるいはそれが最小限になるような診断のシステム，基準のシステムを作り出すことである。われわれは，最終的に，第１章の第 3-1-1 表に示したように，第１次，第２次，第３次からなる発達スクリーニング検査を構成することができたが，その際に以下の三つのことを，診断の際の基準とした。

⑴　まず第１に，第１次発達スクリーニング検査で，小学校での勉学の基礎となる基礎的な諸技能（pre-academic skills）の発達に関する２領域の検査（ひらがな文字の読みの検査，100まで数唱と20個のオハジキの計数）にいずれも合格し，かつ，５歳相当の言語調整機能テストに合格すれば，学習障害の危険性はないと診断した。

⑵　第２に，第２次スクリーニング検査では，勉学にとっての基礎的な諸技能（pre-academic skills）の２領域のうち，仮に１領域に遅れが認められても，同時に（あるいは，次に）実施した７領域の言語・認知領域の諸検査で，それらの領域に，何ら明瞭な遅滞が見出せなかった場合も，１領域にだけ遅滞が認められた場合も，学習障害の危険性はないと考えて診断した。つまり，基礎的な学習諸技能（pre-academic skills）の遅滞が，２領域以上の言語・認知領域の遅滞と結びついている場合に，学習障害となる危険性があると考え，その場合，さらに，第３次の個別知能検査へと検査を進めた。

⑶　個別知能検査では，総IQ（Full-Scale-IQ）が60以下の場合には，学習障害となる危険性よりも，精神発達遅滞（Mental Reterdation）の危険性が高いと考えた。つまり，通常の考えと異なって，総IQ（Full-Scale-IQ）の60の値を，学習障害の疑いと精神発達遅滞の疑いを識別する基準とした。そして，子どもたちに，組織的な訓練・指導を継続的に実施し，IQの値が，健常な値（つまり，100）に近くなるように改善していくならば，その遅滞は学習障害による遅れであり，もし，訓練・指導を継続的に実施しても，改善する徴候を示さないならば，精神発達遅滞に起因した遅れであると判断するのがより合理的であると考えた。

しかし，これらの基準は，あくまでもこれまでの研究と経験を基礎にした仮説であり，それが真に有効かつ適切であると見なすためには，具体的な資料を基礎にして論証される必要がある。

そこで，2001年春に実施した診断検査と2002年春に実施した就学準備性検査の両方に参加した幼児の中から，以下の条件を満たし，上の基準の検討に役立つ以下の２群の子どもたちを選び出し，それらの診断基準が適切であったかを検討することにした。

第１群：第１章の第3-1-1表に示した診断システムを用いた診断検査の第１次スクリーニング検査で，学習障害の危険がないと診断された幼児：つまり，上記の⑴に該当する幼児，12名。

第２群：第１次スクリーニング検査で，ひらがなの読みの習得に遅れがあることがわかり，第２次検査を実施したが，他の言語・認知領域に何ら遅れがないか，１領域にだけ遅れが認められたため，学習障害の危険がないと診断された幼児，つまり，上記の⑵に該当する幼児，８名。

第３群（訓練群）：第２次スクリーニング検査で，２領域以上の言語・認知領域の遅滞があると判断され，第３次の個別知能検査を受け，学習障害となる危険性が高いと診断し，2002

年6月より訓練・指導を受けた幼児，つまり，上記の(3)に該当する幼児，11名。

これらの3群について，就学準備検査の結果を較べてみよう。ここで，われわれが特に問題とするのは，上記の(1)(2)の診断基準が適切でなくて，本当は学習障害の危険をもっていたにもかかわらず，それが見つけ出せず，そのような子が，この第1群，第2群の幼児の中に含まれているのか否かである。

就学準備性検査の各課題における成績を3群で比較した資料を，第3-3-10表～第3-3-21表に示す。また，第3-3-22表は，全領域における就学準備性の形成の程度について3群で比較したものである。

第3-3-10表　文の読み水準についての3群の比較
（水準については，第3-3-1表の注を参照）

水　準	Ⅳ	Ⅴ	Ⅵ	Ⅶ	計
第 1 群	0	3	1	8	12
第 2 群	3	4	1	0	8
訓 練 群	0	3	1	7	11

第3-3-11表　文の読み・理解課題についての3群の比較（問題数は全10問）

正 答 数	0	1	2	3	4	5	6	7	8	9	10	計
第 1 群	0	0	0	0	0	0	0	0	0	0	12	12
第 2 群	1	0	1	0	1	0	0	0	0	1	4	8
訓 練 群	0	0	0	0	1	0	0	1	2	2	5	11

第3-3-12表　ひらがな文字の書き課題についての3群の比較（問題数は全22文字）

書 字 数	0～5	6～10	11～15	16～22	計
第 1 群	1	1	6	4	12
第 2 群	2	3	3	0	8
訓 練 群	0	1	1	9	11

第3-3-13表　加算課題についての3群の比較（問題数は全9問）

正 答 数	2	3	4	5	6	7	8	9	計
第 1 群	0	0	0	0	0	2	2	8	12
第 2 群	0	0	1	0	4	3	0	0	8
訓 練 群	1	1	2	5	1	0	1	0	11

第 3-3-14 表　図形描写課題についての 3 群の比較（問題数は全 6 問）

正　答　数	3	4	5	6	計
第　1　群	0	1	5	6	12
第　2　群	0	0	3	5	8
訓　練　群	2	3	4	2	11

第 3-3-15 表　言語的記憶課題についての 3 群の比較（問題数は全12語）

再 生 語 数	0	1～2	3～4	5～6	7～8	9～10	11～12	計
第　1　群	0	1	0	6	3	2	0	12
第　2　群	0	1	1	5	1	0	0	8
訓　練　群	0	1	2	5	2	1	0	11

第 3-3-16 表　像的記憶課題についての 3 群の比較（問題数は全12語）

再　生　数	0	1～2	3～4	5～6	7～8	9～10	計
第　1　群	0	0	1	4	3	3	12
第　2　群	0	0	1	0	6	1	8
訓　練　群	0	1	1	2	6	1	11

第 3-3-17 表　注意課題についての 3 群の比較*

%	29以下	30-39	40-49	50-59	60-69	70-79	80-89	90-99	100		計
第 1 群	1	0	0	1	0	4	2	4	0	0	12
第 2 群	2	0	1	0	0	0	2	1	0	2	8
訓練群	0	0	1	0	2	0	4	3	1	0	11

*　数値は，正選択反応率とお手つき反応率の差，総合値(%)を示す。

第 3-3-18 表　言語調整機能ついての 3 群の比較
（水準については，第 3-1-3 表の注を参照）

水　　準	Ⅲ	Ⅳ	Ⅴ	計
第　1　群	0	0	12	12
第　2　群	0	0	8	8
訓　練　群	2	1	8	11

第 3-3-19 表　レヴェン・マトリックス課題についての 3 群の比較（問数は全36問）

正　答　数	0-4	5-10	11-16	17-22	23-28	29-34	35-36	計
第　1　群	0	0	0	0	1	7	4	1
第　2　群	0	0	0	3	5	0	0	8
訓　練　群	0	0	5	4	2	0	0	1

第 3-3-20 表　ベンゲル空間表象題についての 3 群の比較（最高得44点）

得　　点	0-5	6-11	12-17	18-23	24-29	30-35	36-41	42〜	計
第　1　群	0	0	0	0	1	7	3	1	12
第　2　群	0	0	1	1	1	5	0	0	8
訓　練　群	0	1	1	4	2	2	1	0	11

第 3-3-21 表　言語的思考課題についての 3 群の比較（全10問）

正　答　数	0〜4	5〜6	7〜8	9〜10	未実施	計
第　1　群	1	2	4	4	1	12
第　2　群	0	6	2	0	0	8
訓　練　群	6	3	1	1	0	11

これらの資料でわかるように，第 1 群の幼児には，読み・書き，数の基礎的な学習諸技能（pre-academic skills）の領域で就学準備性が未形成であるものは，全く 1 人もない。また，言語・認知領域の課題も，11名中 7 名は，全ての領域の課題で十分準備性が形成されおり，像的記憶，像的思考，空間運動機能（図形描写），言語的思考のうちの 1 領域で，遅れが認められる幼児が各 1 名，計 4 名，言語的記憶と注意の 2 領域で遅れがある幼児が 1 名認められたに過ぎない。言語・認知機能の遅滞と結びついた形の基礎的な学習諸技能（pre-academic skills）の遅れをもつ児童は全く認められず，どの児童も，就学準備性に特に問題がないと判断することができる。このことは，診断検査の第 1 次の発達スクリーニング検査が，妥当なものであったことを示している。

第 2 群の子どもは，2001年春の 5 歳期の診断検査の時は，読めたひらがな文字は10以内で，第 2 次検査に進み，さらに言語・認知領域の発達検査を行い，それらに全く問題がなかったか，あるいは遅れが 1 領域に留まっていたため，学習障害の危険性はないと判断された幼児たちである。第 3-3-10 表に示すように，1 年後の 6 歳時の就学準備性検査では，8 名中 1 名は，読みの水準のⅥ段階（単語読みへの移行期）に，4 名はⅤ段階（特殊音節の読みの習得期）に進み，これらの子どもたちはその後，順調にかな文字の読みを習得したことを物語っている。しかし，8 名中の 3 名は，Ⅳ段階（ひらがなの急速習得期）にあり，ひらがなの基本音節文字の読みを習得中の段階にあって，訓練群の幼児が全てⅤ段階に進んだことと較べると，一歩遅れた段階にある。この 3 名は，第 3-3-22 表の第 2 群のタイプⅣとタイプⅤの子どもたちである。タイプⅣの 2 名は，この表が示すように，読みの習得がやや他の幼児に較べて遅れている傾向がある（特に 2 名とも早生まれで，歳が低い）ものの，他の言語・認知領域で発達は順調に進み，就学準備性は十分に形成されていると判断することができる。しかし，タイプⅤに入る 1 名の幼児（K. N. 児）は，ひらがな文字71文字中47文字を読むことができたが，文は10文中一つも正しく読み・理解することもできず，正しく書ける文字も 2 文字に過ぎず，しかも，注意機能にも発達の遅れが認められた。もし，認知面の遅れ

第 3-3-22 表　全領域における就学準備性の形成の程度についての 3 群の比較

群	タイプ	基礎的学習能力		言語・認知能力								合格領域数	人数
		読み書き能力	数能力	語彙能力	言語調整能力	記憶		注意	空間運動機能	思考			
						言語的	像的			像的	言語的		
第 1 群	I	+	+	+	+	+	+	+	+	+	+	10	7
	II	+	+	+	+	±	+	+	+	+	+	9	1
	III	+	+	+	+	+	+	+	+	−	+	9	1
	IV	+	+	+	+	+	+	+	−	+	+	9	1
	V	+	+	+	+	+	+	+	+	+	−	9	1
	VI	+	+	+	+	+	−	−	+	+	+	8	1
第 2 群	I	+	+	+	+	+	+	+	+	+	+	10	3
	II	+	−	+	+	+	+	+	+	+	+	9	1
	III	+	+	+	+	+	+	−	+	−	+	9	1
	IV	−	+	+	+	+	+	+	+	+	+	8	2
	V	−	+	+	+	+	+	−	+	+	+	8	1
訓練群	M. S.	+	−	+	+	+	+	+	+	+	+	9	1
	M. K.	+	−	+	+	+	+	+	+	+	+	9	1
	U. T.	+	+	+	+	+	+	+	−	+	−	8	1
	K. M.	+	−	+	±	+	+	+	+	+	+	8	1
	T. Y.	+	−	+	+	+	+	+	−	±	−	7	1
	Y. A.	+	−	−	+	+	+	+	+	+	−	7	1
	I. K.	+	−	+	−	+	−	+	+	±	−	6	1
	O. K.	+	−	+	+	+	+	−	−	−	+	6	1
	K. T.	+	−	−	+	+	+	+	+	−	−	6	1
	S. Y.	+	+	−	+	−	−	+	+	+	−	6	1
	W. U.	+	−	−	−	−	+	+	−	±	−	4	1

が原因で，文字の読みの習得が遅滞しているなら学習障害の危険があると考えられ，1 年前のわれわれの診断が，正しく適切に行われなかったことを意味している。そこで，自分たちが誤診をしたのか否かを確かめるため，この幼児に対して，個別の知能検査を実施すると共に，母親に面接を求め，なぜ，この 1 年間に，かな文字の習得が順調に進まなかったか原因を明らかにしようとした。その結果，その幼児の知能発達は正常である（WPPSI，VIQ：116，PIQ：92，IQ：105）ことが明らかになっただけでなく，その幼児の読みの習得の遅れは，その家庭の特殊な環境的な原因に起因していることが明らかになった。その母親の説明によると，K. N. 児の 2 歳下の妹が早くからかな

文字に関心をもち，K. N.児の前で，文字を読んだり書いたりすることを頻繁に見せびらかしたため，K. N.児が癇癪を起こすようになった。そのため，秋頃より，家庭の中にある一切の文字材料を取り去り，なるべく妹にもK. N.児にも，文字を見せないようにしてきたと。このようなことで，われわれは1年前に誤診をしたわけではないことが確認された。

第7節　5歳期に実施した特別の指導・訓練ついての評価

以上，就学準備性検査について3群を比較したことによって，われわれが5歳期に実施した学習障害になる危険性のある幼児を見つけ出すための診断検査が適切に行われたことが示されたが，この3群の比較資料は，また，5歳期に実施した教育的な指導・訓練の効果と共に，訓練群の子どもたちの就学期における発達上の問題点をも明らかにしている。ついでに，これらについても纏めておこう。

5歳期に行ったわれわれの教育プログラムによる指導・訓練は，すでにこれまで説明してきたように，内容面では，(1)ひらがな文字での基礎的な読み・書きの学習，(2)分類操作の習得を基礎にした語彙の学習を指導の中心に置き，(3)同時に，コンピュータを中心とした学習や，基礎的な読み・書きの学習や分類操作の学習の中で，課題への集中性，持続性，自分の行動のコントロール能力を高め，子どもの注意面で発達を促すことに重点が置かれた。

このような指導・訓練は，きわめて効果的にこれらの面での子どもの学習と発達を促していることが，上記の3群の比較資料に現れている。例えば，第3-3-10表，第3-3-11表に示すように，訓練群の幼児の成績は，確かに文の読み・理解課題の場合，第1群の成績と同じレベルには到達していないが，読みの水準は，これらの指導・訓練を通して，第1群とほぼ同じ水準に到達している。また，第3-3-12表に示すように，訓練群の幼児のひらがな文字の書きの成績は，第1群の幼児の場合よりも，（また，当然第2群の幼児よりも）高い成績を示している。

また，語彙能力も，すでに第3-3-3表の説明で言及したように，訓練群の幼児の全員に顕著な改善が認められ，訓練前には，幼児の11名中10名に語彙面の遅れが認められたが，訓練を通して，顕著な遅れのある幼児は3名に減じた。また，第3-3-18表に示すように，訓練群の幼児の言語調整機能は，訓練前には，11名中7名に顕著な遅れが認められたが，それらの内4名に明瞭な改善が認められ，第3-3-18表に示すように，6歳相当課題であるiv)の課題に合格できた幼児は11名中8名に達した。同じく，注意能力にも顕著な改善が認められ，訓練前に3名の幼児に著しい遅れが認められたが，それは1名に減じ，第3-3-17表に示すように全体的な成績は，第1群の成績に近いものとなっている。

このように，直接指導・訓練を行った領域の能力は顕著な改善が認められているが，当然のことであるが，直接指導を実施しなかった領域では，遅滞の状況はそのまま残っている。その明瞭な例は，数領域の能力である。われわれは，訓練の時間的な制約を考慮して，５歳期の訓練では，数能力に関して一切指導を行はなかった。確かに，第 3-3-2 表を見る限り，５歳期の訓練期間中に，数唱，計数能力に一定の進歩を示している幼児も認められるが，全く進歩を示さない幼児も認められる。就学準備性は，加算課題への反応を基礎に評価したが，訓練群の幼児の加算能力は，第 3-3-2 表及び第 3-3-13 表に示す通り，第１群，第２群の幼児に較べ著しく未発達，未形成で，就学準備性の評価で合格したものは11名中２名に過ぎなかった。

この就学準備性の検査で明らかになった学習障害の危険性をもっている訓練群の幼児のもう一つの問題点は，総じて思考能力の発達の遅れが明瞭に認められることである。われわれは，就学準備性検査で，像的思考の発達を調べる２種類の検査（レヴェン図形マトリックス検査，ベンゲル空間表象検査）と１種類の言語的思考検査（異物発見検査）を用いて，子どもの思考能力の発達の程度を評価したが，第 3-3-19 表，第 3-3-20 表，第 3-3-21 表に示すように，訓練群の幼児は，いずれの課題でも第１群，第２群の幼児に較べてその成績は劣っている。特にそれが顕著に現れているのは，言語的な思考である。われわれは，５歳期に実施した分類操作の習得を基礎にした語彙指導は，何らかの形で幼児の思考の発達に寄与することを期待したが，この資料を見る限り，それは，語彙面の発達に効果があったとしても，思考の発達に十分な効果を発揮したと考えることはできない。これらの問題を考慮して，５歳期に実施した指導・訓練に引き続き実施する６歳期（小学校１学年期）で実施する教育プログラムでは，分類操作を基礎とした語彙指導をさらに新しい教材を用いて継続すると共に，新たに，四則演算の基礎となる「10進法教育プログラム」を開発し，それらに基づいて指導・訓練を行い，これらの児童の問題点を克服することを計画した。これら小学校１学年期での指導とその効果等については，次章で述べることにする。

第4章　小学校第1学年児童を対象にした学習障害予防のための言語・認知教育プログラムの開発とそれによる訓練・指導の効果

概　　要

前章で述べたように，就学準備性が形成されていると判断できた幼児は，11名中6名で，他の5名の幼児には，学校での勉学に必要な言語・認知諸能力に未形成，未発達の部分があることが明らかになり，就学準備性が形成されていると判断された児童にも，算数の学習の基礎となる数領域の基礎的な能力，言語的思考等に問題があることが明らかにされた。そのため，そこで，5歳期から指導・訓練を実施してきた児童全員に対して，これまで開発・作成してきた第1学年の学習障害児用の言語・認知教育プログラムに，漢字の指導，算数の基礎である十進法の学習に関する新たに開発した教育プログラムを付け加え，あと1年間，それらの7種の教育プログラムで，訓練・指導を継続して実施することにした。ここでは，これらの教育プログラムについての解説，この指導の実施状況，主要な教育プログラムが学習・発達に及ぼした指導・訓練の効果等について説明する。

第1節　はじめに

これまでの報告で説明してきたように，特別の指導をしない限り学習障害になる危険性が高いと判断された11名の5歳幼児を対象に，2001年6月より2002年3月までの約10ヶ月間，就学準備性の形成を主たる目的とした言語・認知教育プログラムで，訓練・指導を行ってきた。その結果，就学直前に実施した就学準備性検査で，その教育の効果と幼児の就学準備性の形成の程度を評価した結果，われわれの言語・認知教育プログラムでの訓練・指導は，子どもの読み・書き能力，語彙能力，注意の形成・発達に著しい効果を及ぼしたにもかかわらず，健常児の就学準備性の検査から得られた基準で評価した場合，就学準備性が形成されていると判断することができた幼児は，11名中6名に過ぎず，他の5名の幼児には，学校での勉学に必要な言語・認知諸能力に未形成，未発達の部分があることが明らかになった。また，就学準備性が形成されていると判断された児童にも，算数の学習の基礎となる数領域の基礎的な能力，言語的思考等に問題があることが明らかにされた。そこで，われわれは，就学準備性が形成されていると判断された児童を含めて5歳期から指導・訓練を実施してきた11名の児童全員に対して，これまで開発・作成してきた第１学年の学習障害児用の言語・認知教育プログラムに，漢字の指導，算数の基礎である十進法の学習に関する新たに開発した教育プログラムを付け加え，あと１年間，それらの教育プログラムで，訓練・指導を継続して実施することにした。

実施に先だって，各児童の保護者に対して，これまでの各児童の進歩の様子，現在の状況，これからの指導の計画などについて説明を行い，子どもの現在の状況についての理解と今後の協力を依頼した。11名の児童のうち，10名については，保護者の理解と協力が得られたが，１名の児童については，家庭の都合（特に母親が就職を希望していること）で，理解と協力が得られず，保護者の理解と協力が得られた10名について，指導と訓練を継続して実施することになった。

本章では，このようにして2002年４月から実施され，2003年３月まで継続して行われた10名の第１学年の児童に対する実験的な教育・訓練指導の際に用いた７種類の教育プログラムについて説明すると共にその指導がどのように実施されたのか，どのような効果をもたらしたのか，その概要を報告する。

第２節　教育プログラムの開発と構成

第１学年時の指導・訓練では，以下の７種類の教育プログラムを用いた。

(A)　音節の自覚の形成とひらがな文字の表記の学習プログラム

(B)　文の統辞・意味論的構造の自覚の形成と文の読み・書きの学習プログラム

(C)　分類行為の学習を基礎にした語彙・認知教育プログラム

(D)　ひらがな文字での語，文の読みの練習プログラム（R シリーズ）

(E)　漢字の書き方の教育プログラム（KW シリーズ）

(F)　漢字の読みの教育プログラム（KR シリーズ）

(G)　算数の基礎(十進法)の学習・教育プログラム

これらのうち，(A)(B)(C)(D)(E)(F)の教育プログラムは，すでに開発済みのもので，本論の第１部，第２部で説明してきた。(C)以外は，すべて，コンピュータを利用して教育することができる。

(G)のプログラムは，われわれの訓練指導に参加している児童が，数領域で就学準備性が未形成である状況に対応するため，今回の研究で，新たに開発・作成したものである。この(G)算数の基礎(十進法)の学習・教育プログラムは，算数の学習の基礎である十進法について，２位数の範囲での十進法の原理の学習から始まって，第１学年で学習する範囲である，繰り上がりのある（１位数)＋(１位数)，繰り下がりのある（２位数)－(１位数）までを学習させることを目的としているもので，全体で以下の７ステップから構成されている。

ステップ　1

(10個を一つの単位に纏める作業を通しての) 2群の数の多少の比較(1)

ステップ　2

(10個の単位を青オハジキに替えた条件での) 2群の数の多少の比較(2)

ステップ　3

10進法変換学習ソフトを用いた2群の数の多少の比較

ステップ　4

「あといくつ　たすと　10に　なるかな？」

ステップ　5

「くり上がりのある1けたの足し算」

ステップ　6

「引き算(1)(くり下がりの無い1けたの引き算)」

ステップ　7

「引き算(2)(くり下がりのある2位数引く1位数の引き算)」

(十進法7.SWF)

第1ステップと第2ステップは，オハジキを用いる具体的な行為の水準で，十進法の原理を学習するが，ステップ3からステップ7までは，Microsoft社のFlash 5で作成した。十進法の1位数，2位数相互の変換の手続きを，モニター画面で学習できるコンピュータ・ソフトを用いて学習する。ここでは，紙面の関係で，ステップ1と2を紹介するに留め，このプログラムでの指導法の詳細な手続きは，付録A7「十進法の教育プログラム」で，説明してあるのでそれを参照されたい。

ステップ1　2群の数の多少の比較(1)

1．目的：10個以上A. B群について，各群の10個を一つの単位に纏めて，数の多少を比較させる中で，十進法の原理を具体的行為の中で学習させる。

2．材料：2色(赤／緑　または赤／黄)のオハジキ各60個。フィルムケース12個。

3．方法：子どもの前に，2色のオハジキを課題に示す数だけ置き，次の教示を与える。

教示：「ここに，赤，緑のオハジキが，置いてあります。どちらが，たくさんあるでしょう。これから，くらべてもらいますが，ひとつひとつ数えるのは大変ですから，10個をまとめて，このケースに入れましょう。それから，くらべることにしましょう。」

子どもの作業：次いで，10個を一つにまとめ，ケースに入れる作業を行わせる。

比較：以下のように，その結果を，配列して較べさせる。例には，A：34　B：33の場合を示す。子どもに「こっち(A)は，全部でいくつ？」「こっち(B)は，全部でいくつ？」と尋ね，答えを言わせて(数表現)，「では，どちらが，多い？」と尋ねる(比較)。

A		B	
■	●	■	○
■	●	■	○
■	●	■	○
	●		

（■はフィルムケース，●は赤オハジキ，○は緑オハジキを示す）

4．課題：15：17，34：35，55：60等全10問

ステップ 2　2群の数の多少の比較⑵

1．目的：10個オハジキを，1つの単位にまとめさせた上で，それを，青オハジキ1個と替えさせた条件で2群A，B，の数を比較させる作業を通して，10の単位を学習させることを目的とする。

2．材料：2色（赤／緑　または赤／黄）オハジキ各60個，フィルムケース12個，青オハジキ12個

3．方法：基本的に，ステップ1と同じであるが，オハジキ10個を入れたフィルムケースを1個の青オハジキと替えて，比較を行わせる点だけが異なる。

子どもの作業：ステップ1と同じように，10個を一つにまとめて，ケースに入れる作業を行わせる。

青オハジキとの交換：10個を一つにまとめる上の作業を全部終えたら，訓練者は，次の教示を与える。「先生は，銀行家になります。銀行にオハジキ10個をまとめたケースを渡すと，青いオハジキ1個に交換してくれます。青のオハジキ1個は，10個のオハジキと同じです。10個のオハジキを，銀行で，1個の青オハジキと替えて下さい。」

そして，子どもに1本のフィルムケースに入れた10個にまとまったオハジキ（またはリング）を，訓練者に渡すことを求め，その都度，青オハジキ1個を渡す。

比較：以下のように，その結果を，配列して，較べさせる。例には，34：33の場合を示す。子どもに「こっち⒜は，全部でいくつ？」「こっち⒝は，全部でいくつ？」と尋ね，答えを言わせて（数表現），「では，どちらが，多い？」と尋ねる（比較）。

A		B	
◎	●	◎	○
◎	●	◎	○
◎	●	◎	○
	●		

（◎は青オハジキ，●は赤オハジキ，○は緑オハジキを示す）

4．課題：ステップ１と同じ10問。

第３節　これらの教育プログラムによる訓練・指導の実施の状況

以上説明してきた７種類の教育プログラムを用いて，５歳期に訓練・指導を実施してきた11名の児童のうち，家庭の都合で，理解と協力が得られなかったM. K.児を除く，保護者の理解と協力が得られた10名の児童を対象に，2002年５月から2003年３月まで，訓練・指導を実施した。５歳期の訓練・指導と異なって，子どもの学習と発達の個人差は大きくなり，それぞれの学習上の問題点も一様ではないため，これらの期間の指導は，画一的な指導計画に従うのではなく，訓練者の判断で，子どもの学習・発達上の問題点に応じて，上記の７種類の教育プログラムのうち，より適切なものを選択して実施できるようにした。訓練・指導は，小学校第１学年期においても，川崎市のことばの教室で実施する場合でも，原則的に毎週２回実施する計画でいたが，子どもが置かれている社会的な条件（特に母親の熱意と協力の程度）などによって，その原則が十分に守られなかった場合も生じた。

第3-4-1表は，各児童毎に，その10ヶ月の間に指導を受けた教育プログラムとその訓練回数を整理して示したものである。この表でもわかるように，各児童が実際に受けた教育指導の内容とその進行は，個人によって大きく異なっている。全体的に言うと，ひらがなの特殊音節（促音，長音，拗音，拗長音等）の音節指導と表記の学習を行う音節分析と表記のプログラムは，多くの児童が指導を受けたが，すでにそれらを修得していたM. S.児は，その指導を受けず，彼にとって弱点となっている文の構成と表記及び語彙について指導を行った。また，漢字の読み・書きに問題をもっていたI. K.，O. K.，K. M.，T. Y.児は，その指導をかなりの回数にわたって指導を行ったが，あまりそれに問題がなかったU. T.，W. U.，K. T.児などは，漢字についてほとんど指導を行っていない。また，５歳期から指導と学習のテンポが遅れる傾向を示していたS. Y.児の場合，ひらがなの読み・書きの学習に重点を置かざるを得ず，漢字については読みの指導を３回実施するに留まった。また本児の場合，語彙指導は，５歳期用の教材を用いて実施した。著者の方針としては，十進法の学習は，どの児童にも指導すべき教材として，そのプログラムを開発したが，時間の関係などで，実際に最後のステップまで指導を行うことができたのは，I. K.，O. K.，K. M.，Y. A.，T. U.児の５名の児童に留まった。

第４節　教育プログラムでの学習効果

スペースの関係で，ここの教育プログラムの下での学習過程についての説明は割愛することにして，(A)音節の自覚の形成とひらがな文字の表記の学習プログラムと，今回新たに開発した(E)漢字の

第 3-4-1 表　各児童の教育指導の内容とその進行

	A 音節分析と表記プログラム	B 文法プログラム	C 語彙プログラム	D 文の読みプログラム	E 漢字の書きプログラム	F 漢字の読みプログラム	G 十進法プログラム
1　U. T.	7-18 26	M1	1	5-7			
	9 回	1 回	1 回	3 回	0 回	0 回	0 回
2　W. U.	1-21	M1，K1 M2	1-2	1		1	1-4
	22 回	3 回	2 回	1 回	0 回	1 回	4 回
3　S. Y.	1-6	M1	幼4-8	1-5		1-3	1
	11 回	3 回	7 回	5 回	0 回	3 回	1 回
4　I. K.	4-6, 8-16	M1	1-4，6	4-6	1-5	1-5	1-7
	23 回	7 回	6 回	6 回	5 回	11 回	7 回
5　O. K.	4-6, 8-16	M1	1-4, 6-7	1-3, 6-7	1-6	1-5	1-7
	20 回	10 回	8 回	5 回	10 回	10 回	8 回
6　K. M.	4-6, 8-16	M1	1-3	2-4	1-7	1-5	1-7
	17 回	1 回	4 回	3 回	7 回	10 回	10 回
7　K. T.	4-16	M1-K1, M3-K3	1-3	1-7	1	1	1
	25 回	18 回	5 回	7 回	1 回	1 回	1 回
8　M. S.		M1-M3 K1	幼5-8				1-2
	0 回	10 回	14 回	0 回	0 回	0 回	2 回
9　Y. A.	1-17, 24-25	M1-4	1-8	1-7		1-3	1-7
	23 回	17 回	8 回	7 回	0 回	3 回	7 回
10　T. Y.	4-6, 8-16		1-4, 6	4	1-5	1-3	1-7
	14 回	0 回	5 回	2 回	5 回	4 回	10 回

書き方の教育プログラム（KW シリーズ），(F)漢字の読みの教育プログラム（KR シリーズ），(G)算数の基礎(十進法)の学習・教育プログラムについて，それらの教育効果を前後法で調べて資料を示して，それらの教育効果を説明しよう。

(1) 音節の自覚の形成とひらがな文字の表記の学習プログラムの効果

(1) 促音の音節指導と表記の学習

促音の音節指導と表記の学習は，第 1-2-1 図で示したように，ステップ 4 で，音節構造のモデル図式が与えられている条件で，促音を含む語についてモデル構成の練習を行い，さらにステップ 5 で，モーラ数が点で表された略式図式の条件でモデルを構成する練習を行う。そこで，促音の自覚が形成されると，さらにステップ 6 で，モデルを構成してから，詰まる音の後の休止符を「っ」で表すことを教えて，促音を色々な位置に含む語について表記の練習を行うことを通して学習を進めた。

その学習の効果を評価するため，教材とは別の語を用いた「促音の形成テスト」が用意されており，これらの訓練の前後に実施して，その教育の効果を評価した。

その形成テストは，以下のように構成されている。

1) モデル図式のある図版と積み木等を用いたモデルの構成，詰まる位置と休む位置を見つける練習：ラッパ，カケッコ，スイカ，コップ，ロケット，トックリ，カメラ，シッポ，ラケット，ラクダ，ナップザック，ベットの12語で行う。

2) 自力によるモデル構成練習：語の音節構造を示すモデル図式をカバーした条件で，上の12語について，自力で，モデルを作らせる。

3) モデル構成のテスト：上の 1) 2) を終えた後，別の12語について，語の音節構造を示すモデル図式をカバーした条件でモデル構成についてのテストを行う。実際には，次の12語を用いた。ヨット，ハラッパ，リス，バッタ，モッキン，トラック，バナナ，ハッパ，スリッパ，ニワトリ，ホットドッグ，キッテ。

4) 促音を含む語の読みテスト：別の10語，メガネ，バット，ナッパ，セッケン，ミット，コロッケ，ノコギリ，ポケット，ソックス，ナップザックを用いる。セッケンを，／セ／ツ／ケ／ン／と読んだら誤り。

5) 促音を含む語の書きテスト：3) モデル構成のテストで用いた12語について，それを示す絵と語を口頭で提示して書かせるテスト。促音の自覚が欠如している場合，こどもはしばしば，／ポケット／を「ぽけと」と書く誤りを示す。

テストであるが，教育的要素が強く，一定の指導を行ってからテストを実施するので，形成テストと名付けている。この検査を，訓練児の全員ではないが，5 名の訓練児に，促音の音節指導と表記の指導の前後に実施してその教育の効果を調べたものを第 3-4-2 表に示す。なお，促音の指導は，

第 3-4-2 表　促音の音節指導と表記の指導の学習効果（前後テストによる比較）

	訓練前			訓練後		
課題 訓練児	促音を含む語のモデル構成（12問）	促音を含む語の読み（10問）	促音を含む語の書き（12問）	促音を含む語のモデル構成（12問）	促音を含む語の読み（10問）	促音を含む語の書き（12問）
4　I. K.	8	5	3	11	10	11
5　O. K.	9	3	5	11	3	7
6　K. M.	8	9	(2) 8	10	10	9
7　K. T.	6	7	2	11	10	11
10　T. Y.	6	4	4	12	10	12

5歳期から始まっていたが，不十分であったので，6歳期に入ってから，再度本格的に指導を行ったもので，第 3-4-2 表の資料のうち，K. T. 児の訓練前の資料は，5歳期の1月段階で検査したものである。その他の子どもの訓練前の検査結果は，5月以降，つまり，第1学年に進学してから実施したものである。K. M. 児は，5歳期にも促音の音節指導をかなり受けているので，5月段階での訓練前検査で，モデル構成，読み，書き共に，割合高い成績を示している。しかし，彼女は，5歳期の1月段階で，最初にこの検査を受けた時は，モデル構成と読みの成績は，5月の検査と変わっていないが，促音を含む語の書きテストの成績は，12問中2問が正答であった。

この資料は，促音の音節指導と表記の指導は，O. K. 児には，あまり顕著でないが，K. M.，I. K.，K. T.，T. Y. の4児に対して，促音の読み・書きを含めて，全体的に非常に大きな教育的な効果を上げていることを示している。

⑵　長音の音節指導と表記の学習

特殊音節の中で，学習障害の危険性をもつ児童にとって一番学習が困難であるのが，この長音である。そのため，この教育プログラムでは，第 1-2-1 図に示すように，ステップ7の母音の学習から始まって，ステップ16の長音の読みと表記の学習まで，長い丁寧な指導を行うようにしてあり，実際の指導もこの手順にしたがって指導が行われた。

この長音の指導は，第 3-4-3 表に示す4児の他に，U. T.，W. U.，K. T.，Y. A. 児にも実施しているが，残念ながら，正確な訓練後の後テストの記録を残していない。そこで，前後テストの記録が正確に残されている第 3-4-3 表の児童の資料のみを分析することにする。

訓練の前後に実施した「長音の形成テスト」の構成は，促音の形成テストの場合と全く同じである。ただ，長音の場合，1)の練習で，モデル構成の練習の後，長音の位置，長音の抽出を練習する点が異なっている。参考までに用いた練習，検査語を列挙すると以下の通りである。

1)　モデル図式のある図版と積み木等を用いたモデルの構成と長音の抽出の練習：ボーシ，スト

第 3-4-3 表　長音の音節指導と表記の指導の学習効果（前後テストによる比較）

	訓練前			訓練後		
課題 訓練児	長音を含む語のモデル構成（12問）	長音を含む語の読み（10問）	長音を含む語の書き（12問）	長音を含む語のモデル構成（12問）	長音を含む語の読み（10問）	長音を含む語の書き（12問）
4　I. K.	3	4	5	7	6	4
5　O. K.	11	3	6	12	8	11
6　K. M.	12	5	2	11	11	11
10　T. Y.	11	5	3	11	8	11

ーブ，テーブル，ネズミ，ボール，フクロー，スキー，ヒコーキ，ニワトリ，レーゾーコ，グローブ，ローソク。

2)　モデル構成のテスト及び書きテスト：ケーキ，スカート，スモー，ウサギ，オーカミ，スケート，サーカス，ノート，オトーフ，タナバタ，コーヒー，モーターボート。

長音の自覚が欠如している児童は，／オトーフ／，／モーターボート／を，「おとふ」「もたぼと」と母音文字を脱落して書く傾向が強い。

3)　長音を含む語の読みテスト：上の 1)で用いる語を順番を変えて用いる。長音を含む語の読みは，例えば，「すもう」を，／ス／モー／と読まず，／ス／モ／ウ／と読めば誤り。

第 3-4-3 表に示す前後テストの比較による長音の音節指導と表記の指導の学習効果を調べた資料では，I. K. 児には，まだ指導の効果が現れていないが，その他の O. K.，K. M.，T. Y. 児には，指導の効果が明瞭に現れている。特に，語の読みだけでなく，長音を含む語を正しく表記できるようになったことが示されている。長音を含む語の書き課題で，12問中 1 問正しく書くことができなかったが，それは，長音が 3 箇所に含まれている／モーターボート／という語の場合であった。この場合，ひらがなの表記のルールに基づいて，「もうたあぼうと」と書くことが求められているのであるが，そのように正しく書けなかったことによる。したがって，12問中11問正しく書けたことは，ほぼ完全に長音の表記を習得したと考えて差し支えない。

⑵　漢字の読み・書き教育プログラムによる指導と効果

第 1 学年児用の教育プログラムとして，2002年度に，新たに漢字の読み方，筆順の情報をもつ漢字辞書を含む特殊なコンピュータ・ソフトを開発し，それを漢字の読み・書きの指導に用いた。また，漢字の書き方の指導・学習には，第 2-4-1 表に示してきた漢字の書き方のルールを予め指導して，それと結びつけて個々の漢字の書き方を覚えるように指導するようにした。

概して，このようにコンピュータを用いた学習は，子どもたちは，興味をもって参加し，学習を進めたが，第 3-4-1 表を見るとわかるように，頻繁にこれらの漢字学習ソフトを用いて学習したのは主に，I. K.，O. K.，K. M.，T. Y. 児の 4 児で，後は，W. U.，S. Y.，K. T.，Y. A. が 1 ～ 3 回程度用いたに過ぎなかった。このような漢字の読み・書きの指導が，小学低学年の学習障害の危険性がある児童の漢字学習にどの程度効果的であるかについては，他の漢字の指導法と比較できる方法で研究していかなければならないので，本研究のような統制群をもたない訓練実験では，その効果を正確に示すことは，本来的にできない。しかし，その全体的な効果の程度を評価する必要があったので，この訓練前後，一定の評価テストを実施した。

前後テストとして用いたテストは，著者が以前に国立教育研究所で「国語・算数の学力到達テスト」を作成する際に予備的な段階で作成した漢字の読み・書き検査である（天野 1990）。その検査は，小学校の各学年に配当されている教育漢字の中から，主要 5 社の国語教科書で，共通の文脈で提示されている漢字を各学年25文字（第 6 学年は22文字）ずつ選択し，各学年毎に教科書で用いられている一定の文脈で提示し，その問題を学年毎に配列したものである。このテストは，どの学年の児童も，第 1 学年用の問題から始めて，もし，できるなら，さらに第 2 学年，第 3 学年の問題に進み，第 6 学年の問題まで解答することができるように構成されている。漢字は，読み・書き共通であるが，まず読みの検査を行い，次に書きのテストを行う。

この検査を，漢字学習ソフトを用いて学習した I. K.，O. K.，K. M.，T. Y. 児の 4 児に対して，その指導・訓練の前後に実施した。その結果は，第 3-4-4 表に示す通りである。子どもたちは，テストにおいて，主に 1 学年用の問題に取り組んだが，たまに 2 ～ 3 学年用の漢字について解答しようとした。しかし，より高学年の配当漢字を正しく読み・書きできた場合は稀であった。1 学年用の配当漢字は80字であり，そのうち25文字がテストで用いられているので，実際に児童が読み・書きできる漢字の数は，第 3-4-4 表に示されている数の約 3 倍であると考えることができる。

特記すべきことは，これらの 4 人が漢字の読み・書きの前検査を受けてから，学習を始めたのが，1 月末から 2 月上旬で，学習を終えたのが 3 月下旬，後テストを受けたのは 3 月下旬から 4 月上旬にかけてで，事実上，学習の期間は，1 ヶ月程度であったことである。このこと，及び児童が読

第 3-4-4 表　漢字の読み・書き指導の効果（前後テストの比較）

	訓練前		訓練後	
課題 訓練児	漢字の読み	漢字の書き	漢字の読み	漢字の書き
4　I. K.	12	9	19	21
5　O. K.	12	9	22	25
6　K. M.	12	13	20	22
10　T. Y.	15	12	25	18

み・書きできる漢字の数は第 3-4-4 表の数値の 3 倍であるということを考慮に入れてこの資料を見てみると，これらの児童は，非常に短期間に，かなり効率よく漢字の読み・書きを習得していることがわかる。もっとも，漢字の読みの教育プログラムは，全ステップをマスターすれば，１学年用配当漢字は，全部その読み方を覚えることができるように構成されており，書きについても，その約 6 割を習得できるように作られている。このようなことが，彼らの学習のテンポを効率的にさせたのかも知れない。しかし，これらのことは，色々な状況で，この教育プログラムを用いて教育し，その効果をさらに分析して見ないと明瞭にならないだろう。

(3) プログラムによる十進法の学習過程と教育の効果

われわれは，学習障害の危険性がある第１学年児童でも，十進法の基礎を容易に学習することを可能にする 7 ステップからなるコンピュータ・ソフトを作成し，実際に子どもの教育に利用してみた。このプログラムの構成，手続き等については，すでに詳しく説明してあるので，ここでは，それを繰り返すことは必要ないであろう。

このプログラムによる教育は，時間の関係で，全ステップの指導を行うことができたのは，第 3-4-5 表に示す 4 名と Y. K. 児の計 5 名の児童に留まった（ただし，Y. K. 児は後テストを実施しなかったため，第 3-4-5 表に載せていない）。その教育の過程を振り返って見ると，全体的に順調にその学習が行われたと言うことができる。教育の同じステップを反復して実施した場合が，K. M. 児で 3 回（ステップ 3 で 1 回，ステップ 4 で 2 回），O. K. 児で 1 回（ステップ 4）認められたが，他の児童は，全て各ステップ 1 回の指導で，順調に指導と学習が進んだ。問題は，このような指導・訓練が，各児童の十進法の基礎の理解にどの程度貢献したのかである。この点を明瞭にするために，組織的な評価テストを作成し，他の指導の場合と同じように，前後テスト法の手法で，指導・訓練の前後にその評価テストを実施，このプログラムの教育効果を評価しようとした。

以下，その評価の結果の説明に入る前に，簡単に十進法の基礎の教育評価テストについて説明しておこう。

テスト課題は，基本的に以下の 2 種類からなる。

テスト１　加算課題

(A)　2 色のオハジキを，2 列に並べて，それを加算させる課題

(a)　加算した数が10を越えない課題　5 問

3 + 5，4 + 4，5 + 5，7 + 2，6 + 3

(b)　加算した数が10を越える課題　5 問

3 + 8，4 + 7，6 + 8，9 + 6，6 + 7

このような実物を用いた課題で，どのような方法で加算するのか，子どもの加算行動を観察する。

(B)　上の(A)と同じ数の加算課題を以下にその例を示すように，口頭で提示して加算させる課題。

「３と５をたすと，いくつになると思う？」

テスト２　数の十進法的構成の原理の理解を調べる課題

これは，以下の３水準で課題を提示して調べる。

(A)　実物課題

オハジキが10個入ったフィルムケースをＸ個，オハジキをＹ個，机の上に２列に並べて置き，その数を問う課題。以下の教示を与える。

「このケースには，オハジキが10個入っています。今このケースをこのようにＸ個，オハジキをこのようにＹ個，２列に並べて置きます。オハジキは，全部でいくつありますか？」

		Ｘ	Ｙ
問題	1)	1	8
	2)	2	6
	3)	5	4
	4)	3	8
	5)	4	5

例　34の場合

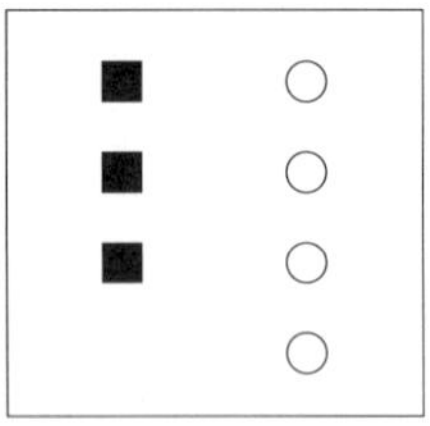

(B)　半具体物課題

(A)と類似した問題を，フィルムケースを，青オハジキに替えた条件で行う。

教示「今度は，オハジキが10個入ったケースの代わりに青いオハジキを使います。青いオハジキは，オハジキ10個を表しています。これから，机の上に，青いオハジキとオハジキを置きますから，オハジキが全部でいつくあるのか教えてください。」

オハジキの配列の仕方；(A) の場合と同じ。

		青オハジキ	オハジキ
問題	1)	2	7
	2)	3	6
	3)	5	3
	4)	7	9
	5)	9	2

(C)　言語課題

以下の課題を，口頭で示し，考えさせ，答えさせる。問題は，最高3回提示してよい。解答は，1試行のみ行わせ，自発的修正を行った場合にはそれを採用する。

(a) 答えの数が100以下の課題

(1) 10を1つと，1を5つ　いっしょにしたら　いくつになる？

(2) 10を3つと，1を7つ　いっしょにしたら　いくつになる？

(3) 10を5つと，1を8つ　いっしょにしたら　いくつになる？

(4) 10を7つと，1を6つ　いっしょにしたら　いくつになる？

(5) 10を9つと，1を9つ　いっしょにしたら　いくつになる？

(b) 答えの数が100以上の課題

(6) 100を1つと　10を1つと　1を1つ　いっしょにしたらいくつになる？

(7) 100を2つと　10を2つと　1を3つ　いっしょにしたらいくつになる？

(8) 100を5つと　10を5つと　1を5つ　いっしょにしたらいくつになる？

(9) 10を10こと　1を5つ　いっしょにしたら　いくつになる？

(10) 10を15こと　1を6つ　いっしょにしたら　いくつになる？

訓練前後の検査結果を比較したものを第3-4-5表に示す。

この表から，まず第1にわかることは，数の十進法的構成の理解を言語水準で調べたテスト2の言語課題の成績が，上記のプログラムでの指導によって，著しく改善されたことである。確かに，分析した4名の児童のうちK. M.児を除く3人の場合，(b)答えの数が100以上になる課題（「100を2つと　10を2つと　1を3つ　いっしょにしたら　いくつになる？」の類の課題）には，十分正

第3-4-5表　十進法の基礎の指導の学習効果（前後テストによる比較）

	訓練前										訓練後									
	テスト1				テスト2						テスト1				テスト2					
課題	具体物を用いた加算		言語的な加算		実物課題	半具体物課題	言語課題				具体物を用いた加算		言語的な加算		実物課題	半具体物課題	言語課題			
	(a)	(b)	(a)	(b)			(a)		(b)		(a)	(b)	(a)	(b)			(a)		(b)	
訓練児	5	5	5	5	5問	5問	5問		5問		5	5	5	5	5問	5問	5問		5問	
4 I. K.	4	3	5	2	5	5	0		0		5	5	5	4	4	4	4		2	
5 O. K.	5	5	5	3	2	3	1		0		5	4	4	3	5	5	4		0	
6 K. M.	5	5	5	3	2	5	5		1		5	5	5	5	5	5	5		4	
10 T. Y.	5	4	4	2	4	0	0		0		5	5	5	3	5	5	5		1	

しく答えるようにはならなかった。この類の課題は，教育過程で特に教えたことはなく，いわば十進法の原理の理解の応用的な課題である。しかし，どの児童も，教えた範囲である(a)答えの数が100以下の課題には，実物の支えなく言語的に課題を出したにもかかわらず，最低5問中4問について正しく答えることができるようになった。これは，学習過程の中での児童の大きな進歩である。

学習の中での進歩にも，個人の水準に応じた個人差も認められる。特に顕著な進歩を示したのは，T. Y. 児とK. M. 児で，T. Y. 児の場合，指導・訓練前では，テスト2の実物課題は理解できたものの，半具体物課題，言語課題では，数の十進法的構成は全くわからなかった。しかし，指導・訓練後は，答えの数が100以上になる課題はよくわかるようにはならなかったものの，答えの数が100以下の課題には，言語課題でも全問正解することができるようになっている。K. M. 児の場合，指導・訓練前にすでに数の十進法的構成についてかなり理解ができていて，答えの数が100以下の課題の言語課題に5問全問正答であったが，指導・訓練後は，習った範囲を超えて，答えの数が100以上になる課題についても，数の十進法的構成の概念を応用することが可能となっている。また，言語的加算課題もより正確になった。O. K. 児も，数の十進法的構成について実物課題，半具体的課題がより完全になっただけでなく，答えの数が100以下の課題では数の十進法的構成についてその意味をよく理解できるようになった。勿論，この教育の評価テストでは，十進法で重要な数の繰り上がりや，繰り下がりの演算操作の進歩の程度を評価することはできないが，この評価テストで行った前後テストの比較資料は，われわれが作成を試み，実際に用いた算数の基礎（十進法）の学習・教育プログラムは，第1学年児童の十進法の基礎の理解の習得に十分貢献していることを明瞭に示していると言うことができよう。

(4) 教育プログラムによる指導・訓練が思考の発達に与えた効果

2002年度の指導が最終段階に入った2003年3月の段階で，次章で述べる国語・算数の学力到達テストと平行して，以下の就学準備検査で用いた3種類の思考テストを訓練児に課した。これら3種類の思考テストを実施したのは，2002年春に実施した就学準備検査で，われわれの訓練児は，これらの思考課題であまり成績が良くなく，特に言語的思考の成績は，11名中約半数の児童が非常に悪い成績を示したことによっている。第1学年で，思考の発達を促進させるため2次元分類操作と語彙の指導・訓練を実施したが，この教育の効果を知ることも，その目的の一つに含まれている。

a） レヴェン図形マトリックス課題

b） ベンゲル空間表象検査

c） 言語的思考課題

その結果を，第3-4-6表に示す。この検査を実施するに当たって，第1学年末の時点での健常児の基準値を得るため川崎市の小学校に通っている健常の第1学年児童20名（男児15名，女児5名，

第3-4-6表　思考能力についての評価テストの結果（2003年3月実施）

	番号	名前	訓練後 レヴェン図形マトリックス課題 A (12)	AB (12)	B (12)	計(36)	ベンゲル空間表象検査 (44)	言語的思考 (10)
訓練群	1	U. T.	10	10	7	27	39	9
	2	W. U.	8	4	3	15**	20**	6
	3	S. Y.	10	5	3	18**	33	5*
	4	I. K.	8	9	8	25	31	8
	5	O. K.	9	5	4	18**	22*	7
	6	M. K.	–	–	–	–	–	–
	7	K. M.	9	7	7	23*	36	7
	8	K. T.	10	7	8	24	31	6
	9	M. S.	11	11	7	29	32	8
	10	Y. A.	10	12	8	30	40	9
	11	T. Y.	8	6	6	20**	29	6
健常児の平均			10.1	9.9	8.3	28.3	35.1	7.8
標準偏差（σ）			1.119	1.021	1.838	3.076	6.653	1.517
$x-1.5\sigma$						23.7	25.1	5.5
$x-2.0\sigma$						22.1	21.8	4.8

平均年齢7歳5ヶ月，年齢範囲7歳1ヶ月より7歳11ヶ月）を対象に，同じ手続きで検査を実施した。第3-4-6表には，各児童の得点が，健常児の平均得点より1.5標準偏差(σ)低い場合には，＊記号を一つ(＊)，健常児の平均得点より2標準偏差(σ)低い場合には，＊記号を二つ(＊＊)つけてある。この記号がついている場合には，著しく基準値よる劣っていることを示している。

第3章の第3-3-6表と比較するとわかるように，異物発見の問題を扱う言語的思考課題で顕著な改善が認められ，就学直前の検査では6名が著しく悪い成績を示していたが，第1学年末の検査では，S. Y.児1名のみが非常に低い得点を示した。第3-4-1表に示した各児童の教育指導の内容とその進行と対応させてみると，この1年間に言語的思考で進歩を示した児童の多くは，(c)の分類行為の学習を基礎にした語彙・認知教育プログラムで多く指導を受けていることがわかる。そのような意味で，このプログラムでの指導・訓練が言語的思考の発達を促すことに寄与したと考えることができる。

しかし，像的な思考の発達を調べているベンゲル空間表象検査，レヴェン図形マトリックス課題では際だった大きな状況の変化は認められない。O. K. 児は，依然としてベンゲル空間表象検査で低い得点をとっている。ただ，以前その得点が低かったK. T. 児は，割合高い得点を得ることができた。同じく，像的思考を扱うレヴェン図形マトリックス課題は，依然として多くの児童にとって困難で，W. U.，O. K.，T. Y. の３児は，遅れの状態が依然として続いている。１年前の検査で，悪い成績を示したI. K.，K. T. 児には改善が認められるが，反対にS. Y.，K. T. 児は成績が悪くなった。このように，１年経過しても，この種の像的思考に関わる課題が，依然として困難であるのは，児童のもつ思考のタイプや質に関わりをもっていると思われるが，この検査だけからは，それについて何も言うことができない。

以上2002年４月から2003年３月まで実施した10名の第１学年の児童に対する実験的な教育・訓練指導の際に用いた７種類の教育プログラムについて説明し，それらを用いた教育がどのように実施され，訓練に参加した児童に，どのような教育効果を与えたのかについて，概略的に報告してきた。

学習障害の早期発見とその予防を目標にして，2001年６月から，10名の学習障害の危険性の高い幼児・児童を対象に，2003年３月まで，約２年間，われわれが開発してきた教育プログラムで指導・訓練を実施してきた。そして，このプロジェクトの最終段階である2003年３月に，われわれの教育的な試みを全体的に評価する子どもの国語・算数の学力を含めてその学習・発達を診断・評価する作業に入った。以下，これらの最終的な学習・発達の診断・評価については，次章で述べることにする。

第５章　第１学年末における児童の国語・算数の学力，知能，認知諸機能の発達の最終的評価
――学習障害を予防することは可能か？――

概　　要

５歳期，第１学年期の２年にわたる指導の効果の最終的評価を行うため，第１学年終了直前に，a)国語学力到達テスト，b)算数学力到達テスト，WISK III 個別式知能検査，３種類の思考検査((a)レヴェン図形マトリックス課題，(b)ベンゲル空間表象検査，(c)言語的思考課題）と注意検査を実施した。その結果，2002年度に実施された学力調査で得られた第１学年児の国語，算数の場合の平均得点を基準値として，国語，算数のうち１教科でも，子どもの学力得点が，平均-1.5σ以下（下から6.7パーセンタイル比以下）である場合に，LD 状態であると評価した場合，第１学年まで指導・訓練を実施してきた10名中４名が LD 状態であることが明らかになった。また，学力と就学準備性との関連を分析した結果，LD 状態と評価された児童は，就学時に就学準備性が未形成であることが明らかになった。また，LD 状態であると評価された４名のうち３名が像的思考が未発達であることが示された。これらの結果に加えて，さらに１年後に実施した国語，算数の学力到達検査，知能検査の資料を加えて，この研究についての評価が行われた。

第１節　最後の研究課題

われわれは，３年間という限られた研究期間の中で，学習障害の早期発見，早期教育の理念を具体化し，学習障害を事前に防止するための何らかの方策，方法を見つけ出すことを標榜して，学習障害となる危険性の高い幼児を５歳代で見つけ出す診断法の開発，そのような危険性をもつ５歳児を対象とした学習障害予防のための言語・認知教育プログラムの開発，彼らの就学準備性を評価するための就学準備性検査の開発，第１学年児童を対象にした教育プログラムの開発という長期にわたる難解な一連の作業を行いながら，2001年６月より，学習障害の危険性が高いと診断した10名の児童に対して，約２年間にわたって，開発してきた教育プログラムで，指導・訓練を継続して実施してきた。この一連の研究作業の最後にしなければならない課題は，第１学年の教育を終了する2003年の３月の時期を利用して，指導・訓練を実施してきた児童について，その基礎的な教科，特に，国語と算数の学力を評価すると共に，同時に個別的な知能検査を実施し，実際に，それらの子どもたちが学習障害の状態にならなくで済んだのか，その危険性から解放されているのかを，より

正確に評価することである。これは，またわれわれの研究が意図してきた5歳期に学習障害の早期診断を行い，その時期から早期に特別の指導・訓練を始めることによって，学習障害の発生を未然に予防しようとする目論み，計画が成功したのか，それとも失敗したのかを評価することでもある。そのような意味で，研究作業の最後に行う，訓練児童に対する学力の評価と知能検査を通しての発達評価は，特別に重要な意味をもっている。

われわれは，子どもたちが5歳期であった2001年6月から指導・訓練を始め，2002年春，小学校への就学直前の時期に，子どもたちの就学準備性を評価するために，就学準備性検査を実施した。その結果，すでに述べてきたように，指導・訓練を実施してきた11名中6名には，就学準備性が形成されているが，5名については，未形成の状態にあることが明らかにされた。そこで，われわれは，就学準備性が形成されている幼児も，未形成の幼児も含めて全ての子どもたちを対象に，さらに1年間，われわれの教育プログラムによる指導・訓練を継続し，子どもたちの学習と発達を促し，第1学年末に子どもの発達と学習の再評価を行うことにした。しかし，このような方法について，多少疑問を感じた方もいるかも知れない。就学準備性が形成されている児童に特別に指導をせずに，それが未形成，未発達な児童に対して重点的に指導を行うという方法もあり得たからである。しかし，われわれは，そのような方法を採らず，就学準備性が形成されていた幼児も，未形成の幼児も含めて全ての子どもたちを対象にさらに1年間，指導・訓練を継続してきた。実の所，それには，われわれには，隠れた別の目的があったからである。このような方法を採ることによって，就学期に就学準備性が形成されているか否かが，就学後の子どもの学習と発達，特にわれわれが関心をもつ学習障害の発生にどのように関わり合いをもっているかについて分析することが可能となるからである。

結局，われわれの研究計画の最後に行った，約2年間の指導・訓練の最後の段階に実施する訓練児の学力，精神発達の最後の評価テストは，以下の3種の目的をもつことになる。

1)　2年間にわたりわれわれの指導・訓練に参加した児童が，第1学年末の時点で，学習障害の状況から解放されている状態になっているかをより正確に評価すること。

2)　小学校での各児童の学習と発達の進展，特に学習障害の発生が，就学直前に実施して明らかになっている各児童の就学準備性の形成の程度とどのように関わり合いをもっているのかを明らかにすること。

3)　学習障害の5歳期での早期発見，早期教育を通して，学習障害を未然に防止することを目標にしたわれわれの研究プロジェクトがどの程度成功したのか，全体的に評価すること。

第2節　評価テストの構成

このような目的を十分に果たすため，評価テストを，以下の検査から構成することにした。

1) 学力到達テスト：国立教育研究所で，20年前に天野ら（1992）が開発してきた以下の2種の学力到達テスト

a) 国語学力到達テスト

b) 算数学力到達テスト

2) 個別式知能検査

WISK III

3) 諸認知検査

(1) 思考検査

a) レヴェン図形マトリックス課題

b) ベンゲル空間表象検査

c) 言語的思考課題

(2) 注意検査

著者らが，国立教育研究所で20年前に開発してきた国語学力到達テストと算数学力到達テストは，小学校第1学年から第6学年まで同じ量の課題が含まれ，第1学年生から第6学年生まで実施できる共通学力到達テストで，国語は，1)漢字の読み・書き，2)表記・文法，3)語彙，4)読解の4領域の課題から構成されている。また，算数は，1)計算，2)量と測定，3)図形，4)数量関係の4領域の課題から構成されている。1982年に関東周辺の人口10万人台の都市の公立小学校の児童約5,000名を対象にこれを用いて学力到達調査が実施され，1992年に最終報告書が刊行されている。国語，算数の各学年の平均得点，偏差値なども明白であるが，20年前の資料であるため，テストそのものは現在でも利用できるが，各学年の平均得点，偏差値などは，現在の児童の成績を評価する際に必要な基準値にはならない。しかし，幸いなことに，苅谷，志水，耳塚，諸田等の社会学研究者らのグループによって，2002年，同じ関東周辺の同じ学校の児童約6,200名を対象に，全く同じテストを用いて追試調査が実施された（苅谷，志水（2004），耳塚，諸田等（2002））。そして，そこで得られた児童の平均得点，偏差値は，われわれの児童の学力を評価する際の基準値として利用することができる。

第3節　知能検査と国語・算数の学力到達検査の結果

2003年3月に，WISK III を用いた個別式知能検査及び上記の国語・算数の学力検査を実施した。学力検査は，一般に集団で一斉に実施するのが常であるが，われわれの場合，個別に実施した。その実施は，所定の手引きに基づいて行い，原則的に，時間制限は与えず，子どもが自分で「これ以上できない」というまで自力で行わせた。採点は，天野ら（1992）の報告書に記されている基準に

したがって行った。

その結果は，第3-5-1表に示す通りである。これを見てわかるように，知能検査の結果は，この1年間に，10名のうち，S. Y.，O. K. 児の2名を除く8名に，顕著な改善が認められる。特に，総IQで，W. U. 児は14ポイント，K. T. 児は26ポイント，M. S. 児は25ポイント，Y. A. 児は33ポイントの上昇を示している。その内訳を見てみると，W. U. 児の改善は主にPIQの改善によること，K. T. 児，M. S. 児の改善はVIQとPIQの両領域の改善によること，Y. A. 児の場合，主にVIQの改善に因っていることがわかる。また，それ以外の児童にも多かれ少なかれ改善が認められ，それらによって，S. Y.，O. K. 児を除く8名の児童のIQ値は，限りなく健常児の値（100）に近くなるか，あるいは，U. T.，K. M.，M. S.，Y. A. 児のように，100の値を超えるものとなっている。これら4

第3-5-1表　訓練期間中の知能指数の変化と第1学年末の国語・算数の学力

被調査児					知能検査			学力到達検査	
番号		名前	性	年 2001 4.1	2001年 春 VIQ. PIQ. IQ	2002年 春 VIQ. PIQ. IQ	2003年 春 VIQ. PIQ. IQ	国語	算数
訓練群	1	U. T.#	m	5:07	68, 83, 70	96, 98, 96	99, 108, 104	75.5	64.0
	2	W. U.	f	5:02	71, 81, 71	92, 78, 82	94, 99, 96	58.5	54.0*
	3	S. Y.#	m	5:06	89, 79, 82	80, 90, 83	82, 89, 84	22.3**	59.0
	4	I. K.#	m	5:01	68, 84, 71	90, 84, 92	97, 100, 97	70.0	36.0**
	5	O. K.#	m	5:05	94, 74, 81	86, 83, 81	85, 90, 86	55.1	52.0*
	6	M. K.#	m	5:05	79, 83, 77	81, 78, 76	−　−　−	−	−
	7	K. M.#	f	5:05	87, 80, 80	107, 97, 103	110, 106, 109	65.4	68.0
	8	K. T.	m	5:09	81, 68, 72	76, 69, 70	105, 87, 96	81.2	73.0
	9	M. S.	m	5:02	99, 68, 82	91, 87, 88	113, 99, 107	136.9	104.0
	10	Y. A.	m	5:01	72, 97, 82	76, 101, 87	109, 101, 120	88.8	83.0
	11	T. Y.	m	5:00	79, 65, 67	100, 80, 88	97, 93, 95	53.6	66.0
対照群	1	U. K.	m	5:04	64, 68, 59	67, 87, 72			
	2	O. R.	m	5:03	80, 72, 79	89, 78, 80			
	3	N. M.	m	5:00	90, 92, 89	89, 89, 86			
	4	S. Y.	m	5:05	85, 71, 76	81, 78, 77			
	5	N. K.	m	5:09	96, 83, 89	107, 107, 105			

	国語	算数*
第1学年平均	96.3	92.7
標準偏差（σ）	31.65	23.08
平均−1.5σ	48.8	58.1
平均−2σ	33.0	46.5

\#　名前欄に#記号がついている児童には，2001，2002年春の検査ではWPPSI検査が用いられた。他のケース及び2003年の検査は，全てWISK IIIを用いている。

*　今回ここで用いている基準値は，天野（2003）の研究成果報告書のものと多少異なっている。後に説明する第3-5-6表の場合と同じく，耳塚，諸田らの研究の新しい資料（未発表）を基礎にしている。

名の場合，２年前の2001年の春には，総IQの値がいずれも70台，80台であったということを考慮すると，この２年間におけるこれらの進歩，改善は，驚くべきものと言わなければならない。

個々の児童の国語，算数学力到達テストでの得点は，第3-5-1表の右欄に示す通りである。また，2002年度に実施された耳塚，諸田ら（2003）の学力調査で得られた第１学年児の国語，算数の場合の平均得点と標準偏差の値を，第3-5-1表の右下の空欄に示す。学力到達検査による子どもの学力の評価において，知能は比較的健常であるのに学習遅滞を示す学習障害を認定する際に利用する基準値（分割点）をどこに置くのが適切かという問題については色々な議論があるが，ここでは，就学準備性の評価の際に用いたのと同じ方法，平均値から標準偏差値の1.5倍の得点を引いた値を分割点として，それ以下の学力得点しか取れない場合に，学習障害に特徴的に認められる明白な学習遅滞とした。第3-5-1表では，その得点が，平均－1.5σ以下である場合には，＊印を一つ，平均－2σ以下である場合には，＊印を二つ付けてある。＊印は，得点分布で言うと，その得点が，下方から6.7%以内に分布していることを意味し，＊＊印は，得点分布で言うと，下方から2.3%以内に分布していることを意味している。

第3-5-1表に示すように，S. Y.児の場合，国語，算数の両方の学力に顕著な遅れが認められ，W. U.，I. K.，O. K.児の場合には，算数に顕著な学習遅滞が認められる。M. S.児は，国語，算数共に，第１学年児の平均得点を越える得点を得ている。それ以外の児童は，国語，算数共に，第１学年児の平均得点以下ではあるが，平均－1.5σ以下であるような極端な学力の遅れは認められない。文部科学省のLD協力者会議が示した定義（1999）を基礎に考えると，S. Y.，W. U.，I. K.，O. K.児の４児は，われわれの努力にもかかわらず，第１学年末の時点で，学習障害の状態を示していると判断せざるを得ない。また，他の６名，M. S.，U. T.，K. M.，K. T.，Y. A.，T. Y.児は，第１学年末の時点で，学習障害の状態にないと判断することができる。これら10名は，２年前の2001年春の段階では，明らかに学習障害となる高い危険性を示していた。しかし，そのうちの６名については，何とか，学習障害にならないで済んでいることがこれらの検査で確認された。われわれは，第１学年時の訓練期間，統制群や対照群を設定することができなかったため，その全てを，われわれが行ってきた指導によるとは主張するつもりはないが，われわれが開発してきた教育プログラムによる指導と訓練が，この予防に貢献してきたことは確かなことのように思える。

第４節　思考検査，注意検査の結果

第１学年時の訓練終了時に実施した思考検査の結果については，すでに前章で述べてきた。すでにその資料は，第3-4-6表に示してきたが，これを，就学前に就学準備性検査として実施したもの，第3-3-6表と比較して示したものが第3-5-2表である。

すでに前章で述べたように，就学直前の検査で，６名が言語的思考で，著しく悪い成績を示していたが，小学校第1学年の期間に，特に，第1次元分類，第2次元分類の分類操作の学習や語彙指導などの効果として，言語的思考の課題で顕著な改善が認められている。第1学年末の検査では，S. Y. 児1名のみが非常に低い得点を示しているが，他の児童は，問題がなく，特に，上記の学習障害でないと評価された6名の児童は，言語的思考でも，第1学年児の平均得点以上か，あるいは平均得点に近い値を得ている。

しかし，像的な思考の発達を調べているベンゲル空間表象検査，レヴェン図形マトリックス課題では，全体的に際だった進歩が認められていないが，K. T. 児には顕著な改善が認められる。学力テストと知能検査の結果から，学習障害でないと評価できたM. S.，U. T.，K. M.，K. T.，Y. A.，T. Y. 児の像的思考は，K. M.，T. Y. 児が，レヴェン図形マトリックス課題の成績が良くないが，ベンゲル空間表象検査では良い成績を示している。学習障害の状態と評価されたS. Y.，W. U.，I. K.，O. K. 児の4児の場合，I. K. 児を除く3児は，すべて像的思考が未発達の傾向を示し，特にW. U.，

第3-5-2表　思考検査の結果の5歳期訓練終了後と第1学年時訓練終了後との比較

番号	名前	5歳期訓練 終了後			第1学年時練訓 終了後		
		レヴェン図形マトリックス課題 (36)	ベンゲル空間表象検査 (44)	言語的思考 (10)	レヴェン図形マトリックス課題 (36)	ベンゲル空間表象検査 (44)	言語的思考 (10)
1	U. T.	20	32	4*	27	39	9
2	W. U.	16*	23	0**	15**	20**	6
3	S. Y.	18	32	4*	18**	33	5*
4	I. K.	16*	24	4*	25	31	8
5	O. K.	12**	14**	5	18**	22*	7
6	M. K.	17	21	6	−	−	−
7	K. M.	17	21	9	23*	36	7
8	K. T.	10**	6**	5	24	31	6
9	M. S.	26	36	7	29	32	8
10	Y. A.	26	29	4*	30	40	9
11	T. Y.	12**	23	4*	20**	29	6
健常児平均		24.3	29.4	7.3	28.3	35.1	7.8
標準偏差		5.06	8.16	1.77	3.076	6.653	1.517
x − 1.5σ		16.8	17.2	4.6	23.7	25.1	5.5
x − 2.0σ		14.2	13.1	3.8	22.1	21.8	4.8

O. K. 児の 2 児は，両検査で顕著な遅れを示している。

注意検査の結果を，訓練前，5 歳期の訓練後，第 1 学年時の訓練後の 3 回分を，まとめて，第 3-5-3 表に示す。この表でわかるように，訓練前に注意が極度に未発達であった S. Y.，O. K. の 2 児は，2003年春の時点で依然として，未発達の問題を残していることが明らかになった。それ以外の 8 名の児童は，全て健常な状態になっていることをこの資料は物語っている。

2001年春から2003年春までの 3 年間の変化の資料を見て，はっきりわかることは，訓練前の2001年春の時点で，注意が未発達である徴候を示していた W. U.，Y. A.，I. K.，M. S.，K. M. 児は，この 2 年間で大きな変化，改善を示し，2003年春の時点までに問題が解消されていることである。特に，時期的に見てみると，2001年春から2002年春の間に顕著な改善が認められる。

われわれは，注意の発達そのものを直接的に目的とした特別の訓練を実施したわけでないが，読み・書きの教育，特に文字の書きの学習は，子どもに特別の注意の集中，随意的注意を必要とするので，そのような学習の中で，注意機能が改善されることを期待した。また，われわれは，学習場面でのコンピュータの利用，特に一定のフィードバック機構をもつソフトの利用は，子どもの注意面の改善に寄与するとも考えて，それを多くの場面で利用した。特別に，どのファクターが注意の発達に寄与するのかを分析できるように研究を設計したわけではないので，どれが効果的に作用したのか特定することはできないが，訓練を受けた幼児，児童にこのような一貫した傾向，改善が認

第 3-5-3 表　訓練期間中の注意機能の変化

番号	名前	注　意　検　査		
		2001年春	2002年春	2003年春
1	U. T.	92	80	97
2	W. U.	6	95	93
3	S. Y.	41	68	45
4	I. K.	70	80	87
5	O. K.	2	40	65
6	M. K.	92	60	–
7	K. M.	69	87	92
8	K. T.	83	92	92
9	M. S.	67	95	100
10	Y. A.	58	100	100
11	T. Y.	70	82	80
健常児平均		56.0	71.6	93.5
標 準 偏 差		39.66	31.82	6.52

められていることは，われわれの計画，意図が少なくとも間違っていないものであったことを示していると言えよう。

注意と言っても，注意には，色々な成分，側面をもっている。注意の選択性，持続性，配分性などがその主要な成分である。この訓練期間の子どもの注意の発達は，特にそのうち，どのような注意の成分の発達に関わっているかについての詳細な分析を，天野（2003）に掲載した天野・緑川の論文（2003）で行っているので関心のある方は，その論文を参照されたい。

第5節　就学準備性の未形成と学習障害の発生

では，小学校第1学年末の時点での子どもたちの学習と発達，特に学習障害の発生は，就学直前に実施した就学準備性検査で測られた就学準備性とどのように関わっているのであろうか。再度，就学準備性検査の結果の表を引用して，その関係を見てみよう。

第3-5-4表に示すのが，元の表を一部修正して訓練群の児童に対して就学直前において実施した就学準備性検査の結果を纏めたものである。この表で，点線で区切られた上の部分に記入されている児童は就学準備性が形成されていると評価された児童であり，下の部分に記してある児童が，就学準備性が未形成で欠如していると診断された児童である。この表と第3-5-1表を比較するとよくわかるように，就学前に就学準備性が形成されていた児童は，誰一人，第1学年末の時点で，極端な学習の遅滞はなく，学習障害になっていない。それに対して，就学直前の時点で就学準備性が未形成と評価されたI. K.，K. T.，O. K.，S. U.，W. U. の5児については，そのうち，K. T. 児1名については，小学校に入学後の教育と学習の効果で，学習と全体的な精神発達が順調に進みVIQとPIQ（特にVIQ）も著しく改善され，学習障害の危険性から解放されたが，他の4名の児童は全て，

第3-5-4表　訓練群の児童の就学直前における就学準備性の形成の程度

健常に発達している領域の広さ，数	訓練群の幼児	
	人数	幼児の識別記号とそのIQ
10 領域	0	
9	2	M. S.（91, 87, 88），M. K.（81, 78, 76）
8	2	U. T.（96, 98, 96），K. M.（107, 97, 103）
7	2	Y. A.（76, 101, 87），T. Y.（100, 80, 88）
6	4	I. K.（90, 84, 92），K. T.（76, 69, 70），O. K.（86, 83, 81），S. U.（80, 90, 83）
5	0	
4	1	W. U.（96, 98, 96）
計	11	

第１学年末で学習障害と診断される状態になっている。より，正確に表現するならば，われわれの検査で第１学年末に，学習障害と評価されたこれら４名の児童は，全て，就学直前に実施した就学準備性検査で，就学準備性が未形成であると診断された児童であった。このことは，小学校での学習障害を未然に防止するためには，就学前の教育で就学準備性を十分に形成しておくことが如何に重要であるかを明瞭に物語っている。このことは問題を抱えていない一般の幼児にも当てはまることであり，幼児期に問題をもつ幼児にも当てはまることである。そして，就学時に就学準備性が未形成であれば，非常に高い確率で，小学校で学習障害を発生させるという事実がこのような形で実証的な資料の下で明瞭に確認されたことは，われわれが本研究で追求してきた一貫した論理，学習障害の発生は就学準備性の欠如に起因しており，学習障害の早期発見は就学準備性の形成の程度を基礎に置いて実施し，その早期教育は，就学準備性の形成を目標として行うべきであるという主張が，十分に根拠のある論理，主張であることを正当づけるものであると言うことができる。

第６節　１年後(2004年春)の追跡調査

2003年春，児童たちが第１学年末の学力到達や知能，諸認知機能の発達についての最終評価のための諸検査を実施して，2000年度から３年間計画で実施してきた幼児の対するLD予防教育研究プロジェクトは終了したが，その後の子どもたちの学力と精神発達の状況を追跡的に把握するため，2004年３月に，再度，国語，算数の学力到達テストと，WICS III の知能検査を実施した。2003年度に実施した訓練群の10名全員に実施する予定でいたが，W. U. 児については，親の了解が得られず，結局９名にのみ実施できた。プロジェクトチームが解散した後の調査のため，予定した３月末には実施できず，テストが１～６ヶ月実施が遅れた場合があった。しかし，学力到達テストのパーセンタイル比の算出では適切な補正を行い，2003年と2004年の状態が正しく比較できるようにした。それらの資料は，第3-5-5表，第3-5-6表に示す通りである。

これに関連して述べておく必要があるのは，2003年度の子どもたちの状況である。2003年度は，研究プロジェクトの公式的な指導・訓練計画外であるため，子どもの生活や指導の条件は，一様ではなかった。まず，中央大学行動観察室で指導・訓練を受けていたI. K.，O. K.，K. M.，T. Y. の４児は，親の希望もあって，第１学年末の検査で，国語，算数のいずれかの教科に著しい遅滞が認められ，LD状態と評価されたI. K.，O. K. の２児は，従来通り，毎週２回の体制で指導・訓練を受けることにし，どちらの教科にも遅れがなくLD状態でないと評価されたK. M.，T. Y. 児についても，念のために，毎週１回の割で，行動観察室で指導・訓練を継続した。川崎市のことばの教室で指導・訓練を受けていたU. T.，W. U.，S. Y.，K. T.，M. S.，Y. A. の６名のうち，第１学年末の検査でLD状態でないと評価されたM. S.，Y. A. の２児は，その時点で，指導・訓練を終了し，同じくLD状態でないと評価されたが，なお問題が残っていると考えられたU. T.，K. T. の２児は，こ

第 3-5-5 表　2001年～2004年中の知能指数の変化

被調査児				知能検査				
番号		名前	性	年 2001 4. 1	2001年 春 VIQ. PIQ. FIQ	2002年 春 VIQ. PIQ. FIQ	2003年 春 VIQ. PIQ. FIQ	2004年 春 VIQ. PIQ. FIQ
訓練群	1	U. T.#	m	5:7	68, 83, 70	96, 98, 96	99, 108, 104	95, 106, 100
	2	W. U.	f	5:2	71, 81, 71	92, 78, 82	94, 99, 96	− − −
	3	S. Y.#	m	5:6	89, 79, 82	80, 90, 83	82, 89, 84	77, 76, 74
	4	I. K.#	m	5:1	68, 84, 71	90, 84, 92	97, 100, 97	111, 101, 107
	5	O. K.#	m	5:5	94, 74, 81	86, 83, 81	85, 90, 86	92, 80, 85
	6	M. K.#	m	5:5	79, 83, 77	81, 78, 76	− − −	− − −
	7	K. M.#	f	5:5	87, 80, 80	107, 97, 103	110, 106, 109	100, 101, 100
	8	K. T.	m	5:9	81, 68, 72	76, 69, 70	105, 87, 96	97, 90, 93
	9	M. S.	m	5:2	99, 68, 82	91, 87, 88	113, 99, 107	116, 103, 111
	10	Y. A.	m	5:1	72, 97, 82	76, 101, 87	109, 101, 120	106, 108, 110
	11	T. Y.	m	5:0	79, 65, 67	100, 80, 88	97, 93, 95	86, 85, 84

#　名前欄に # 記号がついている児童には，2001，2002年春の検査では WPPSI 検査が用いられた。
他のケース及び2003年，2004年の検査は，全て WISK III を用いている。

とばの教室で週 1 回の体制で指導・訓練を 1 年間継続した。第 1 学年末の検査で LD 状態であった W. U.，S. Y. の 2 児については，W. U. 児については指導・訓練の継続を勧めたが，父親がこれ以上ことばの教室に通うことを認めないため，その時点で指導・訓練を中止した。また，S. Y. 児については母親の希望で，特殊学級で指導を受けることになったため中止した。

週 2 回の体制で指導・訓練を継続した I. K.，O. K.，K. M.，T. Y.，K. T. の 5 児に対する指導・訓練の内容は，第 1 学年時に学習した第 3-4-1 表に示す教育プログラムを利用し，第 1 学年時に指導・訓練を実施できなかったステップの教材を用いて指導が行われた。また，U. T. 児については，対人関係や社会性に問題を残していたため，こちらで用意したプログラムとは無関係に，ことばの教室の教師の判断で，小集団内で対人関係や社会性を改善するための指導を受けた。

第 3-5-5 表，第 3-5-6 表で，第 1 学年末の資料と第 2 学年末の検査資料を比較すると，その間の訓練児の主な変化と子どもの状況について次のようなことが認められる。

1)　第 1 学年末で，算数の学習が極度に遅滞していた I. K. 児は，第 2 学年度末では，算数の学力到達が著しく改善されただけでなく，知能指数にも上昇が認められる。知能指数も健常な値を示しており，国語，算数も，パーセンタイル比で，下から30%以上のレベルに達して，LD 状態から脱した状態になった。

第 3-5-6 表　2003年と2004年度末の学力到達検査の結果の比較

被調査児					学力到達検査							
					2003年３月末				2004年３月末			
番号		名前	性	年 2003 4. 1	国語 得点	(パーセンタイル比)	算数 得点	(パーセンタイル比)	国語 得点	(パーセンタイル比)	算数 得点	(パーセンタイル比)
訓練群	1	U. T.#	m	8:07	75.5	(27.8)	64.0	(10.8)	246	(+10.8)	112	(15.6)
	2	W. U.	f	8:02	58.5	(11.7)	54.0*	(4.7)	−	−	−	−
	3	S. Y.#	m	8:06	22.3**	(1.0)	59.0	(7.2)	64.3**	(1.0)	86.0**	(2.4)
	4	I. K.#	m	8:01	70.0	(23.3)	36.0**	(0.7)	128.8	(33.7)	120	(32.1)
	5	O. K.#	m	8:05	55.1	(9.7)	52.0*	(3.9)	161	(+39.3)	107	(23.0)
	6	M. K.#	m	8:05	−	−	−	−	−	−	−	−
	7	K. M.#	f	8:05	65.4	(16.6)	68.0	(14.2)	134.6	(36.2)	133	(38.5)
	8	K. T.	m	8:09	81.2	(31.9)	73.0	(14.2)	128.2	(33.5)	129.0	(37.0)
	9	M. S.	m	8:02	136.9	(+10.0)	104.0	(+30.5)	211.9	(+20.2)	206.0	(+12.5)
	10	Y. A.	m	8:01	88.8	(40.9)	83.0	(33.7)	221.1	(+12.9)	180.0	(+22.4)
	11	T. Y.	m	8:00	53.6	(8.9)	66.0	(12.3)	98.0	(9.9)	75.0**	(2.2)

＊　第１学年，第２学年の国語，算数の基準値（平均得点，標準偏差）は以下の通りである。

	国語 第１学年	国語 第２学年	算数 第１学年	算数 第２学年
平均得点	96.3	153.3	92.7	142.3
標準偏差σ)	31.65	42.58	23.08	23.08
平均−1.5σ	48.8	89.4	58.1	107.7
平均−2σ	33.0	68.1	46.5	96.1

＊＊　学力到達検査は，基本的に，2004年も３月末に実施したが，検査者や子どもの都合で，S. Y. は２ヶ月，Y. A. は３ヶ月，M. S. は４ヶ月，U. T. は算数が１ヶ月，国語は６ヶ月遅れて実施された。得点は，その時点での得点であるが，パーセンタイル比は，これらの検査日の遅れのバイアスはなくなるように，平均得点，偏差値を補正して計算してある。

＊＊＊　パーセントタイル比の値は，(+)記号があるものは，その成績が位置する上からのパーセントを示し，(+)記号のない場合には，下からのパーセントを示している。

2)　第１学年末で，算数の学習が極度に遅滞していたO. K. 児は，第２学年末で，算数の学力到達も，パーセンタイル比で，下から23%の水準に達した。また，国語の学力に顕著な改善が認められ，その学力得点は，上から39.3%のパーセンタイル比の水準に達した。知能指数には，大きな変化はなく，85の値を維持しているが，学力の点から見ると，最早 LD 状態と言えない状態になった。

3)　第１学年末で，LD 状態とは評価されなかったが，国語の得点のパーセンタイルが，下から8.9%，算数は，12.3%の水準にあって，遅滞が目立ち，特に算数の学習が極度に遅滞していたT. Y. 児の場合，IQ 値が10ポイント下降しただけでなく，算数の学力到達が，第２学年の水準に達せず，そのパーセンタイル比は，下から2.2%の水準にまで下がった。今やLD状態と評価せざるをえなくなった。

4) 第1学年末で，国語の学力が極度に低く，LD状態であったS. U.児は，第2学年末の時点で，IQが10ポイント下がり，算数の学力も顕著に遅滞していることがわかり，LD状態が継続している。

5) 第1学年末で，算数の学習が極度に遅滞していて，LD状態と評価されていたW. U.児の場合，今回親の了解を得られず，検査が実施できなかったが，担任教師から「クラスの勉学についていけない状態である」という証言を得ており，LD状態が継続していると思われる。

6) 第1学年末でLD状態でないと評価されたK. M.，K. T.児は，第2学年末で成績が上昇し，国語，算数共に，パーセンタイル比は，下から30%台の水準に達した。

7) 第1学年末で，国語，算数共に高い成績を示していたM. S.児の場合，第2学年末でパーセンタイル比は国語が上がり，算数が下がった。しかし，いずれも学年の平均得点以上の成績を示した。

総じて，第1学年末の評価で，10名中4名がLD状態であったが，第2学年末の評価で，LD状態であった4名の児童のうち2名（I. K.，O. K.児）は，LD状態から脱しているいることが明らかになった。しかし，第1学年末の評価でLD状態と評価しなかったが，国語，算数の学力がかなり遅れの状態にあった1名の児童（T. Y.児）は，算数の学力がさらに低下し，LD状態であることが明らかになった。結局，2004年春の第2学年末の評価で，追跡した10名の中，3名は依然としてLD状態が続いていると判断される。

なお，T. Y.児については，親の希望でなお指導・訓練は継続されているが，S. U.，W. U.児は親の了解が得られないため，こちらの指導・訓練は，2003年春以降実施することができないでいる。

第7節　われわれの研究プロジェクトはどの程度，成功したのか

以上，われわれの研究計画の最後の段階で実施した訓練児の学力と知能の最終評価によって得られて結果について述べてきた。われわれは，学習障害の早期発見，早期教育によって学習障害の発生を未然に防止できる可能性を追求して，5歳期に，その危険性の高い幼児を見つけ出し，そのうち11名に対して5歳期から特別の指導・訓練を行い，10名の児童について2年間にわたってその指導を継続して実施してきた。その結果，第1学年末に10名の中6名については，学習障害が発生していないことを確認することができた。しかし，残念であることに，他の4名については，明らかに学習障害が生じていると判断せざるをえない資料が得られた。また，1年後の国語，算数の学力と知能指数について，追跡調査を実施した結果，LD状態であった4名のうち2名は，LD状態から回復したが，1年前に算数がかなり遅れていた児童1名が，さらに悪くなり，LD状態であると

評価された。4名のうちの他の2名の児童は，引き続きLD状態であり，総じて，第2学年末の時点が，10名中3名の児童がLD状態であることがわかった。このような結果は，われわれの研究プロジェクトがどの程度成功したのかについて何を物語るのであろうか。

色々な観点から，われわれのプロジェクトを評価することが可能であるが，学習障害を予防する実践的な教育活動という観点から見ると，学習障害の危険性のある幼児に対してその危険性から解放するという意図した目的を完全に遂行することができなかったという意味で，本研究で実行された教育活動は，半分は成功し，半分は失敗したと言うことができるであろう。学習障害を就学前に早期発見し，早期教育を行うことによってそれを未然に予防する理念は，非常に追求するにふさわしい価値のある理念であるが，現実には，その子どもたちの中にIQ 60台の幼児も含まれている状況での実践であるが故に，言うに易しく，行うに難しい課題なのである。われわれは，研究を進める中で，この理念の実現は，非常に多くの問題解決を含む，不可能ではないが，至難の課題であることに徐々に気づかざるを得なかった。

しかし，われわれの研究は，学習障害の早期発見，早期教育，予防教育の将来の発展について，様々な多くの知見をもたらし，そのことによって将来の研究と実践に大きな展望を切り開いたという意味で，十分に成功したと評価することができるであろう。

この研究によってどのような知見，展望が得られたのか，それを，次に，整理してまとめ，さらに今後の問題を述べることによって，本研究の結論とすることにしよう。

討論と結論

第1節　はじめに

以上，1978年から2003年春まで継続的に試みてきた学習障害の克服，予防を標榜として行ってきた一連の実験教育的研究を，第1部，第2部，第3部にわたって報告してきた。最後に，いくつかの問題について討論し，結論としよう。

冒頭の本研究の課題として，研究の進行に合わせて12にわたる課題を羅列的に設定したが，20年以上にわたる研究を，今の時点で振り返ってみると，学習障害の克服に関わる以下の三つの可能性を探求して，延々と格闘を続けてきたように思える。第1は，発達教育の原理に基づいて，構造的・体系的な読み・書き入門言語・認知教育プログラムを開発，構成することを通して，小学校で学習障害となった，もしくはその危険性のある小学校低学年児童の発達障害を克服する可能性の追求，第2は，その教育に，発達教育の理念に合致する形で，コンピュータを利用する可能性の追求，第3は障害児の早期発見，早期教育の原理に基づいて，幼稚園期から，就学準備性の形成を目的とした特別指導・訓練を行うことによって，学習障害になることを未然に防止する可能性への探求。

しかし，もとより，この研究を始める最初の段階から，このような全体的な研究構想をもって始めたわけではない。第1の可能性を追求する研究の中で，第2の可能性を探求する課題が提起され，そして，小学校に入学してから，学習障害が原因で読み・書きの習得が困難である児童たちに教育を進める中で，その限界に気がつき，第3の新しい可能性の追求が始まったのである。

第3の可能性を追求した研究は，本書の第3部で報告した第1ラウンドのプロジェクトが一応終了し，現在4歳児を対象にした第2ラウンドの研究に移っているだけで，研究に従事した歳月から言えば短く，しかも，すでに報告したように，第1ラウンドの研究も，数学準備性の形成を目的とした5歳期の特別指導も，その目標に達したのは11名中6名に留まり，小学校2学年末の段階で，3名の児童がLD状態であるという結果に終わったという意味で，十分に成功したとは評価することはできない。しかし，この第3の可能性を追求する研究を行うことができたことによって，学習障害の問題を，発達教育の立場から，学習障害の問題を克服できる展望が開かれたと考えることができる。また，この第3の可能性を追求した研究の中で，第1，第2の可能性を追求する研究の中で得られた知見と成果を十分に生かすことができた。

したがって，ここでは，研究の全体をまとめる形で，この三つの可能性を追求した一連の研究がもたらした知見や今後の問題点を整理して討論を行い，本研究の結論としよう。

第2節　発達教育の原理に基づいた読み・書き入門言語・認知教育プログラムの開発

(1)　幼児期のひらがなの読み・書き入門教育から小学校2年の漢字教育まで

本研究は，小学校低学年の学習障害が原因でひらがなの読み・書きの習得が困難な児童を対象に読み・書きを教える「読み・書き入門言語・認知教育プログラム」を開発することから研究を始めた。その際にその開発の条件としたのは，それは，単に子どもが読み・書き能力を習得することを可能にするだけでなく，併せて全体的な言語・認知能力の発達を促進する機能をも果たすことができることであった。そのために教育プログラムは，単にひらがな文字の読み・書きに留まらず，語彙，文法面の教育を行うことができるように構成し，しかも，ひらがな文字での読み・書きの教育では，その習得にとって基礎となる音節分析能力の形成を，文法能力の教育では，文の統辞・意味論的なカテゴリーの自覚の形成を，語彙の指導では，基本的な分類操作の形成を行いながら指導する方法を採用した。このように学習対象のより一般的で基礎的な行為や操作を形成し，個々の対象の教育を行うというのは発達教育の一つの原則であるが，この原則は，幼児に対して，ひらがな文字の書きを教える場合や小学生に漢字の読み・書きを教えるプログラムの場合にも適応され，ひらがな文字の書きの教育では，個々の文字の書き方の学習に先立って，描画により微細運動の発達促進，上下左右の空間表象の形成，筆順の規則の学習が組織された。また，漢字の読み・書きの教育では，漢字の構造や筆順を一般的なルールとして教えるという方法を採用した。また，どの場合でも，その教育は，はじめは物的な支え（例えば，音節分析，文の構造を学習する際の図版，ひらがな，漢字の読み・書きの学習における辞書など）がある対象的な（あるいは物的な）行為，大人との協同的行為として組織し，漸次，内的な，独力による行為に移行させる内面化の手法を採用してきた。対象児が，研究の進行に応じて当初の小学校1学年生から幼児，小学校2年生へと広がるにつれ，教育プログラムの範囲も広がり，幼児期の読み・書き入門言語教育から小学校2年における漢字教育をもカバーできる教育プログラムへと発展してきた。しかも，コンピュータで教育することも可能な教育のシステムを実現することを意図したため，LD児の入門言語・認知教育に関わる多種多様なコンピュータソフトを開発することができた。また，その多くの教育プログラムは，教授・学習実験を通してその教育効果が確認することができた。このように，LD児用の体系的な読み・書き入門用言語・認知教育プログラムを開発できたことは，本研究の大きな研究成果の一つとして評価することができるだろう。

(2)　これらの教育プログラムは，発達促進の機能をどのように果たしたのか

しかし，ここで問題となるのは，これらの教育プログラムは，意図したように，単に読み・書き

能力だけでなく，子どもの全体的な精神発達を促しているのかということである。第1部で報告した研究では，全体的な精神発達の進歩を，WISC-Rの知能検査を指導・訓練の前後に実施し，比較したが，その結果，全体的な精神発達への効果は，特に，PIQの値は正常であるが，VIQの値が極度に低いいわゆる言語性LDのタイプに効果的に作用し，1年半程度の指導・訓練で，VIQの値を20〜30ポイントも上昇させる（第1-5-8表）ことが明らかになった。しかし，この傾向は必ずしも一貫したものでなく，第2部の次の研究では，2年間の指導で，軽度のLD児の場合，反対に，VIQの値が健常で，PIQの値が低い，いわゆる非言語性LD児のPIQの値が，劇的に改善されたり（第2-3-17表に示すO. T.児），両方の値に顕著な改善が認められる場合（同表のY. T.，S. H.児）が認められた。第3部で報告した5歳期から指導を始めた研究では，知能テストの他，言語調整機能テスト，注意テスト等も用いて，訓練の効果を調べたが，5歳期と6歳期の2年間の指導・訓練は，言語性，非言語性LDの両タイプの児童に効果を与えるだけでなく，幼児期の指導・訓練は，言語調整機能や注意機能が未発達で，注意の集中や行動の統制に問題がある児童を効果的に改善させることが明らかになった（第3-3-5表，第3-5-3表参照）。特にこの形成に寄与したと思われるのは，ひらがな文字の書きの指導・学習である。われわれの全体的な指導計画（第3-2-2表参照）に基づいて，夏休みを終えた第2学期から，一定のステップを踏んで，ひらがな文字の書きの指導を，コンピュータのモニター画面に提示される書く行為の見本を見せながら，所定の用紙にその字を書くことから学ばせたのであるが，多くの幼児は，初めは，自分の名前に含まれる文字を一つ書くのを覚えるのに大変苦労し，1文字を正しく書くのに30分もかけて奮闘する。しかし，自分の名前が書ける頃になると，ひらがな文字を書くことに非常に興味をもち，非常に集中して，1日5文字を書く練習を進んで行うようになった。これは，中央大学の行動観察室で子どもの指導にたずさわりながら，観察して確認したことであるが，このひらがな文字の書字の練習過程で，それまで落ち着かず，机に5分も落ち着いて座っていなかった幼児たち（例えば，中央大学の場合，O. K.，T. Y.児）は，机に長時間座って，コンピュータ画面を見ながら勉強するようになったことである。特に，O. K.児の場合，子どもの脇で訓練者が与える書き方のルールについての助言を真似して，自ら声を出して，「止める」，「はねる」，「のばす」，「下におろす」等と声を出して，自分の行動をコントロールして書く行動を，習慣的に長い期間にわたって示し，非常に形の整った文字を書くようになった。文字を書くことは，単に微細運動や空間表象だけでなく，子どもにとって意識的に行動の統制が求められる，高次な精神機能であり，その学習の中で，空間的能力，運動能力だけでなく，行動調整機能，注意機能の発達が促されるということを，これらの事実が示している。

上記の例は，行動調整機能や注意の発達に与えた効果であるが，これ以外にも，例えば，われわれの分類操作を基礎にした語彙指導は，語彙能力を発達させるだけでなく，種々の上位概念の習得に大きく寄与することを，第1部の研究の中で，評価テストの資料を分析する中で示してきた。

われわれの教育プログラムの構成の基礎的な理念の一つは，第1部の報告の冒頭で述べてきたように，自分たちが使う母国語の音韻面，文法面，語彙面で，言語的自覚を形成することを媒介にして，文字の読み書きの習得が促されるという考えである。さらに，同時に，文字の読み・書きという子どもにとって新しい文化的能力の習得は，文化的な発達として，子どもの諸精神機能（知覚，運動，注意，記憶，思考等）の高次化（意識化，随意化）を惹き起こすことを仮定した。読み・書きの習得は，小学校期に特有な新しい活動（読書，作文）の基礎となり，その活動が新しい精神発達に大きく寄与することは自明のことであるが，ここでは，その基礎となる読み・書きの習得過程それ自体が，子どもの諸精神機能の高次化を惹き起こすと考えたのである。しかも，発達教育の原理に立って教育を組織的に行った場合，その過程が明瞭な形で進行することを予定した。指導・訓練過程で得られた諸資料は，この考え方は基本的に正しく，ここでの指導・訓練は，予想したように子どもに一定の発達促進効果を与えたと理解することができるだろう。しかし，われわれが子どもたちに用いた教育プログラムは，非常に多様な要素からなる複合教育プログラムであるため，今回の研究で，教育プログラムのどの部分が，精神発達のどの部分に特に有効に作用したのかという問題については，明瞭な答えを提供してくれない。文字の書き技能を組織的に形成することが，われわれの観察では，子どもの注意の発達に大きく寄与していることが一応確認されているが，この問題をさらに明瞭にするためには，より厳密に統制された実験的な研究が必要になる。

しかし，小学校低学年用の教育プログラムは，LD 児に対する発達促進について，どの LD 児にも適用されるものでないことが研究の中で示された。PIQ が健常に近い値を示し，VIQ が顕著に低いいわゆる言語性 LD 児の場合，あるいは，その反対の VIQ が健常値に近く，PIQ が極度に低い非言語性の LD 児にも適応していることが確認されているが，PIQ，VIQ が共に低く，IQ 値が，MR 児との境界線にある相対的に重度な LD 児の場合，読み書き能力を形成することはできるが，精神発達を急速に促進させることができないことがあることが確認された。このような場合，多くは，第 1 学年で始めて，通常 1 ～ 2 年で終了できる計画で作られているこのプログラムの消化に 2 倍の月日がかかり，何とかひらがな文字の基礎的な読み書き能力は形成されるが，終了した時に 4 学年になっていて，漢字や読解能力，作文の能力も未形成であるという事態に直面し，その教育も始めるが，子どもは学校での勉強の進展に容易に追いつけない。子どもがどのような発達障害の特質をもっている時に，その教育プログラムが適，不適かについて，われわれはまだ十分な情報をもっていない。しかし，一般的に言えることは，このプログラムは，計画されたプログラムの各ステップの進行に合わせてその内容が学習されるにつれ，それに対応して精神機能の高次化，学習意欲の発達や注意の集中，意識化が生じるという過程を想定して作られているため，子どもがともかく，積極的に，興味をもって学習に参加しないと，学習活動の不活発さ，意欲の欠如，注意の集中性の欠如との間の悪循環を作り出し，学習が効果的に進行しないことになる。そのような意味で，この教育プログラムは，毎週 2 ～ 3 回，あるいは毎日少しずつ指導・訓練を行い，なるべく短期間で指導・訓練を完了するという方針で実施した方が全体的な精神発達に対する発達的効果は高くなると考えられる。毎週1回の指導・訓練をだらだら進めるのは発達効果を減ずることになるだろう。しかし，このことは，多動的でADHAの疑いのある児童に適応しないと言うことを意味するわけではない。これまで，多動的で，最初の検査の時，机に5分も座っていないようなタイプの児童が，3ヶ月程度の指導の中で，学習態度が急に変わり，落ち着いて勉強するようになるのを何度も目撃している。この教育プログラムで教育を実施する際に重要なことは，他の勉強の場合にもそうであるが，教育プログラムは多様に何種類も用意されているのであるから，まず，子どもが興味をもっていて，得意とする分野から指導・訓練を始め，まず，自信と学習意欲を育てることに努力を払い，徐々に子どもにとって不得意な分野に広げていくと言うような指導上の配慮をすることが重要であるように思われる。

(3) 小学校低学年用のLD児の識別・診断法の開発について

小学校低学年の学習障害が原因でひらがなの読み・書きの習得が困難な児童を対象に読み・書きを教える読み・書き入門言語・認知教育プログラムを開発する作業と並んで，小学校低学年で，LDの危険性をもつ児童を診断・検出するシステムを作り出すことに多くの努力を払ってきた。これは，診断法の研究と教育プログラムの開発は常に結びつけて行わなければならないというわれわれの原則に沿って行ってきたものである。診断法の開発の問題の困難さの一つは，誰にも適応できる一般的な診断法はなく，対象児の年齢，学年や条件などに合わせて作成・開発が求められるという点にある。われわれは，第2部で報告した研究で，第1部で用いた方法を改訂し，一応，小学校1～2学年児童に実際に用いることができる形で，その方法を完成した。それは，第3部で新たに作成した5歳児用の診断検査の場合と異なって，1年後に追跡調査を実施して，その妥当性をチェックすることはできなかったが，十分に実際の学校現場で利用でき，実用に耐えることができると思われる。しかし，長期にわたる研究の後を振り返って考えると，小学校の児童用に用いる検査としては，それよりも，5歳期の指導・訓練を評価する目的で作成・開発した就学準備性検査の方が，LDを診断・検出する目的にはより適しているように思える。第3部で報告したように，就学直前にこの就学準備性検査で，就学準備性が形成されていないと評価された児童は，ほとんど，第1学年末の評価で，国語，算数の両方，あるいはいずれかに顕著な遅滞が認められ，LD状態と評価されたのである。そのような意味で，この検査は，LDの発生について十分に予見性をもっていると理解することができる。就学直前，もしくは就学直後に，入学した児童全員にこの検査を実施することは，かなりの労力を要すると思われるが，しかし，その資料が揃えば，入学した時点で，どの児童がどのような問題を抱えているかが明瞭になり，就学準備性が欠如している児童に，就学準備性を形成するための特別支援教育を，個別あるいは小集団で実施することにより，LDの発生を予防することも可能であると思われる。

第3節　LD児の教育にコンピュータを利用する可能性

⑴　子どもたちは，5歳幼児も含めて，コンピュータでの学習を好む。

われわれは，初めに小学校の1学年のLD児に対して利用すべく，既成のプログラムのソフト化の作業を進め，まずは試行的に用い，次に日常的に用いることになり，5歳幼児を教育の対象にするに伴って，幼児にも，教育プログラムによる教育の主要な方法として用いることになった。最初に確認すべきことは，低学年児童も，5歳幼児も，コンピュータを用いた勉強を好むという事実である。5歳幼児を対象にした教育では，ひらがな文字の読みの導入，書きの学習の準備的教育，文字を書く練習，文を読む練習など多様に利用したが，幼児たちは興味深くその学習に喜んで参加し，その中で多くを学んだ。ひらがな文字の読み・書き，漢字の読み・書きの指導にも，その中に辞書を含めたソフトを開発し，それで指導を行ったが，このような辞書の利用は，色々な意味で幼児，児童の学習に役立った。幼児や児童が，このようにコンピュータでの学習を好むのは，その中にゲーム的な要素が含まれていることにもあるが，主に，1)それが子どもの反応に対してすぐに応答してくれる応答性をもっていること，2)次々に画面が変わり，常に新しい知的な刺激を与えてくれることによっていると思われる。

⑵　大人との協同活動の媒体としてのコンピュータの利用

第2部の報告の冒頭でも述べたように，本研究でLD児への教育にコンピュータを利用するに当たって，訓練者が，コンピュータの前に子どもと2人して並んで，対話をしながら一緒に勉強するのに役立つというタイプの利用，つまり，CAIの専門家がよく主張するような，コンピュータによる学習の自動化の理念は追求せず，教育と学習はあくまでも教師と子どもの間で営まれる協同の活動と理解し，コンピュータとソフトプログラムは，その協同の活動を媒介し，その活動を助ける手段として位置づけた。この位置づけは，正しかったと思われる。というのは，実際の教育で，コンピュータを用いることによって，子どもと訓練者の対話がとぎれたり，減少したりすることはなく，子どもはコンピュータを前にして，常に訓練者と対話し，その援助を受けながら勉強していたからである。

学習障害児の教育にコンピュータを用いることの利点は，一つには，教材の配布，普及が容易である点にあるが，また，われわれはそれとは別の利点を考慮に入れた。それは，ソフトで実現されている一種の教育的フィードバック機構（例えば文字の読み・書きが困難である時，内蔵された辞書を参照する）の利用や，自発的に働きかけることに対して応答性があることから，行動の自己コントロール，学習・活動の集中性を促進できる可能性があると思われる点である。われわれは，また，ソフトの構成を工夫することによって，音節分析行為の形成においても，文の統辞・意味論的モデルを作る能力を形成する場合でも，図版と積み木（プレート）を用いて対象的行為を形成し，次に，漸次行為を内面化させる過程と類似した内面化の過程をコントロールできる仕組みをもったソフトを開発することができた。また，同じ原理に立って，第1学年用の教材にも，漢字の読み・書きを学習するソフトの他に，十進法の基礎を教えるソフトを開発してきた。この場合，はじめから，コンピュータを利用して教育するのではなく，はじめの2ステップは，具体的な対象を用いた水準で教育を行い，次に，十進法を基礎にした加法，減法の演算の際に，頭の中で行われる操作の過程を，具体的な操作として，モニター画面でマウスを操作させる水準で実行させ，次に，それを徐々に頭の中で実行する操作へ内面化させるようにした。このように思考の内面化を促すようにソフトを構成し，指導することによって，より効果的に，より合理的に子どもの学習過程をコントロールしながら教えることができたのである。第3-4-5表は，このような教育が子どもによく受け入れられ，十進法の学習が進んだことを示している。

このようにコンピュータを用いた教育には，他の方法ではなかなか実現できない多くの長所がある。それ故，これからは，LD 児やその危険性のある幼児用に，種々のソフトが開発され，その教育に利用されることを期待したい。

(3) ソフト開発とインターネットの利用

当然，今日のようにインターネットが普及している現在，LD 児の教育も，インターネットを利用したソフトの流通と普及，インターネットを用いた教育を，その射程に入れるべきであろう。私共が現在用いているひらがなの読み・書きの学習や文法指導に関するソフトが，以前に開発した Hyper Card を基礎にしたソフトであるために，今回は，インターネットを用いた指導にまで発展させることができなかったが，今やインターネットを利用して，学習障害児に対する教育の可能性を考える時代に入っている。そのため，新しく開発したソフトは，ほとんど，インターネットでも利用可能なソフトとして開発してきた。家庭で，母親が，インターネットを利用して子どもを指導できる時代がすぐにくるとは考えられないが，ことばの教室の教師や，通級学級の教師が，一定のセンターにアクセスして，そこに蓄えられている多様なソフトの中か，担当している子どもの学習に適したソフトを選択し，それを用いて教育を行うという時代はすでに目の前にあると理解する必要がある。そのような意味で，学習障害の危険性のある幼児や児童にとって，その学習や発達の促進に役立つ有用なソフトの構成や指導のあり方について研究することは，今後ますます重要になってくると考えられる。本研究でわれわれが試みた学習障害の幼児，児童に，コンピュータを多く用いて教育した試みは，そのような時代に向けてのパイロット的な試みと理解して頂くことができれば，本研究で何故コンピュータのソフト開発に多くのエネルギーを費やしたのかその意味を理解していただくことができよう。

第4節　早期発見，早期教育の原理に基づいた学習障害の予防教育の可能性

(1)　5歳期における学習障害の危険性をもつ幼児の診断の可能性

われわれは，5歳期における学習障害の危険性をもつ幼児を診断する診断法は，就学準備性の形成と発達という枠組みの中で確立すべきであるという立場にたち，診断法を，全体で7領域の課題からなる，(A)小学校での勉学の基礎となる基礎的な諸技能（pre-academic skills）の発達に関する諸検査，(B)基礎的な言語・認知機能の発達に関する諸検査から構成した。そして，約180名の5歳児を対象に個別検査の形式で実施し，最終的に3段階からなる発達スクリーニング方式を確立することができた。また，1年後，就学準備性検査を実施した際に，その診断が適切であるかを評価し，診断が適切に行われたことを確認することができた。

これらの研究は，発達的な枠組みで検査を構成した場合，5歳期において学習障害の危険性をもつ幼児を診断することは，理論的にも，実際的にも可能であることを明瞭に示している。就学してからのみLD児の診断ができるという時代は，完全に終わったと理解すべきである。

われわれが開発した5歳児用の診断検査は，そのままでも，現実に利用できるものである。したがって，就学1年前の5歳期に，LDの危険性がある幼児を検出・診断したいと希望する方は，われわれが開発した方法を試みていただきたい。

しかし，われわれが開発した7領域の課題からなる診断法は，学校や幼稚園，保育園で教師らが実際に用いるためには，やや煩雑であり，専門的な知識も要求される。そのような意味で，今後，より簡潔で，誰にも利用可能な形に改善していく必要があると思われる。

(2)　学習障害の危険性の高い幼児を対象にした教育プログラムとそれらを用いた予防教育の可能性

われわれは，本研究の中で，学習障害の危険性の高い5歳の幼児を対象にした以下の3種類の教育プログラムを開発し，実際にそれを用いて，11名の幼児に実験的な指導・訓練を試みてきた。

1)　幼児用のコンピュータ入門用ソフト
2)　ひらがなでの読み・書き入門教育プログラム
3)　分類操作の学習を基礎にした語彙教育プログラム

1) 2)は，コンピュータを用いた教育であったが，いずれも，幼児によく受け入れられ，順調にその教育を行うことができた。

就学前に実施した就学準備性検査によって，これらの教育が，子どもたちの就学準備性の形成に大きく寄与していることが明らかにされたが，他方，その欠陥も明らかにされた。就学後の1年間，

われわれの教育プログラムを用いて指導・訓練を継続したにもかかわらず，第1学年末の学力到達テストを含めた評価テストによって，10名中4名がLD状態であることが明らかになり，さらに1年後の再評価テストでも，3名がLD状態であることが明瞭になった。就学後にLD状態になるか否かは，就学時に就学準備性が形成されているか否かにかかっていることも資料の上で明瞭になった。5歳期からLDの予防を目的とした特別指導を行ったにもかかわらず，期待に反して，LDになるのを予防できなかったケースが，何故に，10名中に3～4名の割合で生じたのであろうか？その原因は何であろうか。これは，将来の改善の道を開くために真剣に考えなければならない問題である。

この問題への答えとして，その失敗の原因は，われわれの試みてきた教育プログラムは，5歳期の約10ヶ月の指導で，どのような幼児にも失敗することなく，就学準備性を形成するように，うまく構成されていなかったことにあると考えざるを得ない。

このような教育プログラムを構成するためには，少なくとも，以下の三つのことを考慮したプログラムを加える必要がある。

(1) 数量関係の発達教育プログラム：この分野の教育が欠如していたため，就学準備性検査で，ほとんどの幼児が不合格になった点からもこの種の教育プログラムの追加は不可避であろう。このプログラムの欠如で，U. T.，S. Y. 児を除く全ての幼児が数量領域の就学準備性検査で不合格になった。

(2) 注意機能の発達を促す特殊な教育プログラム：われわれは，注意，記憶，知覚などの機能に関する発達は，読み書きを中心とするわれわれの言語・認知教育プログラムの中で，例えば，文字の書きの学習が，注意の集中性と持続性の発達を促すように，特別にそのためのプログラムなしに発達させることができると考えて，その種のプログラムを構成することはしなかった。しかし，これが期待できるのは，子どもがこちらが提供する教材に関心をもって学習に積極的に参加するという場合なのである。もし，常に嫌々ながら指導・訓練を受けるという態度が続くと，注意の集中性の欠如－学習活動の不活発さとの間の悪循環を作り出し，結局，学習も注意の発達も進まないという結果が生じる。われわれが指導した児童の中で，これに該当する児童を挙げるとすると，S. Y. 児の場合がこれに該当する。このような場合，注意の発達や意欲の発達を促す別のプログラムを作成し，それを援用的に使用してから本プログラムに戻るという形の指導が考えられる。

(3) 像的思考の発達を促す教材もしくは教育プログラム：われわれの5歳児用の教育プログラムは，読み書き指導を中心とした言語・認知教育プログラムであるため，その中で図式を多く使うことはあっても，像的な思考の発達を促すための教材が少ないことは認めざるを得ない。多分，そのようなことに関係すると思われるのが，PIQの低い，非言語性のタイプの幼児が，就学準備性検査で，2種類の像的思考テストで，非常に低い得点しか得られなかった事実である。

もちろん，数量関係の発達教育プログラムにこの面を配慮した教材，プログラムを含み込むことも可能であろう。

問題は，５歳期から指導を始めるとして，どのようにして，このようなプログラムを，10ヶ月の教育に含められるかと言う問題が現実に生じる。現状で改善するとすると，診断と教育の開始時をあと３ヶ月～１年早めて，時間的にやや長い指導期間を確保するか，子どものタイプによって，プログラムを選択する方法が現実的に考えられる。われわれは，現在，第１の方向で第２ラウンドの実験的な教育を始めている。

われわれが実験的に実施してきたLDの危険性が高い５歳児を対象にした教育は，実験的な教育ということもあって，多くの制約の下で行われた。毎週２回（１回当て１～２校時）全て個別指導であり，このような時間的な制約の下で，教育する内容，カリキュラムは，限定されたものになる。それでも，先に述べたような成果が得られるのである。したがって，どこかの市町村，あるいは研究施設，学校，幼稚園などで，アメリカやロシア，西欧の先進諸国で実施されているように，就学１年前の５歳期に見つけ出されたLDの危険性が高い幼児を対象にした専門的な就学準備のための小グループ編成の特別クラスを編成し，特別のより豊かなカリキュラムで，毎週５日間の計画で，１年間教育を行うとするならば，それは，LDの予防にとってきわめて効果的なものとなるだろう。このような教育がわが国でも，１日も早く実現できることを希望したい。

(3)　就学準備性検査の開発と実施

早期発見，早期教育の原理に基づいた学習障害の予防教育を実現するためには，５歳期における学習障害の危険性をもつ幼児を診断する診断法，教育カリキュラムの開発と並んで，その教育の効果と就学準備性検査の形成の程度を評価するための就学準備性検査の開発と実施は不可欠である。

われわれは，研究の必要性から，８領域の諸検査からなる就学準備性検査を構成し，就学の直前の２～３月に，５歳期にわれわれの指導を受けた幼児及び１年前にわれわれの診断検査を受けた約50名の健常児を対象に，彼らの就学準備性を調べる実験的な調査を実施した。その結果，５歳期にわれわれが特別に指導・訓練を実施した11名のうち，約半数である６名には，就学準備性は形成されているが，他の５名は，未形成であることが明らかになった。

検査の作成や実施の行程でわれわれが知らされたことは，学習障害の診断と評価においてきわめて重要な意味をもっている，学校で順調に勉学を進めるために必要な現代の子どもが就学前に準備しておかなければならない就学準備性の教育学的，発達的な内容，その基準について，例えば，読み・書きはどの程度の能力が発達しているべきなのかとか，数能力はどの程度まで発達しているべきなのか等について，発達心理学的にも，教育心理学的にもほとんど何も研究されておらず，何も明らかにされていないという現実であった。したがって，われわれは，これまで得られた健常児の調査資料を基礎に，現代の幼児に形成されている就学準備性の形成・発達の程度を評価する基準を，全く経験的に取り出して用いざるを得なかった。われわれは，これらの問題について多少の経験の蓄積があったため，何とか，実際に役立つ就学準備性検査を構成することができた。そして，われわれが指導を実施してきた訓練児の国語と算数の学力到達と発達について最終的な評価を行った結果として，学習障害の発生は就学前の就学準備性の形成の程度に依存していることが明らかにされた。このことは，逆に言うと，就学前の就学準備性の形成の程度をより適切に評価できた場合，それは，将来の学習障害の発生の危険性を予知できる可能性をもっていることを意味している。

このような意味で，現代の子どもたちの発達の現状に即したより適切な就学準備性検査を開発することは，学習障害児の早期診断，学童期での診断にとって重要な意義をもっているのである。したがって，この問題については今後共，引き続き十分に研究を発展させる必要がある。

また，現在，就学直前に，どの小学校でも就学検査が実施されているが，学習障害などの軽度発達障害をもつ幼児，児童を早期に発見することを考えるならば，われわれが実験的に試みたように，就学１年前の５歳期に何らかの発達診断を行う仕組みや制度を作り出すことが学習障害やその他の発達障害の発見と予防にとっても重要であろう。

(4) 学習障害の予防教育の可能性

われわれの研究が，全体として示していた一つの重要な知見と結論は，就学前の５歳期に学習障害の危険性について発達的な診断を行い，危険性のある幼児にその段階から就学準備性の形成・発達を目標とした発達促進教育を実施することによって，小学校に入ってから生じる学習障害の発生を未然に予防することが理論的にも，実際的にも可能であるということである。現在，わが国の小学校では，漸く，学習障害児の問題を扱うようになってはきたが，小学校では，そのような児童の発見やその教育的対応に追われていて，残念ながら，学習障害の発生を未然に予防しようという発想やそのような発想から診断，教育を行おうとする動きは全く認められない。しかし，小学校での学習障害児の読み・書きを中心とした言語教育の指導について長く研究してきた者の立場から言うと，小学校になってから学習障害児を見つけ出して，それから特別指導を行う方法では，何とか低学年中に基礎的な読み・書き能力を形成することはできても，自ずから限界があり，特にその障害が比較的重度であれば，学習障害そのものの治療教育を実現することは困難である。そのような意味で，学習障害児の教育実践やその行政に関わっている教師や教育委員会，文部科学省の関係者たちが，学習障害児の教育に対する従来の発想を改め，幼稚園期の年長期に検査を行い，その時期から特別の指導・教育を行い，場合によっては小学校低学年期を含めて特別の教育を行うことによって学習障害を予防できることが可能であるという新しい発想をもち，その立場から，それを現実的に実現できる新しい教育の仕組み，制度を作り出すように努力していただくことが，教育実践面で，教育行政面で，何よりも重要である。われわれの研究は，学習障害についても，発達障害児に対する基本的理念である早期発見，早期教育の考えを追求し，それを実践に移し，学習障害の予防教育を実現することが，理論的にも，現実的も可能であることを示唆しているのである。

引用・参考文献

天野　清　1968　就学前児童の語彙力調査〈名詞範疇化テスト手びき〉　国立国語研究所

天野　清　1970　語の音韻構造の分析行為の形成とかな文字の読みの学習　教育心理学研究　第18巻第2号，12-25

天野　清　1977a　中度精神薄弱児における語の音節構造の分析行為の形成とかな文字の読みの教授学習，教育心理学研究，第25巻第2号

天野　清　1977b　『幼児の文法能力』　国立国語研究所報告 58　東京書籍 KK 刊

天野　清　1982　言語的現実についての自覚の形成を通した低学年児の言語能力の改善　国立教育研究所紀要　第102集，1-112

天野　清　1986　『子どものかな文字の習得過程』　秋山書店

天野　清　1988　音韻分析と子どもの lileracy の習得　教育心理学年報　第27集　日本教育心理学会

天野　清　1989a　精神発達遅滞児に対する言語・認知発達診断法の開発と実用化　文部省科学研究費試験研究(1)研究成果報告書

天野　清　1989b　ソ連邦における心理発達遅滞児(ZPR)について　発達の遅れと教育 No. 378　7月号，42-46

天野　清　1990　小学校期における児童の漢字の読み書きの習得，国立教育研究所，調査資料，教育指導研究部・発達研究室

天野　清　1991　学習障害児に対する言語教育プログラムの開発　日本教育心理学会第33回総会発表論文集

天野　清　1993a　学習障害児に対する言語教育プログラム　聴能言語研究　10，183-189

天野　清　1993b　幼児の読みの習得についての発達的・実験的研究　平成4年度科学研究費一般研究B研究成果報告書

天野　清　1994a　学習障害児に対する言語・認知発達教育プログラムと診断法の開発と実用化　平成5年度文部省科学研究費試験研究B(1)研究成果報告書

天野　清　1994b　学習障害児に対する言語教育プログラムのコンピューター—ソフト—読み書き入門ソフト「ことばのいずみ」シリーズ解説—平成5年度文部省科学研究費試験研究B(1)研究成果報告書　天野清編『学習障害児に対する言語・認知発達教育プログラムと診断法の開発と実用化』所収

天野　清　1994c　学習障害児に対する言語教育プログラムによる訓練実験　同上報告書

天野　清　1994d　学習障害児に対する言語教育プログラムの開発　同上報告書

天野　清　1994e　幼児のかな文字の読みの習得過程—3年間にわたる追跡調査—，日本教育心理学会第36回発表論文集

天野　清　1995　小学校の児童の学習遅滞と学習障害児の教育の諸問題　LD—教育と実践—，第4巻2号，46-54

Amano, K. 1997a　Literacy Program for LD Children : Hyper Card Stacks “Kotoba no Izumi” series for teaching reading in Hiragana to LD children. CD DISK for Macintosh.

Amano, K. 1997b　Aspects of Vygotskian Approach to Language Development and Language Education in Preschool Period.
中央大学教育学研究会編　教育学論集　第38号，111-134

天野　清　1998　学習障害児に対する言語教育プログラム（コンピューター・ソフト）の開発，平成9年度文部省科学研究費基盤研究B(2)研究成果報告書

Amano, K. 1999　Problems with the Development of Literacy Programs for Children with Learning Disabilities.

中央大学教育学研究会編　教育学論集　第41号，63-95

天野　清　2001　5歳幼児に対する学習障害予防教育のための診断検査と教育プログラムの開発　日本LD学会第10回大会発表論文集，291-293

天野　清　2002　5歳幼児に対する学習障害予防のための診断検査と教育プログラムの開発　LD研究　11巻2号，148-153

Amano, K. 2003　Development of Language-Cognitive Program for Prevention of Learning Disabilities in Preschool Children : One-Year Experimental Training Program for Five-Year-Old Children at High Risk for Learning Disabilities.
中央大学教育学研究会編　教育学論集　第45集，127-172

天野　清　2003　『幼稚園・保育園年長児に対する学習障害予防のための言語・認知教育プログラムの開発』平成12-14年度科学研究費研究成果報告書

天野　清，黒須俊夫　1992　『小学生の国語・算数の学力』秋山書店

天野　清，二宮　昭　1989　語彙能力発達診断テストの開発についての研究　天野　清編　精神発達遅滞児に対する言語・認知発達診断法の開発と実用化　文部省科学研究費試験研究（1）研究成果報告書　所収，1-50

天野　清，二宮　昭，野村勝彦，瀬戸淳子，1989　精神発達遅滞児，学習障害児を対象にした言語・認知諸能力の発達診断　天野　清 編　精神発達遅滞児に対する言語・認知発達診断法の開発と実用化　文部省科学研究費試験研究（1）研究成果報告書 所収，161-180

Apple Computer. Inc., 1989　Hyper Card Stack Design Guid Line（日本語版），イントランス

Baker, S. & S. Smith, 1999　Starting Off on the Right Foot : The Influence of four Princples of Professional Development in Improving Literacy Instruction in Two Kindergarten Programs. Learning Disabilities Research & Practice, 14 (4), 239-253, 1999

Brown, F. B. III, E. Aylward and B. K. Keogh (ed.) 1997　Diagnosis and Management of Learning Disabilities, Singular Publishing Group, Inc. Sandiego and London.

Coyne, M. D. E. J. Kame'enui, and D. C. Simmons, 2001　Prevention and Intervention in Beginning Reading : Two Complex Systems, Learning Disabilities Research & Practice, 16(2), 62-73.

Das, J. P. 2001　Pass Reading Enhancement Propram : PREP
J. P. Das Developmental Disabilities Centre, Alberta University. (Internet)

Das, J. P. 2002　Cognitive Remediation based on Planning, Simultenous and Successible Processing. A Paper presented in the symposium ISCRAT Congress, Amsterdam

J. P. Das Developmental Disabilities Center 1996　Cognitive Enhancement (Cogent), Manual

Das, J. P. 2004　A Cognitive Enhancement Programme. A paper presented at the symposium held in The Seisa University on 4th August 2004

Давыдов, В. В. 1972　Виды обобщения в обучении, М. Педадогика（邦訳　駒林 他訳『教授・学習における教科構成の原理』　明治図書）

ダヴィドフ，**В. В.** 1978　天野　清 訳「教授・学習の現代化に関する諸問題」日本教育心理学会，教育心理学年報　第17集，1978年

ダヴィドフ，**В. В.** 1968　天野　清 訳「心理的なものの“形成”と発達の相互作用」雑誌『現代教育科学』No. 130，1968年，明治図書

Дьячков, А. И. (Под ред.), 1970　Дефектологический Словарь. Педагогика, Москва

Эльконии, Д. Б. 1956　Некоторые вопросы психологии усвения грмоты. Вопросы психогии, No. 5.

Эльконии Д. Б. 1976　Как учить детей читать. Знаниие. М.

Гальперии, П. Я. 1959　Развитие Исследований по Формированию Умственных Действий.
Психологиеская Наука в СССР. Том 1, М.

ガリペリン，P. Ya.　学習過程の制御　ソヴィエト心理学研究　1968　No. 5, 50-56

ガリペリン，P. Ya.　プログラム学習の心理学的基礎　ソヴィエト心理学研究　1968　No. 5, 56-61

Goodman, D. 1990　The Complete Hypar Card 2.0 Handbook, 3rd Edition, Bantam Book.

Haring, K. A., Lovett, D. L., Haney, K. F., Algozzine, B., Smith, D. B. & Clark, J. 1992　Labeling preschooler as learning disabled : A cautionary position. Topics in Early Childhood Special Education, 12 (2), 151-173

服部美佳子，上野一彦　1995　LD の基本症状に関する WISC-R による類型からの考察，発達障害研究　第15巻第 4 号，305-312

学習障害及びこれに類似する学習上の困難を有する児童生徒の指導方法に関する調査研究協力者会議　1999　学習障害児に対する指導について（報告）

McCue, M. and G. Goldstein, 1991　Neuropsychological Aspects of Learning Disability Adults, B. P. Rourke (ed.) Neuropsychological Validation of Learning Disabililty Subtypes. The Gulford Press. 311-329

神谷育司　1997　『学習障害—課題と取り組み—』文教資料協会

川村秀忠 編著　1993　新版『学習障害　その早期発見と取り組み』慶應通信

川村秀忠　1994　学習障害と注意障害について—その教有的対応を中心に—　発達障害研究　第15巻第 4 号，19-24　日本文化科学社

苅谷剛彦，志水宏吉 編　2004　『学力の社会学』岩波書店

小池敏英，雲井未歓，渡辺憲治，上野一彦　2002　『LD 児の漢字学習とその支援』北大路書房

小池敏英，雲井未歓，窪島　務　2003　『LD 児のためのひらがな・漢字支援』　北大路書房

国立教育研究所　1982　小学校児童に対する教授・学習と発達　国立教育研究所紀要102集

Keogh, Barbara K. & Bernheimer, Lucinda P., 1996　Learning Disabilities in Preschool Children, (ed.) Brown. Ill, Frank R., Elizabeth H. AylWard. & Barbara K. Keogh. Diagnosis and Management of Learning Disabilities : An Interdisciplinary Life span Approach. Third Edition

Koppitz, E. M. 1971　Children with Learning Disabilities. A Five Years Follow-up Study. Grune & Stratton. New York and London

川口　進　1968　『就学前教育』　第一法規出版

Лебединский, К. С., 1982　Актуальные проблемы диагностики задержки психического развития детей. Педагогика, Москва

Лурия, А. Р. 1956, 1958　Проблемы высшей нервной деятеьность нормального и анормального ребенка I, II Издательство АПН РСФСР

Лурия, А. Р. 1969　Высшие корковые фукнкции человека. Издательство МГУ, М.

Лурия, А. Р. и Субботский, 1972　Исследованияпо формированию сознательного действия в раннем возрасте. II III. Новые исследованя в психологии и возратной физиологии, 2, 22-32

Лурия, А. Р. , 1973　Основы Нейропсихологии. Издательство АПН РСФСР

Лурия, А. Р., 1979　Язык и Сознание. Издательство МГУ（邦訳，天野清 訳『言語と意識』　金子書房　1982）

ルボフスキー，V. I　1988　心理発達遅滞（ZPR）の子どもの特質とその教育　国立教育研究所での公開講演テキスト

Лубовский, В. И., 1989　Психологические проблемы диагностики аномального развития детей, Педагогика М.

ルボフスキー，V. I.　2001　心理発達遅滞（ZPR）就学前児童の心理学的識別診断　日本 LD 学会第10回大会発表論文集，291-293

ルボフスキー，V. I.　2002　心理発達遅滞（ZPR）就学前児童の心理学的識別診断　LD 研究　11巻 2 号，141-147

緑川　晶　1997　幼児期における注意の発達の実験的研究，第61回日本心理学会総会発表論文集

緑川　晶　1998　注意の持続性と言語調整機能　第62回日本心理学会総会　発表論文集
緑川　晶，天野　清　2003　学習障害となる危険性の高い幼児を検出する試み―特に注意機能の発達の観点から―　天野　清 編「幼稚園・保育園　年長児に対する学習障害予防のための言語・認知教育プログラムの開発」 平成12-14年度科学研究費研究成果報告書 所収
耳塚寛明，金子真理子，諸田裕子，山田哲也　2002　先鋭化する学力の二極分化　論座　2002年11月号，213-227
耳塚寛明，金子真理子，刈谷剛彦，志水宏吉，清水睦美，諸田裕子，山田哲也　2002　学業の構造と変容(3)　日本教育社会学会第54回大会口頭発表資料
村尾　卓　1998　幼児期の子どものプランニングの発達について　中央大学文学部卒業論文
村石昭三，天野　清　1972 『幼児の読み書き能力』 国立国語研究所報告 45　東京書籍刊
文部科学省　2004　小・中学校における LD(学習障害)，ADHA(注意欠陥／多動性障害)，高機能自閉症の児童生徒への教育支援体制の整備のためのガイドライン(試案)
中根　晃　1999 『発達障害の臨床』 金剛出版
大重美幸　1989 『すぐに使える便利なハイパートーク』 日本実業出版
O'Connor, R., A. Notari-Syverson and P. Vadasy, 1998　First-Grade Effect of Teacher-Led Phonological Activities in Kindergarden for Children with Mild Disabilities : A follow-up study. Learning Disabilities Research & Practice, 13 (1), 43-52,
O'Connor, R. 2000　Increasing the Intensity of Intervention in Kindergarden and First Grade, Learning Disabilities Research & Practice, 15 (1), 43-54.
Пылаева, Н. М. и Ахутина, Т. В. 1997　Школа внимания, М.
Raven, J. C. 1976, Coloured Progressive Matorices, Oxford Psycjologists Press.
島村直己，三神廣子　1991　幼児のひらがなの習得(1)(2)　日本教育心理学会第33回発表論文集
Silver, R. A. 1978　Developing cognitive and creative skills through art. University Park Press
掌田津耶乃　1991 『入門 HYPER CARD』 ビジネスアスキー社
掌田津耶乃　1991 『実習 HYPER CARD』 ビジネスアスキー社
掌田津耶乃　1991 『応用 HYPER CARD』 ビジネスアスキー社
柘植雅義　2002 『学習障害』 中公文庫
上野一彦，牟田悦子 編著　1992，1993 『学習障害児の教育：診断と指導のための実践事例集』日本文化科学社
上野一彦　1995　これからの LD への対応をめぐって　LD　学習障害　LD 学会機関誌　第 4 巻 1 号，2-6
上野一彦　2000　学校教育における LD 児の発見と対応―学習障害に関する調査研究協力者会議報告の意義と残された課題―LD 学習障害　LD 学会機関誌　第 8 巻 2 号，2-11
上村幸雄　1978　現代日本語の音韻の体系　松本泰文編『日本語研究の方法』麦書房
U. S. Department of Education, 2004　Internet Home Page　http://www.ed.gov/index.jhtml
Венгер, Л. А. и В. В. Холмовская, 1978　Диагностика умственного развитя дошольников, М. Педагогика
Власова, Т. А., М. С., Певзнер 1973　Дети с отклонениями в развития. М.
Власова, Т. А. Лубовский, В. И. Цыпина, Н. А. (Под ред.) 1984　Дети с задежкой психического развития. М. Педагогика
Vygotsky, L. S. 1987　Thinking and Speech. The Collective Works of L. S. Vygotsky, Vol. 1 Problems of General Psychology, (Ed.) by R. Rieber and A. S. Carton, Plenum Press, New York and London.
ヴィゴツキー，**L. S.**；(柴田義松訳)『言語と思考　上 下』明治図書　1962，1972
ヴィゴツキー，**L. S.**；(柴田義松訳)『精神発達の理論』明治図書　1970
山田勝美，進藤英幸　1995 『漢字語源辞典』 角川書店

事項索引

ア　行

Rh 因子　6
R シリーズ　115, 119, 128-130, 176, 217-218, 225, 227, 238, 286
IDEA　2
IEP　2
ITPA　11
赤黄青逆転テスト　198-199, 202-204, 255, 259
赤黄青大小テスト　255, 259
赤黄逆転テスト　41, 140, 198-199, 202, 255, 259
赤黄大小テスト　198-199, 202, 255, 259
あ行とか行の導入と読み　213-214, 233
麻生小学校　ii, 18
新しい施策のガイドライン　i
生き物の分類　229
意志　5-6
意識化　240, 318
１次元分類操作　36-37, 157, 228
１対１対応テスト　255
１年後の追跡調査　309
異物発見課題　82-83, 148, 228, 250, 253
意欲の欠如　318
インターネット　8, 321
VIQ と PIQ の値の乖離　276
うそか　ほんとうか　129-131, 176, 226-227, 233, 235
運動機能　12, 165, 168, 196-199, 205, 230, 233, 255, 259, 267-268
運動の切り替え　43
ADHD（注意欠陥／多動性障害）　1-2
ADHA　14, 319, 331
ADA　14
栄養障害　6
S シリーズ　115, 119, 125, 128
S プログラム　102, 156, 165, 245
NCLB 法　2
絵文字　168, 170-175
LD　i-viii, 1-3, 6-17, 19, 23, 40, 43, 111, 311
——状態　i, 2-3, 16, 165, 276, 301, 308-313, 315, 319, 323
——状態からの回復　16
——状態になる危険性の高い幼児　1
——状態の疑いのある幼児　196
——状態の危険性の高い幼児　16
——状態の危険性をもつ幼児　i, iii, 165
——状態の定義　i, 1, 3, 6, 9, 12
——状態の発生について　319
——状態の予防　16, 323-324
——児に対する個別教育　9
——児に対する発達促進　318
——児の教育　ii, iii, 2, 8, 276, 318, 321
——児用の教育プログラム開発　7
——児に対する教育プログラムの開発　7
L プログラム　165
遅れのタイプ　144
大人との協同的行為　316
おはじきの系列構成テスト　40, 42
音韻分析　196, 327
音節の自覚の形成　27, 30, 45, 100, 115, 119, 121, 147, 286, 289, 291
音節の長短の対立　29
音節のモデル構成　29
音節分解　ix, 28, 46-47, 121, 124, 151-152, 166, 211, 214, 225, 233-236, 238
音節分析の水準　235-236, 238
音節分析の練習　211
音の系列図　30, 61, 63
音の変換　219

カ　行

絵画式語彙100語検査　259
下位クラスの合成　89
外言の水準　54-55, 236
回復教育　14-15
科学的思考能力の形成　208
書き方の基礎的なルール　184
書き方の約束の学習　212
書き方のルールの学習　223, 233, 242
学業成績と IQ 値の乖離　196-197
学習活動の不活発　318, 324
学習障害
——の危険性　9, 10, 18, 133-136, 141, 145-

147, 167, 196-197, 207-208, 228, 230, 254, 261-262, 271, 277-278, 281, 284, 292, 294-295, 300-301, 308, 313, 321-322, 324-325
——の危険性をもつ幼児の診断　322
——の危険性の高い5歳幼児　207, 230
——の克服　45, 315
——の発生　302, 308-309, 312, 326
——の発生の危険性を予知　325
——の予防教育　ii, 322, 324-325
——の予防教育の可能性　322, 325
——予防　i, 18, 191, 193, 200, 207, 285, 328, 331
——予防教育　1, 16, 328
——予防教育プログラム　16
——の早期発見　300-301, 309, 312-313
——の早期発見，早期教育　301, 312-313
——からの回復　163
——児と軽度精神発達遅滞児との識別診断　134
——児に対する教育の目標　1
——児に対する言語教育コンピュータソフトの開発　17
——予防のための言語・認知発達教育プログラムの開発　18-19
学習態度　151, 209, 319
学習遅滞　12-13, 164, 305, 327
学習の可能性　196
学習の自動化　117, 320
学習の受容性　7, 134
学習の潜在的可能性　6
学習の動機　5
学習の内面化の制御　121
学習不振児　i, 1, 15, 24, 27, 115
各種の分類操作の学習を基礎にした語彙・認知教育プログラム　26
学力テスト　9, 306
学力到達検査の結果　303
——の結果の比較　311
学力と知能の乖離　9, 145
学齢成熟度　259
加算課題　255, 258, 264-265, 279, 284, 295-296
下垂体小人症　5
数の十進法的構成の原理　296
数の多少の比較　287-288
数の保存　255, 257
形による1次元分類課題　81
活動の組織化　208
カテゴリーの命名課題　106, 109
川崎市ことばの教室　206
川崎小学校　ii, 17, 18, 39
感覚・運動機能　12, 14
漢字　16, 19, 164-165, 168-177, 184-186, 188-191, 223, 239, 269, 285-286, 289, 291, 294-295, 303, 316, 318, 320-321, 327, 330, 332
——辞書　16, 168-169, 176, 184-185, 188-189, 293
——の書き方の教育プログラム　168, 170, 184, 189, 286, 289
——の読み教育プログラム　168, 170, 176
かんじのつくり　170
記憶　4, 7, 12, 14, 23-24, 167-168, 170, 195, 231, 259, 270, 282, 318, 323
記憶補助カード　214, 216
季節による分類課題　84
基礎的な数能力　257, 264-265
基礎的な言語・認知機能の未発達　197
基礎的な読み書き能力　i, 165, 206
基礎波の低形成　232
基本音節71文字　46, 233
疑問詞を用いた疑問文　34, 67
——の作成　68
教育的介入　10
教育的フィードバック機構　320
教育の目標　1-3, 7, 107-108, 254
教育プログラム　iii, 5-9, 15-16, 19, 24-27, 31-32, 36, 45-46, 66, 79, 98, 100, 102, 104-105, 107-108, 110, 115-116, 119, 121, 146, 165, 168, 169-171, 184-185, 189, 191, 193, 197, 207-211, 220, 228, 230, 233-234, 239, 245, 250, 254, 264, 267, 270, 274, 276, 283-284, 285-287, 289, 291-293, 295, 298-302, 305, 310, 316-320, 322-324, 328
——開発研究の困難点　8
——での学習効果　289
境界領域　9
教授・学習実験　8, 15, 17, 316
協同活動の媒体　320
協同の活動　117, 167, 320
——を媒介する手段　167
興味　4, 5, 7, 10, 130, 166, 209, 244, 248, 293, 317-320
切る，書く，測る道具　229, 233, 245, 247
記録の自動化　122, 127, 132
句，文の読み　128, 212

空間的思考の発達　261
空間表象の形成プログラム　164
グッドイナフ人物画知能検査（DAM）　11
クラス（概念）の上位－下位関係　38
クラスの合成　90-91, 161
クラスの命名　90-91, 93-96, 98, 161-162
訓練群　8, 230-231, 245, 254, 261-262, 267-268, 270, 272, 275-276, 278, 280-284, 308
訓練実験　vi, 17, 25-26, 43, 145-146, 166, 294, 327
訓練の効果　50, 60, 66, 100, 146, 154, 163, 206, 276, 283, 285, 317
訓練用図版　iii, 31-32, 67, 72, 147
計算　i, 4, 13, 107, 143, 258, 265, 303
KC シリーズ　190, 192
計数　196, 204, 257, 264-265, 278, 284
——テスト　198, 202, 255
形成教育　14
KW シリーズ　184, 286, 291
軽度の LD 児　165, 317
軽度発達遅滞児　1, 10
K 式発達検査　11
言語・認知教育プログラム　i, v-vii, 15-17, 46, 111, 113, 115, 117-119, 134, 146-147, 164-165
言語・認知諸能力の不均衡な遅れ　195
言語・認知面の発達障害　23
言語化　81, 221, 240-242
言語記憶テスト　198-199, 202, 256, 260
言語教育のコンピュータソフトの開発　116
言語障害児　135
言語性 LD のタイプ　43, 111, 317
言語調整機能（行動統制）　198-199, 255, 259
——テスト　40-41, 136, 140, 202, 204, 278, 317
——の水準　266
言語的異物発見課題　96
言語的異物発見テスト　136, 138
言語的自覚　25, 27, 30-31, 51, 62, 67, 76, 102, 104, 318
——の未形成　26
言語的思考　133-136, 138, 141, 148, 251, 271-272, 274, 281, 284-285, 298-299, 301, 303, 305-306
言語的思考（異物発見）検査　256, 261
言語的推論テスト　136
言語発達の遅れ　10
検索方略　259
検査法の開発と診断　196
健常児　4, 8, 10, 15, 43, 135, 201, 206, 259, 262-272, 275, 277, 285, 299, 304, 324
——の基準値　259, 262, 298
語彙　v, vi, viii, 4, 13, 23-24, 26, 36, 38, 79, 86-89, 105-107, 110, 115, 119, 139, 147-148, 150, 157, 160-163, 165, 198-199, 203, 205, 207, 209-210, 228, 230-231, 234, 245-247, 250-251, 259, 266-267, 276, 283-285, 289, 298, 303, 316-318, 322, 328
語彙（概念）の教育プログラム　v, 36
語彙・認知教育プログラム　26, 39, 79, 228, 286, 299
語彙指数（V. Q.）　266
語彙指導　24, 233, 238, 284, 289, 306, 317
語彙テスト　105, 107, 139, 163, 198-199, 202, 255, 259
語彙能力テスト　136, 139
語彙発達　25, 267
語彙発達年齢　148
行為，操作，活動の内面化　208
行為のコントロール　197
高機能自閉障害　1, 2, 14
行動調整　43, 317
口頭での文の作成課題　155
口頭による文産出　110
行動のコントロール　14, 200-201, 205, 231, 283
行動の自己コントロール　209, 320
甲のドット図形　255, 259
構文能力の形成教育　14
国語，算数の学力到達　16, 18, 301, 309
国立教育研究所　i-iii, 1, 4, 12, 15, 24, 115, 134, 195, 294, 303, 327, 330
国立教育政策研究所　i, 1, 115
国立国語研究所　14, 41, 105, 198, 256, 327, 331
個々の文字の筆順の学習　212
５歳幼児　18-19, 195, 201, 205, 207-209, 226, 230, 285, 320, 328
古代中国文字　168-176
語頭音の抽出　211, 213, 233, 238
——ができない水準　238
「ことばのいずみ」　119, 211, 218
ことばの教室　ii, 17-18, 39, 43, 117, 145-146, 148-149, 163, 165, 167, 206, 232, 309-310, 321
子どもの学習過程　102, 116-117, 146, 151, 166, 234, 321
子どもの構文能力　104
語の音節構造のモデル構成　121

語の音節分析の形成　25
語の書き方の学習　212
語の書きの練習　46, 225, 244
語のモデル構成　29, 59, 64, 100, 122
語の読みの練習　59, 212, 217-218, 234
個別教育計画(IEP)　2
個別知能検査　11, 197, 276, 278
コンピュータソフト　iii, vi, viii, 15-16, 19, 113, 115-116, 118, 132, 146, 166-167, 211, 316
——化　115-116
——での子どもの学習　166
——の開発　18-19
コンピュータの利用　8, 307, 320
コンピュータを用いた学習　118, 166-167, 293

サ 行

材質による１次元分類課題　81, 84
さ行の導入と読み　213, 233
作文　13, 23-24, 164-165, 180, 183, 318
作文教育プログラム　164
作文の能力　318
左右・上下空間概念の形成　212, 220, 233, 239
３種類の食器　229, 233, 245, 248
識別診断　10, 197, 203, 254
思考　4, 12, 14, 23-24, 145, 166, 168-170, 196-197, 208, 256, 260, 272, 284, 298-300, 306, 318, 321-322
思考検査　143, 284, 301, 303, 305
思考能力の発達の遅れ　284
思考の発達　208, 256, 260-261, 272, 284, 298-299, 306, 323
辞書画面　177, 185, 217
辞書機能　218
辞書の利用　216, 320
自信　5, 319
実験的診断調査　140-141, 196, 201
指導・訓練計画　233, 309
指導計画　ii, iii, 289, 317
指導の方法　i, 43, 207, 225, 227, 232
字と音の識別の学習　28, 56
就学準備性　10, 14, 16, 145, 196-197, 206-209, 254, 261-262, 264, 266, 268-271, 274-277, 281, 284-286, 301-302, 305, 308-309, 319, 323-324
——検査　vii, 16, 245, 251, 254-255, 261, 264-265, 277-279, 281, 283-285, 301-302, 305, 308-309, 319, 322-325
——検査の開発　254, 301, 324
——の形成　vii, 16, 165, 254-255, 262-263, 266, 268-269, 271-274, 277, 279, 282, 285, 302, 309, 315, 322, 324-325
——の欠如　309
——の未形成　308
就学年齢　4, 12, 14
就学のための基礎的な教育・心理的準備性　208-209
週産期や出産時の異常　12
集団検査　133-134, 136, 140, 143
集中力　13, 240
重度な学習障害　145, 148, 164-165
12のルールの学習　212
10進法教育プログラム　284
10進法変換学習ソフト　287
自由分類課題　106-107
十進法の学習過程　295
十進法の原理　286-287, 298
十進法のプログラム　164
上位・下位概念　36, 110
上位概念の習得　317
上位クラス(上位概念)の作成　89
障害者基本計画　1
障害者教育法　2
障害の早期発見と早期教育　165
『小学生の国語・算数の学力』　18, 328
小学校低学年 LD 児用読み・書き入門言語・認知教育プログラム　119
象形文字　169-171
象形文字(漢字)の教育プログラム　168, 170
上下左右関係の理解　212
情緒・意志的発達　5
情動・意志面での病的な未成熟　6
衝動性　5-6
小児精神医学　14
助詞の「は」「を」「へ」の学習　27, 55, 57
諸精神機能の高次化　318
自律性　6
人格の異常発達　6
人格発達　5
神経心理学　14
神経心理学的諸テスト　43
診断検査のシステムの開発　16
診断検査の妥当性　254
診断法の開発　i, vi-vii, 17-19, 113, 133, 195, 301,

319, 327-328
シンボル説明図　154
シンボルマーク　31-32, 67-69, 72, 74, 118, 125-126, 154-155, 227
心理諸機能の形成　208
心理発達遅滞　3, 330
心理発達の正常なテンポの障害　4
随意化　318
随意的行動　4
随意的な注意機能　240
水生と陸生の動物　229, 233, 245
数概念　196
数唱　196, 204, 255, 257, 264-265, 278, 284
数唱継続方略　258
数唱テスト　198, 202, 255, 257
図形の切り替え描画テスト　40, 42
図形の模写能力　198-199, 255, 259, 267-268
図形描画の系列構成テスト　40, 42
図形模写テスト　199
清音　13, 128, 130, 151, 198, 218-219, 239, 233
成果報告書　i
性質による1次元分類　82
精神発達遅滞児　5, 14-15, 18, 25, 45, 327-328
責任感　6
ZPR　i, 3-4, 6, 10, 327, 330, 331
前後テストによる比較　292
潜在的な子どもの学習能力　12
全障害児教育法　2
全数唱方略　258, 264
線図形　222, 242
前頭葉の機能　43, 199
「早期発見，早期教育」の原理　ii
像的記憶　205, 230, 268, 270, 274, 281
——テスト　198, 202, 256, 260
像的思考　134, 141, 143, 148, 272, 274-275, 281, 300-301, 306
——テスト　133, 136, 138, 323
——の発達　134-135, 145, 260, 284, 323
促音　ix, 13, 27, 29, 41, 48-50, 52, 61, 78, 100, 123-124, 139, 148, 151-152, 154, 166, 220, 232-233, 264, 289, 291-292
——の言語的自覚　50
——の表記の学習　50
——を含む語の書き　50, 233, 291-292
——を含む語のモデル構成　48, 50, 151
率先性　6

タ　行

第1学年時の指導・訓練　286
第1学年末の評価　312, 319
第1次スクリーニング検査　134, 136, 201-204, 278
代謝・栄養障害　5
対照群　206, 230-231, 254, 262, 267, 270, 272-273, 276-277, 305
対象的行為の水準　54-55
対象的行為の平面　30, 91, 118, 161, 208
対人関係の矯正　7
第2学年末の評価　312
第2次検査　134, 201-203, 278, 281
第2次的障害　7
対話　117, 122, 167, 209
多音節語　46-47, 123-124
濁音　13, 128, 130, 151, 198, 218-219, 233, 235, 238-239, 244-245
——の産出　219
——を含む語のモデル構成　219
濁音，半濁音の産出　212, 218
多動性　10, 205, 231
多動的な行動特性　148
田中ビネー知能テスト　11
WISC　11-12
WISC-III　11, 197
WISC-R　11-12, 136, 139, 143-144, 147, 163-164, 317, 329
Wシリーズ　115, 119, 121-122, 127, 132
WPPSI　11-12, 197, 202-203, 205, 231, 262, 272-273, 282
Wプログラム　46, 78, 151, 165
単語読み　41, 47, 130, 152, 225, 236, 263, 281
知覚　4, 12, 14, 23-24, 168-170, 196,-199, 255, 259, 267, 318, 323
知的興味　6
知能指数の訓練前後の比較　272-273
知能指数の変化　310
注意　5, 7, 9-10, 12-14, 23-24, 58, 73, 76-77, 83-84, 92, 110, 153-154, 156, 160, 167-170, 196-198, 200, 203, 205, 209, 222, 230, 242, 270, 274, 280, 282, 285, 307-308, 317-318, 323, 331
——検査　301, 303, 305, 307
——能力の発達テスト　198, 256, 260
——の集中性　209, 323
——の集中性の欠如　5, 318, 323

——の発達テスト　200
——の発達の遅れ　10
注意機能　230-231, 240, 269-270, 281, 307, 317, 323, 331
——の変化　307
中央大学大学院行動観察室　ii, 146, 148-149, 232
中毒　6
長音　13, 26-27, 29-30, 41, 51-55, 58-60, 62-63, 66, 78, 100-101, 121-124, 137, 149, 152-154, 166, 220, 232-233, 289, 292-293
——の有無の判断　53, 64
——の言語学的特質　51
——の言語的自覚　31
——の産出の学習　51
——の段の認定　53, 64, 153
——の抽出　52-53, 64, 153, 292
——の表記の学習　55, 58, 60
——のモデル構成　51, 53, 61, 149, 233
——を含む語の書き　60, 293
——を含む語のモデル構成　52, 55, 60, 65
——を含む語の読み　59, 60, 293
直音と拗音の系列図　30
追跡調査　7, 13, 144, 312, 319, 327
つぶやきの水準　54-55
DMS-IV　14
伝染病　6
動機　4-5, 10, 209, 237
道具と玩具　229, 233, 245, 248
道具の機能分類の課題　80, 157
動作性知能(PIQ)　12
統辞・意味論的カテゴリー　26, 31-32, 34, 58, 67, 119, 166, 227
動詞述語構文　26, 31, 67, 227
統制群　8, 230, 276, 294, 304
同類発見課題　82-83
読解能力　10, 164, 318
特殊音節　13, 26, 121, 139, 141, 147, 154, 220, 232-233, 236, 255, 257, 264, 281
——の学習　27, 66
——の自覚の形成　25-26, 100, 121
——の自覚の形成と表記の学習プログラム　25
特別支援教育　i, 2, 9, 319
突発性の徐波　232
トランプのマークと数　229, 233, 245

ナ　行

NCLB法　2
内言水準　30
内言レベルのモデル構成　31
内部辞書の利用　212
内面化　30, 116, 118, 121-122, 125, 166, 321
——の過程　321
——の手法　316
長さの保存　255-265
難読症　3, 196
2群の数の多少の比較　287-288
2次元空間概念の形成　212
2次元分類　38, 85-90, 150-151, 158-160, 306
——操作　36, 38, 157, 298
2次元の座標空間　220, 239
21文字の読み導入　236
2001年実験的診断調査　202
日常の行動観察　12
妊娠中の病理　6
認知発達　4, 204, 209
——の促進　8
脳波所見　231

ハ　行

「は」「を」「へ」の読み方　57
「は，へ，を」の読みの指導　212
パーセンタイル比　301, 309-312
Hyper Card　118-119, 168, 170, 184, 211, 321, 328
Hayper Talk　118-119
発育不全症　5
発達教育の原理　315-316, 318
発達教育の組織の方法　15
発達教育の理念　14-15, 315
発達教育プログラム　i, 1, 15, 323-324
発達障害　1-3, 5-6, 10-11, 23-24, 117, 146, 163, 205, 315, 318, 325, 330
発達診断検査　165
発達スクリーニング検査　v, vi, 16, 40, 140, 195, 205, 277-278, 281
——の評価　277
発達促進効果　318
発達的枠組みの中での定義　10
発達の最近接領域　14, 196
発達の不均衡　145, 195
話しコトバ　23-25
反省的な思考　167

半濁音　13, 128, 130, 151, 198, 218, 235, 238, 244
被暗示性　6
PIQ（動作性 IQ）　11
比較的軽度の LD 児　15
比較的重度の LD 児　15-16
東住吉小学校　ii, 17-18, 39, 141, 148-149
非言語性 LD のタイプ　43
微細運動機能　220, 223, 239
——の遅れ　10
——の発達促進　239
微細運動の形成　212
微細な機能障害　3, 6
久本小学校　ii, 17-18, 39
筆順のボタン　184
筆順のルール　170, 239
非定型的てんかん波　232
描画活動　212, 220, 233
評価の自動化　122, 127, 132
表記の学習　26, 28, 48, 50, 59-60, 65-66, 78, 115, 119, 144-145, 147, 153, 233, 286, 289, 291-292
ひらがなでの読み・書き入門教育プログラム　207, 210, 322
ひらがなの書取りテスト　40, 136, 139
ひらがなの書きの教育　212, 224, 239
ひらがなの書きの指導　239
ひらがなの読み導入　213
ひらがなの読みの教育　211-212
ひらがな文字の読字テスト　197-198
ひらがな文字の表記　26-27, 31, 45, 100, 115, 119, 121, 147, 286, 289, 291
ひらがな文字の読みの導入の手続き　214
拾い読み　13, 23, 41, 47, 130, 152, 225
VIQ（言語性 IQ）　11
不器用　13, 166
複合教育プログラム　318
pre-academic skills　196-197, 201, 203, 231, 255, 274, 278, 281, 322
プログラミング　43
プログラムでの訓練の効果　156
フロスティッグ視知覚検査　11
分解の練習　213
文産出テスト　136, 139
分析の内面化　54-55
文の書きの練習　76, 127-128
文の構成と助詞の使用テスト　102, 104
文の統辞・意味論的構造の自覚の形成教育プログラム　v-vi, 26, 67, 102
文の統辞・意味論的な構造　26, 32, 119
文のモデル構成課題　73-74, 104, 125
文の読み・書きの指導　225
文の理解テスト（聴取）　102
文の理解テスト（読み）　102
文理解テスト　136, 140
分類操作　v-viii, 26, 36, 79, 105, 107, 110, 119, 147, 150, 157, 159, 207, 210, 228, 245, 283-284, 306, 316, 322
——を基礎にした語彙指導　317
平均－1.5×標準偏差　275
ベックウイズビーデマン症候群　232
勉強と遊びの区別　13
ベンゲル空間表象検査　256, 260, 272, 284, 298-299, 300-301, 303, 306
ベンダーゲシタルトテスト（BGT）　11
包摂概念（class inclusion）　36
包摂課題　91, 109, 161-163, 165
包摂関係の学習　92-95, 162
包摂言語課題　162
包摂実物課題　162
包摂図　38, 91, 93, 95, 98, 161
母音の学習　27-28, 51, 292
母音文字脱落　78

マ　行

ま行と「ん」の導入と読み　213
マトリックス思考テスト　136, 138
三田小学校　ii, 17-18, 39, 140-141, 148-149
宮前平小学校　ii
ミン方略　258
むかしのもじ　170
無力症（Asthenia）　5
名詞範疇化テスト　105, 327
目的性の欠如　5
文字と音との識別　55
文字認知　196
モデル図式　34, 48-49, 52-53, 55, 63, 67, 72-73, 75-76, 118, 121-122, 125-127, 152-154, 166, 291-292
モデル積み木　30
文部科学省　i, iii, 1-2, 305, 325, 331
文部省 LD 協力者会議　i, 1-2

ヤ 行

野菜と果物　229, 233, 245, 247
野生の動物と家畜　229, 233
拗音
——節の系列　30
——の位置の認定　62
——の有無の判断　61-62, 64
——の学習　61, 64
——の系列の産出　65
——の産出　28, 61-62
——の抽出　61-62, 64
——の表記の学習　28, 63, 65
——への変換　61
——を含む語のモデル構成　61-62, 64-66
幼児
——期における学習障害の発見　10
——の加算能力　284
——の検査結果　275
——のコンピュータ入門用ソフト　207, 209
——のコンピュータの使い方　234
——の読字数の変化　237
——の読字能力の進歩　236
——の日常の行動と発達についての観察評価　200, 202
——の病歴　231
——のひらがな文字での読み・書き　14
——の文法発達　14, 25
——用 CPT　200
拗長音　13, 26-27, 29, 41, 62-66, 78, 123-124, 149, 220, 232-233, 289
——の産出　28, 63
——の段の認定　64
——の抽出　64
——の表記の学習　28, 64-65
予見性　319
予防教育の可能性　322, 325
読み・書き入門言語・認知教育プログラム　i, v-vi, viii, 23, 26, 100, 110-111, 115, 315-316, 319
読み・書き能力　10, 14-15, 23-25, 60, 115, 146, 163, 255-256, 262-263, 285, 316, 326
読み・書きの習得が困難　1, 13, 15, 23-24, 115, 117, 146, 315-316, 319
読み技能の未発達　10
読み能力の発達　197-198
読みの指導・訓練の進行状況　235
読みの発達段階　201, 236, 263

ラ 行

略式図式　49, 53, 65-66, 121-122, 291
——による長音のモデル構成　53
レヴェン図形マトリックス検査　256, 260, 272, 284
ロシヤ教育科学アカデミー障害学研究所　iii, 3-4, 15

人名索引

（日本人）

ア 行

赤木愛知　18
赤沼陽子　ii
天野 清　8, 13-14, 17-19, 25-27, 34, 41, 43, 51, 105, 110, 134, 139-140, 164, 198-200, 209, 211, 214, 220, 256, 259, 266, 294, 303, 308, 327-330, 331
石井光代　ii
石田直子　ii
逸見敏郎　ii
伊藤 昭　ii
伊藤恵美　ii
伊藤 貴　ii
井上 久　ii
井原素子　ii
上野一彦　329
上村幸雄　30, 332
宇野敦子　ii
宇野宏武　ii
大内恵理子　ii
大重美幸　331
大嶺ちづ子　ii
押川美知子　ii
小野美和　ii

カ 行

加藤醇子　ii
門山 睦　ii
金子真理子　331
神谷育司　11, 12, 330
神谷まち子　ii
加茂裕司　ii
苅谷剛彦　303, 330-331
川口 進　260, 330
川村秀忠　12, 330
窪島 務　330
雲井未歓　330
黒須俊夫　18, 328
小池敏英　8, 330
小池英子　ii
小出節子　ii
小島澄人　ii
後藤紗織　ii
後藤田晃子　ii

サ 行

坂井敬子　ii
佐藤順子　ii
島村直己　331
志水宏吉　303, 330-331
清水睦美　331
掌田津那乃　331-332
白倉直美　ii
進藤英幸　171, 332
須藤 智　ii
瀬戸淳子　328

タ 行

平 洋子　ii
田沢 実　ii
田中 哲　ii
谷口辰三　ii
谷 政子　ii
千葉健司　ii
柘植雅義　332
照井裕子　ii
富樫ひろみ　ii
戸塚ゆり子　ii

ナ 行

長尾康子　ii
中根 晃　331
中村扶美子　ii
中村麻衣子　ii
二宮 昭　134, 139, 259, 328
主原正夫　18
野村勝彦　328

ハ 行

芳賀 道　ii
服部美佳子　329
平野秀治郎　ii

マ 行
松田牧子 ii
松本博雄 ii
三神廣子 331
緑川 晶 ii, 331
耳塚寛明 303, 305, 331
牟田悦子 332
村石昭三 14, 41, 198, 220, 256, 331
村尾 卓 331
盛由紀子 ii
諸田裕子 303, 305, 331

ヤ 行
山田勝美 171, 332
山田哲也 331
吉村亜紀 ii

ワ行
渡辺憲治 330

（外国人）
A
Akhutina, T. V.（Ахутина, T. B） 196, 331
Algozzine, B. 329
Aylward, E. 328

B
Baker, S. 196, 328
Bernheimer, L. P. 10, 330
Brown, F. R. 196, 330

C
Clark, J. 329
Coyne, M. D. 196, 328

D
Das, J. P. 196, 329
Davydov, V. V.（Давыдов, B. B.） 14-15, 329
D'yachkov, A. I.（Дьячков, A, И.） 4, 329

E
Egorova, T. V.（Егорова, T. B.） 138
El'konin, D. B.（Эльконин, Д. Б.） 14

G
Gal'perin, P. Ya.（Гальперин, П Я.） 329
Goldstein, G. 2, 330
Goodman, D. 329

H
Haney, K.F. 329
Haring, K. A. 329

K
Keogh, B. K. 10, 328, 330
Kholmovskaya, V. V.（Холмовская, B. B.） 260, 332
Koppitz, E. M. 3, 330

L
Lebedincky, K. S.（Лебединский, K. C.） 5, 330
Lovett, D. 329
Lubovsky, V. I.（Лубовский, B. И.） iii, 3-4, 10, 134-135, 139, 197, 208, 330-331
Luria, A. R.（Лурия, A. P.） 14, 43, 199, 330

M
McCue, M. 2, 330

O
O'Connor, R. 196, 331

P
Pevzner, M. S.（Певзнер, M. C.） 6, 332
Pylaeva, N. M.（Пылаева, H. M.） 196, 331

R
Raven, J. C. 139, 260, 331
Rozanova, T. V.（Розанова, T. B.） 139

S
Silver, R. A. 331
Smith, D. B. 329
Smith, S. 196, 328
Subbotsky, E.（Субботский, E.） 43, 330

T
Tsypina, N. A.（Цыпина, H. A.） 332

V
Venger, L. A.（Венгер, Л. A.） 260, 332
Vlasova, T. A.（Власова, T. A.） 6, 332
Vygotsky, L. S.（Выготский, Л. C.） 14, 25, 196, 332

付 録 A

各種の教育プログラムの指導手引き

付録Ａ－１

音節の自覚の形成とひらがな文字表記の教育プログラム

W　ステップ１　基本音節語の読み・音節分解・書き（１）

目的

A　本書第１部で報告した指導で用いたプログラムの場合
基本音節・撥音（ん）７１文字より構成されている語について、１）読みの練習を行うと共に、それらの語が正しく書けるように、２）筆順等に誤りのある文字の書き方、３）音節分解、４）語の表記の練習を行う。
B　本書付録の「音節分解・抽出図版、５０基本音節語（W１）」を用いて指導を行う場合
基本音節５０文字より構成されている語について、１）読みの練習を行うと共に、それらの語が正しく書けるように、２）筆順等に誤りのある文字の書き方、３）音節分解、４）語の表記の練習を行う。

材料

A　本書第１部で報告した指導で用いたプログラムの場合
①ステップ１読み・分解・書き用図版　②白積み木６個　③書取練習用紙
④ステップ１絵図４枚，⑤記録表　⑥文字カード（読めない時）
B　本書付録の「音節分解・抽出図版、５０基本音節語（W１）」を用いて指導を行う場合
①音節分解・抽出図版、５０基本音節語（W１）②語の読み用カード（①に対応した語をひらがなで書いたカードを用意）
③絵図（①に対応した２０の絵を２・３音節語別に２枚にコピーして示した絵図を用意する）　④白積み木６個
⑤書取練習用紙　⑥記録表　⑦文字読みテスト用カード

課題及び材料

A　本書第１部で報告した指導で用いたプログラムの場合
①　２音節語　１６語　へび、いぬ、わに、ねこ、さけ、うし、やぎ、くぎ、すず、なべ、てら、かぜ、ふろ、つめ、そば、ひざ
②　３音節語　１２語　らじお、ぺんち、ぴあの、がらす、せんろ、まゆげ、ぼたん、えほん、よだれ、りんご、はなぢ、ぽぱい
③　４音節語　３語　みかづき、ぐらんど、なぞなぞ
④　５音節語　２語　かぶとむし、ぷらもでる
語は、「を」を除く７０基本音節文字から構成され、どの文字も最低１回は使用されている。
B　本書付録の「音節分解・抽出図版、５０基本音節語（W１）」を用いて指導を行う場合
①　２音節語　１１語　ねこ、わに、せみ、みそ、ふえ、はと、うり、つの、ほし、ひれ、なす
②　３音節語　１２語　あひる、さくら、たぬき、かもめ、けむし、てんと、へちま、ゆみや、よろい
語は、「を」を除く５０基本音節文字から構成され、どの文字も最低１回は使用されている。

本ステップの訓練の流れ図

前テスト
↓
１．７１文字、読めない文字の取り立て指導
↓
２．語の読みの練習
↓
３．筆順等に誤りのある文字について取り立て、練習
↓
４．　音節分解
↓
５．語の表記の練習
↓
６．文字の読みのテスト
↓
次のステップ

手続き

A　本書第１部で報告した指導で用いたプログラムの場合
事前作業　前テストの資料から、７１文字中、１）読めない文字、２）筆順、字形が誤っている字を調べ、記録表に記入する。読めない文字の文字カードを用意する。
１．　読めない字の指導……「さあ、これ何と読むのかな」と言いながら、文字カードを提示し、誤った場合、わからない場合、「これは～でしょ」と教える。カードで次々と３回行う。誤った場合その都度教える。
２．　語の読みの練習……語を音読させ、絵図の中の該当する絵を指示させる練習。
１）絵図１（動物）を子どもの前にひろげ、単語図版の１ページ目（へび）を出して、「ここに、いろいろな動物の絵があるでしょう。このコトバを大きな声で読んで、それと同じものをを指さしてね」という教示を与える。
２）以下、同様、絵図１、２（器物）、３、４を用いて行う。
３）字が読み誤った場合、わからない場合、絵がどうしても探せない場合、教えてよい。
４）読み方が、拾い読みか、単語読みか注意せよ。

３．　筆順等に誤りがある文字の取り立て練習
１）書取練習用紙を用い、「先生が書くのをよく見て」と言って、正しい見本を示す。そして、書かせ、続けて５文字正しく書けるまで練習する。
２）２０文字以上、誤字がある場合には、このステップではその半数について行う。
４．５．音節分解・表記の練習
１）各語について、まず音節分解を行わせ、積み木を図版においたまま、語を書かせる。
２）語の各称は、普通よりややゆっくり目で、口頭で伝える。
３）分解の際、発音が誤っている場合、積み木を利用し、発音、分解の指導を行い、書字に入る。
４）表記で誤った字を書いた時、積み木で、該当の音を抽出させて修正させる。
５）取り立て指導をした文字の筆順が再び誤った時は、修正させる。
６．文字の読みのテスト
文字の読みテスト図版を利用する。

B　本書付録の「音節分解・抽出図版、５０基本音節語（W１）」を用いて指導を行う場合
基本的に、Aの場合と同じ。しかし、以下を変更して読む。
①　Aの場合の７１文字を、５０文字に替える。
②　２．の語の読みの練習では、２枚の絵図を同時に提示して行う。

<table>
<tr><td colspan="3">W　ステップ２　基本音節の読み・音節分解・書き（２）</td></tr>
<tr><td>目的</td><td colspan="2">ステップ１のＡの場合と同じ</td></tr>
<tr><td>材料</td><td colspan="2">A　本書第１部で報告した指導で用いたプログラムの場合
①ステップ２用図版、②絵図１～４、③書取用紙、④積み木５個

B　本書付録の「音節分解・抽出図版、７０基本音節語（Ｗ２）」 を用いて指導を行う場合
① 音節分解・抽出図版、７０基本音節語（Ｗ２），②絵図（①の図版の２９枚の絵を３枚の用紙にコピーして用意する）
③ 語の読み練習用カード（①の図版の語をひらがな文字で印字したカード２９枚を用意する）
④ 書取用紙　⑤積み木５個</td></tr>
<tr><td>課題及び材料</td><td colspan="2">A　本書第１部で報告した指導で用いたプログラムの場合
２音節語　　１２語　せみ、ぶた、ろば、ふで、やま、かわ、ほし、へそ、のど、ぬぐ、ひげ、ぜろ
３音節語　　１０語　けむし、うさぎ、ごいし、めがね、てれび、ぽすと、ぱいぷ、もみじ、はなぢ、ずぼん
４音節語　　　６語　よこづな、ぺりかん、くちべに、はいざら、えんぴつ、あおぞら
５音節語　　　１語　ゆきだるま
２９語
B　本書付録の「音節分解・抽出図版、７０基本音節語（Ｗ２）」 を用いて指導を行う場合
２音節語　　　８語　やぎ、ふぐ、つえ、さけ、ひげ、へび、ほし、せみ
３音節語　　１０語　うどん、たぬき、ずぼん、ごじら、おぜん、テレビ、ポパイ、たわし、はなぢ、めがね
４音節語　　　８語　ピストル、くちべに、そろばん、はいざら、ペリカン、のこぎり、よこづな、あおぞら
５音節語　　　３語　かぶとむし、ゆきだるま、プラモデル
２９語</td></tr>
<tr><td colspan="2">本ステップの訓練の流れ図</td><td>手　続　き</td></tr>
<tr><td colspan="2">ステップ１と同じ</td><td>前準備　　ステップ１で、　正しく、読み、書きできない文字を事前に調べて置くこと。

<u>手続きは、基本的にステップ１のＡの場合と同じ</u>

ただし、４．５．の音節分解・表記の練習については、以下の手順で行う。
１）語の各称は、普通よりややゆっくり目で、口頭で伝える。
２）各語について図式をカバーして、図式なしの条件でまず音節分解を行わせる。
３）それで誤った場合には、図式のカバーを開き、図式ありの条件でまず音節分解を行わせる。
４）音節分解が正しくできた場合には、積み木を図版においたまま、その語を書取用紙（またはノート）に書かせる。
５）分解の際、発音が誤っている場合、積み木を利用し、発音、分解の指導を行い、書字に入る。
６）表記で誤った字を書いた時、積み木で、該当の音を抽出させて修正させる。

（注意）
絵の指示・語彙指示……絵の指さしができない場合、多くの場合、語彙的欠陥によると思うので、「わからない」「誤反応」の場合、Ｎ，Ｘの記録をつけた上で、適当な語彙指導を行ってよいし、また望ましい。</td></tr>
</table>

W ステップ３　多音節語の読み・音節分解・書きの練習

目的	ステップ２の教材を使って、語の読みの練習を行うと共に、４～７音節語について、正しく読み、書きできるよう、読み・音節分解・書きの練習を行う。
材料	①ステップ２用図版（「音節分解・抽出図版、７０基本音節語（Ｗ２））、②絵図３枚、 ②ステップ３用図版（「音節分解・抽出図版、多音節語（Ｗ３））、 ③ステップ３用、語の読み練習のための単語カード（②に含まれる以下の語について、②の図版のファイルの絵の裏側に、その絵が示す語をひらがなで印字する） ④書取用紙、⑤積み木７個
課題及び材料	(1)くれよん、(2)さつまいも、(3)えんぴつ、(4)はぶらし、(5)さくらんぼ、(6)のこぎり、(7)ふらいぱん、(8)ぶらんこ、(9)ぴすとる、(10)あいろん、(11)そろばん、(12)かぶとむし、(13)はいざら、(14)ばいおりん、(15)でんきかみそり、(16)でんきすたんど 計　１６語

本ステップの訓練の流れ図

未読字、誤字の取り立て指導

↓

１．ステップ１の語の読みの復習

↓（拾い読みの子は２回行う）

２．多音節語の音読、その用途の指摘

↓（１回目）

同上

↓（２回目）

３．　音節分解

↓

４．　書字練習

↓

次のステップへ

手　続　き

１．未読字、誤字の取り立て指導……この段階で、まだ未読字、誤字があれば、ステップ１、２の場合と同じく事前に取り立て指導を行う。

ステップ２の読みの復習……ステップ２の単語について、音読、絵の指示の練習を行う。特に、拾い読みの段階にある子については、この練習を２回行う。手続きはステップ２の通り。

２．多音節語の音読、その用途の指導

１）ステップ３用図版の文字単語「くれよん」を提示して、「先生は、これから、いろいろなコトバを見せますから、大きな声を出して読んで下さい。そして、それは何に使うものか何するものなのかを言って下さい。」という指示を与え、次々に読ませ、用途を

正答の範囲は常識の範囲

正答例　くれよん、えんぴつ…………書くもの

さつまいも、さくらんぼ……たべるもの　おやつ

ぶらんこ…………………………遊ぶもの

２）「わからない」または誤反応の場合

記録した上、裏面の絵を見せて、正答を教える。

３）１６問終了後、もう一度、はじめからやり返す。

３．４．音節分解、書字練習

手続きは、ステップ２の場合と同じ。分解が誤った時に図式を用いる。

問題は１４から１の順序で、最後に１６、１５を行う。

W　ステップ4　促音のモデル構成の学習（1）

目的　促音のモデル構成と促音のつまる音、休止拍の位置を学習させる練習を行い、促音を含む語の音節構造の自覚を形成する。

材料
①促音を含む語のモデル構成用図版（促音のモデル構成　1（W４－６）、促音のモデル構成　2）
②促音導入・練習用図版（マチーマッチ、ネコーネッコ）
③立方体積み木（または正方形のプレート）７個、三角柱（または小三角形のプレート）２個
④記録表、

課題及び材料
1.　促音導入・練習用課題　i)マチ，ii)マッチ、iii)ネコ，iV）ネッコ
2.　訓練及びテスト用課題、
　促音のモデル構成　1（W４－６）（促音を含む語　１３語、直短音のみの語　７語　計２０語）
(1)カッパ、(2)虎、(3)ポット、(4)せみ、(5)マット、(6)コック、(7)ロボット、(8)トンボ、
(9)ニッポン、(10)海水浴、(11)スピッツ、(12)ホッペタ、(13)ラッカサン、(14)七夕、
(15)ピクニック、(16)ネックレス、(17)カマキリ、(18)ピラミット、(19)ボクシング、(20)
カケッコゴッコ
　促音のモデル構成　2（促音を含む語　１５語、直短音のみの語　５語　計２０語）
(1)楽器、(2)切符、(3)ネコ、(4)国旗、(5)マッチ、(6)カセット (7)ピッケル、(8)きつね
(9)モルモット、(10)ブルドッグ、(11)新幹線、(12)ハンモック、(13)パイナップル、(14)鉛筆
(15)肋骨、(16) つくし、(17)ハンドバック、 (18)オリンピック、(19)マジックインク、(20)スケッチブック

本ステップの訓練の流れ図

前テスト
↓
前テスト（促音）
↓
1．促音の導入
↓
2．モデル構成の訓練
　1モデル構成
　2つまる音の有無
　3つまる位置
　4その音
　5どこで休むの
↓
3．図式なしのモデル構成（学習テスト）
↓
次のステップへ

手　続　き

1．促音の導入：
　1）「日本語のコトバには、つまる音があります。今日は、そのつまる音について勉強します」という導入用の教示を与える。
　2）　そして、ネコとネッコの絵図版を示し、訓練者は、絵の下の図式に、／ネコ／、／ネッコ／と発音しながら、該当する積み木（またはプレート）を入れて、モデルを作る行為の見本を示す。その際、つまる箇所では声をつめ、三角の休止拍の所に黙って三角形の積み木（プレート）を置く。
　3）　見本を２－３回示した後、子どもに、その行為を模倣させる。子どもが正しく模倣しない時は、できるまで見本を示す。
　4）　子どもが、正しく模倣できたら、「『ネコ』と『ネッコ』は、音が同じかな？　それとも違うかな？」と尋ねる。『同じ』と答えたら、子どもに再度、語を発音させ、モデルを作らせる。
　5）　『違う』と答えられたら、「そうだね、同じでないね。『ネッコ』というコトバは、（／ネ／に対応した積み木を指さして）この／ネ／の所で、／ネ／という音を出したら、のどに力を入れて、息（音））を止めて、次の三角の所で、音を出さずに休んで、次に、／コ／と言うのだよね。／ネコ／の方は、のどに力を入れたり、休んだする所がないね。このように、のどに力を入れて、息（音））を止めて音を出し、次に休むような音を、息（音）をつまらせて出すので、『つまる音』と言います。」
　6）　「『ネッコ』ともう一度、言ってみて。」と言い、子どもに何回か、『ネッコ』を発音させる。そして、発音と休止に対応させて、図式に積み木を入れさせ、△の前で、／ネ／と言って、息（音））を止めて音で、次の△の所で、休むことを確認する。
　7）　上の手続きの指導を、街、マッチの絵と図式を用いて、／マチ／、／マッチ／の語について行う。
　8）　上の２対の語で、発音とモデル構成の方法の指導が終えたら、「このように、△は、音を止めて休むマークだから、のどに力を入れて、息（音））を止めて音を出したら、次にこの△の所に三角積み木（または三角のプレート）を置いて下さい。」と教える。

2．モデル構成の訓練
　1）　カッパの図版でカバーを開いてその図式を見せ、「これは、カッパだね。いまやったようにこの積み木を使って、カッパをいうコトバを作ってね」という指示を与える。黙って作った場合「”カッパ”といいながら作ってね」と言い、発話させながら作らせる。
　2）つまる音の有無等：子どもが発話しながら、モデルを作ったら、積み木のモデルをそのままにして、
　　「つまる音はある？」
　　「どこでつまるの？」
　　「何という音でつまるの？」
　　「どこで休むの？」
と次々に質問する。もし、子どもが誤った場合、もう一度、発語させながらモデルを作らせてから、質問を繰り返す。どうしてもわからない時は数える。（この場合、記録表にTマークを記入せよ）
　3）　上と同じ手続きで、２０語について指導、訓練を行う
3．図式なしのモデル構成テスト（学習テスト）
　上記の作業を２０問終了後、「では、絵の下の図を見ないでやるよ」と言い、図式を厚紙でカバーされた条件で、語を声を出して発語させながら、積み木でモデルを構成させる。語の名称が、わからない場合には、それを教えてもよい。モデルができたら、カバーを開き、答え合わせする。誤った時、その誤反応を記録し、カバーを開き、図式に基づいて、モデルを作らせる。同じ手続きで２０語について行うなう。

W　ステップ5　促音のモデル構成の学習（2）

目的	略式図式に基づいて、訓練者と子どもが、問答を行いながら、促音を含む語のモデル構成を学習する。
材料	W　ステップ4 と同じ材料。 加えて、略式図式６枚　（・・，・・・，・・・・，・・・・・，・・・・・・，・・・・・・・）
課題及び材料	W　ステップ4 と同じ

本ステップの訓練の流れ図	手　続　き

本ステップの訓練の流れ図

ステップ4

↓

1.　略式図式による
モデルの構成

↓

2．図式なしのモデル構成（学習テスト）

↓

次のステップへ

手続き

1．　略式図式によるモデルの構成

積み木（立方体、三角柱）は訓練者の手元に置き、児童が勝手にとれない位置に置く。

1）まず、導入用の「ネコ」「ネッコ」の図版と語を用いて、学習の方法を教える。

2）その語のモデル構成に必要な積み木の数が点で描かれた略式図式（ネコの場合・・、ネッコの場合・・・）を（その都度）図版の絵の下のカバーの上に置き、次の教示を与える。

「前と同じように、この積み木を使ってコトバを作ってもらいますよ。だけど今度は、絵の下には点しかありせん。先生がいろいろと尋ねますから、それに答えながら、積み木で、そのことばを作って下さい。」

3）「ネッコ」の場合

（1）「はじめの音は何という音？ 」　（／ネ／。）

（2）「それではどんな積み木がいる？」（四角の積み木）

（3）「そうだねでは、はい、これでどうぞ 」（子どもに四角の積み木を渡し、図式の左端におかせる）

（4）「では、次はどんな音？」（休む）

（5）「では、どんな積み木がいるの？」（三角の積み木）

（6）「そうだね、これをどうぞ」（三角の積み木を子どもに渡して、四角の積み木の右に置かせる）

（こんなやり方で、積み木モデルを作らせる。そしてその後）

（7）「どこで音がつまりますか？」

（8）「どこで休むの？」

（注意）1　／カッパ／の／ッ／の所で、音を尋ねたら、／ツ／と答えた場合、「そうかな、／ツ／と言うのかな」と聞き、どうしてもわからない場合、／休む／ことを教える（Tマーク）

1）次に、訓練用２０語に移り、上の手続きで、その２０語について、モデルを作る練習を行う。

2．図式なしのモデル構成（学習テスト）

２０問終了語、モデル図式なしで、同じ２０語についてモデル構成のテストを行う。

W　ステップ６　　促音のモデル構成の学習（３）と表記の学習

目的	モデル図式なしで、促音を含む語のモデル構成の練習を行うと共に、促音の表記の練習を行う。
材料	W　ステップ５ と同じ材料、加えて書取用紙
課題及び材料	W　ステップ５ と同じ。

本ステップの訓練の流れ図	手　続　き

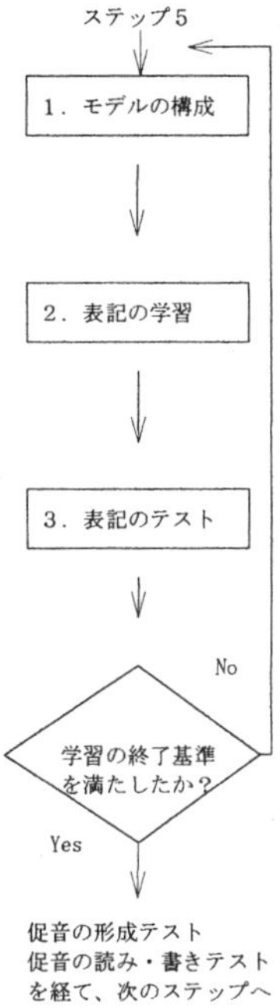

1．モデルの構成
1）モデル図式をカバーした条件で、該当する語の絵図版を示し、「今度は、絵の下に何も手本が描かれていないけれど、よく考えて、このコトバのモデルを、積み木（プレート）で作ってね。」という教示を与え、自分で作らせる。
2）できた場合、褒めて、次の問題をやらせる。
3）間違った場合、ステップ５の略式図式の方法で、指導しながら作らせる。
4）そのようにして２０問を行う。

2　表記の学習
1）モデル構成２０問終了後、再度最初の問題「カッパ」に戻り、表記の学習と練習を行う。
2）まず、図式なしの条件で、再度自力でその語（「カッパ」）のモデルを構成させる。
3）そして、次に、そのモデルを見ながら、その積み木（プレート）に対応させて、書取用紙（ノート）に、その語をひらがなで書かせる。その際、△の休みのマークの所は、小さな「っ」を入れて表すことを教える。
4）正しく書けば、次の問題に進む。
5）間違った場合、モデルと対応させて、どこが間違っているのかを気づかせて、再度書かせる。再度誤った場合には、正しく書けるまで、試行を繰り返す。

3．表記のテスト
1）上記の２の練習が全部終了後、改めて、全２０問について、表記のテストを行う。
2）この場合、（モデル図式をカバーした）語の絵だけを見せ、モデルは作らせずに、書取用紙（ノート）に、その語を書かせる。
3）正しくできた場合、記録表と子どもが書いた字に○をつけて、褒め、次に進む。
4）誤った場合、モデル図式を開き、見せて、直させる。
5）このようにして２０問を行う。

促音の学習の終了判断基準
（a）１のモデルの構成（自力）課題で全２０問正反応。
（b）上の３の表記のテストで、全２０問正反応。

上の基準を満たした時、促音の表記の規則は学習されたと考え、その学習を終了し、促音の形成テスト（評価のための後テスト）、長音のテスト（前テスト）を行い、次のステップに移る。上の基準を満たさない場合には、再度、このステップ（あるいはステップ５）の訓練を反復する。

W　ステップ7　母音の学習と長音の産出

目的

日本語の母音，母音の性質について学習すると共に，長音の産出の仕方及び子音を含む長音節の母音成分を抽出することを学習させる。

材料

①　カード1，　②　カード2，　③　指導手引き，　④　記録票　（以下，どのステップも，指導手引き，記録票を用いるが，この項での記入は略す）

課題及び教材

カード1

「あ」「い」「う」「え」「お」のおとは，にほんのことばのなかで，いちばんたいせつなおとです。
このおとを「ぼいん」といいます。
ながくのばしても，おとはかわりません。

カード2

「か」「き」「く」「け」「こ」やほかのおとにも，ぼいんがはいっています。だから，「か」「き」「く」「け」「こ」のおとは，ながくのばすとおとがかわります。
か→あ，き→い，く→う，け→え，こ→お

2－(4)の練習課題　（15問）
カ，キ，ク，ケ，コ，
サ，ソ，ネ，ヨ，テ，
チ，タ，ミ，ノ，ニ

本ステップ訓練の流れ図

前テスト
↓
1. 母音についての学習
↓
2. 子音を含む長音節の産出と母音成分の抽出
↓
ステップ8へ

手続き

1.　母音についての学習

(1)　「これから，しばらく，先生といっしょに，日本語の音について勉強しますよ」というう導入インストラクションを与える。

(2)　「はじめに，母音について勉強しますよ」と言って，カード1を読ませる。

(3)　訓練者（以下，Tと略す）も，ゆっくり読む。

(4)　／ア／，／イ／，／ウ／，／エ／，／オ／の音をTがゆっくり発声して演示。次いで，次の質問を与える（カード1を提示したまゝ）。
Q1　「このような音を何というの？」　（母音）
Q2　「母音はみんなでいくつある？」　（5つ）
Q3　「母音をみんな言ってごらん。」　（／ア／，／イ／，／ウ／，／エ／，／オ／）
質問に対して，第一試行で答えられない時は，再度カード1を読ませる。

(5)　T「この音は，長くのばしても変わりませんよ。先生がやってみるからよく聴いて下さい」（／アー／を演示）。
そして，次の質問を与える。
Q4　「音がかわった？」　（かわらない）
Q5　「ずっと，どんな音だった」　（／ア／）

(6)　以下，／ア／～／オ／について子どもに音をのばさせる（「／イ／を長くのばしてごらん」）。そして，上のQ4，Q5を与える。

2.　子音を含む長音節の産出と母音成分の抽出

(1)　「このように，／ア／，／イ／……／オ／の音は，いくら長くのばしても，音は変りませんね。では他の音は，長くのばしたら，どうなるだろうか。いっしょに調べてみよう」という教示を与え，「さあ，／カ／を長くのばしてみよう」と言って，Tは／カー／を演示。そして，次の質問を与える。
Q6　「何という音に変わった？」　（／ア／）
Q7　「なんで，／ア／，（／イ／，／ウ／etc）になったの？（「／カ／という音に／ア／という母音が入っているから）（わからない時は，教える）

(2)　以下，キ，ク，ケ，コについて，(1)と同じことを行う。

(3)　カード2を読ませる。ついて，Tもゆっくり読む。

(4)　練習：「では，他の音について，長くのばすと，どんな母音になるか調べてみよう」と子音を含む15音節について，子どもに長く伸ばさせ，そのつど，Q6，Q7の質問を与える。

W　ステップ８　モデル図式を基礎にした長音のモデル構成

目的

絵単語の下に語の音節構造のモデル図式が描かれてある図版を用いて，長音を含む語のモデル構成（置換），長音に含まれる母音の抽出（段の指摘）の練習を行う。

材料

①長音を含む語のモデル構成用図版　長音モデル構成　１（Ｗ８－Ｗ９）、②長音導入用図版
③積み木（立方体６個，直方体４個）または、プレート（正方形６、長方形４）　④カード　３

課題及び材料

1. カード　３

カード３	
おと	だん
あ	あ　だん
い	い　だん
う	う　だん
え	え　だん
お	お　だん

2. 練習，訓練用図版
（例　オバーサン）

（テストの時は下の図式はカバーされる）

3. 導入用課題
ⅰ）ビル，ⅱ）ビール，ⅲ）コモリ，ⅳ）コーモリ

4. 訓練及びテスト用単語（各段４，計２０語）

1）カーテン	2）オバーサン	3）ライター
4）オカーサン	5）ビール	6）オジーサン
7）チーズ	8）オニーサン	9）タイフー
10）ユービンヤ	11）スージ	12）フーリン
13）ケーバ	14）センセー	15）エーガ
16）エーゴ	17）タイソー	18）オーム
	19）タイヨー	20）ホーキ

本ステップ訓練の流れ図

ステップ　７
↓
１　導　入
↓　２練習　（２０語　モデル図式あり）
(1) モデル図式にもとずく　モデルの構成
↓
(2) 長音の抽出
↓
(3) 長音中の母音の抽出
↓
3. モデル構成テスト　２０語（モデル図式なし）
↓
ステップ９へ

手続き

1. 導　入

(1)「日本語には，長い音と短い音があります。これから長い音について勉強しますよ」と導入インストを与え，

(2)「ビル」「ビール」の図版を示し，それぞれコトバを言わせて，積木でその語のモデルを作らせる。そして『「ビル」と「ビール」は，よく似ているけれど，どこがちがう？』とたずねる。「そう／ビル／の／ビ／は短いけど，「ビール」の／ビー／は長いね」

(3)「このように，短い音は，この四角の積木で，長い音は長い積木で表わしますよ」と言い積木の約束を教える。

(4)「では，この／ビール／の／ビー／は，長くのばすと，どんな音になると思う？」(／イ／)〔わからない場合，自分でやらせる〕

(5)「そう，このように長くのばして／イ／になる長い音は，「／イ／段の長い音」と言います。

(6) では，コモリ，コーモリでは，どうか？（以下(2)～(5)の手続きをくり返す）

2. 練習「では，いろいろなコトバで，勉強しましょう」と言いながら，訓練課題の

(1) カーテンの図版をみせ，次の順序で学習を行う。

(1) モデル図式にもとずくモデルの構成（置換）(「カーテンですね，では下の図をみてコトバを言いながら積木で，コトバをつくって下さい」)

(2) 長音の抽出（「長い音は何という音だった？」）

(3) 母音の抽出（「長くのばすと何という音になるの？」「その音は何の段の長い音？」

以下１～２０番まで，上の順序で行う。誤った場合は再試行を求める。

3. テスト（モデル図式無しの構成テスト）

Ｔ「今度は，下の図はこのようにかくしてしまいますから，それをみないで，自分で考えてまたつくって下さい」（構成後，答え合せをする。誤った場合，モデル図式をみせ，正しいものをつくらせる）

W　ステップ9　略式図式を基礎にした長音のモデル構成

目的

点だけで表わされた略式図式を用い，訓練者と子どもが言語レベルの問答を行いながら，長音節の抽出とその音節を含む語のモデル構成の学習を行ない，このモデル構成行為の外言への移行と内面化を促す。

材料

①略式図式（音節の数だけ黒点が描かれている図式，２音節，３音節，４音節用，各一枚）
②長音の訓練図版（Step８と同じ）　　③積木（立方体６コ，直方体４コ）

課題及び教材

1. 略式図式の図版

（例，オバーサン）

2. 訓練用課題（２０語）

Step8と同じ。

本ステップ訓練の流れ図	手　　続　　き
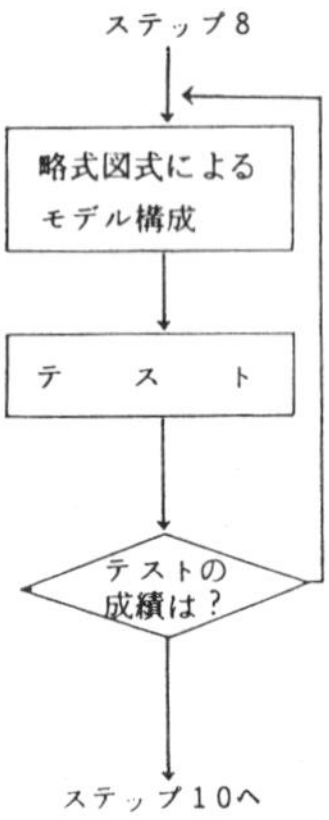	1. 略式図式にもとずく，モデルの構成 積木を被験者の前ではなく，訓練者の方の子どもの手の届かないところにおき，図版のカバーの上に，当該の語の音節数だけ点を描いた略式図式（「カーテン」の場合，３音節で・・・）を置き「前と同じように，この積木をつかって，コトバをつくってもらいますよ。だけど，今度は点しか書いてなく，積木は先生がもっていますよ。ではやってみよう」という教示を与え，訓練者は（例えば，「カーテン」の図版の）左端の点に指を当て，次のようにたずねていく。 (1)「このはじめの音は何という音？」……答（／カ／） (2)「それは，どんな音？長い音？それとも短い音？」（短い音） (3)「では，どんな積木が欲しい？短い積木（四角），それとも長い積木？」（短い積木，四角） (4)「では，これをどうぞ。」（求められた積木が正しければ，それを渡し図式の左端におかせる） このようなやり方で，第２，３番目の音節についても同じような分析と言語化をやらせ，モデルをつくらせる。 (5) 上の(1)，(2)，(3)で，子どもが誤った場合，即座に「そうよく考えてごらん」と言ってもう一度考えさせ，正しい反応が出てから，積木をわたす。 (6) 以上，この手続きで２０語について練習を行う。 2. テスト（モデル図式なしの構成テスト） ステップ８の場合のテストと同じ。

W　ステップ１０　　指の助けを借りた長音を含む語のモデル探し

目的

訓練者との対話（外言）の中で、語の音節構成を分析し、さらに指を用いた語の分析を行わせ、語のモデルに対応したモデルパターンを選択させる作業を通して、分析行為の言語化と内面化を促すことを目的とする。

材料

A　本書第１部で報告した指導で用いたプログラムの場合
1）ステップ１０用図版、２）積み木（長い積み木と短い積み木）、３）モデルのパターン図（９種）
B　本書付録の「長音を含む語のモデル構成図版　長音モデル構成 ２」 を用いて指導を行う場合
1）図版：長音モデル構成　２、　２）積み木（立方体５個、直方体３個）、モデルのパターン図

課題及び材料

A　本書第１部で報告した指導で用いたプログラムの場合
1）課題：以下の２０語
1)キリン、2)プール、3)ブドー、4)お弁当、5)信号、6)工場、7)スプーン、8)ボート、9)レコード、10)こうもり、11)自動車、12)栗鼠、13)ピーマン、14)馬、15)燈台、16)西瓜、17)草履、18)ギター、19)バス、20)モノレール。
2）モデルのパターン図（９種）：以下のパターンがカードに描かれているもの。
1)□□、2)▭□、3)□▭、4)▭□□、5)□▭□、6)□□▭、7)□□□
8)□□□▭、9)□□▭□
B　本書付録の「長音を含む語のモデル構成図版　長音モデル構成 ２」 を用いて指導を行う場合
1）課題：以下の２０語
1)ラーメン、2)オートバイ、3)水泳、4)おのぎり、5)風船、6)スープ、7)セロテープ、8)鉛筆、9)おおかみ
10)時計、11)ヘリコプター、12)洗い熊、13)扇風機、14)チンパンジー、15)パトカー、16)フライパン、
17)剣道、18)そんごくう、19)ぶらんこ、20)シーソー
2）モデルのパターン図（11種）：以下のパターンがカードに描かれているもの。
1))□▭、2)▭□、3)▭▭　4)▭□□、5)□□▭、6)□□□□,7)□□□▭
8)▭□□□,9)□□▭□,10)□□□□□，11)□□□□▭

本ステップの訓練の流れ図	手　続　き

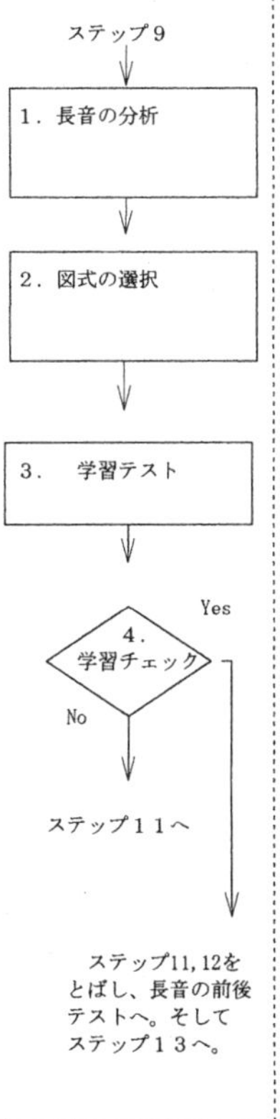

A　本書第１部で報告した指導で用いたプログラムの場合

１．子どもの前の机の上に、９枚のモデル図を、ランダムな配列で並べる。そして、課題の絵図版（図式はカバーする）を示し、その語を子どもに言わせる（子どもがわからない時には、こちらから、その語を教える。その場合、その語をわからせてから）。「そう、・・・だね。」と確認する。
そして、次の質問を、次々に与え、答えさせる。
（a）「長い音がある？」
（b）「長い音は、どんな音？」
（c）「何の段？」
（d）「長い音は、はじめから何番目にあるの？」

２．　そして、その語について（a）～（d）の質問が終えたら、次の質問をして、 指を使って、分析しながら、該当する モデルのカードを探させる。
（e）「では、このコトバを、もし積み木（プレート）で作ったら、このうちどれになるかな？　そのコトバを言いながら、指で長い音の所を調べて、そのコトバに最もよく合うカードを選んでごらん」という教示を与え、指を用いて、机の上で、例えば、「プール」の場合、指を、ー・ のように動かし分析することを指導する。
(1)　正しく選んだら、図版のカバーを開き、答え合わせを行い、「そうだね。よくできたね。」と褒め、次の問題に移る。
(2)　誤ったら、「そうかな、そうじゃないと思うよ。もう一度やってごらん。」と言い、第２試行目をやらせる。
(3)　それでも、誤ったら、図版のカバーを開き、「このコトバは・・番目の音が長いから、これになるでしょう」等そうなる理由を説明して、正しいカードを選ばせる。

このようにして２０問の問題を行わせる。

３．学習テスト：２０問終了後、図版の図式のカバーをした条件で、その２０語についてモデルを構成させる。個々の語毎に、モデル構成後、カバーを開き、答え合わせを行い、誤った場合には直させる。

４．学習チェック：このステップ終了後、ステップ９、１０のモデル構成テストの正反応数を調べる。共に１８／２０以上ならば、ステップ１１、１２をとばし、長音前後テストに移る。

B　本書付録の「長音を含む語のモデル構成図版　長音モデル構成 ２」 を用いて指導を行う場合、基本的に、Aの場合と同じ手続きによる。ただし、モデルパターンは、１１種あるので、あらかじめ、１１枚のパターン図を、配列してから指導を始めること。

W　ステップ１１　　言語レベルの分析とモデル構成

目的	語を口頭で提示し、子どもの分析行為の水準に応じて分析させ、長音を含む語のモデルを構成させる。併せて、子どもの反応の水準の記録を正確にとり、子どもの分析行為の水準を分析する。
材料	１　図版（ステップ８と同じ）、　２　積み木（プレート）：長４、短３、　３　記録表
課題及び材料	ステップ８と同じ課題。

本ステップの訓練の流れ図	手　　続　　き

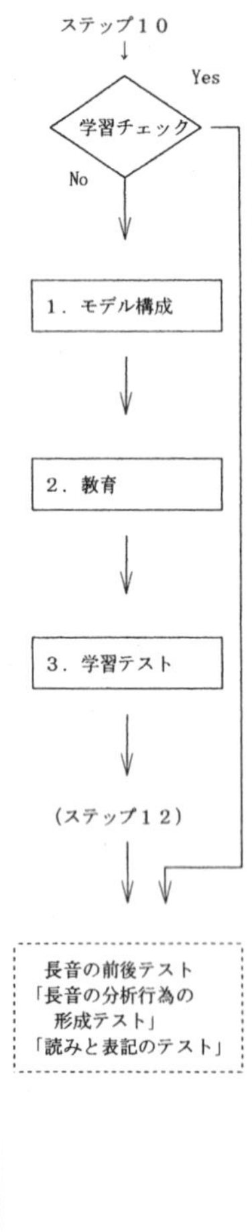

１．モデル構成：口頭による語の提示と言語レベルの分析によるモデル構成

１）図版は用いず、長い積み木（プレート）３個、短い積み木（プレート）４個だけをを子どもの前に置き、次の教示を与える。

「先生がこれから、コトバを言いますから、よく聞いて下さい。そして、そのコトバを、積み木を使って、この長い積み木（プレート）と短い積み木（プレート）を使って作って下さい。長い積み木（プレート）は長い音を、短い積み木（プレート）は短い音を表すのでしたね。では、始めますよ。」

２）そして、最初の問題、「カーテン」を、通常の場合よりも、ややゆっくり目に、長い音は長く伸ばして発音し、語を口頭で提示する。そして、「では、作ってみてね。」と言い、作成を促す。

３）そして、子どもがモデルを作る際に行う分析の仕方を、子どもの指の動き、発生の有無、唇の動きに注意して観察し、以下の基準に応じて、その分析の仕方を、記録表に記入する。

（反応記録例　○ＡＦ：モデルを正しく作り、分析はＡＦの水準。
　　　　　　　○Ｓ　：モデルを正しく作り、分析はＳの水準。
　　※ＡＦ、□▭□：分析はＡＦの水準であるが、誤って□▭□のモデル を作った。

モデル構成の際の分析の水準

ＡＦ：　対象的行為の水準（Aloud　with　Fingeres）
　声を出して語を言いながら（あるいは、声を出さない場合でも）
　１　積み木をあれこれ、操作して（動かして）、語のモデルを構成した場合
　２　モデルを構成してから、作りなおした場合
　３　一度モデルを作ってから、指を、積み木に対応させて当てながら、その音節音を発語するか、あるいはつぶやくかして分析し、再確認する場合。

ＡＬ：外言の水準（Aloud）
　１　モデルを作る前に、声を出して分析し、それからモデルを作った場合。
　２　声を出しながら、それに対応して、モデルを作成した場合
　　（声を出しながら、それに対応してストレートにモデルを作る場合がこれに該当し、声を出しながら、積み木をあれこれ入れ替えたり、作り直すのはＡＦに入る）

Ｌ：つぶやきの水準
　１　声を出さないが、唇を、あたかも語を発語しているかのように動かし、分析し、それからモデルを作る場合
　２　声を出さないが、唇を、あたかも語を発語しているかのように動かしながら、モデルを作る場合
　３　モデルを構成している時に、１音節程度、語中の音節を発語している化のようにつぶやく。（ただし、唇がわずかにぴくっと動く程度は、次のＳに入れる）

Ｓ：内言の水準：サイレント
　１　語を聴いただけで、黙って、唇も殆ど動かさずに、モデルを作る。

４）誤って、モデルを構成した時には、第２試行を求める。分析・記録は、３と同じ。

２．教育

それでも、正しいモデルができない場合には。次の手順で教育を行う（例：カーテン）。

１）「『カーテン』のはじめの音は、何という音？」	（子ども（Ｃ）：「カー」）
２）「それは長い音？　短い音？」	（Ｃ：「長い音」）
３）「それでは、どんな積み木を置くの？」	（Ｃ：「長い積み木」）
４）「それをおいてごらん」	（Ｃ：長い積み木を置く）
５）「次の音は何という音？」	（Ｃ：「テ」）

・
・

３．学習テスト（積み木（プレート）によるモデル構成テスト）

全２０語についての上記の学習後、図版のモデル図式をカバーした条件で、２０語について再度モデルを構成させる。１問毎にカバーを開き、答え合わせを行い、間違えた場合には、その場で直させる。第１試行目でできた正答数を数える。

W　ステップ１２　　言語レベルの分析とモデルの選択

目的　口頭で語を提示し、言語（内言）レベルで分析させ、そのモデルを選択させ、内言レベルの分析行為を形成する（内面化を促す）ことを目的とする。

材料　ステップ１０と同じ。

課題及び材料

A　本書第１部で報告した指導で用いたプログラムの場合

１）課題：以下の２０語

1)キリン、2)プール、3)ブドー、4)お弁当、5)信号、6)工場、7)スプーン、8)ボート、9)レコード、10)こうもり、11)自動車、12)栗鼠、13)ピーマン、14)馬、15)燈台、16)西瓜、17)草履、18)ギター、19)バス、20)モノレール。

２）モデルのパターン図（９種）：以下のパターンがカードに描かれているもの。

1)□□、2)▭□、3)□▭、4)▭□□、5)□▭□、6)□□▭、7)□□□

8)□□□▭、9)□□▭□

B　本書付録の「長音を含む語のモデル構成図版　長音モデル構成 2」を用いて指導を行う場合

１）課題：以下の２０語

1)ラーメン、2)オートバイ、3)水泳、4)おのぎり、5)風船、6)スープ、7)セロテープ、8)鉛筆、9)おおかみ、10)時計、11)ヘリコプター、12)洗い熊、13)扇風機、14)チンパンジー、15)パトカー、16)フライパン、17)剣道、18)そんごくう、19)ぶらんこ、20)シーソー

３）モデルのパターン図（11種）：以下のパターンがカードに描かれているもの。

1))□▭、2)▭□、3)▭▭　4)▭□□、5)□□▭、6)□□□□,7)□□□▭

8)▭□□□,9)□□▭□,10)□□□□□，11)□□□□▭

本ステップの訓練の流れ図

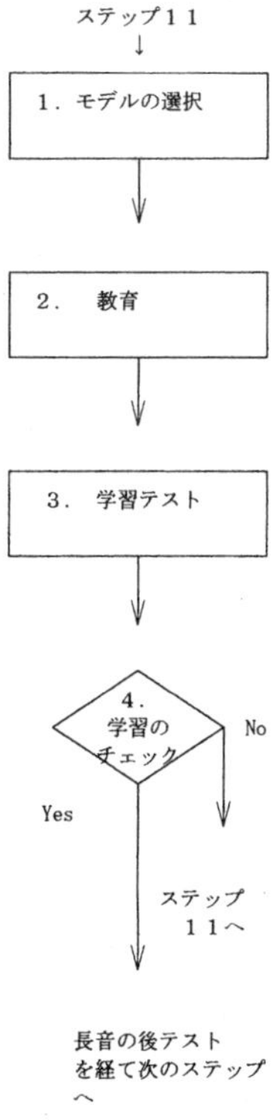

手続き

１．モデルの選択

（１）のモデルが描かれたカード（上のAの場合９種、Bの場合は１１種）を、子どもの前にランダムに並べ、次の教示を与える。
「先生がこれからコトバを言いますから、よく聴いて下さい。そして、そのコトバを積み木で作ったら、どれになるのかよく考えて下さい。そして、そのカードを指さして、教えて下さい。」

（２）そして、普通よりややゆっくり目に、長音を伸ばして正しく発音して、語を口頭で提示する（例：「プール」あるいは「ラーメン」）。そして「さあ、どれかな。そのコトバのカードをさしてごらん。」

（３）正しいカードを選んだ場合には、褒めてあげ、次の問題に移る。

（４）誤った場合には、「そうかな。それではないと思うよ。よく考えてごらん。」と言い、第２試行目を行わせる。

２．教育

（５）第２試行目も、誤った場合、ステップ１１の教育の場合と同じ手続きで、取り立てた教育を行う。

３．学習テスト

全２０問終了後、モデル図式をカバーした条件で、再度これら２０語について、モデルを構成させる。手続きは、ステップ８、９、１０、１１の場合と同じ。

４．学習のチェック

学習テストで、第１試行目での正反応数を調べ、それが、２０問中１９、２０正答であればこの長音のモデル構成の学習は完了したとみなし、長音の後テストに移る。ただし、正答数が１８問あるいはそれ以下の場合には、ステップ１１に戻り、訓練を反復する。

W　ステップ１３　字と音の識別の学習

目的	長音の表記の学習に移る前に、字と音の違い、区別について学習することを目的とする。
材料	1　「う」「こ」「し」「す」「た」「あ」「こ」「く」「お」「つ」「い」を表すひらがな文字のプレート、あるいは文字積み木。
課題及び材料	1　この字は何を表しているの？（５問）「う」「こ」「し」「す」「た」 2 (1) これは字かな、音かな？（１５問）1)「あ」、2)／カ／、3)／ア／、4)「こ」、5)／コ／、6)「た」、7)「く」8)／エ／、9)／オ／、10)「お」、11)／マ／、12)「し」、13)「い」、14)／ガ／、15)／ソ／ （「」は字、／ ／は音を表す） (2) 質問１　「字と音はどこが違うかな？」 ２　（／ア／の音を提示して）「この音は見えましたか？」「この音は聞こえましたか？」 ３　（文字「あ」を提示して）「この音は見えましたか？」「この音は聞こえましたか？」 ４　「字と音は同じものかな？」 ５　「字と音はどこが違うかな？」 3 (1)「この字は、何という音を表しているの？」１０問　「あ」「か」「の」「た」「こ」「そ」「つ」「お」「い」 (2)「その音を表している文字は？」１０問 ／タ／、／ア／、／ノ／、／ツ／、／ソ／、　／コ／、／キ／、／ク／、／イ／、／オ／

本ステップの訓練の流れ図	手　続　き
↓ 長音の後テスト ↓ １．この字は何を表しているの？ ↓ ２．これは字かな、音かな？ ↓ 字と音とどこが違うかな？ ↓ ３．（１）この字は何という音を表しているの？ ↓ ３．（２）その音を表している文字は？ ↓ ステップ１４へ	１．この字は何を表しているの？（５問） 「う」「こ」「し」「す」「た」を表している文字プレートを示し、「この字は何を表しているの？」と尋ねる。「う」の字の場合「／ウ／という音を表している。」という答が得られれば正答である。３試行まで尋ね、それでもわからない場合には、正答を教える。 ２．（１）これは字かな、音かな？（１５問）（「」は字、／ ／は音を表す） 1)「あ」、2)／カ／、3)／ア／、4)「こ」、5)／コ／、6)「た」、7)「く」、8)／エ／、9)／オ／、10)「お」、11)／マ／、12)「し」、13)「い」、14)／ガ／、15)／ソ／ 上記の１５の問題を、文字は、文字プレート、声は、訓練者が口頭で発音して提示して、「これは、字かな、音かな？」と尋ねる。間違えれば２試行目を行う。 （２）引き続き、以下の質問を与える。 質問１　「字と音とどこが違うかな？」 「字は見えるけれど聞こえないで、音は聞こえるけれど見えない」というのが期待されている正答であるが、子どもは、そこになかなか気がつかない。考えさせ３試行まで、答をいわせる。ここでは正答に到らなくても、それで打ち切り、次の質問に移る。 質問２　（口頭で／ア／の音を発音して提示してから） 「この音は見えましたか？」と尋ね、子どもが答えたら、「この音は聞こえましたか？」と尋ねる。 質問３　（今度は、「あ」の文字プレートを提示して） 「この音は見えましたか？」と尋ね、子どもが答えたら、「この音は聞こえましたか？」と尋ねる。 そして、子どもがこれらの質問に正しく答えたら、 質問４「字と音は同じものかな？」を尋ね、それが正しく答えられたら、再び質問５の「字と音はどこが違うかな？」という質問をする。 ２試行目までに、期待した答が得られない場合には、正しい答を教える。 ３．（１）「この字は、何という音を表しているの？」１０問 「あ」「か」「の」「た」「こ」「そ」「つ」「お」「い」の文字プレートを次々と提示して、その都度「この字は何という音を表しているの？」と尋ねる。 「『あ』という文字は／ア／という音を表している」ということをわからせることが目標であるので、そのように子どもに表現させる。 （２）「その音を表している文字は？」１０問 「あ」「か」「の」「た」「こ」「そ」「つ」「お」「い」の文字プレートを子どもの前にランダムに並べ、「これから先生が言う音を表している文字を探しなさい。」という教示を与え、／タ／、／ア／、／ノ／、／ツ／、／ソ／、／コ／、／キ／、／ク／、／イ／、／オ／の順に、音を口頭で提示して、その文字を選択させる。

W　ステップ１４　助詞「は」「を」「へ」の読み方

目的

助詞「は」「へ」の読み方に２通りがあり、どのような時に、「は」「へ」を、／ワ／、／エ／と読むのかを教えると共に ／オ／の音を表す文字に「お」と「を」の２種があり、どのような時に「を」を使うのかを教え、それらの読み方の練習を行う。

材料

1　「か」、「の」、「あ」、「こ」、「は」、「へ」の文字プレート
2　以下の語、文が書かれたカード

課題及び材料

1　この文字は何通りの読み方がある？（5問）　「か」、「の」、「あ」、「こ」、「は」、「へ」
2　語の読み（１０問）1)はな、2)はし、3)このは、4)おはぎ、5)かみそりのは、6)はさみ、7)ねこのは、8)はり、9)はまべ、10)ははおや
3　文の読み（１０問）1)かめは　およいでいる。2)いぬは　ねている。3)３じには かえります。4)あいたは　てんきです。5)いけには　さかなが　およいでいます。6)うちには　くまがいます。7)きみは　だれですか。8)ぼくは　まさおです。9)きみは　なんねんですか。10)わたしは　２ねんです。
4　語の読み（１０問）1)へちま、2)おへそ、3)へび、4)へんじ、5)へや、6)たいへん、7)はへん、8)へいわ、9)へた、10)へなへな
5　文の読み（１０問）1)あさ　まさこが　えきへ　いきました。2)なつのうみへ　いきました。3)ねこが　へやへ　はいった。4)へびが あなへ　もぐった。5)おばさんへ　てがみを　かいた。6)「こんにちは」とせんせいへあいさつした。7)おじさんへ　へんじを　ください。8)だれへ　このほんを　あげようか。9)よしこは　おんがく　くらぶへ　はいった。10)あと　すこしで　３ねんへ　すすむ。

本ステップの訓練の流れ図

前テスト
↓
1．導入
↓
2．「は」、語の読み
↓
3．「は」、文の読み
↓
4．「へ」、語の読み
↓
5．「へ」、文の読み
↓
次のステップへ

手続き

1．導入　この文字は何通りの読み方がある？
「か」、「の」、「あ」、「こ」、「は」、「へ」の６枚の文字プレートを、提示して、以下の４つの質問をする。
① この文字は　何という音を表しているのですか。
② 何と読むの。
③ 他に読み方がありますか。 *
④ では、読み方は何通りですか。 **
注意　＊「は」「へ」について、他の読み方を知らない場合には、その読み方を教えなさい。
＊＊「は」「へ」について、わからない場合、教えてもよいが、なるべく、自分で、２通りの読み方があることに気がつくように誘導して下さい。
「そうだね、普通の文字は、読み方が１通りしかないけれども、「は」と「へ」は　２通りの読み方があるよね。では、どういう時に、「は」を／ワ／と読むのか、一緒に勉強してみよう」という教示を与え、学習の導入を行う。

2．「は」、語の読み：「はな」「はし」等１０問を読ませる。
3．文の読み（１０問：1)文中の助詞の「は」に注意して文を読ませる。
2)正しく読めない場合には、指導して、正しく読ませる。
3)各文を読んだら、「どういう時に、「は」を／ワ／と読むと思う？」と尋ね、考えさせる。
4)わからない場合、1)〜6)の文について「行い手」「時間」「場所」の用語を用いて、その理由を教えなさい。
4．「へ」、語の読み：「へちま」「おへそ」等１０問を読ませる。
5．文の読み（１０問）:1)文中の助詞の「へ」に注意して文を読ませる。
2)正しく読めない場合には、指導して、正しく読ませる。
3)各文を読んだら、「どういう時に、「へ」を／エ／と読むと思う？」
4)わからない場合、1)〜8)の文については「場所」「相手」の用語を用いて、その理由を教えなさい。

W　ステップ１５　長音の表記、読み書きの学習（１）

目的

長音の表記の規則を学習し，それにもとづいて，長音の表記の練習を行う。

材料

①カード４（音の書き方）、②カード５（長い音の書き方）　③文字プレート全部
④長音を含む語のモデル構成用図版（ステップ８と同じ）　〔かきくけこ，たちつてと，
⑤積み木（立方体６個、直方体４個）　⑥書取用紙　あいうえお(りるばじぼ)他６〕

課題及び教材

1.

カード４
おとのかきかた
(1)みじかいおとは
ひとつのもじで
かきあらわします
(2)ながいおとは
ふたつのもじで
かきあらわします

2.

カード５
ながいおとのかきかた
（やくそく）

おと	もじ
「あ」だん	あ ＊
「い」だん	い
「う」だん	う
「え」だん	い
「お」だん	う

3.　長音の表記の規則の学習
(1)タ行の５音節
(2)カ行の５音節
(3)／り／，／る／，／ば／，／じ／，／ぼ／の５音節(計15音節)

4.　文字構成，書字テスト等の課題（２０語）
ステップ８で用いた練習及びテスト用単語と同じもの。

＊上のカバーを開くと下の「あ」「い」「う」「い」「う」の文字が見えるようにつくられている。

本ステップ訓練の流れ図	手　続　き
前テスト ↓ 1.長音の表記の規則の学習 ↓ 2.文字構成等の練習 ↓ 3.書字テスト ↓ ステップ１６へ	1.　長音の表記の規則の学習 (1)「今日は長い音のかき方を勉強しますよ」と伝え，カード４を読ませる。その後訓練者も一度ゆっくり読み，その意味をわからせる。 (2)　次に文字プレート「た」を子どもの前におき Tは，　　子ども 「この文字はどんな音をあらわしているの？」――→「／タ／」 「それは長い音？短い音？」――→「短い音」 「では，この長い音は？」――→「／ター／」 「そうだね，では，その長い音は，どうかくのかな　このカード（カード５）の上にのせて，調べてみよう。」 「／タ／は，何段かな」――→「ア段」 「そうだね，では「た」をここにのせてみよう。どうなった？」（「た」のプレートを「あ」だんの右横の□におき，カバーを開く）「／アー／はどうかくのかな」――→「／たあ／」 「そうだね」 (3)　以上のことを，タ行の５音，カ行の５音，り，る，ば，じ，ぼ，について行なう。 2.　長音の図版を用いた文字構成等の練習 図版（例　カーテン）を用いて，次の練習を行なう。 (1)　モデルの構成 (2)　長音の母音抽出（長い音は何段の音？） (3)　文字プレートによる語の構成 「では，この文字をつかって，／カーテン／というコトバをつくって下さい」 「この／カー／という長い音は，どうあらわすか，このカードにのせて調べてごらん」 （必らずやらせる） 3.　書字テスト ２０問について，文字プレートによる構成が終了したら，書字テストを行う。 順は，ア段，イ段，……オ段の順ではなく，ランダムに行う。

W　ステップ１６　長音の表記、読み書きの学習（２）

目的

各段の長音を語の各位置に一つもしくは二つ含む語を教材にして，長音を含む語の書き方の練習を行う。

材料

① 長音の表記練習用図版（２０枚）　② 文字プレート　③ 積木（立方体５コ・直方体３コ）
④ 書き方の練習用紙　⑤ カード５（長い音の書き方）

課題及び教材

1. 長音の表記練習用図版

（うら）　　（表）

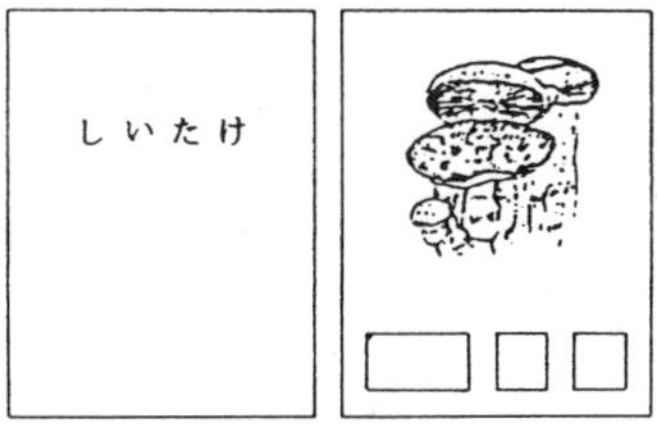

3. 表記の練習及びテスト用単語（２０語）

１）シータケ，　２）ギター，　３）トーダイ，　４）ピーマン，
５）ブドー，　６）トーフ，　７）シンゴー，　８）カレーライス，
９）トースター，　１０）コーヒー，　１１）ボート，　１２）ハーモニカ，
１３）スプーン，　１４）フートー，　１５）モノレール，１６）ハイヒール，
１７）マフラー，　１８）プール，　１９）ヘータイ，　２０）ジーパン，

あるいは　付録の図版　「長音モデル構成　２」に含まれる以下の２０語を用いる。

1)ラーメン、2)オートバイ、3)水泳、4)おのぎり、5)風船、6)スープ、7)セロテープ、8)鉛筆、9)おおかみ, 10)時計、11)ヘリコプター、12)洗い熊、13)扇風機、14)チンパンジー、15)パトカー、16)フライパン 17)剣道、18)そんごくう、19)ぶらんこ、20)シーソー

本ステップ訓練の流れ図	手　続　き
長音の表記の練習（２） ↓ (1) モデルの構成 ↓ (2) 文字プレートによる語の構成 ↓ (3) 長音の母音の抽出 ↓ (4) 書きのテスト ↓ ステップ１７へ	1. 表記の練習：図版の絵単語を提示して，次の手順で行なう。 (1) モデルの構成………図式をカバーしたまま見せずに，積木でモデルを構成させる。できたら，カバーを開き，答を合わせる。 (2) 文字プレートによる語の構成……目の前に並べた文字文字プレートを用いて、モデルを見ながら，語を構成させる。誤った場合，カード５を用いて，訂正させる。 (3) 長音の母音の抽出……「この長い音は何段？」とたずね，段を判断させる。 以上，２０語について行う。 (4) 書きテスト……全２０問終了後，もう一度，今学習した２０語について，はじめから，書きテストを行なう。長音の音節には下線をひかせる。

W　ステップ１７　拗音の産出の学習

目的

(1) 直音と対比させ，拗音の音の発声，産出の特徴，方法を学習させる。
(2) 直音，拗音の音の系列図を利用して直音から拗音をつくる方法，その関係を学習させる。

材料

① カ行，サ行，タ行の音の系列図
② 全体の直，拗音の系列図

課題及び教材

1. 音の系列図（例　カ行）

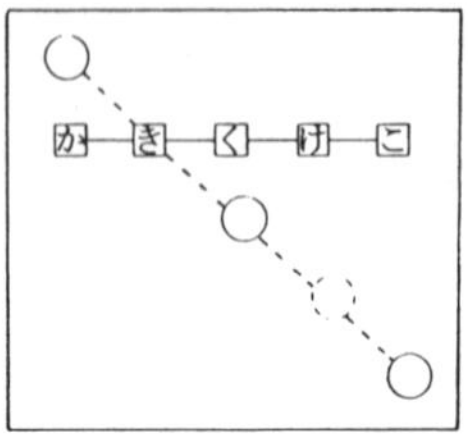

2. 全体の直，拗音の系列図
カ行，サ行，タ行，ナ行
ハ行，マ行，ヤ行，ラ行
ガ行，ザ行，ダ行，バ行
パ行の左記の系列図
全体がＢ４紙に描かれているもの

3. 拗音の産出の練習問題（10問）
キャ，キョ，キュ，シャ，ショ，シュ
（キェ），（シェ），キャ，キョ各2回

4. 直音の拗音への変換の練習
（21問）
ナ，マ，ラ，パ，ダ，モ，ポ
ソ，コ，ソ，ム，ボ，グ，ゴ
ホ，ル，ロ，ト，ノ，ヌ，ハ

本ステップ訓練の流れ図

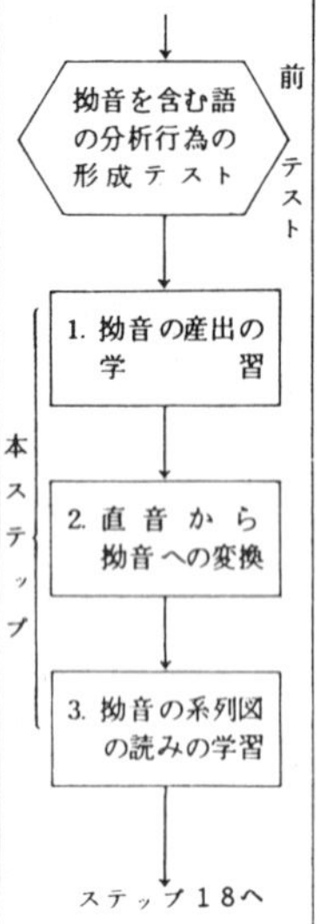

手続き

1. 拗音の産出

(1) カ行，サ行の拗音の系列図を示し，／カ，キ，ク，ケ，コ／／サ，シ，ス，セ，ソ／の音を訓練者が指をあて読んだあと，「これは，カ行，サ行の音の線路が書いてあるのだけど，この〇のところは，どんな音がくるのかわかるかな？」「先生がやってみます」
(2) 訓練者は拗音の系列を／キャ／から指さして，／キャ，キ，キュ，キェ，キョ／と／シャ，シ，シュ，シェ，ショ／と音を出し，「このような音を 拗音 ，またはまがった音と言います。」
(3) 「今日は，この拗音，まがった音のつくり方を勉強しますよ」
(4) ／キャ／のところを指さし，「では，この所は何という音だったか（／キャ／）。
では，どうしたら／キャ／という音がつくれるのだろう。この音の線路は，音のつくり方を示しているものです。
(5) この図には，／カ，キ，ク，ケ，コ／の線路と，／キャ，キ，キュ，キェ，キョ／ の2つの線路が交わるキの所で，のり変えなければなりません。
(6) 「／キ／と言ってみて下さい。」（／キ／）では，／キ／という音を出すように，口を／キ／のようにして下さい。そして，／ア段／の方にまがって／ア／の音を出してごらん)。（／キァ／。）（２，３回練習）
(7) 今度は／キョ／という音を出してみましょう。／キョ／という音を長くのばして下さい。
これは何という音にかわりますか（オ）そう，オ段の音ですね。ですから／キョ／ の音を出すのには，／キ／という音を出すように，口をかまえて／オ／の音を出してごらん。
（／キョ／）（２，３回練習）（この際，手を線路の上に走らす）
(8) 以下同様に，キュ，シャ，ショ，シュ 等 10 問について練習。

2. 直音から拗音への変換
では，今度は，まっすぐな音を拗音，まがった音に変える練習をします。
(1) タ行の系列図を利用し，／ト／の音をまがった拗音の音にしたいのですが，どうしたらよいでしょう。一度／ト／から／チ／までもどって／チ／の音をつくるつもりで，／オ／の音を出します。そうすると／チョ／の音が出ます。やってみて下さい。
(2) 以下，上記の４の練習問題について練習。

3. 拗音の系列の読みの練習　（１３系列，各２回）
全体の直，拗音の系列図を用いて，各系列毎に，直音，拗音を読みあげ，全系列の音をつくる（各２回）。ただし、拗音の系列は上記の音系列図に示すように、〇だけで、中には何も記載されていない。

W　ステップ１８　図式を基礎にした拗音のモデル構成・抽出・同定

目的

モデル図版を利用して，拗音を含む語のモデル構成を学習すると共に，構成後，拗音の抽出，同定の学習を行う。

材料

①拗音を含む語のモデル構成用図版　拗音のモデル構成 1(W１８)　②拗音の導入用モデル図版
③拗音の全系列図　④積み木（立方体６個，円柱３個）または、プレート（正方形６、円３）

課題及び教材

1. 拗音を含む語の
モデル図版（例　キシャ）

2. 導入のための課題，ⅰ)カサ，ⅱ)カシャ，ⅲ)サンカク，ⅳ)サンキャク
3. 練習のための課題（モデル図式あり，２０語）

1)キシャ	2)チョキ	3)ドラキュラ	4)ヒャク
5)デンショバト	6)サンミャク	7)ジュンサ	8)キョジン
9)リョカン	10)クジャク	11)オモチャ	12)センキョ
13)リャクガ	14)センシュ	15)キャクセン	16)キンギョ
17)ショクジ	18)センシャ	19)ジョシ	20)ギャング

4. テスト課題（モデル図式なし　２０語）
上の３と同じ語。図版の図式にカバーとして用いる。

本ステップ訓練の流れ図

ステップ１７から
↓
1. 導　入
↓
2－1 図式によるモデル構成
↓
2－2 拗音の有無の判断
↓
2－3 拗音の音の抽出
↓
2－4 全系列図の中での同定
↓
3. モデル構成テスト　２０語（モデル図式なし）
↓
ブロック間テストⅠを経て,ステップ１９へ

手　続　き

1. 導　入

(1)　カサ，カシャの図版のマス目に積木を入れさせ，語のモデルをつくらせてから，両者を比較させ，片方が／サ／，一方が／シャ／であることに気づかせ，／サ／はまっすぐな音，／シャ／はまがっている音でまがっている音は，マルイ積木で表わすことを告げる。

(2)　同じことを，サンカク，サンキャクで行う。

2. モデル構成，抽出，同定の練習

(1)　キシャの図版を，カバーを開け，図式をみせ，「これキシャですよ。つくってごらん」と言ってつくらせる。

(2)　その後，順次，次の質問を与える。

Q１.「まがった音がある？」（ある）

Q２.「その音は，どんな音？」（／シャ／）

☆抽出の際，子どもの口元をよく観察し，答えを言う前に，子どもがどのような事前分析を行なうか，その様子をみる。

分析のカテゴリー－(1)積木に指をあて，声を出して分析（ＡＦ），(2)声を出して分析（Ａ），
(3)声を出さないが唇を構音しているように動かす（Ｌ）
(4)黙って分析（Ｓ）

Q３.「では，その音は，この表のうちどれかな？」と言って拗音の全系列図の中から該当する音を探し出させる。（その際，子どもがわからない時，その音が，～行，～段であるかを分析するよう助言する。

以上，この手続きで２０問について行う。

3. テスト

(1)　２０問終了後，図版のカバーをしたまま，２０語について，モデル構成のテストを行う。

(2)　子どもが，各図版で図式をみずに，モデルを構成したら，カバーを開き答え合せをする。誤っていたら，図式をみながら訂正させる。

W　ステップ19　拗長音の産出の学習

目的

拗長音の産出の仕方と，その音の段を学習すると共に，拗長音を表すモデル積み木と、それによるモデル構成の仕方を学習する。

材料

① 拗音の全体の系列図，② 積み木（立方体5個、楕円柱2個、円柱2個） ③ モデル図式（6種）

課題及び教材

1. 同定，産出，段の学習のための練習問題（20音節）

1）キャ	2）ニョ	3）シュ	4）リョ	5）シャ
6）キュ	7）ジョ	8）ビョ	9）ピュ	10）ショ
11）ニョ	12）リャ	13）ショ	14）ヒャ	15）ミョ
16）ピャ	17）チョ	18）チュ	19）キョ	20）ジャ

2. 語の構造に即したモデル選択課題（5問）

1）キョーシツ　（⬭□□，○□□）
2）ショーガ　（○□，⬭□）
3）リョカン　（○□□，⬭□□）
4）シューカン　（⬭□□，○□□）
5）キューリョー　（○⬭，⬭⬭）

本ステップ訓練の流れ図	手　　続　　き

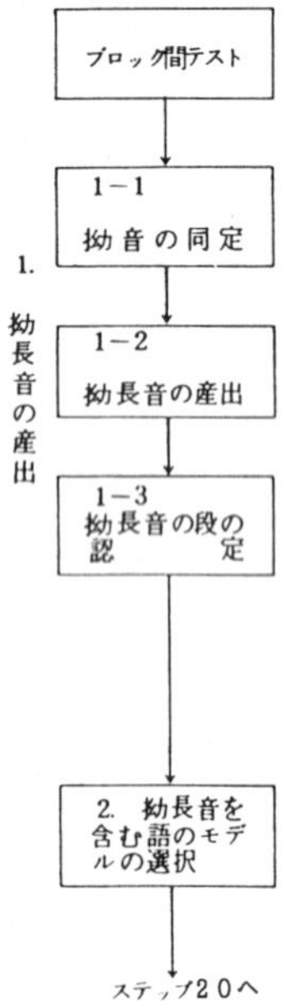

1. 拗長音の同定と産出，含む母音による段の認定。

Tは，拗音の全体の系列図を示し，上記練習問題のうち／キャ／の音を口頭で提示して，

(1) 拗音の同定：「／キャ／という音は，この表でどこにあるかな？」とたずね，拗音の全体の系列図の中で，当該の音の位置をあてさせる。

(2) 拗長音の産出：「では，／キャ／という音を長くのばしてごらん」といって長くのばさせる。
（／キャー／）
「そう，この音をまがった長い音といいます。このように，これから，まがった長い音をつくって下さい。」

(3) 母音の抽出と段の認定：「では，その音は，何段の音だと思う。長くのばすとどういう音になった？」（／ア／，ア段）

以下，同じ手続きで，練習問題20音節について，拗音の同定，拗長音の産出，その段の認定の練習を行なう。

2. 拗長音を含む語のモデルの選択

(1) 拗音は短い円柱，拗長音は長いダ円柱で表わすことを教えたうえ，⬭□□，○□□の二枚のモデル図式を示し，／キョーシツ／という語は，そのうち，どっちかをたずねる。

(2) そして，次に○□□という図式なら，どんな語になるかたずねる。（キョーシツ）

(3) 以上の手続きで，モデル選択課題5問を行なう。

W　ステップ２０　モデル図式を基礎にした拗音・拗長音を含む語のモデル構成

目的
モデル図版を利用して，拗音を含む語と拗長音を含む語，及び両方の音節を含む語のモデル構成行為を学習すると共に構成後，拗音，拗長音の抽出の学習を行ない，拗音と拗長音の違いを自覚させる。

材料
①拗長音を含む語のモデル構成用図版　拗音・拗長音のモデル構成（W２０，W２２）
②拗長音導入用モデル図版　③積み木　（立方体５個，楕円柱２個，円柱２個）

課題及び教材

1. 拗音，拗長音を含む語の
モデル図版（例　チョーチョ）

2. 導入用課題
ⅰ）ニンギョ，ⅱ）ニンギョー

3. 練習及びテスト課題（２０語）

1）キョーカイ	2）ジンジャ	3）ショージョ	4）シュジュツ
5）キューショク	6）チキューギ	7）ヤマノボリ	8）ケンビキョー
9）チョーチョ	10）オタマジャクシ	11）シューチョー	12）リョクチャ
13）シャショー	14）マルキブネ	15）チョーショク	16）チューシャ
17）ヒャクショー	18）ヤキュージョー	19）シャチョー	20）ジシャク

本ステップ訓練の流れ図	手　続　き
1. 事前テスト ↓ 2－1 モデル図式によるモデル構成 ↓ 2－2 拗音，拗長音の有無の判断 ↓ 2－3 拗音，拗長音の抽出 ↓ 2－4 段の判断 ↓ 3. モデル構成テスト（図式なし，２０語） ↓ ステップ２１へ	1. 事前テスト　：訓練に入る前に，モデル図式なしで，上記の練習，テスト課題20語について，モデル構成のテストを行なう。 (1)テストの導入：ニンギョ，ニンギョーの図版を図式をみせ，積木でモデルを構成させたのち，拗音と拗長音のちがい，拗音，拗長音のモデル積木を説明する。 「この丸くて，長い積木が，まがった長い音をあらわして，丸くて短いのは，まがった音だよ。」 (2)テスト「では，このキョーカイはどうなるかな。下の図はかくしておくから，みないでつくってごらん。」 (3)以下２０語について，答合せをしながら，テストを行なう。 2. モデル構成，抽出の練習 (1) モデル図版のカバーを開け，図式を見せ，モデル構成を行なわせる。 (2) その後，順次，次の質問を与える。 Q 1. 「まがった長い音がある？」 Q 2. 「まがった短い音がある？」 Q 3. 「その音は，どんな音？」（抽出） ☆抽出の際，子どもの口元をよく観察し，答を言う前の事前分析の様子を見る。 （S，L，A，AF） Q 4. 「では，その音は何段の音ですか？」 （その際，子どもがわからない時，その音を長く伸ばして発音させ，何の音になったか聞く。それが段であることを教える。） 以上２０問について行なう。 3. テスト（モデル図式なし，２０語） ２０問終了後，図版のカバーをしたまま，上の２０語についてモデル構成のテストを行なう。テストの手続きは，ステップ3,6の場合と同じ。

W　ステップ２１　モデル図式による長音・拗長音を含む語のモデル構成

目的　モデル図版を利用して，拗長音を含む語，及びそれらを共に含む語のモデル構成行為を学習すると共に，構成後，拗長音，長音の抽出の学習を行ない，拗長音と長音の違いを自覚させる。

材料
①拗長音を含む語のモデル構成用図版　長音・拗長音のモデル構成（W２１，W２２，W２３）
②拗長音導入用モデル図版　③積み木（立方体５個，直方体３個，楕円柱２個，円柱２個）

課題及び教材

1. 拗長音，長音を含む語の
　モデル図版（例 チョーホーケー）

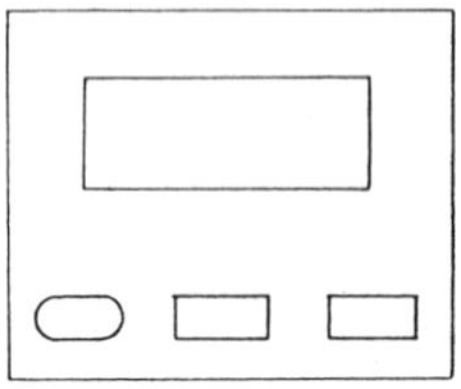

2. 導入用課題
ⅰ）コート，ⅱ）キョート，ⅲ）ソージ，ⅳ）ショージ

3.練習及びテスト課題（ 20 語 ）

(1)ウンドージョー	(2)キョーリュー	(3)コーツーシンゴー	(4)ダイトーリョー
(5)チョーホーケー	(6)キューシュー	(7)コーシューデンワ	(8)ゴジューノトー
(9)ハクチョー	(10)オーサカジョー	(11)テレビホーソー	(12)ホーチョー
(13)カタチムリ	(14)リューグー	(15)ジョーロ	(16)ショーガクセー
(17)グローブ	(18)ニュードーグモ	(19)キョーギジョー	(20)コージョー

本ステップ訓練の流れ図	手続き
ステップ20から ↓ 1. 事前テスト ↓ 2－1 モデル図式によるモデル構成 ↓ 2－2 拗長音，長音の有無の判断 ↓ 2－3 拗長音，長音の抽出 ↓ 2－4 その段の判断 ↓ 3. モデル構成テスト（図式なし 20語） ↓ ブロック間テスト２を経て，ステップ２２または２６－１へ	1. 事前テスト 拗長音，長音のモデル図版のカバーをしたまま，20語について，モデル構成のテストを行う。 (1) 導入：コート，キョートの図版で，図式をみせて積木を入れさせ，語のモデルを作らせてから，両者を比較させ，片方が／コー／，一方が／キョー／であることに気づかせ，／コー／はまっすぐな長い音，／キョー／はまがった長い音で，まっすぐで長い音は直方体で，まがった長い音は，長楕円の積木であらわすことを告げる。 (2) 同じことを，ソージ，ショージで行なう。 (3) テスト：「今度は，下の図をみせませんから，自分で考えてやってみて下さい。 はじめは，ウンドーショーです。では，この積木でつくってごらん。」 以上，このようにして，20語でテストを行う。 2. 訓　練 (1) モデル図版のカバーを開け，図式を見せ，モデル構成を行わせる。 (2) その後，順次，次の質問を与える。 Q1「まがった長い音がある？」 Q2「まっすぐで長い音がある？」 Q3「その音はどんな音？」（抽出） ＊抽出の際，子どもの口元をよく観察し，答えを言う前の事前分析の様子を見る。（S．L．A．AF） Q4「では，その音は何段の音ですか？」 以上，20問について行う。 3. テスト 20問終了後，図版のカバーをしたまま，20語についてモデル構成のテストを行う。テストの手続きは，ステップ２０と同じ。

W　ステップ　２２　略式図式による拗音・拗長音を含む語のモデル構成

目的

点だけでその語の音節数を表した略式図式を用いて、訓練者と子どもが、言語的な問答を行いながら、語に含まれている拗音、拗長音の抽出と語のモデル構成を行わせ、モデル構成の外言への移行と内面化を促す。

材料

①略式図式（音節の数だけ，黒点が描かれたもの，２～４音節用各一枚）
②訓練図版（ステップ２０と同じ）　　③　積み木（立方体５個、楕円柱２個、円柱２個）

課題及び教材

1. 拗音，拗長音を含む語の
　モデル図版（例　チョーチョ）

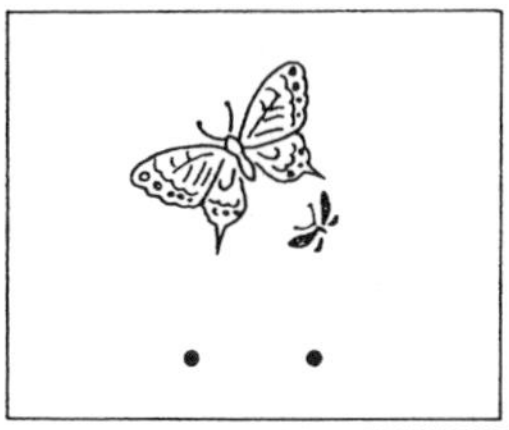

2. 導入用課題
3. 練習，テスト用課題
　ステップ２０と同じ

本ステップ訓練の流れ図	手　　　続　　　き
ブロック間 テスト　２ ↓ 1. 略式図式による モデル構成 ↓ 2. テ　ス　ト （図式なし） ↓ ステップ２３へ	1. 略式図式によるモデルの構成 積木を，被験者の前ではなく，訓練者の方の子どもの手の届かないところにおき，図版のカバーの上に，当該の語の音節数だけ黒点を描いた略式図式をおき（「キョーカイ」の場合，３音節で・・・）， T「前と同じように，この積木でコトバをつくってもらいますが，今度は，絵の下には，点しか書いてありませんよ。積木も，先生がもっていますよ。では，やってみましょう」という教示を与え，Tは，例えば「キョーカイ」の図版の左端の点に指を当て，次のようにたずねる。 (1)「このはじめの音は，何という音？」（／キョー／） (2)「それはどんな音？まっすぐな音？それともまがった音？短い音？それとも長い音？」（まがっていて，長い音） (3)「では，どんな積木が欲しい？四角の積木？それとも丸い積木？短い積木？それとも長い積木？」（丸くて，長い積木） (4)「では，これをどうぞ」（求められた積木が正しければ，それを渡し図式の左端におかせる。 このような手続きで，第２，第３番目の音節についても，同じような分析と言語化を行なわせ，モデルを構成させる。 (5) 上の(1)，(2)，(3)で，子どもが誤った場合は，すぐ，「そうかな，もう一度考えてごらん」と言って，もう一度考えさせ，正しい反応が出たら，積木をわたす。 以上，この手続きで，２０語について練習を行なう。 2. テスト（モデル図式なしの構成テスト） ステップ２０の場合と同じ。

W　ステップ２３　略式図式を基礎にした長音・拗長音を含む語のモデル構成

目的	略式図式を用いて，訓練者と子どもが言語的な問答を行ないながら，語に含まれている拗長音，長音の抽出と，語のモデル構成を行なわせ，このモデル構成行為の外言への移行と内面化を促す。
材料	①略式図式（２～５音節用）　②訓練図版（ステップ２１と同じ） ③積木（立方体５個，直方体３個，楕円柱２個，円柱２個）
課題及び教材	図版を用いる時，モデル図式でなく，略式図式を用いる他は，導入，練習，テスト共にステップ２１の場合と同じ。

本ステップ訓練の流れ図	手　続　き
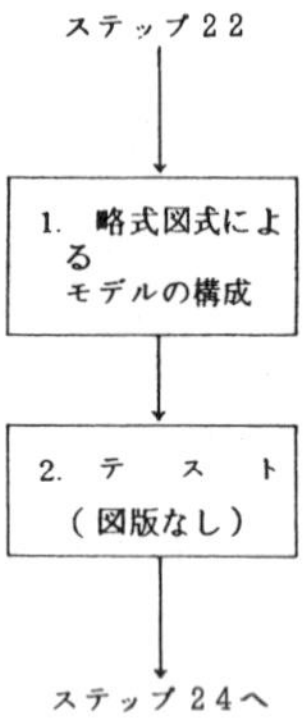	ステップ９，ステップ２２、略式図式の場合の手続きに準ずる。

W　ステップ２４　　拗音の表記の学習　（１）（２）	
目的	拗音の表記の規則を学習し、その練習を行う。
材料	表記の学習（１）１　拗音の音の系列図（全）　２　拗音の音の系列図（ア行、カ行、サ行） ３　拗音の音の系列図練習用紙（ステップ１７に示す系列図で文字が何も記入されていない用紙） ４　記録表 表記の学習（２）１　拗音の音の系列図（全）　２　拗音のモデル図版（ステップ１８用） ３　積み木（円柱２、立方体５）（プレートの場合円２ 、正方形５）　４書取用紙
課題及び材料	表記の学習（１） １）拗音の系列音の産出の練習：１）ヤ行（ヤ、ユ、ヨ）、２）カ行（キャ、キュ、キョ）、 ３）サ行（シャ、シュ、ショ）　４）タ行（チャ、チュ、チョ） ２）拗音の系列練習用紙への記入の練習：ア行、カ行、サ行、タ行 ３）拗音系列図での読みの練習：全系列２回 ４）拗音の発見と書きの練習（１５音節）：キョ、シャ、キャ、チャ、キュ、ショ、チュ、シュ、ミャ、 ジャ、ミョ、ギュ、リョ、ニャ、ビャ 表記の学習（２） １）モデル構成と書き　ステップ１８と同じ（全２０問）

本ステップの訓練の流れ図	手　続　き
学習（１）↓ １．拗音の系列音の産出の練習 ↓ ２．系列練習用紙への記入の練習 ↓ ３．拗音系列図での読みの練習 ↓ ４．拗音の発見と書きの練習 ↓ （学習２） １．モデル構成と書きの練習 ↓ ２．　学習テスト ↓ ステップ２５へ	Wステップ２３後、特殊音節（全）モデル構成テスト、書取テストを実施し、拗音、拗長音の表記の習得が不完全である場合、このステップの教育を行う。 拗音の表記の学習（１） １．拗音の系列音の産出の練習：ア行系列図、カ行、サ行、タ行系列図（拗音：文字記入なし）（この系列はステップ１７の説明参照）を示し、拗音の系列（キャ、キュ、キョ等）を口頭で産り出す練習を行う。ア行（ヤ、ユ、ヨ）についても行う。 そして、「さあ、それでは、このような音は、どう書くのかな？」と言い、これから、これらの音の書き方を勉強することを告げる。 ２．拗音の系列練習用紙への記入の練習： ①音の系列練習用紙１枚に、「あ、い、う、え、お」を見本通りに記入させ、ここに、「や」「ゆ」「よ」をどこに書くべきかを考えさせ、記入させる。 ② 練習用紙１枚を子どもに与え、カ行系列図を手本として示し、練習用紙に、「か、き、く、け、こ」を記入させる。そして、以下のルールを説明して、教える。 ア段（／キャ／）は、（「き」に）「ゃ」を添える ウ段（／キュ／）は、（「き」に）「ゅ」を添える オ段（／キョ／）は、（「き」に）「ょ」を添える ③そして、その用紙に「／キャ／を書いてごらん」、「／キュ／を書いてごらん」、「／キョ／を書いてごらん」と言って、「きゃ」「きゅ」「きょ」を書かせる。 ④同様のことを、サ行、タ行について行う。 ３．　拗音系列図（全拗音の全系列図が１枚の紙に描かれてあるもの）を用いての、直音と拗音の読みの練習 訓練者は、ア行、カ行、タ行・・バ行、パ行の直音、拗音の全系列が描かれた全系列図を用い、その系列に指を当てて、それらの音の系列を、子どもに読ませる（２回行う）。 ４．　拗音の発見と書きの練習（１５音節） 訓練者は拗音系列図を子どもの前に置き、「これから、先生が音を言うから、その音が、この図のどこにあるのかを探し出して、その音を書いてね」と教示し、／キョ／と発音して音を口頭で示し、子どもに探し出させ、ノートに書かせる。 拗音の表記の学習（２） 拗音の音の系列図（拗音の表記が記入されているもの）を子どもの前に置いた状態で、ステップ１８の図版を用いて、モデルの構成を行わせ、モデルが構成することができたら、それを見ながら、拗音を含む語の書く練習を行う。 １.モデル構成と書きの練習　（ステップ１８の図版） ①（図式をカバーした条件で）拗音を含む語のモデルを構成させる。 ②モデルが正しく構成できたら、そのモデルはそのままにして、「では、書いてごらん」と言って、書取用紙に書かせる。もし、当該の拗音（例、貨車の／シャ／）が書けない場合「その音（／シャ／）は、どこにあると思う？」と尋ね、拗音の音の系列図の中から、その音を探し出させ、書かせる。 ③モデルが正しくできない場合には、図版のカバーを開き、正しいモデルを作らせてから、②の書く練習をやらせる。 ④同様の手順で２０問について行う。 ２．学習テスト ２０語についてモデル構成と書きの練習後、系列図は、そのまま、子どもの前に置き、先の図版を用いて、書きの学習テストを行う。この場合、図版の図式はカバーした状態で、その語を示す絵だけを示して、モデルを作らせずに、すぐにその語を書かせる。

W　ステップ２５　　長音・拗長音を含む語の表記の学習

目的	長音・拗長音を含む語で，モデル構成を基礎にして，その語の表記，書き方の練習を行う。
材料	①　長音・拗長音を含む語のモデル図版。（ステップ２１と同じ）　②積み木　（立方体５個，直方体３個，楕円柱２個、円柱２個） ③　書き取り用紙
課題及び教材	ステップ２１と同じ，練習用２０語。

本ステップ訓練の流れ図

ステップ２４
↓
１－１　モデル構成
↓
１－２　書　字
↓
１－３　長音，長音節にマークを添加
↓
１－４　段と表記の仕方の言語化
↓
2.　書きのテスト
↓
ステップ２６－１へ

手　続　き

1.　書き方の練習

(1)　図版に，モデル図式をカバーしたまゝ提示し，積木でモデルを構成させる。

(2)　誤った場合，「よく考えてみて」と自己訂正を求める。

(3)　モデルが正しくできたら，拗長音（まがって長い音）も，長い音と同じように，ア段の場合には「あ」，ウ段の場合には「う」，オ段の場合にも「う」を添えて書くことを確認した上で，その語を書き取り用紙に横にかかせる。

(4)　正しく書いた場合，下のように長音，拗長音の音節の下にマーク（ —， ∠— ）をつけさせる。

(5)　拗長音，長音を含めて，長い音（上のマークをつけたもの）は，何段の音で，どういう文字で表らわしたかをたずねる。

「この「しょうぼうしょ」のしょうは，何段の長い音で，どうあらわしたの？」

答（オ段の音で「う」をつけてあらわした。）

(6)　以上の手続きで２０語について行なう。

2.　書きのテスト

上の手続きで，２０語について練習が終ったら，その２０語についてモデル構成を行わずに，いきなり書かせ，学習の程度を評価するテストを行う。誤った場合，必要に応じて，モデル構成をやらせ，訂正を求める。

W　ステップ２６－１　　全特殊音節を含む語のモデル構成

目的

長音，拗音，拗長音，促音の四種の特殊音節を複合して含む，音節構造の非常に複雑な語についての教育に先立って，その準備テストとして，その語のモデル構成を外言の水準で行わせ，この教材による教育に移って良いか否かを判断する。

材料

① 全特殊音節を含む語のモデル図版（２８枚）(ただし、この図版は、付録の図版には含まれていない)

② 積み木（立方体５個、直方体３個、楕円柱３個、円柱３個、小三角柱３個)

課題及び教材

1. 全特殊音節を含む語のモデル図版（例チョートッキュー）

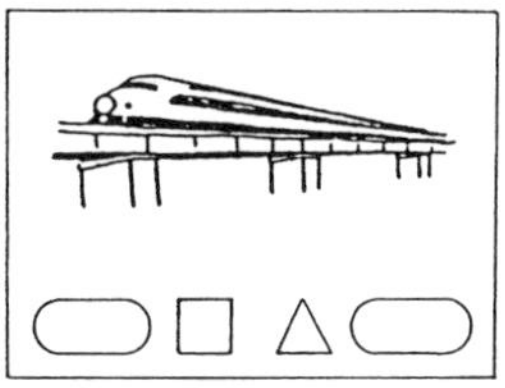

2. モデル構成導入課題

i）ビル，ii）ビール，iii）ネコ，iv）ネッコ，v）カサ，vi）カシャ
vii）ニンギョ，viii）ニンギョー

3. モデル構成課題

(1)ラッカセー	(2)ショーボーショ	(3)スクーター	(4)ショーキャクロ
(5)オットセー	(6)ヒョーショーダイ	(7)オーバーコート	(8)シャーベット
(9)カーネーション	(10)チーズクラッカー	(11)チョートッキュー	(12)シュークリーム
(13)ユービンジドウシャ	(14)ジェットコースター	(15)イッスンボーシ	(16)ジンコーエーセー
(17)ジドーシャキョーソー	(18)ショーネンガッショータイ	(19)スーパーマーケット	(20)キューショクトーバン

本ステップ訓練の流れ図

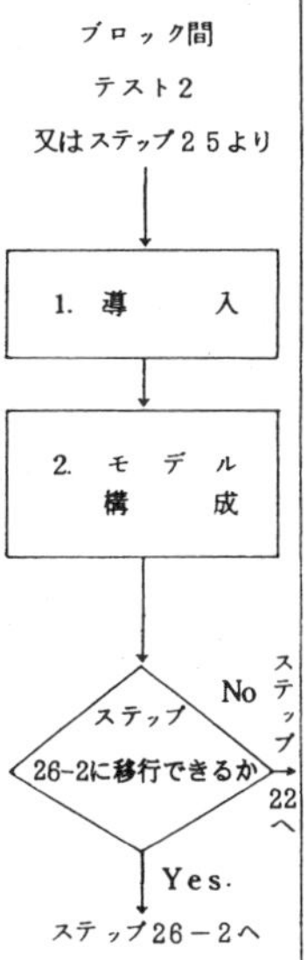

手続き

1. 導入：(1) ビル，ビールの図版で，モデルを構成させた後，両者を比較させ，片方が／ビ／，一方が／ビー／であることに気づかせ／ビ／は，まっすぐで短い音で，四角の短い積木(立方体)であらわすこと，／ビー／はまっすぐで長い音で四角で長い積木（直方体）であらわすことを教える。

(2) 同じく，ネコ，ネッコの図版で，モデルを構成させてから，ネッコの場合，三角形の積木の前の積木のところで，声がつまり，三角形のところは，声を出さないで休むこと，三角形は，その前で声がつまり，そこで休むことをあらわすことを教える。

(3) 同じようなことを，カサ，カシャ，ニンギョ，ニンギョーの図版を用いて行い，拗音，拗長音のモデル積木を教える。

2. モデル構成（テスト）

(1) モデル図式にカバーしたまま ラッカセーの図版を示し，「これはラッカセーだね。このコトバを積木でつくるとどうなるかなあ？ラッカセーというコトバの音を一つずつ言いながら，積木をとって，コトバをつくっていって下さい」という教示を与え，子どもに，一音節づつ，発音させながら積木を探がさせ，置かせる。

(2) 積木でモデルを構成させたら，カバーを開き，答合せを行う。もし正しい場合，「そうよくできたね」と述べ，もし誤った場合，「おや，すこしまちがったね。これ（図式）をみて，やりなおしてごらん」と訂正させる。

(3) 以上の手続きで，２０語について行う。

(4) 子どもが各音節を発音しながら積木をおく際，子どもが行う事前分析を観察する。（目立った事前分析はなく，発音と同時に積木を選択した時 ―S，事前に声を出して，その音節を分析した時 ― A）。

W　ステップ２６－２　　全特殊音節を含む語の表記の学習

目的	長音，拗音，拗長音，促音の四種の特殊音節を複合して含む音節構造の非常に複雑な語について，そのモデル構成を基礎にしながら，表記の練習を行う。
材料	①全特殊音節を含む語のモデル版（ステップ２６－１と同じ）　②積木（ステップ２６－１と同じ） ③書き取り用紙
課題及び教材	ステップ２６－１と同じ教材。

本ステップ訓練の流れ図	手　　続　　き
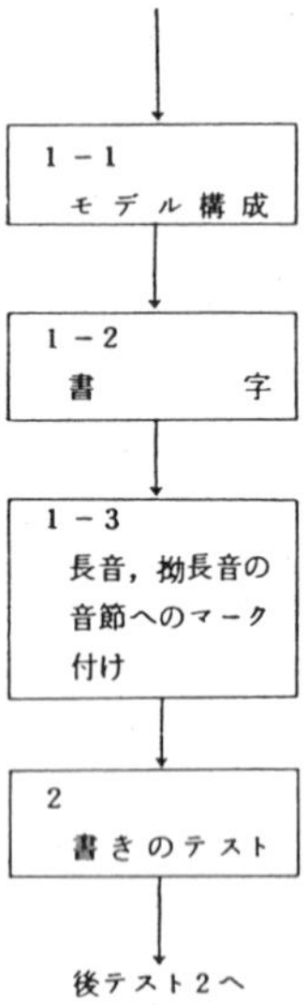	1　表記の練習 (1)　図版と，モデル図式をカバーして提示して，語のモデルを構成させる。 (2)　誤った場合，図式を見せずに，自己訂正を求める。 (3)　モデルが正しくできたら，長音，拗長音を含めて，長い音の，段の判断を求める。 (4)　次に，その語について書かせる。 （誤った場合は，自己訂正を求める。） (5)　正しく書けたら，長音，拗長音の音節の下に，—，∠— のマークをつけさせる。 (6)　以上の手続きで２０語について行う。 2　書きのテスト ２０語について上の練習終了後，その２０語について書き方テストを行う。

付録Ａ－２

文の統辞・意味論的構造の分析とモデル化を基礎にした構文学習プログラム

S　ステップ　M１（１－１、１－２）平叙文と疑問文の作成とモデル構成（１）（行為者、対象、場所、時間、行為）（誰が、何を、どこで、いつ、どうする）

目的

行為者、対象、場所、時間、行為の要素からなる構文を材料にして、口頭で正しく文を作ることを学習すると共に、「誰が」、「何を」、「どこで（に、を）」、「いつ」、「どうする」の疑問詞を用いた疑問文の作り方を学習する。

材料

1　ステップ１用図版（文のモデル構成M１）　2　モデルプレート（５カテゴリー　×　２枚）　3　モデル説明図
4　辺３cm程度の白いプレート１枚　5　おはじき１個　6　記録表

課題及び材料

1　モデル説明図

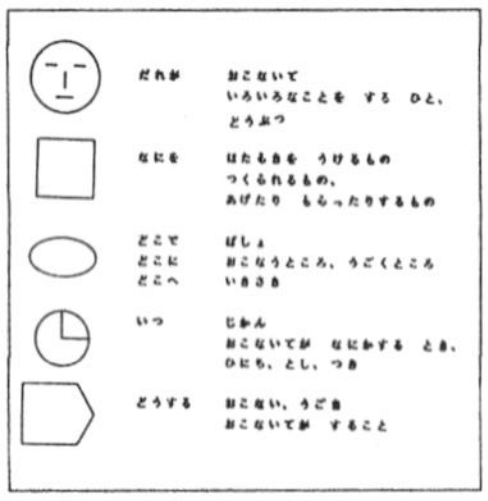

2　訓練用の文（絵及び図式で、文を作った後、下線の要素を尋ねる疑問文を作る練習を行う。

（ステップ　１－１）

1. まさおが椅子に座っている。
2. 川でアヒルが魚をとりました。
3. かもめが空を飛んでいます。
4. 朝７時にお父さんが新聞を読んでいます。
5. 花子は野原を走っています。
6. まさおが鉄棒にぶら下がっています。
7. まさおが（柿の）木の上で柿を食べています。
8. 花子さんがジュースをコップに入れています。
9. 花子はバラを花瓶に差します。
10. まさおがベッドで寝ています。

（ステップ１－２）

11. 正夫が滑り台を滑っています。
12. 正夫が滑り台の上に立っています。
13. ３時に花子はテーブルでお茶を飲んでいます。
14. お父さんが橋を歩いています。
15. 花子はプールで泳いでいます。
16. お母さんが６時に起きました。
17. 正夫が７時に朝ご飯を食べます。
18. アヒルが池で泳いでいます。
19. 太郎が川で魚をつりました。
20. ６時に正夫はテレビを見ます。

本ステップの訓練の流れ図

前テスト
↓
1．文の作成
　a 絵による文の作成
　↓
　b 図式による文の作成とモデル構成
↓
2．疑問文の作成
↓
（以上の手続きを１－１で１０問で行う。）
↓
（同じ手続きで１－２の１０問で練習を行う）
↓
学習テストへ

手　続　き

1．平叙文の作成

a　図式なしの文の作成

(1)　まず、図版の１枚目の絵をカバーしたまま示し、「これはまさお君だけど、まさお君は何をしてるのか、お話してみて」という教示を与え、図式がないの条件で文を作成させる。
(2)　１試行目で、文の要素を省いたり、他のものと誤った場合、「どこに座ってるの」、「ここをよく見てごらん」、「どこを走ってると思う」等の多少のヒントを与え、第２試行目で独力で行わせる。
(3)　第２試行で、文の要素は全部正しくあるが、動詞やその語尾、テヲニハが誤っている場合、第２試行目で、それらを教える。
(4)　第２試行で、文の要素が１部欠けている場合、次のｂの図式ありの条件で、自力で文を作らせてみる。

b　図式による文の作成と文のモデル構成

(1)　ａで、正しく文を作った場合には、ここで、図式のカバーを開き、図式の上に、それと同じシンボルプレートを選択し、置かせながら、そのシンボルに対応した語を発話させ、文を作りながら、その文のモデルを構成させる。
(2)　ａで、文の要素が１部欠けて不完全の場合、欠けている要素（時間、場所）に注意を向かせ、上の(1)と同じように、文のモデルを構成させながら、文を作らせる。
(3)　それでも、誤るか不完全の時、教えて、直させる。第２試行目は、正しい文で文のモデルを構成させる。

2．疑問文の作成

各問毎に、図式が示されている条件で、文の作成とモデル構成ができたら、引き続き、疑問文の作成に移る。教示は、問１の場合、以下のように行う。

(1)　「では、このお話で、尋ねる文を作るよ。はじめに、『まさお君』（Agent）を尋ねる文を作るよ」と言い、白プレートを、絵の「まさお」の顔の上に置いて隠し、おはじきを文の図式 の「行い手」のシンボルマークの上部に置く。
(2)　（モデル説明図の）「行い手」の所を指さし、「行い手を尋ねる時は、ここに書いてあるように、『ダレガ』を使うんだよ」「先生が先にやってみるから、よく見ていて、後で、１人で作ってね」と言う。訓練者は、絵の下の図式に、説明図の上のシンボルプレートを選択して、置き、文のモデルを作りながら、「誰が椅子に座っていますか」という文を作る。そして、その答えを、子どもに言わせる。その後に子どもに、その疑問文を、同じやり方で作らせ、訓練者はその問いに答える。訓練者は、答える際に、「まさお」の顔をカバーしているプレートを取り去りながら、「まさおが椅子に座っています。」と答える。
(3)　以下、同様のことを、2.、3.、4.の問題で、対象（「何を」）、行為（「どうする」）、時間（「いつ」）について行う。2.の「何を」を尋ねる場合には魚を、4.の「いつ」を尋ねる場合には、絵の時計を白プレートで隠す。 3.の「どうする」を尋ねる際には、「カモメ」の絵の前に白プレートを置く。
(4)　疑問文の作り方の見本提示とそれによる模倣・学習は、「行い手」、「場所」、「時間」「行為」共各１回ずつで、それ以降では、訓練文の下線が引かれている文の要素（行い手、場所、時間、行為）について、それに対応した絵の要素を白プレートで隠し、文の図式のそれに対応しているシンボルマークの上に、おはじきを置き、「では、ここを尋ねる文を作って」と言って、自力で作らせる。そして、この場合、訓練者は、その都度子どもの行う質問に答え、質問・答えの問答の形で訓練を進める。
(5)　疑問文の作成は最高２試行で、第１試行目に、疑問詞や時制等が誤った場合、「ここの所、これでよいかな」と言って、誤った箇所に気づかせ、第２試行目を自力でやらせる。
(6)　それでも、正しくならない場合、正しい答えを教えて、やらせる。

S　ステップ　M１　平叙文と疑問文の作成とモデル構成（１）　学習テスト
（誰が、何を、どこで、いつ、どうする）

目的	ステップ１で学習した、行為者、対象、場所、時間、行為の要素からなる２０の文について、正しく文を作り、文のモデルを構成することができるようになったか否かを調べ、学習の程度をチェックする。
材料	１　ステップ１用図版（文のモデル構成Ｍ１）　　２　モデルプレート（５カテゴリー　×　２枚） ３　モデル説明図　　４　記録表
課題及び材料	１　訓練用の文 Ｓ　ステップ　Ｍ１（１－１、ステップ１－２）用の文２０問と同じ

本ステップの訓練の流れ図

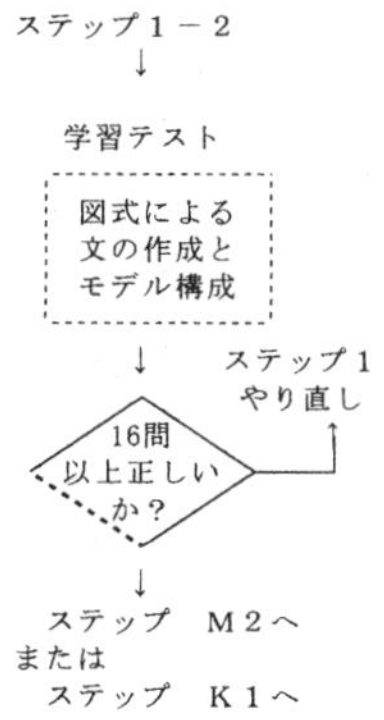

手　続　き

図式による文の作成学習テスト

ステップＭ１（１－１，１－２）の２０文が全て終了したら、同じ２０文について文の図式を見せた条件で、その図式に基づいて、プレートを図式の上に置かせ、モデルを構成しながら、文を作成させる。このようにして、文の作成が確実に行われているかをテストする。

教示は以下の通り。

(1)　図版１のカバーを開き、「さっきと同じように、この上に、このマークを置きながら、誰がどうしているのか、正しく文を作って下さいね」と言う。

(2)(i)　正しく文を作った場合　そのまま次の文へ進む。

(ii)　正しく文ができない場合、その反応を記録する。そして，次にその誤っている箇所を指摘し、あるいは教え、正しい文を作らせる。

テストの結果、２０問中１６問以上正しく、文とモデルが構成できた場合、学習が順調に進んでいると判断し、ステップ２へ進む。１５問もしくはそれ以下の場合には、再度、ステップ１に戻り、１－１、１－２の訓練をやり直し、その後、またこの学習テストを行う。

注意）　問題文と異なっているが、次のものは正反応として扱う。

(i)　助詞の「が」が「は」と表現された場合、(ii)　動詞の語尾の時制、丁寧さ等の表現が問題文と異なっている場合、　(iii)　人名を他のものと誤った場合。

S ステップ M2（5-1、5-2） 平叙文と疑問文の作成とモデル構成（2）
（受け手、相手、行為）（誰を、誰に、どうする）

目的	行為者、対象、受け手、相手、場所、行為の要素からできている構文で、口頭で正しく文を作ることを学習すると共に、「誰を」、「誰に」、「どうしている」の疑問詞を用いた疑問文の作り方を学習する。

材料	1 ステップ5用（文のモデル構成M2） 2 モデルプレート（6カテゴリー × 2枚） 3 モデル説明図 4 1辺3cm程度の白いプレート1枚 5 おはじき1個 6 記録表

課題及び材料

1　新しいモデル

```
┌─────┐
│ -|- │  だれを
└─────┘

  △
 -|-    だれに
```

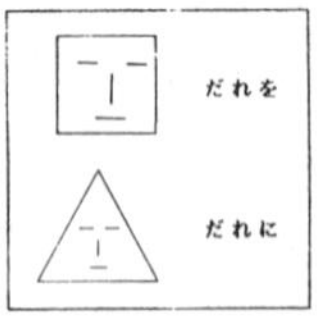

2　訓練用の文（絵及び図式で、文を作った後、下線の要素に該当する疑問文を作る）
1. ベンチでお母さんが<u>赤ちゃん</u>を抱いている。
2. まさおは<u>花子</u>に本を上げている。
3. お母さんが<u>子ども</u>をベットに寝かせている。
4. 原っぱで<u>花子</u>が正夫を追いかけている。
5. 花子が<u>お母さん</u>に花を上げている。
6. ソファーで花子が<u>赤ちゃん</u>を抱いている。
7. 花子が<u>お母さん</u>に赤ちゃんを渡している。
8. 公園でまさおが<u>花子</u>を追いかけている。
9. まさおは花子にボールを<u>投げている</u>。
10. 庭でお母さんが花子にジョーロを<u>渡している</u>。
11. お巡りさんが<u>泥棒</u>を追いかけている。
12. 郵便屋さんが<u>お父さん</u>に手紙を渡している。
13. お父さんは<u>まさお</u>を自転車にのせている。
14. まさおが象に<u>バナナ</u>を上げている。
15. 花子が<u>お父さん</u>を押している。
16. まさおが<u>鬼</u>に豆をぶっつけている。
17. おじいさんがかぶを<u>ひっぱっている</u>。
18. <u>金太郎</u>はクマを倒している。
19. 桃太郎が<u>犬</u>に黍団子を上げている。
20. 花子が<u>まさお</u>を叩いている。

本ステップの訓練の流れ図

ステップM1
↓
1．文の作成
　a 図式なしの文の作成
　↓
　b 図式による文の作成とモデル構成
↓
2．疑問文の作成
（5-1、5-2の20問終了後）
↓
3．学習テスト
↓
次のステップへ

手続き

基本的に、SステップM1の手続きと同じ。

ただし、以下のことに注意すること：
1　「受け手」についての疑問文を作る場合　「誰を」という疑問詞を用いた疑問文を作る。
　　例　ベンチでお母さんが<u>誰</u>を抱いているの？
2　「相手」についての疑問文を作る場合、「誰に」という疑問詞を用いる。
　　例　まさおは<u>誰に</u>本を上げているの？
3　「受けて」「相手」について、最初の問題（1.、2.）で、訓練者は、やり方の見本を示し、子どもに、その通りやらせ、模倣・学習させる。

モデル説明図

記号	意味
○(-|-) だれが	おこなって いろいろなことを する ひと、どうぶつ
□ なにを	はたらきを うけるもの つくられるもの、あげたり もらったりするもの
○	どこで・どこに・どこへ　ばしょ　おこなうところ、うごくところ、いきさき
◔ いつ	じかん　おこないてが なにかする とき、ひにち、とし、つき
⬠ どうする	おこない、うごき　おこないてが すること
□(-|-) だれを	うけて　おこないての おこないを うける ひと、どうぶつ
△(-|-) だれに	あいて　おこないてが ものを わたしたり あげたりする あいての ひと、どうぶつ

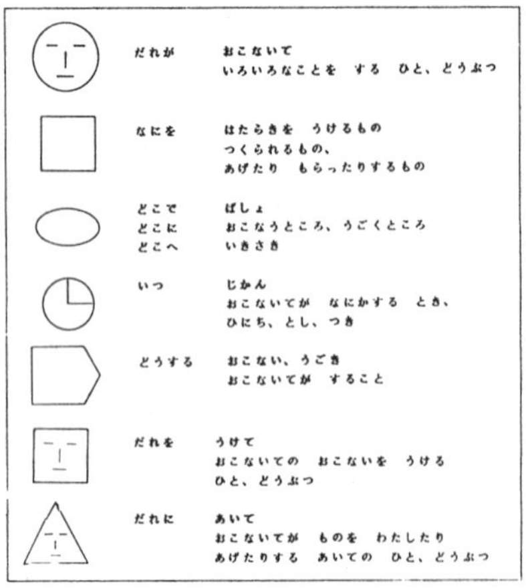

S　ステップ　M３（２－１，２－２）平叙文と疑問文の作成とモデル構成（３）
（道具・手段、材料）（何で、何から）

目的
「行為者」、「対象」、「場所」、「道具・手段」、「材料」、「行為」の要素からなる文を材料に用いて、特に、「道具・手段」、「材料」の要素を「場所」の要素と対比させて、「何で」「何から」の疑問詞を用いた疑問文を作ることを学習する。

材料
1　ステップ２用図版（文のモデル構成Ｍ３）　2　モデルプレート（６カテゴリー　×　２枚）　3　モデル説明図
4　１辺３ｃｍ程度の白いプレート１枚　5　おはじき１個　6　記録表

課題及び材料

1　モデル説明図

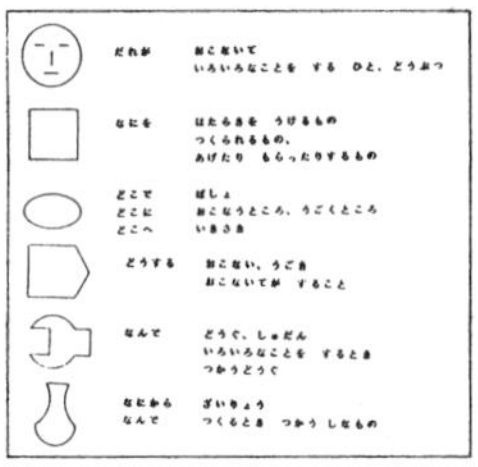

2　訓練用の文（絵及び図式で、文を作った後、下線の要素を尋ねる疑問文を作る）

（２－１）
1. 正夫が紙で飛行機を作っています。
2. お父さんが棒で栗を落としてます。
3. 正夫が池で魚をつっています。
4. 正夫がバットでボールを打ちます。
5. 花子が砂場で 砂で 山を　作った。
6. お母さんがフライパンで目玉焼を作っています。
7. お母さんが小麦粉からドーナツを作っています。
8. 正夫が棒で犬を叩いた。
9. 花子が木の下で 本を読んでいます。
10. お母さんが卵から目玉焼を作っています。

（２－２）
11. 花子が毛糸でセーターを編んでいます。
12. 正夫がクレヨンで飛行機を書いています。
13. お母さんがほうきで庭を掃いています。
14. お父さんが庭で犬小屋を作っています。
15. 花子が折り紙で鶴を折っています。
16. お母さんが苺からジャムを作っています。
17. 海岸で正夫がシャベルで穴を掘っています。
18. お母さんがソファーで本を読んでいます。
19. 花子がブラシで靴を磨いています。
20. お母さんが包丁で大根を切っています。

本ステップの訓練の流れ図

ステップ　Ｍ２
↓
１．文の作成
- ａ図式なしの文の作成
- ↓
- ｂ図式による文の作成とモデル構成

↓
２．疑問文の作成
↓
（２－１，２－２で２０問終了後）
↓
３．学習テスト
↓
次のステップへ

手続き

１．　基本的にＳステップＭ１,Ｍ２の手続きと同じ。
但し、以下の点に注意すること：
1　道具（手段）の疑問文を作る時　「何で」を用いる。
2　材料の疑問文を作る時は、「何で」「何から」を用いる。

例　「まさおは　何で　飛行機を　作っているの？」
「まさおは　何で　テーブルを　叩いているの？」
「お母さんは　何から　ドーナツを作っているの？」

２．　学習テストは、ステップＭ１の学習テストの手続きと同じ。

S　ステップ　K１（３－１、３－２）　モデルによる文の書きと読み　（１）

目的　ステップ１で学習した、行為者、対象、場所、時間、行為の要素からなる文を材料にし、文のモデルを基礎にして、文を構成して、正しく書くことを学習する。また、あわせて、文を読む練習を行う。

課題及び材料

１　訓練用図版
下の例を参照

２　訓練用の文
ステップ　Ｍ１と同じ

本ステップの訓練の流れ図

↓
１ 文のモデル構成
↓
２ モデルを基礎にした文の書き
↓
（３－１、３－２で１０問について、文を書く作業が終了後）
↓
３　文の読みの練習
↓
次のステップへ

手続き

１　文のモデル構成
(1)　図版の文の図式とテキストの両方をカバーした条件で、ステップ１で学習したことのの復習を兼ねて、口頭で文を言いながら、文のモデルを構成させる。
(2)　文のモデルが、正しくできた場合、「よくできたね」と言って褒めながら、図式のカバーを開き、子どもに正答であることを確認させる。
(2)　正しくできない場合には、間違っている箇所を口頭で指摘し、第２試行目を行わせる。
(3)　それでも間違う場合には、図式のカバーを開き、モデルを構成させる。

２　文の構成と書きの学習
(1)　文のモデルができたら、答え合わせの後、子どもが作った文のモデルをそのままにして、それを見ながら、文をノートに 書かせる。
(2)　文を書く際に、文のモデルを見ずに、直接書こうとする場合には、モデルを注目させ、それに対応させて、１語（１文節）つづ、書くように指導する。
(3)　文を書く際に、文の要素（行為者、対象、場所、時間、行為）や助詞を省略して書こうとする場合には、該当するモデルプレートに指さし、「これはどうしたの？」「ここは何と言うのでしたか？ 」と注意し、正しい文が書けるように指導する。
(4)　個々のかな文字やその表記が書けない場合や、間違った筆順で書いた場合には、その都度教える。
(5)　子どもが文を書き終えたら、図版のテキストのカバーを開き、子どもに正しく書けたか否かを調べさせる。
(6)　子どもが、文を正しくできた場合、子どもの出来具合に合わせて、赤鉛筆で、３重丸、２重丸、丸、３角等を書き、評価を与える。
(7)　間違った箇所があった場合、その箇所を注意しながら、もう１度、ノートに書かせる。（第２試行目）。

３　文の読む練習
(1)　以上の手続きで、１０問について、子どもが文を書いたら、その１０文について、図版のテキストの部分を開き、テキストを読ませる。
(2)　正しく読めなかった場合、その箇所を注意し、再度読ませる。

訓練用図版の例

3じに　はなこが　ていぶるで　おちゃを　のんでいます。

S　ステップ　M４（７－１、７－２）　平叙文と疑問文の作成とモデル構成（４）（行為者、相手、対象、場所、時間、道具、目的、原因・理由）

目的
「行為者」、「相手」、「対象」、「場所」、「時間」、「道具」、「目的」、「原因・理由」、「行為」の要素からなる材料に他の要素と対比させて、「何しに（何のために）」（目的）、「どうして（なぜ）」（原因・理由）の疑問詞を用いた疑問文を作ることを学習する。

材料
1　ステップ７用図版（文のモデル構成M４）　2　モデルプレート（９カテゴリー　×　２枚）　3　モデル説明図
4　１辺３ｃｍ程度の白いプレート１枚　5　おはじき１個　6　記録表

課題及び材料
1 モデル説明図
下記参照

2 訓練用の文（絵及び図式で、文を作った後、下線の要素を尋ねる疑問文を作る）

（７－１）
1.　太郎はプールへ泳ぎにいった。
2.　まさおは食べ過ぎでお腹をこわした。
3.　野原でお父さんがお母さんに花を上げた。
4.　お父さんは自転車で川へつりに行った。
5.　太郎さんは雪崩で雪に埋まった。
6.　公園でまさおは鳩に豆をやった。
7.　花子は病院へお見舞いにいった。
8.　花子は風で傘をとばされた。
9.　太郎は鋸で木を切っている。
10.　お父さんは津波で山へ逃げた。

（７－２）
11.　お正月に太郎は神社にお参りにいった。
12.　山の噴火で　おじさんたちは海へ逃げた。
13.　お父さんはパイプでタバコを吸っている。
14.　正夫は８時に学校勉強にいきます。
15.　赤ちゃんが雷の音で泣きだした。
16.　正夫は川へ水汲みにきました。
17.　郵便屋さんはお母さんに手紙を渡した。
18.　クマは雪崩で谷へ落ちた。
19.　花子がブラシで靴を磨いています。
20.　雨（なの）で花子はお父さんに傘をもっていった。

本ステップの訓練の流れ図	手　続　き

本ステップの訓練の流れ図

ステップ６
↓
1．文の作成
　a 図式なしの文の作成
　↓
　b 図式による文の作成とモデル構成
↓
2．疑問文の作成
↓
（６－１、６－２の２０問終了後 ）
↓
3．学習テスト
↓
次のステップへ

手続き

基本的に、ステップM１、M２、M３の手続きと同じ。

但し、以下のことに注意すること：
1　「目的」についての疑問文を作る場合　「何のために」という疑問詞を用いた疑問文をつくる。
　例　太郎はプールへ何のために行ったの？
2　「原因・理由」についての疑問文を作る場合、「なぜ」あるいは「どうして」という疑問詞を用いる。
　例 まさおはどうしてお腹をこわしたの？
3　「目的」「原因・理由」について、最初の問題（1.,2.）で、訓練者は、やり方の見本を示し、子どもに、その通りやらせ、模倣・学習させる。

モデル説明図

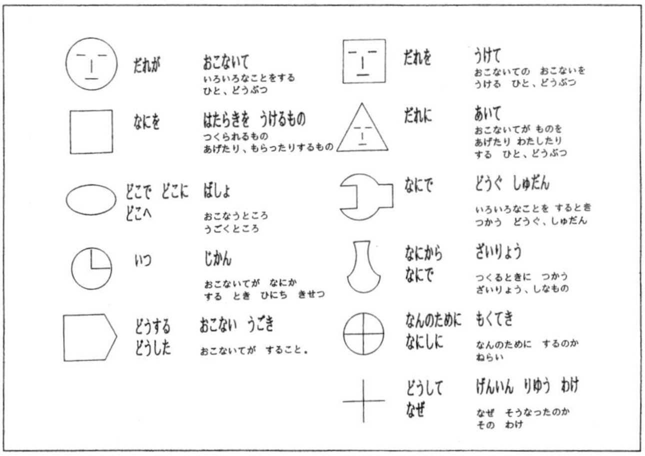

ステップ　K２、K３、K４の手引きは省略：　K１に準じる。
また、学習テストは、全て、M１の場合と同じ。
各ステップで（　　　）内に記されているステップ数は、本書第１部で報告されている訓練実験の場合のステップ構成を指す。

付録A－3

各種の分類操作の学習を基礎にした
語彙・認知発達プログラム

L　ステップ　1　分類の学習（1）－ 機能、材質による1次元分類 －

目的	機能が異なる道具（書く道具と切る道具、物を取る道具と計る道具）、及び材質が異なる道具（金属製・木製・プラスチック製、金属製・竹製・プラスチック製）を材料にして、機能、材質に基づいて、材料を分類する行為を学習する。
材料	①分類課題用道具 金属製：ボルペン、スプーン、のこぎり、ナイフ（剃刀）、ハサミ、フォーク、ピンセット、バターナイフ 木製：木槌、箸、鉛筆、 プラスチック製：へら、物差し、ジェムクリップ、サインペン、計量カップ、 竹製：へら、スプーン、物差し ②分類用紙皿　3枚
課題及び教材	機能による1次元分類 課題1　書く道具：鉛筆、ボールペン、サインペン 切る道具：ナイフ、のこぎり、ハサミ、へら（竹製） 課題2　取る道具：箸、フォーク、スプーン、ピンセット 計る道具：物差し（竹製）、物差し（プラスチック製） 計量コップ 材質による1次元分類 課題1 金属製：ボールペン、スプーン、のこぎり 木製：木槌、箸、鉛筆 プラスチック製：へら、物差し、ジェムクリップ 課題2 金属製：ナイフ（剃刀）、スプーン、バターナイフ 竹製：へら、スプーン、物差し プラスチック製：へら、計量カップ、物差し、

本ステップの訓練の流れ図

前テスト
↓
機能1次元分類課題
課題　1
↓
課題　2
↓
材料1次元分類課題
課題　1
↓
課題　2
↓
ステップ2へ

手　続　き

1　道具の機能による1次元分類課題
課題1（書くものと切るもの）
（1）「これから、二つの仲間に分ける勉強を始めますよ」という教示を与え、課題1用の道具鉛筆、ボールペン、サインペン、ナイフ、のこぎり、ハサミ、へら（竹製）を、子どもの前の机の上にランダムに並べる。そして、紙皿2枚を子どもの前の机の前に、横に2列に置き、そして、「ここに色々な道具がありますが、これらを、この皿の中に入れながら、二つの仲間に分けて下さい」という教示を与え、それらを、二つのグループに分けさせる。
（2）第1試行目の分類が終えたら、正しくできた場合も、間違った場合も、どの場合も、「どしてそう分けたの？　これは何の仲間？　それは何の仲間？」と聞き、その理由付けを尋ねる
（3）もし、第1試行目の分類が正しい場合は、その理由を尋ねたのち、次の課題に移る。
（4）第2試行目：もし、この第1試行で正しく分類できない場合、あるいは、不完全である場（2）の理由付けを尋ねた後、「どうもうまく分けられないね。その道具は、何をするものなの何のための道具なのかを考えて、二つの仲間に分けてごらん。」というヒントを与えて、第2試行目をやらせる。そして、その理由付けを尋ねる。
（5）第3試行目：また、第2試行でも、正しく分類できない場合、あるいは不完全である場合個々の道具をランダムに一つ一つ取り上げ、「これは何するもの？　これで何をするの？」と尋ね、子どもが、「書くもの」、あるいは「切るもの」と答えたら、「それでは、どの仲間、どの皿に入れる？」と尋ね、子どもが、正しく分類するように援助を与え、分類させる。

課題2（取るものと計るもの）
課題1と全く同じ手続きで行う。

2　材料による1次元分類課題
課題1（金属、木製、竹製）
（1）ボールペン、スプーン、のこぎり 木槌、箸、鉛筆、へら、物差し、ジェムクリップの材料を、ランダムに子どもの前に並べ、さらに、3枚の紙皿を横に並べ、「今度は、よく考えて、ここにある物を、三つの仲間に分けて下さい。」という教示を与え、分類させる。その際、何でできているかとか、材料等に関して一切のヒントを与えない。
（2）以降、機能1次元分類の場合と同じ手続きで、分類とその理由付けの課題を行わせる。つまり、第1試行目で正しく分類できなかった場合は、第2試行目で、「その物が何からできているのか、何でできているのか、よく考えて三つの仲間に分けて下さい」というヒントを与えて分類させる。そして、それでも正しくできない場合には、第3試行目で、ランダムに個々の対象を取り上げ、「これは何から（で）できているの？」と尋ねる。そして、子どもが正しく答えたら、それに応じて分類させる。
課題2（金属、木製、竹製）
上と全く同じ手続きによる。

L　ステップ　2　分類の学習（2）の1－材質、形の異なる幾何立体の分類（A）－

目的

材質、形の異なる幾何立体を材料にして、形、材質によって対象を3要素に分類する行為を学習する。また、その分類の学習を容易にするため、その形の名称や特徴、対象の形、機能、材料を言語化させて自覚させる。

材料

金属製：球（パチンコ玉）、偏平円形（小金属円板）各1、木製：立方体（大、小）各1、球（大、小）、偏平円形 各1
プラスチック製：立方体、偏平円形各1、ビー玉、ボール、サイコロ、立方体状消しゴム、10円金貨、碁石各1

課題及び材料

1）形による1次元分類課題
球：金属球（小）
　　木製球（大）
　　木製球（小）　各1個
立方体：木製（大）
　　木製（小）
　　プラスチック製（小）各1個
偏平円形：金属製
　　木製
　　プラスチック製　各1個

2）材質による1次元分類課題
金属製：球
　　偏平円形　各1個
木製：立方体（大）
　　（小）
　　球（大）
　　（小）　各1個
プラスチック製：立方体
　　偏平円形　各1個

3）同じ形のカテゴリーに入る対象の発見
a）球　b）立方体　c）偏平円形

4）対象の名称、形、機能、材料の言語化
球：（1）ビー玉　（2）ボール
立方体：（1）サイコロ　（2）ケシゴム
偏平円形：（1）お金　（2）碁石

本ステップの訓練の流れ図	手　続　き
ステップ1 ↓ 形による1次元分類課題 ↓ 同じ形のカテゴリーに入る対象の学習 ↓ 対象の名称、形、機能材料の言語化 ↓ 材質による1次元分類課題 ↓ 次のステップへ	形、材質による1次元分類課題の学習の方法は、全くステップ1と同じ手続きによる。 同じ形のカテゴリーの対象の学習 （1）形による1次元分類課題の学習によって、球、立方体、偏平円形に3分類された後、それぞれの形について、「これと同じ形をしているものには、他に何があると思う？」と尋ねる。球、立方体、偏平円形について、それぞれ、「ビー玉」「ボール」「ピンポン」、「サイコロ」、「お金」「バッチ」等が指摘されることが期待されている。 対象の名称、形、機能、材料の言語化 （1）ビー玉、ボール、サイコロ、ケシゴム、お金、碁石について、それぞれの実物を子どもに見せて、次々に 「これは何？」、「これはどんな形をしているの？」「これはどうする物なの？」「これは何からできているの？」と尋ね、その対象の名称、形、機能、材料を言わせる。 （注意） 分類の理由付け、対象の形の言語化に置いて、球、立方体、偏平円形の名前が以下のように言われても構わない。 球：「まる」「ボール（の形）」「玉（の形）」 立方体：「四角」「サイコロみたいな形」 偏平円形：「丸くて薄ぺったい」「丸い形」

L　ステップ　2　分類の学習（2）の2　－材質、形の異なる幾何立体の分類（B）－

目的

材質、形の異なる幾何立体を材料にして、形、材質やその性質によって対象を２、３要素に分類する行為を学習する。

材料

金属製：球（パチンコ玉）、偏平円形（小金属円板）各１、木製：立方体（大、小）各１、球（大、小）、偏平円形 各１
プラスチック製：立方体、偏平円形各１。ビー玉、ボール、サイコロ、立方体状消しゴム、１０円金貨、碁石各１

課題及び材料

1　材質による１次元分類
課題１（金属とゴム）
金属：１０円金貨、金属球、偏平円形　（各１）
ゴム：ボール、消しゴム
課題２（プラスチックと木）
プラスチック製：サイコロ、碁石、立方体、偏平円形
木製：球（大）、立方体、偏平円形　（各１）

2　形（球、立方体、偏平形）による１次元分類
球：ボール、金属球、木製球（大）、（小）
立方体：サイコロ、消しゴム、木製（大）（小）、プラスチック製
偏平円形：お金、碁石、金属円板、木製、プラスチック製（各１）

3　性質による１次元分類
透明：ビー玉、プラスチック立方体、プラスチック偏平円形
不透明：木球（小）、サイコロ、１０円金貨

本ステップの訓練の流れ図

ステップ２の１
↓
材料１次元分類課題
課題　１
↓
課題　２
↓
形による１次元分類課題
↓
次のステップへ

手続き

１次元分類課題の学習の方法は、全くステップ１、２と同じ手続きによる。

L　ステップ　3　分類の学習（3）－同類発見、異物発見課題－

目的

対象の形、材質を材料にした実物による同類発見課題、異物発見課題で、一定の特質に基づいた同類のクラスを探し出す操作の学習、練習を行う。

材料

□（木製１辺3cm）４個、▢（木製１辺5cm）１個、□（プラスチック製１辺3cm）１個、 サイコロ１個
○（小、１辺1cm）金属製１個、木製１個、ガラス製１個、◯（大、１辺3cm）木製１個、
◒（直径約3cm）木製１個、金属製１個、　紙皿２枚

課題及び材料

1　実物による同類発見課題（Ａクラスと同類の物を１つＢグループの中から見つけ出す。*印が該当物）。

	Ａグループ	Ｂグループ
(1)	（□　□　□）	（□*　○　◯　◒）
	木製（１辺3cm）	木　金　木　木
(2)	（□　□　□）	（▢*　○　○　◒）
	木製（１辺3cm）	プ　金　ガ　金
(3)	（□　□　▢）	（□*　○　◯　◒）
	木　プ　木	プ　ガ　木　木
(4)	（◯　○　○	（○*　□　□　◒）
	木　金　ガ	木　木　プ　木

（ 但し 木：木製、金：金属製、プ：プラスチック製
　ガ：ガラス製　）

2　実物による異物発見課題（そのグループの中から１つだけ異物（仲間外れ）を探し出し、その理由を説明する。*印が該当物）

(1)	（□　□　□　○*）
	木　木　木　木
(2)	（□　□　□　□*）
	木　木　木　プ
(3)	（□　□　▢　○*）
	木　プ　木　ガ
(3)	（◯　○　○　□*）
	木　金　ガ　プ

本ステップの訓練の流れ図	手　続　き
ステップ２ ↓ ［同類発見課題］ ↓ ［異物発見課題］ ↓ 次のステップへ	１　実物による同類発見課題 (1)　子どもの前に、横に、紙皿２枚を並べ、 左方の紙皿にＡグループの実物を並べ、右方の皿に、Ｂグループの実物を置く。そして、Ａグループの対象を指さして、「これと同じ仲間のものが一つ、（Ｂグループの対象を指して）この中にあります。どれが、そうですか。探して下さい」という教示を与える。そして、それを探させる。 (2) もし、子どもが、その対象を選んだら（正しい反応でない場合も）、その理由を尋ねる。 (3) 同じ手続きで、４問行う。 ２　実物による異物発見課題 (1)　子どもの前に、各問それぞれ上に記述した四つの対象を、ランダムな配列で並べる。そして、「この中に、一つだけ仲間外れの物があります。どれが仲間外れですか。探して下さい」という教示を与える。そして、探させる。 (2)　子どもが、その対象を選んだら（また、誤った物を選んだ場合でも）、「なぜ、それが、仲間外れなの？」とその理由を尋ねる。 (3) 同じ手続きで、４問まで行う。

L　ステップ　4　　分類の学習　（4）

目的	機能が異なる器具（文房具、おもちゃ、食器）、及び材質が異なる道具（木製・紙製・金属製・プラスチック製）を材料にして、機能、材質に基づいて、対象を3，4要素に分類する行為を学習する。
材料	鉛筆、ノート、コンパス、物差し（プラスチック製線引き）、けん玉、めんこ、こま（金属製）、ピンポン玉 箸（木製）、紙皿、スプーン（金属製）、フォーク（プラスチック製）
課題及び材料	1　機能による1次元分類課題 文房具：鉛筆、ノート、コンパス、物差し おもちゃ：けん玉、めんこ、こま、ピンポン玉 食器：箸、紙皿、スプーン、フォーク 2　材質による1次元分類課題 木製：鉛筆、けん玉、箸 紙製：ノート、めんこ、紙皿 金属製：コンパス、こま、スプーン プラスチック製：物差し、ピンポン玉、フォーク

本ステップの訓練の流れ図	手　続　き
ステップ3 ↓ 機能による1次元分類課題 ↓ 材質による1次元分類課題 ↓ 次のステップへ	手続きは、基本的にステップ1，2の場合と同じ。 (1)　教示は、以下の通り。 第1試行目　（分類すべき対象の脇に3枚の紙皿を並べて） 「ここにあるものを、三つの仲間に分けて下さい」 第2試行目　（第1試行で正しくできない場合） 機能による分類課題の場合 「何のための道具なのか、よく考えて、三つの仲間に分けて下さい。」 材質による分類課題の場合 「それが何からできているのか、よく考えて、三つの仲間に分けて下さい。」 第3試行目　（第2試行でもできない場合） 個々の対象について、「これは何のための道具？」「これは何からできている？」と尋ねて分類させる。 (2)なお、1の機能による1次元分類課題については、その分類が正しくできた時、その仲間の名前（「文房具」「おもちゃ」「食器」）を尋ねる。

L　ステップ　5　分類の学習（5）－季節による分類－

目的
春夏秋冬の季節に関わる花、果物、行事等の絵カードを材料にして、それらを季節によって四つのグループに分類することを学習する。

材料
1　下の対象を表している白黒絵カード、計３０枚、　2　紙皿４枚

課題及び材料

季節による分類

課題　1		課題　2	
春	チューリップ、おひなさま	春	鯉のぼり、入学式、つくし、お花見
夏	ひまわり、水泳	夏	せみとり、田植、朝顔、ほたる、花火、キャンプ、すいか割り
秋	ぶどう、月見	秋	運動会、稲刈り、栗拾い、柿、紅葉
冬	雪だるま、サンタクロース	冬	年賀状、たこあげ、はねつき、スキー、かるたとり、お供え餅

本ステップの訓練の流れ図

ステップ４
↓
季節による分類課題（1）
↓
季節による分類課題（2）
↓
次のステップへ

手　続　き

手続きは、基本的にステップ１，２、４の場合と同じ。

(1)　教示は、以下の通り。
第１試行目　（分類すべき対象の脇に４枚の紙皿を並べて）
「ここにあるものを、四つの仲間に分けて下さい」

第２試行目　（第１試行で正しくできない場合）
「どの季節のものなのか、よく考えて、四つの仲間に分けて下さい。」

第３試行目　（第２試行でもできない場合）
個々の対象について、「これは、春、夏、秋、冬のどの季節のもの？」と尋ねて分類させる。

L　ステップ　6　２次元分類の学習（１）－幾何図形の分類－

目的	形（円、四角、三角）、色（赤、黄、青）、大きさ（大、中、小）が異なる３次元の分類カード２７枚を用いて、２次元分類、及び、その仲間の２次元的表現の練習を行う。
材料	円図形（赤大、赤中、赤小、黄大、黄中、黄小、青大、青中、青小）各１枚、計９枚　　紙皿　６枚 四角図形（赤大、赤中、赤小、黄大、黄中、黄小、青大、青中、青小）各１枚、計９枚 三角図形（赤大、赤中、赤小、黄大、黄中、黄小、青大、青中、青小）各１枚、計９枚
課題及び材料	１ 円図形９枚、四角図形９枚、計１８枚 の２次元分類 ①　１次元分類 (1)まず、１８枚の図形を二つの仲間に分ける。 (2)次に、１８枚の図形を、別の方法で３群に分ける。 ②　２次元分類 (1)次に、１８枚の図形を、６群に分ける。 ２　円図形９枚、３角形図形９枚、計１８枚 の２次元分類 ①　１次元分類 (1)まず、１８枚の図形を二つの仲間に分ける。 (2)次に、１８枚の図形を、別の方法で３群に分ける。 ②　２次元分類 (1)次に、１８枚の図形を、６群に分ける。

本ステップの訓練の流れ図

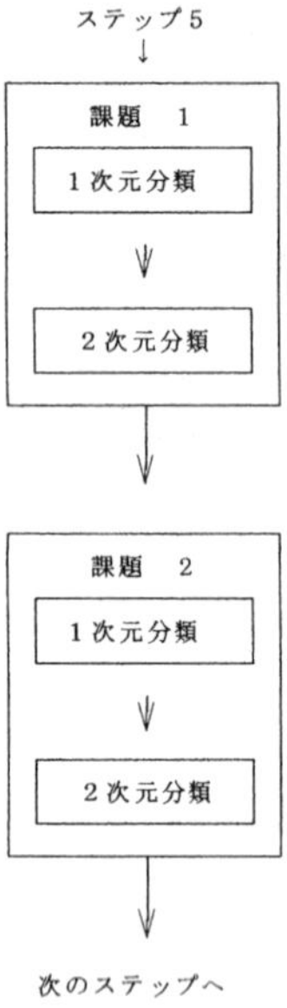

手　続　き

１　円図形９枚、四角図形９枚、計１８枚 の２次元分類

①１次元分類

(1) 円９枚、四角形９枚をランダムな配置で、机の上に並べる。
　教示「さあ、よくみてごらん。ここに色々な形、色、大きさの紙がはってあるカードがあるね。これは、はじめ、二つの仲間（グループ）に分けてください」
(2) もし、円、四角に２群したら、記録表の円、四角を○でかこみ、その仲間の名称を尋ねる。
(3) もし第１試行でできない時は、「形を考えて分けてごらん」とヒントを与え第２試行。
(4) もし、それでも、分類ができない時は、「円と四角に分けてごらん」
(5) またランダムに並べて、
　「今度は、三つの仲間に分けて下さい」という教示を与える。
(6) 色によって３群に分けるか、大きさによって分けるかしたら、
　その分類（例、Ｒ、Ｙ、Ｂ）とａ、ｂ、ｃ欄に記入し、その名称を尋ねる。
(7) 第１試行がダメな時、　第２試行・・・「色を考えてごらん」
　　　　　　　　　　　　　第３試行・・・「赤、黄、青の三つに分けてごらん」
　のヒントを与えてから行う。記録その他は、第１試行の場合と同じ。

②２次元分類

(1) また、ランダムに配置し直して、「こんどは、６つの仲間（グループ）に分けてください」という教示を与える。
(2) もし、円赤、円黄、円青、四角赤、四角黄、四角青のグループができたら、記録表の該当語を○でかこみ、各々について「何の仲間？」と尋ねる。この場合、「赤い丸」「丸で赤のグループ」と２次元の表現ができることが期待されている。
(3) 分類、名称が６群共に正しければ、第１試行で終わる。さもない場合は、第２試行に入る。
(4) 第２試行
　教示「まずはじめに、二つの仲間（グループ）に分けてごらん。そしてその仲間（グループ）を三つに分けてごらん」
　それでも、分類・名称ができない時は、
(5) 第３試行
　教示「まず、四角とマルに分けてごらん。それから四角、マルを赤、黄、青に分けてごらん」

２　円図形９枚、３角形図形９枚、計１８枚 の２次元分類

　１の課題とまったく同様に行う。

L　ステップ　7　2次元分類の学習（2）　－幾何図形の分類－

目的

形（円、四角、三角）、色（赤、黄、青）、大きさ（大、小）が異なる3次元の分類カード18枚を用いて、2次元分類、及び、その仲間の2次元的表現の練習を行う。

材料

円図形（赤大、赤小、黄大、黄小、青大、青小）各1枚、計6枚
四角図形（赤大、赤小、黄大、黄小、青大、青小）各1枚、計6枚
三角図形（赤大、赤小、黄大、黄小、青大、青小）各1枚、計6枚　　計18枚

課題及び材料

1　形（○□△）＊色（赤、青、黄）＊大きさ（大小）の図形18枚の分類
①　1次元分類
1）3群に分ける課題（色または形）
2）2群に分ける課題（大きさ）
②　2次元分類
(1)　6群に分ける課題（色と大きさ、または形と大きさ）

2　同じ材料を用いた別の方法による分類
①　1次元分類
(1)　1とは別の方法で3群に分ける課題（形または色）
(2)　2群に分ける課題（大きさ）
②　2次元分類
(1)　1とは別のやり方で6群に分ける課題（形と大きさ、または色と大きさ）

本ステップの訓練の流れ図

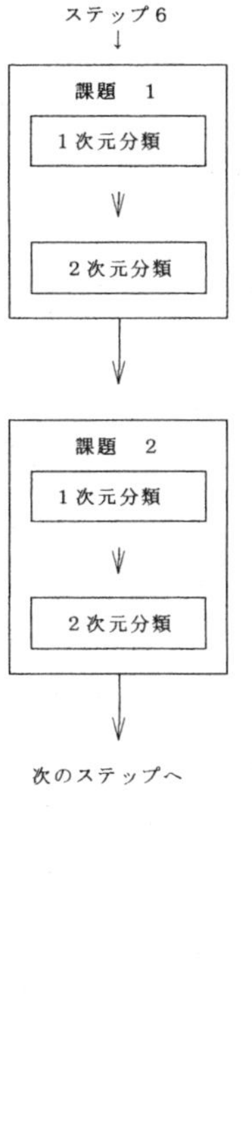

手　続　き

1　形（○□△）＊色（赤、青、黄）＊大きさ（大小）
①　1次元分類
1）3群に分ける課題（色または形）
(1) 全18枚をランダムな配置で、机の上に並べる。
教示「さあ、よくみてごらん。ここに色々な形、色、大きさの紙がはってあるカードがあるね。これは、はじめ、三つの仲間（グループ）に分けてください」
(2) もし、円、四角、三角に分けたら、記録表の円、四角、三角を○でかこみ、その仲間の名称尋ねる。色で分けたら、色名を○で囲む。そして、仲間の名称を尋ねる。
(3) もし第1試行でできない時は、「形を考えて分けてごらん」とヒントを与え第2試行。
(4) もし、それでも、分類ができない時は、「円と四角と三角に分けてごらん」と指示を与える。
2）2群に分ける課題（大きさ）
(1) またランダムに並べて、
「今度は、二つの仲間に分けて下さい」という教示を与える。
(2) 大きさによって分けたら、その仲間の名称を尋ねる。
(3) 第1試行がダメな時、
第2試行・・・「大きさを考えてごらん」
第3試行・・・「大きいのと小さいのに分けてごらん」のヒントを与えてから行う。
記録その他は、第1試行の場合と同じ。

②　2次元分類
(1) また、ランダムに配置し直して、「こんどは、6つの仲間（グループ）に分けてください」という教示を与える。
(2) もし、正しく6つのグループができたら、記録表の該当語を○でかこみ、各々について「何の仲間？」と尋ねる。この場合、「大きい四角」「小さい四角」、「赤くて大きいもの（図形」「大きくて赤いもの（図形）」と2次元の表現ができることが期待されている。
(3) 分類、名称が6群共に正しければ、第1試行で終わる。さもない場合は、第2試行に入る。
(4) 第2試行
教示「まずはじめに、三つの仲間（グループ）に分けてごらん。そしてその仲間（グループ）を二つに分けてごらん」
それでも、分類・名称ができない時は、
(5) 第3試行
教示「まず、四角とマルと三角（赤、黄、青）に分けてごらん。それから、それを、それぞれ、大きいものと小さいものに分けてごらん」

2　同じ材料を用いた別の方法による分類
1の課題と同様に行う。しかし、3群に分ける時に、次のような教示を与える。
教示「ここに色々な形、色、大きさの紙がはってあるカードがあるね。これを、さっき、三つの仲間（グループ）に分けてもらったけれども、今度は、さっきとちがったやり方で、三つの仲間（グループ）に分けてください。さっきと同じやり方ではだめですよ。ちがったやり方を考えて、分けて下さい。」
2群に分ける場合、2次元分類の場合の教示は、1の課題と同じ。

L　ステップ　8　　2次元分類の学習（3）－人間、動物、乗り物の分類－

目的　人間、動物、乗り物を描いた絵カードを材料に、人間を男・女、大人・子ども、動物を鳥・獣、水生・陸生、乗り物を陸上・水上、人力・気動　の2次元に分類する行為を学習する。また、併せて、それらの対象についての語彙を学習する。

材料

1　人間：お姉さん（お母さん）、おばあさん、男の子（3輪車に乗っている）、野球の選手 女の子（七五三に着物を着ている）、社長、女の子（掃除をしている）、男の子（騎馬戦）、お父さん（ハイキング）、お嫁さん、男の子（野球をしている）を示す絵カード12枚

2　動物：かもめ、縞馬、ラクダ、ペンギン、クジラ、ツバメ、アザラシ、鶴、虎、鶏、白鳥、イルカを描いた12枚の絵カード

3　乗り物：ボート、漁船、人力車、オートバイ、渡し船、自転車、モーターボート、乗用車、タンカー、バス、三輪車、カヌー（丸木船）を描いた12枚の絵カード。

課題及び材料

1　人間（男・女、大人・子ども）	2　動物（鳥・獣、水生・陸生）	3乗り物（陸上・水上、人力・気動）
①　語彙の学習	①　語彙の学習	①　語彙の学習
②　1次元分類	②　1次元分類	②　1次元分類
(1)　2群に分ける課題（性または大人・子ども）	(1)　2群に分ける課題（鳥・獣または水生・陸生）	(1)　2群に分ける課題（陸上・水上、または人力・気動）
(2)　2群に分ける課題（別の方法で）	(2)　2群に分ける課題（別の方法で）	(2)　2群に分ける課題（別の方法で）
③　2次元分類	③　2次元分類	③　2次元分類
(1)　4群に分ける課題	(1)　4群に分ける課題	(1)　4群に分ける課題

本ステップの訓練の流れ図

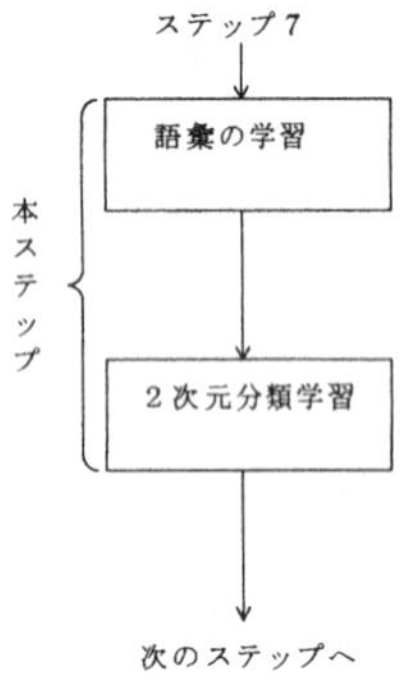

手続き

絵単語を用い、語彙についての学習を含まれる他は、原則的にステップ6、7の方法と同じ

① 絵単語による語彙の学習

(1) 第1試行・・・絵単語を示し、その語を尋ねる。
もしわからなければ、その語を教え、説明する。（Tマーク）

(2) 第2試行・・・全語について、上のことが終了後、また尋ねる。
またわからなければ教える。（Tマーク）

以上3試行まで行う

②1次元分類
③2次元分類
基本的にステップ6、7の方法と同じ。

(1) 第1試行・・・独力でやらせる。

(2) 第2試行・・・次のヒントを与えて、分類させる。

A・・・1) 年を考えて
2) 男女を考えて
B・・・1) 羽があるのか、足が何本あるのかを考えて
2) どこに住んでいるか
C・・・1) どこで、それを使うのかを考えて
2) なんで動かすのかを考えて

(3) 第3試行・・・分類の方法を直接提示して分類させる。

L　ステップ　9　上位概念とクラスの包摂の学習（１）

目的

ステップ８で扱った人間、乗り物の絵カードを材料にして、２次元分類の復習をすると共に、下位クラスを合成することによってより上位のクラスを作りながら、それに対応した上位の概念を学習する。また、学習した人間、乗り物について、異物発見課題で、一定の基準でクラスを見つけ出す学習も行う。

材料

ステップ８で用いた人間、乗り物の絵カード各１２枚

課題及び材料

1　人間に関する課題
①　２次元分類の復習
１２枚のカードを４群に分ける課題
②　分けた４群（男の子、女の子、男の大人、女の大人）のクラスの命名課題
③　クラスの合成、上位クラスの命名
(1)「男の子の仲間と女の子の仲間を一緒にすると何になるの？」
(2)「男の大人の仲間と女の大人の仲間を一緒にすると何になるの？」
(3)「子どもと大人と一緒にすると何になるの？」
④　クラスの合成課題
(1)　（女の子、女の子、男の子*）
(2)　（お母さん、おばあさん、女の子*（バレー）
(3)　（男の子*、女の子、お嫁さん、おばあさん）
(4)　（男の子、男の子、女の子、社長*）

2　乗り物に関する課題
①　２次元分類の復習
１２枚のカードを４群に分ける課題
②　分けた４群（人、エンジンが動かす車、人、エンジンが動かす船）のクラスの命名課題
③　クラスの合成、上位クラスの命名
(1)「人が動かす車の仲間とエンジンが動かす車を一緒にすると何になるの？」
(2)「人が動かす舟の仲間とエンジンが動かす船を一緒にすると何になるの？」
(3)「車の仲間と船の仲間を一緒にすると何になるの？」
④　クラスの合成課題
(1)　（ボート、カヌー、タンカー*）
(2)　（乗用車、バス、自転車*）
(3)　（モーターボート、渡し船、漁船、乗用車*）
(4)　（三輪車、乗用車、バス、カヌー*）

間テスト
↓
1　人間に関する課題
①　２次元分類の復習
↓
③
クラスの命名
↓
④
クラスの合成、
上位クラスの命名
↓
④　クラスの合成
↓
2乗り物に関する課題
↓
次のステップへ

カード１２枚をステップ８の場合と同じように、子どもの前に並べ、
「前にやったように、四つの仲間（グループ）に分けてください」という教示を与え、
分類させる。
（忘れている場合、ステップ８の方法の通り２分類させ、次にまた分類させる）

②　分類し終えたら
(ｲ)　女の子のカード３枚を出し、その仲間の名称を尋ねる。
(ﾛ)　次いで、男の子のカード３枚について、その名称を尋ねる。
「これは、何という仲間かな？」

③　(ﾊ)次いで、６枚のカードを一緒にして、
(1)　「では、この女の子の仲間と、男の子の仲間とを一緒にすると、何の仲間になるのかな？」と聞く。（→子どもの仲間）
(2)　(ｲ)、(ﾛ)、(ﾊ)の手順を、女の大人、男の大人のカードについても行う。（→大人の仲間）
(3)　次いで、子どもの仲間と大人の仲間を一緒にして、
「子どもの仲間と大人の仲間を一緒にすると、何の仲間になるかな？」（→人間の仲間）
（家族）

④　次いで、次の各場合について、そのクラスの名称を聞く。その際、まず*のないカードでたずね、次の*のカードを含めて尋ねる。
(1)　女の子（バレー）、女の子（おそうじ）、男の子*（騎馬戦）　（→子ども）
(2)　お母さん、おばあさん、女の子*（バレー）　（→女の人）
(3)　男の子*（三輪車）、女の子（七五三）、お嫁さん、おばあさん
（→人間・家族）
(4)　（男の子、男の子、女の子、社長*）　（→人間）

2　乗り物に関する課題でも手続きは同じ。

L　ステップ　１０　上位概念とクラスの包摂の学習（２）

目的　いもー野菜ー食べ物、ペンー文房具ー道具のクラス関係を材料にして、下位ー上位クラスの関係、クラスの包摂について学習する。

材料

①絵カード

(1)　いもー野菜ー食べ物（１２枚）
薩摩いも、里いも、じゃが芋、山芋
かぼちゃ、白菜、かぶ、なす
ソーセージ、そば、ハム、蒲鉾

(2) ペンー文房具ー道具（１２枚）
万年筆、マジックペン、ボールペン、ペン
ハサミ、線引き（定規）、ホチキス、消しゴム
鎌、ペンチ、シャベル、じょうろ

②　色の異なる紐３本
（包摂図）

課題及び材料

１　「いもー野菜ー食べ物」　課題

①　上位クラスの作成と上位概念の学習
以下のように下位クラスに新しい要素を加え、その都度、何の仲間になったかを尋ねる
(1)　（薩摩いも、里いも、じゃが芋、山芋）
(2)　（(1)のクラス＋かぼちゃ＋白菜）
(3)　（(1)のクラス＋かぼちゃ＋白菜＋かぶ＋なす）
(4)　（(3)のクラス＋ソーセージ＋そば）
(5)　（(3)のクラス＋ソーセージ＋そば＋ハム＋蒲鉾

②　クラスの命名（何の仲間？）
(1)　（薩摩芋、じゃが芋、里芋）
(2)　（薩摩芋、じゃが芋、白菜）
(3)　（薩摩芋、じゃが芋、ソーセージ）
(4)　（かぼちゃ、白菜、山芋）
(5)　（かぼちゃ、里芋、そば）

③　クラスの理解（仲間集め：次の物を全部下さい）
(1) いも　(2) 野菜　(3) 食べ物

④　包摂図による包摂関係の学習
(1)　芋と野菜
(2)　野菜と食べ物

２　「ペンー文房具ー道具」　課題

①　上位クラスの作成と上位概念の学習
以下のように下位クラスに新しい要素を加え、その都度、何の仲間になったかを尋ねる
(1)（万年筆、マジックペン、ボールペン、ペン）
(2)（(1)のクラス＋ハサミ＋線引き（定規））
(3)（(1)のクラス＋ハサミ＋線引き＋ホチキス＋消しゴム）
(4)（(3)のクラス＋鎌＋ペンチ）
(5)（(3)のクラス＋鎌＋ペンチ＋シャベル＋じょうろ）

②　クラスの命名（何の仲間？）
(1)（万年筆、マジックペン、ペン）
(2)（万年筆、ボールペン、消しゴム）
(3)（万年筆、ボールペン、ペンチ）
(4)（ペン、ホチキス、消しゴム）
(5)（線引き、サインペン、シャベル）

③　クラスの理解（仲間集め：次の物を全部下さい）
(1) ペン　(2) 文房具　(3) 道具

④　包摂図による包摂関係の学習
(1)　ペンと文房具
(2)　文房具と道具

本ステップの訓練の流れ図

ステップ　９
↓
（１　いもー野菜ー食べ物）

①上位クラスの作成と上位概念の学習
↓
②　クラスの命名
↓
③　クラスの理解
↓
④包摂図による包摂関係の学習
↓
（２　ペンー文房具ー道具）
次のステップへ

包摂図

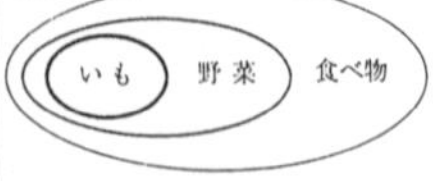

手　続　き

１　「いもー野菜ー食べ物」　課題

①　上位クラスの作成と上位概念の学習
1)まず、芋の絵カード４枚を、子どもの前に並べ、何の仲間かを尋ねる。
最高２試行まで答えを求め、それでもわからない場合は教える。
2)次に、その４枚の芋の絵カードに、「かぼちゃ」「白菜」の絵カードを加え、
ｲ)「何の仲間か？」、ﾛ)「仲間（の名前）が変わったか、否か」を尋ねる。
3)次に、(2)に「かぶ」「なす」を加え、上と同じく、ｲ)、ﾛ) の質問をする。
4)以降、同じやり方で、(4)では(3)に「ソーセージ」、「そば」、(5)では、(4)に「ハム」「かまぼこ」を加え、その都度、ｲ)、ﾛ) の質問を行い、上位クラス、概念を学習する。

②　クラスの命名　以下の絵カードを、子どもの前に並べ、何の仲間かを尋ねる。
２試行目までは、自力で解答を求め、それでもわからない時は教える。
(1)　（薩摩芋、じゃが芋、里芋）
(2)　（薩摩芋、じゃが芋、白菜）
(3)　（薩摩芋、じゃが芋、ソーセージ）
(4)　（かぼちゃ、白菜、山芋）
(5)　（かぼちゃ、里芋、そば）

③　クラスの理解（仲間集め）
３本の色の異なる紐で同心楕円（包摂図：下図参照）を作り、芋、野菜、食べ物の関係を説明した後、紐で作られた包摂図の中に、当該のカード（芋、野菜、食べ物）全部を置き、
1)「お芋（のカード）を全部もってきて下さい」と言って、芋を集めさせる。
2) 次に、それらを元に戻した後、「野菜（のカード）を全部もってきた下さい」と言い、野菜をもってこさせる。
3) そこで、芋を除いた野菜だけをもってきた場合は、第２試行目では、芋と野菜の境界の紐を外し、再度同じ指示を与えて行わせる。
4)以下、同じ方法で、食べ物について行う。

④　包摂図による包摂関係の学習
③と同じように、紐で包摂図を作り、それに各カードを配置した後、
1)「お芋と野菜とでは　どちらがたくさんありますか」と尋ねる。
2)（1)の答えが、正しい場合も、芋の方が多いと答えた場合でも)
「お芋の絵カードの上に、赤いチップを置いて下さい」
「野菜の絵カードの上に、黄色のチップを置いて下さい」という教示を与え、芋、野菜のそれぞれの絵カードの上に、色の異なるチップを一つずつ置かせる。
3) そして、もう１度「お芋と野菜とでは　どちらがたくさんありますか」と尋ねる。
そして、チップの数から、野菜の方が、芋よりも多いことを学習させる。
4)　同じ手続きで、野菜と食べ物について行う。

２　「ペンー文房具ー道具」課題
上と全く同じ手順で行う。

L　ステップ　１１　上位概念とクラスの包摂の学習（３）

目的

女児－子ども－人間、猫－家畜－動物における上位－下位関係を材料にして、下位ー上位クラスの関係、クラスの包摂について学習する。

材料

人間に関する絵カード（女児３枚、男児３枚、大人の女性３枚、大人の男性３枚）　計１２枚
動物の絵カード（猫４枚、犬、豚、馬、牛、ライオン、豹、犀、猪　各１枚）　計１２枚

課題及び材料

1　「女児－子ども－人間」課題

① 上位クラスの作成と上位概念の学習

以下のように下位クラスに新しい要素を加え、その都度、何の仲間になったかを尋ねる

(1)　（女児Ａ、女児Ｂ、女児Ｃ）
(2)　（ (1)のクラス＋男児Ａ＋男児Ｂ）
(3)　（ (1)のクラス＋男児Ｃ）
(4)　（ (3)のクラス＋大人の女性Ａ，Ｂ，Ｃ）
(5)　（ (3)のクラス＋大人の男性Ａ，Ｂ，Ｃ）

② クラスの命名（何の仲間？）

(1)　（男児Ａ、男児Ｂ，男児Ｃ）
(2)　（女児Ａ、女児Ｂ、女児Ｃ）
(3)　（男児Ａ、女児Ａ、男児Ｂ）
(4)　（大人の女性Ｂ、女児Ｂ、大人の男性Ａ）
(5)　（男児Ｃ、大人の女性Ａ、大人の男性Ａ）

③ クラスの理解（仲間集め：次の物を全部下さい）

(1) 女の子　(2) こども　(3) 人間

④ 包摂図による包摂関係の学習

(1)　女児と子ども
(2)　子どもと人間

2　「猫－家畜－動物」課題

① 上位クラスの作成と上位概念の学習

以下のように下位クラスに新しい要素を加え、その都度、何の仲間になったかを尋ねる

(1)（猫Ａ、猫Ｂ、猫Ｃ）
(2)（ (1)のクラス＋犬＋豚）
(3)（ (1)のクラス＋馬＋牛）
(4)（ (3)のクラス＋ライオン＋豹）
(5)（ (4)のクラス＋犀＋猪）

② クラスの命名（何の仲間？）

(1)　（猫Ａ、猫Ｂ、猫Ｃ）
(2)　（猫Ａ、馬、豚）
(3)　（ライオン、豹、犀）
(4)　（猫、牛、犀）
(5)　（豚、犬、ライオン）

③ クラスの理解（仲間集め：次の物を全部下さい）

(1) 猫　(2) 家畜　(3) 動物（四つ足）

④ 包摂関係の学習

(1)　猫と家畜
(2)　家畜と動物

本ステップの訓練の流れ図	手　続　き
ステップ　１０ ↓ （１ 女児－子ども－人間） ①上位クラスの作成と上位概念の学習 ↓ ② クラスの命名 ↓ ③ クラスの理解 ↓ ④ 包摂図による包摂関係の学習 ↓ （２ 猫－家畜－動物 ） ↓ ステップ１２へ	基本的に　ステップ１０と同じ手続きで行う。 ただし、包摂関係の学習では、包摂図は使わせず、おはじきだけを使わせる。 包摂関係の学習の手続きを、女児と子どもの場合を例にして説明する。 以下の順に、質問していく。 (1)　女の子と子どもでは、どちらが　沢山いますか？ (2)　女の子の数だけ、赤いおはじきを置きなさい。 (3)　子どもの数だけ、白いおはじきを置きなさい。 (4)　女の子と子どもでは、どちらが　沢山いますか？

L　ステップ１２　上位概念とクラスの包摂の学習（４）

目的	口頭で課題を提示し、言語水準で、上位概念とクラスの包摂を学習させる。
材料	特になし。記録表のみ。 包摂図
課題及び材料	１　バナナ、リンゴ、きゅうり、葡萄 ２　かぼちゃ、白菜、さつまいも、リンゴ ３　消しゴム、金槌、鉛筆、ペン ４　ナイフ、のこぎり、はさみ、金槌 ５　茶碗、皿、バケツ、お椀 ６　バス、ヘリコプター、トラック、パトカー ７　テレビ、ピアノ、太鼓、木琴 ８　犬、猫、馬、ライオン ９　駱駝、虎、ライオン、鯨 １０　ばら、さくら、ひまわり、チューリップ

本ステップの訓練の流れ図	手　続　き
ステップ１１ ↓ （１）異物発見 ↓ （２）下位クラスの発見 ↓ （３）上位クラスの理解 ↓ （４）包摂関係の理解 ↓ （５）その説明 ↓ 後テストへ	語は、口頭で提示し、どの問題も、以下の４通りの質問をする。 （１）その中に、余分（仲間外れ）なものは、どれか？　（問１の場合：きゅうり） （２）余分なものをとった残りのものは、何の仲間ですか？（問１、果物） （３）全部一緒だったら、何の仲間になるの？　（問１、食べ物） （４）上位クラスと下位クラスの数の比較　（果物と食べ物とでは、どちらが多いと思う？） （問１の場合には、「果物と食べ物では、どちらが仲間が多いと思う？」 （５）どうして、そう思うの？ 理由を説明させる時に、包摂図を使わせる。

付録Ａ－４

幼児用ひらがな文字導入用教育プログラム

音節分析　ステップ 1　2～3音節語の音節分解の練習

目的

2～3音節語を材料に、各音節の音を明瞭に発音しながら、それに一対一に対応して、図版の升目に左側から、積み木を入れて、音節の時間的な系列を、積み木の系列に置き換え、明確に語を音節単位に分解することを学習することを目的とする。

材料

1　i）図版を用いる場合、音節分解・抽出図版1　50基本音節語（W1）（20語）、
　ii)白積み木（3×3×3 cm）5～6個、iii）記録表

2　コンピュータを利用する場合　Model W1（ことばのおと；みじかいおと（50音））

課題及び材料

50音の範囲の語　20語

（1）ねこ、（2）アヒル、（3）わに、（4）せみ、（5）さくら、
（6）みそ、（7）ふえ、（8）はと、（9）たぬき、（10）うり、
（11）かもめ、（12）つの、（13）ほし、（14）けむし、（15）テント
（16）ひれ、（17）へちま、（18）ゆみや、（19）よろい、（20）なす

本ステップの訓練の流れ図

音節分解テスト
音節分解・抽出
テスト
↓
教示
↓
／ネコ／ の音節分解
4試行まで自力
↓
自力でできない場合やり
方を示す（最高4試行）
↓
できたら次に
進む
↓
20語について
練習する
↓
次のステップへ

手　続　き

最初は、図版と積み木を用いて練習を始めること。

A　図版を用いる練習の場合

1．次のような教示を与える。
「今日は、ことばを　はっきり　くぎって　言いながら、絵の下の四角の中に、一つずつ積み木を入れていく勉強をやるよ。音の数だけ四角があるから、どの四角にも積み木が入らないと間違いだよ。」

2．「はじめは　ネコだね。やってごらん。」と言って、やらせる。

3．子どもが、／ネコ／と区切らずに発音し一つの積み木を置いた場合や、各音を、明瞭に正しく発音しない場合等は、再度やらせる。

4．3試行目までは、訓練者は語の発音の見本を示しても、積み木を置く行為の見本を示してはいけない。

5．3試行、自力で行って、それでもできない場合には、訓練者は、やり方の見本を示してやらせる。

6．それでも、正しくできない場合は、最高2試行、見本提示の条件で反復練習し、それでもできない場合には、打ち切る。

7．続いて、アヒル、ワニ等の語について音節分解を行わせる。

8．語の名前は、語彙指導の面で、「これなあに？」と尋ね、わからない場合には教えるようにする。

注意　3～4歳の幼児の場合、2音節語は、正しく分解できても、3音節語は困難で、正しくできない場合がある。この場合、無理をして1回の指導で教え込むことはせず、何回かの指導を行って、学習させること。

記録の取り方

1）発音も分解も正しい場合；　／タ／ヌ／キ／　、／カ／モ／メ／　のように／を用いて記載する。

3）積み木を正しく置いたが、語の発音が不正確である場合。
タヌキをタネキと発音した場合には、／タ／ヌ／キ／として「ヌ」に×を付け「ネ」を添字する。

3）積み木を置いたが、語を発音しない場合：発音しない音を○で表す。例　／タ／○／キ／

4）2～3音節を分解せず、一つの積み木で置き換えた場合。1つの積み木相当分を／で囲む。
例：／ネコ／。／カモ／メ／。

5）2音節を1つの積み木で置き換え、その後、黙って積み木を置いた場合：
例：／タヌ／キ／○／。

B　コンピュータソフトを用いる場合

図版で、音節分解の方法が理解できたら、コンピュータソフトを用いての練習にはいってもよい。

1．教示：図版の場合と基本的に同じだが、以下のことを子どもに教えることが必要である。
（1）マウスで積み木をもってくる方法
（2）分解の作業に入る前に、絵をクリックさせて、その語の名前を調べること
（3）語の分解作業が終えたら、？マークのボタンを押して、正しくできたか否かを調べること
（4）次の問題に移るために、右下の→ボタンをクリックすること

2．発音が不明瞭である場合には、やり直しを求める。

3．最後に評価が100点満点ででるので、子どもに、それを知らせる。

4．記録は,自動的にとられるので、最後に、その子どものファイルに保存すること。

音節分析　ステップ　2　語頭音の抽出の練習

目的	ひらがな文字の導入を行う準備として、音節分解の練習を行った２～３音節語の教材を利用して、かな文字の読みの習得の基礎となる、語頭音の抽出の練習を行う。
材料	1　i）音節分解・抽出図版１　５０基本音節語（Ｗ１）２０語、ii）白積み木　５～６個 iii）色オハジキ　１個 2　コンピュータを利用する場合　Model Ｗ１（ことばのおと；みじかいおと（５０音））
課題及び材料	ステップ　１　と同じ２０語

本ステップの訓練の流れ図

ステップ１
↓
1）導入用教示
↓
2）ネコ：音節分解
↓
3）語頭の位置におはじきを置き、語頭音の抽出
↓
4）不可の場合、語頭の位置におはじきを置き、音節分解をやらせて尋ねる（最高５試行）
↓
8）それでも不可の時語尾音の抽出を試みる。
↓
１０）それでも不可の時、子どもの名前で語頭音、語尾音の抽出を試みる。
↓
9）／ネコ／で抽出できたら、他の２０語について抽出の練習を行う。
↓
文字導入のステップへ

手　続　き

1．教示：「今日は、ことばが、どのような音から　はじまるのか、はじめの音を見つけだす勉強をやるよ。むずかしくないから、先生の言うことをよく聞いて勉強してね。」

2．以下の手順で、語頭音の抽出を誘導する。

1）図版のネコの絵を見せて、「これネコだね。前と同じように、ネコと言いながら積み木を置いてごらん。」

2）子どもに、音節分解の作業をやらせる。

3）こどもが、図版の升目に積み木を正しく置いたら，「そう、よくでくたね」と言いながら、図版の、「ネ」に相当する語頭の升目の上部に、赤い（あるいは別の色の）オハジキを一つ置いて、「では、さっき積み木をここに置いた時に、何と言ったかね？どのような音を言った？」と尋ねる。

4）子どもが、質問の意味を理解できない場合には、図版の上の積み木を取っ払い、左の升目の上部にオハジキをおいて、「ここに積み木を置くとき何というのか、注意して、もう一度、ネコと言いながら、積み木をおいてごらん。」と言い、子どもに再度、ネコと言いながら積み木を置かせる。

5）子どもが積み木を置いたら、「このおはじきのある所に、積み木を置いたとき、何と言ったの？」と尋ねる。

6）ここで、子どもが、/ネ/と言うことができれば抽出に成功したことになる。

7）ここでわからなかったり、／ネコ／と答えたりする場合は、上の4）、5）の手続きを最高５回まで繰り返す。それでもできない場合には打ち切る。

8）語頭音の抽出ができなくても、子どもによって語尾音を取り出せる場合があるので、／コ／の箇所におはじきを置き、「おしまいの音は何という音かな？」と尋ね、上の4）、5）の手続きで、数回試みる。そして、語尾音が取り出せたら、再び語頭音の抽出に戻る。

9）3）、6）で、語頭音が取り出せた場合には、次の語の課題に移る。

１０）それでもできない場合は、自分の名前の語尾音、語頭音について試みる。

１１）それでもできない場合には、ステップ１に戻り、分解の練習をやり直し、再度、このステップにもどる。

記録は、正答は○で、誤答は×印とその反応で記載する。しかし、その際に、どのような分析をしたのか（特に、手、指、頭の動き、唇の動き、発音の有無等）を観察して、以下の記号を、○印、×印の脇に記載する。

1）上の3）のような質問に対して、直ぐに黙って、唇も動かさずに、正しい音を言い当てた場合：○s：S=Silence（内言の水準）

2）上の4）の場合のように、再度、積み木をおいて、答を求めた場合。第１試行はN印で、第２試行は、○AF（Aloud　and　Finger）声を出して、指を使ったという言う意味）

3）積み木や指を使わないが、声を出して、／ネコ／あるいは、／ネ／と発音して、言い当てた場合：○ＡＬ（Aloud：外言の水準）

4）声を出さないが、声を出しているかのようにつぶやいた場合：○Ｌ（Lip：唇を動かした）

5）声を出さず唇も動かないが、その積み木に指を当てた場合：○Ｆ（Finger：指を当てる）

いずれの場合にも、無答や誤答の場合には、再試行を求め、その都度、記録表にその反応を上の要領で記載する。

3．コンピュータを用いる場合は、図版のように、抽出する語頭音の位置に、おはじきを置けないので、その替わりに、その箇所を指さしておこなうこと。それ以外は、基本的に図版の場合と同じ。コンピュータの抽出については、記録が自動的にとれないので、図版の場合と同じ要領で、記録表に記入すること。

ひらがな文字読み導入　ステップ　1
あ行とか行の導入と読み・構成の練習（1）

目的

語の語頭音を抽出できるようになった幼児、児童を対象に、コンピュータソフト「ひらがなの導入」を用いて、あ行とか行のひらがな文字１０文字の読みを導入すると共に、絵辞書と文字プレートの助けを借りて、それらの１０文字からなる語の読みと構成の練習を行い、１０文字の習得を促す。

材料

文字の読み導入
1　コンピュータソフト「ひらがなの読み書き」のうち「ひらがなの導入　1　あ行、か行」(modelKN1)
2　絵辞書：導入用に用いた絵カード（「あ」の字とアヒルの絵が描かれたカード）１０枚
3　文字プレート；あ行、か行の１０文字の個々の文字が書かれたプレートまたは積み木（絵がないもの）１０枚

方法

各文字の読みの導入は右図に示す流れ図に沿って行われる。

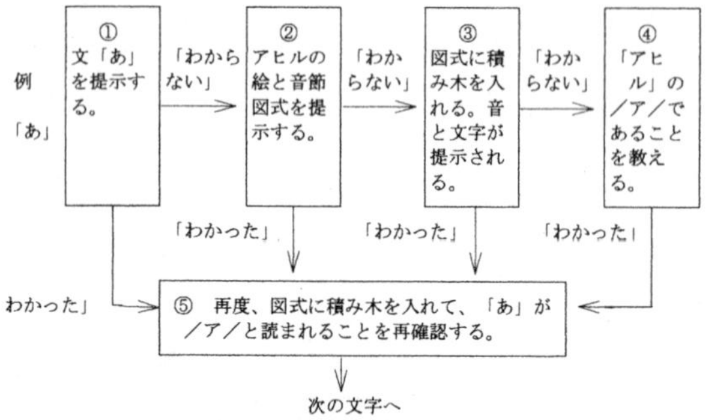
例
「あ」
①
文「あ」を提示する。
「わからない」
②
アヒルの絵と音節図式を提示する。
「わからない」
③
図式に積み木を入れる。音と文字が提示される。
「わからない」
④
「アヒル」の／ア／であることを教える。
「わかった」
「わかった」
「わかった」
わかった」
⑤　再度、図式に積み木を入れて、「あ」が／ア／と読まれることを再確認する。
次の文字へ

本ステップの訓練の流れ図	手　　続　　き

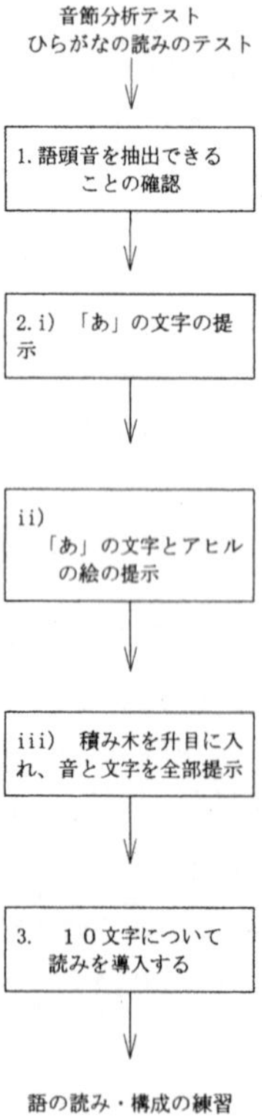
音節分析テスト
ひらがなの読みのテスト
1. 語頭音を抽出できることの確認
2. i)　「あ」の文字の提示
ii)
「あ」の文字とアヒルの絵の提示
iii)　積み木を升目に入れ、音と文字を全部提示
3.　１０文字について読みを導入する
語の読み・構成の練習

1．導入に先立って、まず、音節分析テストを行い、子どもが、語頭音を少なくても外言の水準で抽出できる水準に達していることを確認する。外言の水準以上とは、「／サクラ／の初めの音はどんな音？」と尋ねた時、子どもが、声を出して（あるいは黙って）即座に分析し、／サ／と言える水準である。もし、この水準に達していない場合には、ステップ２の練習に戻り、音節分析の練習を反復し、それから、このステップに入る。

　次に、ひらがなの読みのテストを行う。このテストは、以降のステップの場合にも、必ず毎回実施し、訓練の進行に応じた読みの進歩を調べる。読める文字がゼロであってもかまわない。

2．指導は以下の手順で進める。

i) ひらがな文字導入画面の「あ行、か行」をクリックすると、A図のように「あ」の文字だけが現れる。そこで、「これは何という字？ 読める？」と尋ねる。「わからない」と応えたら、記録表の「あ」文字のみの欄にNを記入し、

ii) 画面の筆の絵をクリックする。B図のように、アヒルの絵と図式が画面に現れる。「『あひる』の絵だけれど、この字は何と読むと思う？」と尋ねる。

iii)「わからない」と応えたら、文字＋絵の欄にNを記 入し、子どもにマウスを持たせ積み木を左から升目に入れさせる。C図のように、／ア／、／ヒ／、／ル／と言う声と共に、「あひる」の文字が画面に現れる。そこで、また、「この字は何と読むと思う？」と尋ねる。子どもが、この文字が／ア／と読むことを見つけたら、3）文字列提示に〇印を記入する。

iv) もし、これでも、子どもが「あ」の読み方が発見できない場合には、「あ」の所の積み木を再度置き／ア／の音を出させ、この字は「ア」と読むことを教える。

あ
A図

あ
B図

a) i), ii)の段階で、／ア／と言えることができても確認のために、B図、C図を提示して、子どもにマウスをもたせ、積み木を左から升目に入れさせ、確かに「ア」であることを確認させる。

3．以上の手続きで、あ行、か行の１０文字の読み方の導入を行う。

4．　その後、導入した文字を用いた語の読みと構成の練習を行う。これは、次ページで説明する。

あ
あ　ひ　る
C図

ひらがな文字読み導入　　ステップ　1
あ行とか行の導入と読み・構成の練習（2）

目的

語の語頭音を抽出できるようになった幼児、児童を対象に、コンピュータソフト「ひらがなの導入」を用いて、あ行とか行のひらがな文字１０文字の読みを導入すると共に、絵辞書と文字プレートの助けを借りて、それらの１０文字からなる語の読みと構成の練習を行い、１０文字の習得を促す。

材料

1　絵辞書：導入用に用いた絵カード（「あ」の字とアヒルの絵が描かれたカード）１０枚
2　文字プレート；あ行、か行の１０文字の個々の文字が書かれたプレートまたは積み木（絵がないもの）１０枚
3　教材用絵カード：下に示す読み練習課題１０語、構成の練習課題１０語に対応した絵カード。表にその語がひらがな文字で印字され、裏にその絵が描かれているカード、計２０枚。

課題及び材料

あ行とか行の導入

読みの練習	1）あか、2）かお、3）いか、4）いえ、5）こえ、 6）うえ、7）あき、8）かき、9）きく、10）おけ
構成の練習	1）あお、2）おか、3）かく、4）くき、5）うき、 6）かい、7）こい、8）いけ、9）えき、10）えかき

本ステップの訓練の流れ図	手　続　き
あ行、か行１０文字の導入 ↓ 1. １０枚の絵カード（絵辞書）を並べる ↓ 2. 絵辞書を用いた条件での、単語の読みの練習 ↓ 3. 絵辞書を用いた条件での、単語の構成の練習 ↓ 4. 文字の読みのテスト ↓ 次のステップへ	ステップ３　あ行とか行の導入と読み・構成の練習（1）のところで述べた手続きで、あ行、か行のひらがな文字１０文字について、読み方の導入を終えたら、引き続き、以下の手続きで、語の読みと文字プレートによる語の構成の練習を行う。 1．　子どもの前の机の上に１０枚の絵カード（絵辞書）を並べる。 そして、１枚１枚指さして、その文字が、絵付きの条件で読めることを確認する。 読めない場合があったら、その語を言わせ、語頭音を取り出させて、その文字の読みを再度教える。 2．絵辞書を用いた条件での、単語の読みの練習 「字の読み方がわからないときは、前の絵を見ていいのだよ。絵を見て、その読み方を調べながら、先生が見せるコトバを読んでごらん。」という教示を与えて、語の読み練習用に作成したひらがな文字で印字されたカード（またはファイル））を提示して読ませる。正しく読めたら「その通り、よく読めたね。」とほめて、絵（またはファイル）を裏返して、その語の絵を示す。 この手続きで、読みの練習を、上記の読み練習課題１０語について行う。 3．絵辞書を用いた条件での、単語の構成の練習 （1）机の上の絵辞書カードの上に、文字に対応させて、文字プレート（または文字積み木）をのせる。 （2）「今度は、先生が、絵を見せるから、そのコトバにある音を表す字を、前に並んであるカードを見ながら探し出して、並べて、そのコトバを字で作ってください。」と言う教示を与える。 （3）最初の問題である「赤」を表す赤色が描かれているカードを示し、「初めは、／アカ／」というコトバだよ。どの字をもってくればよいかな？」以下、次のような対話を行いながら、文字での構成を促しながら、指導を行う。 「初めの音は何？」　（／ア／　） 「では、どの文字をもってくればよいかな？」（あひるの所の「あ」を指さして「これ」） 「そうだね。それをもってきて、絵の下に置いて」　（子どもは、「あ」のプレートをもってきてカードの下に置く） 「では、／ア／次の音は何かな？」　（／カ／） 「では、それを表す文字を探して」　（子どもは、「か」のプレートをもってきて「あ」の右に置く） （4）　このような手順で、構成の練習課題１０問を行う。 4．最後に導入した１０文字について、以下の２条件で、どの程度読めるようになったかを調べる。 i）文字のみを提示した場合 ii）絵辞書を利用した場合

ステップ 2　　さ行の導入と読み・構成の練習

目的

1）さ行のひらがな文字５文字の読みの導入を行う。
2）絵辞書と文字プレートの助けを借りて、あ行、か行、サ行の１５文字からなる語の読みと構成の練習を行い、それら１５文字の習得を促す。

材料

1　ソフト「ひらがなの読み書き」のうち「ひらがなの導入２　さ行」
2　絵辞書(あ行、か行，さ行) １５枚
3　文字プレート(あ行、か行、さ行) １５文字
4　語の読み、語の構成練習用カード（またはファイル）（下記の語の読み、構成の練習問題に対応するもの）
5　記録表

課題及び材料

さ行の導入用の練習問題
読みの練習　1）あさ、2）さか、3）うし、4）すし、5）あし、
6）いす、7）そこ、8）せき、9）さお、１０）せかい
構成の練習　1）あせ、2）かさ、3）くし、4）うす、5）いし、
6）さす、7）しか、8）さけ、9）すいか、１０）おそい

本ステップの訓練の流れ図

ステップ１
↓
1．ひらがなの読みのテスト（ア行、カ行の１０文字についてのテスト）
↓
2．さ行５文字の導入
↓
3. 絵辞書を用いた条件での単語の読みの練習
↓
4. 絵辞書を用いた条件での単語の構成の練習
↓
5. 導入した１５文字についてのテスト
↓
次のステップへ

手　続　き

1．導入に先立って、まず　以下のことを行う。
i）ひらがなの読みのテスト
ii）先に導入したア行、カ行の１０文字について、1）文字だけ、2）文字と絵が描かれた絵辞書の条件で、読めるか否かを調べる。
2．さ行５文字の導入。
ソフト「ひらがなの導入２　さ行」を用いるが、導入の手続きは、ステップ１で説明した手続きと同じ。
3．絵辞書を用いた条件での、単語の読みの練習
上記の語の読み練習問題１０問について 絵辞書を用いた条件で単語の読みの練習を行う。
絵辞書は、さ行の５文字を含めて１５枚の絵カードになるが、手続きは、ステップ３と同じ。
4．絵辞書を用いた条件での、単語の構成の練習
上記の語の構成練習問題１０問について 絵辞書を用いた条件で単語の構成の練習を行う。
絵辞書は、さ行の５文字を含めて１５枚の絵カードになるが、手続きは、ステップ１と同じ。
5．最後にこれまで導入した１５文字について、以下の２条件で、どの程度読めるようになったかを調べる。
i）文字のみを提示した場合
ii）絵辞書を利用した場合

ステップ　3　ま行と「ん」の導入と読み・構成の練習
ステップ　4　ま行と「ん」の導入後の読み・構成の練習

目的

ステップ５では　１）ま行のひらがな文字５文字と「ん」の読みを導入を行う。
２）絵辞書と文字プレートの助けを借りて、ア行、カ行、サ行、マ行、「ん」の２１文字からなる語の読みと構成の練習を行い、それら２１文字の習得を促す。

ステップ６では　１）これまで導入した２１文字の定着を目的として、２）絵辞書と文字プレートの助けを借りて、２１文字からなる語の読みと構成の練習を行う。

材料

1　ソフト「ひらがなの読み書き」のうち「ひらがなの導入３　ま行と「ん」」
2　絵辞書(あ行、か行，さ行、ま行と「ん」）２１枚
3　文字プレート(あ行、か行、さ行、ま行と「ん」）２１文字
4　語の読み、語の構成練習用カード（またはファイル）（下記の語の読み、構成の練習問題に対応するもの、ステップ５と同じ）
5　記録表

課題及び材料

ステップ５　ま行、「ん」の導入用練習問題
読みの練習　１）うま、２）しま、３）いも、４）もん、５）うめ、
６）かめ、７）むし、８）あむ、９）みかん、１０）みしん
構成の練習　１）あみ、２）せみ、３）うみ、４）くま、５）まむし、
６）むく、７）こめ、８）くも、９）かもめ、１０）おめん

ステップ６　ま行、「ん」の導入後の読み・構成の練習
読みの練習　　ま行、「ん」の導入の構成練習課題と同じ
構成の練習　　ま行、「ん」の導入の読み練習課題と同じ

本ステップの訓練の流れ図

ステップ２
↓
1. ひらがなの読みのテスト　１５文字についてテスト
↓
2.　ま行５文字、「ん」の導入
↓
3. 単語の読みの練習
4. 単語の構成の練習
↓
5.　２１文字についてのテスト
↓
ステップ４へ
↓
1. ひらがなの読みのテスト２１文字についてテスト
↓
2.　単語の読みの練習
3.　単語の構成の練習
↓
4.　２１文字についてテスト(ひらがなの読みのテスト)
↓
次のステップへ

手続き

ステップ３
１．導入に先立って、まず　以下のことを行う。
i）ひらがなの読みのテスト
ii）先に導入したア行、カ行、マ行の１５文字について、１）文字だけ、２）文字と絵が描かれた絵辞書の条件で、読めるか否かを調べる。
２．ま行５文字、「ん」の導入。
ソフト「ひらがなの導入３　ま行、ん」を用いるが、導入の手続きは、ステップ１で説明した手続きと同じ。
３．絵辞書を用いた条件での、単語の読みの練習
上記の語の読み練習問題１０問について 絵辞書を用いた条件で単語の読みの練習を行う。
絵辞書は、ま行の５文字、「ん」を含めて２１枚の絵カードになるが、手続きは、ステップ１と同じ。
４．絵辞書を用いた条件での、単語の構成の練習
上記の語の構成練習問題１０問について 絵辞書を用いた条件で単語の構成の練習を行う。
絵辞書は、ま行の５文字、「ん」を含めて２１枚の絵カードになるが、手続きは、ステップ１と同じ。
５．最後にこれまで導入した２１文字について、以下の２条件で、どの程度読めるようになったかを調べる。ｉ）　文字のみを提示した場合、ii）絵辞書を利用した場合

ステップ４
１．まず　以下のことを行う。
i）ひらがなの読みのテスト
ii）先に導入した２１文字について、１）文字だけ、２）文字と絵が描かれた絵辞書の条件で、読めるか否かを調べる。
２．　２１文字の絵辞書を用いた条件での、単語の読みの練習
３．　２１文字の絵辞書を用いた条件での、単語の構成の練習
２．３．いずれも、ステップ３と同じ手続きで行うが、この場合の単語の読み課題は、ステップ３の構成課題のものを用い、単語の構成課題は、ステップ３の単語の読み課題を用いる点が異なる。
４．最後に以下のテストを行う。
導入した２１文字について、以下の２条件で、どの程度読めるようになったかを調べる。
ｉ）　文字のみを提示した場合
ii）　絵辞書を利用した場合

ステップ　５　２１文字の範囲の語の読み・構成の練習（辞書なし）

目的

これまで導入した２１文字の範囲で、絵辞書を用いない条件で、語の読みと構成の練習を行い、２１文字の読みの修得、並びに、自由に文字を用いて語を構成する能力を形成する。

材料

1　文字プレート(あ行、か行、さ行、ま行と「ん」）２１文字
2　語の読み練習用カード（またはファイル）（下記の語の読み練習問題に対応するもの）
3　記録表

課題及び材料

絵辞書を用いない条件で、以下の課題を行わせる。

読みの練習　1）いけ、2）くも、3）うそ、4）おみそ、5）おかし
　　　　　　6）あまい、7）さむい　8）うえき、9）おこめ、１０）せんす
構成の練習　２１文字の範囲で自由に１０語を作らせる。

本ステップの訓練の流れ図

ステップ４
↓
1. ひらがなの読みのテスト　２１文字についてテスト
↓
2. 絵辞書がない条件での単語の読みの練習
↓
3. 絵辞書がない条件での単語の構成の練習
↓
4. 評価テスト
↓
次のブロックへ
（ModelR1を用いた５０音の範囲での語の読みの練習）

手　続　き

１．まず　以下のことを行う。
　i）ひらがなの読みのテスト
　ii）先に導入した２１文字について、1）文字だけ、2）文字と絵が描かれた絵辞書の条件で、読めるか否かを調べる。

２．絵辞書がない条件での単語の読みの練習
　1）もはや、絵辞書のカードは、机の上に並べず、上の語の読み課題に対応して作成したカード（またはファイル）を提示して、子どもに読ませる。
　2）正しく読めたら、カード（ファイル）を裏返しにして答え合わせを行う。
　2）読めない字があった場合には、その字の絵辞書を見せてわからせる。
　2）以上の手続きで、１０語について読みの練習を行う。

３．絵辞書がない条件での単語の構成の練習
　1）机の上に、あ行、か行、さ行、ま行、「ん」の配列で、文字プレート（または文字積み木）を並べる。
　2「ここに、これまで勉強してきた　ひらがなの字が　並んでいます。今日は、この字を使って、自分で　すきなコトバを　作ってください。」という教示を与える。
　3　子どもが、文字プレート（文字積み木）で、語を作成したら、それを読ませ、「よくできたね。」と褒める。１語できたら、記録し、文字プレート（文字積み木）を元の配列に戻し、次のコトバを作るように促す。
　4）以上の手続きで、異なった１０語を作るまで、語の構成の練習を行う。

４．最後に評価テストとして、以下のテストを行う。
　1）導入した２１文字について、以下の２条件で、どの程度読めるようになったかを調べる。
　　i）　文字のみを提示した場合
　　ii）絵辞書を利用した場合
　2）ひらがなの読みのテスト
　3）音節分析テスト

なお、ひらがな文字の読みの取り立て指導は、この２１文字を限度にしてそれ以上は行わず、子どもに文字積み木のセットを与え、自主的にそれらを使って遊び、勉強するのに任せる。しばらくたってから（多くの場合、夏休み前にこの２１文字導入を行い、夏休み後に）、コンピュータソフト（ModelR1）を用いた５０音の範囲での語の読みの練習や文字の書きのための準備に移る。

付録Ａ－５

濁音・半濁音の教育プログラム

濁音・半濁音　ステップ　1　　ガ　行　濁　音

目的

カーガ行の音を対象に、濁音の産出（発声）の練習、清音を濁音に変換させて新しい濁音を含む語を産出させる練習、語のモデル構成の練習を行うことによって、濁音についての産出（発声）能力と言語的自覚を形成する。

また、すでに清音の字が正しく書ける子どもには、濁音を含む語を正しく書く能力を形成する。

材料

1　下記の語で濁音の指導を行う訓練用図版
2　赤色、黒色の約３ｃｍ平方のプラスチック製（または、マグネット板の）小プレート各１０枚、３　記録表

課題及び材料

1　濁音の産出の練習
2　濁音をもつ語への変換課題（以下の１５対の語を用いる）
　1)蚊－蛾、2)カラス－ガラス、3)烏賊－いが、4)金－銀、5)柿－鍵、6)茎－釘
　7)こま－ゴマ、8)小石－碁石、9) ３個－珊瑚、10)はけ－禿、11)負ける－曲げる、
　12)開ける－あげる、13)服－ふぐ、14)書く－家具、15)クラス－グラス
3　図式なしの語の音節構造のモデル構成

4　書きの練習

本ステップの訓練の流れ図

前テスト
文字の読みテスト
文字の書きテスト
↓
1.　濁音の産出の練習
↓
2. 濁音をもつ語への変換課題
↓
3. 図式なしでの語の音節構造のモデル構成
↓
4, 濁音の書きの練習
↓
次のステップへ

手　　続　　き

1．濁音の産出の練習

1）赤、黒の小プレートを、訓練者の手元に置き、「今日は　濁った音についての勉強をするよ」という導入用の教示を与える。訓練者は、赤プレートを１枚、子どもの前に置きながら、／カ／と発声し、「これは澄んだ音だけれれども、これを濁らすと、／ガ／になるよ」と言い、黒プレートを、赤プレートの隣に並べる。

2）子どもの喉の声帯の位置に、子どもの指を当てさせ、／カ／－／ガ／と発声させ、濁った音を発音するとき、のど（声帯））がふるえる（振動を感じる）ことを感じさせ、同様のことを／キ／－／ギ／、／コ／－／ゴ／等で行い、濁ることの意味を理解させる。

3）また、赤いプレートは澄んだ音を、黒いプレートは濁った音を表すことを説明し、２）のプレートを置きながらの、清音－濁音を対比しながらの発声の見本提示を、か行、ガ行の音について、３～４回反復する。

4）その後、「先生が、赤い板を置きながら、澄んだ音を言い、その隣に黒い板を置くので君は、それを濁らせた音を言ってね」という教示を与る。

5）そして、訓練者はランダムな順番（例えば、記録表に示すように、カ、コ、 ケ、キ、ク、カ、コ、 ケ、キ、ク、コ、カ、ケ、キ、ク）で、赤プレートを置きながら清音の音を発声し、子どもに、それを濁らせ、置かれた黒プレートをみながら、濁音の音を出すことを求める。もちろん、間違った場合には教える。子どもは、初めは、とまどったり、間違ったりするが、漸次正しく、対応した濁音を発声できるようになる。正しく、対応し

2．濁音をもつ語への変換課題

ここでは、A図に示す訓練図版を用いる。図版の左側には、清音だけからなる語（この場合、柿）が示され、絵の下に、正方形の升目が音節の数だけ描かれている。右側には、「／カキ／」の「／キ／」が濁った語、カギ（鍵）の絵が描かれ、その下の升目は、濁音に対応する所は編み目がかけられている。初めは、右側の濁音を含む語の絵は、厚紙で覆い、図式は見えるが、絵は見えない状態にしておく。

このような図版を用い、以下の手続きで指導を進めていく。

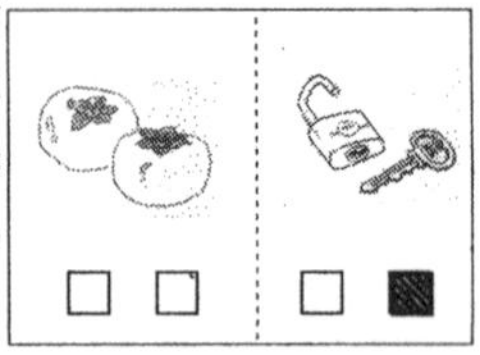

A図

1）白抜きの升目は、濁らない音を表し、編み目の升目は、濁った音を表していることを子どもに教え、左の絵が「柿」であることも教え、まず初め、／カ／キ／と音節に区切って発音しながら、赤プレートを、柿の下の升目に左から入れていくことを求める。

2）次に、「カキ」の／キ／に該当している赤プレートにオハジキを置き、「ここの所の音を濁らせて、右の所に新しいコトバを作るとすると、どんなコトバになるのかな？」と発問し、右側の図版の下のモデル図式に赤プレートと黒プレートを入れて、新しいコトバを作ることを求める。

3）子どもが、／カギ／と発音したら、「それは何？」と尋ねる。子どもが語の意味を理解した場合「そうだね。よくできたね。」と言って、カバーを開いて鍵の絵を見せる。語の意味をできない場合も、確認のために絵を見せて教える。

3．図式なしでの語の音節構造のモデル構成

１枚の図版で、上の作業が終えたら、両方とも今度は、絵が見え、図式をカバーした状態で、柿、鍵のモデルを構成させる（間違ったら最高３試行まで反復する）。

このような手順で、１５対の語で、濁音をもつ語への変換とモデル構成の練習を行う。

4．書きの練習

1）清音が正しく書ける状態になっている場合には、上の３.に引き続き、各語で、モデルをみながら、対をなす語を書く作業を行いながら、濁音を書く練習を行う。

2）清音がまだ全部正しく書けない子どもの場合には、ここでの指導は、上の４．に留め、清音が正しく書ける状態になってから、改めて、上の３．の指導の所から、指導を始め、対となっている語のモデルを作らせてから、書く練習を行う。

濁音・半濁音　ステップ　2　　ザ　行　濁　音
　　　　　　　ステップ　3　　ダ　行　濁　音

目的

サーザ行、ターダ行の音を対象に、濁音の産出（発声）の練習、清音を濁音に変換させて新しい濁音を含む語を産出させる練習、語のモデル構成の練習を行うことによって、濁音についての産出（発声）能力と言語的自覚を形成する。

また、すでに清音の字が正しく書ける子どもには、濁音を含む語を正しく書く能力を形成する。

材料

1　下記の語で濁音の指導を行う訓練用図版
2　赤色、黒色の約３ｃｍ平方のプラスチック製（または、マグネット板の）小プレート各１０枚、
3　記録表

課題及び材料

ステップ　2

1．濁音の産出の練習
2．濁音をもつ語への変換課題（以下の１５対の語を用いる）
　1)猿－ざる、2)朝－あざ、3)酒－甘酒、4)菓子－火事、5)岸－きじ、6)櫛－くじ、
　7)臼－渦、8)すす－鈴、9)キス－傷、10)汗－畦、11)線－膳、12)五線－午前、
　13)味噌－溝、14)二足－三足、15)空－青空
3．図式なしの語の音節構造のモデル構成
4．書きの練習

ステップ　3

1．濁音の産出の練習
2．濁音をもつ語への変換課題（以下の１２対の語を用いる）
　1)鯛－台、2)蓋－札、3)タイヤーダイヤ、4)タンスーダンス、5)天気－電気
　6)打て－腕、7)照る－出る、8)点線－電線、9)糸－井戸、10)的－窓、11)飛ぶ－どぶ
　12)虎－ドラ
3．図式なしの語の音節構造のモデル構成
4．書きの練習

本ステップの訓練の流れ図	手　続　き
ステップ１ ↓ 1. 濁音の産出の練習 ↓ 2. 濁音をもつ語への変換課題 ↓ 3. 図式なしでの語の音節構造のモデル構成 ↓ 4. 濁音の書きの練習 ↓ 次のステップへ	手続きは、基本的に　ステップ　1と　同じ。

濁音・半濁音　ステップ　4　　　ア行－ハ行

目的

子どもの中に、語頭に／ｈ／や／ｆ／をもつ語の聴覚的識別や正確な発音ができない場合があり、それが、パ行とバ行の音や文字の混同の原因になることが認められるので、その学習の前に、語頭に／ｈ／や／ｆ／をもつ語とその子音をもたない類似した語と対比させて学習させることを通して、／ｈ／や／ｆ／をもつ語の聴覚的識別、発音とその言語的自覚を形成する。

材料

1　下記の語を対にして指導を行う訓練用図版
2　赤色、黄色、白色の約３ｃｍ平方のプラスチック製（または、マグネット板の）小プレート各１０枚、
3　記録表

課題及び材料

１．／ハ／行の音の産出の練習
２．／ハ／行の音（／ｈ／、／ｆ／の子音を）語頭にもつ語への変換課題（以下の１５対の語を用いる）
1)蟻－針、2)足－箸、3)赤－墓、4)折る－掘る、5)押す－干す、6)遅い－細い
7)行く－引く、8)オイル－お昼、9)痛い－額、10)エビ－蛇、11)えんじ－返事、
12)エル－減る、13)腕－筆、14)牛－節、15)うき－蕗
３．図式なしの語の音節構造のモデル構成
４．書きの練習

本ステップの訓練の流れ図

ステップ３
↓
1. ／ハ／行の音の産出の練習
↓
2. ／ハ／行の音を語頭にもつ語への変換課題
↓
3. 図式なしの語の音節構造のモデル構成
↓
4. 書き方の練習
↓
次のステップへ

手　　続　　き

１．／ハ／行の音の産出の練習
1）訓練者は、赤、黄色の小プレートを手元にもち、「今日は　ハ行の音、／ハ／、／ヒ／、／フ／、／ヘ／、／ホ／について勉強するよ。」という導入用の教示を与える。
2）訓練者は、赤プレートを１枚、子どもの前に置きながら、／ア／と発声し、「君も言ってみて」と言い、子どもに模倣して発音させる。次に、「喉の奥を少し力を入れて、／ア／と言うと、／ハ／という音になるよ。／ハ／。」「君も真似して言ってみて。」（／ハ／）。「これは、黄色の板で表すよ。」と言って、黄色プレートを、赤プレートの隣に置く。
3）これと同じ手続きで、赤、黄のプレートを置きながら、／イ／と／ヒ／、／ウ／と／フ／、／エ／と／ヘ／、／オ／と／ホ／の音を産出・発音の練習をする。
4）これが１通りできたら、他のステップの場合と同じように、訓練者は赤のプレートを置きながら、ランダムな順序で、しかも偏ることなく、どれかの母音を言い、黄色のプレートをその隣に置き、子どもに、その母音に対応した、／ハ／行音を言うことを求める。これを約１５回行う。子どもが間違えたり、わからない場合には教える。

２．　／ハ／行の音（／ｈ／、／ｆ／の子音を）語頭にもつ語への変換課題

ここで用いる訓練用図版は、Ａ図に示すように、基本的に母音で始まる語と、ハ行音で始まる語が対になっている（例外的に、／オイル－オヒル／のような語も１つある。また、絵の下の図式には、母音の音節には斜線が、ハ行音の升目には、○印が描かれている。

また、初めは、右側のハ行音を含む語の絵は、厚紙で覆い、図式は見えるが、絵は見えない状態にしておく。このような図版を用い、以下の手続きで指導を進める。

1）斜線の升目は、母音（ア、イ、ウ、エ、オ）を表し、赤いプレートを置くこと、丸印のある升目は　ハ行音を表しており、黄色のプレートを置くこと、その他の音を表す升目は白いプレートを置くことを子どもに教える。
2）Ａ図の図版で説明すると、まずこのの絵が「押す」であることも教え、まず初めに、／オ／ス／と音節に区切って発音しながら、赤プレートと白プレートを、右の絵の下の升目に左から入れて語の音節モデルＡ図（押すと干す）を作らせる。

Ａ図（押すと干す）

3）次に、「おす」の／オ／に該当している赤プレートにオハジキを置き、「ここの所の音を、ハ行の音に変えて、右の所に新しいコトバを作るとすると、どんなコトバになるのかな？」と発問し、右側の図版の下のモデル図式に黄プレートと白プレートを入れて、新しいコトバを作らせる。
4）子どもが、／ホス／と発音したら、「それはどういうこと？」と尋ねる。子どもが語の意味を理解した場合「そうだね。よくできたね。」と言って、カバーを開いて「干す」の絵をみせる。語の意味を理解できない場合も、確認のために絵を見せて教える。

３．図式なしでの語の音節構造のモデル構成

基本的にステップ１と同じ手続きで指導する。

１枚の図版で、上の作業が終えたら、両方とも今度は、絵が見え、図式をカバーした状態で、Ａ図の課題の場合、「押す」「干す」のモデルを構成させる（間違ったら最高３試行まで反復する）。

４．書き方の練習

ハ行の聴覚的識別や発音に問題がある場合には、上記の３．の課題に引き続き、語の書き方の練習を行う。

５．以上の手続きで、１５対の語について、上記の２．３．（及　４.）の練習を行う。

なお、このステップは、聴覚的な識別や発音に問題がある児童、幼児を対象にした補助ステップで、どの児童、幼児にも行わなければならないものではない。

濁音・半濁音　ステップ　5　　パ行ーバ行

目的

パーバ行音を対象に、パーバ行音の産出（発声）の練習、パ行音をバ行濁音に変換させて新しいバ行濁音を含む語を産出させる練習、語のモデル構成の練習を行うことによって、パーバ行音についての産出（発声）能力と言語的自覚を形成する。
また、すでに清音の字が正しく書ける子どもには、パーバ行音を含む語を正しく書く能力を形成する

材料

1　下記の語でパーバ行音の指導を行う訓練用図版
2　赤色、黒色、白色の約３ｃｍ平方のプラスチック製（または、マグネット板の）小プレート各１０枚、
3　記録表

課題及び材料

１．半濁音から濁音の産出の練習
２．濁音をもつ語への変換課題
本書の第３部で述べた指導・訓練では以下の(A)の１４対の語を用いたが、まだ未学習な促音を含む語が含まれ、モデル構成や書きの訓練で問題が生じる可能性があるので、（B）に示す促音を含まない１０対の語に修正した。子どもの指導に用いる場合、この（B）の語を用いて頂きたい。ＣＤに含まれる付録の図版も、この（B）に対応できるように修正してある。
（A）1)看板－甲板、2)パンチ－番地、3)パック－バック、4)ピン－瓶、5)六匹－三匹、
6）ヒクヒク－びくびく、7)コップ－瘤、8)トップ－跳ぶ、9)ペンチ－ベンチ
10）ペット－ベット、11)いっぺん－３べん、12)１本－３本、13)ポトン－ボトン
14）ポチ－墓地。
（B）1)パス－バス、2)甲板－看板、3)ピン－ビン、4)ピクピク－ビクビク、5)プンプン－ブンブン、
6)プツプツ－ブツブツ、7）ペンチ－ベンチ、8)ペタペタ－ベタベタ、9)ポチ－墓地、10)ポトン－ボトン
３．図式なしの語の音節構造のモデル構成

４．書きの練習

本ステップの訓練の流れ図

ステップ３、４
↓
1. ／パ／行、／バ／行の音の産出の練習
↓
2. 濁音（／バ／行音）をもつ語への変換課題
↓
3. 図式なしでの語の音節構造のモデル構成
↓
4. 書き方の練習
↓
後テスト

手　続　き

１．／パ／行、／バ／行の音の産出の練習
１）　教示：「今日は／パ／ピ／プ／ペ／ポ／と／バ／ビ／ブ／ベ／ボ／の音について勉強するよ」
２）「／パ／と言ってごらん」　（／パ／）
以下、／ピ／プ／ペ／ポ／について、同様に発声練習を行う。
３）　「／バ／と言ってごらん」　（／バ／）
以下、／ビ／ブ／ベ／ボ／について、同様に発声練習を行う。
４）「／パ／ピ／プ／ペ／ポ／と／バ／ビ／ブ／ベ／ボ／は、唇を合わせてから、息をつめて唇を急に開いて音を出す、音の出し方は同じだよ。だけど、／パ／ピ／プ／ペ／ポ／の音は澄んでいるけれども、／バ／ビ／ブ／ベ／ボ／は濁った音だよ。」
５）「先生が音を濁らせて、言うから真似して言ってみてごらん。／パ／－／バ／」
（／パ／－／バ／）
以下、／ピ／プ／ペ／ポ／について、同様に発声練習を行う。
６）　赤、黒の小プレートを見せて、「前と同じように、赤は澄んだ音、黒は濁った音を表します。先生は、赤い板を置きながら、澄んだ音を出すから、君は、黒い板をみて、濁った音に替えて、音を出してください」
訓練者は、ランダムな順序で、赤プレートを置きながら／パ／行音を発音して示し、その隣に、黒プレートを置いて、子どもにそれに対応した／バ／行音を出すことを促す。この作業を、各音３回、計１５回行う。子どもがわからない場合や、間違えた場合は教える。記録表に記録を取る。
２．（／パ／行音をもつ語を）濁音（／バ／行音）をもつ語への変換課題
手続きは、基本的にステップ１、２、３、の場合と同じ。但し、以下の点が異なる
１）パ行音は、赤プレート、バ行音は黒プレート、他の音は白プレートで表す。そのことを予め、子どもに教える
２）図式の方は、パ行音は、升目の中に大きな円が描かれ図形で示し、バ行音はそれを濁らせた音であるので、編み目の入った升目で示してある。これも、予め、子どもに教えておく。
３）以下の擬声音、擬態音については、絵に合わせて、以下のように説明する。
ピクピク：魚がピクピク動いている。
ビクビク：おじいさんがビクビク橋を渡っている。
プンプン：正夫がおもちゃを壊されたので、プンプン怒っている。
ブンブン：蚊が　ブンブン　とんでいる。
プツプツ：イチゴには、このようにプツプツがたくさんあるね。
ブツブツ：お母さんが、イチゴをブツブツ煮てジャムを作ります。
ペタペタ：ここに　シールをペタペタ貼ります。
ベタベタ：ついたお餅を　ベタベタ　こねます。
ポトン：小石が　ポトンと　落ちました。
ボトン：大きな石は　水に落とすと　ボトンと落ちます。
３．図式なしでの語の音節構造のモデル構成
手順は、ステップ１、２、３、の場合と同じ。
４．書き方の練習
ステップ１、２、３の場合と同じ。

付録A－6

幼児用

分類操作の学習を基礎にした語彙・認知教育プログラム

ステップ　1　語彙・1次元分類課題　(1)　野菜と果物

目的

野菜と果物のカテゴリーに入る15種の対象の実物モデルを用いて、それらの語彙を指導すると共に、それらの対象を野菜と果物の範疇に分類する行為を学習させ、野菜、果物の上位概念を形成することを目的とする。

材料

1　下記に示す命名課題、分類課題用の15種の野菜、果物の対象のプラスチック製実物モデル
2　紙皿2枚
3　記録表

課題及び材料

1　対象の命名課題：　以下の対象の名称を言わせる。わからなければ教える。

2　野菜と果物への1次元分類課題
　1　野菜　　トマト、大根、人参、タマネギ、トウモロコシ、ジャガイモ、キュウリ、ピーマン
　2　果物　　メロン、桃、バナナ、ミカン、リンゴ、レモン、イチゴ
3　カテゴリーの命名

本ステップの訓練の流れ図

語彙テスト
範疇化テスト
カテゴリーの命名テスト
↓
1．対象の命名課題
↓
2．野菜・果物への分類課題
↓
3．カテゴリーの命名
↓
次のステップへ

手続き

1．対象の命名課題：分類課題に入る前に、ランダムな順序で対象を、子どもに示し
　1）その名称を尋ねる。
　2）わからなければ、再度尋ね、それでもわからない場合には、その名称を教える。

2．野菜、果物への分類課題
　1）　机の上に、2枚の紙皿を出し、「さあ、ここにいろいろなものがあるけれども、これを、よく考えて、二つの仲間に分けて下さい」という教示を与え、分類させる。
　2）　第1試行が、間違っている場合には、「すこしおかしい所があるので、もう1度やって下さい」といって、第2試行を行わせる。
　3）　それでも誤る場合には教える。
3．カテゴリーの命名
　1）分類課題で、2群に分類した場合、正しくても、正しくなくても、「この仲間は、何の仲間？」とききき、その名称を尋ね、その反応を記録する。
　2）　分類を教えた場合にも、同じく、その仲間の名称を尋ねる。

記録表への記録の仕方
　語彙の命名課題の場合
（1）第1反応で正しい場合、評価欄に○印、
（2）第1，第2反応でいずれも誤っている場合、反応欄にそれらを記入。評価欄は×で、教えた場合はそこにTマークを記入（×、T）。
（3）第1反応で間違い、第2反応で正しい場合、誤反応を反応欄に記入し、評価欄には、X→○
（4）「わからない」反応で、教えた場合には、反応欄にDK，評価欄にTマークを記入する。
　分類・カテゴリーの命名課題
（1）　第1試行、第2試行共に、分類の反応、命名反応を、所定欄に記載する。
（2）　分類の反応、命名反応の評価は、正反応には○印を、誤反応には×印をつける。

ステップ 2　語彙・1次元分類（2）　道具の機能による分類
ステップ 3　語彙・1次元分類（3）　食器の機能による分類
ステップ 4　語彙・1次元分類（4）　道具とおもちゃの分類

目的

ステップ2　機能が異なる道具（書く道具、切る道具、計る道具）を材料にして、それらの語彙を指導すると共に、その機能に基づいて、道具を分類する行為を学習させ、これらの上位概念を形成する。

ステップ3　機能が異なる食器（取る道具、食べ物を入れる器、飲み物を入れる器）を材料にして、それらの語彙を指導すると共に、その機能に基づいて、食器を分類する行為を学習させ、これらの上位概念を形成する。

ステップ4　道具と玩具をを材料にして、それらの語彙を指導すると共に、その機能に基づいて、対象を道具とおもちゃに分類する行為を学習させ、これらの上位概念を形成する。

材料

ステップ2　1　下記に示す命名課題、分類課題用の10種の道具　2　紙皿3枚　3　記録表
ステップ3　1　下記に示す命名課題、分類課題用の9種の食器　2　紙皿3枚　3　記録表
ステップ4　1　下記に示す命名課題、分類課題用の9種の対象　2　紙皿2枚　3　記録表

課題及び材料

ステップ2
1　対象の命名課題：　以下の対象の名称を言わせる。
　わからなければ教える。
2　道具の機能による分類課題
　書く道具：　鉛筆　クレヨン　ボールペン
　切る道具：　ハサミ　ナイフ　ノコギリ
　計る道具：　物差し　計量カップ　温度計　磁石
3　カテゴリーの命名

ステップ3
1　対象の命名課題：　以下の対象の名称を言わせる。
　わからなければ教える。
2　食器の機能による分類課題
　取る道具：　はし　スプーン　フォーク
　食べ物を入れる器：皿　お茶碗　おわん
　飲み物を入れる器：コップ　マグカップ　湯飲み茶碗
3　カテゴリーの命名

ステップ4
1　対象の命名課題：　以下の対象の名称を言わせる。
　わからなければ教える。
2　対象の機能による分類課題
　道具：ハサミ　ノコギリ　フォーク　ペン　鉛筆
　おもちゃ：ボール　自動車（ミニカー）　紙フーセン　ビー玉
3　カテゴリーの命名

本ステップの訓練の流れ図	手　続　き
ステップ1 ↓ 1.　対象の命名課題 ↓ 2．道具の機能による分類課題 ↓ 3.　カテゴリーの命名 ↓ 次のステップへ ステップ3、4も上と同じ流れ図	ステップ2 1．対象の命名課題：分類課題に入る前に、ランダムな順序で対象を、子どもに示し 1）その名称を尋ねる。 2）わからなければ、再度尋ね、それでもわからない場合には、その名称を教える。 2．道具の機能による分類課題 1）机の上に、3枚の紙皿を出し、「さあ、ここにいろいろな道具があるけれども、これを、よく考えて、三つの仲間に分けて下さい」という教示を与え、分類させる。 2）第1試行が、間違っている場合には、「すこしおかしい所があるので、もう1度やって下さい」といって、第2試行を行わせる。 3）それでも誤る場合には、特に、物差し、米計量カップ、温度計、磁石の機能について教えてから、第3試行を行わせる。 4）それでも正しく分類できない場合には、教える。 3．カテゴリーの命名 1）分類課題で、3群に分類した場合、正しくても、正しくなくても、「この仲間は、何の仲間？」ときき、その名称を尋ね、その反応を記録する。 2）分類を教えた場合にも、同じく、その仲間の名称を尋ねる。 記録表への記録の仕方 ステップ1の場合に準ずる。 ステップ3 1．対象の命名課題：　ステップ2と同じ手続きによる。 2．道具の機能による分類課題 1）　机の上に、3枚の紙皿を出し、「さあ、ここにいろいろなものがあるけれども、これを、よく考えて、三つの仲間に分けて下さい」という教示を与え、分類させる。 2）　第1試行が、間違っている場合には、「すこしおかしい所があるので、もう1度やって下さい」といって、第2試行を行わせる。 3）　それでも誤る場合には、特に、皿とコップを見せて、その使い方がどのように違うにのかについて考えさせ、食べ物、飲み物を入れるものを理解させてから、第3試行を行わせる。 4）　それでも正しく分類できない場合には、教える。 3．カテゴリーの命名　　ステップ2と同じ手続きによる。 4．記録表への記録の仕方　　ステップ2と同じ手続きによる。 ステップ4 基本的に、ステップ3と同じ手続きによる。ただし、以下の点が異なる。 1）紙皿を2枚机の上にならべて、二つの仲間に分類させる。 2）第2試行で誤る場合には、特に、ボールとナイフを見せて、その使い方がどのように違うにのかについて考えさせ、第3試行を行わせる。

ステップ 5　語彙・1次元分類課題（5）　トランプの数、マークによる再分類

目的

トランプのハート、スペード、ダイヤ、クラブの３、５、８の計１２枚のカードを材料にして、マークの名称や、１枚のカードを二つの特質から表現することを学習させると共に、同じ対象を、基準を変えて、再分類する行為を学習させる。

材料

1　トランプのハート、スペード、ダイヤ、クラブの３、５、８の計１２枚のカード
2　紙皿　４枚、
3　記録表

課題及び材料

1　トランプカードの命名：トランプのカードを、「ハートの３」のように数とマークの二つの特質を用いて命名させる。わからない場合には、教える。
2　分類課題（１）：マークを基準にした分類
3　分類課題（２）：数を基準にした分類

本ステップの訓練の流れ図

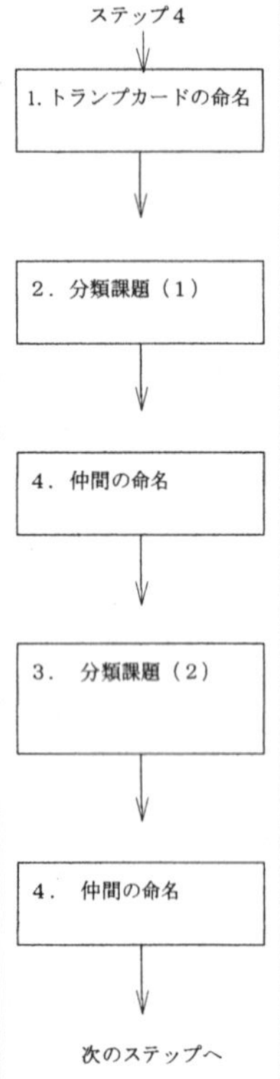

手　続　き

1．トランプカードの命名；
　1）上記のトランプカードを次々に示し、その名称を尋ねる。数とマークの二つの特質を用いて、「ハートの３」のように答えれば正答である。
　2）もし第１試行で、正しく答えられない場合には、再度尋ねる。
　　それでも、間違った場合やわからない場合には、教える。
2．分類課題（１）
　1）机の上に、４枚の紙皿を出し、「さあ、ここにいろいろな模様のカードがあるけれども、よく考えて、これを四つの仲間に分けて下さい」という教示を与え、分類させる。
　2）第１試行が、間違っている場合には、「マークに注意して、もう１度やって下さい」といって、自力で第２試行を行わせる。
3．分類課題（２）
　1）机の上に、３枚の紙皿を出し、「さあ、よく考えて、同じカードを、前とは違ったやりかたで三つの仲間に分けて下さい」という教示を与え、分類させる。
　2）第１試行が、間違っている場合には、「数に注意して、もう１度やって下さい」といって、自力で第２試行を行わせる。
4．仲間の命名
　分類課題（１）、分類課題（２）でも、子どもが分類したグループ、仲間には、「これはどんな仲間なの？」と尋ねる。

記録表への記録
　これまでのステップの場合と同じ。

ステップ 6　語彙・1次元分類課題（6）　動物（野生と家畜）
ステップ 7　語彙・1次元分類課題（7）　動物（海生と陸生）

目的

ステップ6　割合身近な10種の動物の実物モデルを材料にして、動物の名称を学習すると共に、それらを、野生と家畜に分類させて、その上位概念を形成する。

ステップ7　割合身近な海生と陸生の動物（魚を含む）の実物モデルを材料にして、その名称を学習すると共に、海生の動物（魚を含む）と、陸生の動物に分類させ、その上位概念を形成する。

材料

ステップ6　1　下記に示す野生と家畜の動物の実物モデル、2　紙皿2枚　3　記録表
ステップ7　1　下記に示す海生と陸生の動物の実物モデル、2　紙皿2枚　3　記録表

課題及び材料

ステップ6
1　対象の命名課題：　以下の対象の名称を言わせる。
　　わからなければ教える。
2　動物の分類
　　家畜：犬　牛　ろば　山羊　羊
　　野生動物：ライオン　狼　象　キリン　鹿
3　グループの命名

ステップ7
1　対象の命名課題：　以下の対象の名称を言わせる。
　　わからなければ教える。
2　動物の分類
　　陸生：象　キリン　ライオン　熊　いのしし
　　海生：鯨　いるか　鮫　亀　オットセイ
　　（又は　あざらし）
3　グループの命名

本ステップの訓練の流れ図

ステップ5
↓
1．対象の命名課題
↓
2．家畜、野生動物への分類
↓
3．カテゴリーの命名
↓
ステップ7へ
↓
1．対象の命名課題
↓
2．海生、陸生動物への分類
↓
3．カテゴリーの命名
↓
後テスト
（語彙テスト
範疇化テスト
カテゴリーの命名テスト）

手続き

基本的に　ステップ1～3と同じ手続きによる。

ステップ6

1．対象の命名課題：分類課題に入る前に、ランダムな順序で対象を、子どもに示し
　1）その名称を尋ねる。
　2）わからなければ、再度尋ね、それでもわからない場合には、その名称を教える。

2．家畜、野生動物への分類課題
　1）　机の上に、2枚の紙皿を出し、「さあ、ここにいろいろな動物がいますが、これを、よく考えて、二つの仲間に分けて下さい」という教示を与え、分類させる。
　2）　第1試行が、間違っている場合には、「すこしおかしい所があるので、もう1度やって下さい」といって、第2試行を行わせる。
　3）　それでも誤る場合には、特に、牛と象を見せて、それらがどこに、どのように住んでいるのかについて考えさせ、第3試行を行わせる。

3．カテゴリーの命名
　1）分類課題で、2群に分類した場合、正しくても、正しくなくても、「この仲間は、何の仲間？」とききき、その名称を尋ね、その反応を記録する。
　2）　分類を教えた場合にも、同じく、その仲間の名称を尋ねる。

ステップ7

1．対象の命名課題：分類課題に入る前に、ランダムな順序で対象を、子どもに示し
　1）その名称を尋ねる。
　2）わからなければ、再度尋ね、それでもわからない場合には、その名称を教える。

2．陸生、海生動物への分類課題
　1）　机の上に、2枚の紙皿を出し、「さあ、ここにいろいろな動物がいますが、これを、よく考えて、二つの仲間に分けて下さい」という教示を与え、分類させる。
　2）　第1試行が、間違っている場合には、「すこしおかしい所があるので、もう1度やって下さい」といって、第2試行を行わせる。
　3）　それでも誤る場合には、鯨とライオンを見せて、それらがどこに、住んでいるのかについて考えさせ、第3試行を行わせる。

3．カテゴリーの命名
　1）分類課題で、2群に分類した場合、正しくても、正しくなくても、「この仲間は、何の仲間？」とききき、その名称を尋ね、その反応を記録する。
　2）　分類を教えた場合にも、同じく、その仲間の名称を尋ねる。

付録A－7

十進法の教育プログラム

ステップ　1　　　数の多少の比較

目的

１０個以上　A，B群について、各群の１０個を一つの単位にまとめて、二つの群の数の多少を比較させる中で、十進法の原理を具体的行為の中で学習させる。

材料

２色（赤／緑　または　赤／黄）のおはじき各６０個。フィルムケース　１０個。
（色おはじきが準備できない場合には、色の異なる皿に、同種のおはじき（またはリング等）を入れて、較べさせる。

課題及び材料

下記の記録表に示す１０問

本ステップの訓練の流れ図

前テスト
↓
１．２色のおはじきの提示と教示
↓
２．子どもの１０をまとめる作業
↓
３．数を配列
↓
４．数の表現
↓
５．　比較
↓
以下１０問を行う．
↓
次のステップへ

手　続　き

１．子どもの前に、２色のおはじきを（色の異なるおはじきが準備できない場合には、二つの異なった色の皿に）課題に示す数だけ置き、次の教示を与える。
　教示：「ここに、赤、緑の（ここの二つの皿に）おはじきが、置いてあります。どちらが、たくさん　あるでしょう。これから、較べてもらいますが、ひとつひとつ数えるのは大変ですから、１０個をまとめて、一つのケースに入れましょう（箱に入れましょう、輪にしましょう）。それから、較べることにしましょう。」
２．子どもの作業：次いで、１０個のおはじき等を一つにまとめる（ケースに入れる、箱に入れる、リングにする）作業を行わせる。
３．配列：以下のように、その結果を配列して、較べさせる。例には、A:34　B:33 の場合を示す。但し、■ はフィルムケースを、○は　おはじき示す。
４．数表現：子どもに「こっち（A）は、全部でいくつ？」「こっち（B）は、全部でいくつ？」と尋ね、答えを言わせる．
５．比較：「では、どちらが、多い？」と尋ねる。

A		B	
■	○	■	○
■	○	■	○
■	○	■	○
	○		

６．注意　１）上の数表現で，数の出し方が、わからない場合には、「１０が三つ集まると、いくつになるの？」と尋ね、１０、２０、３０と数え、３０になることを教える。
　　　　　２）正しくできた場合には、「よくできたね」とほめる。

７．評価と記録

ステップ１　　数の多少の比較　記録票

氏名（　　　　）指導日（　　　　　　）

	問題		１０への纏め		数表現		比較
No	A	B	A	B	A	B	
1	15	17					
2	18	17					
3	17	19					
4	19	20					
5	23	25					
6	25	30					
7	34	35					
8	40	39					
9	41	39					
10	55	60					

評価欄は１）正しくできている場合　　　○印
　　　　２）誤った場合　　　　　　　　×印（反応を記載する）
　　　　３）一部不正確　　　　　　　　△印（反応を記載する）

ステップ２　１０個の単位を青おはじき１個に替えた条件での２群A, B, の数の比較。

目的

１０個のおはじきを、一つの単位をまとめさせた上で、それを、青おはじき１個と替えさせた条件で、２群A, B, の数を比較させる作業を通して、１０の単位を学習させることを目的とする。

材料

２色（赤／緑　又又赤／黄）おはじき各60個。フィルムケース　１０個。青おはじき１０個。
色おはじきが準備できない場合には、色の異なる皿に、同種のおはじき（または　リング等）を入れて、較べさせる。

課題及び材料

課題は　ステップ　１の場合と同じ。

本ステップの訓練の流れ図

ステップ　１
↓
１．２色のおはじきの提示と教示
↓
２．子どもの１０をまとめる作業
↓
３．青おはじきとの交換
↓
４．数を配列
↓
５．数の表現
６．比較
↓
次のステップへ

手　続　き

基本的に、ステップ１と同じであるが、１０個にまとまったものを１個に青おはじきと替えて、比較を行わせる点だけが異なる。

１．　子どもの前に、２色のおはじきを（色の異なるおはじきが準備できない場合には二つの異なた色の皿に）課題に示す数だけ置き、次の教示を与える。
　教示：「ここに、赤、緑の（ここの二つの皿に）おはじきが、置いてあります。どちらがたくさん　あるでしょう。これから、較べてもらいますが、ひとつひとつ数えるのは大変ですから、１０個をまとめて、一つのケースに入れましょう（箱に入れましょう、輪にしましょう）。それから、較べることにしましょう。」
２．子どもの作業：次いで、１０個を一つにまとめて（ケースに入れる、箱に入れる、リングにする）作業を行わせる。
３．青おはじきとの交換：１０個を一つにまとめる上の作業が全部終えたら、訓練者は、次のように言う。
「先生は、銀行家になります。銀行に、１０個にまとまったもの一つを渡すと、青いおはじき１個に替えくれます。青のおはじき１個は、１０個のおはじきと同じです。１０個のおはじきを、銀行で、１個の青おはじきと替えて下さい。」
　そして、子どもに１０個にまとまったおはじき（またはリング）を、訓練者に渡すことを求め、その都度、青おはじき１個を渡す。
４．　配列：以下のように、その結果を、配列して、較べさせる。例には、３４：３３の場合を示す。但し、● は青おはじきを，　○は赤、緑のおはじきを表す。
５．数表現：子どもに「こっち（A）は、全部でいくつ？」「こっち（B）は、全部でいくつ？」と尋ね、答えを言わせる.
６．比較：「では、どちらが、多い？」と尋ねる。

A		B	
●	○	●	○
●	○	●	○
●	○	●	○
	○		

注意：　数表現がわからない時の指導は、ステップ１の場合と同じ。

評価と記録
ステップ　１の場合と同じ。

ステップ３　十進法変換学習ソフトを用いた２群Ａ，Ｂの数の比較

目的

１０個の赤、緑のおはじきを１０の単位の青おはじき１個に変換する十進法変換学習ソフトを用いて、２群Ａ，Ｂ，の数を比較させる作業を通して、１０の単位を学習させることを目的とする。

材料

コンピュータソフト、十進法３.SWF。それを、WWWブラウザで読み取る。

課題及び材料

練習問題　（１）１４：１５、（２）２４：２３
課題　（１）１５：１７、（２）１８：１７、（３）１７：１９、（４）１９：２０、（５）２３：２５
（６）２５：３０，（７）３４：３５，（８）４０：３９、（９）４１，３９、（１０）５５：６０

十進法３.SWFの使用法については、フォルダーに含まれているWord 文書 「十進法の学習　１」を参照すること。
そこには、記録表も含まれている。

本ステップの訓練の流れ図

ステップ２
↓
１．練習問題　１４：１５で、数の変換の学習
↓
２．１位数表示筒の中に赤おはじきを入れる。
↓
３．赤おはじきが１０個になったら、変換ボタンで青おはじきに変換
↓
４．青おはじきを２位数表示筒の中に入れる。
↓
５.残りの赤おはじきを１位数表示筒に入れる。
↓
６．緑おはじきについて同じことを行う。
↓
７．数の表現と比較
↓
８．２問練習後、課題１０問を行う。
↓
次のステップへ

手続き

ソフト、十進法３.SWFを、WWWブラウザで読み取る。以下の画面が現れる。

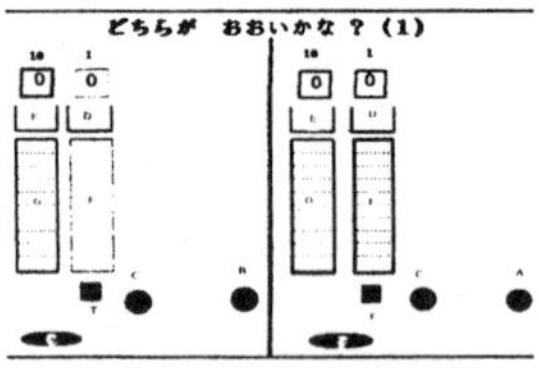

1．この画面を見せ、次の教示を与える。「今日は、このコンピュータを使って、「どちらの　おはじきが　多いのか」について勉強するよ。
2．練習問題、Ａ 14；　Ｂ 15 。Ａのボタンを１４回クリックすると、赤のおはじきが１４個、Ｂのボタンを１５回クリックすると、緑おはじき１５個が現れるので、以下の手続きで、子どもにやり方を教える。
（１）　赤おはじき（Ａ）を１５個、緑おはじき（Ｂ）１４個を画面に示し、「赤のおはじきと緑のおはじきではどっちが多いと思う？　この筒の中におはじきを入れて、較べることにしよう。」
（２）　Ｄの１位数のおはじき挿入口を指さして、「ここにおはじきを置くと中に入るよ」と言い、訓練者は、実際にマウスを動かして、赤おはじき数個を、１位数表示筒の中に入れる。そして、マウスを子どもに渡し、子どもに残りを入れさせる。
（３）　１位数表示筒に赤１０個を入れると、それ以上は入らないで、おはじき弾き飛ばされる。そのことを子どもに何度か経験させる。そして、次のように言う。
「ここには、１０個が入って、もう一杯で入らないんだよ。それ以上入れるためには、この中の１０個を、１０を表す青おはじきに替えてあげなれえばいけないね。」
（４）１位数の２位数への変換ボタン（T)を指さし、「ここを押してごらん」と言ってクリックさせる。「ほうら、１０個の赤おはじきが、１個の青おはじきに替わったね。この１個の青おはじきは、１０個の赤おはじきの替わりだよ。これは、１０を表しているから、この青の筒に入れよう。」と言って、青おはじき１個を、 Eの２位数（１０の単位）の青おはじき挿入口に置いて、２位数表示筒の中に入れる。
（５）　さらに、残りの四つの赤のおはじきを、１位数表示筒の中に入れる。
（６）　同じ手続きで、緑おはじき１４個について行う。
（７）　赤、緑のおはじきが、全部表示筒に収まり、その数が表示される水準になると、「そう、赤おはじきも、緑おはじきも、うまく、この中に入ったね。では、赤おはじきと、緑おはじきとでは、どちらが多いのかな？　これを見ながら、考えて下さい。」と発問し、さらに、「赤おはじきはいくつ？」と尋ね、十進法の原理で、計算させる。
「では、緑おはじきはいくつ？　では、どっちが多い？」と尋ね、比較させる。
（８）練習問題、Ａ 14；　Ｂ 15 が終えたら、赤、緑おはじきの両画面のリセットボタンを押す。
3．　練習問題　　Ａ 24,　Ｂ 25 で、同じ手続きで、練習を行う。
4．　練習問題が終えたら、問題毎にリセットボタンを押し、リセットをしてから、次の問題に入る。課題を出したら、今度は、なるべく、自力で訓練課題を解決させるように指導する。

注意事項：この学習において、重要なことは、数の比較そのものではなく、十進法の原理の学習にある。したがって、「赤と緑のおはじきがどちらが多いのか」と発問し、較べさせるのは、十進法の表示筒におはじきが全部入れられ、その数が十進法の原理で表示された後である。

ステップ４　あといくつ　たすと　１０に　なるかな？

目的

十進法で、正しく、しかも、早く加減を計算できるためには、１０を構成する数の要素を学習しておかなければならない。本ステップの学習の目的は、１０以下のある数を提示し、「それにあといくつ足すと１０になるのか」という課題場面で、その解決に、ステップ３と同じ、１０が最大の１位数表示筒を用いることによって、１０の数の構成要素を学習、練習をすることにある。

材料

コンピュータソフト、 十進法４.SWF。 それを、WWWブラウザで読み取る。

課題及び材料

子どもには、「あといくつ　たすと　１０に　なるかな？」という設問が、本ステップでは、以下の二つの水準で出される。
（１）被加算数をおはじきと数で示し、式、例えば６　＋　？　＝１０の形で、発問する水準。
（２）それでは、わからないか、正しく答えられない場合、被加算数のおはじきを、１位数表示筒に次々に入れ、すべて、入れ終わる。この水準で、発問する。この場合、かりに、（１）の水準で、「６にあといくつ加えると１０になるのか」わからなくても、１位数表示筒が１０になるまでに、あと入れられるおはじきの数を数えることで、正解することができる。

練習問題　１問　（１）８
課題　１２問　（１）９、（２）７、（３）８、（４）６、（５）５、（６）３,
（７）７,（８）９、（９）１、（１０）８、（１１）６、（１２）５

本ステップの訓練の流れ図	手　　続　　き

本ステップの訓練の流れ図

ステップ　３
↓
１．画面の提示と教示
↓
２．練習問題　８について 第１水準の課題
↓
３．第２水準の課題
↓
４．課題１２問での練習
↓
次のステップへ

手続き

ソフト、十進法３.SWFを、WWWブラウザで読み取る。以下のような画面が現れる。
この画面は、６の場合を例示してある。

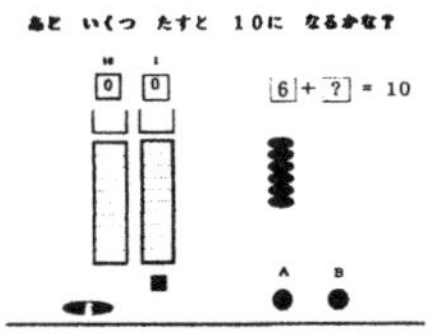
あと いくつ たすと 10に なるかな？
6 + ? = 10
A
B

１．上に示す画面を示し、「これから『あと　いくつ　たすと　１０になるかな』という勉強をやるよ」という教示を与える。
２．そして、練習問題として、８の赤おはじきを提示する。
第１水準の課題：Aのボタンを８回クリックして、８個の赤おはじきを示し、次のように聞く。
Q１：「赤おはじきはいくつある？」
Q２：「そうだね。８だね。では　あといくつ　足すと　１０になる？」
それで、Q２で正解が得られない場合、（得られた場合にも確認のために）、
３．第２水準の課題に移る。おはじき全部を、１位数表示筒に入れてから、再度
Q３：「では、８個の赤おはじきは中に全部入ったよ。では、あといくつ　足すと　１０になる？」と聞く。わからない場合には、１位数表示筒の空白部分を、手で示して、
Q４：「あといくつ入れると、１０になると思う」と問う。

どの水準で正解を得ても、訓練者は、必ず、次の手続きを踏んで、その答えが正解であることを確認すること。
（１）「そうだね、～だね」と言いながら、正解の数だけ、Bボタンを　クリックして、その数だけ、赤おはじきを画面に示す。
（２）「では、本当に１０になるのか、確かめるため、みんな、この筒に入れてみよう」といって、子どもに、その赤おはじきを、１位数表示筒に次々に入れさせる。
（３）１位数表示筒が、１０個のおはじきで満ちたことを確認する（「本当に１０になったね、」）
（４）「では、次に、１０を表す青おはじきに替えてみよう」と言って、Tの変換ボタンをクリックする。
（５）赤おはじきが消え、青おはじきが１個現れるので、それを、２位数（１０の単位）の青おはじき挿入口に置き、２位数で表示させる。
（６）画面の数値は、１０になっていることを確認する。

４．同じ手続きで、課題１２問について練習を行う。

重要注意事項
このステップの訓練は、上記のQ２の水準の発問で正答が得られるまで、訓練を反復すること。次のステップの学習は、そのことが前提となっている。

ステップ５　繰り上がりのある１桁の足し算

目的	コンピュータソフトの十進法の変換システムを利用して、繰り上がりある１位数の足し算の練習を行い、繰り上がりの方法を理解させることを目的とする。
材料	コンピュータソフト　十進法５.SWF
方法及び材料	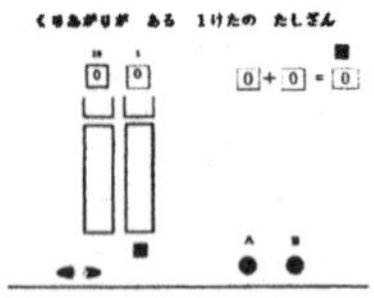 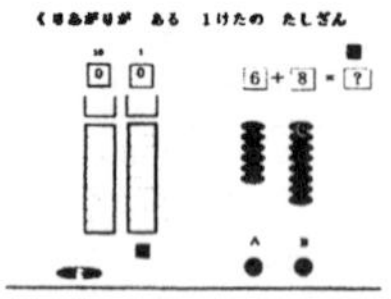 WWWブラウザで、十進法５.SWFを読むと、Ｓ図の画面が現れる。　Ｓ図　Ａ図 １０以内の数のおはじきを表示できるボタンＡと　ボタンＢをクリックすることによって、訓練用の課題をおはじきの数で表示することができ、それは、また、ボタンの上に表示されている式にも、数字を用いて表示することができる。 練習問題　（１）８＋４、問題　（１）９＋２，（２）８＋３，（３）８＋４，（４）７＋４、（５）７＋５，（６）６＋５、（７）６＋６、（８）８＋５．（９）８＋６、（１０）８＋７、（１１）５＋７，（１２）８＋５

本ステップの訓練の流れ図	手　　続　　き
ステップ４ ↓ １．練習問題 ↓ Ａ水準 ↓ Ｂ水準 ↓ Ｃ，Ｄ水準 ↓ ２．訓練課題　１２問 ↓ 次のステップへ	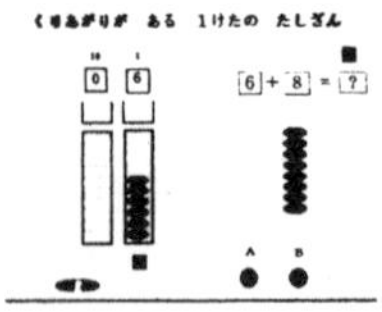 Ｂ図 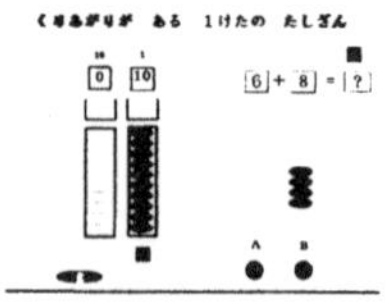 Ｃ図 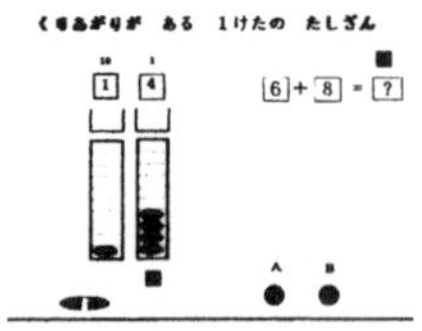 Ｄ図 １．練習問題 子どもが学習することが求められていることは、例えば、６＋８＝？の課題の場合、６を１０にするためには、４の数が必要である（あるいは、８を１０にするためには２が必要である）ことに気がつき、６＋８＝６＋（４＋４）＝１０＋４＝１４　（あるいは、６＋８＝（４＋２）＋８＝４＋１０＝１４）という一連の操作を頭の中か、物を用いた操作の形で実行することである。そこで、この教材では、課題（例えば、６＋８＝？）を、以下の４水準でそれぞれ与え、どの水準で解決されるのかを分析していく。 Ａ水準：上のＡ図に示すように、６＋８が、おはじきの形で、具体的に提示された水準で解決する（但し、全部を数えるのではなく、上記の操作を行い解決する）。 Ｂ水準：Ｂ図に示すように、Ａ．Ｂのおはじきのいずれか一方を、１位数表示筒に入れて、その１位表示筒の空白部分から、それを１０にするためには、４個のおはじきをＢ群からもって来なければならないことに気づき、８-４の操作をここで行い、１４という正解を得ることができた場合。 Ｃ水準：Ｃ図に示すように、Ａのおはじきのみならず、Ｂの１部をも１位数表示筒に入れて、１０個入れてから、Ｂ群のおはじきの残りが４個であることに気づき、この水準で、正解は１４であることが理解される水準。 Ｄ水準：Ｃ水準でも、正解を得ることができず、１位数の１０個を１０を表す青おはじきに変換し、それを、２位数の表示筒に入れ、残りの赤おはじきを１位数表示筒に入れて初めて、正解が得られる水準。 正解が得られた場合、？の上にあるボタンをクリックすることによって答え合わせをすることができる。また、A, B, Cのどの水準で、正解が得られた場合でも、いずれの場合でも、次の水準を示してみせ、最後にＤ水準の操作を行い、さらに答え合わせを実施すること。 ２，練習問題　１２問 重要注意事項：このステップの訓練は、子どもが、上記のＡ水準で正解が得られるまで、訓練を反復すること。また、訓練過程でも、Ａ水準の反応が得られるように誘導する。

ステップ６　引き算（１）　繰り下がりのない　１桁の引き算

目的	コンピュータソフトを利用して、繰り下がりのない１位数の引き算の練習を行い、引き算の意味と方法を理解させることを目的とする。
材料	コンピュータソフト　十進法６.SWF

方法及び材料

WWWブラウザで、十進法６.SWFを読むと、Ｓ図の画面が現れる

ステップ５の場合と同じように、Ａ.Ｂボタンは、１０までの赤おはじきをを画面に表示できる機能をもっており。この二つのボタンを適切に操作することによって、１０−１０から、０−０の範囲までの任意の、繰り下がりのない引き算の課題を提示することができる。また、その課題は、単におはじきで表示されるだけでなく、数式でも表示される。

課題 練習問題　１問　７－５

訓練課題　１２問　（１）８－５、（２）７－３、（３）８－４，（４）７－４、（５）７－６、（６）６－５、（７）６－３，（８）８－５，（９）８－２，（１０）８－７、（１１）９－７，（１２）８－５

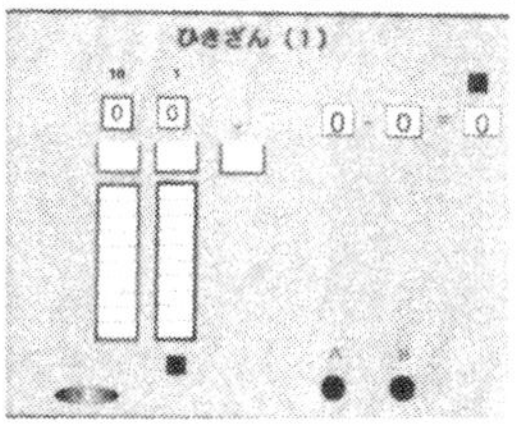

Ｓ 図

本ステップの訓練の流れ図	手　　続　　き

流れ図

ステップ５
↓
教示と導入
↓
練習問題
↓
Ａ水準の課題
↓
Ｂ水準の課題
↓
訓練課題
１２問
↓
次のステップへ

手続き

練習問題７−５の課題を例にした場合の画面をＡ図に示す。

前のステップの画面と異なっているのは、１位数のおはじき挿入口の隣にマイナス記号が描かれてある、引き算の場合の減数を挿入する１位数のおはじき挿入口が設けられている点である。

１．引き算の課題は、子どもに、以下の二つの水準で、順次、提示される。

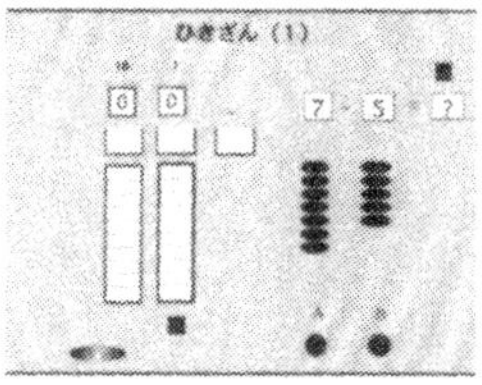

Ａ図

Ａ水準：丁度、Ａ図の画面の場合のように、課題をおはじきと数式で提示して発問する水準。つまり、ここで、「おはじき７個から、おはじき５個を取ったら（あるいは、ひいたら）、いくつ残ると思う？」と尋ねる。

Ｂ水準：Ａ水準でできなかった場合、及び、Ａ水準でうまく解決することができた場合も（この場合には、確認のために）、Ｂ 水準の課題提示を行う。

「本当には、どうなるのか見てみよう」と言いながら、以下の操作を行う。

Ａのおはじき（被減数）（７個）を、順次、１位数挿入口に置き、１位数表示筒に入れる。

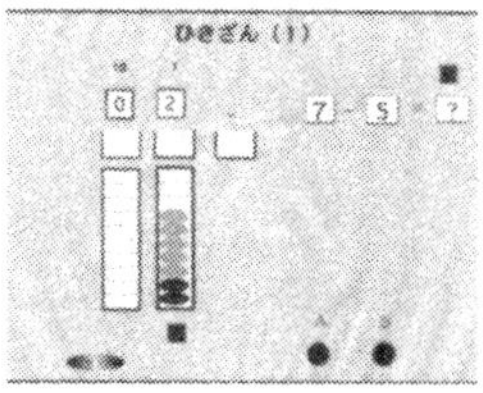

Ｂ図

Ｂのおはじき（減数、３個）を、順次、減数の１位数挿入口にに置き、マイナスの数として、１位数表示筒に入れる。その結果、Ｂ図に示すように、１位数表示筒には、７−５の 現実が視覚的にわかりやすく示される。「７から５を引いたら、その分だけ白くなったね。では、残りはいくつだと思う？」と尋ねる。

２．　子どもが、この水準で、正解の場合、？の上のボタンをクリックする。正答が現れるので答え合わせを行う。

３．指導上の注意：なるべく、Ａ水準で正答できるように指導する。

ステップ7　引き算（2）繰り下がりのある　1桁の引き算

目的	コンピュータソフトを利用して、繰り下がりの　ある2位数引く1位数の引き算の練習を行い、繰り下がりの意味とその操作方法を、視覚的に十分わかりやすく、理解させることを目的とする。
材料	コンピュータソフト　十進法7.SWF
課題及び材料	WWWブラウザで、十進法7.SWFを読み、A、Bボタンを用いて、１５-８＝？　の課題を提示すると、A図のような画面になる。 課題　練習問題　１５－７ 訓練課題　（1）１３－８、（2）１２－９、（3）１５－９，（4）１３－８、（5）１７－８、（6）１４－７、（7）１５－８，（8）１０－７，（9）１１－７，（１０）１２－７、（１１）１３－７，（１２）１４－７

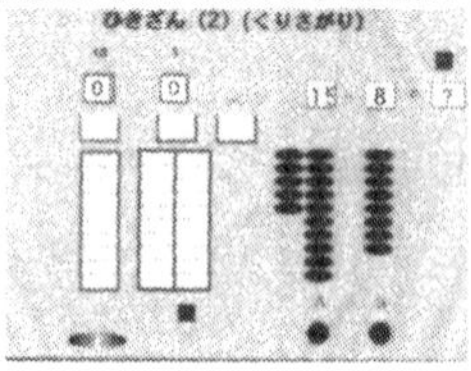

A図

本ステップの訓練の流れ図	手　続　き

ステップ6
↓
1．　導入と教示
↓
A水準の課題提示
↓
B水準の課題提示
↓
C水準の課題提示
↓
D水準の課題提示
↓
2．１２問の訓練課題
↓
次のステップへ

1．以下のように4水準で課題を出して、発問する。
A水準の課題提示：A図に示す形で課題を提示し、「赤いおはじきが１５個あって、そこから、８個取ったらいくつ残りますか」という形で課題を出す。

B水準の課題提示：Aの赤のおはじきを、1位数表示筒に移し、１０個になったら、青おはじきに変換して、2位数表示筒に入れる。そして、残りの赤おはじき５個を、1位数表示筒に入れる。すると、B図に示す形で、１５を表すことができる。この水準で、「赤おはじき１５個から、８個の赤おはじきを取ったら、いくつ残りますか？」と課題を出す。これは、１５の1位数５から、8が引けないので、１０の単位の1を、繰り下げてから、計算しなければならない。

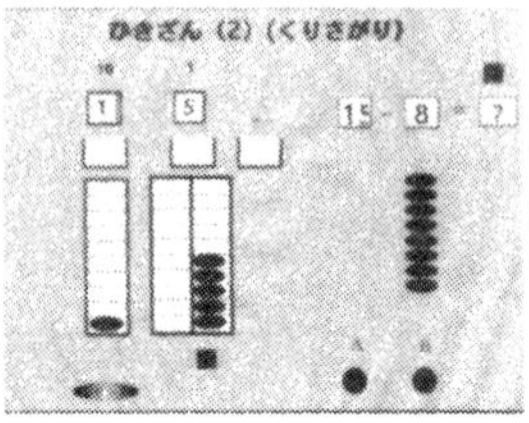

B図

C水準の課題提示：　**繰り下がりの操作：**この場合、１０位の青おはじきを、1位数挿入口に置くことによって、青おはじき1個は、1位の赤おはじき１０個に変換され、2列ある1位数表示筒の左側の筒に現れる。その結果を示したのが、C図である。この段階での課題提示を、C水準の課題提示としておく。この段階でも、モニターの画面を見せて、「１５個の赤のおはじきから。８個のおはじきを取ったら、いくつ残るのか」という課題を出して考えさせる。

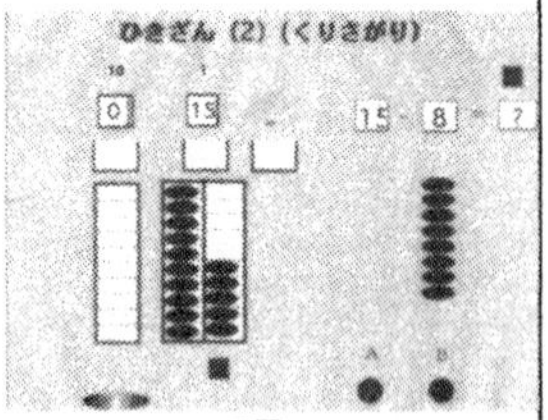

C図

D水準の課題提示：これでもわからない場合（あるいはわかった場合でも、確認のため）、8つの赤のおはじきを、次々と、減法の1位数挿入口に置き、１５-8の操作をこの画面で実際に行ってみる。
繰り下がった１０の数が入っている1位数表示筒の左列のうち、減算される数だけ、白くなり、その結果は、D図のようになる。
　繰り下がった１０個から、８個を引き、その差2を、１５の1位数である5に加えて、求める答え7を得ることが最もわかりやすい形で図に示されている。
この段階での課題の発問を、D段階の発問として行うこと。
2列ある1位数表示筒のおはじきの様子を丁寧に説明しながら、「１５の赤いおはじきのうち、引いた8個の分が白くなっているね。赤いおはじきはいくつ残っていると思う？」と問う。そして、「2」という答えが得られたら、「では、その2と、ここの5を足したら、いくつになる？」と尋ね、答えを求めさせる。このように計算の仕方として、はじめに、繰り下げた１０から8を引き、その差に、5を加えて答えを求める方法を身に付けさせるように練習させる。

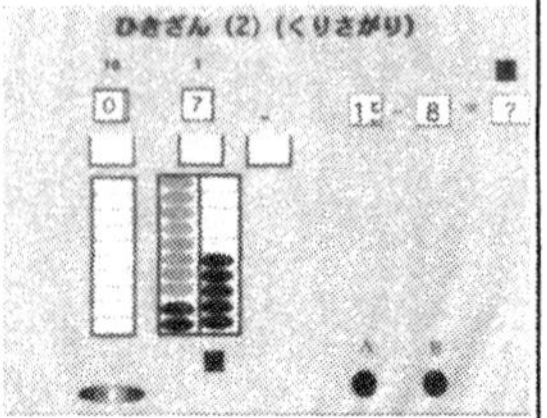

D図

2．指導上の注意：なるべくA段階で答えることができるようになるように、指導すること。

著者略歴

天野　清（あまの　きよし）

1936年，東京生まれ。1966年３月，東京教育大学教育学研究科（実験心理学専攻）博士課程単位修得中退。1978年１月，東京教育大学より学位を受ける（教博68号・東京教育大学）。1965年７月より国立国語研究所所員，主任研究官。1973年９月より九州大学教育学部助教授。1978年４月より国立教育研究所室長を経て，1990年４月よりより中央大学文学部教授。

主要著書

『幼児の読み書き能力』（共著）東京書籍（1972年），『幼児の文法能力』東京書籍（1977年），『言語心理学』（共著）新読書社（1977年），『子どものかな文字の習得過程』秋山書店（1986年），『小学生の国語・算数の学力』（共著）秋山書店（1991年）。

学習障害の予防教育への探求

2006年２月28日　初版第１刷発行

著　者　天　野　　清
発行者　中　津　靖　夫

発行所　中央大学出版部
東京都八王子市東中野742番地１
郵便番号　192-0393
電　話　0426(74)2351・FAX 0426(74)2354

印刷・大森印刷／製本・法令製本

ISBN4-8057-6158-X